MW00851536

ISABEL II

Robert Hardman

ISABEL II
Vida de una reina, 1926-2022

 Planeta

Obra editada en colaboración con Editorial Planeta – España

Título original: *Queen of Our Times. The Life of Elizabeth II*

© 2022, Robert Hardman Limited

© 2022, Traducción del prefacio, de la introducción, de los capítulos 1, 2, 3, 4, 5, 6, 7, 8, 9, 10, 11, 12, 13 y del epílogo: Carmen Balagueró Aguilà

© 2022, Traducción de los capítulos 14, 15, 16, 17, 18, 19, 20, 21, 22, 23, 24, 25, 26, 27 y de los agradecimientos: Àlex Guàrdia Berdiell

© 2022, Editorial Planeta, S. A. – Barcelona, España

Derechos reservados

© 2022, Editorial Planeta Mexicana, S.A. de C.V.
Bajo el sello editorial PLANETA M.R.
Avenida Presidente Masarik núm. 111,
Piso 2, Polanco V Sección, Miguel Hidalgo
C.P. 11560, Ciudad de México
www.planetadelibros.com.mx

Primera edición impresa en España: octubre de 2022
ISBN: 978-84-08-26441-5

Primera edición impresa en México: octubre de 2022
ISBN: 978-607-07-9539-8

No se permite la reproducción total o parcial de este libro ni su incorporación a un sistema informático, ni su transmisión en cualquier forma o por cualquier medio, sea este electrónico, mecánico, por fotocopia, por grabación u otros métodos, sin el permiso previo y por escrito de los titulares del *copyright*.

La infracción de los derechos mencionados puede ser constitutiva de delito contra la propiedad intelectual (Arts. 229 y siguientes de la Ley Federal de Derechos de Autor y Arts. 424 y siguientes del Código Penal).

Si necesita fotocopiar o escanear algún fragmento de esta obra diríjase al CeMPro (Centro Mexicano de Protección y Fomento de los Derechos de Autor, http://www.cempro.org.mx).

Impreso en los talleres de Litográfica Ingramex, S.A. de C.V.
Centeno núm. 162-1, colonia Granjas Esmeralda, Ciudad de México
Impreso en México – *Printed in Mexico*

A Hugo, Harriet y Victoria

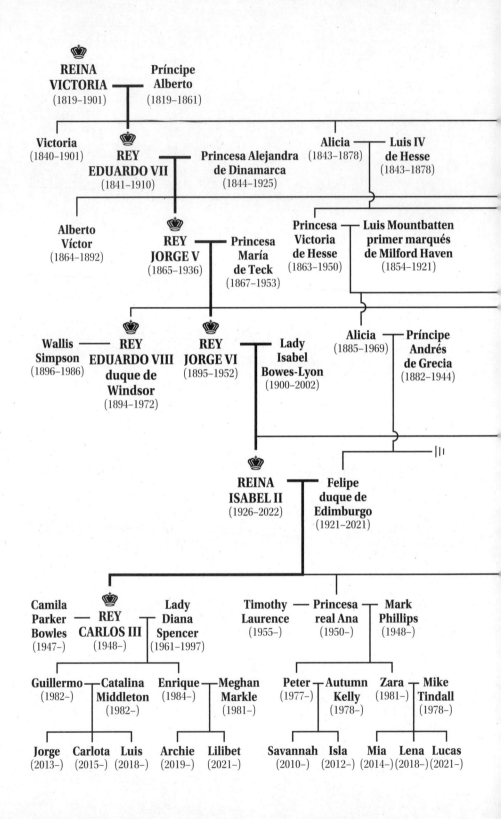

ÁRBOL GENEALÓGICO DE ISABEL II DESDE LA REINA VICTORIA

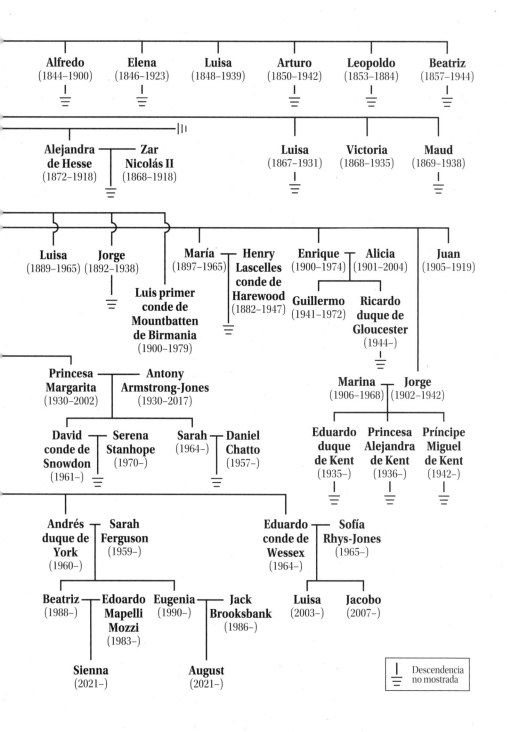

Índice

Prefacio

Septiembre de 2022

Se mire como se mire, siete décadas ininterrumpidas de liderazgo y de presencia en la vida pública moderna no son fáciles de abarcar. La crónica de cualquier otro hombre o mujer de Estado remotamente comparable esperaría al final de una vida y una trayectoria tan distinguidas, pero este libro se publicó por primera vez en marzo de 2022, cuando el reinado de Isabel II aún no había finalizado. En su décima década de vida se enfrentó a algunos de los mayores retos de sus setenta años en el trono. Al mismo tiempo que batía nuevos récords y se convertía en la monarca británica con un reinado más largo, siguió mirando hacia el futuro, con un entusiasmo por el trabajo intacto. Como el libro se escribió en vida de Isabel II, está redactado en gran parte en presente, pero he añadido un epílogo en el que se describen las celebraciones en torno a su Jubileo de Platino y el duelo tras su muerte.

Dado el alcance de sus logros, la única manera de contextualizarlos, de apreciarlos como harán los futuros historiadores, es volver al punto de partida. El resultado es un retrato totalmente renovado no solo de su reinado sino también de su vida. No he pretendido revisar estudios anteriores de la reina y de la monarquía. Repleta de material y puntos de vista nuevos —incluyendo artículos inéditos de los Archivos Reales—, esta obra empieza desde cero.

He hablado con quienes conocían a la reina superados los noventa años y con quienes la conocían de antaño (algunos incluso se remontan a sus años como princesa). En muchos casos, he recurrido a quienes colaboraron conmigo en obras anteriores. Y, de aquellos con quienes ya no puedo conversar, he recuperado conversaciones y entrevistas anteriores. Me ha resultado particularmente agradable e instructivo revisitar mis muchos encuentros con el difunto duque de Edimburgo, a modo de recuerdo de su inconmensurable contribución a esta extraordinaria historia.

La reina Isabel II es el personaje más conocido y familiar de nuestro panorama nacional y posiblemente también del internacional (su cara es una de las imágenes más reproducidas de la historia). Pero a ella no le interesaba la fama. Es más, después de todos estos años de confianza, seguimos quedándonos con la duda: «¿Cómo era realmente?». Se trata de la mayor paradoja de Isabel II, y jugó a su favor. Este libro, espero, aportará nuevas respuestas.

Solo aquellos de más de setenta años recordarán a otros monarcas antes que ella. La mayoría de los presentes nacimos durante su reinado y habíamos llegado a dar por descontada su presencia inalterable. Llevo tres décadas dedicándome a la crónica de actualidad y de la monarquía y, aun así, treinta años no son ni la mitad de su reinado y solamente una pequeña parte de su vida. Su historia narra la nuestra; ha sido una constante en nuestras vidas. Por ello, independientemente de nuestra opinión sobre la monarquía en el mundo actual, Isabel II es indiscutiblemente la reina.

Introducción

«Una reina sin muchos humos»

Había sido una de las mejores noches de su vida, incluso para un líder del mundo libre y ganador de un Premio Nobel como él. Al regresar a su *suite* del Palacio de Buckingham, Barack Obama solo quería saborear aquel momento: la reina le había agasajado con un banquete de Estado. Pero no habían sido el brillo del oro y la plata de la vajilla de Jorge IV ni la calidad del Échézeaux Grand Cru 1990 de la Romanée-Conti lo que lo habían convertido en una gran ocasión, sino la oportunidad de entablar conversación con alguien que podía hablar con tanta razón de ser sobre muchos de sus antepasados. Obama lo estaba pasando tan bien que la reina al final tuvo que apartar al canciller de Finanzas para preguntarle si, discretamente, podía hacerle saber al presidente que era hora de irse a la cama. George Osborne recuerda: «Me limité a decir "sí, señora". Veía a Obama con una copa en la mano y pensaba "¿qué hago?". No iba a interrumpirle y a soltarle "la reina dice que a la cama"».[1] Por suerte, el secretario privado de la reina le salvó y forzó con gracia el fin de la ceremonia.

Con la marcha todavía en el cuerpo, el presidente reunió a sus dos ayudantes más cercanos en la Suite Belga, la cámara en la que la reina hospeda a las visitas de Estado. Tenían trabajo: al día siguiente, Obama iba a convertirse en el primer presidente de los Estados Unidos en hablar frente a las dos cámaras del Parlamento, y en un lugar tan mítico como el Salón Westminster. Mientras la primera dama se preparaba para ascender a la Habitación de Orleans, el presidente y sus consejeros seguían en la sala conocida como la Habitación del Siglo xvⅢ dando los últimos retoques al gran discurso.

Ben Rhodes, su ayudante y logógrafo más veterano, explicaba: «Obama quería tratar los valores occidentales pero, como cualquiera que acabe de cenar en el Palacio de Buckingham, también quería hablar de cómo había ido la velada».

Por encima de todo, el presidente quería hablar de la anfitriona. «Me encanta la reina, es como Toot, mi abuela. Cortés, directa, sin pelos en la lengua ni ganas de aguantar a ineptos»,[2] dijo Obama.

En ese momento, alguien interrumpió la reunión: era el mayordomo de Palacio con novedades del exterior. «Señor presidente, disculpe», susurró el hombre del frac. «Hay un ratón». Sin pestañear, el presidente respondió: «Ni una palabra a la primera dama». El mayordomo le aseguró que se haría todo lo posible por capturar al intruso. «Con no decírselo es suficiente», recalcó Obama. Rhodes recuerda que «a él no le importaba, pero a Michelle Obama le aterran los ratones».[3]

De hecho, la caza del ratón no hizo más que alimentar el ambiente surrealista. «Pues quizá sí es un imperio en decadencia», sugirió Rhodes. Obama mostró su desacuerdo: «No, siguen teniendo muchas cosas. ¿No has visto cómo relucía la reina?». Mientras escudriñaba las paredes de la Habitación del siglo xvⅢ observando *Diana y Acteón* de Gainsborough, un par de Canalettos y el retrato de Zoffany del que fue enemigo de su patria, Jorge III, el enfrentamiento entre la continuidad de la monarquía *versus* la naturaleza fugaz de la política del siglo xxi comenzó a hacerse patente. «En unos años estaré en el Senado y viviendo en un piso», bromeaba el entonces presidente.

Echando la vista atrás, una década después, Rhodes recuerda otra anécdota de la estancia de los Obama en el Palacio de Buckingham. Fue la única habitación presidencial en la que se alojaron, falta de un baño *en-suite* (solo había un retrete eduardiano en una pequeña estancia fuera de la habitación). Debido a la clásica distribución del palacio, las visitas de Estado debían corretear por los pasillos para lavarse los dientes en un lavabo que, haciendo honor a su antigüedad, tenía bañera pero no ducha. Rhodes comenta: «No le importó, pero dijo "qué raro, ¡mira dónde está el baño!"».

Después de que le mandaran a la cama tan pronto en una casa con ratas y teniendo el baño tan lejos, no hubiera sido de extrañar que a Obama le hubiera decepcionado su visita al palacio. Pero, de hecho, la experiencia reforzó la imagen que tenía de una de las líderes mundiales más impresionantes con las que se codeó durante su presidencia. Les habían presentado hacía dos años; la reina y Michelle Obama hicieron buenas migas charlando del dolor de pies y de la duración de los banquetes: «dos señoras cansadas a quienes les aprietan los zapatos», como comentó más tarde la primera dama.[4] Fue el primero de muchos encuentros. Michelle Obama habló con cariño en sus memorias de «su amiga, la reina», la mujer que «a Barack le recordó a su sensata abuela» y que dio a la primera dama una lección de vida: «En mis muchas visitas me ha enseñado que la humanidad es más importante que el protocolo y los formalismos».[5]

El presidente opinaba lo mismo. Rhodes comenta: «Tenían mucha afinidad porque él vio las molestias que se tomó la reina para conseguir que un presidente estadounidense negro se sintiera lo más acogido posible. Le trató mucho mejor que a otros líderes, te lo aseguro. Fue muy potente. Ella y el príncipe Felipe —personas que desde una óptica generacional y racial no podían ser más distintos a los Obama— estaban intentando que se forjara una amistad verdadera. Obama quedó fascinado. Hablaba de cuánto podía aportarle a gente con la que él había trabajado o había conocido y también a todos los presidentes de los Estados Unidos, desde Eisenhower, con ese pragmatismo y franqueza que la caracterizaba».[6]

Añade que Obama quedó anonadado por igual con la relevancia que le daban a la reina: «La gente valora que represente el sacrificio durante la guerra, la aceptación de la descolonización, la victoria en la Guerra Fría y la importancia de la cordialidad».

En 2015, al presidente Obama se le invitó a pronunciar el discurso de la ceremonia en recuerdo del antiguo presidente y primer ministro israelí Shimon Peres. Obama lo comparó con «gigantes del siglo xx que he tenido el placer de conocer». Tenía a dos en mente: nombró a Nelson Mandela y a la reina. Eran «líderes que han visto de todo y cuyas vidas han significado momentos tan icónicos que no intentan encajar o adaptarse a la moda del momento; gente que habla desde el corazón y el conocimiento, sin textos preparados, sin importar urnas ni modas».

Esto explica por qué en su séptima década la reina no ha estado ni siquiera cerca del crepúsculo. Al contrario, se ha encontrado a la altura de sus poderes en un momento en el que su reinado pasa a formar parte de los libros de récords y de historia a la vez. «Creo que se debe a que, dentro de la polarización mediática e informativa y el panorama del corazón, ella ha sido una constante», comenta lord McDonald, antiguo director del Servicio Diplomático.* «Todos tienen algún recuerdo de la reina desde una temprana edad. Inspira confianza y seriedad: todos queremos que nos asocien a esos valores.» Recordando sus primeros días como embajador británico de Alemania durante una reunión con el director del periódico nacional más importante, el *Bild*, le comentó a un servidor: «Su primera pregunta fue "¿Cuándo regresa Su Majestad a Alemania? Casi hace diez años ya. ¡Va siendo hora de otra visita!"».

Ya es costumbre catalogar su reinado como una constante hecatombe. Biógrafos y documentalistas, como es de esperar, se centran en los principales dramas de las siete décadas de la reina, incluyendo el romance maldito de Margarita con el capitán de

---

* Simon McDonald fue embajador de Israel y Alemania antes de convertirse en vicesecretario permanente del Ministerio de Relaciones Exteriores.

grupo Peter Townsend, Suez, el asesinato de lord Mountbatten, las bodas reales, las rondas con Thatcher, el incendio del Windsor, los divorcios de la realeza y la muerte de Diana seguida de la pérdida de la princesa Margarita y de la reina madre y, por último, la desaparición de los duques de York y Sussex del panorama real.

La reina tiene sus detractores. Siempre ha habido alrededor de una cuarta o quinta parte del público británico que preferiría elegir a su jefe de Estado. Más allá de ese séquito, la reina también ha sido víctima de críticas personales. Desde que lord Altrincham atacara su corte de sangre azul y su conducta de colegiala a finales de los cincuenta, se la ha criticado por su estilismo, por los empleados que contrata, por su administración o incluso por cómo ha criado a sus hijos. Sobre todo, en los noventa recibió críticas por su apatía frente a los constantes dramas familiares, incluso por parte de simpatizantes y comentaristas afines, ya que «aunque no tenía motivos para que se le cayera la cara de vergüenza, al menos debería haber dado la cara».[7] En 2015, cuando la reina iba a superar a la reina Victoria convirtiéndose en la monarca con el reinado más longevo de la historia británica, la columnista de *The Guardian* Polly Toynbee la describió como «la pasada amante de la nada»;[8] el historiador David Starkey dijo a los lectores del *Radio Times* que «no había hecho ni dicho nada digno de ser recordado. La época de su mandato no llevará su nombre, ni la época ni nada, me parece a mí».[9] A su parecer, Victoria había sido una monarca mucho mejor.

La narrativa de «la crisis de la reina» también ha sido alimentada por otro drama, en este caso uno de verdad. *The Crown*, estrenado en Netflix en 2016, busca escenificar la vida de la reina durante la segunda mitad del siglo XX, a menudo con dudosa fiabilidad. La mayoría de las principales figuras históricas terminan siendo personajes teatrales en algún momento. Son pocos quienes lo sufren en vida y todavía menos quienes lo sufren durante su mandato. *The Crown* sin duda ha popularizado a la monarquía, pero ¿a qué precio para su reputación y para reflejar hechos reales con personas de carne y hueso? El debate durará años puesto que la serie sigue moldeando la opinión pública de Isabel II y su familia, para bien o para mal.

Pero el retrato de una Isabel apática, inerte y asediada por incesantes problemas parece no concordar con la monarca real, a la conquista entonces de su séptima década de reinado. Y, como pronto veremos, su papel en la historia de la Gran Bretaña actual y de la Commonwealth, lejos de ser irrelevante, ha sido una clase maestra de prudencia y poder blando. A las puertas de su Jubileo de Platino, se enfrentó a dos de los mayores retos de su reinado: la pandemia del COVID-19 y la muerte del príncipe Felipe, eventos que hubieran abrumado a la monarca atormentada y exhausta que se muestra en *The Crown*. Pero la reina no se retiró del ojo público; al contrario, parecía tener más fuerzas que nunca. Esto es debido a que la narrativa declinante parece pasar por alto un insignificante dato sobre la familia real, uno que podría explicar por qué la monarquía sigue recuperándose tras cada revés: es la llana verdad de que a ella le gustaba, de corazón, ser la reina. La idea de que esta monarquía es como una rueda de molino bañada en oro pasa por alto que gran parte de este reinado se ha peleado. Que, incluso en las épocas más oscuras, el apoyo a la monarquía ha superado con creces las ganas de una alternativa. Niega lo que un antiguo cortesano me describió como «el inmenso e intangible valor social de una vibrante institución que palpita hasta el corazón de la nación, y casi siempre mucho más fuerte que cualquier otro a cargo de las necesidades cotidianas del país, dando las gracias a quien se las merece y visitando los lugares que lo necesitan».

Por encima de todo, a una edad a la que el resto se había retirado, fue más evidente que nunca que a la reina le apasionaba su trabajo. Y otros personajes públicos lo notaron. John Howard, el antiguo primer ministro australiano, comenta: «Está claro que le encantaba el trabajo y por eso seguía ahí. Jamás percibí ni privada ni públicamente ningún resquicio de exasperación».[10]

«Creo que a ella le encantaba esa sensación de tener un propósito», dice el anterior primer ministro británico Tony Blair. «Lo hacía bien porque pensaba que era importante y, como a cualquiera, le gustaba tener importancia.»[11]

«Seguro que sí», comenta el antiguo presidente de los Estados Unidos George W. Bush. «Si no te gusta, te deprime o te parece demasiado y te abruma, tarde o temprano se acaba notando en cualquier trabajo.»[12]

A otro ex primer ministro, David Cameron, siempre le fascinó verla pendiente de lo que fuera. «Hablando de actualidad o de política, en especial de asuntos exteriores, jamás parecía aburrida o cansada. Creo que era una especie de mezcla entre que sabía que era su obligación y que le parecía interesante al mismo tiempo.»[13]

Como veremos, algunas veces se sintió al límite, pero muy pocas se le notó. Hasta hoy, ochenta años después de hacer público su compromiso siendo una princesa de dieciséis años, solo se le vio una vez quedándose dormida trabajando. Fue en 2004 durante su visita a Alemania cuando se quedó traspuesta diez segundos en la Universidad Heinrich Heine de Düsseldorf durante una ponencia titulada «Nuevos horizontes de la biología y la medicina con imanes».[14]

La monarquía no sigue los tiempos cortos de la vida política. En momentos de declive nacional o de crisis, la reina fue justo en dirección contraria, como se pudo comprobar durante el bache económico de los setenta o la pandemia del COVID-19. «Cuando tuvimos verdaderos problemas en los setenta resultó apabullante cómo, a pesar de todo, seguíamos teniendo un estatus, en parte gracias a ella y a la monarquía», reconoce el antiguo ministro del Gabinete conservador, el marqués de Salisbury.[15]

Tampoco podemos hablar de la monarquía con fechas cerradas. Es imposible enmarcar su reinado en décadas exactas puesto que la línea de la fortuna de la realeza dibuja una parábola curva que asciende en el momento de la coronación y desciende a principios de los sesenta, cuando la familia real parecía relegada a un segundo plano y desconectada de la actualidad. Hubo entonces una remontada desde finales de los sesenta hasta principios de los noventa, cuando la línea cayó en picado y se estabilizó en una prolongada depresión. Desde 2002, la tendencia volvió a ir al alza hasta 2019, cuando salió a relucir una nueva crisis familiar.

Visto con otros ojos, los setenta años de la reina en el trono han sido una obra en dos actos: una primera fase de aprendiz en la que estuvo a la sombra de la generación de su padre —un veterano miembro de la corte se refiere a esta época como «el reinado inacabado»— siguiendo sus directrices, y un segundo acto que comenzó cuando la combinación de experiencia, nuevos consejeros y eventos ajenos le otorgaron la confianza para empezar a moldear la institución a su manera. Aunque no ocurrió de la noche a la mañana, sí fue una transición rápida en la que los sesenta le abrieron paso a los setenta. Y desde entonces siguió batuta en mano.

Suele decirse de ella que fue extraordinaria, lo cual es evidente teniendo en cuenta su longevidad y su trayectoria. Cuando era una joven princesa, jugaba a los pies de Jorge V y se sentaba en el regazo de los hijos de la reina Victoria. En sus primeros viajes, celebró fiestas en honor a los veteranos de la segunda guerra Bóer. Como explica el antiguo chambelán lord Luce:

> Volvamos al año 1952, cuando desembarcó del avión de Kenia tras la muerte del rey Jorge VI. La recibió Winston Churchill, el primer ministro; Anthony Eden era el secretario de Exteriores y Harry Truman el presidente de los Estados Unidos. Debido a la guerra, seguía habiendo racionamiento de té, azúcar, mantequilla, grasa para cocinar y dulces, pero no había motos, ordenadores, supermercados o congelados. La BBC era el único canal de televisión, se retiró el último tranvía de Londres, se lanzó la primera aerolínea civil con *jumbos*, seguía existiendo la pena de muerte,

todavía nadie había coronado el Everest y Tony Blair ni siquiera había nacido.[16]

La británica era una sociedad monocultural, respetuosa y religiosa. La mitad de las naciones que existen en la actualidad todavía no existían tal como las conocemos y las Fuerzas británicas estaban aún luchando en la guerra de Corea. Que la persona al mando sea la misma ahora que entonces es, en efecto, extraordinario.

«La reina ha sido una constante en nuestras vidas», le dijo el jefe de Estado británico, John Major, a un servidor. «Gracias a los medios la vemos más accesible y más humana que cualquier otro soberano. Comparte muchas facetas de su vida con otras personas.»

Una vívida imagen del alcance del cambio social en su reinado nos la deja la Oficina de Aniversarios del Palacio de Buckingham. En 1955, mandó 395 telegramas a personas que celebraban su centésimo cumpleaños en Gran Bretaña o en uno de los territorios de la Commonwealth. En 1990, la cifra se convirtió en 3.715.[17] En 2020, cuando el telegrama ya había pasado a ser una carta, el total ascendió a 16.254.[18]

Sin embargo, su edad no es lo único que la convirtió en alguien excepcional. Sus empleados estaban ya acostumbrados a su energía, que atribuían a tres factores: buena salud, una fe férrea y el príncipe Felipe. Como solía decir su anterior secretario privado, «la reina está fuerte como un roble».[19] Y fue más específico: «Descansa bien, tiene buenas piernas y puede estar de pie durante mucho tiempo». Esto nos lleva de nuevo a esa llana verdad de la que hablábamos: le encantaba su trabajo. Ese personaje sobrepasado anhelando una vida más sencilla de las series y los documentales era, en realidad, alguien que ansiaba seguir trabajando y seguir desempeñando su papel mientras se acercaba su centenario.

El punto de referencia obvio con el que siempre se seguirá comparando su reinado es con el de Victoria, otra soberana regia y la única monarca británica —aparte de Isabel— que estuvo más de sesenta años en el trono. Para comprender la diferencia esencial entre las dos, solo hace falta dar un paseo por el Castillo de Windsor. En la entrada de Enrique, en Castle Hill, es imposible no fijarse en la imperial e imperiosa estatua de la reina Victoria con el orbe y el cetro que se erigió para celebrar su Jubileo de Oro. Es menos conocida la estatua de la reina Isabel en el Gran Parque de Windsor en honor a su propio Jubileo dorado. Aunque fue colocada en 2003, la pieza de Philip Jackson, mayor que su tamaño real, la representa a mitad de los setenta a lomos de un caballo cualquiera. El motivo por el que pocas personas la ven es porque hay que desviarse del camino y adentrarse en el parque hasta el lugar en el que la reina y el duque de Edimburgo, guardabosques del Gran Parque, acordaron colocarla. Si no, el visitante puede estar horas arriba y abajo por la avenida y observar a través de los árboles el imponente mausoleo de estilo renacentista que Victoria mandó construir para ella y Alberto en Frogmore. Al no querer reposar con el resto de monarcas en la Capilla de San Jorge, construyó su propio edificio de mármol y granito. Isabel, por el contrario, no ordenó nada similar para ella y el príncipe Felipe; por su parte, decidió hace ya tiempo que descansaría en una pequeña cámara en la cripta del Palacio de Windsor que ni siquiera lleva su nombre: la Capilla de San Jorge. Cuando llegara su hora, deseaba estar junto a sus padres. ¿Por qué no quería la majestuosidad del mármol? Porque, parafraseándola cuando se enteró de que un terrateniente escocés había plantado un bosque con la forma de sus iniciales, le parecía «un tanto vulgar».[20]

Victoria era asertiva por naturaleza, incluso combativa, incisiva en la elección del obispado o aleccionadora con el primer ministro mostrando su «más profunda aversión a los mal llamados y erráticos "derechos de las mujeres"».[21] Pero Isabel fue diferente: ni de naturaleza intervencionista, aunque tampoco para nada blanda. Prefería desplegar lo que sus empleados llamaban su juicio negativo, una respuesta de tres capas frente a propuestas que no le convencían o con las que estaba en desacuerdo. Empezaba con lo que algunos oficiales llamaban «la ceja» o, en casos más extremos, «las cejas», seguido de un firme «¿seguro?». Y quizá entonces soltaba un «no». «Ante algo nuevo, le era más fácil decidir lo que no quería hacer que lo que sí. Tenía buena intuición», confiesa su antiguo secretario de prensa, Charles Anson. «Estaba abierta a escuchar nuevas ideas si detrás había argumentos convincentes, pero seguramente no saldría de ella.»

La postura de la realeza por defecto es la cautela juiciosa más que la aversión al riesgo, de ahí que decidiera participar en el vídeo parodia de James Bond para la ceremonia de apertura de los Juegos Olímpicos de Londres en 2012. De tener aversión al riesgo, la respuesta hubiera sido una negativa inmediata ante la petición de aparecer con el actor de *007* Daniel Craig en una escena cómica, ya que claramente era algo que podría amenazar la dignidad de la Corona ante la audiencia.

Los productores del programa habían hecho llegar la propuesta al presidente del comité organizador de Londres, lord Coe. Su equipo y él la trasladaron a la olímpica de la familia, la princesa Ana, quien les dijo que se lo propusieran a ella. Esperando que lo rechazara educadamente, le mandaron el plan a la oficina. «Lo más gracioso fue que no le costó mucho decidirse», explica el que entonces era el secretario privado suplente, Edward Young. «Iba a ser un sí o un no».[22] Hizo caso a su intuición pero con una advertencia. A pesar de que la reina solo tenía una frase en la escena, quería modificarla. En lugar de decir «buenas noches, James», les pidió a los productores que lo cambiaran por «buenas noches, señor Bond». Según ella, sonaba más real. Y quién mejor para decidirlo.[23] Era un episodio que resumía lo que el anterior presidente de los Estados Unidos George W. Bush consideraba una de sus características más entrañables: «Me gusta porque se toma su trabajo en serio, pero es una reina sin muchos humos».[24] Es algo que nunca nadie ha dicho de la reina Victoria.

Si alguno de los cortesanos victorianos hubiera abierto un ojo en el Palacio de Buckingham al comienzo del reinado de la actual soberana, se hubieran quedado tranquilos al ver ciertas cosas que les hubieran sonado: la misma rigidez jerárquica, los mismos privilegios a los que se aferran con celo, la misma inclinación por las familias con títulos para dirigir el lugar, incluso la misma batería en las cocinas (hasta la fecha, los cocineros reales usan las sartenes de cobre con las iniciales V. R. grabadas). Durante el presente reinado, sin embargo, ha habido una revolución cultural en toda la casa. Las contrataciones y los salarios están controlados por convenio y se emplea al personal por méritos. Los sirvientes y los mayordomos conservan el nombre del puesto y el frac rojo o negro como uniforme (el negro para los veteranos); además, ahora hay muchas mujeres y gente con estudios universitarios. Nadie pretende quedarse ahí de por vida. En general, sin embargo, los nombres de los puestos y las responsabilidades de cada departamento siguen siendo más o menos los mismos.

A la cabeza de la Casa Real encontramos al chambelán, a menudo comparado con un presidente no ejecutivo (nunca ha ocupado el puesto una mujer). Está contratado a tiempo parcial para supervisar toda la operativa. A su cargo hay cinco departamentos que hacen funcionar la maquinaria de la monarquía. La más importante es la Oficina del Secretario Privado, que se encarga de todo lo constitucional y gubernamental. La reina siempre tuvo tres secretarios privados: el principal, el suplente y el asistente, de forma que siempre hubiera uno trabajando y de guardia en todo momento. Le gestionaban la agenda, le preparaban su caja roja* y mantenían la comunicación con las otras catorce naciones

---

* La caja roja con los documentos para la reina que se le entregaba diariamente entre semana era más pequeña, y se le llama «caja de lectura». Los fines de semana era más grande y de tamaño estándar, para albergar los papeles que necesitaran rúbrica. La caja del príncipe de Gales es verde.

de las que era jefa de Estado.* No tardaban en darse cuenta de que su propia existencia tenía razón de ser. Uno de los antiguos secretarios privados recuerda arrepentido una mala pasada al principio de su carrera en Palacio mientras se preparaba para acompañar a la reina a una reunión de contables: «Había un banquete para la Asociación de Auditores de la Commonwealth y le dije a la reina que le resultaría aburrido. Me descuadró por completo».[25] No solo recibió una reprimenda por maleducado, sino por no entender la situación. «La reina me dijo: "No es aburrido, es interesante e importante porque son las personas que están mejorando los estándares y persiguiendo la corrupción en países realmente complejos. Necesitan mi apoyo y aliento, y el vuestro también". En otras palabras, ve la importancia de lo que hace en un contexto más amplio.»

El jefe de la Casa Real se encarga de la parte de mantenimiento y recepción, lo cual incluye toda la atención a visitas tanto oficiales como privadas y el cáterin no solo para la reina sino para el pequeño ejército que trabaja para ella. A la reina le gustaba asegurarse de que estaba todo correcto antes de cada evento, incluyendo el menú (los suyos eran en francés y los del príncipe de Gales en inglés) e incluso las flores. Conocía bien la dimensión teatral de la recepción de las visitas de Estado. Cuando el antiguo jefe real, el brigadier Geoffrey Hardy-Roberts, se mostró preocupado por si un plato en concreto se enfriaría demasiado si se servía en la vajilla de oro, la reina le consoló diciendo que la gente no iba para comer caliente, sino para comer en un plato de oro.[26] Pero los invitados tienen que darse prisa en comer porque es la anfitriona la que marca el ritmo del servicio. Se avisa amablemente a los lentos de que a la reina no le gusta que la gente hable mucho y coma poco. La baronesa Trumpington visitó a la monarca tras

---

* La reina tenía quince reinos a su cargo, además del Reino Unido, hasta que en 2021 las Barbados se convirtieron en una república y nombraron a un presidente como jefe de Estado.

su reestructuración ministerial en 1985 y salió a colación la que entonces era primera ministra, Margaret Thatcher. «Tarda mucho y habla demasiado», comentó la reina. «Ha estado demasiado tiempo rodeada de hombres.»[27]

El departamento financiero real, conocido como Privy Purse y que también incluye la Oficina del Tesorero, está dirigido por el custodio del Privy Purse. La reina Victoria y sus sucesores siempre habían delegado este puesto de responsabilidad vital en un exoficial de la Armada bien relacionado, pero en 1996 la reina tuvo otra idea: ¿por qué no contratar a un contable con experiencia?

La veteranía militar, sin embargo, sigue estando muy cotizada en la Oficina del Lord Chambelán. Hace unos años, se propuso cambiarle el nombre al departamento porque, si algo no es, es la Oficina del Lord Chambelán; más bien se dedica a organizar eventos, como la ceremonia de apertura del Parlamento, visitas de Estado e investiduras. De ahí la necesidad de precisión y garbo militar. El departamento está siempre dirigido por un exoficial de la Armada a quien se otorga el título de Auditor. Sin embargo, como los pocos empleados que tiene a su cargo también supervisan los funerales y bodas reales, a los escoltas de ceremonias, capellanes y médicos reales, al mariscal del Cuerpo Diplomático e incluso la tradición anual del censo de cisnes (un recuento de los cisnes de la reina), decidirse por un nombre nuevo resultó ser prácticamente imposible. La reina se contentó con seguir llamando Oficina del Lord Chambelán a este departamento tan polifacético. Dentro del mismo también encontramos al caballerizo de la Corona, otro puesto antiguamente ocupado por un militar sobre cuyos hombros recae todo el transporte real por tierra y mar, incluyendo un rincón de la sede real que ocupaba un lugar especial en el corazón de la reina: las Caballerizas Reales, un gran palacio georgiano dentro de otro palacio. El mayor resort es un establo de caballos decorado con mármol que aloja a los palafreneros y a sus familias en los pisos de arriba. También hay una preciosa escuela de hípica del siglo XIX. Si los visitantes la rodean hasta el garaje sin indicación en la parte trasera, podrán ver lo menos noble de las caballerizas: los coches.

El quinto departamento es relativamente de nueva creación. Hasta este reinado, los tesoros de la Royal Collection, una de las mejores del mundo, estaban en manos de un grupo de historiadores del arte que trabajaban desde un par de oficinas. En 1993, se creó una organización benéfica para preservarlos y conservarlos en nombre de la nación. El Royal Collection Trust se encarga ahora de conservar los bienes de las trece residencias reales, que son aproximadamente un millón de artículos, incluyendo cuadros de Rembrandt y Van Dyck, dibujos de Leonardo da Vinci y Raphael, muebles, relojes, tapices, armas y miles de piezas de porcelana.

Hay quien dice que a la reina no le interesaba demasiado el arte. En su biografía de 1996 sobre la monarca, Sarah Bradford comentaba: «En círculos artísticos e intelectuales Isabel es considerada una filistea».[28] Cuando el cargo se trasladó al príncipe Carlos, en los setenta, dijo: «Gracias a Dios que, como familia, tenemos intereses distintos, si no se nos habría criticado por estar obsesionados con el arte o, peor, por ser unos esnobs intelectuales».[29] La reina muestra un gran interés por la colección y se alegra cuando otros la aprecian, por lo que le gusta presumir de ella ante sus invitados. En 2008, el presidente George W. Bush se encontraba de visita en el Reino Unido hacia el final de su presidencia. Se le invitó, junto a su esposa Laura, a tomar el té a Windsor. La pareja ya se había reunido con la reina en numerosas ocasiones, pero no habían estado en el palacio en sus anteriores visitas. Bush recuerda: «Disfrutamos mucho del té, y la reina dijo: "¿Os apetece ver las instalaciones?"». Entonces los acompañó por todos los grandes salones y les enseñó el Salón de San Jorge. «A mí me encanta el arte», confiesa Bush. «Fue un momento mágico y ¡la guía era la reina!»[30] Según un antiguo vigilante de las obras de la monarca, su obra favorita es *El constructor naval y su esposa* de Rembrandt,[31] que normalmente está expuesta en la Galería Pictórica del palacio. Junto con el príncipe Felipe, disfrutó de reunir su colección privada de pinturas de pájaros. Nadie la recordará como una monarca cultísima, como el pródigo Jorge IV, cuyo amor por el arte y una extravagancia insaciable son responsables de la mayor parte de la colección. Sin embargo, un director se refirió a ella como una gran conservadora, como Victoria.[32] Bajo su supervisión, la colección es más accesible y visible. Sus exhibiciones itinerantes y sus concurridas tiendas de regalos generan decenas de millones que se reinvierten en la colección, por lo que no recibe ayudas públicas. Quizá no escogió, como señalaba Ben Pimlott, un Moore o un Hepworth o un Frink para el jardín.[33] Estaba satisfecha con el loto bronce de la terraza este de Windsor, diseñado por el príncipe Felipe. De igual forma, puede que la reina no fuera una apasionada de la ópera o la vanguardia —ella prefería los musicales y el *reel* escocés—, pero estaba orgullosa de ser mecenas del arte, incluso del que no era de su agrado: lo imprescindible era que los demás puedan disfrutar también de él.

Toda la operativa real suma poco más de mil empleados. La mayoría sabía que existían dos peligros a evitar cuando uno se topaba con la jefa: «la línea» y «la mirada». No se debe ni cruzar la primera ni recibir la segunda. «Era una mirada fulminante [...] y te miraba de arriba abajo; fue aterrador la primera vez que me ocurrió», dice uno de sus consejeros más veteranos. Otro cortesano ya retirado recuerda la mirada gélida que recibió tras cometer un error con los horarios de un banquete de Estado. Todo se resolvió con una disculpa al día siguiente, pero fueron veinticuatro horas muy incómodas. El castigo del silencio podía provocarlo la incompetencia o el exceso de cercanía. Como Tony Blair explicaba en sus memorias, «de vez en cuando ella se ponía en plan colega contigo, pero ni se te ocurría hacer lo mismo o te habrías ganado "la mirada"».[34]

El que fue político de Nueva Zelanda Don McKinnon ha escrito que antes no era monárquico y que precisamente esa distancia —incluso lejanía— fue lo que le hizo cambiar de opinión cuando comenzó a reunirse regularmente con la reina como se-cretario general de la Commonwealth: «No hay camino fácil; se controla y raciona el acceso para seguir manteniendo su impere-cedero valor. No hay mucho margen de error».[35]

Mantener cierta distancia con sus relaciones profesionales podría dar sensación de frialdad, pero servía de mecanismo de defensa: la reina y su familia sabían que todos los empleados se marcharían tarde o temprano. Esas distancias tienen ventajas en una institución en la que siempre habrá alguien pendiente del más mínimo trato de preferencia. William Heseltine, antiguo se-cretario privado de la reina, comenta: «Uno de sus mayores talen-tos siempre fue no dejar que se le notase quién le gustaba más o menos entre los miembros del servicio. La corte siempre ha sido un hervidero de celos y de gente intentando averiguar quién era el favorito y quién no. Tras veintisiete años, yo tenía bastante claro si alguien le caía bien o no, pero desde fuera no era tan obvio».[36]

Ayudaba que no fuera una persona sentimental por naturale-za, algo en lo que no se parecía a otros miembros de su familia, incluyendo sus padres. «Si estuvieras hablando con la reina ma-dre, en segundos ya la tendrías por Charles de Gaulle», cuenta un antiguo cortesano. «Le encantaba recordar.»[37] Como Margaret Rhodes, la sobrina de la reina madre, solía decir: «Me gusta re-flexionar sobre el pasado mucho más que ver la televisión».[38] Pero a la reina no tanto: «Vivía en el presente recordando en alguna ocasión el pasado si lo consideraba oportuno, pero no de costum-bre», me explicó un antiguo consejero veterano. Es otra diferencia clave entre Isabel y Victoria: esta última disfrutaba de la nostalgia, de rodearse de sus predilectos y, hacia el final de su vida, de con-servar el pasado congelado. La reina Isabel prefería pasar página y era más realista, a diferencia de muchos de los románticos miem-bros de su familia, incluido el príncipe Carlos.

John Major se fijó en que podía explicar «algún recuerdo exa-geradamente largo», pero solo como argumento para algo del pre-sente. Comenta: «La reina era pragmática. Claro que vivía en el presente, pero solía tener la cabeza en el futuro: ¿cuál es el plan?, ¿qué es posible?, ¿qué significará para la gente del norte y del sur?».[39]

En 2012, en la víspera de la celebración de su Jubileo de Diamante, ocurrió algo revelador: mientras Isabel visitaba una nueva exposición sobre la reina Victoria en el Palacio Kensington, frente a ella, en una pantalla, se proyectaron unas imágenes inéditas de la procesión del Jubileo de Diamante de la reina Victoria en 1897 hasta la Catedral de San Pablo. La reina se quedó embelesada. El pequeño equipo de conservadores, oficiales y periodistas (incluido yo mismo) esperó en silencio. ¿Qué estaría pensando la monarca viendo a la reina Victoria celebrar el aniversario del que ella misma iba a ser protagonista como la única otra monarca británica de la historia en conseguirlo? Tras unos segundos, rompió el silencio. «Qué curioso, de su landó tiraban ocho caballos», apuntó.

Por descontado, entendía que la gente quisiera escuchar las historias de alguien a quien J. M. Barrie* le contaba cuentos a la hora del té. Barrie trabajaba con Churchill, entregó la Copa Mundial al equipo de fútbol de Inglaterra, conoció al primer hombre que pisó la luna y rindió homenaje a los conquistadores del Everest. Era generosa con sus recuerdos si se le preguntaba, como pudo ver, entre otros, Barack Obama. Y si de algo estoy seguro es de que se le preguntaba mucho por ellos. Tony Blair afirma: «Solía hablar con ella del pasado a menudo porque me interesaba. Narraba con todo lujo de detalles, pero siempre estaba trabajando y su trabajo no era recordar el pasado».[40]

Un veterano expolítico explica que la reina siempre se centraba en el tema que les atañía mientras que él solía intentar crear un momento de retrospección, esperando sonsacarle alguna anécdota

---

* Durante una visita al Castillo de Glamis, el creador de Peter Pan estaba sentado al lado de la princesa Margarita tomando el té y le preguntó si la galletita de agua que había en un plato era suya. «Es tuya y mía», le respondió. Tal como comentan tanto Marion Crawford como Kenneth Rose, Barrie incorporó esa frase a su obra *The Boy David* y le prometió a la princesa un penique por cada vez que se dijera en el escenario. Los derechos de autor se abonaron cuando Barrie falleció en 1937.

nueva. «A veces sí conseguías que hablara del pasado, que quizá soltara comentarios sobre alguien o algo, pero tenías que llevar la conversación hacia ahí. Quería preguntarle qué opinaba de Margaret Thatcher o de Richard Nixon ¡o de cualquiera que se me ocurriese, la verdad! Tuve que darle muchas vueltas a la conversación y decir "vaya, esto me recuerda a lo que pasó con Heath" solo para escuchar su opinión al respecto.»[41]

George W. Bush cuenta: «Se la ha puesto mucho a prueba, y de cada una de ellas ha salido más fuerte. Tiene una buena perspectiva general de todo. Tener que tratar con alguien anclado en el pasado puede resultar aburrido, pero lo bueno que tenía ella era que vivía en el presente».[42]

Por ese motivo, y a diferencia de otros personajes públicos, hubo algo de atemporalidad en la reina, especialmente estos últimos años. Puede que hubiera envejecido, como todos, pero, después de siete décadas, no había pasado de moda. Seguirá siendo a todas luces un fenómeno fascinante para futuros historiadores. Igual que su padre y su abuelo, ella tampoco nació para ser monarca. Jorge V pasó a ocupar el puesto en la línea de sucesión directa tras la muerte de su hermano mayor en 1892. Hasta la abdicación de Eduardo VIII, Jorge VI, como hijo menor que era, había quedado relegado de por vida al papel de apoyo en los márgenes de la realeza. Incluso cuando ascendió al trono, a Isabel II solo se le encomendó una tarea, una que nunca antes le había sido encomendada a un monarca novel: lidiar con la decadencia. Sus cinco antecesores habían sido todos emperadores y emperatrices. Remontándonos más atrás, de todos los monarcas se había esperado expansión, conquista o, por lo menos, la defensa de sus territorios. Sin embargo, la nueva reina ascendió esperando reducir sus dominios; sabiendo que iría en contra del exaltado himno «Tierra de esperanza y gloria» («vastos y más vastos tus límites serán»). Su deber fue el de ceder poder y delegar soberanía con una sonrisa y un amigable apretón de manos.

En los inicios de su reinado todavía se esperaba que escogiera a los primeros ministros, que disolviera el Parlamento si así lo consideraba oportuno, incluso que censurara la cultura teatral y navegara por el mundo en el yate real. Pero no.

Al menos en teoría, pudo acabar percibiéndose como una retirada paulatina y lenta de todos los frentes. En pantalla, puede que se presente como una maratón de retos y reveses. Ambas podrían ser verdad. Pero lo que sí que se dirá de quienes vivieron durante la segunda mitad del siglo xx y lo que llevamos de siglo xxi es que vivieron bajo el mandato de una de las más grandes.

I

PRINCESA

1

1926-1936

«Persiguiendo la felicidad»

El 26 de enero de 1926, cuarenta científicos y un grupo de periodistas se apelotonaron en un ático convertido en taller de la Frith Street en el West End de Londres para ver a un chaval de oficina llamado William Taynton haciendo muecas en una pantalla. *The Times* opinó que la imagen era «demasiado clara y a menudo borrosa». Sin embargo, era un momento clave del siglo xx. El informe afirmaba: «Se puede retransmitir y reproducir al instante y al detalle el movimiento». Esta pequeña audiencia acababa de presenciar el nacimiento de la televisión o, como su presentador, el ingeniero eléctrico escocés John Logie Baird, lo llamaba, «el televisor».[1] Tres meses después, a menos de un kilómetro y medio de distancia, ocurrió un momento histórico similar; uno que, igual que el anterior, resuena hasta nuestros días. Una princesa nacía en las primeras horas del miércoles 21 de abril. Hoy parece una coincidencia que la primera monarca de la era de la televisión llegara al mundo al mismo tiempo que el medio a través del cual la gente ha podido conocerla. Quizá también ilustra la manera en la que se expande a través de las épocas. La nación de aquel entonces seguía conmocionada por las pérdidas de la Primera Guerra Mundial. La mitad de la población había nacido bajo el mandato de la reina Victoria (cuyo hijo, el duque de Connaught, sería uno de sus padrinos). En Blackpool todavía había algún viejo soldado capaz de describir la carga de la Brigada Ligera porque había formado parte de ella.* En Alabama, al último superviviente conocido del último barco de esclavos que viajó de África a los Estados Unidos, Cudjoe Lewis, le iban a publicar su historia en el *Journal of American Folklore*. Así estaba el mundo el día que la princesa Isabel Alejandra María de York llegó al mundo en la casa de Londres de su abuelo materno, en el número 17 de Bruton Street.

Su madre, la duquesa de York, siempre había querido una niña. Al duque le bastaba con ser padre. «Ni te imaginas lo tremendamente felices que nos hace a Isabel y a mí tener a nuestra pequeña», le escribió a su madre, la reina María.[2]

Pasó a ocupar automáticamente la tercera posición en la línea de sucesión, pero pocos imaginaban que llegaría a ascender al trono. El heredero del rey Jorge V, el príncipe de Gales, conocido como David, era el predilecto. Se daba por hecho que algún día tendría su propia familia, pero quienes conocían al verdadero David sabían bien de su turbia vida privada, de su obsesión con las mujeres casadas y de la posibilidad real de que nunca tuviera progenie. Aun así, esperaban que el siguiente de los tres hermanos, Bertie, duque de York, tuviera más descendencia y un hijo que adelantaría por la derecha a su hermana en la línea de sucesión.

Quienes conocían su historia, sin embargo, recordarían que el rey Jorge III había engendrado quince hijos, pero fue la única hija de uno de sus hijos menores quien había acudido al rescate del trono. «Presiento que esta criatura será la reina de Inglaterra», auguró el periodista Chips Channon al escuchar los tradicionales disparos en honor a la pequeña de York, «y quizá la última soberana».[3]

Un pensamiento similar asaltaría a Jorge V poco después. Por ahora, no obstante, el rey y la familia real disfrutarían de la

---

* Edwin Hughes, nacido en Wrexham y conocido a nivel local como «Balaclava Ned», resultó herido durante la carga y mataron a su caballo de un disparo, yendo él a cuestas. Sin embargo, consiguió regresar a su regimiento, los 13.º Dragones de Luz. Murió en 1927.

distracción de la princesita durante una grave crisis nacional. El carbón no solo era crucial para las exportaciones industriales a nivel nacional, sino que también era la industria que más puestos de trabajo generaba en Gran Bretaña. Teniendo que hacer frente a la caída de la producción y a los competitivos precios del extranjero, los dueños de las minas proponían recortar salarios y aumentar las horas de trabajo, una conclusión a la que también había llegado la comisión real que se ocupaba del tema. El Congreso de Sindicatos Obreros decidió que ya iba siendo hora de retar a todo el sistema mostrando su apoyo a los mineros. Convocó una huelga general para detener toda la exportación industrial y logística a un minuto de la medianoche del 3 de mayo de 1926.

Desde una óptica actual, podría parecer exagerado el pánico que cundió entre la clase británica media y alta en aquel momento. Pero habían pasado menos de diez años desde la Revolución bolchevique y la ejecución de la familia real rusa. La Unión Soviética no tenía ni cuatro años. ¿Podría ocurrir lo mismo en Gran Bretaña? El político conservador Duff Cooper narró en su diario que su esposa le había preguntado cuándo estaría bien visto que huyeran del país. «Le he dicho que cuando empiecen las masacres», escribió.[4] Cuando los periódicos como el *Daily Mail* alertaron de la inminente revolución, las imprentas pausaron las prensas. Tal era el patente fervor revolucionario entre algunos sindicalistas que la cúpula del Partido Laborista se negó a secundar la huelga. El rey sabía de sobras que cualquier atisbo de enfrentamiento desataría un tremendo malestar. «Prueba a vivir con sus salarios antes de juzgar», fue su respuesta al conde de Durham, propietario minero, antes de la huelga.[5] Ahora, instaba al primer ministro conservador, Stanley Baldwin, a no recurrir a medidas agresivas contra los sindicalistas ni los fondos. Mantuvieron la mente fría y, en poco más de una semana, los sindicatos cancelaron la huelga dejando a los mineros en apuros, solos en una lucha que, en vano, duraría meses. El rey escribió en su diario: «En los últimos nueve días ha habido una huelga en la que cuatro millones de personas se han visto afectadas. No ha habido uso de armas y tampoco víctimas mortales, lo cual demuestra cuán gentiles somos».[6]

El resentimiento residual hacia la izquierda política de la comunidad minera perduraría, de hecho, durante generaciones en toda Gran Bretaña, tal como descubriría aquel bebé de la realeza. Sin embargo, la calma después de la tormenta reinó junto a la felicidad en su bautizo, en el Palacio de Buckingham, el 29 de mayo. Allí, con el rey y la reina entre los invitados a ser padrinos, Isabel sollozaba —se la tuvo que calmar con agua de eneldo—. Como explica una de sus biógrafas, Sarah Bradford: «Fue el último escándalo que provocó en público».[7] Su padre también tendría el suyo, días después, con su aparición en el campeonato de tenis de Wimbledon, como primer y último miembro de la familia real en participar. El duque de York y su caballerizo, el comandante de aviación Louis Greig, habían ganado los dobles del campeonato de la Real Fuerza Aérea y los espectadores tenían altas expectativas con su aparición en la cancha número 2 de Wimbledon. Sin embargo, el partido fue horriblemente mal y perdieron todos los sets contra dos contrincantes cuyas edades sumaban ciento diez años.[8] A partir de entonces, el duque se centraría solamente en sus obligaciones monárquicas.

Su hija tenía tres meses cuando se anunció que los York se embarcarían en una gran gira por Nueva Zelanda y Australia. Los nuevos edificios del Parlamento situado en la capital australiana, Canberra, requerían de inauguración real y el príncipe de Gales acababa de regresar de dar la vuelta al mundo. Iba a ser una prueba importante para los duques de York. Desde la infancia, el duque tenía problemas de tartamudeo al hablar, lo cual convertía sus discursos públicos en una tortura que no le dejaba dormir y le afectaba anímicamente a medida que se acercaba el día. Pero el deber real le llamaba y, de todos los hijos de Jorge V, el duque de York era el más empecinado en su trabajo. En octubre de 1926 se reunió por primera vez con Lionel Logue, el logopeda australiano cuya relación con su paciente real serviría de inspiración para la película *El discurso del rey* en 2010. Pronto llegaron los resultados. De repente, el duque ya no detestaba su viaje a Australia; es más, ansiaba ir.[9] La duquesa, por otro lado, tenía cada vez más miedos por dejar a su hija y se le hizo agónica la despedida. «La pequeña estaba tan adorable jugando con los botones del uniforme de Bertie que me dejó muy afectada»,[10] le escribió a la reina María poco después de zarpar, en enero de 1927. Fue la lección más dura que recibió sobre la otra cara de ser de la realeza.

Pero la ausencia de los York tuvo algo bueno y es que dejaron a Isabel a cargo de sus abuelos paternos, que la adoraban. La seriedad de la reina María, quien rara vez mostraba sus sentimientos, se vio ablandada por «esa pequeña de carita adorable y preciosa cabellera clara».[11] El rey emperador y su parquedad también quedaron cautivados. Son muchos los historiadores que han hablado de la tensión en la relación con sus hijos. Habían sido criados en la casa de campo de York, una modesta casa sin mucho encanto en el pueblo de Sandringham. Durante los primeros años se encargó de ellos una cuidadora sádica que pellizcaba a David para hacerlo llorar ante sus padres mientras «ignoraba a Bertie hasta un punto que se podría considerar rechazo».[12] Esto reforzaría el vínculo entre los dos hermanos mayores y su hermana, la princesa María. Con el tiempo, a medida que llegaron hermanos menores, el clima se fue relajando, pero los hermanos ya habían desarrollado un miedo hacia su padre que duraría de por vida. La princesa Isabel, sin embargo, no tenía maldad. «¡Aquí está la *bambina*!», exclamaba la reina María cada vez que aparecía por la puerta, mientras que el rey informaba a sus padres con orgullo de cada uno de los dientes de leche que le salían.[13]

Poco después del regreso de los York de su viaje (durante el cual recibieron tres toneladas de juguetes para el bebé),[14] Isabel seguiría disfrutando de esta estrecha relación con su abuelo. Cuando el rey fue enviado a Bognor para recuperarse de una operación de pecho a vida o muerte en 1928, la nieta del convaleciente fue enviada a asistirle. Disfrutaba enormemente de verla construir castillos de arena. A ella le encantaba su loro, Charlotte, y su terrier escocés, Snip. «Su extensa corte no tiene un sirviente más devoto que el rey», escribía la periodista Cynthia Asquith en la biografía autorizada de la duquesa. El rey, también según la periodista, fue avistado una vez a gatas intentando esconderse debajo del sofá. «Estamos buscando el broche de pelo de Lilibet», explicó.[15] En su cuarto cumpleaños, el rey compartió con ella una de sus mayores pasiones al obsequiarle con un poni de las Shetland, su primer poni, al que llamó Peggy. A pesar de que el duque y la duquesa se resistían a que fuera una niña mimada, a todos les gustaba complacerla. Un día, en el Windsor, un ex oficial de la Guardia marchó hasta su cochecito y le preguntó: «¿Nos da permiso Su Majestad para retirarnos?». «Sí, por favor», respondió ella, y añadió: «¿Qué acaba de decir Lilibet?».[16] A ella le encantó.

Hay quien le atribuye este mote de toda la vida a Jorge V mientras que otros aseguran que es una variación propia de cómo se hacía llamar, Tillabet.[17] Sea como fuere, se acabó quedando Lilibet. Al parecer, ella también tenía un apodo para el rey: «abuelo Inglaterra». Según el biógrafo de Jorge V, Kenneth Rose, seguía habiendo cierta formalidad en la relación. Al darle las buenas noches, Isabel se giraba hacia la puerta y, con una reverencia, decía: «Vaticino una buena noche para Su Majestad». Aunque fue Marion Crawford quien habló de la historia del abuelo Inglaterra, la princesa Margarita lo negaría más tarde. «Le teníamos demasiado miedo como para llamarle de otra forma que no fuese "abuelo"», le dijo a Elizabeth Longford.[18]

La llegada de Margarita el 21 de agosto de 1930 pondría fin a una atención que Isabel no deseaba compartir con nadie. La duquesa de York quería dar a luz en el Castillo de Glamis, la casa de su padre, el conde de Strathmore, en Escocia, y también de la familia Bowes-Lyon desde el siglo XIV. Disfrutó de una feliz infancia en esta conocida fortaleza de cuento en la fértil y frondosa llanura de Strathmore, al norte de Dundee.

Esta antigua y obsoleta tradición de verificar de manera oficial el nacimiento real seguía conservándose, lo que supuso que el ministro del Interior, John Clynes, un antiguo líder del Partido Laborista, debía estar avisado y a la espera, si no en la misma sala. La suya fue la única llegada prematura, puesto que apareció más de quince días antes que el bebé. El que fuera obrero de una fábrica de tejidos tuvo que pasar dos incómodas semanas en el castillo vecino de Cortachy como huésped de la condesa de Airlie, esperando la llamada. Tiempo después describió el sitio como un lugar prácticamente feudal de trabajadores de Estado con falda escocesa rodeando las cañadas como soldados con antorchas quemando, encendiendo faroles bajo una tormenta que se empezaba a formar para pregonar el nacimiento sin complicaciones de la pequeña.[19] Los York querían llamarla Ana Margarita, pero el rey les hizo saber que «Ana» no era de su agrado y el asunto quedó zanjado.[20] Se llamaría Margarita Rosa.

Por primera vez en más de tres siglos, un sucesor directo de la Corona había nacido al norte de la frontera, algo que gustó mucho en Escocia. Sin embargo, era un secreto a voces que los York y el resto de la familia esperaban que fuera un niño. La gente empezaba a sospechar en silencio que, con una separación de cuatro años entre ambas princesas, puede que el hijo y heredero de los York nunca llegara. La aparición de la pequeña Victoria tampoco fue tan fantasiosa como podría haber sido. Como confesó el duque de York sobre su hija mayor a su amigo el escritor Osbert Sitwell, «era imposible no preguntarse si la historia se repetía».[21] Al año siguiente, la niña tuvo su primer trozo de planeta con su nombre: una parte de la Antártida se bautizó como Tierra de la Princesa Isabel (más tarde esas tierras se ampliarían unos 478.000 kilómetros cuadrados más en honor a su Jubileo de Diamante). Un año después, aparecía por primera vez en un sello, en concreto en el sello de Terranova de seis céntimos, con un vestido con volantes y un juguete en la mano.

Sumado a este cambio gradual de miras estaba el hecho de

que el príncipe de Gales parecía estar lejos de encontrar esposa. Más bien se estaba acostumbrando a una vida de vividor libertino que llevaba por el camino de la amargura a la Casa Real.

Durante su viaje por África en 1928, cuando recibió la noticia de que el rey había caído gravemente enfermo y que debía volver inmediatamente, pareció no importarle. «No me creo ni una palabra», le dijo a su asistente privado y secretario, Alan *Tommy* Lascelles, que estaba destrozado, y así lo hizo saber. Lascelles escribió: «Me miró, salió sin decir una palabra y no paró el resto de la tarde hasta que consiguió conquistar a la señora Barnes, la esposa de un comisario local. Él mismo me lo dijo por la mañana».[22] A su regreso a Londres, Lascelles tuvo una larga charla con su superior por su comportamiento. Terminó advirtiéndole que «perdería el trono de Inglaterra» y dimitió. El príncipe respondió: «Creo que lo que pasa es que no soy el indicado para ser príncipe de Gales».[23] A pesar de su gran popularidad entre el pueblo, era una persona con inseguridades. En 1931, en una fiesta en Leicestershire, el príncipe conoció por primera vez a una pareja de los Estados Unidos, Wallis Warfield Simpson y su marido, Ernest.* No fue un gran éxito, como bien recordaría después. A ella no le hizo ninguna gracia una broma sobre la calefacción central que usaban allí y así se lo hizo saber; pero esta frialdad no duraría eternamente.[24]

La vida en casa de los York era agradable y estable. La princesa Isabel había recibido con los brazos abiertos a su rival, según explica Anne Ring en su cuento infantil de 1930 aprobado por Palacio, *La historia de la princesa Isabel*.[25] «Tengo cuatro años y tengo una hermanita, Margarita Rosa, y la voy a llamar Pimpollo», le dijo la princesa a una visita. «¿Por qué "Pimpollo"?» Ella respondió seria: «Bueno, es que todavía no es una rosa de verdad, ¿a que no? Es un pimpollo».

---

* En sus memorias posteriores, ya como duque de Windsor, situó este encuentro en 1931. Sin embargo, como John Wheeler-Bennett —el biógrafo oficial de Jorge VI— señaló, la duquesa está segura de que se conocieron en 1930.

Al regresar de Australia, el duque y la duquesa se habían mudado al número 145 de Piccadilly, cerca del Hyde Park, con la pequeña Isabel. Su cuidado estaba ahora en manos del indiscutido feudo de Clara Knight. Nacida en Hertfordshire, cerca de la casa de campo inglesa de los Bowes-Lyon, había cuidado de la duquesa y de su hermana menor de pequeña, había terminado trabajando para una de las hijas mayores de la duquesa y había vuelto ahora a su cargo anterior. Era una niñera británica de pies a cabeza, vinculada a la misma familia durante toda la vida, conformada, siempre hecha un pincel y hacendosa y a la que se había ascendido a «señora» a pesar de no haberse casado. Para los niños a su cargo siempre fue Alah (o Ahla o Allah), la forma en que los críos pronunciaban Clara. «Era mucho más regia que sus jóvenes superiores», recordaba más tarde la institutriz real, Marion Crawford.[26] Al principio, a Alah la ayudaba una sirviente llamada Margaret MacDonald a la que la princesa llamaba «Bobo». Era igual de seria, pelirroja e hija de un ferrocarrilero escocés.

Con la llegada de la princesa Margarita, Alah se ocupó de la pequeña y Bobo se centró más en Isabel. Formaron un vínculo inquebrantable que duró casi setenta años hasta que Bobo falleció en 1993. En esos primeros años, la hermana de Bobo, Ruby, también fue contratada para cuidar a Margarita. El piso de arriba del número 145 de Piccadilly se convirtió así en un barco con un buen mando en el que cada princesa tenía un armario vitrina en el que poner sus recuerdos más queridos. Los de Isabel eran soldados de juguete, muñecas de la reina María y la cuna de plata que coronó la tarta de su bautizo.[27]

A diferencia de muchos niños de su generación y clase, las princesas veían mucho a sus padres, no solo a la hora de acostarse. Cada mañana, hasta el día de la boda de la princesa Isabel, empezaba con una visita a la habitación del duque y la duquesa para hacer lo que Marion Crawford llamó una «juerga por todo lo alto».[28] Y es que el retrato principal que figuraba orgulloso en el salón de los York vigilando Piccadilly no era una reliquia o una imagen de un antepasado, sino el tierno retrato de la princesa Isabel a los cinco años con un perro pintado por Edmond Brock.[29] Hasta hoy, sigue siendo una de las obras favoritas de la familia (no forma parte de la Royal Collection) y la guardan en privado.*

En 1931, el rey permitió a los York hacer uso del Royal Lodge, el alojamiento real del Gran Parque del Windsor como casa de verano. Había sido un capricho del príncipe regente, que le llamaba «la casa de campo». Necesitaba una reforma, pero pronto se convirtió en un querido retiro que la duquesa conservaría el resto de su larga vida. El duque se obsesionó con la jardinería y forzaba a su familia, a los empleados e incluso a su detective privado a ayudarle con las tareas de la finca los fines de semana.[30] Las pequeñas tuvieron una razón más para amar el lugar en 1932, cuando el pueblo de Gales le regaló a la princesa Isabel una casita de paja de dos plantas a escala en su sexto cumpleaños. La bautizó «Y Bwthyn Bach» («la pequeña casita» en galés), pero, más que una casita de muñecas a tamaño real, se trataba de una increíble obra de arte a la altura de la casa de muñecas de la reina María.** Tenía luz y agua, una radio que funcionaba, toda la obra de Beatrix Potter en miniatura, un óleo de la duquesa, sábanas de lino a medida, un barco con la cara de Isabel en la vela y un minúsculo documento acreditativo del alcalde de Cardiff a nombre de «su majestad la princesa Isabel de York, de ahora en adelante la donataria...».[31]

En el mundo real fuera de los confines de ese jardín palaciego encantado, los temores volvían a invadir al rey: el panorama exterior estaba marcado por una depresión mundial, el caos en los mercados y el ascenso al poder de dictadores. El país estaba afectado por un desempleo cada vez mayor, la devaluación de la libra

---

* Véase la página 1 del primer pliego de fotografías.

** La mayor casa de muñecas del mundo fue diseñada por el gran arquitecto imperial Edwin Lutyens con la ayuda de 1.500 artesanos y artistas. Se le ofreció a la reina María en 1924, formó parte de la British Empire Exhibition y puede visitarse actualmente en el Windsor.

y la división interna del minoritario Gobierno laboralista. Esto llevó al rey Jorge V a intentar realizar una intervención prácticamente impensable en la actualidad. Y es que fue el propio monarca quien convenció a las fuerzas políticas de crear una coalición entre partidos con el fin de formar un Gobierno «nacional» bajo el mandato del laboralista Ramsay MacDonald (que fue rápidamente expulsado de su propio partido). Más tarde, el rey justificó sus acciones diciendo que se trataba de una emergencia nacional. Sin embargo, el historiador constitucional Vernon Bogdanor opina que fue abuso de poder. «El Gobierno nacional, aunque impactó en el mercado, no era del todo nacional puesto que los laboristas no lo apoyaron», esgrime. El rey estaba, por tanto, tomando partido.[32] Otros insisten en que Jorge V hizo bien. En su estudio de la monarquía constitucional, el antiguo director del *Times* Charles Douglas-Home argumentaba que Gran Bretaña estaba a horas de la bancarrota: «El rey solo hizo uso de su poder para ayudar y aconsejar, quizá demasiado incisivamente, a los políticos, que necesitaban directrices claras y marcadas para un problema ante el que hubieran estado indecisos de haber tenido que actuar solos».[33]

En público, el rey se mostraba totalmente volcado en su familia. A finales de 1932, emitió su primer discurso de Navidad desde Sandringham. Rudyard Kipling fue el encargado de transmitir un tono familiar, charlando alrededor de la chimenea en lugar de una alocución imperial. «Os hablo desde mi hogar y desde mi corazón; a todos los hombres y mujeres separados por las nevadas, el desierto o el mar, que solo les alcancen las voces en el viento», comenzó diciendo. La emisión estaba programada para las tres de la tarde, igual que ahora, dado que era la hora a la que la mayoría del Imperio británico estaría despierta y escuchándolo.

En Pascua del año siguiente, un nuevo rostro apareció en la familia real. Los York habían decidido que era el momento de comenzar con la educación de sus hijas. Se les había recomendado una institutriz recién salida de los estudios de Magisterio. Había trabajado para amigos de la familia y había dejado gratamente

impresionada a una de las hermanas de la duquesa. Marion Crawford tenía muchos otros atributos que resultaban atractivos a los
York: les hablaba a los niños poniéndose a su nivel y era escocesa,
el broche final de todo lo apropiado para la crianza de las criaturas
de la realeza. El hecho de que solo tuviera veintitrés años también
jugaba a su favor. El duque ya había tenido suficientes tutoras
mayores durante su infancia. Como explicaría Marion Crawford
más tarde: «Quería a alguien con energía».[34] La nueva institutriz
llegó la primavera de 1933 para un período de prueba de un mes;
enseguida se la apodó «Crawfie» y se quedó diecisiete años. Fue
discreta con los secretos reales desde la infancia hasta la edad adulta, tras lo cual se retiró con una oferta de una casa vitalicia en el
Palacio Kensington, momento en el cual se convirtió en el rostro
de la indiscreción con sus memorias *The Little Princesses* («Las
princesitas»).

La nueva institutriz pronto empezaría a revolucionar el gallinero. Descubrió que Alah y Bobo habían creado un mundo de felicidad en el que la princesa Isabel siempre estaba jugando con ponis imaginarios (Crawfie, como el resto, incluido el rey, tenía que
hacer de poni). A la princesa le gustaba que todo estuviera limpio y
ordenado, y entre sus juguetes favoritos figuraban una escoba y un
recogedor, un regalo de Navidad de la dama de compañía de la
reina María, la condesa de Airlie.[35] La austeridad y la prudencia
fueron valores que les fueron inculcados desde pequeñas. Incluso
tenían una caja especial en la que guardaban papel de regalo y lazos
para reutilizarlos. El cometido de Crawfie era el de comenzar a
moldear su educación. «Los empleados no podían intervenir menos», escribió, una pulla poco sutil por la falta de dedicación a la
educación de la reina madre. «Me preocupaba; esperaba que la reina María fuera una gran aliada.»[36] La abuela de las criaturas siempre
se interesaba por lo que estaban aprendiendo y enseguida organizó
una reunión para evaluar a la nueva institutriz. Acompañándola, el
rey solo pidió una cosa: «Por el amor de Dios, enséñales a Margarita y a Lilibet a tener buena letra: es todo lo que te pido. Ninguno

de mis hijos sabe escribir y quiero que su caligrafía tenga personalidad».[37]

Isabel recibió entonces un horario, debidamente revisado por la reina María, que reservaba mucho tiempo a la aritmética y a la historia. La reina, obsesionada con el pedigrí —se había aprendido todo su árbol genealógico con el mismo tesón con el que el rey guardaba sus álbumes de filatelia—, insistía en que la genealogía «les parecía muy interesante a los niños».[38] Crawfie quedó aliviada por no tener que enseñarles francés, eso sí. Los York habían contratado a una tutora aparte que la princesa Isabel detestaba. «Un día escuché un ruido extraño que provenía de la clase», recuerda Crawfie. Para su sorpresa, descubrió que Lilibet, «muerta de aburrimiento», se había vaciado un tintero por encima, dejando a la dispersa *mademoiselle* «paralizada por el horror».[39] Cuando Margarita consiguió escapar del cochecito en el que la amable Alah seguía insistiendo en ponerla, acompañó a su hermana a clase. También se organizaban salidas, incluida una al metro de Londres. Se fueron formando dos personajes muy marcados: Isabel, la niña estudiosa y obediente, eterna protectora de Margarita, osada, graciosilla y siempre buscando atención, con un amigo imaginario al que llamaba «primo Halifax». Se llevaban bien pero, como todos los hermanos, tenían sus momentos. Cuando la cosa se ponía violenta, Crawfie ya tenía fichadas sus técnicas más comunes: Isabel era «rápida con el gancho izquierdo» y a Margarita le encantaba morder.[40]

Margarita también estaba muy interesada en la ropa, algo que a Isabel no le interesaba lo más mínimo (como ahora, de hecho). Anne Glenconner, amiga de la infancia de las princesas, guarda con cariño una foto en la que salen jugando de niñas. Una joven princesa Isabel le frunce el ceño con cara de pocos amigos a la princesa Margarita, que sale mirando los zapatos de Anne. Años después, cuando Anne fue dama de compañía de Margarita, le enseñó la foto. «Tenía muchos celos», le confesó la princesa, «tus zapatos eran plateados y los míos marrones.»[41] A su debido tiempo, el diseñador favorito de su madre, Norman Hartnell, aparecería en sus vidas. Su primer encuentro se dio cuando Isabel fue invitada a la boda del hermano menor de su padre —el príncipe Jorge, duque de Kent, con la princesa Marina de Grecia— como dama de honor en 1934. A Margarita le fascinó el proceso; a Isabel, no tanto.

La boda supuso un momento clave por varias razones. Se dice que fue la primera vez que la princesa Isabel vio al príncipe Felipe de Grecia, primo de la novia.* Su padre, el príncipe Andrés de Grecia y Dinamarca, era el tío de la novia. Se había exiliado a la fuerza a Francia tras el golpe militar cuando Felipe era un bebé. Ahora la familia estaba repartida por Europa; la madre de Felipe había sido ingresada en un hospital psiquiátrico y no veía a su hijo durante años. Felipe acababa de comenzar su primer trimestre en una escuela pública escocesa, Gordonstoun. Lo que es más interesante, sin embargo, es que la boda fue el momento en el que el príncipe de Gales les presentó a los reyes a Wallis Simpson, a quien tenía, ahora sí, en alta estima (aunque siguiera viviendo con su marido). Ese mismo año, la amante del príncipe, Thelma Furness, se había marchado a los Estados Unidos de viaje tres meses y les había pedido a sus amigos Ernest y Wallis Simpson que entretuvieran al príncipe. A su regreso, Furness descubrió que le habían usurpado el puesto. El príncipe se aseguró de invitar a ambos Simpson a la boda de su hermano a pesar de que toda la familia conocía la verdadera razón. «Esa mujer en mi propia casa», dijo el rey, enfurecido al ver a su hijo embobado en público con una divorciada casada.[42] No fue el único ofendido por el comportamiento del príncipe: algunos miembros de la familia de la novia se quedaron consternados al verle encendiéndose un cigarro con

---

* Es posible que la princesa Isabel conociera al príncipe Felipe antes. Los York solían disfrutar de sus vacaciones de verano en la costa de Holkham, Norfolk, procedencia del padre de Anne Glenconner, el duque de Leicester. El pequeño príncipe Felipe solía también ir de visita con sus hermanas.

una vela durante la parte griega ortodoxa de la ceremonia.[43] Fue solo uno de tantos ejemplos del mismo problema: al príncipe de Gales le importaba todo más bien poco. A esas alturas se sabía de sobra, según comenta Alan Lascelles, quien citaría una conversación entre Jorge V y el cortesano Ulick Alexander* en Sandringham a principios de los treinta. «Mi primogénito jamás me sucederá», le había dicho el rey a Alexander. «Abdicará.»[44] En el ocaso de su reinado, el rey haría el mismo comentario ante otras personas.

Jorge V le prohibió al príncipe que invitara a la señora Simpson a la celebración que tuvo lugar en 1935 para conmemorar su vigesimoquinto aniversario en el trono. Fue el primer Jubileo que se celebró desde los sesenta de la reina Victoria al final del siglo anterior. Para los amigos «fiesteros» de su hijo y los intelectuales como Beatrice Webb y H. G. Wells, Jorge V resultaba impasible, predecible, inexpresivo y desinteresado; al mando del mayor imperio del mundo, y sin ningún tipo de interés por ver qué había más allá de sus costas, aborrecía «el extranjero». Desde que terminara la Primera Guerra Mundial hasta su muerte, diecisiete años después, solo pasó ocho semanas fuera, cinco de las cuales fueron convaleciente, por prescripción médica. Tenía un horizonte cultural limitado: sus óperas favoritas eran las más cortas, como *Tosca*, y prefería una buena aventura de John Buchan antes que a Shakespeare. A principios de su reinado ocurrió un gracioso malentendido: el primer ministro le pidió al rey que le deseara un feliz cumpleaños al «viejo Hardy». El autor de *Lejos del mundanal ruido* (y premiado por la Orden del Mérito) cumplía setenta años. La felicitación real llegó a su destinatario en Alnwick, Northumberland, para sorpresa del señor Hardy, el fabricante de las cañas de pescar del rey, que ni cumplía setenta años ni era su cumpleaños.[45] Se desconoce si el mensaje llegó finalmente a Thomas Hardy.

---

* Ulick Alexander fue auditor del duque de Kent hasta 1936, cuando pasó a ser custodio del Privy Purse hasta el inicio del presente reinado.

La lista de cosas que desagradaban al rey era larga, según explica su hijo mayor en sus memorias. Entre ellas figuraban «los dedos manchados de pintura, las mujeres fumadoras, los cócteles, llevar sombrero sin justificación, el jazz y la cada vez más asentada costumbre de irse fuera los fines de semana».[46] Sin embargo, como Harold Nicolson, el biógrafo oficial del rey, señalaba, precisamente toda esta franqueza y predictibilidad le convertían en alguien afectuoso como «fuerte y benevolente patriarca».[47] Esto explica las muestras de afecto en ese Jubileo de Plata de 1935, cuando el rey recorrió la capital durante varios días. La respuesta, en especial en las zonas más pobres, le pilló completamente desprevenido. «Ignoraba que se sintieran así», dijo con los ojos vidriosos.[48] Como le expresó a su pueblo en el discurso de su Jubileo: «Agradezco desde lo más profundo de mi ser la lealtad y, me atrevo a decir, el amor que, hoy y siempre, nos habéis brindado».

La salud de Jorge V volvía a ser delicada y empeoró tras la muerte de su hermana favorita, la princesa Victoria, en diciembre. Consiguió dar su discurso de Navidad antes de acostarse poco después con un grave constipado. Jamás volvió a bajar esas escaleras. El 20 de enero celebró su último Consejo Privado desde la cama. «La vida del rey está llegando con calma a su fin», anunciaba la BBC poco después. Años más tarde, salió a la luz que estaba sucediendo con menos calma de la que se creía gracias al médico del rey, Dawson de Penn.[49] Aceleró el final con una gran dosis de morfina, tras lo cual el monarca expiró su último aliento, poco antes de la medianoche. Dawson quería que la muerte se anunciara en *The Times* como se merecía en lugar de en los diarios de la tarde, mucho menos respetados, que se hubieran llevado la exclusiva si el rey hubiera fallecido horas después.* Escoltado hasta la

---

* Aunque sus dotes con el bisturí le salvaron la vida al rey en 1928, el presidente del Real Colegio de Médicos fue objeto de críticas e incluso de un verso musical en su honor: «Lord Dawson de Penn, / a muchos ha dicho amén, / por eso al rey cantamos / y larga vida le deseamos».

estación por su poni de caza, Jock, el difunto rey volvió a Londres, donde su familia desfiló tras su ataúd hasta Westminster. A medida que se iba acercando, su biógrafo oficial Harold Nicolson observó lo que él llamó «el peor de los augurios».[50] La cruz de la corona imperial del Estado se aflojó y cayó en una alcantarilla. «Por el amor de Dios, ¿qué va a ser lo próximo?», refunfuñó el príncipe Jorge entre dientes, pescándola y guardándola en el bolsillo.[51] Un millón de personas hicieron cola para despedirse del monarca. Su madre alzó a la princesa Isabel para que viera el momento en el que los hijos de Jorge V se cuadraban en las cuatro esquinas de su ataúd. Le dijo a Crawfie: «Fue muy solemne, todo el mundo en silencio, como si el rey durmiera».[52] Al día siguiente, estrenando un abrigo y sombrero negros, la princesa acudió al pequeño funeral familiar y presenció cómo el ataúd descendía a la cripta de la Capilla de San Jorge, en Windsor.

Durante el reinado de Jorge V, como señalaba Vernon Bogdanor, se destituyeron a cinco emperadores, ocho reyes y más de una docena de gobernadores monárquicos; el rey durmió a pierna suelta en todo momento. Cinco monarcas asistieron a su funeral (los de Dinamarca, Noruega, Bulgaria, Rumanía y Bélgica). Sus reinos serían invadidos y quedarían subyugados solo unos años más tarde. Pero no el Imperio de Jorge V. Él era un conservador no practicante que, sin embargo, había creado la Casa de Windsor y fundado la Orden del Imperio Británico (para hombres y mujeres de cualquier clase). Había sido totalmente imparcial con el primer Gobierno laborista de Gran Bretaña. Se había reído con las gracias del sindicalista Jimmy Thomas y casi se le habían saltado las lágrimas al ver al primer ministro laborista de Inglaterra marcharse el año de su Jubileo. Le dijo a Ramsay MacDonald: «Espero que te hayas dado cuenta de que eras mi primer ministro predilecto».[53] Sea o no verdad la afirmación del «abuelo Inglaterra» de Isabel, parecía reflejar bien cómo se sentían muchos respecto a él (dentro y fuera de su país). Tenía buen instinto: moderado, pragmático y siempre desconfiando tanto de la izquierda como de la derecha.

En sus últimos años, dos fueron los miedos que se apoderaron de él: uno era una posible guerra y, el otro, la obsesión de su primogénito con la señora Simpson. Como la condesa de Airlie le escuchó decir al rey: «Rezo para que mi hijo nunca se case y nada se interponga entre Bertie y Lilibet y el trono».[54] Algo parecido pensaba el duque de Kent: «David no estará a la altura, ya verás».[55] Todavía más profético fue lo que le dijo a Stanley Baldwin: «Se echará a perder en menos de un año después de mi muerte».[56]

Y así empezaría el año conocido como «el año de los tres reyes». Eduardo VIII, el nombre que David había escogido, ascendió al trono en una ola de beneplácito popular. Su círculo más cercano sabía la realidad. «Hoy pensaré en el P. de G., para quien el reinado será un estorbo», escribía Chips Channon dos días antes del ascenso de David. «Su soledad, su encierro y su aislamiento se harán mucho más grandes de lo que jamás hubiera imaginado. No he visto a nadie tan enamorado.»[57] Volviendo la vista atrás, su hermano menor creía que Eduardo VIII nunca había querido ser rey y que no había podido hacerse a un lado antes de que fuera demasiado tarde. «Nunca quiso el testigo», le dijo Bertie al bibliotecario del Windsor, Owen Morshead. «La muerte de padre no entraba en sus planes. Hubiera sido mejor que pasara cuando todavía era príncipe de Gales.»[58]

En mayo comenzaron los planes de la coronación. El nuevo rey no profesaba ningún cariño hacia el Palacio de Buckingham, donde se personaba lo mínimo que podía en la Suite Belga del piso de abajo. Prefería pasar tiempo en Fort Belvedere, su casa en un extremo del Gran Parque del Windsor. Igual que la vivienda de los York en el Royal Lodge, se trataba de otro capricho georgiano pero que respiraba libertinaje y alcohol, muy diferente de la tradición hogareña de los vecinos. Para las princesas, la vida seguía siendo prácticamente la misma: continuaban celebrando las mismas fiestas del té y vacaciones con el clan de los Bowes-Lyon —la familia de su madre— sin importar los dramas por parte de padre. Margaret Elphinstone, hija de la hermana de la duquesa, Mary, tenía exactamente la misma edad que Lilibet y solían mandarlas al jardín. «Cuando teníamos siete, ocho, nueve años jugábamos durante horas a lo que llamábamos "Persiguiendo la felicidad", que consistía en atrapar las hojas de los árboles cuando caían, así que teníamos que correr como locas», comentaba años después.[59] «Y dentro también nos inventábamos obras y actuábamos. Me acuerdo que una vez tenía que llevar en brazos a la reina [princesa Isabel] y entrar por la puerta porque nos estábamos casando. Y, como era de esperar, se me cayó.»

La princesa Isabel y su hermana cada vez veían menos a su hermano David tras su ascenso al trono. El rey estaba furioso por los términos de la herencia de su padre, quien le había dejado grandes cantidades de dinero a sus hermanos, mientras que a él le había legado un interés vitalicio en las propiedades reales. Su principal preocupación, sin embargo, era la señora Simpson. En mayo hizo su primera aparición en la circular de la corte,* en una cena con el primer ministro. Poco después comenzó los trámites de separación de su marido, Ernest. El rey y la señora Simpson se fueron entonces a un crucero por el Mediterráneo, evento que apareció como una feliz noticia en la prensa estadounidense a pesar de que los británicos seguían ajenos al romance. Pero ¿cuánto duraría este desconocimiento? Los ciudadanos que vivían en el extranjero comenzaron a mandarle cartas al primer ministro quejándose del comportamiento del monarca.[60] En septiembre, el duque y la duquesa de York acudieron a la inauguración de la nueva clínica de Aberdeen, evento al cual había sido invitado el rey pero que rechazó alegando que seguía de luto por su padre. Cuál fue la vergüenza cuando un fotógrafo le pilló llegando a la estación de Aberdeen para recibir a la señorita Simpson y otros amigos para celebrar una fiesta en su casa de Balmoral. La imagen del rey priorizando su vida social a sus obligaciones ofendió a

---

* Boletín oficial que la corte británica redacta y entrega diariamente a los medios de comunicación.

muchos de los que vieron las fotografías en el periódico al día siguiente, sobre todo comparándolas con las imágenes de los York acudiendo responsablemente a la ceremonia. Eduardo VIII también estaba generando indignación entre sus empleados, recortando puestos de trabajo tanto en Balmoral como en Sandringham. El 27 de octubre, el drama ascendió de nivel. A la señorita Simpson le habían aceptado el primer trámite en el proceso de divorcio —un decreto *nisi*—, en Ipswich. De nuevo, la prensa británica seguía sin cubrir demasiado el tema y el público todavía tenía una venda puesta. Los medios internacionales, sin embargo, se mostraban impacientes. «*L'amour du Roi va bien*», publicaba un diario francés.[61] Todos sabían que, una vez la formalidad del divorcio se hubiera cerrado, el rey podría casarse. El 16 de noviembre, el monarca informó al primer ministro, Stanley Baldwin, de que así lo pretendía y que, si se oponía, tenía intención de abdicar. Baldwin quedó tan consternado que tuvo que retirarse a sus aposentos: «El rey ha dicho cosas esta noche que jamás pensé que iba a escuchar».[62]

Durante las semanas siguientes, la clase política no hablaba de otra cosa puesto que se habían mezclado dos mundos. Con el apoyo de magnates de la prensa con mucho poder, incluyendo a Rothermere (*Daily Mail*) y Beaverbrook (*Daily Express*), además de pesos pesados de la política como Winston Churchill, el rey esperaba ganarse a la gente cuando la noticia de su romance viera la luz. El primer ministro, la Iglesia y, significativamente, los gobiernos de varios reinos —en particular Australia— no aceptarían la idea de un monarca casado con una mujer doblemente divorciada.[63] Simpson huiría a la Riviera francesa, aconsejada por los simpatizantes del rey, hasta que se resolviera el asunto de una forma u otra. La biografía del monarca escrita por Philip Ziegler refleja el drama desde ambos lugares, así como la marciana y surrealista atmósfera de Fort Belvedere. Los detalles del escándalo fueron saliendo poco a poco en la prensa a principios de diciembre tras unas declaraciones del poco conocido obispo de Bradford, que solo había manifestado su preocupación por las pocas veces que el rey acudía a la iglesia. Fleet Street, sede de la prensa británica, asumió que era una referencia cifrada a la vida amorosa de Eduardo VIII. Aunque no lo era, sí fue la oportunidad que los editores *casus belli* esperaban ansiosos. «Se ha desatado la tormenta», escribió Chips Channon en los periódicos británicos que destapaban toda la información. Channon se acababa de enterar de la emocionante historia del último encuentro del rey con Stanley Baldwin. «En una entrevista, el rey, medio demente y en un rincón, perdió los estribos y le arrojó libros y otros objetos de su alrededor al primer ministro.»[64] Tras mantener al público ajeno durante tanto tiempo, el monarca quería ahora hacer pública su versión de la historia ante la nación. Baldwin no estaba dispuesto a aceptarlo. De hecho, su propia obsesión por controlar a todos los medios del momento empezó a rozar, en efecto, lo «medio demente».

Documentos del Gabinete desclasificados recientemente demuestran que, en medio de la crisis, el ministro del Interior, John Simon, junto con el consejero más antiguo de Baldwin, dio instrucciones claras al jefe de la Oficina General de Correos de pinchar todas las llamadas que entraran y salieran entre el Palacio de Buckingham, Fort Belvedere «y otras direcciones de Londres».[65] El Gobierno estaba espiando al rey, a la familia real y a los medios. Neil Forbes Grant, el director londinense del sudafricano *Cape Times*, consiguió la exclusiva de su vida al mandarle un telegrama a su director el 6 de diciembre: «Rey ha abdicado, deja Inglaterra mañana». La primera parte era cierta, aunque pasarían cinco días antes de su partida. Sin embargo, el telegrama nunca llegaría al *Cape Times*. El recepcionista de la Oficina de Correos de Londres alertó a sus superiores, que hicieron sonar las alarmas hasta que llegó a oídos del ministro del Interior. John Simon citó entonces a Grant para una buena reprimenda, tras lo cual declaró: «No había nada de verdad en ese titular. Le recordé que en 1815 un rumor falso de que habíamos perdido la batalla de Waterloo desencadenó una crisis económica y arruinó a más de uno».[66]

En la guardería del número 145 de Piccadilly, Marion Crawford se esforzaba por entretener a las princesas con clases de natación que les otorgaban medallas salvavidas en el Club de Baño. La última vez que habían visto al rey se habían percatado de que algo pasaba. «Era imposible no darse cuenta del cambio del tío David. Parecía ausente», escribía Crawfie.[67] A esas alturas, cuando los periódicos empezaron a hablar de una grave crisis constitucional, fue cuando los empleados de los York se dieron cuenta de lo que podría pasar a continuación. La institutriz lo comparó con una tormenta aún mayor y más oscura que se cernía sobre la casa. Tal como la cuñada del rey expresaría años después, como reina madre: «Tenía ese extraordinario encanto que un día desapareció. No atendía a razones, con nadie».[68]

En una semana, Eduardo VIII decidió abandonar el barco. Tal como su padre había predicho, nunca fue coronado. Firmó el instrumento de abdicación el 10 de diciembre, y este fue reconocido en un acto del Parlamento al día siguiente. Pero se necesitaba el beneplácito real. Por consiguiente, la última acción de Eduardo VIII como rey era la de aprobar su propia abdicación. Ahora, por fin, se le permitiría hacerlo público. Pero nadie sabía cómo el exmonarca sería presentado a sus exsúbditos. La BBC incluso sugirió que se le presentara como «Edward de Windsor». Los ministros pronto se echaron atrás cuando el nuevo rey, Jorge VI, señaló que un Windsor podría presentarse a las elecciones a diputado del Parlamento. Resolviendo uno de los primeros dilemas de su reinado, el nuevo monarca decretó que su predecesor debía llamarse «príncipe Eduardo» y, más tarde, convertirse en «su majestad el duque de Windsor». En eso estaban todos de acuerdo.[69]

Tras cenar con su familia en el Royal Lodge, el ex monarca condujo hasta el Castillo de Windsor para dar su último y célebre adiós desde un estudio de grabación improvisado en la Torre Augusta: «Me ha resultado imposible sobrellevar el peso de la responsabilidad y cumplir con mi deber como rey [...] sin la ayuda y el apoyo de la mujer a la que amo». Para sus más acérrimos adeptos, estas fueron palabras de un héroe enamorado que obedecía al corazón. Para sus detractores, como Alan Lascelles,* solo era otro gritito de atención del niño mimado. Señalaban que ni uno solo de sus empleados se había ofrecido a ir con él (en semanas), una verdadera muestra del antiguo dicho de que «ningún hombre es un héroe a ojos de su servicio». Estas palabras le dolieron mucho al príncipe. El exsoberano terminó su discurso apoyando la investidura de su hermano: «Tiene una suerte de la que muchos también disfrutáis, pero yo no: un hogar feliz, una esposa y unos hijos».

Ahora les tocaba a Bertie y a Lilibet restaurar la maltrecha monarquía. El duque de York se sentía sobrepasado por su futuro cuando fue a visitar a la reina María días después. «Me vine abajo y lloré como un niño», escribió en sus memorias de abdicación, que dejó en los Archivos Reales.[70] Ahora, en palabras de su biógrafo oficial, «demostraría con sencillez y discreción que el verdadero sentido de la responsabilidad podía llegar tan adentro de la imaginación y la simpatía de los suyos como otros atractivos con más glamur».[71] Esto también podría haberse convertido en un modelo a seguir para su hija en el futuro.

«El rey ha partido, viva el rey», escribió Chips Channon en su diario el 11 de diciembre de 1936. «Nos despertamos en el reinado de Eduardo VIII y nos acostamos con el de Jorge VI.»[72] El estrés de toda la situación había encamado a la duquesa de York —ahora reina— por «una gripe». No se encontraba bien para colaborar en el consejo de ascenso de su marido. Sea cual fuere su enfermedad, sin embargo, no era tan contagiosa como para no poder recibir visitas. Crawfie avistó a la reina María saliendo de su habitación, tras lo cual recibió la orden de acudir a la habitación. «Me temo que se avecinan grandes cambios en nuestras vidas, Crawfie. Debemos afrontar lo que venga con nuestra

---

* Lascelles fue fulminante con su antiguo jefe en su diario: «Su desarrollo mental, moral y estético siguen siendo los de un chaval de diecisiete años».

mejor actitud.»[73] Una de las primeras tareas que se le encomendó a Crawfie fue enseñarles a las niñas a hacer la reverencia a su padre y explicarles que ya no serían los York de Piccadilly. Ahora se mudaban al Palacio de Buckingham. Las dos pequeñas, dice, estaban muy tristes. «¿Qué? ¿Para siempre?», preguntó la princesa Isabel, tras lo cual la princesa Margarita añadió: «Pero si acabo de aprender a escribir "York"».

2

1937-1940

«Para despedirnos, no para llorar»

Para la princesa Isabel, la mayor sorpresa fue el tamaño de su nueva casa, el Palacio de Buckingham, y el tiempo que tardaba en ir de un sitio a otro. «Necesitamos bicicletas», dijo un día.[1] El nuevo rey conocía a la perfección el palacio; sin embargo, todavía estaba haciéndose a la grandeza del nuevo trabajo. Haber nacido en la monarquía era una cosa, pero que te encomendaran el trono tan rápida y atropelladamente no habiendo recibido la preparación necesaria era otra. «Jamás he visto un documento de Estado. Solo soy un oficial naval; es de lo único que entiendo», le había dicho Jorge VI a su primo, Luis Mountbatten,* la primera noche de su reinado.[2]

Teniendo en cuenta la preocupación de Jorge V al final de su vida por el futuro del trono, es de extrañar que apenas instruyera a sus hijos sobre lo que se esperaba de un monarca constitucional. David tenía poca idea, y Bertie todavía menos. Sin embargo, el nuevo rey estaba siguiendo una estrategia que le funcionaría: la continuidad. Había escogido «Jorge» de nombre en homenaje a su padre.

Celebraría la coronación el mismo día que se había fijado para la de su hermano y, además, descartaría muchos de los planes

---

* Como el rey, Mountbatten era bisnieto de la reina Victoria por parte de su segunda hija, la princesa Alicia. Como hijo menor del marqués de Milford Haven, recibió el nombre de «lord Luis»; luego pasó a vizconde y, por último, a «conde Mountbatten». Su hermana era la madre del príncipe Felipe.

más radicales que Eduardo VIII tenía para el Estado. Sandringham y Balmoral revivirían los días y maneras de Jorge V. Pero sus primeras semanas al mando las pasó preocupado por uno de los temas que marcarían su reinado: su hermano.

Tal como reconoce el biógrafo oficial de Eduardo VIII, el emérito «bombardeaba» a llamadas telefónicas a Jorge VI. No dejaba de darle consejos que él no había pedido sobre cómo tratar con ministros o, más a menudo, sobre cómo administrar el dinero y el estatus.[3] En enero de 1937, el duque de Windsor se quedó atónito cuando le comunicaron que el rey no estaba disponible. El caballerizo y amigo del duque, Edward *Fruity* Metcalfe, relató más tarde la cara «patética» que se le quedó con el desplante. «Está muy acostumbrado a tenerlo todo.»[4] Cuando Jorge VI se negó a enviar a nadie de la familia real a la boda del duque con la señora Simpson seis meses después, se abrió una brecha en la relación que jamás terminaría de cerrarse.

A toda la familia le estaba costando acostumbrarse a este repentino cambio pos-York. La nueva reina nunca había mostrado demasiado entusiasmo por entrar en la familia real. Cuando Bertie empezó a cortejar a la vivaracha Elizabeth Bowes-Lyon, esta lo había rechazado por completo, primero en febrero de 1921 y, más tarde, en marzo de 1922. Finalmente, tras un fin de semana en enero de 1923, durante el cual «no dejó de declararse», ella aceptó casarse con él.[5] Aun así, jamás pensó que Bertie fuese a ascender al trono, y encontraba una disfuncionalidad alarmante en los Windsor. «No se tratan como familia», le escribió a su madre poco después de la boda. «El trato que me brindan es magnífico, pero entre ellos es espantoso.»[6] Sin embargo, ahora estaba en la cima de ella y adaptándose a su vida como emperadora, con la cual había pasado de tener dos damas de compañía a una flota de nueve capitaneadas por la dama de los vestidos. Más tarde describiría la mudanza del número 145 de Piccadilly al palacio como «el peor cambio de casa» de su vida.[7]

A las princesas les costaría un tiempo acostumbrarse al nuevo entorno, pero también a entender la razón por la que estaban allí. «¿Por qué no está aquí el tío David?», le preguntaba la princesa Margarita a su hermana mayor tres meses después, sentadas en la Abadía de Westminster, viendo la coronación de su padre.

—Ha abdicado —le susurró la princesa Isabel.

—¿Por qué? —preguntó Margarita.

—Quería casarse con la señora Baldwin.[8]

Lilibet había quedado cautivada con la coronación, según el cuento que escribió a mano para sus padres: «Y apareció padre muy guapo con el manto carmesí y ese casquete ceremonial. [...] Todo ha sido muy muy maravilloso y espero que a toda la abadía también se lo pareciera. Los arcos y las vigas parecían cubiertas de un halo de maravilla cuando coronaban a padre, o eso me ha parecido». Como la princesa descubriría por ella misma años después, es más fácil recordar un evento como espectadora que como participante. Lilibet, que se sentó junto a la reina María, escribió también: «Lo que me pareció bastante extraño es que la abuela no recordaba gran cosa de su propia coronación. Pensaba que sería algo de lo que uno se acordaría toda la vida».[9]

Si las princesas ya habían vivido en una burbuja hasta ahora, el cambio a la sede monárquica amenazaba con aislarlas todavía más del mundo real. Crawfie sugirió que se creara una compañía de chicas en el Palacio de Buckingham formada por veinte hijas de amigos de la familia y de la corte, las Girl Guides. Para atender la temprana edad de Margarita, también habría una tropa de catorce niñas exploradoras o Brownies. La sede era la casa de verano del jardín, con otro requisito un tanto curioso por parte del rey. «Lo que me pidan», le dijo a Crawfie, «pero me niego a que lleven esas medias negras largas horrendas: me recuerdan demasiado a mi infancia.»[10] La idea era que las princesas estuvieran con niñas más «normales» de su edad, aunque, como pronto vería la institutriz, algunas de ellas estaban todavía más desconectadas de la realidad. Una de las actividades del grupo fue una carrera en la que las niñas debían correr hasta una pila de zapatos en el centro de la sala, ponerse los suyos y volver corriendo al inicio. A muchas de las niñas las habían vestido sus niñeras y no tenían ni idea de cuáles tenían que agarrar, algo que divirtió mucho a Lilibet y Margarita. «No había tonterías de ese estilo en su educación», dijo Crawfie orgullosa.[11] La institutriz no parecía nada impresionada con el Palacio de Buckingham. Al llegar, la primera silla que ocupó «se desintegró», y las plagas eran insoportables. En una ocasión tuvo que darle un palo a un cartero que estaba de paso y pedirle que se deshiciera del ratón que tenía en la toalla de baño.[12] «Vivir en el palacio se parece a acampar en un museo», afirmó con tirantez.

Le gustara o no a la familia, las princesas eran ahora, a una mayor escala, propiedad pública. Se esperaba de ellas que aparecieran en las fiestas —en los jardines de palacio— con el mismo vestido. La princesa Isabel le enseñaba maneras a su hermana: «Si ves a alguien con un sombrero gracioso, Margarita, no debes señalarlo entre risas».[13] Las multitudes también empezaban a ser problemáticas lejos de casa. En unas vacaciones de verano en Eastbourne en las que a la familia real se le había cedido la casa de la costa del duque de Devonshire, la policía tuvo que contener al público en la entrada de la iglesia y el té de la tarde tuvo que servirse en la habitación.

Pero el ánimo de la familia se mantenía alto gracias a las ganas del rey y la reina de continuar con el patrón de felicidad de los fines de semana en el Royal Lodge. Ahora los ponis se alzaban majestuosos a los ojos de las princesas. Tenían la broma recurrente en la familia de que la máxima autoridad en la vida de Lilibet era Owen, el palafrenero. «A mí no me preguntes, pregúntale a Owen», respondió serio el rey un día, ante una propuesta de plan que le habían hecho. «¿Quién soy yo para proponer nada?»[14]

Durante la semana, sin embargo, Crawfie se negaba a que hubiera cambios en el plan de estudios escolar a pesar de que la madre de las niñas se lo tomara mucho menos en serio. «No me están facilitando las cosas», le confesó la institutriz a Cynthia Asquith, un año después de la abdicación. «Se me ha pedido que libere las tardes de trabajo "serio" en la medida de lo posible.»[15] Intentó reforzar su conocimiento geográfico con una versión del juego de las familias con el que poder jugar con sus padres, y añadió: «Pero me temo que, si no me uno a la partida, será un despropósito».[16]

La reina María siempre se mantenía firme del lado de «la buena de Crawford» en las disputas con la reina Isabel por los horarios de las princesas. Más tarde mostraría su desacuerdo porque su nuera «siempre quería a sus hijas en los peores momentos, una costumbre fatal si una tiene lecciones que enseñar, y una que el difunto rey y yo nunca aprobamos».[17]

Sin embargo, Jorge VI y la reina Isabel eran inusualmente progresistas para su época en lo que respectaba a lo que hoy en día se conoce como salud mental. En una ocasión, la reina dejó una nota «por si le pasaba algo». En ella le recordaba lo siguiente: «No les grites ni las asustes [a las princesas]. [...] Recuerda cómo tu padre perdió todo el cariño que le profesabas gritándote y haciéndote sentir mal».[18]

La reina Isabel también decidió que Lilibet, como presunta heredera del trono, necesitaría una buena formación en historia y temas constitucionales. Preguntó a su amigo Jasper Ridley,* banquero y amante del arte, quien sugirió que la princesa asistiera a las clases de Henry Marten, vicerrector de Eton. En un principio, a la nueva pupila no le hizo ni pizca de gracia el montón de libros apilados «como estalagmitas» en el despacho de Marten. Gracias a sus años enseñando en clases llenas de chavales, tenía también la costumbre de dirigirse a la solitaria princesa llamándola «caballeros». Sin embargo, tuvieron buena conexión. «Lilibet se sentía como en casa con él», comentaba Crawfie.[19] Las clases de Marten seguirían durante la guerra en el Castillo de Windsor. Se

---

* Futuro director de Coutts & Co., fue también encargado de la Galería Nacional, el Tate y el Museo Británico, y fue nombrado caballero en 1946 por sus servicios a la familia real.

tomó en serio el trabajo, algo por lo que la reina le estaría agradecida en el futuro. Igual que su padre, que más tarde le investiría como caballero frente a toda la escuela. Además de estas clases de refuerzo, la reina María también participaría en su educación llevándolas a lugares históricos como la Torre de Londres o el Palacio Greenwich.[20]

El reinado de Eduardo VIII había sido tan corto que su madre dejaba el Palacio de Buckingham junto con toda la colección de arte al mismo tiempo que Bertie y su familia se instalaban. Se ha popularizado el mito sobre la reina María (mito que incluso aparece en *Downton Abbey*) de que las familias aristocráticas guardaban sus tesoros bajo llave si esperaban una visita de la reina emperatriz y su buen ojo para el arte por miedo a que se fijara en alguna obra y quisiera —más bien, esperara— que se la ofrecieran. Sus adeptos insistían en que su pasión no era otra que recuperar piezas que habían pertenecido a la familia. Su biógrafo, James Pope-Hennessy, escribió que «aunque jamás compró un cuadro en su vida, sí le encantaba reunir objetos dispersos de las colecciones reales y, ya de paso, hacerse con artículos de menor valor que le agradaran». Y vaya si le agradaban cosas: «los esmaltes al estilo Battersea, el jade, los elefantes de ágata en miniatura con brillos en la *houdah*, pequeños juegos de tazas de té dorados o plateados, cajas de papel maché, pequeñas acuarelas de flores de jardín, vidrio en color y muchas más. La ponían de muy buen humor».[21] Había tantas piezas que tardaron diez meses en trasladarlo todo del Palacio de Buckingham a su nueva residencia en Marlborough. Finalmente, el 1 de octubre de 1936, escoltó sus tres últimos cargamentos junto con el terrier de Jorge V hasta su nueva casa.

El incipiente reinado y el cambio de todas las reformas que Eduardo VIII había realizado en las residencias reales le dieron a la reina María mucha vida. «Qué alegría me da sentir que mi antigua y querida casa está en tan buenas manos y que vosotros dos, queridos míos, continuaréis con la tradición mía y de padre», escribía al rey y a la reina tras su primera Pascua a cargo del Castillo de Windsor.[22]

La seguridad del rey fue mejorando a medida que se acostumbraba a su nuevo papel. Su encuentro inaugural con el primer ministro había discurrido sin sobresaltos. Tras no haber soltado el timón durante la tormenta de la abdicación, Stanley Baldwin esperó hasta la coronación del rey en mayo de 1937 y anunció que se hacía a un lado a las puertas de su setenta cumpleaños. Neville Chamberlain, su canciller de Finanzas, fue el claro e indiscutido candidato a reemplazarle. Sin embargo, el rey enfureció («realmente molesto», según su biógrafo oficial)[23] cuando su secretario de Exteriores, Anthony Eden, dimitió en febrero de 1938 y el rey se enteró por los periódicos. Eden había perdido la paciencia con las políticas de conciliación de Chamberlain y su incapacidad de cuadrarse ante la beligerancia de Adolf Hitler en Alemania y Benito Mussolini en Italia. El tema se había hablado largo y tendido en el Gabinete, pero nadie se lo había dicho al rey. No podía ponerse del lado de nadie, pero desde la empatía creía que era su deber estar al tanto de las crisis políticas graves. Desde entonces, el monarca empezaría a recibir el primer borrador de las minutas de todas las reuniones del Gabinete, como su hija hoy. Jorge VI no dejaría que le subestimasen.

La imagen de los nuevos reyes mejoró ese verano con su primera visita de Estado, una reafirmación de la *entente cordiale* con el vecino de Gran Bretaña al otro lado del canal. Al llegar a París, les recibía la que probablemente era la mayor bandera del Reino Unido jamás confeccionada —de unos 1.250 metros cuadrados— colgada de la mayor asta posible: la Torre Eiffel.[24] Los franceses quedaron conmovidos al ver que la reina había decidido no cancelar el viaje a pesar de haber perdido a su madre recientemente, la condesa de Strathmore. Norman Hartnell y su equipo habían trabajado a contrarreloj para fabricar un armario del color real del luto, el blanco. El viaje fue muy distinto del que el duque y la duquesa de York habían hecho a Alemania, desafortunado y malinterpretado, nueve meses atrás. Aunque teóricamente el objetivo del viaje eran los proyectos sociales del país, la pareja había pasado buenos ratos con la cúpula del Régimen nazi y había conocido a Hitler en su retiro de los Alpes, Berchtesgaden. El rey se quedó consternado, como muchos de los antiguos adeptos del duque. Las consecuencias mediáticas obligaron a los Windsor a cancelar su viaje por los Estados Unidos. Ya reyes, por otro lado, recibieron allí una cálida bienvenida durante su gira por Norteamérica en 1939. Con una futura guerra cada vez más plausible, Neville Chamberlain esperaba que el rey afianzara apoyos al otro lado del Atlántico de dos maneras. En primer lugar, como rey de Canadá, Jorge VI podía estrechar lazos con el primer ministro canadiense, Mackenzie King. Además, como rey de Gran Bretaña, podría conquistar en los Estados Unidos algunos corazones y mentes aislacionistas fronterizas.

Para las princesas, sin embargo, sería una tortura: se despidieron de sus padres en mayo de 1939 en lo que sería una separación de seis semanas. La reina María apuntaba: «El barco zarpó puntual a las tres, había buenas vistas del puerto, ondeamos nuestros pañuelos y Margarita me dijo: "Tengo un pañuelo". Lilibet contestó: "Para despedirnos, no para llorar". Me pareció algo cautivador».[25] Poco después, el viaje estuvo a punto de cancelarse por un grave accidente de carretera de la reina María. Al regresar de una visita a Surrey, su coche se había estrellado con un camión cargado de tubos de acero. Los equipos de rescate acudieron rápidamente y se quedaron atónitos al ver, momentos después, a la viuda emperadora emerger de los restos del Daimler boca arriba, ayudándose de un paraguas «como si bajara las escaleras de la ceremonia de coronación». Entonces miró a su auditor Claud Hamilton, lleno de golpes y rasguños, y le preguntó: «¿Cómo ha quedado la falda?».[26] Aunque se mantuviera estoica, se había lesionado la espalda y el ojo y tuvo que estar en cama diez días, si bien «se negó a que el mundo supiera lo cerca que había estado de la muerte».[27]

A pesar de la conmoción del accidente de coche de la reina María, los reyes no cancelaron el viaje de Norteamérica. Era la primera vez que un monarca británico regio pisaba los Estados Unidos. El *New York Times* publicaba: «Los soberanos británicos han conquistado Washington, donde han causado una mejor impresión de la que la mayoría de sus consejeros esperaban».[28] El presidente Franklin D. Roosevelt y su esposa, Eleanor, no solo habían dado una cálida bienvenida a la pareja, sino que habían quedado impresionados por sus conocimientos acerca de las políticas del país y las distintas figuras de la política. No se trataba solo de ser encantador y dejar una estela real, sino que los reyes habían hecho algo que Eduardo VIII solía pasar por alto: los deberes. Quizá no sacarían nada inmediato del viaje, pero las buenas intenciones por ambas partes serían de un valor incalculable cuando empezaran a caer bombas. Por el momento, también habían conseguido algo más. Como mencionaba el biógrafo de Jorge VI, «le había ayudado a distraerse, había expandido sus horizontes y había descubierto nuevas ideas». De regreso al Reino Unido, se les escuchó a ambos decir, en varias ocasiones: «Esto nos ha cambiado por completo».[29]

Durante el viaje habían hecho su primera llamada transoceánica para hablar con las princesas. Según explica Crawfie, las niñas le pasaron el teléfono al *corgi* de la reina, Dookie, y le pellizcaron el trasero para que ladrara. El reencuentro fue especialmente afectuoso: un destructor de la Marina Real británica las llevó a buscar el barco de sus padres en mitad del canal. «El rey no podía dejar de mirar a Lilibet», escribió Crawfie.[30]

La familia volvía a estar otra vez reunida en el mar un mes más tarde para viajar por la costa sur con el yate real, el HMY *Victoria and Albert*, acompañando al rey a reunirse con su *alma mater*, el Real Colegio Naval, en Dartmouth. A esta visita siempre se le atribuye un matiz de buena suerte en la historia moderna de la monarquía. Fue allí, en la costa de Devon, donde se produjo el primer encuentro entre la princesa Isabel y el príncipe Felipe.

Aunque se habían cruzado en eventos familiares como la boda del duque de Kent en 1934, hasta entonces no les habían presentado. El príncipe, en aquel momento, ya era un hombre hecho y derecho. El verano anterior había pasado unas vacaciones de ensueño con sus familiares en Venecia, donde su prima Alexandra (que más tarde se convertiría en la reina de Yugoslavia) le recordaba como «un perro gigante y famélico; o quizá un perrito cariñoso que nunca había tenido su propio canasto». Había triunfado con las chicas, recordaba, especialmente con una debutante estadounidense llamada Cobina Wright (coronada «miss Manhattan» el año siguiente).[31] Al volver a Gordonstoun, el príncipe se había centrado en sus dos últimos trimestres antes de matricularse en Dartmouth en mayo de 1939.

Hay quien insinúa que esta presentación fue fruto de un tejemaneje de su tío, Luis Mountbatten. Dado que este deslenguado celestino real era miembro del partido oficial, habría sido extraño si el rey y su familia no hubieran conocido a ningún cadete real con el que guardaran algún parentesco. También tuvo algo que ver un brote de paperas y sarampión. El riesgo de infección significaba que la princesa no podía acompañar a sus padres a algunos de los eventos oficiales de la institución. Fueron invitados a casa del capitán (oficial al mando), el almirante Frederick Dalrymple-Hamilton. Entre los encargados de entretener a las niñas estaba el capitán cadete príncipe Felipe de Grecia, de dieciocho años. Crawfie hablaría más tarde de lo prendada que quedó aquella niña de trece años de la «melena de vikingo» de aquel chico que compartió galletas de jengibre y limonada con las princesas antes de proponerles ir a «divertirse de verdad» saltando la red de la pista de tenis. Las palabras de Lilibet se han citado en infinidad de ocasiones: «Qué bueno es, Crawfie, y qué alto salta». Una versión alternativa del mismo encuentro cuenta una historia menos romántica. A los ojos del biógrafo del príncipe Felipe, Basil Boothroyd, la princesa pasó la mayor parte del tiempo preguntando cuándo se iban a casa.[32]

Según se dice, las princesas volvieron a disfrutar de un encuentro con el atlético príncipe al día siguiente cuando le invitaron a comer a bordo del Victoria and Albert. La reina le rogó al joven invitado que comiera algo decente antes de volver a la comida de allí. Y no le decepcionó: engulló generosas raciones de gambas y un *banana split*. «Lilibet estaba allí sentada con la cara sonrosada, disfrutándolo mucho», escribiría Crawfie.[33] Cuando llegó el momento de que el rey y su familia zarparan, todos los cadetes salieron con sus barcas a seguir al yate real hasta el Dart Estuary para despedirse. Uno de ellos se envalentonó y siguió tras ellos hasta llegar a mar abierto, mucho después de que el resto se hubiera dado la vuelta. El rey supuestamente exclamó: «¡Maldito joven insensato! Que haga el favor de regresar».[34]

Finalmente lo hizo. Lo que no queda claro es si el «joven insensato» ya había causado una impresión imborrable en la heredera al trono. Años después, la biografía de Jorge VI escrita por John Wheeler-Bennett fue aprobada formalmente por la actual reina después de un profundo escrutinio. Las palabras de Wheeler-Bennett, por tanto, son de una credibilidad incuestionable: «Era el hombre del que la princesa Isabel se había enamorado desde la primera vez que se vieron».[35] Bajo este pretexto, al menos, parece que la versión sensacionalista de Crawfie es más plausible que la versión prosaica de Boothroyd.

Poco después de ese viaje a Devon, las princesas desaparecerían del ojo público durante casi seis años. Habría apariciones espontáneas en fotografías de periódicos previamente aprobadas o imágenes del noticiario o se las escucharía alguna vez en la radio. Pero, desde el momento en el que los tanques alemanes entraron en Polonia, se haría referencia a su paradero con términos como «en el país».

Desde las 11.15 horas de la mañana del 3 de septiembre de 1939, Gran Bretaña estaba en guerra. El rey estrenó su diario de guerra, que fue completando diligentemente durante todo el conflicto hasta 1947. Esta única y cándida crónica de la guerra al completo se extiende en varios volúmenes sin publicar que se encuentran en los Archivos Reales de Windsor. Tal como el rey observó una vez hubo terminado, lo había dejado por escrito no para la posteridad, sino «para tenerlo de referencia» y porque «uno no puede fiarse de su memoria».[36] La reflexión con la que empieza el diario es de todo menos ultranacionalista. Escribió: «Cuando estalló la guerra la medianoche del 4 al 5 de agosto de 1914, yo era guardiamarina y hacía la ronda nocturna en el puente del HMS Collingwood, en algún lugar del mar del Norte. Tenía dieciocho años. En la Gran Flota, todos estaban contentos de que hubiera llegado el momento. [...] No estábamos preparados para lo que descubrimos que era una guerra moderna».[37] Ahora, como rey emperador, había encendido la radio para escuchar al primer ministro confirmar que la nación volvía a estar en guerra. La reina se encontraba a su lado con una lágrima recorriéndole la mejilla. Momentos después sonaría la primera sirena que alertaba de un ataque aéreo. Más tarde escribiría: «El rey y yo nos miramos y dijimos: "No puede ser". Pero sí era, y bajamos a nuestro refugio del sótano con el corazón en un puño. Estábamos estupefactos y horrorizados; nos sentamos esperando a que cayeran las bombas».[38] En esta ocasión, fue una falsa alarma. Pero las de verdad tardarían poco en llegar.

La reina María escuchó la noticia durante su misa del domingo por la mañana en Sandringham, donde el párroco había puesto la radio para su congregación. «Todos estábamos en silencio, pero fue un momento tenso. Solo quedaba rezar y mantener la esperanza»,[39] escribiría en su diario. Más tarde, tomó un té con el duque y la duquesa de Gloucester para despedirse. Reconoció, apesadumbrada: «Harry se marcha a Francia como oficial de enlace. Es un momento triste. Ya estoy con la maleta lista para marcharme mañana en coche a Badminton».[40] Había mucho equipaje que preparar. Se había decidido que la reina María se quedara en Badminton House, el hogar de su sobrina, la duquesa de Beaufort, en Gloucestershire. La reina no viajaba con poco equipaje.

La duquesa reaccionó con estupor al ver a su tía llegar presidiendo un convoy con sesenta y tres empleados y más de setenta maletas.[41]

Las princesas se enteraron estando en Balmoral, donde pasaban sus vacaciones de verano con algunos de sus primos. Pensaron que el castillo podía ser un claro objetivo y que Lilibet y Margarita debían trasladarse a Birkhall, la residencia menos conocida de la familia. En ausencia de su madre, la princesa Isabel se volvió más protectora con su hermana menor. «Creo que no deberían hablar de batallas y demás delante de Margarita», le dijo a Crawfie, explicándole que podía asustarla.[42]

Se retomaron las clases y, con la institutriz como único mando, se siguió el horario a rajatabla. Recibían información de Henry Marten en Eton. Millones de niños estaban siendo evacuados de las principales ciudades y ya se estaban produciendo llegadas desde Glasgow a Balmoral. Muchos de los hombres que trabajaban en la casa pronto tuvieron que enfundarse el uniforme y partir a la guerra. Las princesas disfrutaban de sus reuniones los fines de semana con las esposas de los granjeros para remendar y demás «trabajos de guerra», todo organizado por la implacable Alah. Para los reyes era una tranquilidad saber que las niñas estaban en buenas manos y con buen ánimo, y todos esperaban ansiosos la llamada telefónica de las seis cada tarde.

El rey, que vestiría uniforme los siguientes seis años, quedó absorto en las minucias de la guerra. Sin embargo, en las primeras veinticuatro horas tras el estallido, el duque de Windsor se encargaría de tenerle entretenido con sus tonterías. La relación ya era irreparable a estas alturas. Poco después de la marcha del duque, en 1936, el nuevo rey se había quedado atónito al descubrir que su hermano le había estado engañando con la administración. Se había declarado en quiebra (según los estándares de la realeza) y había confesado que solo le quedaban 90.000 libras.[43] Así que el rey había autorizado una paga anual de 25.000 libras (más de sesenta veces el sueldo de un ministro) a cambio del disfrute de Balmoral y Sandringham. Más tarde saldría a la luz que, en realidad, el duque había acumulado alrededor de un millón de libras del ducado de Cornualles durante sus días como príncipe de Gales, un dato que el nuevo rey descubriría a su debido tiempo. «No tenía ningún sentido mentir», explicaría el biógrafo de Eduardo VIII, Philip Ziegler. «Era una mentira demasiado peligrosa.»[44] Le hacía preguntarse algo al rey: ¿podía volver a confiar en su hermano?

La primera noche de la Segunda Guerra Mundial la había pasado en vela. «Las sirenas nos despertaron a las 2.30 horas, cuyo estruendo era peor de noche que de día», escribió en su diario. Hasta las 4.30 horas no estuvo todo despejado. Más tarde, se reunió con el ministro para hablar de la coordinación de la defensa. Escribió: «Chatfield* vino a comer y hablamos de cómo traer a David a casa en un destructor». Estuvieron de acuerdo en que la vuelta debía ser temporal.[45] Un día después, el rey tenía una reunión con el primer oficial de la Marina, Winston Churchill. Tras hablar de asuntos navales y hacer números con destructores, la conversación también desembocó en el retorno del duque. Churchill creía que «sería bueno», escribió el rey. «Yo dije que no por mucho tiempo.»[46]

El duque y la duquesa de Windsor seguían en su villa de Antibes, en la Costa Azul. Incluso en estos duros momentos ponían pegas para regresar. Entre sus exigencias estaba la seguridad de una bienvenida oficial digna de la realeza, un detalle que, incluso a su leal aliado *Fruity* Metcalfe le sacaba de quicio. «Solo pensáis en vosotros», les dijo. «Debéis comprender que estamos en guerra, que las mujeres y los niños están siendo bombardeados y asesinados mientras hablamos de vuestro orgullo.»[47] Avergonzados, accedieron a preparar su vuelta. Aunque el rey se había ofrecido a mandarles un avión, la duquesa de Windsor detestaba vo-

---

* El antiguo almirante de la flota Ernle Chatfield era, como el rey, veterano de la batalla de Jutlandia de 1916.

lar, así que la pareja puso rumbo a Cherburgo, desde donde Luis Mountbatten les trasladó hasta su casa en su destructor, el HMS Kelly. No hubo bienvenida oficial.

El 14 de septiembre, el rey tuvo un encuentro de una hora con su hermano. Dijo: «No hubo reproches de ninguna de las partes; tenía buen aspecto y las bolsas bajo sus ojos se habían disipado. Se alegraba de estar de vuelta en Inglaterra. [...] Estaba seguro de sí mismo y de sus próximos planes». Tanto que el rey pudo ver más allá de toda esa afabilidad y espetó: «Parecía estar pensando solo en él mismo y parecía haberse olvidado de lo que le había hecho a su país en 1936».[48]

Tras la proposición de Jorge VI de que su hermano asumiera un rol de civil, el duque respondió airado que prefería retomar sus tareas de coronel al mando y adquirir más responsabilidades en uno de los comandos reales. Le encantaba ir probando unidades militares y no le importaba correr riesgos, como ya había hecho muchas veces en el frente de la Primera Guerra Mundial. Pero eso no es lo que el rey quería escuchar. Temía que su hermano fuera un riesgo en casa, sobre todo si empezaba a acudir a los eventos con su esposa. Finalmente maquinaron una solución: el duque se uniría al Ejército británico en Francia y haría de enlace con la Armada francesa, pero no estaría al mando de las tropas inglesas. Asumió con aires de grandeza que pasaría los días de aquí para allá inspeccionando, una idea con la que el oficial al mando, el general Richard *Wombat* Howard-Vyse, se mostró poco compasivo. Philip Ziegler recuerda el contundente aviso que se le dio a la incorporación real. «Entenderás que en la guerra no se puede ir por libre», le escribió Howard-Vyse al duque. «Has adquirido una responsabilidad con la Armada de Su Majestad y debes mantenerte a las órdenes de tu comandante. No hay otra forma de hacerlo.»[49] El rey estuvo de acuerdo con ello. «David finalmente se somete a la disciplina militar, después de tantos años», le dijo al duque de Kent, aliviado.[50] Todos ansiaban quitarse al rey de en medio y encomendarle alguna tarea de buena fe que no entrañara mucho riesgo, así que poco después se dirigía al norte de Francia con la duquesa para inspeccionar las defensas francesas. Con el tiempo escribiría informes que incluso llegaron a ser, en algunos casos, proféticos e inteligentes.[51]

El diario de guerra del rey desvela hasta qué punto los Windsor seguían suponiendo una distracción en medio de asuntos realmente serios para la seguridad nacional. Cuando todavía se estaban ultimando los detalles de su hermano, Jorge VI recibió la noticia de que los alemanes se habían apoderado del primer buque británico, un portaviones. El HMS Courageous había sido destruido en Irlanda y se había cobrado más de quinientas vidas. «Hay muchas formas de morir además de ahogarse», dijo el apenado rey como experto marine.[52] El 6 de octubre fue a ver la flota a Scapa Flow, el gran ancladero de la Marina Real en las islas Orcadas. El rey disfrutó de una cena en el HMS Nelson con todos los oficiales de bandera: «Me ha recordado mucho a mis tiempos en la gran flota durante la última guerra». Al día siguiente, se reunió con los oficiales y hombres de tres barcos: el Nelson, el Rodney y el Royal Oak. Se fijó, sobre todo, en lo jóvenes que eran: «De 1.600 hombres, 600 son menores de diecinueve años»,[53] lo cual hizo que fuera todavía más traumática, una semana después, la noticia de que el Royal Oak había sido destruido estando todavía en el ancladero. Un sumergible alemán había burlado las barreras submarinas que protegían sus costas. La Marina Real había perdido su primera batalla y a 835 hombres y jóvenes. Muchos eran los mismos jóvenes reclutas con los que el rey había estado conversando días antes. En medio de la incertidumbre de las últimas semanas, este fue uno de los mayores golpes para la moral nacional.

Cuando las noticias del Royal Oak alcanzaron los transistores de Birkhall, las princesas quedaron consternadas. Según Crawfie, Lilibet saltó de la silla y chilló: «No puede ser, ¡todos esos buenos marineros!».[54] Uno comprende la consternación cuando lee también el diario del rey. Su padre acababa de conocer a quienes estuvieron en la batalla y había comprobado su temprana edad. Era normal que las princesas pensaran en qué hubiera pasado si su padre hubiera realizado esa visita una semana más tarde. ¿O tenía algo que ver el ataque con su presencia allí? Seguro que no. El comandante naval alemán (y futuro jefe de Estado), el almirante Karl Dönitz, escribiría más tarde que la planificación no la había marcado el rey. Aun así, esos miedos atormentaban a las princesas.

El rey estuvo un tiempo melancólico y, el 11 de noviembre, escribió que, por primera vez, quedaban suspendidos todos los Días del Armisticio para conmemorar la Gran Guerra. Un mes después, en su entrada del 11 de diciembre, apuntó: «Hoy hace tres años que tomé el relevo de David en la tarea que él rechazó porque no le era digna».[55] El duque de Windsor seguía siendo un dolor de cabeza. Unas semanas antes, el rey había intervenido personalmente tras descubrir que su hermano había mandado que le enviaran su antiguo uniforme de la Real Fuerza Aérea y pretendía asistir a un evento en Francia vestido de mariscal. La parafernalia y las condecoraciones siempre habían obsesionado a Jorge VI, así que le resultaba inconcebible que el duque llevara un uniforme «que no tenía ningún derecho a lucir puesto que había sido nombrado general mayor de la Armada mientras durase la guerra».[56] El duque siguió vistiendo el caqui.

Con el paso de las semanas, las princesas se encontraron sufriendo su primer gélido invierno escocés. Entonces, justo una semana antes de Navidad, recibieron la noticia de que se reunirían con sus padres en Sandringham. Boyantes y cargadas de regalos que habían comprado con su paga en el bazar de Aberdeen —broches, cintas y la partitura de «Corre, conejito, corre»—[57] partieron hacia Norfolk. «No las había visto en cuatro meses, desde agosto», escribió el rey en su diario, rebosante de felicidad.[58]

Sus padres estaban decididos a seguir las viejas tradiciones navideñas a pesar de que el rey apenas pudo descansar pensando en su primer discurso de Navidad durante la guerra. «Me supone un calvario y no puedo disfrutar de las fiestas hasta que ha pasado», admitió.[59] Pasaría a la historia como uno de sus mejores y más laureados discursos por un oscuro poema de Minnie Louise Haskins:

Pedí al hombre a las puertas del año:
 «Dame una luz que pueda guiarme segura hacia lo desconocido».*

La princesa Isabel seguía dándole vueltas al triste sino del Royal Oak. Le dijo a Crawfie: «No podía quitarme de la cabeza a esos marineros, ni cómo habrá sido la Navidad en sus hogares».[60] Tras una larga estancia en Norfolk, los reyes decidieron que las princesas no volverían a Escocia, sino que regresarían al Royal Lodge, en Windsor. En Gran Bretaña, familias que habían evacuado a sus hijos de las grandes ciudades al campo los primeros días de la guerra estaban volviendo ahora a sus hogares visto el cese de ataques a civiles. Lo que más tarde pasaría a llamarse «Phoney War» o guerra falsa estaba siendo más falsa que nunca. Tampoco se planteaban volver a sus vidas de antes de la guerra, pero el Gran Parque de Windsor parecía un riesgo asumible. El 20 de enero de 1940 escribía: «Hemos ido al Royal Lodge a dejar a las niñas. Birkhall está demasiado lejos y, a su edad, la formación no puede descuidarse. Encontrar profesionales en Londres es fácil». Crawfie volvió a instaurar la rutina de clases; la princesa Isabel regresó a sus lecciones con Henry Marten por el Támesis, en Eton. La institutriz estableció una nueva tropa de Girl Guides, de la cual la princesa Isabel fue nombrada líder. Pronto empezaron a tener nuevas incorporaciones de docenas de jóvenes evacuadas del East End de Londres que se alojaban cerca. Algunas, como Rosie Turner, la hija de doce años de un técnico de calderas de

---

* El poema, «Puertas del año», está grabado en un panel en la entrada del oratorio de Jorge VI en la Capilla de San Jorge, en Windsor.

Stepney, fue invitada al Royal Lodge a tomar el té y recibir clases de baile.[61] Años más tarde, embarcando en un avión, la princesa Margarita reconoció a una de estas compañeras evacuadas que se había convertido en tripulante.[62] Cuando Lilibet cumplió catorce años, hubo una sorpresa especial. El rey escribía: «Hemos tomado el té en el castillo y después hemos visto la película *Pinocho*. Muy buena».[63]

Esta pequeña réplica de la vida antes de la guerra terminó a los pocos días. Tal como escribía el rey en su diario el viernes 10 de mayo: «Me he despertado con la noticia de que Alemania ha invadido Holanda, Bélgica y Luxemburgo esta madrugada. [...] El ya preavisado ataque al frente occidental ha comenzado». Se tomó la inmediata decisión de que era demasiado peligroso que las princesas se quedaran en el Royal Lodge no solo por un posible ataque aéreo, sino también por la amenaza de secuestro de las fuerzas aéreas enemigas. El 12 de mayo, justo cuando los paracaidistas alemanes estaban intentando secuestrar a la familia real alemana, Crawfie recibió la orden de llevar a las niñas al Castillo de Windsor y quedarse el fin de semana. Se quedarían allí los próximos cinco años, prácticamente. Las princesas tenían estancias en la Torre Lancaster junto a Bobo y Alah. Seguirían haciendo pícnics, dando paseos y vueltas por el parque. En una semana, las princesas volvían a estar navegando por el lago de Frogmore otra vez, aunque no se les permitía alejarse demasiado del fuerte de Guillermo el Conquistador, al que se retiraban todas las tardes.

Su ajetreo nada tenía que ver con el del rey esos mismos días. Tras el estrepitoso fracaso de Gran Bretaña en su intento de evitar la invasión de Noruega, el apoyo parlamentario de Chamberlain se disolvió. Estaba claro que no habría un pacto entre partidos. Tras el aviso del Partido Laborista de que no acatarían las órdenes de Chamberlain, este presentó su dimisión al rey. Solo podía mandar uno. Como dice el historiador Andrew Roberts: «Churchill se había convertido en un buen candidato con sus discursos y emisiones, su pronto calado de la amenaza nazi y su persistencia en que los hombres estuvieran listos, pero en mayo de 1940 una gran parte del poder seguía sin confiar en su juicio».[64] De este grupo formaba parte el propio rey. Cuando el chambelán fue a verle el 10 de mayo, el monarca le dijo que era «osadamente injusto» que a él (al chambelán) se le atribuyera la responsabilidad de nombrar a un secretario de Exteriores. El rey escribía en su diario: «Yo, por supuesto, sugerí a Halifax, pero me dijo que a H. le faltaban ganas». El rey conocía a Halifax personalmente y le gustaba el antiguo estudioso virrey de la India. Tampoco se había olvidado del apoyo de Churchill a Eduardo VIII al comienzo de la crisis de abdicación. Sin embargo, si Halifax no estaba por la labor en un momento como este —y, como señala Robert, el secretario de Exteriores había escogido ese día para ir al dentista— solo quedaba una opción.[65] «Le pedí consejo al chambelán y me dijo que Winston era el indicado.» Con los demócratas europeos cayendo casi uno tras otro, no había tiempo que perder. A Churchill, comentó el rey, «le quemaban las ganas de ser primer ministro».[66] Comenzó entonces una colaboración que, pudiéndose afirmar sin exageración, fue un instrumento clave para salvar el mundo occidental. El rey no se equivocaba. En octubre ya le confiaba a su madre: «Winston es, a todas luces, el mando correcto».[67]

El Palacio de Buckingham se convirtió rápidamente en un campo de refugiados reales. El rey escribía el 13 de mayo: «Me despertó un sargento de la policía a las cinco de la mañana para decirme que la reina Guillermina de Holanda quería hablar. No es común que a uno le despierten a esas horas, y menos una reina, pero ahora puede suceder cualquier cosa».[68] La monarca holandesa, escapando de los que habían sido sus secuestradores, le pedía de rodillas más aviones y tropas. Poco después, todavía con la paranoia, bajaba de un destructor de la Marina Real en Harwich. Los Países Bajos ya no tenían solución, así que partió a Londres. El rey escribió: «Me reuní con ella en la estación de Liverpool Street y la traje aquí [Palacio de Buckingham]. Estaba, como cabía esperar, muy alterada, y no había traído nada de ropa».[69] Días después, la reina Isabel se encontró al rey Haakon de Noruega y a su hijo, el príncipe Olaf, «roncando» en el suelo del refugio antiaéreo del palacio. Le dijo a la reina María: «Aunque nos encanta que estén aquí, es molesto no poder estar nunca solo».[70]

A medida que las Fuerzas alemanas avanzaban desde los Países Bajos hacia Francia, el rey era casi desdeñoso: «La Armada Francesa no ha sido derrotada porque todavía no ha luchado», escribió el 17 de mayo.[71] Diez días más tarde, estaba desesperanzado: «Los franceses nos han fallado».[72] Tras la evacuación de las Fuerzas británicas remanentes en Dunkerque y la caída de Francia, el rey hacía eco de un sentimiento generalizado: «A nivel personal, me siento más feliz ahora que no tenemos aliados con los que quedar bien», le dijo a la reina María.[73] Estaba errado, por supuesto. Se olvidaba del más entregado de los aliados: la Commonwealth británica, la totalidad de la cual estaba movilizando tropas para defender a Gran Bretaña, y se quedaría hasta el final. Las Fuerzas francesas del general De Gaulle también comenzaban a reunirse en Londres. Como era de esperar, cuando Francia estaba siendo arrasada, la reina emitió un emocionante discurso en francés dedicado a su población civil. «Una nación defendida por semejantes hombres y amada por semejantes mujeres se hará tarde o temprano con la victoria», les dijo.[74]

El Reino Unido remaba ahora hacia una invasión a lo grande. Los reyes estaban decididos a seguir con la operativa desde Londres, pero el resto de la familia real ya se había desplazado al campo.

¿Qué hacer con las princesas? Por todo el país había padres haciendo planes para sus hijos. Muchas familias pudientes, como los parlamentarios conservadores o el diarista Chips Channon, comenzaron a enviar a sus hijos a Canadá y a los Estados Unidos. Un patrón subsidiado para las familias normales recibió el nombre de Comité de Recepción de Niños en Ultramar y se inauguró en junio de 1940, si bien quedaría abandonado tres meses después tras el terrible infortunio del trasatlántico City of Benares, atacado de noche en medio del océano y que se cobró la vida de setenta y siete niños. Había una especulación constante sobre si las princesas habían o no cruzado el charco (especulaciones que han perdurado hasta 2020, cuando el autor John Banville, ganador del Premio Booker, en su novela *Las invitadas secretas* bajo su pseudónimo Benjamin Black, imaginaba que Lilibet y Margarita habían sido despachadas a una majestuosa casa en la neutral Irlanda). Ha pasado a formar parte de los libros de historia que la familia real se negó a consentir semejantes pensamientos. Una de las citas más célebres de esa época, atribuida a la reina Isabel, fueron sus palabras de desafío: «Los niños no podían irse sin mí, yo no podía dejar al rey y el rey no se iba a marchar bajo ninguna circunstancia».[75] El diario de guerra del rey, sin embargo, difiere de esta versión porque revela que la familia no había descartado por completo la evacuación de la princesa Isabel y la princesa Margarita a América. En un momento, el rey incluso lo consideró seriamente y se lo comentó a Winston Churchill en varias ocasiones. El 20 de junio el rey escribía: «Vi al primer ministro, quien acababa de dar un largo discurso en la C. de los C. [Cámara de los Comunes]. Parecía cansado y abatido por lo de Francia, pero dispuesto a pelear por su país. He hablado con él sobre que I. y M. serán un riesgo si nos invaden. Ha respondido que no».[76] Cinco días después, durante una reunión vespertina con el primer ministro, Jorge VI quiso hablar del tema de las princesas de nuevo. «Winston no está a favor de evacuarlas ahora y le he dicho que es imprescindible dejarlo arreglado por si finalmente es necesario», escribía el rey.[77] Una semana más tarde, anotaba que le había dado vueltas al tema con Neville Chamberlain y añadía que el mariscal Ironside, al mando del Imperial General Staff, estaba «tomando cartas en el asunto».[78] Es totalmente comprensible que los reyes estuvieran explorando una opción que muchas otras familias barajaban, incluyendo las reales. La hija y los nietos de la reina Guillermina de Holanda ya habían huido de Gran Bretaña a Canadá. Harald, el futuro rey de Noruega, de tres años, con su madre y hermanas, pronto partirían hacia los Estados Unidos.

Lilibet y Margarita Rosa, sin embargo, no irían a su encuentro. Churchill marcaría el paso. El 3 de julio, la prensa informó de que Palacio había confirmado que «las princesas se quedarían en Gran Bretaña».[79]

Cada vez estaba más claro, no obstante, que las decisiones reales en temas de seguridad no estaban siendo las adecuadas. Las barreras rudimentarias y los centinelas de turno del Castillo de Windsor no imponían a nadie. Como dijo la princesa Margarita años después, «esa barrera eléctrica sin tensar no le habría impedido el paso a nadie, pero sí salir a nosotras».[80] Habiendo evitado por los pelos su propio secuestro, el rey Haakon de Noruega instó a su primo inglés a poner a prueba sus propios mecanismos de protección. Jorge VI hizo bien los deberes y accionó el botón de alarma correspondiente. No obtuvo respuesta. Finalmente, apareció un nuevo miembro de la guardia que, según el biógrafo del rey, «para el horror del rey Haakon pero el agrado de los reyes, azuzó los matorrales como los ojeadores en una caza».[81] Se necesitaba algo más contundente.

Un oficial de los Guardias de Coldstream, T. S. *Jimmy' Coats*, fue colocado al mando de la protección real y se le encomendó diseñar un plan de huida en caso de invasión. Coats era corredor de bolsa y deportista con la Cruz Militar de la Gran Guerra. Su esposa, Amy, era hija del duque de Richmond y amiga de la reina. Formado por tres pelotones y un cuartel general de la compañía, la nueva unidad se popularizó bajo el nombre de «la misión de Coats». Coats reclutó a soldados inteligentes que podían adaptarse bien en un entorno real más bélico. Uno de ellos, el teniente Ian Liddell, se alzaría con la Cruz Victoria los últimos días de la guerra tras interceptar un puente clave al que se había prendido fuego (aunque finalmente sería asesinado por un francotirador días después).[82] Coats pasó de conducir un par de antiguos Rolls-Royce y unos autobuses Leyland a una flota de Humber que serían el veloz desplazamiento del rey y su familia hasta sus rincones seguros, adelantándose al enemigo. El primero de ellos fue la casa del conde Beauchamp, Madresfield Court, cerca de Malvern, en Worcestershire. El lugar de los Lygon, rodeado de un foso, se convertiría años después en el escenario de la ficción de Waugh *Retorno a Brideshead.* De allí, la familia real se iría a Pitchford Hall en Shropshire o Newby Hall en North Yorkshire. Este último sirvió de inspiración para la serie dramática de ITV *Downton Abbey* (que también había sido hogar de un Grantham). Hasta hoy, los dueños, la familia Compton, guardan una enigmática carta del palacio, marcada como secreta y que hace referencia a alguien sin especificar. Finalmente, si el enemigo seguía avanzando, Coats y sus hombres se llevarían a la familia a Liverpool o a Glasgow para evacuarlos, por mar, a Canadá. Si irían todos o no ya era otro tema.

Jorge VI se había hecho con su propia metralleta y la reina estaba aprendiendo a usar un revólver. «No caeré como han caído las otras», le dijo al político y escritor Harold Nicolson.[83] A medida que el verano iba avanzando, las bombas comenzaron a caer, primero con fuertes ataques a las estaciones de la Real Fuerza Aérea y más tarde sobre la capital y otras ciudades. Conocido como «el Blitz» por la táctica alemana *blitzkrieg,* o «guerra relámpago», esta interminable arremetida eclipsaría los bombardeos aéreos a civiles de la Primera Guerra Mundial. A mediados de septiembre, miles de personas habían perdido la vida y decenas de miles estaban sin techo. Los reyes recorrieron las ruinas del East End. Como se aprecia en las cartas de la reina, la experiencia fue casi inaguantable para ella, igual que la imagen de los cadáveres enterrados en los edificios bombardeados de Stoke Newington, donde muchos se habían ahogado con la explosión de cañerías. Quedó profundamente conmovida ante la resiliencia que presenció. «El cockney* es un gran luchador», diría más tarde, «y se defendió.»[84]

---

* «Cockney» es un término utilizado coloquialmente para referirse a los londinenses pertenecientes a la clase trabajadora, sobre todo de la zona del East End. *(N. de la T.)*

3

1940-1947

«Pobres mías, todavía no han podido divertirse»

El 9 de septiembre de 1940, el Palacio de Buckingham sufrió el primero de los nueve ataques directos que recibiría durante la guerra, aunque las bombas fueron muchas más. La primera fue un artefacto de efecto retardado: nadie sabía de la marcha atrás del contador. Se accionaría la noche siguiente, cerca de las estancias privadas de la familia, destruyendo gran parte de la piscina del palacio. El rey reconoció que habían tenido suerte. En su diario escribía: «Había estado en mis aposentos el día anterior sin saber que había una bomba de relojería».[1] Tres días más tarde volvería a estar muy cerca de la muerte, junto con la reina y a plena luz del día. «Estábamos ambos arriba con Alec Hardinge,* hablando en mi pequeña sala de estar y observando el patio interior», escribió el rey. Primero se escuchó un zumbido y entonces avistaron dos bombas cayendo en el extremo opuesto del edificio, seguidas de «dos estruendos» de otro par que habían aterrizado en el patio interior, justo delante de ellos. «Nos miramos y salimos lo más rápido posible. Todo ocurrió en cuestión de segundos y nos preguntamos por qué no estábamos muertos ya.»[2]

La reina había visto explotar la primera bomba. Recordaba: «Vimos cómo explotaba, y una gran columna de agua salió al aire.

---

* Alexander Hardinge, más tarde barón Hardinge de Penshurst, fue el secretario privado del rey desde su ascenso hasta 1943, cuando le reemplazó Alan *Tommy* Lascelles.

También tocó parte del desagüe. Lanzó un cartucho entero [de bombas] sobre el palacio. Fue muy desagradable porque el jardín se inundó de ratas horrendas».[3] Al menos fue una oportunidad para practicar con el revólver. «Todos se divirtieron persiguiéndolas e intentando alcanzarlas.» La reina quedó gratamente impresionada con la templanza de los empleados, en especial con la de su cocinero francés, que le quitó importancia afirmando que había sido «*un petit quelque chose*».[4] De este suceso salió otra de sus famosas frases, cuando dijo que ahora «podía mirar al East End a los ojos».[5] Jorge VI se mantuvo estoico: «Definitivamente esto le enseña a uno a "cubrirse las espaldas", pero hay que intentar no encasquillarse».[6]

Y se preocupaba con razón. Más de setenta años después se está viendo lo traumatizada que quedó la gente. Aunque el rey tenía el deber de mantener el tipo en público, escribiría con franqueza en su diario días después que estaba hecho un ovillo de nervios. Confesaba: «No debería dejarlo por escrito, pero me impactó el bombardeo del pasado viernes (13) y no lo he pasado bien estando en mis aposentos del B. P. [Palacio de Buckingham]. No conseguía leer; estaba alerta, mirando constantemente por la ventana. Pero hoy ya me siento mejor».[7]

Incluso sus detractores reconocieron que estaba aguantando muy bien el chaparrón. «Las bombas del Palacio de Buckingham han beneficiado la popularidad de los reyes», escribía Chips Channon, con admiración total, mientras seguía manteniendo que el rey era «el hombrecillo más aburrido pero bienintencionado del planeta».[8]

Tantos ataques prolongados a la población civil eran algo nuevo en la guerra e inspiraron actos de valentía sin parangón en el frente. Una de las condecoraciones más remarcables era la Cruz Victoria, que solo se otorgaba por el valor frente al enemigo. No había honor similar para el reconocimiento a la valentía de aquellos que se adentraban en edificios en llamas o placaban bombas sin explotar, armados con poco más que un martillo, un cincel y una oración. El rey, por tanto, decidió crear dos nuevas condecoraciones con su nombre. La Cruz de San Jorge, o G. C. por sus iniciales en inglés, estaría destinada, junto con la Cruz Victoria, al «mayor heroísmo», mientras que la Medalla de Jorge tendría «una distribución más amplia».[9]

Windsor sufrió su primer ataque en octubre, pero no hubo impacto directo sobre el edificio. A esas alturas, las princesas ya tenían aprendido el protocolo para ese tipo de situaciones, tras el caos de las primeras veces que sonaron las alarmas. En aquellas ocasiones, una Crawfie frenética había salido en busca de las niñas y se había encontrado a la princesa Isabel buscando su ropa y a Alah poniéndose el uniforme a toda prisa. «Nos estamos vistiendo», le había dicho la princesa. La institutriz les ordenó que corrieran inmediatamente. En el sótano se reunieron con el jefe de la Casa Real, Hill Child, apopléjico. Más tarde, si se preveían más ataques, las princesas pasaban la noche en el sótano y, llegado el momento, se hicieron instalaciones de fontanería y se instalaron literas (la princesa Margarita ocupaba la litera de arriba).[10]

Con el recrudecimiento del Blitz, los reyes acordaron que la princesa Isabel debutaría con su primer discurso, un mensaje a los evacuados más jóvenes, tanto de Gran Bretaña como del extranjero, como parte del programa *Children's Hour* después de que el ejecutivo de la BBC Derek McCulloch, conocido como «tío Mac», lo requiriese en numerosas ocasiones. El 13 de octubre de 1940, oyentes de todo el mundo escucharon por primera vez una voz que seguirían escuchando en mayor o menor medida el resto de sus vidas. Lilibet dijo espléndida: «Sabemos todos y cada uno de nosotros que al final estaremos bien. Porque Dios está con nosotros y nos traerá victoria y paz». El emotivo toque final fue lo que cautivó a los oyentes: «Vamos, Margarita», dijo, acercando a su hermana al micrófono. «Buenas noches, niños. Buenas noches y suerte a todos.» En los periódicos se decía que la frase «vamos, Margarita» se había convertido en una expresión popular. En 1946, el «tío Mac» escribió un artículo sobre la eufórica reacción de Jorge VI tras el primer ensayo. «¡Son idénticas!», exclamó el rey, emocionado por ver cómo seguía los pasos de su madre y no los de su padre cuando se trataba de hablar en público.[11] La emisión fue tan popular que también se emitió en los Estados Unidos. Con catorce años, la reina tuvo su primer éxito mediático.

El patrón de vida en el Windsor durante la guerra seguiría la misma línea los siguientes tres años. La vida académica de las princesas recibiría un nuevo estímulo con la llegada de su nueva profesora de francés, Antoinette de Bellaigue, una aristócrata belga refugiada a la que apodaban «Toni». Se convirtió en una confidente real que ayudó a ambas princesas a desarrollar una fluidez y amor por la lengua que las acompañaría toda la vida. Fuera del aula, seguirían paseando y organizando actividades con las Girl Guides por la zona, aunque con paradas abruptas para esconderse en la primera zanja o cueva si escuchaban sirenas. Había alguna escapada de verano a Balmoral, en las Tierras Altas, pero la mayor parte de su vida trascurría en los alrededores del Windsor.

Con poco con lo que entretenerse, la juventud había encontrado nuevas formas de hacerlo. El verano de 1940, las princesas participaron en un concierto benéfico de *Alicia en el país de las maravillas* en el centro social de la zona. El rey quedó impresionado. «Ambas actuaron extraordinariamente y se dejaron llevar. Recaudó quince libras para el Minesweepers Fund»,[12] escribía orgulloso. Su compañera de juegos, Alathea Fitzalan Howard,* no tanto. «Lilibet ha tocado horrorosamente el piano y a Margarita se le ha caído la cortina encima», escribió en su diario.[13] Recientemente publicado por su familia, ofrece una mirada auténtica y en ocasiones conmovedora de la guerra en el Windsor desde una perspectiva adolescente. Con la Navidad a la vuelta de la esquina, una producción mucho más profesional tuvo lugar cuando el di-

---

* Nacida en 1923, Alathea Fitzalan Howard era prima del duque de Norfolk. Pasó la guerra con su abuelo, el vizconde Fitzalan, en su casa en el Gran Parque de Windsor, y conocía bien a las princesas.

rector local Hubert Tannar montó un belén en el castillo. Lilibet, como no podía ser de otra forma, portaba una corona y hacía de uno de los tres Reyes Magos, y Margarita cantó el villancico «Gentle Jesus». El rey lloró a mares.[14] Todos disfrutaron tanto de la obra navideña que pasó a ser una fecha señalada en el calendario de guerra.

Los reyes seguían visitando bases militares y ruinas de toda ciudad que hubiera sufrido los ataques de la Luftwaffe. Incluso el castillo albergaba peligros. En febrero de 1941, hubo un sorprendente lapsus por parte de la seguridad cuando un extraño apareció de repente detrás de las cortinas de la habitación de la reina y se postró a sus pies. Resultó ser un desertor con problemas mentales cuya familia había fallecido en el Blitz. La reina habló con él calmadamente sobre sus problemas hasta que llegaron los refuerzos. «Pobre hombre, qué pena me da», diría luego. «Enseguida me di cuenta de que no quería hacerme daño.»[15]

A esas alturas, Jorge VI se había librado de su hermano mayor al menos en el futuro próximo. Tras la caída de Francia, los duques de Windsor se habían mudado a la neutral o incluso enemiga España fascista, en la que los diplomáticos alemanes urdieron un plan para detenerles con la esperanza de usar al duque para pactar una posible paz con Gran Bretaña. Tanto aliados como enemigos le habían escuchado vociferando predicciones derrotistas de su país. Winston Churchill no quería semejante riesgo deslenguado causando problemas en España y le ordenó que partiera a Portugal, donde un hidroavión le llevaría a casa. El duque respondió con más requisitos en el peor de los momentos. La víspera de la batalla de Inglaterra decidió negociar con Churchill y espetó que no regresarían a menos que su «diferencia de estatus» —refiriéndose a la negativa de ser apodado Su Majestad— se resolviera. Un Churchill enfurecido decidió que lo mejor para todos era que los duques no volvieran a casa y punto. El emérito iba a ser gobernador de Bahamas y se le envió para allá habiéndole puesto en preaviso de que debía acatar órdenes y no decir nada que se saliera de las políticas gubernamentales británicas.[16] En un mes, para disgusto del rey, el duque seguía teniendo peticiones. Quería llevar a su esposa la duquesa a pasar el verano al rancho de Canadá arguyendo que «hacía demasiado calor en las Bahamas y que tardarían dos meses en acondicionar Govt House, por lo que tendría que alquilar otra casa».[17] Winston Churchill fue rápido respondiendo, algo de lo que el rey dejaría constancia: «La respuesta de W. fue que debía quedarse en Bahamas y limitarse a cumplir con su trabajo».[18] El deplorable dúo pasaría el resto de la guerra dándole vueltas a la injusticia al sol en un paraíso fiscal libre de bombas.

Para los reyes, sin embargo, los ataques aéreos terminaron agravándose hasta tal punto que el sótano ya no servía de suficiente protección cuando sonaban las sirenas. «Busqué nuevos refugios bajo tierra en Curzon Street House», escribía el rey en noviembre de 1941.* «El refugio aéreo del Palacio de Buckingham no tiene una estructura lo suficientemente fuerte.»[19] Aun así, el rey era consciente de que no debía dejar que calara esta mentalidad de búnker. Tan solo dos días más tarde, los reyes decidieron pasar su primera noche en el palacio tras más de un año. «Sentíamos que debíamos romper con la idea de que allí no se podía estar por seguridad», escribía.[20] Mientras tanto, había habido una modesta mejora en la calidad de la vida real. Tal como el rey apuntó en su diario, el tren real tenía agua caliente. Escribía orgulloso: «Ahora puedo bañarme con agua caliente [...] estando el tren en marcha. Antes tenían que traer el agua caliente desde el motor».[21]

En Windsor, los empleados siguieron discurriendo formas de divertir a las princesas. Una de las mejores fue un emocionante viaje por las mazmorras y los túneles, cortesía del bibliotecario real, Owen Morshead. Allí, entre una colección de cajas de sombrero de lo más normal, descubrieron lo que resultaron ser las joyas de la Corona. Morshead y sus compañeros habían estado

---

* Curzon Street House era un edificio ocupado por la Oficina de Guerra y, más tarde, por el servicio de inteligencia del Reino Unido, el MI5.

reorganizando el Windsor ya antes del estallido de la guerra. «Aquí estamos ocupados poniendo sacos de arena frente a las ventanas», le escribía Morshead a la reina María a finales de agosto de 1939. «Los marcos de algunas de las obras más valiosas están colgados vacíos porque hemos guardado las láminas a buen recaudo. Bajaron las joyas de la Corona de la torre el sábado por la tarde.»[22] En la primera amenaza de invasión se había trazado un plan secreto para mandar la mitad de las joyas de la Corona y algunas de las obras más valiosas a Canadá para que las custodiara el conde de Athlone. Winston Churchill le otorgó al plan lo que Morshead apelaba «un no enfático».[23] De no haber sido por la gravedad de la situación, lo que les ocurrió después a las joyas de la Corona habría, en esos tiempos, sido buen material para una comedia de Ealing. El bibliotecario mandó construir en secreto una extensión al antiguo túnel dirección sur en la punta este del castillo que solía llevar hasta una poterna a través de la cual los soldados podían aparecer tras las líneas enemigas, pero se había tapado en el siglo XVIII. Ahora se ampliaría añadiendo un nuevo túnel lateral que conducía a una cámara acorazada, a unos diez kilómetros bajo tierra.

Morshead lo relató detalladamente en una carta a la reina María, sabedor de su gusto por los detalles. Le explicó con precisión cómo buscar la trampilla en una «pequeña y oscura habitación» justo debajo del patio interior, bajar una escalera de tres metros y medio y andar unos setenta metros por una fangosa barra hasta encontrar dos aperturas en la roca, justo bajo el centinela de la terraza este.[24] Las coronas, los cetros y demás formalidades se almacenaban en cajas de apariencia normal tras haber pasado una criba. Morshead y el joyero de la corona, Cecil Mann, habían sufrido extrayendo las joyas más valiosas de los enganches y sujeciones, incluyendo la primera y segunda estrellas de África, el diamante Kohi-Noor y el rubí del Príncipe Negro, junto con otro rubí «del tamaño de una rana». Estos se envolvieron en lana de algodón y se almacenaron en tarros de mermelada gigantes con una nota firmada por el rey donde se leía que «se había realizado con su consentimiento». El tarro se colocó «dentro de una caja de galletas de Bath Oliver, donde encajaba perfectamente». Por último, se selló con cinta quirúrgica. Tal como Morshead explicó en su extenso informe a la reina María, todo esto era por si acaso la familia debía desplazarse sin preaviso. Decía: «Las joyas de la Corona son grandes y pesadas y el camión que las lleve podría no poder seguir. Esta lata es fácil de portar, de camuflar y es disimulada, incluso se puede enterrar o sumergir. Y contiene todas las piezas clave para un nuevo set de joyas de la Corona en caso de que ocurra lo peor».[25] En verdad, hubiera sido el mejor tesoro enterrado jamás encontrado.

El otro aliciente principal para las princesas era la aparición esporádica de nuevas hornadas de jóvenes oficiales destinados al castillo o los refugios. Alathea Fitzalan Howard recuerda a una princesa Isabel tímida esforzándose por entretener a los nuevos miembros. «A Lilibet le cuesta tanto como a mí dar conversación, pero lo hizo muy bien», escribía Fitzalan Howard tras una fiesta para un grupo de Guardias Granaderos y oficiales de la Real Fuerza Aérea en marzo de 1941. «Insistió en dejar entrar a los perros porque decía que eran la mejor técnica para salvar una conversación cuando estuviera decayendo.»[26] Es una táctica que sigue usando hoy.*

Llegado este punto, sin embargo, el corazón de la princesa ya pertenecía a un único oficial, el cual se encontraba en el mar. El 3 de abril, Fitzalan Howard escribía en su diario que había interrumpido una conversación entre las princesas sobre alguien llamado Felipe. «Así que dije: "¿Quién es Felipe?". Lilibet respondió: "Se llama príncipe Felipe de Grecia" y ambas se rieron a carcajadas.» Habiendo jurado discreción, la princesa Isabel se lo reveló todo. El príncipe Felipe, dijo ella, era su «chico».[27]

---

* Sentado junto a la reina en un almuerzo en 2014, David Nott se vio superado por la pregunta que esta le hizo acerca de su trabajo con niños heridos en la zona bélica de Siria. La reina llamó a sus dos *corgis* tranquilamente y ambos pasaron veinte minutos dándoles de comer. «Esto es mucho mejor que hablar, ¿verdad?», dijo la reina. Nott lo describiría más tarde como un momento de «increíble humanidad».

Este era ya un tema recurrente en los círculos reales de Grecia. Cuando visitó Atenas en enero de 1941 por motivos gubernamentales, Chips Channon asistió a un evento real en el que se encontraba el príncipe Felipe. Channon escribió en su diario: «Es extremadamente guapo. Recordé inmediatamente mi conversación de por la tarde con la princesa Elena: ¿él va a ser el rey consorte y por eso está en nuestra Marina? Está aquí descansando unos días con su desequilibrada madre».[28]

En la corte británica y los círculos aristocráticos, por lo general se asumía que la princesa se casaría con un aristócrata británico mayor. Uno de los mejores y más bellos candidatos de la órbita real era el vizconde Euston, heredero del duque de Grafton. Durante unos años sería el potencial consorte de la princesa, a la que claramente le gustaba. Euston fue uno de los guardas oficiales invitados al «pequeño baile» que los reyes organizaron en Windsor el 23 de julio de 1941. El rey dijo: «El primer baile de Lilibet. Todos lo hemos disfrutado mucho».[29] Según Alathea Fitzalan Howard, sin embargo, la princesa Isabel se quedó «bastante disgustada» cuando Euston solo le pidió bailar una vez en toda la fiesta. Pero todo caería en el olvido tres meses después, cuando el rey invitó a su primo lejano el fin de semana. Escribía en su diario: «Felipe de Grecia vino para quedarse. Está asistiendo a cursos en Portsmouth y es subteniente en funciones. Me ha explicado sus aventuras con el *Valiant* en las flotas del Mediterráneo».[30] El príncipe había sido mencionado hacía poco en mensajes sobre su comando del *Valiant* durante las búsquedas en la batalla del cabo Matapán. Su rapidez había conseguido iluminar un crucero italiano que pronto acabó en el fondo del mar. La semana siguiente, Lilibet les hablaba emocionada a sus amigas de «su querido». «Me dijo que debería ir a verle si volvía»,[31] escribiría Alathea Fitzalan Howard. La espera no sería larga.

Las princesas pronto prepararían otra producción navideña en el castillo. El director Hubert Tannar había escrito otra representación para recaudar más fondos para el Wool Fund con las princesas como protagonistas: Margarita como Cenicienta y Lilibet como Príncipe encantado. También participaban niños de la zona. A un evacuado con un talento especial para el arte, Claude Whatham, se le encomendó diseñar láminas para colgar en la pared y decorar la Cámara Waterloo. Puesto que todos los retratos de residentes famosos habían sido retirados por seguridad a la cámara secreta de Owen Morshead, los majestuosos marcos albergaban ahora retratos de personajes como Caperucita o Mamá Oca. «¿Qué te parecen mis antepasados?», se le escuchó preguntar al rey a un visitante sorprendido.

A pocos días de la función, se enteraron de que el público esperaba que se incluyera al príncipe Felipe en la representación. Dada la diferencia de cinco años de edad entre el oficial de veinte años y la princesa adolescente, era más un amor platónico que un amigo. A Alathea Fitzalan Howard la dejó un poco indiferente. «Lilibet ha sido muy dulce hoy. Ha venido su Felipe y parece agradable, pero no es mi tipo», escribió.[32] Chips Channon —que se encontró con la princesa una vez más pocos días después en el almuerzo de Claridge celebrado por el príncipe de la Corona griega— no tenía, ya entonces, ninguna duda del futuro de Felipe: «Será el mejor galán que he visto jamás, rubio, un poco lánguido pero con buenas maneras. ¡No es de extrañar que haya sido elegido como príncipe consorte del futuro!».[33]

A las puertas de su dieciseisavo cumpleaños, la princesa era muy madura para su edad en bastantes aspectos, pero seguía siendo una niña en otros. Como apuntaba Fitzalan Howard, seguía vistiendo los mismos conjuntos raídos que su hermana menor. El evento del fin de semana en Windsor en febrero de 1942 fue una representación de *Dumbo* de Walt Disney[34] y no sería hasta más entrado el año que las princesas irían finalmente al teatro a ver algo que no fuera una representación infantil.* Aun así, Lilibet

---

* En agosto de 1942, las princesas disfrutaron de su primer viaje por un musical del West End, *Fine and Dandy*, en el Saville.

pronto recibiría su primer nombramiento militar. En enero de 1942, la muerte del duque de Connaught dejó una vacante de coronel de los Guardias Granaderos. «Voy a nombrar a Lilibet en lugar de al tío Arthur», escribió el rey. «Muestra gran interés por el regimiento y nos protegen aquí en Windsor. Espero que el regimiento se alegre, he sabido que así lo desean.»[35] El día que se convirtió en una de los oficiales de mayor rango de la División de la Casa, su mente no estaba muy centrada en quehaceres militares. Lo primordial de aquella tarde, según el diario de Alathea Fitzalan Howard, fue una lección de pintura seguida de «mucha diversión haciendo tonterías como rodar una pequeña rueda por una cuesta hasta un riachuelo». Casi como un reparo, añadió: «Lilibet ha sido nombrada coronel de los Guardias Granaderos».[36]

No había sido un buen comienzo para los aliados, aunque los Estados Unidos finalmente se habían unido a la guerra tras el bombardeo japonés de Pearl Harbor, en diciembre de 1941. La colonia británica de Singapur había caído en manos de los japoneses, justo semanas después de la caída de Hong Kong. El 17 de febrero, Churchill acudió a almorzar y advirtió al rey de que Japón podría aprovechar ahora dos de sus mayores reinos, la India y Australia. Las entradas del diario del rey durante este período mencionan recurrentemente que estaba «deprimido». Su familia era lo único que le daba algún tipo de distracción y felicidad, especialmente la confirmación de la princesa Isabel antes de la inminente jubilación del arzobispo de Canterbury.[37]

En su dieciseisavo cumpleaños, el 21 de abril de 1942, la nueva coronel de los Guardias Granaderos acudió a inspeccionar sus tropas en un desfile especial en el Castillo de Windsor. Era el primer compromiso formal de la princesa Isabel como un miembro activo de la familia real y así lo registraron en las circulares de la corte. Sería el primero de un sinfín de compromisos oficiales.

Un sentido de deber similar comenzaba a manifestarse de otras formas. En ese momento, la princesa había comenzado a escribir a las madres de cualquier joven oficial que hubiera sido destinado a Windsor y que hubiera perdido la vida en servicio. Les aseguraba que sus hijos jamás serían olvidados. Como Crawfie señalaba: «Había sido una idea enteramente suya».[38]

La familia real también sufrió lo suyo. El 25 de agosto, en Balmoral, el rey recibió una llamada durante la cena. Le informaron de que su hermano menor, el duque de Kent, había fallecido en un hidroavión destinado de Invergordon a Islandia, cruzando una tormenta. Colisionó contra una montaña en Caithness y se cobró la vida de todos excepto uno de los pasajeros. Al rey, el funeral de su hermano en la Capilla de San Jorge de Windsor le pareció el más duro hasta el momento. «Nada me ha conmovido así», decía en su diario, añadiendo que no podía mirar a nadie de su familia «por miedo a romperse».[39] La semana siguiente comenzó lo que él llamó una «peregrinación» hasta el lugar del accidente. Decía: «Se habían abrasado unos doscientos metros de largo y cien de ancho por el rastro y las llamas. El impacto debió de ser terrible puesto que la aeronave estaba irreconocible cuando la hallaron».[40] El duque, de treinta y nueve años, acababa de regresar de una misión de los Estados Unidos, donde había encandilado a Franklin D. Roosevelt hasta tal punto que este había accedido a ser padrino del príncipe Miguel, el más joven de los tres hijos del duque. El bebé tenía menos de dos meses cuando perdió a su padre.

La esposa de Roosevelt, Eleanor, visitó Gran Bretaña ese otoño para ver los trabajos de las mujeres e informar sobre el estado anímico de la nación. Quedó verdaderamente sorprendida con las condiciones en que se encontraba el Palacio de Buckingham, incluyendo la falta de calefacción y la pésima calidad de la comida, aunque se sirviera en una vajilla de oro y plata. La primera dama encontró que la princesa Isabel era «muy atractiva, bastante seria» y que «preguntaba mucho» sobre los Estados Unidos.[41] Para cualquier visitante, esta sería la diferencia principal entre las dos princesas: Margarita era la niñita pícara que conseguía pasar por encima de su padre y salirse con la suya mientras que Isabel era responsable, reservada, tímida y reticente a mostrar emociones o a dar su opinión.

Cuando las princesas eran más jóvenes, Crawfie había pedido a veces que no invitaran a Margarita a las fiestas porque se había dado cuenta de que Lilibet se volvía más introvertida y dejaba que la personalidad arrolladora de Margarita acaparara toda la atención. En noviembre de 1943, Alathea Fitzalan Howard organizaba una cena para celebrar su propio cumpleaños y Crawfie hizo la misma petición: pidió que no invitaran a Margarita. Resultó ser la primera vez que Lilibet, ahora de diecisiete años, asistía a una velada.[42]

Los reyes fueron presentando poco a poco a su hija mayor a la vida pública que le esperaba. Así que, en 1943, asumió su primer patrocinio, la Sociedad Nacional de Prevención de Crueldad hacia los Niños (NSPCC, por sus siglas en inglés) y el Real Colegio de Música, y acudió a su primer evento en solitario, el día de la batalla de tanques de los Granaderos. Con la llegada de su decimoctavo cumpleaños, el rey preparaba su nombramiento como consejera de Estado. Se aseguró de que se hacía una excepción con la normativa del *Regency Act*, o Leyes de Regencia, puesto que la edad mínima era veintiuno. Esto convertiría a Lilibet en una de los pocos miembros de la familia a la que se le permitía llevar a cabo ciertos asuntos de Estado si el monarca estaba fuera o incapacitado. Su primera experiencia, en 1944, incluía indultar a un asesino; tras leer todos los detalles, quedó atónita y preguntó: «¿Qué lleva a las personas a cometer semejantes atrocidades?».[43] Incluso cabía la intrigante posibilidad de que, en su decimoctavo cumpleaños, Lilibet se convirtiera en la princesa de Gales. El Gabinete había estado planteándolo dada la ausencia de un heredero masculino al trono. El rey, sin embargo, se oponía vehementemente y le dijo a Winston Churchill que se trataba de un asunto interno. «La prensa y la gente de Gales están haciendo campaña para que se convierta en la princesa de Gales», decía, «pero dije que se trataba de un asunto familiar.»[44] No solo era una ruptura con la tradición, pensaba el rey, sino que los gobiernos de los dominios podrían querer darle un título distinto al suyo. Además, como señalaba en una carta a la reina María, «tiene un bonito nombre».[45]

Debido a las obligaciones de adulta de Lilibet, todo romance quedaba descartado en lo que concernía a su padre. La Navidad de 1943, el príncipe Felipe había regresado a Windsor para ver a las princesas aparecer en su última función, *Aladín*. El secretario privado del rey, Alan Lascelles, recuerda que fue una agitada tarde de boxeo en la que el príncipe Felipe y el resto habían «retirado la moqueta y encendido el gramófono para brincar y retozar hasta casi la una de la madrugada».[46]

Poco después, Lascelles escribiría en su diario que el rey de Grecia se había puesto en contacto con el monarca inglés para hablar sobre el príncipe Felipe y la posibilidad de que le consideraran un pretendiente adecuado. Jorge VI había rechazado la idea.[47] En mayo de 1944, la reina María también le había comentado al rey que había escuchado que la familia real griega pretendía postular al joven Felipe como pretendiente. Jorge VI respondió que le agradaba el príncipe y reconoció que «tenía sentido del humor y que le gustaba su forma de ver las cosas».[48] Sin embargo, tanto él como la reina estaban preocupados por si «la princesa era demasiado joven de momento, puesto que todavía no había conocido a ningún hombre de su edad». En realidad, con una guarnición completa en su puerta, había conocido a más que suficientes a esas alturas como para saber cómo se sentía realmente.

Durante la visita del príncipe Felipe en Navidad, Alathea Fitzalan Howard escribió que quedaba claro que era un perfecto candidato a marido para Lilibet, y añadió: «A ella le encantaría».[49] Sin embargo, aunque la princesa sabía que el rey estaba impidiendo cualquier tipo de romance, tampoco iba a desobedecer a su padre. Dejando a un lado el incómodo momento del tintero en el aula de Piccadilly, Lilibet jamás había mostrado el mínimo signo de rebelión. Era muy poco probable que comenzara justo ahora, en el momento en el que perseguía otro objetivo: alistarse en las Fuerzas Armadas.

En la primavera de 1944, los reyes habían comenzado a llevarse a la princesa Isabel con ellos a algunos de sus viajes nacionales de supervisión. Visitó regimientos en Yorkshire y siderurgias en el sur de Gales. En mayo, acompañó a sus padres a Salisbury Plain para reunirse con los hombres de la 6.ª División Aérea durante su preparación para la inminente invasión de Europa por parte del frente aliado. «Cien planeadores aterrizaron grácilmente frente a nosotros»,[50] escribió emocionado el rey. La semana siguiente, sin embargo, Lilibet había vuelto a ser una adolescente normal de nuevo cuando ambas princesas participaron en los informales juegos del espectáculo de caballos Windsor Horse Show. Ambas se clasificaron en sus respectivas clases de carruaje. «Margarita ha llevado a Gipsy en un carromato y Lilibet a Hans en un carruaje tirado por ponis que había usado la reina Victoria», describía el rey con orgullo, y añadía: «Su victoria ha sido puro mérito, han aprendido a llevar las riendas en el último mes».[51] Tan solo una semana después, sin embargo, Lilibet comprendería la importancia de todos esos desfiles y demostraciones a los que había estado acudiendo con sus padres por todo el país.

Los reyes habían recibido información detallada acerca de los planes de los aliados de entrar por aire y mar en el amplio estrecho de la costa normanda el 6 de junio de 1944, una fecha que pasaría a la historia como el «Día D». Jorge VI también estaba al corriente del precario estado del avance aliado en las siguientes horas y días. También había librado su propia batalla real intentando evitar que Winston Churchill formara parte de las fuerzas invasoras.

En un principio, tanto el monarca como el primer ministro se habían obcecado con formar parte del mayor ataque anfibio de la historia. El secretario privado del rey, Alan Lascelles, detectó de inmediato el posible desastre monumental e intentó que el rey entrara en razón. Como el astuto cortesano veterano que era, obvió decirle al rey que la idea era simplemente una locura; en su lugar, le preguntó qué consejos le iba a dar a la princesa Isabel para escoger a su primer ministro si tanto el rey como Churchill morían.[52]

Aparte del alto riesgo de minas, submarinos, lanchas, bombardeos y ataques aéreos, significaría hacer que la tripulación de cualquier nave cargara con una responsabilidad muy alta si debían luchar con Churchill o el rey (o ambos) a bordo. La situación rozó lo absurdo cuando el monarca y el primer ministro se enzarzaron a discutir sobre quién podía ordenarle algo a quién. Hubo un momento en que el rey y Lascelles intentaron decirle a Churchill que necesitaba permiso real para abandonar el país, a lo que este respondió que «no contaba si la nave era inglesa».[53] Finalmente, el rey terminó rogándole al primer ministro, «como amigo», que no pusiera en peligro su vida y «que no le pusiera a él y al resto en un aprieto».[54] Churchill, por una vez, se dejó convencer.

Todo giraba en torno al éxito del Día D. Para el rey, la espera y la vigilancia fueron insoportables y retomó una antigua afición en compañía de sus hijas. «No seré de ninguna ayuda dando vueltas por Portsmouth para ver cómo cargan barcos», escribió, «así que he vuelto a montar tras cuatro años. He salido una hora con L. y M. R. con Gipsy, el poni *fell* negro.»[55] A los diez días de la invasión, sin embargo, el rey estaba encantado de dirigirse a Francia en el barco Arethusa —«he izado el estandarte del monarca en la vela mayor»—[56] antes de atracar en Courcelles para reunirse con el general Montgomery.

De vuelta a casa, sin embargo, encontró al país preocupado por una nueva amenaza. «Parece que ha comenzado una nueva fase de un "arma secreta"»,[57] escribía el rey mientras las primeras «bombas voladoras» comenzaban a llegar menos de dos semanas después del Día D. «Será un nuevo reto para nuestro pueblo.» De repente, lo que ocurría en Normandía había quedado en un segundo plano. «Se habla mucho de aviones sin piloto últimamente»,[58] observó el rey. En efecto, las crónicas de Crawfie de la vida de las princesas en Windsor en 1944 no hacen mención alguna al Día D. Como la mayoría de la población civil, le aterraba la amenaza de los nuevos misiles guiados V1 que comenzaban a caer sobre Londres y sus alrededores. Las princesas estaban cocinando salchichas en el Gran Parque de Windsor cuando avistaron su primer misil, tras lo cual Crawfie se abalanzó sobre la princesa Margarita. El cohete las sobrevoló y explotó en el hipódromo de Windsor, pero les dejó muy tocadas.[59] Desde entonces, se dio cuenta de que las princesas cesaban toda conversación si escuchaban cualquier ruido extraño. Todos quedaron devastados tras el peor ataque de V1 de la guerra, que mató a 121 personas, algunas de ellas amigas de la familia, durante una misa de domingo en la Capilla de los Guardias, cerca del Palacio de Buckingham. El 1 de julio, Alan Lascelles presenció otro intento de ataque cerca del Castillo de Windsor mientras asistía al partido de críquet de Eton-Winchester. Incluso con los aliados avanzando por Europa, en casa no tenían sensación de victoria para nada. El propio rey sintió una «contusión» cuando un V1 cayó cerca de su refugio del Palacio de Buckingham la noche del 20 de junio: «Salí a ver el resultado y recogí piezas de bomba por todo el jardín».[60] Decidió cancelar sus investiduras «de momento, hasta que sepamos más sobre la técnica». Incluso Winston Churchill estaba experimentando nervios, sobre todo con el secretismo de unos informes de inteligencia que alertaban de un arma mortal alemana que podría aterrizar en cualquier momento. «El primer ministro ha venido a almorzar», escribió el rey ese mismo día. «Hemos comido en el refugio, no porque le preocuparan los misiles de crucero, sino porque podían caer misiles balísticos también.» El primer V2 llegaría ocho días después.

A los reyes les pareció que debían escribirles cartas de despedida a sus hijas, por si acaso. Más de setenta y cinco años después, sus palabras no han perdido un ápice de emoción: «Esperemos no necesitar esta carta, pero sé que siempre haréis lo correcto. Recordad mantener la compostura, ser fieles a vuestra palabra y querer mucho. Con amor, mamá».[61]

Aunque ya tenía dieciocho años y más de una responsabilidad real, la princesa Isabel disfrutaría de participar en la que sería la última función de Navidad de Hubert Tannar, la producción de 1944 de *La abuelita de Caperucita roja*. El príncipe Felipe no asistió a la representación —se encontraba en alta mar—, pero sí le mandó una fotografía a la princesa. Margarita le dijo a Alathea Fitzalan Howard que Lilibet «danzaba por toda la habitación de alegría».[62]

Los compromisos oficiales de la princesa no cesaron. En enero, volvía a estar en directo haciendo su primer discurso en francés para agradecerle a la gente de la recién liberada Bélgica el envío de regalos de Navidad a los niños de Gran Bretaña.[63] Sin embargo, seguía haciendo presión para que se le permitiera servir a su país, como millones de otras mujeres, incluidas algunas de sus primas, vestida de uniforme. Poco antes de su decimonoveno cumpleaños, la subalterna segunda n.º 230873 Isabel Windsor comenzó su formación con el Servicio Territorial Auxiliar (ATS, por sus siglas en inglés) en un centro formativo cerca de Camberley, hasta el cual se desplazaba todos los días desde Windsor. No solo aprendió a conducir un tractor, sino a desmontar el motor. Tras aprobar el carné de conducir, tan solo seis semanas después, hizo gala de sus dotes al volante delante de su familia con el furgón de la Cruz Roja. Ante la estampa, una celosa princesa Margarita se lamentó, enfadada: «¡Nací demasiado tarde!».[64]

La princesa Isabel vestía su uniforme del ATS cuando se anunció la victoria en Europa el 8 de mayo. Como todo el mundo sabe, el rey accedió a que sus hijas y sus amigas se unieran a la multitud de celebración por las calles que colindaban con Palacio. Uno de los miembros de la comitiva real encubierta de ese día fue su prima, Margaret Elphinstone. Años después, escribiendo sus memorias, hablaría con la reina, que amablemente le enseñó a su prima la entrada de su diario de aquel día: «El P. M. [primer ministro] ha anunciado la rendición. Dieciséis de nosotras hemos ido con la multitud; los padres animaban desde el balcón. En la calle St. James, en Piccadilly, cuánta diversión». La entrada del 9 de mayo era similar: «De nuevo entre la multitud [...] anduvimos kilómetros. He visto a mis padres en los balcones a las doce y media. He comido, he festejado ¡y me he ido a la cama a las tres!».[65]

(La que sería) Margaret Rhodes recordaba que bailaron la conga y el «Lambeth Walk» entre la multitud, incluso por la recepción del Hotel Ritz mientras les vigilaban varios guardias y «un correcto capitán de la Marina Real con un traje de raya diplomática». La princesa disfrutó de salir del palacio. Gritaba: «¡Queremos ver al rey!». En ese momento, el guardaespaldas hizo una señal y los padres aparecieron de repente. Rhodes describió la situación como «un momento Cenicienta pero al revés».[66] No eran del todo anónimos. Toni de Bellaigue, su profesora de francés y amiga, estuvo en el festejo real y recuerda que a las princesas se les unió un soldado holandés que se había acoplado al grupo de repente. Tras reconocer a sus compañeras de baile, se retiró discretamente tras pronunciar las siguientes palabras: «Ha sido un gran honor, jamás olvidaré esta velada».[67]

El rey que nunca quiso ser rey había llevado a su nación a correr el mayor de los peligros, alerta de sus secretos más oscuros en sus peores momentos. Había visto hundirse a otras monarquías del continente y le habían bombardeado la casa. Había mantenido el tipo, la compostura y a su gente unida, junto con uno de los mejores jefes de Estado de todos los tiempos. Y ahora lo habían conseguido, juntos. «No más temor a ser bombardeados en casa y no más vida en los refugios antiaéreos», escribía aliviado. Aun así, sus últimos pensamientos, al terminar su entrada de uno de los días más importantes de la historia de Gran Bretaña, fueron sobre sus hijas: «Pobres mías, todavía no han podido divertirse».[68]

Las imágenes festivas en la calle y de multitudes aclamando construyeron la narrativa de que todo iría a mejor a partir de entonces. Sin embargo, igual que con la «guerra falsa» al principio, también habría algo así como una «paz falsa». La mayor parte del mundo seguía en guerra en el Extremo Oriente, donde se necesitarían dos bombas atómicas para forzar la redención japonesa. Solamente entonces terminaría toda la hostilidad y, ya sí, habría escenas de carnaval en el Palacio de Buckingham. «Día de la victoria sobre Japón. En la multitud, Westminster, Mall, la calle St. James, Piccadilly... hemos pasado por el Ritz», escribió la princesa Isabel en su diario el 15 de agosto. «Anduve kilómetros, bebí en Dorchester, vi a padre y a madre dos veces; lejos, mucha gente.» La fiesta continuó por todo lo alto hasta la noche siguiente. «*Me escurrí* [sic] en casa [Palacio de Buckingham]», escribía la princesa agotada, «he cantado hasta las dos de la madrugada, ¡en la cama a las tres!»[69]

Para el rey y su familia hubo una rápida vuelta a las normas preguerra, incluyendo la vuelta al Palacio de Buckingham. El lunes de Pentecostés, el 21 de mayo, la princesa Isabel acompañó a su padre en un corto viaje que, sin embargo, tendría largas repercusiones. «He llevado a Lilibet a ver los caballos del hipódromo de Ascot», escribía el rey en su diario. «Su primera vez. Ha visto tres carreras.»[70] Jorge VI le acababa de hacer a las carreras británicas lo que posiblemente sería uno de los mayores favores posibles.

El 21 de agosto, la familia organizó «una pequeña velada y un baile» para celebrar el quinceavo cumpleaños de la princesa Margarita, para lo cual la familia retomó su costumbre preguerra de ir al cine a ver *Me and my girl.*[71] «Fue un duro golpe volver a vivir en un pueblo», comentaba la princesa Margarita.[72] Para ella, el aula era un lugar solitario. La princesa Isabel tenía ahora su propia clase en el palacio, una dama de compañía y una lista de compromisos públicos cada vez más larga. En Navidad, toda la familia quedó destrozada cuando Clara *Alah* Knight contrajo meningitis y falleció. La devota criada había cuidado a la reina de pequeña y más tarde a las princesas toda su vida. Hasta el final, seguían disfrutando de subir a escondidas para cenar con ella las noches tranquilas. La reina quedó «profundamente consternada» y le dijo a su hermano: «Parece que todavía siga arriba».[73] Para las dos princesas, era como si la guardería hubiera cerrado al fin.

La familia todavía se estaba acostumbrando a la vida sin otra presencia constante en su entorno. Como el resto del mundo, se habían sorprendido con la defenestración de Winston Churchill en las elecciones generales, cinco meses antes. El Partido Laborista de Clement Attlee disfrutó la caída. «Una triste reunión», escribió el rey cuando Churchill acudió para dimitir. «Le he dicho que creo que la gente fue muy ingrata después de cómo ha ido la guerra. Ha mantenido la calma.»[74] Alan Lascelles no estaba ni triste ni sorprendido, y le dijo al rey que «en cinco años, lo recordarían como lo mejor que les podría haber pasado».[75] La realidad era que Churchill nunca había estado interesado en los tecnicismos de la recuperación tras la guerra. «Ah, sí, toda esa planificación», había dicho tirante durante la guerra. «Dame el callejón del siglo XVIII, donde los ladrones merodeaban y las rameras se buscaban la vida, no esta doctrina de planearlo todo de ahora.»[76] Iba siendo hora de ir creando una nueva Gran Bretaña posguerra diseñada por el economista William Beveridge. El público, especialmente los votantes jóvenes, esperaban que fuera Attlee el encargado, y no Churchill. A pesar de sus innatos instintos apenas conservadores, el rey tuvo sus reservas a la hora de dar la bienvenida a los miembros de la primera Administración laborista. «¿Por qué te has unido?», le preguntó al aristócrata socialista el conde de Longford. «Porque me gusta estar del lado del débil», le respondió Frank Longford. «Como a mí», replicó el rey.[77]

Jorge VI pronto estrechó lazos con su nuevo primer ministro gracias al eterno tema de los duques de Windsor. Durante la visita de Attlee a Balmoral en verano, el rey quedó aliviado al enterarse de que el primer ministro tenía su propio punto de vista al respecto: no había un futuro viable para los duques de Gran Bretaña.[78] Jorge VI lo dejó claro en una «amigable y pacífica» reunión de dos horas con su hermano.[79] Tras marcharse de las Bahamas, los duques pasarían su cómoda —aunque carente de sentido— vida de posguerra entre Francia y los Estados Unidos.

Sin embargo, el rey sí retó a Attlee cuando se enteró de que el primer ministro pensaba nombrar a Hugh Dalton (el vulgar hijo del tutor de Jorge V, Canon Dalton) como secretario de Exteriores. Prefería al sindicalista de Somerset Ernest Bevin, a quien había comenzado a admirar por su papel como ministro de Trabajo durante la guerra. «He mostrado mi desacuerdo y he apuntado que los asuntos exteriores eran el tema más importante. [...] Espero que se lo dé a Bevin», escribía el rey en su diario.[80] Bevin se hizo con el puesto. En su biografía, su compañero laborista Adonis lo llamó «una inusual pero fuerte intervención en la política» y «quizá lo más decisivo que ha hecho un monarca desde que Jorge V convenció a MacDonald de formar un Gobierno nacional en 1931».[81]

El rey y su familia podían tener sus dudas acerca del nuevo «Estado de bienestar» de Attlee, en especial de la nacionalización obligatoria de todos los hospitales de caridad con antiguos lazos reales. Pero Jorge VI siempre había tenido en alta estima a Bevin, con quien compartía su pasión por la Commonwealth, su desconfianza hacia el comunismo y un llano sentido del humor. «Ernie le colocaba su mano gigante al rey en la espalda y le arrinconaba para contarle cualquier historia que le provocara carcajadas», recordaba el secretario privado de Bevin.[82]

Por aquel entonces, había alguien que visitaba el palacio de forma regular. En 1946, el príncipe Felipe regresó del Extremo Oriente —donde había presenciado la rendición de Japón en la bahía de Tokio— y se le asignó una unidad de formación en la Marina Real. Los trabajadores del palacio descubrieron una nueva fotografía en el escritorio de la princesa Isabel. Tras una velada en la que fueron a ver el musical *Oklahoma!*, la princesa hacía sonar repetidamente la canción «People will say we're in love» en su gramófono. Crawfie y los demás comenzaron a ver cada vez más el coche deportivo del príncipe en el Palacio de Buckingham. Incluso había empezado a autoinvitarse para ver a Lilibet, tal como reconoció ante la reina en una medio disculpa. Le escribía en junio de 1946: «Aunque contrito, siento que siempre hay una vocecilla advirtiéndome de que quien no arriesga no gana, así que me he arriesgado y he ganado pasar un rato maravilloso».[83]

El siguiente paso llegaría cuando el príncipe fue invitado a la fiesta de la Casa Real en las Tierras Altas ese mismo verano. «Creo que comencé a verlo como algo más serio cuando me invitaron a Balmoral en el 46», confesó el príncipe Felipe a su biógrafo, Basil Boothroyd. «Probablemente fue entonces cuando empezamos a tomárnoslo en serio e incluso a hablar del tema.»[84] Esas fueron las sutiles afirmaciones del duque, mucho después del evento, sobre lo que pasó. Hizo mucho más que hablar del tema. Fue en Balmoral donde el príncipe de veinticinco años le pidió matrimonio a su querida de veinte. Como ha revelado el biógrafo real William Shawcross, el príncipe estaba extasiado cuando ella aceptó y juntos buscaron la aprobación del rey y la reina. «Estoy seguro de que no merezco todo lo bueno que me está ocurriendo», le escribía el príncipe Felipe a su futura suegra poco después, en septiembre de 1946. «Haber salido ileso y victorioso de la guerra y haber podido descansar y readaptarme, haberme enamorado empedernidamente..., todo hace que los problemas personales e incluso de fuera parezcan nimios e insignificantes.»[85] Esta nueva «circunstancia», añadía, había hecho «más por él que cualquier otra cosa en su vida».

Sin embargo, no había mucho más que decir o hacer por el momento. Tal como el príncipe Felipe explicaría a Boothroyd, había que esperar hasta después del viaje de la familia real a Sudáfrica.[86] Esta ambiciosa aventura de tres meses era una importante misión diplomática que no debía verse entorpecida por el tema de la boda. La Unión Sudafricana seguía siendo un dominio autogobernado, con el rey como jefe de Estado. Pero la Corona no era muy popular entre la oposición del Partido Nacionalista, que hablaba holandés. El Gobierno sudafricano esperaba que la visita estrechara lazos entre los adeptos a la realeza y los unionistas. Y Gran Bretaña tenía también sus motivos. El Imperio británico estaba decayendo debido a que la India y otras colonias demandaban la independencia posguerra. Al menos este viaje podía promocionar, aunque fuera para salvar las apariencias, la idea de una nueva y bien avenida Commonwealth como nexo de unión, con Gran Bretaña como núcleo. A nivel personal, la familia del rey y sus empleados solo querían que al monarca le diera el sol y la brisa marina. Todos habían visto cómo el estrés de la guerra y la incertidumbre de después le habían dejado molido. Teniendo en cuenta este pretexto, el viaje fue un fracaso. Sin embargo, había un propósito paralelo en esta aventura de tantos kilómetros, y era que el rey presentara a sus hijas en la Commonwealth. El viaje tendría un potente e indeleble efecto en la forma en que la princesa Isabel vislumbraba su futuro.

En la actualidad, parece extraordinario que la monarca más viajera de la historia nunca se aventurara más allá de aguas británicas hasta que cumplió la veintena. Y la princesa tampoco disfrutó demasiado de los días a bordo del HMS Vanguard (el mismo buque de guerra que había inaugurado en 1944). El diario oficial del viaje de la Casa Real, todavía en los Archivos Reales, relata que la familia real pasó los primeros días del viaje en sus camarotes con mareos antes de aprender a mantener el equilibrio en el barco y disfrutar de unos bailes escoceses en Tenerife.[87] Fue uno de los inviernos más duros registrados cuando se marcharon de Gran Bretaña, en contraste con lo que Alan Lascelles apodó «un día digno de Bombay [...] ardiente como el infierno» cuando atracaron en Ciudad del Cabo, dos semanas más tarde. El secretario privado del rey estaba encantado de ver a la mayor de las princesas adaptarse tan bien al programa oficial, en especial cuando el resto procrastinaba. «La princesa Isabel está encantada, entusiasmada e interesada», escribía Lascelles.[88] Estaba más preocupado por el rey, que ya estaba sufriendo «espasmos recurrentes de pánico escénico que le traían muchos problemas».

El ánimo nacional mejoró cuando la familia partió a Sudáfrica en el Tren blanco adaptado para el viaje, un palacio sobre ruedas con acondicionamiento que hacía que el tren real pareciese del todo básico (incluso con la incorporación del agua caliente). El viaje fue pausado: hacían paradas en privado en cualquier lugar para que el rey y las princesas pudieran montar y nadar. Incluso en las comunidades más pequeñas había multitudes aclamándoles, emocionadas.

Quizá lo más relevante del viaje fue que en los pueblos de habla holandesa también había una multitud de gente dándoles la bienvenida. Un veterano de las guerras de los bóeres se desplazó kilómetros para regalarle su cinturón al rey. El alcalde de Uitenhage informó de «altercados civiles» después de que el tren pasara de largo, tras lo cual el rey retrocedió para saludar a Uitenhage.[89]

Poco se habló de la convicción con la que Jorge VI quería impulsar la campaña de Jan Smuts en las siguientes elecciones. Estaba en deuda con él. Tras luchar contra los británicos en las guerras de los bóeres, Smuts había ayudado a crear la Unión Sudafricana y había asegurado que su país estaba del lado de Gran Bretaña en ambas guerras mundiales. Un agradecido Winston Churchill le había nombrado mariscal de campo en 1941, y más tarde había escrito el inicio de la Carta de las Naciones Unidas. Jorge VI coincidía con Churchill en que era uno de los hombres de Estado más relevantes de la época y, a su llegada, le otorgó la Orden del Mérito.

Las autoridades sudafricanas habían organizado todos los eventos segregados: bailes y cenas para blancos, mítines e *indabas* para negros, a pesar de que la familia aseguró que en su itinerario tenían todos cabida. Más de 70.000 hombres de Basutolandia aparecieron a saludar al rey en lo que hoy es Lesoto.

El viaje no terminaba en Sudáfrica. Como las princesas pronto observaron, la organización se volvió notablemente más relajada y menos segregada cuando el viaje se extendió hasta las vecinas colonias británicas de Rodesia del Norte y Rodesia del Sur, actualmente Zambia y Zimbabue respectivamente, y el protectorado de Suazilandia. De repente, los niños de las rutas y los desfiles de exsoldados ya no estaban divididos por razas, sino mezclados. La muestra más impresionante de todo el viaje, según el diario real, fue la «reunión de nativos» de Suazilandia, «un mar de palos africanos o *knobkerries* tras una horda de torsos desnudos, escudos y pieles de leopardo: un espectáculo cautivador».[90]

Forma parte del folclore y un hecho aceptado por todos y enseñado en las escuelas, escrito en los libros de historia y repetido en todo documental sobre la familia real, que la princesa dio un discurso clave cuando cumplió veintiún años el 21 de abril de 1947 en Ciudad del Cabo. La mayor parte del mundo ha visto esas imágenes en blanco y negro de la princesa sentada al sol en un jardín, leyendo lo que se convertiría en un himno real: «Declaro ante todos vosotros que toda mi vida, sea corta o larga, estaré a vuestro servicio y al servicio de la gran familia imperial a la que todos pertenecemos». Y la familia real estaba, en efecto, en Ciudad del Cabo el 21 de abril. El diario del viaje dice así: «A las siete de la tarde, la princesa Isabel emitió un discurso para el Imperio. La señal en el Reino Unido y en los Estados Unidos era excelente. Su Majestad habló de maravilla, un discurso conmovedor y memorable».[91] Sin embargo, las fuentes meteorológicas revelan que el sol ya se había puesto en Ciudad del Cabo a esa hora. Si la princesa hubiera querido leer su discurso en el jardín, hubiera necesitado una antorcha. Por tanto, no solo estaba grabado, sino que al parecer también se realizó otro día, en otro país, en un hotel de lo que ahora es la frontera de Zimbabue con Zambia. Porque, como revela el diario real, el domingo 13 de abril la familia real estaba alojada en el Hotel Victoria Falls en Rodesia del Sur cuando «la princesa Isabel dio su discurso de veintiún años para el fotógrafo del noticiario cinematográfico».[92] El mismo día, tras un chapuzón a media tarde, dice: «A las seis de la tarde la princesa Isabel ha grabado su discurso para la BBC. Más tarde se reprodujo para Su Majestad y fue un éxito rotundo».

Estos tecnicismos no cambian nada de la sinceridad o validez de sus palabras. Siguen siendo conmovedoras y memorables hoy igual que lo fueron en 1947. El discurso fue en realidad redactado por Dermot Morrah, un heraldo del College of Arms que estaba cubriendo el viaje para *The Times*. Alan Lascelles estaba encantado cuando lo recibió puesto que la primera copia se había perdido después de que un tripulante del tren se la llevara al retirar las botellas de vino. «Con lo duro que soy de roer, me dejó conmovido», le comentó Lascelles a Morrah. «Recuerda al discurso de Isabel en Tilbury combinado con el "seré buena" de Victoria.» Añadió que la princesa le había dicho que había llorado al leerlo por primera vez. Lascelles respondió: «Bien, si te hace llorar ahora, hará llorar a los doscientos millones de personas que lo escuchen».[93] Dirigido a «todos los miembros de la Commonwealth y el Imperio británico, vivan donde vivan o sean de la raza que sean», su discurso era, en esencia, un precursor poético del voto de coronación que llegaría a su debido tiempo. Continuó: «Si todos seguimos adelante con una fe inquebrantable, un coraje titánico y un corazón en calma, seremos capaces de convertir esta antigua Commonwealth que tanto amamos en algo todavía más grande, más libre, más próspero, más feliz y con mayor capacidad para hacer el bien en el mundo». Aunque podía ser brutalmente frío en privado, Lascelles le admitió a su esposa que estaba un tanto eufórico ante el abrumador éxito de un discurso al que había «dedicado tanta atención».[94]

Para el rey, este viaje había sido un melancólico último adiós. Al contrario de lo que todos pensaban, no había mejorado su salud. De hecho, jamás volvería a viajar al extranjero. Tampoco consiguió hacer prosperar a su amigo. Un año después, Jan Smuts perdió las elecciones frente a los nacionalistas y la Sudáfrica blanca comenzó su camino hacia el *apartheid*, el ostracismo y el conflicto racial. Tres meses después del regreso de la familia a Gran Bretaña, el Imperio británico desapareció. Su nacimiento surgió después de que la reina Victoria fuera nombrada emperadora de la India por una ley del Parlamento en 1876. Tras la independencia de las naciones de la India y Pakistán el 15 de agosto de 1947, Jorge VI ya no podía ser emperador de nada más. Por lo tanto, ya no era «Jorge Rex Imperator» y su firma oficial pasó de ser «Jorge R. I.» a «Jorge R.» de la noche a la mañana.

Sin embargo, la aventura africana del rey no había sido completamente en vano. Había conseguido transmitir a sus hijas un entusiasmo por esta nueva creación posimperial que las acompañaría toda la vida y que sería uno de sus mayores logros.

Tras la partida del Vanguard, Lascelles puso en orden sus pensamientos acerca del «encomiable desarrollo de la princesa Isabel» en su debut. «Ha estado a la altura», le dijo a su esposa. «No tiene un gran sentido del humor, pero sí una forma sana de divertirse. Además, si es preciso, se ocupa de tareas aburridas de siempre, pero con la destreza de su madre. [...] Para una muchacha de su edad, muestra preocupación por el bienestar del resto, una entrega para nada característica de esta familia.» A menudo exasperado con la puntualidad de sus jefes (o la falta de la misma), estaba emocionado con «la admirable técnica de la princesa de ir detrás de su madre y darle en el tendón de Aquiles con la punta del paraguas». Y añadía: «Cuando es necesario, más a menudo que menos, le da algún toque de atención a su padre».[95] El hecho de que el secretario privado del rey siguiera hablando de la heredera de veintiún años como una niña deja constancia de la mentalidad de la Casa Real de la época.

Sin embargo, pronto se produciría un cambio. Lascelles añadió una última cosa: «Tengo la sensación, por cierto, de que antes de que termine el año habremos de encargar un regalo de boda».

No se equivocaba.

4

1947-1952

«Recuerda: es la reina del mañana»

El 9 de julio de 1947, el Palacio de Buckingham redactó un anuncio en la circular de la corte para que se publicara en los periódicos al día siguiente: «Es un gran placer para el rey y la reina anunciar el compromiso oficial de su querida hija, la princesa Isabel, con el teniente Felipe Mountbatten, R. N., hijo del difunto príncipe Andrés de Grecia y la princesa Alicia de Battenberg, unión para la que el rey ha dado con gusto su consentimiento».* La pareja asistió a la fiesta en el jardín de Palacio el día 10 de julio y salió al balcón a las nueve y cuarto de la noche en una aparición casta donde no hubo beso.[1]

Impertérrito por la dificultad de dar con un anillo de compromiso para la heredera del diamante Koh-i-Noor, Felipe pensó en usar los diamantes de una tiara familiar, un regalo de boda del último zar a su madre. Lo llevó a Philip Antrobus de la calle Old Bond, donde los engastaron en un anillo de platino de diseño propio. Para el resto, encargó un brazalete de estilo *art déco*.

El futuro novio era en aquel momento un plebeyo, aunque no por mucho tiempo. Había dejado de ser el príncipe Felipe de Grecia y Dinamarca el 18 de marzo, cuando su nuevo nombre, «Mountbatten, Felipe» (del 16 de la calle Chester, Londres,

---

* Hasta hoy, la página web oficial de la Casa Real y las obras de referencia no consiguen acordar si la fecha del compromiso es el 9 o el 10 de julio de 1947. La fotografía oficial, sin embargo, se hizo el día 10.

SW1), apareció en el *London Gazette,* entre «Mossel, Louis» y «Mundel, Ernst» en una «lista de desconocidos a quien se había otorgado la naturalización».[2] La mañana de la boda, el 20 de noviembre, el rey le nombraría duque de Edimburgo después de haberle nombrado caballero de la Jarretera y Su Majestad el día anterior.

Como toda boda real que se preciara, vino acompañada de un montón de problemas. Uno de ellos fue la lista de invitados por parte del novio, puesto que todas las hermanas que le quedaban en vida se habían casado con oficiales alemanes de alto rango durante la guerra. Finalmente, ninguna fue invitada. De la familia directa, solamente lo estaría la madre del novio, la princesa Alicia, puesto que su padre había muerto a manos del enemigo en Montecarlo en 1944.

La sospecha y el resentimiento hacia todo lo alemán se extendía incluso al novio debido a la ascendencia Battenberg de su madre, según el antiguo secretario privado del rey, Edward Ford. «Sus dudas sobre la viabilidad no tenían nada que ver con el hecho de que no tuviera dinero, sino más bien con que tenía sangre alemana», le dijo Ford a Andrew Roberts. «Era increíble lo antialemanes que eran Lascelles, Anthony Eden, Harold Macmillan* y demás. Se alegraban de que a Felipe le hubiera ido bien en la guerra, pero ¿era bueno —se preguntaban— que la princesa se casara con un alemán?»[3] Lascelles incluso se vio forzado a defender el abolengo de los gusanos de seda que habían servido de material para fabricar el vestido de novia de la princesa, diseñado por Norman Hartnell. Había notas de prensa que afirmaban que era de origen japonés. La seda, dijo Lascelles furioso en Downing Street, era de gusanos chinos, pero «se había fabricado en Escocia y Kent».[4]

Muchas mujeres hicieron llegar cartillas de racionamiento de ropa, pero, por ley, debían ser devueltos. Los regalos de la Com-

---

* Macmillan había ocupado varios puestos ministeriales durante la guerra y terminó siendo secretario del Aire.

monwealth no eran tan problemáticos. Algunos de los ingredientes para la tarta nupcial de cuatro pisos, realizada por el obrador del norte de Londres McVitie, provenían de las Girl Guides de Australia, que reunieron sus pagas para comprar el azúcar, la harina y la fruta escarchada. En total, se contaron 2.583 regalos de boda, incluyendo una tela tejida a mano por Mahatma Gandhi, un caballo de carreras de Aga Khan, una lavadora del Royal Leamington Spa y 148 pares de medias. Muchos se expusieron para recaudar fondos para fines benéficos, incluyendo unas perlas del rey y la reina.

La mañana de la boda tuvieron lugar numerosos dramas, sobre todo cuando la princesa se dio cuenta de que las preciosas perlas de sus padres seguían en la exposición. Su nuevo secretario privado, Jock Colville, tuvo que hacerse sitio entre la multitud para encontrarlas y vérselas con la policía para que le dejaran llevarse el collar del escaparate. Fue un reto muy distinto a los que solía hacer frente cuando era secretario privado de Winston Churchill.

Todavía cundió más el pánico cuando se perdió el buqué hecho de orquídeas inglesas con un ramito de mirto. Finalmente fue ubicado en un frío armario de Palacio, aunque volvería a desaparecer después de la ceremonia.* La tiara de la princesa (se le había prestado la tiara rusa Fringe de la reina María) se rompió y el joyero real tuvo que acudir de urgencia. En todos estos imprevistos, Isabel se mantuvo calmada, maquillándose.

La Abadía de Westminster estaba repleta de una diáspora de la realeza europea (la no alemana, claro). «Fue la primera reunión feliz tras la guerra», recuerda el príncipe Miguel de Kent.[5] El niño, que había perdido a su padre hacía cinco años, era paje junto a su primo, el príncipe Guillermo de Gloucester.

---

* El misterio rodea al buqué. Las fotografías originales de la boda muestran a una princesa sin ramo porque desapareció cuando regresó a Palacio. Unos días más tarde, el florista, David Longman, recibió el encargo de hacer uno nuevo. A mitad de su luna de miel, la pareja volvió a Palacio, se volvió a vestir de traje y volvió a posar para las nuevas fotografías con el ramo sustituto.

A pesar de ser futura monarca, la princesa insistió en seguir la tradición anglicana frente a la lógica constitucional y prometió «amar, respetar y obedecer». En su sermón, el arzobispo de York remarcó que la misa era «a todas luces exactamente igual que la que habría dado para cualquier campesino que se casa una tarde en un pueblo remoto de los Dales».

Pero la multitud que los aclamaba en un frenético centro de Londres, rezando por ver de refilón la escena, no pensaba lo mismo. De ese día, lo que se quedaría en muchas mentes sería el color. El Londres monocromático de hollín afectado por las bombas había sido transformado gracias a túnicas rojas, corazas, caballería, carruajes y toda la comitiva real. Después tuvo lugar la aparición obligatoria de los recién casados en el balcón, la mejor medicina para la moral del país desde la victoria el día de Japón.

La luna de miel fue primero en las Broadlands, la residencia de Hampshire de los Mountbatten, y luego en Escocia. Se escribieron muchas cartas. «Estaba tan feliz y disfrutando tanto que fui egoísta y me olvidé de tus sentimientos y los de los demás», le escribió la princesa a su madre. Añadió: «Espero que no suene demasiado sentimental, pero es la verdad: creo que tengo el mejor padre y la mejor madre del mundo».[6] Pero lo más tierno fueron las palabras del rey a su hija: «Cuando le di tu mano al arzobispo, sentí que perdía algo preciado. Tu partida nos ha dejado un gran vacío en nuestras vidas, pero recuerda que esta siempre será tu casa».[7]

Y así sería durante un tiempo. Tras anunciarse su compromiso, la pareja escogió una nueva residencia, Sunninghill Park, cerca del Windsor. En verano, sin embargo, esta fue atacada por un fuego, así que alquilaron un apartamento de fines de semana provisional, Windlesham Moor. La pareja tenía grandes planes para su nueva casa de Londres, Clarence House, la antigua residencia del difunto duque de Connaught. No obstante, el edificio adyacente al Palacio de St. James, diseño de Nash, había estado descuidado años y había sufrido también impactos de bombas. Necesitaba una gran rehabilitación. De momento, los Edimburgo seguirían viviendo en el Palacio de Buckingham.

Con la princesa Isabel ahora casada y la princesa Margarita cerca de cumplir dieciocho, Marion Crawford sintió que había llegado el momento de seguir con su vida. Llevaba un tiempo queriendo hacerlo. La primera vez que lo mencionó fue durante la guerra, cuando habló con el rey de alistarse en el Servicio Naval Real de Mujeres. El monarca le aseguró que cuidar de las princesas era una tarea mucho más importante y que no dejaría que «su trabajo se limitara a hacerle el desayuno a algún viejo almirante».[8] Crawfie lo había vuelto a probar tras el viaje real a Sudáfrica, pero la reina María y la reina la disuadieron, esta última arguyendo que, para la princesa Margarita, tal interrupción «no era para nada aconsejable».[9] Aun así, después de haber pospuesto sus planes de boda, la institutriz finalmente se casó dos meses antes que la princesa. Su romance había sido discreto. Su prometido, George Buthlay, un gestor de banco y divorciado desde hacía quince años, vivía en Escocia. La familia real se alegró mucho por ella. El rey le regaló a Crawfie una residencia permanente en el Nottingham Cottage, una pequeña casa en el Palacio Kensington que, setenta años después, sería el primer hogar de casados de los duques de Sussex. La más acérrima fan de Crawfie, la reina María, les regaló el banquete como regalo de cumpleaños. Lilibet envió un juego de tazas de café.

Gran Bretaña seguía en peligro a nivel económico. Tras la destitución de Churchill en 1945, al laborista Clement Attlee le estaba costando devolver la deuda que el Reino Unido generó con los Estados Unidos durante la guerra al mismo tiempo que nacionalizaba la industria minera e implementaba reformas históricas de bienestar. El canciller de Finanzas de Attlee, Hugh Dalton, calificó el año 1947 de *annus horribilis* (una expresión que también usaría el siguiente monarca, años después, por razones distintas). Las condiciones del préstamo de 3.750 millones de dólares de los Estados Unidos habían provocado una crisis de la libra esterlina y del combustible. A todo esto, se obligó a Dalton a dimitir después de que salieran a la luz detalles de su propio presupuesto. Fue su sucesor, Stafford Cripps, el encargado de negociar un incremento de 50.000 libras anuales del presupuesto real para financiar los costes de los recién casados. Algunos de los ministros laboristas se negaron a secundar la idea, aunque finalmente pudo ser aprobada gracias al apoyo de los conservadores.

Si la princesa hubiera sido un hombre, habría sido el príncipe de Gales y habría recibido automáticamente un beneficio anual del ducado de Cornualles. Como mujer heredera al trono, sin embargo, no.

En 1948, el rey inauguró los Juegos Olímpicos de Londres, los primeros desde los abanderados con una esvástica en el Berlín de 1936. El presupuesto fue lo más ajustado posible. La ceremonia de apertura, con la Brigada de Guardias y la Orquesta Filarmónica de Wembley, costó tan solo 3.638 libras. Los atletas se alojaron en tiendas militares y debían llevar sus propias toallas. El total de las olimpiadas costó 732.268 libras[10] (una notable diferencia con los 9.300 millones de las siguientes olimpiadas que inauguraría su hija en 2012). Aun así, había una sensación general de recuperación del país, de rejuvenecimiento entre cráteres de bombas.

Ese verano empezaron los planes del gran festival de Gran Bretaña, previsto para 1951 (el centenario de la Gran Exposición del príncipe Alberto), aprovechando la reinvención de la «britanidad». Con otras naciones de la Commonwealth, en especial Canadá, creando nuevas formas de ciudadanía, el *British Nationality Act*, las leyes que regulaban la nacionalidad británica, de 1948 declaraba que cualquiera que naciera en una colonia británica era considerado ciudadano del Reino Unido. El documento coincidía con la llegada a Tilbury, el 22 de junio, de un antiguo buque de transporte de tropas, el Empire Windrush, del Caribe. A bordo había cientos de personas del Caribe en busca de un trabajo que llegaban con la esperanza de construir una nueva vida tras lo que creían que había sido un viaje de casa a casa, aunque sería de todo menos un hogar esos primeros años.

No era el primer barco que traía gente de las colonias para acelerar la recuperación de Gran Bretaña; la lista de pasajeros incluía numerosos expatriados polacos y cientos de mujeres y niños. Sin embargo, en ese momento, los medios se mostraron muy receptivos con lo que el *Evening Standard* apodó «hijos negros del Imperio» que acudían a dar apoyo a Gran Bretaña tras la guerra.[11] El Windrush y la fortuna de sus pasajeros pasaría a los anales de la historia como un momento decisivo en la historia de la era moderna y multicultural de la reina Isabel de Inglaterra.

De momento, la princesa ayudaba a restaurar la imagen de su país por el continente. En mayo de 1948, viajó a Francia. Agencias de viajes de toda Europa habían organizado salidas a París para ver a los duques de Edimburgo embarcarse en su primer viaje de ultramar juntos.[12] Oficialmente, la princesa había ido a inaugurar una exposición franco-británica (organizada por el comisionado de turismo de la ciudad, Georges Pompidou, que la invitaría de nuevo años más tarde ya como presidente y reina respectivamente). Multitudes de gente acudieron a ver a «Zizette», como la llamaban los periódicos, a la ópera y a las carreras. Su estilismo fue alabado por la cúpula de la moda de París. «*Mais oui!*», declaró Christian Dior a la prensa, que reverenciaba su «traje de seda blanco, muy ceñido en la cintura». Sin embargo, durante la visita, la princesa escondió un secreto que no se revelaría hasta el Día del Derby, a su vuelta. Incluso entonces, se camufló con eufemismos típicos de la época: «La princesa no acudirá a ningún compromiso público hasta finales de junio».

La reforma todavía seguía en Clarence House cuando la princesa salió de cuentas. No le preocupaba la idea del primogénito. Incluso tenía ganas, según le comentó a Crawfie: «Estamos hechos para ello».[13] La llegada inminente parecía alarmar más a la Oficina del Secretario Privado, donde Alan Lascelles había estado haciendo malabares con dos problemas. El primero era la tradición de invitar al ministro del Interior a dar fe del nacimiento real. Lascelles lo veía como un atraso absurdo del pasado y desde arriba habían confirmado que no era una ley, sino una costumbre. Pero el rey no lo tenía tan claro. La reina, por su parte, veía la puesta en duda de tradiciones como una amenaza a la dignidad del trono.[14] Así que se decidió que el ministro, James Chuter Ede, estaría presente en el parto de la princesa. A pocos días del momento, sin embargo, hubo un drástico cambio de opinión.

Nada tenía que ver con los médicos o con la princesa (no está claro si se le consultó). No era una cuestión médica, sino constitucional. Bajo la Declaración Balfour de 1926, recogida en los Estatutos de Westminster de 1931, todos los dominios del rey tenían el mismo estatus para la Corona. En otras palabras, los asuntos reales no solo se extendían a Gran Bretaña. Además, el Alto Comisionado de Canadá en Londres hizo saber que, si el Gobierno británico iba a estar presente en el momento del parto, también debían estarlo Canadá y Australia. La idea de siete ministros merodeando en la puerta de la habitación de su hija, esperando a dar fe de su nieto, era más de lo que el rey podía soportar. Palacio anunció que ponía fin a tal «arcaica costumbre».

Ahora el rey debía hacer frente a otro reto que también afectaba a la dignidad del trono. Según las *Letters Patent* de 1917 de Jorge V (las normas por las que se regía la realeza), el bebé no sería de sangre azul, ya que solo podían serlo los nietos del monarca si era un varón. Así que el hijo del duque de Edimburgo y la princesa recibiría el mismo trato que cualquier otro duque. Si era un niño, heredaría el título de su padre, conde de Merioneth, mientras que, de ser una niña, sería lady «X» Mountbatten. Al rey y a la reina no les hacía ninguna gracia (los duques de Sussex también se quejarían de ello años más tarde).

Jorge VI quería que su nieto, como heredero de su heredero, fuera considerado de la realeza, junto con sus futuros hermanos. Rápidamente elaboró nuevas normas permitiendo que todos los hijos de la princesa fueran considerados príncipes y princesas desde su nacimiento. Pero los problemas de Lascelles no se habían terminado. Semanas antes del nacimiento, salieron a la luz informes que acusaban al duque de Edimburgo de haber estado trasnochando en clubs nocturnos, bailando con la actriz de musicales Pat Kirkwood. Resultó que su amigo Baron, el pícaro fotógrafo de la *société*, había sacado al duque y a un caballerizo de fiesta. Baron había intentado seducir a Kirkwood sin éxito, así que invitó a sus amigos para verla actuar en el hipódromo. Después, todos habían ido de marcha y, entre sus parejas de baile, estuvo el duque.

Kirkwood contó más tarde que se marcaron unos foxtrots y unas sambas —al parecer el duque puso mala cara a los mirones juiciosos del local—, tras lo cual siguieron la velada en el apartamento de Baron, donde comieron huevos revueltos. Después, como todos explicarían hasta la extenuación durante los próximos años, el duque y sus compañeros volvieron al palacio.[15] El rey, se dice, le dio una reprimenda a su yerno y todos se fueron a dormir como si nada.

A las 21.14 horas del 14 de noviembre de 1948, tras cuatro horas de trabajo de parto, un sano retoño de casi tres kilos y medio nacía en el Palacio de Buckingham. Fueron a avisar al duque de Edimburgo, que se encontraba en la cancha de *squash* jugando un partido contra su caballerizo, Mike Parker, para distraerse. En la sala de partos solamente estaba el equipo médico con la princesa. El rey sí estuvo presente en la llegada del príncipe Eduardo en 1964 (en la siguiente generación la familia se trasladaría a hospitales para dar a luz). El orgulloso padre bromeó con que el bebé parecía un pudin de ciruelas y su madre dijo que era «tan dulce que no tenía palabras».[16] Grandes multitudes de gente ligeramente alcoholizada se agolparon a las puertas del palacio para celebrar la buena nueva. Finalmente, el duque envió a Mike Parker a pedir silencio a la multitud porque no dejaban descansar a la princesa. Parker recordaría más tarde que había intentado buscar la complicidad de algún transeúnte que pareciera sensibilizado con el tema para calmar a los juerguistas. Por suerte, el peatón resultó ser el actor David Niven, que consiguió su cometido.[17]

Un mes más tarde, el bebé fue bautizado Carlos Felipe Arturo Jorge por el arzobispo de Canterbury con agua del río Jordán. A los dos meses, el bebé tuvo que separarse de la princesa porque esta se había contagiado de sarampión, aunque lo pasó sin complicaciones. Para los médicos de la corte, la mayor preocupación no venía de la madre o del bebé, sino del rey, por el que todos llevaban preocupados meses. Su salud, sin embargo, era un tema tabú. Tenía arterioesclerosis en una pierna y estaba tan avanzada que incluso había rumores de amputación, aunque a la princesa no se la había informado hasta después de haber dado a luz.[18] El rey no quería preocuparla. Fue después del nacimiento del bebé cuando anunció que cancelaba su esperada gira por Australia y Nueva Zelanda.

Tal era su delicado estado de salud que tuvo que aplazar sus planes de Navidad en Sandringham y se quedaron en Londres hasta Nochevieja. En marzo, su salud era lo suficientemente fuerte como para someterse a una operación llamada simpatectomía lumbar, y el reputado cirujano escocés, James Learmonth, acondicionó el palacio como quirófano. La operación fue un éxito. «Has utilizado un cuchillo conmigo, así que ahora yo haré lo propio contigo», declaró el rey tras la operación refiriéndose a su nombramiento como caballero, para el cual necesitaba su espada.[19]

Tras la operación se retomaron las rutinas familiares, incluidas las del hipódromo de Ascot. El rey tenía intención de participar en una conferencia que tendría repercusiones históricas para su hija. Habían pasado casi dos años desde la finalización del Imperio británico, después de la independencia y escisión de la India. Las nuevas naciones, la India y Pakistán, habían seguido formando parte de la Commonwealth, con el rey como cabeza de Estado. Pero ahora la India quería convertirse en una república con su propio presidente. Bajo la legislación vigente, eso significaba salir de la Commonwealth, puesto que todas las naciones miembro debían reconocer al rey como jefe de Estado. ¿Qué se podía hacer al respecto?

Se alcanzó un acuerdo en la Conferencia de Primeros Ministros de 1949 en Londres por el cual todas las naciones seguirían siendo parte del club incluso si se convertían en una república con su presidente propio, siempre y cuando reconocieran al monarca como «símbolo del libre asociacionismo [...] y, como tal, como cabeza de la Commonwealth». Así nació la Commonwealth moderna (ya no era la Commonwealth británica), una asociación libre de países independientes que en el pasado habían sido dominados por Gran Bretaña. A medida que más colonias iban asegurando su independencia del antiguo poder imperial, los miembros cada vez eran más. Ningún país tuvo que unirse. Aun así, con alguna que otra excepción, todos estaban encantados y, hasta hoy, siguen disfrutando de una lengua, un sistema legal, una tradición parlamentaria y una cultura deportiva comunes. Alcanzando a casi un tercio de la población mundial y llegando a todos los continentes y religiones, sería esta «familia de naciones» creada en 1949 lo que sentaría las bases para el reinado de Lilibet e incluso para su vida. Por ahora, sin embargo, estaba más ocupada con quehaceres del hogar.

Estos años han sido descritos a menudo como una de las mejores épocas de la actual reina. El verano de 1949, los Edimburgo ya se habían instalado en Clarence House. El coste de la reforma, que había superado el presupuesto en más de 28.000 libras, había dado de qué hablar, igual que algunos de los artículos de la casa, como un proyector con el que la industria cinematográfica había obsequiado a los recién casados.[20] Según los estándares de la realeza, era un hogar feliz y moderno. Sí que era el único con un televisor en la zona de los sirvientes (un regalo nupcial de lord Mountbatten). Jock Colville pronto sería relevado de su puesto como secretario privado de la princesa por uno de sus consejeros favoritos, Martin Charteris. El escandaloso y directo caballerizo australiano Mike Parker se ocupaba de la agenda del duque, mientras que el teniente general *Boy* Browning tenía un papel más cercano como tesorero y auditor. Esposo de la novelista Daphne du Maurier, Browning había capitaneado las Fuerzas Aéreas durante la operación Market Garden, el intento fallido de invadir Alemania por Holanda en 1944 (Dirk Bogarde le representó en pantalla en la película *A Bridge Too Far*). El pasaje que comunicaba Clarence House con el vecino Palacio de St. James se popularizó como «el puente de Browning».[21]

Aunque el duque de Edimburgo estaba encantado con sus nuevos artículos, incluyendo una de las primeras planchas de pantalones eléctricas, la pareja vivía sin demasiados lujos teniendo en cuenta el estándar real. Rara vez bebían y les gustaba la comida sencilla, como las ensaladas con algo de carne o las salchichas.[22] Ambos eran de vestir bien con ropa hecha a medida, en especial en público, pero ninguno de los dos tenía gustos especialmente estrafalarios. El duque era fiel a los trajes clásicos, algo que le complicaba la vida a su ayudante de cámara, John Dean. Los empleados también debían ser conscientes de que el estilo del duque era más bien parco. Cuando fue invitado a casa de los Browning, acudió sin pijama para la consternación del servicio. *Boy* Browning se ofreció a prestarle uno, a lo que este respondió: «No llevo nunca».[23] Browning se quedó todavía más impactado cuando, poco después, se encontró al duque desnudo en la piscina de Palacio, enseñando a nadar a los niños.[24] A diferencia de muchos miembros de la familia real, los Edimburgo no fumaban. Sin embargo, el duque sí tenía una mala costumbre: la conducción. Crawfie recuerda que, poco después de su boda, había clavado el coche en una cuneta. Por suerte iba solo, pero sus cortesanos se preguntaron qué habría pasado si hubiera ido con su esposa. «Nos sorprendió que el rey no se lo prohibiera», comentó la institutriz. Pero, en el siguiente accidente, en el que chocó con un taxi en la esquina del Hyde Park, la princesa sí viajaba con él. Ella insistió, leal, en que la culpa había sido del taxi.[25] Ninguno de estos suce-sos impidió que el duque fuera nombrado presidente de la Aso-ciación de Automóviles, posiblemente el único miembro de la historia que tuvo en su posesión tanto un taxi de Londres como un Aston Martin Lagonda.

La princesa estaba decidida a no dejar que la maternidad se interpusiera en sus obligaciones reales. Disfrutaba de estar con Carlos una hora por la mañana y otra por la noche para bañarle y acostarle, pero la criatura pasaba la mayor parte del tiempo con sus niñeras, Helen Lightbody y Mabel Anderson.* A menudo le enviaban al retiro de la familia en la campiña, Windlesham Moor, donde la calidad del aire era innegablemente mejor para un bebé que la contaminación y los humos de Londres. Al *Clear Air Act*, que regularía la calidad del aire, todavía le faltaban años. Y el duque cada vez estaba más ocupado: además de su habitual traba-jo de almirante, también tenía ahora deberes reales que atender, como la presidencia de la Asociación Nacional de Campos de Juego y la cancillería de la Universidad de Gales. «Mi generación, aunque ha recibido una educación, es probablemente la peor for-mada de su época», dijo melancólico en las instalaciones de Gales. «La guerra hizo que perdiéramos cualquier oportunidad de optar a una educación superior.»[26] Más tarde terminaría compensándo-lo convirtiéndose en un activo rector de varias universidades, en-tre las cuales figuraron las de Cambridge y la de Edimburgo.

A pesar de los miedos del rey de ver menos a Lilibet tras su enlace, el núcleo familiar continuó tan unido como siempre. La princesa hablaba con su madre a diario y la pareja solía pasar el fin de semana con los reyes. Cuando Lilibet tuvo el sarampión se recluyó en su antiguo hogar de Norfolk, Sandringham, para re-cuperarse. Poco después, a principios de 1949, el diplomático

---

* Tras la llegada de la princesa Ana, Mabel Anderson se encargó sola de los niños. El príncipe Carlos siempre le ha tenido mucho cariño, hasta el punto de supervisar la decoración de su regalo de jubilación: un hogar en Windsor.

Gladwyn Jebb y su esposa, Cynthia, que más tarde publicaría su diario, fueron a pasar el fin de semana con el rey, la reina y los Edimburgo. En su diario,* gran parte del cual sigue inédito, Cynthia Jebb esboza una imagen esclarecedora de la vida real durante los años de declive del rey. «La princesa Isabel está ahora más delgada que cuando era una *jeune fille*», apuntaba, «unos preciosos rizos marrón claro, melena corta, [...] de agraciadas facciones. [...] Una embelesadora mezcla de ganas de agradar, pero firme conciencia de su rango y responsabilidad.» A pesar de ser esposa y madre, la princesa seguía mostrándose en ocasiones juvenil, en particular «en su forma de andar, algo torpe», y en «su timidez».

La única señal del estado de salud de Jorge VI era que ponía las piernas en alto a la hora de las comidas. Cuando no estaba presente, sin embargo, se hacían muchos comentarios al respecto. La reina explicó a Cynthia Jebb que el rey era un «creyente acérrimo» de la homeopatía, mientras que ella «no terminaba de verlo» [sic]. La princesa Isabel, por otro lado, se mostraba escéptica: «La princesa I. ha dicho que creía que confiar ciegamente en ello era como confiar en la ciencia cristiana». La reina Isabel también comentó con Cynthia Jebb que «lo más fácil era seguir» cuando uno se encontraba mal, antes que estar convaleciente en cama. Si no, «la enfermedad se magnificaba en los documentos».[27]

El rey parecía tener buen ánimo: «alegre, despierto, cuerdo, sencillo y completo», según Cynthia Jebb, que se sentó a su lado en la cena. «Como el resto de la familia, disfruta de un buen chiste certero y, si es escatológico, mejor. Me he dado cuenta de que este tema, que debía de ser algo tabú durante su niñez, es uno de los favoritos en círculos reales.» El rey también habló mucho sobre su eterna pesadilla: el político laborista Hugh Dalton. No conseguía entender cómo el refinado hijo del cortesano victoriano

---

* Se publicaron partes editadas del diario en 1995 bajo el nombre de Cynthia Gladwyn. Su marido se había convertido en lord Gladwyn en 1960.

Canon Dalton había terminado siendo socialista. A ella le sorprendió mucho el desagrado que sentía por Dalton. Añadió que «al rey no parecía agradarle Canon Dalton tampoco y habló de cómo una hermana de Canon se había casado con un almirante que tuvo algo que ver con algún desastre en Jutlandia».[28]

En lo referente a la reina, a Jebb le sorprendió el peso que había ganado por la enfermedad del rey. Escribió: «Tommy Lascelles dijo que estaba intentando hacer algo al respecto, pero lo lleva con mucha gracia». A la reina también le gustaban las formalidades y disfrutó de las reverencias y la cortesía todo el fin de semana. La huésped escribiría: «Sabe que no nació con sangre azul; quizá busca que se la dignifique de más para prevenir que alguien se tome alguna libertad». El rey estaba mucho más relajado y siempre se dirigía a la reina como «Ducks». Lilibet, por su parte, la llamaba «Mizzie».*

Los Edimburgo, su bebé y la niñera Lightbody partieron la mañana siguiente. Cynthia Jebb se fijó en que no había conductor y añadió: «Gladwyn y yo nos hemos alarmado un poco al ver al duque, con esa reputación de conductor alocado que se le atribuye, conduciendo con la responsabilidad de llevar a los dos herederos directos al trono».

Poco después de que los residentes de Clarence House se hubieran instalado en su nueva casa, destinaron al duque al extranjero. Hacía tres años de su último viaje de ultramar en el HMS Whelp y, como cualquier otro oficial de la Marina Real, ansiaba volver a surcar los mares. Fue nombrado primer teniente —segundo al mando— del Chequers, el antiguo buque de la flotilla de destructores de Malta, que seguía siendo una colonia británica. Solo habían pasado unos años desde que el rey concediera la Cruz de San Jorge a la población de Malta por su tenacidad en el sitio de 1942. Por aquel entonces, había sido el lugar más bom-

---

* «Mizzie» podría ser una infantilización de «Majesty», Su Majestad, que acabara resultando en un apodo cariñoso.

bardeado de la tierra. Y la monarquía gozaba de una considerable nombradía en la isla.

En noviembre, la princesa voló a su encuentro junto con Bobo y su dama de compañía, pero no con Carlos, que se quedaría con sus abuelos. También en Malta, al mando de un escuadrón de cruceros, estaba Luis Mountbatten (ahora ascendido a conde de Mountbatten de Burma, ejerciendo su deber como el último virrey de la India). Estaba encantado de acoger a la joven pareja en su casa, la Villa Guardamangia, una casa de tamaño considerable con un jardín cubierto. Después, cuando Mountbatten fue enviado a Londres de nuevo, la pareja real alquilaría la villa.

Por primera vez la princesa disfrutaría de la relativa normalidad de la vida de una esposa de la Marina Real. Le encantaba. La hija de Mountbatten, Pamela Hicks, recordaba: «Fueron días mágicos de pícnics sin fin, tomar el sol y hacer esquí de agua. El príncipe Felipe parecía un dios griego y ella lucía un cutis perfecto. Podía pasear por el pueblo e ir de compras llevando una vida normal y, cuando llegaba la flota, nos apresurábamos hasta la Barrakka [los jardines de la costa] para verlo. Las vistas eran fantásticas».[29]

A la princesa le gustaba relacionarse con el resto de esposas. A veces conducía ella misma hasta la peluquería y se alegraba de poder llevar su propio dinero, aunque le costó acostumbrarse. Pamela explica: «No me sorprende que fuera lenta porque no era algo que hiciera normalmente».[30] Fue en Malta donde el duque descubrió su amor por el polo y el Club de Polo de Marsa, con su pequeño club nocturno, que comenzaron a frecuentar. La pareja también asistía a bailes en el Hotel Phoenicia, donde la princesa perfeccionó su técnica de la samba. El clarinetista Freddie Mizzi y sus compañeros de grupo empezaron a incluir su canción favorita en el repertorio: «People will say we're in love».

En casa, la siempre presente Bobo era a veces más un estorbo que una ayuda para el duque. Pamela recuerda que solía gustarle sentarse a cotillear cuando la princesa estaba dándose un baño. «Creo que a Felipe le costó que Bobo se marchara [de la habitación]», comenta Pamela.[31] La pareja tampoco podía estar del todo relajada mientras vivieran bajo el mismo techo que Mountbatten. Una noche regresaron tarde a casa tras haber asegurado que volverían para la cena. El duque recibió una buena reprimenda en privado. «¡Felipe! A mi oficina inmediatamente: tengo que hablar contigo», gritó Mountbatten. Elizabeth Pule, cuya madre era la encargada de limpiar la casa, pudo escuchar todo el rapapolvo. Recuerda: «Fue tranquilo, pero con una voz contundente. Le escuchamos decir: "No vuelvas a hacerlo. Recuerda: es la reina del mañana. ¡La reina del mañana!"».[32]

La princesa estaba divirtiéndose tanto que no regresó a Inglaterra hasta pasada la Navidad. Incluso entonces no tenía prisa alguna por visitar Sandringham, donde estaba el príncipe Carlos con el rey y la reina. Primero fue a ver ganar a su caballo, Monaveen, en el Hurst Park. La princesa compartía la custodia del alazán capón de ocho años con la reina, y ya ocupaba un lugar especial en su corazón. Diez semanas antes, Monaveen había ganado la competición de salto en Fontwell. Había sido la primera victoria de la princesa en una carrera, que pasaría de las vallas a las carreras planas, algo en lo que aún participa en estos momentos. Pero todo comenzó con Monaveen en 1949.*

Además de ir a las carreras, la princesa también pasó varios días en Londres antes de reunirse con su hijo de un año en Norfolk. Las convenciones de los cuidados infantiles de la aristocracia no eran muy distintas a las normas de la paternidad moderna, pero la ausencia de la princesa pasó totalmente desapercibida. Muchas familias se habían visto obligadas a separarse durante la

---

* Monaveen había vivido muchas cosas hasta llegar a su primera carrera, tirando de carros de leche en Irlanda. La reina y la princesa la compraron por mil libras a un entrenador de galgos de West Ham. Tras su éxito en 1949, consiguió el quinto puesto en la competición nacional de 1950.

guerra. La prensa se limitó a decir que la princesa había estado «poniéndose al día con toda la correspondencia».[33] Lo más probable es que estuviera en la consulta de su médico porque, a sus veintitrés años, estaba esperando a su segundo hijo.

Sin embargo, se vio apareciendo en los titulares por una razón muy distinta a esa. En febrero de 1950, *Woman's Own* anunciaba que había firmado lo que sería la sensación del año. Crawfie iba a contar su historia. Meses antes, la familia real había escuchado rumores de que su querida institutriz podría estar a punto de escribir sus memorias para una editorial estadounidense. Teniendo en cuenta todo lo que habían pasado juntas y el hecho de que Crawfie todavía estaba viva y libre de responsabilidades en el recinto del Palacio Kensington, a la familia real le parecía impensable. Para quedarse tranquilos, no obstante, la reina le había escrito a Crawfie haciendo uso de una expresión mítica que apelaba a la discreción: «La gente en puestos de nuestra confianza debe ser hermética como una ostra». Le dijo que una cosa era hablar de manera anónima a escritores autorizados por ellos, pero que debía «resistir las mieles del dinero estadounidense y decir que no a los dólares a cambio de artículos sobre algo tan privado y preciado como su familia».[34]

Presionando en la dirección opuesta estaba el marido de Crawfie. El dominante Buthlay ya había estado intentado, aunque sin éxito, convencer a la familia real de abrir cuentas en el banco para el que trabajaba, Drummonds. También intentó avivar el sentimiento de indignación de su esposa diciéndole que no le habían dado el reconocimiento que merecía. Una modesta pensión y el CVO,* dijo, eran insuficientes. Una oferta de 80.000 dólares, la mayoría libres de impuestos, era prácticamente irresistible.[35] Cuando las primeras entregas de *The Little Princesses* aparecieron en el *Ladies' Home Journal* de los Estados Unidos en ene-

---

* Miembro de la Real Orden Victoriana, CVO por sus siglas en inglés, un rango por debajo del de caballero y dama.

ro de 1950, se vendieron al instante. En Gran Bretaña, *Woman's Own* gozó de un éxito similar, al igual que otras revistas de la Commonwealth, a pesar de que Crawfie no recibió apenas nada de las ventas. Más tarde se publicaría su historia en una edición de tapa dura y se convertiría en un éxito editorial. Como la reina le dijo a su amiga lady Astor: «Nuestra institutriz, en quien confiábamos plenamente, ha perdido la cabeza».[36]

Hugo Vickers ha desenmarañado todos los malentendidos y segundas intenciones mientras la pueril y errática Crawfie ansiaba una reconciliación con sus antiguos jefes y mientras los editores al otro lado del charco, a su vez, tergiversaban sus palabras asegurándose de que eso no ocurriera. La templanza de la realeza se tornó ostracismo. A finales del 1950, Crawfie había dejado su hogar donado y se había marchado a una casa que había comprado con Buthlay en Aberdeen. Continuó firmando jugosos artículos sobre la realeza en *Woman's Own* hasta que una desastrosa columna terminó con su corta carrera literaria. Ocurrió cuando escribió un efusivo relato sobre la familia real en Trooping the Colour y en Royal Ascot en junio de 1955. Por desgracia, una huelga de tren obligó a cancelar ambos eventos a última hora, poco después de que la revista se hubiera impreso. Ahora víctima de burlas, Crawfie se recluyó en la sombra con Buthlay, que murió en 1977.

Se decía que nunca se recuperó del rechazo real y que incluso intentó quitarse la vida antes de fallecer en febrero de 1988 con setenta y ocho años.[37] La ausencia de flores de parte de la realeza en su funeral suele usarse para representar la sed de venganza e hipocresía de la familia. Al fin y al cabo, esgrimen algunos, las declaraciones inocuas de Crawfie rozaban lo reverente. Además, a otros miembros de la familia, incluyendo a Alicia, duquesa de Gloucester, o a Mabel, condesa de Airlie, se les permitió publicar sus memorias sin censura. Aun así, sus obras inofensivas no explicaban detalles tan íntimos. Si se hace una lectura profunda de las de Crawfie, queda claro por qué la familia se sintió traicionada. Como explica Kate Williams, autora de *Young Elizabeth*, «ningún monarca anterior —y probablemente ninguno posterior— verá su historia en papel con tanto detalle. [...] Detrás de una edulcorada narrativa había mordaces retratos».[38] La reina se describe como alguien desconsiderada, incluso despreocupada de la educación de sus hijos. La princesa Margarita aparece frágil y pueril. Pero lo que debió de dolerles más es que alguien que había compartido con ellos tantos momentos preciados e inocentes durante su niñez —por no mencionar el despertar romántico de una joven tan introvertida como la princesa Isabel— decidiera airear sus trapos sucios. Citando a Crawfie cuando condenaba las «groseras» especulaciones sobre el futuro matrimonio de Lilibet antes de su compromiso: «El corazón de una princesa es tímido y fácil de romper, igual que el de cualquier otra chica».[39]

Hasta hoy, «hacer un Crawfie» forma parte del argot de Palacio (y si alguien lo intentara se enfrentaría inmediatamente a una denuncia), aunque no suele hablarse de ello delante de la reina. Elizabeth Longford relató un almuerzo mucho después de la caída de Crawfie en el que la reina mencionó a su representante de carreras, *Porchey* Porchester. Un invitado, el escritor Fleming, creyó haber escuchado otra cosa. «Ah, sí, ¿ella qué tal está?» Confundida, la reina repitió: «Porchey». Y Fleming metió la pata por completo: «Creía que había dicho "Crawfie"», tras lo cual se hizo un silencio incómodo.[40]

Hasta el día de su muerte, la prima de la reina, Margaret Rhodes, siempre rechazó «ese libro edulcorado».[41] No es lo correcto, sin embargo, descartar la obra solamente porque sea una indiscreta amalgama de banalidades y chorradas sin maldad. Sigue siendo el testimonio más cándido de los años de formación de la reina y contiene perspectivas útiles tanto para historiadores políticos como sociales. Conocemos el encuentro durante la niñez de la princesa Isabel con Ramsay MacDonald —«Le he visto en *Punch* esta mañana, señor MacDonald, al mando de una bandada de gansos»— lo cual confirma que la actual reina ha conocido a todos los primeros ministros laboristas de la historia británica.

Conocemos que no fue ni la caída de Singapur ni el Blitz ni el bombardeo de Palacio lo que perturbó a la familia real, sino esos V1 del verano de 1944: «Fue el único momento de la guerra en el que vi a la reina alterada». Sabemos que las economías de posguerra hicieron que el príncipe Carlos heredara un carrito de segunda mano, que el laborista Nye Bevan tuvo los gemelos más bonitos en Londres, que el abuelo de la reina regia, lord Strathmore, comió pudin de ciruela todos los días de su vida y que la princesa Margarita le robó el puesto al chofer real desde el momento en que aprobó el carné de conducir. Es una mirada fiable a la familia real en la guerra y la austeridad. Crawfie fue sin duda una excelente institutriz. Se aseguró de que dos muchachas aisladas a las que se debía recibían una educación completa en circunstancias adversas. Aun así, era difícil llevarle la contraria al conciso análisis de la princesa Margarita: «¿Crawfie? Una víbora».[42]

La princesa Isabel volvió a Malta en abril —de nuevo sin el príncipe Carlos— para seguir disfrutando de otra época como la mujer de un oficial de la Marina. En su estancia allí, se anunció su segundo embarazo y volvió para dar a luz a una niña en Clarence House el 15 de agosto de 1950. Fue el primer nacimiento en esa casa desde 1825. Registraron al bebé como Ana Isabel Alicia Luisa, recibió una cartilla de racionamiento e inmediatamente se convirtió en la miembro un millón de la Asociación de Automóviles. Además, había más motivos de celebración: al duque se le habían confiado los mandos de su primer buque, el Magpie, en Malta. Regresó a casa para el nacimiento y para pasar tiempo con su familia durante un par de semanas, tras lo cual regresó al mar.

Como esposa de veinticuatro años de un teniente comandante, la princesa regresó a Malta de nuevo ese otoño, esta vez dejando a sus dos hijos en casa de sus padres en Sandringham para Navidad. Sin embargo, los asuntos de Estado acaparaban cada vez más su tiempo en el país. Realizó una visita oficial a Roma un tanto desafortunada.[43] Por primera vez, la prensa hizo comentarios negativos sobre su ropa y, en Gran Bretaña, hubo quejas de radicales presbiterianos con motivo de la audiencia con el papa. También acudió a una visita oficial a Grecia, invitada por el rey Pablo: navegó hasta Atenas en el buque del comandante en jefe con el duque escoltándola en el Magpie.

El rey griego se quedó de piedra cuando vio toda la carga de trabajo de su primo. Además de comandar el buque, el duque estaba intentando supervisar los planes del próximo Festival de Gran Bretaña en casa. También se estaba preparando para el discurso presidencial de la Asociación Británica para el Avance de la Ciencia (actualmente la Asociación Británica de la Ciencia), un largo y académico discurso que él mismo había redactado.

El idilio mediterráneo no duró mucho. La cada vez más empeorada salud del rey significaba que la princesa debía cubrirle con mayor frecuencia. En teoría tenía que presidir el King's Colour para su querida RAF (Real Fuerza Aérea) en mayo de 1951, pero finalmente tuvo que ir la princesa. El 4 de junio, Palacio anunciaba que «la inflamación catarral del pulmón del rey no había desaparecido por completo».[44] La princesa asumiría inmediatamente todos sus deberes del próximo mes, empezando por el banquete de Estado con el rey de Noruega ese mismo día. Claramente era momento de que el duque dejara sus obligaciones navales a un lado y regresara a casa. En julio le cedió el Magpie a su sucesor. «Los últimos once meses han sido los más felices de mi vida como marinero», le dijo a su tripulación, antes de marcharse remando como mandaba el tradicional ritual.[45] No lo sabía todavía, pero «su vida como marinero» había llegado a su fin.

Se necesitaba a los Edimburgo tanto fuera como dentro del país. Empezaron a planear un gran viaje por Canadá y los Estados Unidos en otoño. Justo cuando iban a zarpar, se vieron obligados a cancelarlo por otra recaída del rey. Los médicos detectaron un tumor en el pulmón izquierdo e insistieron en que debía ser operado de urgencia, así que la princesa y su marido aplazaron el viaje un mes. Cuando finalmente se confirmó que el rey se había estabilizado lo suficiente como para que pudieran viajar, la princesa puso una muda de luto en la maleta. Su secretario privado, Martin Charteris, tenía todos los documentos de ascenso necesarios por si acaso.

El viaje no fue un éxito instantáneo. «La gente dice que la princesa no sonríe», le dijo Charteris a Ben Pimlott. La princesa insistía en que lo estaba haciendo lo mejor que podía. «Me duele la cara de tanto sonreír», le aseguró.[46] El interés por ellos se fue haciendo cada vez mayor, sin embargo, cuando la pareja atravesó el país entero en un tren especial decorado con damasco y tafetán en su tono favorito de verde. Fueron a bailar *country*. Ella llevaba una blusa de campesina con una falda estilo *dirndl* y el duque lucía unos vaqueros remangados y unos mocasines de ante. En Calgary conocieron a líderes locales como Crowchild, Two Ton Young Man y la señorita Heavyshield, que les regalaron un traje de piel de corza para la princesa Ana. La familia se alegró de ver que el público más grande de todos, más de un millón de personas, les esperaba en la francófona Montreal.[47]

Durante su ausencia, hubo problemas políticos importantes en casa. El primer ministro laborista, Clement Attlee, había ganado las elecciones generales del año anterior con un margen tan estrecho que se celebraron nuevas elecciones en 1951. Esta vez perdió, y Winston Churchill volvió al número 10, lo cual provocó un momento bastante cómico durante la gira por Norteamérica a su paso por la Casa Blanca. Cuando el presidente Harry Truman llevó a la princesa Isabel arriba para que conociese a su suegra Madge Gates Wallace, postrada en cama, hubo un pequeño malentendido. «Me alegro mucho de que tu padre haya vuelto a salir elegido», le dijo la señora de ochenta y nueve años.[48]

De vuelta a Gran Bretaña, donde la pareja se había perdido el tercer cumpleaños del príncipe Carlos, la normalidad duró muy poco en Clarence House. El rey había decidido retomar sus planes y realizar la gira por Australia y Nueva Zelanda, pero su débil estado de salud le había obligado a aplazarlo de nuevo. Sabía que estaba defraudando a miles de súbditos al otro lado del mundo, así que pidió a los Edimburgo que le sustituyeran de urgencia. Esta vez estarían dejando atrás a sus hijos durante seis meses. A finales de enero, el rey celebró una cena de despedida y la familia fue a ver *Al sur del Pacífico* a los cines Drury Lane. Al día siguiente los llevó a Heathrow para despedirse. «Cuida de la princesa por mí, Bobo», le susurró a su devota dama.

El viaje al verdadero sur del Pacífico sería por aire y por mar. Volaron hasta Kenia, donde tenían algún compromiso no muy importante, y pasaron unos días disfrutando del regalo nupcial del gobernador colonial: un rancho, el Sagana Lodge. De allí viajarían a Mombasa para embarcarse en el Gothic, un trasatlántico que había sido convertido en un yate real para la ocasión. Finalmente navegarían por el Índico hasta Australia vía Ceilán.

Lo más relevante de su viaje keniata fue un safari y la noche que pasaron en Treetops, una cabaña de tres dormitorios construida en lo alto de una higuera desde la que tenían unas vistas preciosas a un abrevadero de las colinas de Aberdare. Era una oportunidad perfecta para observar la fauna salvaje, aunque se requería valentía. Había que andar medio kilómetro entre matorrales desde la calzada más cercana hasta la casa. Se habían apuntalado listones de madera a los árboles como vía de escape en caso de emergencia, por si se encontraban con un rinoceronte o un búfalo. Para sorpresa e indignación de su guía y cuidador, Jim Corbett, una manada de cuarenta y siete elefantes apareció justo media hora antes de que la pareja compareciera. Todavía había animales rondando la zona cuando llegaron la princesa y el duque. Nahashan Mureithi era el botones de veinticuatro años que llevaba la maleta de la princesa. Siempre recuerda que la princesa no iba muy cargada y que iba grabando todo lo que quería recordar en una pequeña cámara. «Ella intentaba expresar algo, diciendo que había muchos elefantes», relató.[49] Corbett alabaría más tarde la templanza de la pareja por haber caminado silenciosamente en fila de uno por la maleza. «Cuando llegaron a la curva del camino y vieron a los elefantes, se dieron cuenta de que tendrían que acer-

carse mucho a ellos para poder resguardarse en la escalera.» Y añadió (con una hipérbole de deferencia): «He visto muchos actos de
valentía, pero pocos comparados con el que presencié ese 5 de febrero».[50]

Corbett se había ganado la reputación internacional de buen
cazador gracias a capturas como «la devoradora de Champawat»,
una tigresa de bengala que se había cobrado más de cuatrocientas
vidas. En Kenia, sin embargo, no solo se enfrentaba a animales
salvajes, sino también al levantamiento antibritánico de los Mau
Mau, activos en la región. Dos años después de su visita real, los
luchadores Mau Mau se cobrarían su venganza, tendiendo una
trampa en la casa del árbol: le prendieron fuego y mataron a todos
sus empleados, a excepción de a Mureithi, que había conseguido
huir a los matorrales a pesar de haber recibido un disparo mientras corría.[51]

La noche de la visita real, sin embargo, fue mágica, puesto
que pudieron ver animales en el abrevadero. La princesa estaba
sentada hablando con Corbett sobre su padre, que había vuelto a
cazar, y sobre lo segura que estaba de que pronto volvería a estar
como un roble.[52] La única violencia que hubo esa noche fue la
batalla épica entre dos antílopes acuáticos. La princesa presenció
boquiabierta desde el porche de la higuera cómo un antílope en-
sartaba a otro y la sangre brotaba a borbotones de la herida. Más
tarde, le preguntó a Corbett qué le había pasado. Bajó para echar
un vistazo y le comunicó que se lo estaba zampando un leopardo.
Pero nadie le contó a la princesa la leyenda *kikuyu* que asegura
que la pelea a muerte de dos antílopes presagia la muerte de un
gran jefe de la tribu.

II

EL REINO INACABADO

5

1952-1955

«Me era imposible moverme»

Nadie sabe con certeza cuándo la monarca con el reinado más longevo de la historia británica heredó el trono, pero ella fue, sin duda alguna, de las últimas en enterarse. Tras pasar el 5 de febrero de 1952 cazando liebres en Sandringham, Jorge VI tomó la cena, se retiró a sus aposentos sobre las 22.30 horas y fue visto por un vigilante trasteando el pestillo de una ventana sobre medianoche.[1] Al día siguiente por la mañana, a las 7.30 horas, su ayudante de cámara se lo encontró muerto, en la cama. Al asistente del secretario privado del rey, Edward Ford, se le pidió que fuera inmediatamente a Downing Street, donde Winston Churchill estaba sentado en la cama rodeado de documentos de Estado. Le comunicó la mala noticia. «¿Mala noticia? ¡Horrible!», clamó Churchill, tirando los papeles al suelo.[2] En Kenia, donde la princesa Isabel se preparaba para zarpar a Ceilán, Australia y Nueva Zelanda, el mensaje cifrado se había perdido por el camino. Se había enviado al gobernador colonial, que ya se encontraba en un tren camino al puerto de Mombasa, adelantándose a la pareja y a su séquito. Faltaba poco para que embarcaran en el Gothic para comenzar su viaje por el Índico. Su equipaje —incluyendo la muda de luto— ya se estaba cargando a bordo. Era casi media tarde en Kenia cuando la noticia llegó de Londres, gracias a un periodista, y fue escalando la cadena de mando. La pareja seguía en su cabaña y sus empleados en un alojamiento cercano. Al caballerizo del duque, Mike Parker, le pareció que lo mejor era decírselo a él para que este se lo comunicara a la nueva reina. «Jamás me he sentido peor por nadie. Parecía como si se le hubiera caído el mundo encima», declararía Parker más tarde.[3] El duque, añadió, se limitó a hacer dos respiraciones profundas sin mediar palabra.

Cuando Martin Charteris acudió a visitar a la nueva monarca poco después con los papeles del ascenso sellados —los cuales había estado arrastrando desde su viaje a Canadá en 1951—, se la encontró en su escritorio, tranquila, escribiendo cartas. «Me duele tener que volver a Inglaterra y trastocar los planes de los demás», le dijo a su dama de compañía, Pamela Hicks.[4] Lo que había aflorado en ella era el deber y no la pena. El primer encargo de Charteris era preguntarle a la reina por su nombre regio. Su padre, al convertirse en rey, había cambiado Alberto por Jorge. Además, ya existía una reina Isabel, su madre. ¿Qué elegiría? Respondió: «Pues cuál va a ser: el que ya tengo. ¿Cuál, si no?».[5]

Tras aterrizar en Londres al día siguiente, el duque y el resto de la corte aguardaron tras ella. Querían dejar que la nueva reina desembarcara por las escaleras del avión sola para que la recibiera un Winston Churchill sin sombrero —y sin palabras—. Una de las imágenes más célebres de su reinado, pues captura la inherente soledad de la vida que le esperaba. Al parecer se mostró más tranquila cuando la reina María llegó a Clarence House, poco después. La antigua emperatriz hizo una gran reverencia insistiendo en que «su abuelita» debía ser la primera en besar la mano de la nueva reina.[6]

El 8 de febrero a las diez de la mañana, 175 miembros del Consejo Privado se reunieron en el Palacio de St. James, donde Isabel juró el conocido voto de «mantener y preservar» la Iglesia de Escocia* y añadió unas declaraciones personales: «Mi corazón está demasiado lleno. Solo puedo decir que siempre trabajaré, como mi padre hizo durante su reinado, en pos de la felicidad y la prosperidad de mi pueblo». La imagen de una madre de dos niños de veinticinco años

---

* Juraría «mantener y preservar» la Iglesia de Inglaterra en la coronación.

frente a una asamblea de serios señores prometiendo entregarse a sus súbditos trajo, inevitablemente, ecos de una Victoria adolescente haciendo exactamente lo mismo ciento quince años atrás. A su futuro primer ministro, Harold Wilson, le pareció «la ceremonia más conmovedora que recuerda».[7] Mientras los mensajeros iban y venían, llevando las proclamas por las distintas capitales, la reina y el duque partieron a Sandringham para reunirse con sus hijos y pasar el duelo con la reina viuda. Había sido ella la encargada de contárselo al príncipe Carlos, que ahora se había hecho automáticamente con el título de duque de Cornualles. Como comentaría más tarde, le explicó con tacto que su ayudante le había encontrado en la cama cuando iba a llevarle su taza de té matutina. El príncipe Carlos lo asimiló y preguntó: «¿Quién se ha bebido el té?».[8]

Más de 300.000 personas hicieron cola para ver el ataúd del rey en el Salón Westminster previamente a su funeral en la Capilla de San Jorge. La reina estaba especialmente conmovida por la inscripción de la corona enviada por el primer ministro. Churchill había escrito el lema de la Cruz Victoria: «Por el valor». Procuraba medir sus palabras en esos momentos. Incluso antes de que la princesa regresara de Kenia, había tenido algún conflicto por la proclamación. Los últimos cuatro monarcas habían sido proclamados «Señor feudal» de «Gran Bretaña, Irlanda y los dominios británicos de ultramar» y «Rey, defensor de la fe, emperador de la India». Sin embargo, habían cambiado muchas cosas desde que el padre de la nueva reina hubiera sido proclamado rey en 1936. Irlanda, la India y el Imperio ya no les pertenecían. El resto de reinos estaba claro que no se consideraban «dominios británicos» en absoluto, al igual que tampoco el Pakistán islámico quería un jefe de Estado con el título cristiano de «defensor de la fe». Como señala el profesor Philip Murphy, cada país esperaba ahora su título a medida.[9] La razón principal era que cada uno pudiera decidir por sí mismo, gracias a la evolución de la Commonwealth y el concepto moderno de una Corona «divisible». En otras palabras, cuando se trataba de la monarquía, el resto de reinos se sentían con la potestad de tomar sus propias decisiones en lugar de acatar órdenes de Gran Bretaña. Para más inri, había discusiones internas en el seno de Gran Bretaña debido a la proclamación de Isabel como Isabel I de Escocia, motivo por el cual se tomaron acciones legales en el país —aunque sin éxito—. La razón principal era que su tocaya Tudor, Isabel I de Inglaterra, no había reinado al norte de su frontera. Lo monárquico nunca había sido así de complejo y la reina no llevaba ni una semana en el trono.

Los títulos y las nomenclaturas serían un tema recurrente y a menudo intenso durante la sucesión. En días, la reina viuda Isabel había adoptado el frecuente título de «reina madre» para evitar cualquier confusión con su hija (aunque ella creía que «era un nombre horrendo»).[10] Al mismo tiempo, la reina María se enteró de que el conde de Mountbatten estaba empezando a jactarse al respecto en las Broadlands —el hogar del conde en Hampshire—, diciéndoles a sus huéspedes que la «casa Mountbatten» había empezado a reinar. La reina María hizo llamar a Jock Colville, que ahora volvía a trabajar para Winston Churchill después de haber sido despedido como secretario privado de la princesa Isabel. Colville le hizo llegar los comentarios de Mountbatten al primer ministro quien, no siendo gran fan de Mountbatten, elevó el tema al Gabinete, que, a su vez, decidió por unanimidad que la monarquía debía quedarse en Windsor. Aunque el promotor de la idea había sido lord Mountbatten, sería el duque de Edimburgo quien sentiría más la mala noticia. Era tan solo otra de las muchas discrepancias que se dieron entre él y Palacio, especialmente con Alan Lascelles, que solía ir a una con el primer ministro en este tipo de temas. El secretario privado de la reina, heredado de su padre, confesó haber estado encima de Isabel como uno de los «barones de Runnymede»* para asegurarse de que firmaba

---

* Cuando un dudoso rey Juan acudió a Runnymede en 1215 para sellar la Magna Carta, un consejo de veinticinco barones rebeldes le vigilaron para cerciorarse de que no cambiara de opinión.

el decreto del nombre de familia.[11] De todos los problemas que le aguardaban, el del papel y el estatus del duque le resultaría particularmente estresante.

La visión de la reina en cuanto al papel de su marido como jefe de familia en privado era bastante simple y tradicional, motivo por el cual su voto nupcial rezaba «amar, respetar y obedecer». Ya había sido cabeza de familia en Clarence House durante más de cuatro años de una feliz vida matrimonial. Ahora ella le pondría a cargo de los asuntos familiares en Balmoral y Sandringham. También le nombró guardabosques del Gran Parque de Windsor, un puesto que disfrutaba tanto que lo conservaría hasta su muerte en 2021. Sin embargo, sería su hogar en Londres el que generaría problemas. El duque quería que su joven familia se quedara en Clarence House, donde habían construido un hogar, y tener el vetusto y bombardeado Palacio de Buckingham como lugar de trabajo. Casualmente, la reina madre también se alegraba de poder quedarse allí y le dijo a su hija «que no se preocupara, que ni se enterarían de que seguía allí, en el piso de arriba».[12]

De nuevo, el duunvirato de Lascelles y Churchill opinaba diferente: los monarcas debían vivir en la trastienda. La reina y su madre habían de intercambiarse. «Llegó de arriba como un látigo de tres puntas», le diría el antiguo caballerizo del duque, Mike Parker, al biógrafo real Robert Lacey años después. Recordaba como si fuera ayer el disgusto que fue para la reina y su familia: «La llevé en lo que sería su último trayecto desde Clarence House y te puedo asegurar que todos los ojos del coche estaban vidriosos».[13] Para el viejo escolta, sin embargo, el duque era un foráneo que buscaba salirse con la suya en la familia y al que había que poner en su sitio con mano dura, y era depreció tras depreció. Un día, según una convención muy arraigada en el tiempo, quitaron el trono del consorte de la Cámara de los Lores. Siempre que el rey Jorge VI o cualquier otro tenían que asistir a una ceremonia de apertura del Parlamento, la reina se sentaba a su lado. Sin embargo, las autoridades pensaron que este papel jamás lo desempeñaría un hombre. Pasarían años antes de que la norma se aboliese y regresara el trono. Cuando la reina propuso al duque como sucesor de la ahora vacante de coronel de los Guardias Granaderos, una camarilla de oficiales xenófobos le rechazaron y prefirieron a lord Jeffreys, un veterano de la guerra de los bóeres y antiguo ministro conservador. El duque supo sobreponerse a la situación y olvidarlo cuando la siguiente generación de Granaderos le propusieron la vacante de coronel, veinte años después.

Hubo un conflicto mayor luego de que la reina le diera a su incisivo marido un puesto más importante: presidente de la Comisión de Coronación. Este cuerpo era el responsable de supervisar todos los aspectos laicos de la gran ceremonia prevista en junio. La logística incluía alojar a todas las autoridades de la Commonwealth de los distintos condados. Sin embargo, cuando el duque volvió de una de sus inspecciones en helicóptero de los lugares, se citó a Mike Parker en Downing Street para que Churchill le leyera la cartilla. «¿Pretendes destruir a toda la familia real en el menor tiempo posible?», le espetó.[14] También se interpondría en el camino cuando el príncipe Felipe decidiera obtener su licencia de piloto. «Debes recordar que todos esos vejestorios adoran a la reina y que no podrían soportar la idea de que le pasara algo», le advirtió un antiguo empleado. «Es un miedo profundo a lo desconocido.»[15] A pesar de las reprimendas de Churchill, el duque hizo su primer vuelo en solitario en noviembre de 1952.

Mientras que la reina había heredado a Alan Lascelles, todo el servicio y demás órganos del difunto rey, el duque tenía que empezar de cero. «No querían muchos cambios y tampoco que se agitaran las aguas», recuerda un antiguo empleado. «Alan Lascelles era aterrador si te lo encontrabas por los pasillos, ¡esa mirada y [esas] cejas de escarabajo! Era el que más miedo daba.»[16] El equipo del duque se percibía como peligrosamente moderno, con un grupo de jóvenes mujeres —«las chicas»— que usaban sus nombres de pila. «Se desconfiaba de nosotras porque nos llamábamos Anne o Pat o Jill en lugar de señorita Stephenson o lo que fuera, que era lo normal en la oficina de la reina», dijo una. «Pero el equipo del duque trabajaba así en Clarence House y no iba a cambiar cuando nos mudamos al palacio.»[17]

A medida que se acercaba la coronación, había un problema ante el cual la reina, el duque, Churchill y el resto iban a una. No querían que las cámaras de televisión arruinaran la ceremonia. «Había un sentimiento generalizado de que la televisión era igual que la vulgar prensa», dijo Mike Parker.[18] Al clero le consternaba la idea de la gente viéndolo «con las tazas de café»[19] y advirtió al Gabinete de que «sería una presión innecesaria» para la reina. Creciendo había escuchado muchas historias de meteduras de pata en las coronaciones. La de su padre perdiendo el hilo de los obispos y tartamudeando podría haber sido graciosa en mejores momentos de su vida, pero la idea de repetir esos mismos errores en directo en televisión le preocupaba enormemente. Al final, sin embargo, una entregada campaña mediática al unísono avivada por ministros de todos los espectros políticos le hicieron cambiar de opinión. Esto ha solido atribuirse a una lúcida monarca que con nobleza se había puesto del lado de su pueblo para luchar contra los dinosaurios del poder establecido. En realidad, este poder no hacía más que complacer los deseos de la realeza de mantener las cámaras alejadas, hasta que quedó claro que los deseos del pueblo eran implacables. En octubre de 1952, el Gobierno y Palacio —se desconoce quién pinchó a quién— propusieron un acuerdo. Las cámaras filmarían la ceremonia, pero se mantendrían al margen durante la anunciación y la comunión.

Tan solo tres meses antes de la coronación, se celebró un funeral real más. La reina María había dejado instrucciones en su lecho de muerte de que su partida no debía interrumpir los plazos de la entronización. Había perdido a un hijo durante la infancia, a uno durante la guerra y había visto abdicar a otro; la pérdida de Jorge VI había sido la gota que había colmado el vaso. Su muerte, de una «enfermedad gástrica» (posiblemente cáncer de pulmón) a la edad de ochenta y cinco años, el 24 de marzo de 1953, acrecentó la atmósfera dominante de lo antiguo dejando paso a lo moderno. La reina María había seguido prácticamente a pies juntillas todos los protocolos de otra época, incluso había advertido a la futura reina madre el día de su boda de que «invitar a amigos podría avergonzarla».[20] En sus últimos años, confesó tener un deseo pendiente: «Hay algo que siempre quise hacer y nunca pude: saltar una valla».[21] Pero había ayudado a Jorge V a guiar su mandato durante una época en la que otros perdían la corona y, en algunos casos, la cabeza. Se había asegurado de que la princesa Isabel recibía una correcta educación (no así la princesa Margarita, que le guardaría rencor a la «ogra» de su abuela).[22] En privado, había quien se preguntaba si María se había echado a un lado queriendo para vaciar las instalaciones con tiempo y no estropear el gran momento de Lilibet. Sin embargo, su muerte causó algo de bochorno en la monarquía. Significaba que, inevitablemente, el duque de Windsor debía regresar a Inglaterra, justo semanas después de que se le dijera que no estaría invitado a la coronación. Llegó a Londres sin la duquesa, pero, aun así, recibió una cálida bienvenida. Tras el funeral de la reina María en la Capilla de San Jorge, en Windsor, veintiocho miembros de la familia se reunieron para cenar en el castillo. Su hijo mayor no fue invitado.[23]

La húmeda y ventosa mañana del 2 de junio de 1953, los meses de expectativa mediática sin pausa culminaron en una guinda final que ningún guionista hubiera podido mejorar. El príncipe Felipe dijo a una audiencia de Vancouver en 1954: «Si tengo la mala suerte de encontrarme en uno de esos programas de radio donde te preguntan cuál ha sido tu experiencia más inolvidable, contestaría con toda sinceridad: "Cuando me enteré del ascenso al Everest el día de la coronación"».[24] El hecho de que uno de los súbditos de la reina escalara el pico más alto del mundo en este resplandeciente momento del rejuvenecimiento británico de posguerra sirvió para reafirmar toda esa narrativa eufórica de «la nueva era isabelina». Edmund Hillary podía ser neozelandés, pero lo que había plantado en la cumbre había sido una bandera británica —junto con dos más, la de las Naciones Unidas y la de Nepal—. Cinco años después del fin del Imperio, ese día se respiraba poderío.

La euforia de la coronación incluso se extendió a las primeras líneas de la guerra de Corea, donde los hombres de la infantería ligera de Durham planearon un atrevido tributo a su nueva comandante en jefe. De noche, voluntarios de «una» empresa se presentaron en las líneas chinas y plantaron las letras «EIIR» [Elizabeth II Regina] con paneles de aviones. Cuando salió el sol, saltaron de las trincheras para gritar tres hurras por la reina y volvieron a esconderse antes de que el enemigo pudiera abrir fuego.

En Gran Bretaña, las 29.200 tropas de la Commonwealth tuvieron que despertarse a las dos de la mañana y las primeras luces de Palacio se encendieron a las cinco. Aunque se había maquillado ella misma, la reina sí había requerido ayuda para la ocasión y, a las siete de la mañana, Thelma Holland (cuñada de Oscar Wilde) llegó para asistirla.[25] La Abadía de Westminster estaba repleta de gradas y andamios para aumentar su capacidad de 2.200 asientos a 8.251. La BBC había incluso escogido a sus cámaras más menudos para que pudieran operar mejor en espacios pequeños. Aunque el metro de Londres había preparado trenes especiales para quien tuviera asientos en Westminster, hubo quien insistió en llegar con sus propios carruajes de caballos. Los preparativos de la coronación estaban muy orientados a la aristocracia. Mientras que a los miembros de la Cámara de los Lores que quisieran asistir (junto con sus esposas) se les acomodaría fuera como fuera, los parlamentarios electos de la Cámara de los Comunes recibieron pequeñas localidades que fueron asignadas por sorteo. Hubo un invitado, sin embargo, a quien este ritual le era ya muy familiar. Esta era la cuarta coronación a la que asistía la nieta de ochenta años de la reina Victoria, la princesa María Luisa.

Se estima que hubo veintisiete millones de personas pendientes de los tres millones de televisores británicos (las ventas de licencias televisivas se habían duplicado en las semanas anteriores). «Los vecinos se agolpaban alrededor de nuestro pequeño bungaló para ver la diminuta pantalla de nuestra nueva televisión en blanco y negro, y me regalaron una taza de la coronación»,[26] recuerda John Major, que entonces tenía diez años. Gran parte de Europa también la vería, a través de una retransmisión televisiva. Los *jets* estaban preparados para cruzar el Atlántico a toda velocidad, con técnicos preparando y montando las imágenes por el camino. Era una ocasión perfecta para el Estado de demostrar su modernidad sin precedentes. La ceremonia incluiría, por primera vez, un himno, «All people that on Earth do dwell», para que el canto no se limitara a los miembros del coro. Pero la ceremonia siguió las tradiciones bíblicas y estaba enmarcada con los mismos elementos clave que la coronación del rey Edgar, en Bath, en el año 973: una procesión, un voto, una anunciación y una investidura con corona y espada.

El expectante público ya había podido ver a la reina en el carruaje Gold State Coach mientras se dirigía lentamente a la abadía. No fue hasta que el coro comenzó a cantar «I was glad when they said unto me» que el mundo pudo atisbar el vestido de coronación de Norman Hartnell. Junto con la rosa Tudor de Inglaterra, el vestido se había diseñado con mimo para incluir otras flores insignia de la Commonwealth, entre ellas el helecho plateado de Nueva Zelanda y la flor de loto de la India. El emblema más polémico fue quizá el de Gales: Hartnell había querido bordar narcisos galeses en el diseño, pero el College of Arms hizo presión para que fueran puerros.[27] La idea de los mensajes florales había sido idea de la reina.

Había sido meticulosa con los ensayos en Palacio, donde habían colocado cinta en el suelo para practicar con las dimensiones reales de la abadía. Sin embargo, a medida que se acercaba la ceremonia, había surgido un problema que nadie había previsto. La abadía acababa de instalar 2.710 metros cuadrados de moqueta nueva, que no respondía muy bien a los pesados vestidos de seda. La reina le explicaría a Alastair Bruce años después: «Hubo un momento en el que me atasqué con la alfombra y me era imposible moverme».[28]

Isabel había sido testigo de los mismos elementos centrales en la coronación de su padre. Primero el reconocimiento: su presentación formal a la congregación, que respondía con un sonoro aplauso. Después le seguía el juramento para mantener la Iglesia de Inglaterra y gobernar al pueblo «según sus respectivas leyes y costumbres». Al finalizar el juramento, la reina se armaría de valor para la anunciación. Las cámaras apuntaron al techo obedientemente. Cuatro caballeros de la Jarretera se cuadraron y sostuvieron un dosel sobre la monarca mientras el arzobispo de Canterbury le untaba aceite sagrado elaborado a partir de una casi olvidada receta que incluía rosas, canela y almizcle* en los brazos, cabeza y cuello. Ahora la reina podía ser «investida» con todas las formalidades, incluidas las espuelas doradas, los brazaletes de la sabiduría y la sinceridad, el orbe (que simbolizaba el mandato cristiano) y el cetro (símbolo de poder temporal). Finalmente, todos se pusieron en pie mientras el arzobispo alzaba la sólida corona de oro de San Eduardo; la colocó solemnemente sobre ella, lo cual desencadenó 8.251 gritos de «God Save the Queen!».

Durante esta intensa y exigente ceremonia, el único momento en el que la reina pareció estar relajada fue cuando el duque de Edimburgo, siguiendo al arzobispo, le juró «lealtad y homenaje». Tras jurarle ser su «señor feudal de por vida [...] contra todo lo que venga», le dio un beso en la mejilla izquierda, lo cual le despertó una sonrisa.

Había sido un éxito rotundo sin ninguno de los tropiezos de

---

* La receta secreta del aceite de la anunciación también incluía sésamo y ámbar gris (una sustancia cerosa que se extrae del estómago de los cachalotes). La abadía había usado lo mismo para la coronación de Eduardo VII, Jorge V y Jorge VI. Sin embargo, la botella se había destruido durante un ataque aéreo en 1941 y, llegados a 1953, el químico original ya se había retirado. Por suerte, su nieta encontró una copia de la receta.

pasadas coronaciones. Mientras los hogares del país se sentaban a comer el plato oficial de la ocasión —el tentempié frío de Constance Spry, que pasaría a la historia como «el pollo de la coronación»— los valiosos rollos de película surcaban los aires. La grabación de la ceremonia se emitiría en salas de cine repletas de gente en todo el mundo durante los siguientes días. Incluso la Unión Soviética había dejado de inhibir las señales para dejar que Europa del Este pudiera escuchar la cobertura radiofónica de la ceremonia. En Palacio, la familia posaba para el fotógrafo oficial de la realeza, Cecil Beaton. La dama de honor de la coronación, Anne Glenconner, recordaría más tarde un momento muy incómodo en el que, molesto por las constantes interferencias del duque de Edimburgo por los arreglos, Beaton terminó perdiendo la paciencia y le dijo: «Señor, si quiere hacer usted las fotos, adelante».[29] El duque enmudeció. Todos se quedarían con un gran recuerdo de aquel día, a pesar de que la reina luego reconociera que guardaba uno «mucho mejor» de la coronación de su padre. Entonces, explicó, «no tenía que hacer nada, solo estar ahí sentada».[30] De pequeña, se había sorprendido por lo poco que la reina María rememoraba de su coronación. Ahora entendía por qué.

Pero no todo el mundo estuvo pegado a la monarca. Un periodista había captado un fugaz momento de intimidad al fondo de esa gran escena real, uno que crearía la primera gran crisis constitucional del reinado. A su salida de la Abadía de Westminster, la princesa Margarita le quitó juguetona una pelusa del uniforme al capitán de grupo Peter Townsend, antiguo caballerizo del rey y ahora auditor de la reina madre. Dos semanas después, la revista *People* informó de que la prensa extranjera llevaba tiempo observándoles. «La *people* habla», publicó el 14 de junio de 1953, dejando caer rumores en otras naciones de que la princesa se había enamorado de Townsend. A todas luces eran inciertos porque ningún miembro de la familia real contemplaría casarse con un hombre divorciado. Sabiendo que llevaba meses ocurriendo, la reina tenía que hacer algo al respecto.

Estudioso y tímido, Townsend había aparecido en Palacio como caballerizo temporal del rey en 1944. Era un piloto de guerra muy condecorado que había demostrado su destreza en la batalla de Inglaterra, entre otras, y su nombramiento se hizo para dar más caché social a la Real Fuerza Aérea. Los círculos de la corte siempre habían estado dominados casi en exclusiva por guardias oficiales de alta cuna y algún que otro oficial de la Marina. Jorge VI, sin embargo, había sido el primer miembro de la familia real en ganarse sus alas y quería algún que otro piloto en su equipo. Enseguida le dio la bienvenida al chico de escuela pública que, como él, tartamudeaba.*

La percha de Townsend cautivó a la princesa Margarita desde el principio a pesar de que él estuviera casado con su esposa Rosemary y tuviera hijos. No era un matrimonio feliz, sin embargo, y las largas ausencias de Townsend por sus deberes reales les pasaron factura. Tras la muerte del rey, fue transferido al servicio de la reina madre en Clarence House, lo cual le acercó todavía más a la princesa, que también vivía allí. En 1952, Rosemary Townsend tenía un nuevo hombre en su vida, el matrimonio se estaba divorciando y los sentimientos de la princesa por Townsend eran totalmente correspondidos. La pareja se lo dijo a la reina y, al menos de primeras, pareció empática, pero les pidió que fueran discretos al menos durante un año.

La reina madre entró en total negación y fingió que no pasaba nada. En privado, sin embargo, se vino abajo con Alan Lascelles y reconoció que estaba «bastante destrozada» y que «esto jamás hubiera ocurrido» de estar el rey todavía vivo.[31] Lascelles, que tenía una rígida visión respecto a que el servicio se tomase demasiadas confianzas con la familia, acusó a Townsend de estar «loco o ser malvado». Aunque su intención era expatriar a Townsend, hubiera sido demasiado obvio. Con todas las miradas en los pla-

---

* Townsend había asistido al Haileybury College, *alma mater* del primer ministro de posguerra Clement Attlee.

nes de la coronación, el romance siguió en la sombra hasta este pequeño y cariñoso detalle de la princesa. Cuando él se enteró de que la prensa iba a publicarlo, Lascelles se desplazó hasta Chartwell para asegurarse el apoyo de su antiguo aliado, el primer ministro, para sabotear el romance. Jock Colville, presente en la sala, recuerda que la primera respuesta de Churchill fue que el amor siguiera su curso, hasta que su esposa, Clemmie, intervino. Temerosa por las consecuencias de una crisis de abdicación espantosa, advirtió a su marido de que, si apoyaba los planes de matrimonio de la pareja, sería solo porque ella «alquilaría un apartamento y se mudaría a Brighton».[32] Años después, el miembro de la corte Edward Ford, que trabajó para Lascelles y era amigo de Townsend, declararía: «A Winston le gustaba la idea de un galante y apuesto miembro de la Real Fuerza Aérea casándose con una bella princesa, pero Clemmie le prohibió dejarse llevar por el sentimentalismo».[33] Churchill, entonces, se puso de lado de Lascelles, cediendo arrepentido: «un accidente de motor y esta jovenzuela podría ser nuestra reina».[34] Su preocupación no era qué pensaría la Iglesia, sino la idea de un cisma de la Commonwealth por ello. Se concretó un plan.

La clase dirigente se movió a gran velocidad. Townsend fue rápidamente despachado al extranjero, a la Embajada británica de Bruselas, como adjunto del aire, mientras que la princesa accedió a esperar un par de años, hasta su veinticinco cumpleaños, antes de tomar ninguna decisión. En ese momento, o así se tenía planeado, ya no obedecería el *Royal Marriages Act*, que regulaba los matrimonios de la realeza, y no necesitaría el consentimiento de la soberana, por lo que podría librar a su hermana (y, por consiguiente, al Gobierno) de tener que tomar decisiones complicadas.

Llegados a este punto, la reina tenía otras preocupaciones. Menos de dos semanas después de la amenaza de Clemmie, Churchill sufrió un grave ataque. Aunque tenía setenta y ocho años y estaba claramente en decadencia, no había ningún procedimiento obvio para destituir a un primer ministro que generara dudas, sobre todo uno de tal calibre. La única persona que podía pedírselo era la soberana. Eso, sin embargo, se podría convertir en una grave crisis constitucional si el primer ministro rechazara formalmente tal petición. Como Jorge VI había descubierto durante el Día D, Churchill no tenía reparo en retar a su monarca.

En cualquier caso, a la temprana edad de veintisiete, estaba claro que la reina no iba a expulsar al hombre que había salvado el mundo contemporáneo junto a su padre. Su relación con el primer ministro estaba, inevitablemente, descompensada. Él la adoraba. Ella lo veneraba. Según su prima, Margaret Rhodes, cuando Churchill acudió a la primera audiencia de primeros ministros del nuevo reino, la reina estaba demasiado asombrada para hablar y a Churchill se le saltaron las lágrimas.[35] Con la muerte del rey, un Churchill de ojos vidriosos le había trasladado a Jock Colville su pésame porque ella «solo era una niña».[36] Sin embargo, pronto descubriría que no se la podía subestimar. Su padre le había enseñado que debía mantener a los ministros a raya. Jock Colville compartió un ejemplo con Elizabeth Longford. Durante días, Colville había intentado que Churchill se centrara en un importante mensaje para Irak, sin conseguirlo. En la siguiente audiencia del primer ministro en Palacio, sin embargo, la reina le preguntó: «¿Qué opinión te merece este interesante telegrama de Bagdad?». Churchill tuvo que confesar que no lo había leído. «La reina le pilló de pleno», señaló Colville.

Ambos tenían mucho sentido del humor. En Balmoral, Edward Ford recordaba que Churchill le había explicado a la reina los resultados de un inminente estudio nuclear con las palabras: «Mañana a estas horas ya sabremos si es un pop o un plop».[37] En su diario, Lascelles escribía que las reuniones de la monarca con Churchill eran muy animadas: «No escuchaba de lo que hablaban, pero muy a menudo se oían carcajadas y Winston solía salir secándose los ojos. "Ha estado *en grande beauté ce soir*", le dijo una noche con su francés de escuela».[38] La idea de que la reina rompiese esta buena relación era absurda. Había jurado que reinaría como su padre, que había odiado el cambio y había amado a Churchill. Como con el tema de su hermana, dejó también a un lado a los inquilinos de Downing Street 10, esperando que el problema se solucionase por sí solo.

Sin embargo, el viaje por el Pacífico no podía posponerse más tras la coronación. Jorge VI, en un principio, iba a visitar Australia y Nueva Zelanda antes de la Segunda Guerra Mundial y se había visto obligado a cancelarlo en 1949. Dados su lealtad y sacrificio desde el primer día de guerra hasta el último, estos reinos se merecían más que suficiente poder ver en persona por primera vez a su monarca. Hoy día sigue siendo el viaje más ambicioso y extremadamente regio que se ha organizado jamás.

Viajando hacia el oeste, la reina y el príncipe Felipe volaron a las Bermudas y al Caribe antes de embarcarse en el Gothic, que ahora, por fin, podía desempeñar su papel de yate real suplente. Navegaron el canal de Panamá hasta Fiyi y descendieron hasta el Pacífico Sur. En Tonga se reunieron con la reina Salote, que había sido una de las estrellas de la coronación tras haber conducido por Londres bajo la lluvia con el techo de su carruaje bajado para no defraudar al público. La reina también se reunió con un altamente venerado miembro de la familia real del país, Tu'i Malila, la tortuga gigante que también había conocido al capitán Cook.

Aterrizó en Nueva Zelanda justo a tiempo para Navidad. Su llegada coincidió con uno de los peores desastres en tiempos de paz en la historia del país: 151 personas murieron en un accidente de tren. Ahora había de reescribir su mensaje de Navidad urgentemente, que por entonces todavía se retransmitía por la radio en directo. Transmitió un sentimiento que fue el sello distintivo del viaje: un pequeño empujón para mirar hacia delante en lugar de hacia atrás. Aunque las paradas durante toda la ruta estuvieran cosidas de banderines rojos, blancos y azules y de decoración nostálgica, el viaje debía enmarcar esa Commonwealth actual que, aunque tan solo tenía cuatro años, era una nueva fuerza. «Hay quien espera que mi reinado marque una nueva era isabelina», declaraba la reina. «Francamente, no me siento a la altura de mi antepasada Tudor, que por suerte no tenía ni marido ni hijos, y quien reinó como una déspota y nunca pudo viajar más allá de sus costas nativas.» La modernidad era algo positivo, no una amenaza: «La Commonwealth no guarda ninguna similitud con los imperios pasados. Es un concepto totalmente nuevo». Finalizó con una petición: «A esta nueva concepción de asociación entre naciones y razas iguales le entregaré cuerpo y alma todos los días de mi vida». Si el discurso sonaba familiar, fue a propósito. Era un claro guiño al que había dado a los veintiún años y que todavía estaba muy presente, en el cual había comprometido «su vida entera» al mismo cometido.

A principios de 1954, la reina zarpó para Australia y aterrizó en Farm Cove, en Sídney. El viaje sería «el mayor evento jamás organizado en Australia», según la biblioteca estatal de Nueva Gales del Sur. «Mis padres y yo descendimos en Farm Cove y el sitio estaba totalmente lleno», recuerda el antiguo primer ministro John Howard.[39] Su padre, que había servido en la Primera Guerra Mundial, asistiría a una reunión de veteranos con la reina. Howard júnior recuerda verla con el resto de la escuela en una reunión de niños.

Reforzando ese sentimiento monárquico como conductor de modernidad, el duque de Edimburgo nunca estuvo más feliz que centrándose en la nueva Australia: visitando un perímetro de lanzamiento de cohetes, unas minas de uranio o una fábrica de drones. Se le describió en la prensa como un «tío», un hombre que prefería estar viendo críquet o tomando una pinta antes que dando otro apretón de manos gubernamental. En su fascinante e histórico estudio del viaje y su impacto en la sociedad australiana, la doctora Jane Connors (confesa republicana) quedó conmovida por la forma en la que el itinerario de la reina estaba marcado a propósito para incluir tanto a los discapacitados como a los niños aborígenes, dos grupos muy marginados en la vida australiana de principios de los cincuenta. «Ahora parece impensable llevar a un niño terminal a ver a la reina», escribía Connors tras estudiar las cartas de los padres de niños con discapacidad, «y fue precisamente eso lo que hizo que me diera cuenta del peso de su presencia para mucha gente.»[40] También se organizaron viajes turísticos para desplazar a niños aborígenes cientos de kilómetros para poder ver a la monarca.[41]

En la Australia pretelevisiva, las multitudes no tenían parangón.* Un gentío de 200.000 personas apareció para verla llegar a un banquete de Estado en Sídney. La tarde de la cena presidencial, la multitud estaba como piojos en costura, hasta tal punto que 2.000 ciudadanos necesitaron primeros auxilios.[42] Un millón de personas marcaban el camino hacia Melbourne. La población del pequeño pueblo de Casino se cuadruplicó gracias a gentes venidas desde kilómetros, incluyendo las víctimas de un accidente de autobús, que se negaron a recibir atención médica hasta que hubieran visto a la reina. El estrés de la presión de demostrar felicidad —también conocido como «el problema de la sonrisa» de la reina— estaba empezando a ser un tema de disputa pública. «No puede sostener la sonrisa cuarenta y cinco minutos por un desfile», diría su dama de compañía, Pamela Hicks. «Le dará un calambre.»[43]

Como es normal, hubo algún momento complicado. Unos cámaras —que esperaban en la entrada de la casa para filmar a la pareja con koalas durante su retiro de fin de semana en un parque nacional de Victoria— se quedaron perplejos cuando la puerta se abrió y el duque salió echando chispas. Le seguía una reina furiosa que le lanzaba zapatos e incluso una raqueta de tenis. El motivo de disputa sigue siendo un misterio. Su secretario de prensa, el comandante Richard Colville, confiscó rápidamente los rollos de las cámaras, que se entregaron sin protesta y se recompensaron con cerveza y bocadillos.[44] Tras un arduo día, se escuchó a la reina

---

* La televisión llegó a Australia justo para los Juegos Olímpicos de Melbourne, en 1956.

quejarse con ganas (algo raro) de que este régimen sin fin de tópicos protocolarios era «aburrido, aburrido y aburrido».[45]

Cuando la reina regresaba al Gothic para zarpar hacia casa por Ceilán y el Mediterráneo, la banda hizo sonar «There'll always be an England». Era una Australia que todavía hablaba del antiguo país como «su hogar». La próxima vez que volviera, nueve años después, vería que el ambiente era totalmente diferente, mucho menos anglófilo. Ese fue el único revés de la gran gira de coronación de 1953-1954. Ningún viaje real podría estar a la altura de lo que Churchill, de vuelta en Gran Bretaña, remarcó como «un evento que entrará en la historia como un hito».[46] La gira había reavivado la obsesión por la coronación entre el público británico. Más de 7.000 oficiales de policía y unas 200 avionetas de vigilancia supervisaron las celebraciones de bienvenida en Londres.

La multitud no solo estaba ahí para ver a la reina y al duque. En el tramo final de la gira, en la vuelta a casa a través del Mediterráneo, la comitiva real viajaría en el que enseguida se convertiría en un miembro honorario de la familia. Acondicionado y finalizado durante su ausencia, el nuevo yate real Britannia había zarpado para encontrarse con la pareja en Libia. A bordo, esperándoles, estaban los dos primeros pasajeros de la longeva vida de la embarcación: el príncipe Carlos y la princesa Ana.

El diseño del Britannia, sin embargo, se remontaba a 1939, cuando se subastó la construcción de un sustituto del Victoria and Albert presupuestado en 900.000 libras. La guerra y la austeridad de posguerra lo dejaron a medias. Sin embargo, el viaje del rey en 1947 a Sudáfrica en el Vanguard había puesto sobre la mesa la necesidad de algo tan regio como navegable para las próximas visitas de renovación de la Commonwealth (el antiguo Victoria and Albert solo podía navegar cerca de la costa). Fue, de hecho, el primer ministro Clement Attlee quien anunció la intención de llevarlo a cabo en 1951. Su derrota en las elecciones generales, días después, significaba que sería Winston Churchill el encargado de entregarlo. El plan era que un buque hospital de medianas dimensiones funcionara como yate real durante tiempos de paz. Los ingenieros de John Brown & Co, de Glasgow, recibieron órdenes de ser rápidos, puesto que el barco debía supuestamente animar al enfermo rey.

Para acelerar el proceso, el diseño estaría basado en los planos ya existentes de un ferri diseñado para cruzar el canal, pero con una proa más elegante. El duque de Edimburgo se interesaría mucho por todos los aspectos de lo que se llamaría «barco número 691», incluyendo la paleta de color copiada de su barco de clase Dragon, Bluebottle: azul marino con una franja roja y una banda dorada. El rey Jorge VI no viviría para disfrutar del yate. Fue la reina quien lo bautizó (con una botella de vino imperial, no con champán) cuando navegó por primera vez en el Clyde, en abril de 1953. El nombre Britannia se había guardado en secreto hasta el momento en que la reina lo anunció. Los vítores fueron tales que mucha gente no logró escuchar qué acababa de decir.

Tendrían que esperar otro año hasta que el yate estuviera listo, momento en el que la factura habría ascendido a 2,1 millones de dólares. Podría haber sido peor si los ejecutivos navales lo hubieran decorado a su manera. En John Brown & Co se habían construido numerosos barcos de calibre similar, y sus especialistas habían propuesto fastuosos interiores para el yate real. La reina no quería nada por el estilo. Del mismo modo que el duque tenía una clara idea del exterior, ella estuvo implicada con el interior: le pidió al arquitecto e interiorista Hugh Casson que diseñara algo simple. Era admiradora de la modernidad y la elegancia comedida que Casson había plasmado en el Festival de Gran Bretaña, y quería lo mismo. «Tenía una visión muy concreta de todo, desde los pomos de las puertas hasta la forma de las pantallas de las lámparas», escribiría Casson años después.[47] Todas sus residencias pertenecían a herencias, pero el yate era lo más cerca que estaría de un diseño de la misma Isabel II. Evocaba sensaciones familiares desde el momento en el que atracó en Tobruk para dar la bienvenida a sus hijos. Durante las siguientes cinco décadas habría pocos sitios donde la reina fuera más feliz.

En casa, a pesar de la tortura de dejar Clarence House, la vida en el Palacio de Buckingham se había estabilizado y convertido en rutina. Alan Lascelles se había retirado como secretario privado tras haber servido a cuatro monarcas, y había sido sustituido por Michael Adeane. Era como un cortesano heredado, nieto de un gran consejero de Jorge V, lord Stamfordham, y había trabajado también para el difunto rey. Conocía a la perfección la dinámica familiar. «De nada sirve pensar que eres un mandarín; también eres una niñera. Puedes estar hablando con el primer ministro y, de repente, llevarle un plato de macarrones a un niño.»[48] Aunque pareciera aburrido y distante, a su esposa, Helen, le gustaba pasarlo bien de vez en cuando. En un banquete de Estado les gastó una broma a los empleados colando una caca de perro de plástico y dejándola en la alfombra roja.[49]

Tras los esfuerzos de la gran gira poscoronación y la larga separación de sus hijos, la reina decidió que no haría más viajes de ultramar durante un tiempo. Cuando llevaba dos años reinando recibió a su primera visita de Estado en Londres. El rey Gustavo VI de Suecia no suponía ningún reto puesto que la reina Luisa era la tía del príncipe Felipe. También era un pozo de anécdotas familiares, incluyendo la de la nota que siempre llevaba en el bolso cuando viajaba al extranjero por si acaso la atropellaba un autobús. Decía (exactamente): «Soy la reina de Suecia». Necesitaba un recordatorio de vez en cuando. A los dos años del reinado de su marido, asistió al funeral de Jorge VI. Cuando se anunció un coche para «la reina de Suecia», ella no tenía ni idea de que era el suyo. Según el historiador Hugo Vickers, a la monarquía británica le divirtió mucho cuando, durante el trayecto con sus visitantes, el rey le preguntó a la reina Luisa si podía bajar la ventanilla del coche. «Si me lo pides "por favor"», respondió ella.[50]

La única otra visitante de Estado de esos primeros años fue el emperador Haile Selassie de Etiopía. El príncipe Carlos sigue recordando con afecto el casco blanco con una melena de león que le regaló junto con un reloj que sigue llevando a día de hoy. «Me hizo una tremenda ilusión, ni se imagina», recuerda.[51]

A pesar de la percepción de que los niños pasaron poco tiempo con sus padres estos primeros años de reinado, ellos no lo recuerdan así. Según su diario, la reina reservaba ratos para el baño y juegos por la tarde. El duque de Edimburgo también participó en la crianza, incluso más que Isabel. El príncipe de Gales recuerda con claridad el ritmo de las evocadoras lecturas que su padre hacía de *The Song of Hiawatha*, de Longfellow: «By the shores of Gitche Gumee...».[52] Los fines de semana y durante las vacaciones, el duque siempre organizaba actividades. La princesa real recuerda excursiones de pesca, carreras de coches o aprender a conducir en el regazo de su padre. «Quizá ahora soy demasiado confiada al volante», bromearía años después (ha sido multada en numerosas ocasiones por exceso de velocidad).[53]

Fue por los niños que el duque construyó la que es hoy la pista más grande y conocida de polo de Gran Bretaña, en Windsor. Había estado entrenando desde sus días en el mar en Malta, pero, en casa, el club más cercano estaba en Cowdray, Sussex, lo que suponía largos trayectos los fines de semana. «Ir y venir era tedioso. [...] Me quitaba mucho tiempo. Echaba de menos a los niños», dijo.[54] Así que, como guardabosques del Gran Parque, convirtió el antiguo aeródromo de Smith's Lawn en el Guards Polo Club, que ahora frecuentan más de 25.000 personas.

Los primeros años de formación del príncipe Carlos y la princesa Ana tuvieron lugar en Palacio bajo la atenta mirada de la institutriz Catherine Peebles y la niñera Mabel Anderson. Ambas enseguida notaron la diferencia de caracteres que se desarrollaban bajo su tutela: el estudioso e incrédulo Carlos y la bulliciosa y competitiva Ana. Le había enfurecido que su hermano asistiera a la coronación y ella no.[55] En cualquier salida con el poni familiar, un ruano llamado William, siempre era Ana la que llevaba las riendas, y Carlos pocas veces se oponía.[56] Una mañana de domingo, durante una misa en el Britannia, se enfrentó al capitán del yate. Tras la tradicional plegaria por la reina, la reina madre, el duque de Edimburgo, el príncipe Carlos y «toda la familia real», la princesa soltó: «Por mí no ha rezado, mami».[57]

Para la reina, era una época dorada en lo referente a su amor por las carreras de caballos que había florecido ya con Monaveen. Incluso de niña le fascinaba el deporte, acompañando a su padre a ver entrenar a los caballos en Beckhampton y leyendo con ahínco los informes de los entrenadores.[58] Tras haberse centrado más en las carreras sin obstáculos tras la muerte de Monaveen en los saltos, fue condecorada dueña campeona de Gran Bretaña en 1954. Su éxito se debió, en gran medida, al potro que heredó de su padre, Aureole (segundo en el derbi de la coronación de 1953). Más de sesenta años después, le incluyó en la lista de los cinco mejores caballos de carreras en un artículo especial en *Horse & Hound*.[59] Otro fue Doutelle, un semental marrón nacido en 1954 y criado por la reina, al que más tarde retiraría a los establos reales de Sandringham (le afectó su precoz muerte, provocada porque el animal mordió la embocadura). En 1957, volvió a ser campeona con tres de sus yeguas, de las mejores del país. En los sesenta, sin embargo, descubriría que su estrategia de carreras —y de colocar a señores mayores al cargo de las mismas— se estaba quedando bastante atrás, como también sucedía con la propia Casa Real.

En 1955 ocurrió lo inevitable en Downing Street, algo que estaba tardando más de lo esperado en ocurrir. El constante rechazo de Winston Churchill a retirarse llevaba tiempo molestando a su sucesor directo, el secretario de Exteriores Anthony Eden (y esto era una fuente de divertimento para el propio Churchill, que bromeaba acerca de los «ojos hambrientos» de Eden).[60] Sin embargo, el aura a su alrededor le había rebajado de hombre de Estado con experiencia a «monumento vetusto», según el ministro de Trabajo Woodrow Wyatt. Era hora de irse.

Al ofrecer su dimisión como primer ministro, Winston Churchill recalcó que no iba a recomendarle formalmente un sucesor a la reina. Creía que estaba en el derecho de elegir por ella misma. Era una época en la que los conservadores seguían dejando la elección del primer ministro —si el cargo era abandonado prematuramente— para el monarca antes que para el partido. Fue la primera decisión constitucional de su reinado, pero, como Churchill recordaría más tarde: «Ha dicho que no le ha sido complicado».[61] El Partido Conservador, la clase dirigente y la prensa veían a Eden como único candidato.

A estas alturas, Churchill ya se había hecho a la idea de ser un caballero de la Orden de la Jarretera. Se le nombró justo a tiempo para la coronación de Jorge VI, quien le ofrecería el rango más alto de la caballería años después. Sin embargo, rechazó el ducado con el que la reina le había tentado al retirarse (no sin antes asegurarse de que lo rechazaría).[62] Claramente, cualquier nobiliario que se preciara, incluso un condado, parecía inadecuado para un hombre de tan alto estandarte. Pero ser duque tenía una expectación de grandeza que el bolsillo de Churchill no se podía permitir. En una era supuestamente más igualitaria, hubiera sido extraño que la reina hubiera sido la primera monarca desde Victoria en crear un nuevo ducado real. Por suerte para ella, Churchill decidió conservar su estatus de miembro del Parlamento, y pasaría sus últimos años en las últimas filas de la Cámara de los Comunes. Como hijo de duque que era, nunca le había faltado confianza en círculos sociales. Se iría con su creador, una década después, siendo quizá el plebeyo más admirado de la historia británica.

6

1955-1960

«Curioseemos un poco»

Uno de los asuntos pendientes que Churchill dejó para su sucesor fue el problema de la princesa Margarita. Se acercaban sus veinticinco años, momento en el que dejaría de necesitar el permiso de la reina para casarse con el capitán de grupo Townsend, pero seguía habiendo cosas para las que sí necesitaría la aprobación de la reina y, por extensión, la del Gobierno. Si la princesa perseveraba, ¿perdería el puesto en la línea de sucesión y, con ello, los honorarios que gana un miembro de la familia real? Nunca se comprobó. El 31 de octubre de 1955, la princesa publicó un comunicado donde decía que «conociendo la enseñanza de la Iglesia sobre la perdurabilidad del matrimonio», había decidido no casarse con Townsend. Durante décadas, la idea que caló fue que el amor verdadero había sido aniquilado por el frío poder establecido por miedo a repercusiones relacionadas con la abdicación; la princesa tendría que renunciar a algún título, a su estatus, dinero y todo lo demás, y vivir como la señora Townsend con el sueldo de un oficial de la RAF.

También era un tema incómodo para el nuevo primer ministro, quien estaba divorciado. Dentro del Gabinete de Anthony Eden, había personas mayores como el líder conservador de la Cámara de los Lores, el marqués de Salisbury, que se oponían fervientemente a que la hermana de la princesa se casara con un hombre divorciado. Sin embargo, cuando se desclasificaron documentos del Gabinete en 2004, esa oposición se concretó más. Los documentos incluían una carta de la princesa a Eden redactada una semana antes de su cumpleaños, en agosto de 1955, donde decía que no vería a Townsend hasta que llegara de su excedencia de un año en octubre. «Solo sin verle podré decidir si quiero de verdad casarme o no con él», escribía. «A finales de octubre o principios de noviembre espero de verdad saberlo con certeza para comunicárselo a usted y al resto de primeros ministros de la Commonwealth.»[1]

No eran exactamente palabras de amor de Julieta a su Romeo belga. Un posterior borrador de Eden —una carta que habría enviado a los primeros ministros de la Commonwealth en caso de que la pareja hubiera continuado con sus planes de matrimonio— demuestra que la reina y sus ministros habían llegado a un acuerdo factible. El único inconveniente para la princesa era que perdería su puesto en la línea de sucesión, igual que lo perdería su descendencia. Sin embargo, con el príncipe Carlos y la princesa Ana ya en la línea directa, tampoco era un sacrificio mayor. La princesa Margarita no solo retendría su título y el de su papel real, sino que, tras el matrimonio, su paga se vería duplicada a una anualidad de 15.000 libras para poder mantener a su propio servicio. Tal como lo expresó Eden: «Su Majestad no quiere interponerse en el feliz camino de su hermana».[2] Aun así, la princesa decidió no seguir adelante.

A pesar de lo que dijo en su comunicado, la Iglesia no había tenido que insistir con sus enseñanzas. Cuando fue a visitar al arzobispo de Canterbury, él recurrió a un libro de referencia. Le dijo: «No lo necesito. He venido a darte información, no a pedirla».[3] Desde entonces, el discurso de la princesa sería el de dos amantes desafortunados, un amor frustrado por la conspiración de la corte, especialmente por Alan Lascelles, de quien una vez dijo: «Por ahí va el hombre que me arruinó la vida».[4] En los medios y más tarde en el guion de *The Crown,* se la ha retratado como una princesa solitaria y enamorada enfrentada a la Iglesia, al Gabinete, a la Commonwealth y, en última instancia, a su hermana. En realidad, los archivos demuestran que hubo muchos puntos en común y que la princesa tomó la decisión sola y sintiéndose apoyada por una empática reina. En cuanto a si el poder tuvo o no algo de culpa, no es descabellado señalar a Lascelles y a Churchill (y no a Eden). Al enviar a Townsend al extranjero dos años, separando a los tortolitos, se habían asegurado de que, cuando se volvieran a reunir, la chispa se hubiera apagado.* Como Townsend dejó por escrito en sus memorias, «habían llegado al final del camino».[5]

En el Palacio de Buckingham, los cambios llegaban poco a poco. A pesar de que el jefe de la Casa Real, un *baronet* exsoldado, seguía encargado de las tareas del día a día, el verdadero poder estaba en manos de Plunket, el jefe real adjunto. Patrick Plunket había sido un amigo soltero de la reina desde la infancia, y pasó a formar parte de su equipo en 1954. Había heredado de niño el título de su padre, un irlandés herido en la guerra con un talento natural para organizar eventos. Un pianista excelente, bailarín y experto en arte (fideicomisario de la Wallace Collection), en ocasiones se le describía como el hermano que la reina nunca tuvo. «Preciado, encantador y a cargo de todo», recuerda otro miembro del servicio.[6] El título de jefe real adjunto nunca logró representar la influencia que tenía el hombre a cargo de la vida social pública y privada de la reina, organizando desde reuniones de Estado a fiestas en casa o regalos para los niños en cumpleaños.

Otro poder tras el trono era su encargada de vestuario, Bobo MacDonald, que seguía igual de entregada que cuando su jefa era todavía princesa. A través de la guerra, el matrimonio, la maternidad, dos coronaciones y viajes a todos los continentes, Lilibet nunca estaría sin su guardiana de ropas, joyas, secretos y accesos. Era la única, además del duque de Edimburgo, a la que se le permitía tocar a la reina, y la única persona que no era miembro de la familia que podía llamarla Lilibet, aunque solía referirse a ella como «mi renacuaja». Bobo era la que podía decirle verdades aun-

---

* Townsend se volvió a casar en 1959 con Marie-Luce Jamagne, una mujer belga, con la que tuvo tres hijos.

que la hicieran llorar o quien le llevaba su primera taza de té por las mañanas (excepto cuando esta cumplía años, día en el que, según dicen, se intercambiaban los papeles).[7] Un secretario privado recuerda que, si se necesitaba presionar a la reina para que hiciera algo que no le apetecía, la mejor estrategia era que lo hiciese «la señorita MacDonald».[8] Y pobre del miembro del servicio que se tomara demasiadas confianzas y la llamara por su apodo. Podía ser «Bobo» para la familia pero era «la señorita MacDonald» para el resto. Los diseñadores de moda se desesperaban a menudo porque, aunque se les encargaban vestidos para la reina, era Bobo la que escogía los accesorios. Los resultados podían ser decepcionantes, pero como la reina no tenía mucho interés en la moda —y todavía menos en los accesorios— Bobo fue la directora incuestionable de ese departamento durante sesenta y siete años.

Si el Palacio de Buckingham era un lugar feliz, en Clarence House se respiraba melancolía, con la princesa Margarita triste por su romance destinado al fracaso y la reina madre aceptando su viudedad. Esta última ahora había descubierto el camino de vuelta a una vida feliz: enterrar las malas noticias y gastar. Tal como escribió a su sacrificado tesorero, Arthur Penn: «He perdido todo tu dinero en Ascot. Espero que no te importe».[9] Esa sería la tónica durante los siguientes años, en los que la reina siguió remendando escasez aquí y facturas sin pagar allá. Alguna vez se la oyó bromear: «Seré bastante rica cuando mi madre muera».[10] Como terapia de duelo, la reina madre se había comprado el dilapidado Castillo de Mey en el extremo noreste de Escocia y lo estaba restaurando.

En marzo de 1956, la reina madre recibió una invitación a la nueva exposición de París. Se trataba de su primera visita desde la muerte del rey, y el embajador británico estaba decidido a que todo fuera sobre ruedas.* Sin embargo, se les advirtió que no

---

* Las flores de la reina madre las escogió Marguerite de Brantes, una novicia cuya hermana terminó siendo la primera dama de Francia como esposa del presidente Giscard d'Estaing.

sería un camino de rosas. «Quería tiempo libre para ir de compras», comentó la esposa del embajador, Cynthia Jebb, en una sección inédita de su diario. «Fue una gran decepción porque tenía reputación de extravagante.»[11]

Igual que en su anterior reunión, Cynthia Jebb escribió largo y tendido sobre el peso de la reina madre («me fijé en que no comió ni un pudin»). También se fijó en que «llegaba unos veinte minutos tarde a todo».[12] Sin embargo, como un ejercicio de diplomacia, el viaje fue digno de admiración. La visita real fue sin duda un éxito. Las figuras más importantes de la *société* parisina no tuvieron reparo en acercarse a la reina madre en las ceremonias, lo cual escandalizó a la esposa del embajador. En una en concreto, Cynthia Jebb recuerda a varios aristócratas importantes, incluyendo la marquesa Simone Jacquinot (abuela de la modelo Inès de la Fressange), «poniéndose justo detrás de la reina madre, [...] con muy mal gusto».[13]

El duque de Edimburgo, mientras tanto, estaba con sus proyectos, eludiendo una jerarquía palaciega que le hacía parecer entre sospechoso e indiferente. Resumió su filosofía en un discurso que pronunció ante los estudiantes de la Ipswich School en 1956: «Ya es tradición que os dé unos consejos que, por la misma tradición, ignoraréis. De todas formas, aquí los tenéis igualmente: intentad mantener la mente abierta, tolerante y curiosa. Admitid vuestros errores y sed razonablemente modestos con vuestro éxito».[14] Siempre estuvo ahí cuando se le necesitaba en el papel tradicional de consorte, como cuando la reina invitó a los líderes soviéticos, el mariscal Bulganin y Nikita Khrushchev, ese mismo año. La pareja quedó impresionada con el tamaño de sus invitados y con la admiración de los comunistas por sus antepasados zaristas. El duque de Edimburgo recordaría más tarde que la reina había decidido recibirles en la Cámara de Waterloo, donde los grandes retratos de Thomas Lawrence incluían un estudio del zar Alejandro I de Rusia. El duque recuerda con humor: «Quisimos traer a colación el cuadro con Khrushchev y Bulganin y su respuesta fue: "Oh, fue un gran patriota y una gran figura de nuestra historia". Entonces les enseñamos la Red Drawing Room, la habitación carmesí llena de arte. Parecía lo más apropiado».[15]

Cuando no acompañaba a la reina, el duque se entregaba a su familia, al trabajo y a una cartera cada vez mayor de clientes que pronto descubrirían que no tenía intención alguna de ser un mero figurante. Como presidente de la Asociación de Automóviles, por ejemplo, peleó durante una larga y finalmente triunfante campaña de rediseño de camiones para que expulsaran humo de forma vertical por la cabina del conductor en lugar de horizontalmente en la cara de los transeúntes, en especial niños. «Si va hacia arriba, puede que se disipe antes de que descienda y asfixie a todos los perros y gatos»,[16] explicó. Sin embargo, tuvo dos nuevas grandes ideas.

Como jefe de la Sociedad de Industria, se le ocurrió reunir a futuros líderes del negocio y del movimiento sindical de todo el mundo. En lugar de la palabrería de los discursos, se les agruparía de manera heterogénea y se les enviaría por Gran Bretaña, tras lo cual se reunirían semanas después para compartir sus descubrimientos. Dentro y fuera de Palacio, hubo quien detectó ciertas facciones izquierdistas, a menudo atribuidas al tío del duque, lord Mountbatten, un hombre con contactos dentro del Partido Laborista. El hecho de que el ejecutivo de la Sociedad de Industria detrás del evento, Peter Parker,* hubiera sido un candidato laborista alimentaba los rumores de que el duque se radicalizaba.

Bajo el nombre de Duke of Edinburgh's Study Conference, el congreso se inauguró en la Universidad de Oxford, en el Teatro Sheldonian, en 1956, y fue retransmitido en directo en la BBC. Había trescientos delegados de todas las razas y contextos, de los puestos más bajos a los más altos, incluyendo seis mujeres. El duque había previsto que fuera un evento esporádico, pero termi-

---

* Más tarde se convertiría en presidente de British Rail y de British Airways.

nó celebrándose durante décadas. Muchos antiguos alumnos harían grandes cosas en su país, incluyendo futuros primeros ministros de Tanzania (Rashidi Kawawa) y Australia (Bob Hawke). El futuro secretario de Estado laborista Alan Johnson, que asistió a otra conferencia como estrella en alza de su sindicato, quedó impresionado con su experiencia. Dijo: «No fui a la universidad y, en ese momento, hubiera dicho que fue el evento más importante de mi vida». Tras semanas explorando el funcionamiento de una cárcel, una central nuclear, una compañía de seguros, un consejo y muchas otras cosas más, debía hacer una presentación frente al duque. «Me sorprendió. Respondió maravillosamente y comprendió a la perfección los problemas que le explicamos. Le dimos vueltas durante dos o tres días a cómo cambiaríamos el mundo.»[17] Como cualquier otro asistente durante esos años, Johnson se llevó amigos de por vida del grupo de estudio que, en su caso, incluían al líder laborista de Ghana, un banquero canadiense y un futuro juez supremo australiano.

Si el Study Conference del duque se percibía como prueba de su encubierta tendencia socialista, su otro proyecto le llevó a ser acusado de lo contrario. Durante sus días en Gordonstoun School, su director, Kurt Hahn, había trazado un programa llamado Moray Badge, que animaba a los jóvenes a creer más en ellos mismos con voluntariados y una suerte de expediciones. Tras la guerra, Hahn instó al duque a ayudarle a desarrollarlo a nivel nacional. El duque acudió a John Hunt, arquitecto de esa victoriosa expedición al monte Everest. En 1956 se inauguró el Premio Duque de Edimburgo y pronto recibió las primeras críticas. «Hubo mucha oposición a lo que mucha gente llamó "Juventudes Hitlerianas"», dijo el antiguo secretario privado del duque, Miles Hunt-Davis. «Dijeron: "¿Y qué pasa con los Boy Scouts? ¿Qué es esta nueva organización juvenil, maldita sea?".»[18] El duque quedó altamente sorprendido cuando unos mil jóvenes recibieron el premio en su primer año.

Con el tiempo, ambas organizaciones se harían gigantes y alcanzarían un reconocimiento mundial, en especial a nivel de condecoraciones, ya que han ayudado a más de seis millones de jóvenes en ciento treinta países diferentes. A mitad de los años cincuenta, sin embargo, solo se percibían como planes experimentales urdidos por un inquieto consorte.

El duque y su ayudante Mike Parker seguían teniendo tiempo libre. Frecuentaban el Thursday Club, una reunión semanal para almorzar en el piso de arriba de Wheeler's, en el Soho. Aunque más tarde ha sido descrito como una bacanal infernal, tenía un ambiente parecido a, digamos, el Garrick Club, con actores, periodistas y algún que otro político intentando hacer la pelota con chistes y chascarrillos arriesgados acompañados de grandes cantidades de vino. Sin embargo, era justamente el tipo de sitio en el que nacía el rumor en el recatado Londres de mitad de siglo. El duque necesitaba algo más para estar entretenido. A él y a la reina se les ocurrió una solución. Como reina de Australia, debía inaugurar los Juegos Olímpicos de Melbourne en 1956, pero no podía abandonar a su joven familia para dar otra vuelta al mundo: había pasado poco tiempo desde la anterior gira. A pesar de las mejoras a nivel aéreo, hubiera significado estar varias semanas alejada de sus hijos. El duque la representaría y, mientras tanto, llevaría el yate real a sitios de la Commonwealth que todavía no habían podido disfrutar.

Cuando ya había llegado hasta Ceilán, los planes del viaje empezaron a tambalearse. Hacía tres meses que el presidente egipcio, el general Nasser, le había arrebatado el canal de Suez a la compañía franco-británica que lo operaba. Era una arteria del comercio mundial, el enlace kilométrico entre el Mediterráneo y el este, y un motivo de orgullo nacional entre los conservadores. Así que Gran Bretaña, Francia e Israel urdieron un plan para recuperarlo. Este último empezaría invadiendo la península del Sinaí. Gran Bretaña y Francia invadirían entonces la zona del canal con el pretexto de protegerlo y, finalmente, lo recuperarían. En cuanto la operación comenzó, surgió una fuerte oposición tanto de enemigos como de aliados, incluyendo Estados miembros de la Commonwealth, por lo que tuvo que abortarse. Su aliado por excelencia, los Estados Unidos, se había opuesto rotundamente a la artimaña y había amenazado con vender bonos de libra esterlina, lo cual generaría una crisis financiera. Gran Bretaña quedó humillada. La que una vez fue una poderosa fuerza imperial se percibía ahora como hipócrita e inepta. Eden, ya bastante grave, anunció su dimisión poco después. Desde entonces se ha especulado sobre hasta qué punto este había confiado en la reina y sobre lo que ella pudo o debió haber hecho.

Seguía siendo una época en la que los hombres veían a la reina como una aprendiz. Igual que Churchill —que había soltado en su ascenso que era «solo una niña»—, Eden era un victoriano que la había visto por primera vez cuando solo era un bebé. Isabel podría, en teoría, haber advertido a Eden de continuar con el plan de Suez pero él, a cambio, le habría aconsejado que le brindara un apoyo formal. Sigue sin estar claro cuánto sabía ella. Edward Ford, el asistente de su secretario privado, le diría más tarde a Andrew Roberts: «No creo que Eden haya sido totalmente franco con ella. Verás, tiene menos de treinta años y solo lleva cuatro en el trono: no está en posición de oponerse —si es que quisiera hacerlo—. El primer ministro debería haberla puesto al día, sin duda, sobre el complot secreto».[19]

El profesor Peter Hennessy, historiador constitucional, señala que la reina siempre prestó atención a los informes de inteligencia. También cree que la influencia de lord Mountbatten (un enlace constante entre Palacio y el poder político) hubiera bastado para ponerla en preaviso. ¿Y su opinión? Como Martin Charteris le dijo a Hennessy: «Suez era un tema que preocupaba mucho a la reina. [...] Creo que la clave era la naturaleza deshonesta del problema».[20]

Años después, el biógrafo real Kenneth Rose le sacó el tema a la princesa Margarita. Esta le dijo: «Todos nos oponíamos excepto mamá; a ella le agradaba Eden. Yo le aborrecía». Rose también habló con Edward Ford, que reveló que el Palacio de Buckingham había estado tan dividido como el resto de la nación, con los dos secretarios privados con menos experiencia, Ford y Charteris, en contra y con Michael Adeane a favor. Este último justificaba su posición alegando que el monarca debía apoyar al primer ministro y, como su consejero más antiguo, es probable que fuera a él a quien hiciera caso. Sin embargo, la reina se quejó de que «tenía tres secretarios privados y cada uno le decía algo distinto».[21]

Además de ser una humillación nacional, Suez había anunciado el final de la carrera de Eden y había puesto a la reina frente a su primer gran reto constitucional: ¿cómo nombrar a un nuevo primer ministro dentro de un Partido Conservador dividido en el que no había ningún candidato claro? La prensa hablaba del antiguo canciller, Rab Butler, como posible candidato, mientras que otros preferían al actual, Harold Macmillan. Antes de dimitir como primer ministro, Eden le había propuesto a Michael Adeane «sondear» con algún pez gordo. El marqués de Salisbury fue el encargado, con el apoyo del canciller lord Kilmuir para evitar dudas. Se invitó a ministros del Gabinete, uno a uno, a la Oficina del Consejo Privado, donde lord Salisbury (que era conocido por sus problemas para pronunciar la erre) les preguntaba con solemnidad: «¿Hawold o Wab?». Se hicieron más sondeos a diputados sin cargo antiguo y a antiguos ministros, y finalmente hubo consenso con Macmillan. Michael Adeane también invitó a Winston Churchill a Palacio donde, convenientemente, le ofreció a la reina la misma opinión.[22] En dos horas, Macmillan había avanzado de número 11 a número 10 en Downing Street, pero para nada estaba el último en la lista de malas (o peores) opciones dentro del Partido Conservador para la reina. El Partido Laborista, sin embargo, hizo saber que, en una situación similar, elegiría a su propio líder. «Esto es conducir a la Corona a una guerra interna entre partidos», dijo el líder de los diputados James Griffiths.[23] Un comentario profético.

Según Edward Ford, la crisis de Suez podría no haber ocurrido si el duque de Edimburgo no hubiera estado de viaje, ya que podría haber incentivado que la reina dudara lo suficiente como para que Eden se lo pensara mejor.[24] La crisis casi amenaza su viaje a Melbourne. Finalmente, se decidió no cancelarlo. Tras la inauguración olímpica, llevó el Britannia por un épico recorrido a las avanzadillas de Gran Bretaña y de la Commonwealth, llegando al extremo de la Antártida a tiempo para Navidad. Su distorsionado mensaje a la familia se trasladó a la nación: «Estamos ausentes porque hay una Commonwealth. Espero que en Sandringham todos estéis disfrutando de una feliz Navidad». La reina respondió con una retransmisión: «De todas las voces que hemos escuchado esta tarde, ninguna nos ha alegrado más a mis hijos y a mí que la de mi marido».

El viaje ha aparecido en *The Crown* como si fuera una especie de crucero festivo. De hecho, fue casi una expedición victoriana con un serio objetivo científico. A bordo se encontraba el antiguo primer almirante, el vizconde Cilcennin, y el explorador polar Raymond Priestley, que había visitado la Antártida con los dos grandes exploradores Ernest Shackleton y Robert Scott. El duque también había invitado al artista Edward Seago a capturar la escena. Fue durante estas largas semanas surcando el mar cuando el duque no solo desarrolló un amor por la pintura que le acompañaría el resto de su vida, sino que también se inició en la ornitología con fotografías que más tarde recogería en su libro *Birds from Britannia*. Posteriormente, esto le llevaría a interesarse por los hábitats naturales y a ser uno de los padres fundadores del World Wildlife Fund (Fondo Mundial para la Naturaleza), cuatro años después, junto con su amigo y aliado, el príncipe Bernardo de Holanda. Con el Britannia navegando desde lugares como Georgia del Sur a Santa Elena y más allá, este fue sin duda un viaje de descubrimiento para el duque.

Cuando el yate llegó a Gibraltar, sin embargo, iba a descubrir los peligros de estar lejos de casa durante cuatro meses. En la prensa se cuestionaba semejante viaje en medio de una crisis nacional y lo llamaron «la locura de Felipe».[25] Cuando resultó que la esposa de Mike Parker, Eileen, había pedido el divorcio, el ojo mediático se centró en ellos. La simple palabra «divorcio» sonando tan cerca del trono causó pánico en Palacio y titulares sensacionalistas en la prensa internacional. ¿Puede que el divorcio Parker, igual que la pelusa del uniforme de Townsend, fuera señal de algo mucho más importante? De repente, toda la charla avivada por el vino del Thursday Club se disfrazaba del desenfreno de la alta sociedad. El catalizador principal fueron unas declaraciones de Joan Graham en la portada del *Baltimore Sun*: «Crecientes rumores en Londres de grietas en la familia real» (y no como se dice popularmente en Fleet Street, «el duque agrietado por una chica»).[26] Había rumores de la fugaz amistad del duque con la actriz Pat Kirkwood, con quien había bailado alguna samba en esa sala de fiestas en 1948. Se decidió que Mike Parker debía dimitir y volver de Gibraltar para disparar fuego lejos del matrimonio real. Pero no cambió nada. Finalmente, el taciturno comandante Colville llegó a emitir un comunicado especial a la prensa: «Es totalmente falso que haya ninguna brecha entre la reina y el duque». Algunos periódicos británicos, que no se habían pronunciado sobre el tema, se vieron obligados entonces a informar de las declaraciones de Palacio, desmintiendo el rumor. Otros, sin embargo, siguieron ignorando lo que creían que era un impertinente cotilleo extranjero. Independientemente de la visión predominante del Palacio de Buckingham y el poder sobre Fleet Street, la prensa extranjera jugaba en otra liga. En los primeros quince años de reinado, solamente la prensa francesa había publicado sesenta y tres artículos de que la reina iba a abdicar y otros setenta y tres más de que iba a divorciarse del duque.[27]

The Crown hizo una representación de la reunión familiar antes de su visita de Estado a Portugal como si fuera algún tipo de cumbre de una crisis marital. Nada más lejos de la realidad. Durante todo su viaje, el duque se había dejado crecer la barba y acababa de afeitarse. La reina voló a Lisboa, donde el Britannia había atracado el día anterior, y el duque fue hacia las escaleras del avión en el aeropuerto de Montijo para saludar a su esposa por primera vez en 124 días. Dentro de la cabina, le recibió toda la comitiva real, incluida la reina, que llevaba un bigote pelirrojo postizo. De repente, todo el mundo explotó de la risa. La pareja salió momentos después bajo la lluvia. «Ni el paraguas esconde esas sonrisas», publicaba el *Daily Mail* en su portada.[28] En cuanto la pareja hubo regresado a Gran Bretaña, el primer ministro sugirió que el duque fuese ascendido a príncipe del Reino Unido en reconocimiento por su servicio al país y a la Commonwealth. Toda su vida había sido el príncipe Felipe de Grecia y Dinamarca (hasta que renunciara a su título antes de la boda), pero ahora era «el príncipe Felipe, duque de Edimburgo». Días después, en un almuerzo de bienvenida en la Mansion House, le alegraba decir que, aunque el viaje le había regalado momentos memorables —«les parecerá increíble, pero hablé con el nieto de Fletcher Christian»—,* tenía una razón de ser. «Creo que hay cosas por las que vale la pena hacer sacrificios personales, y la Commonwealth británica es una de ellas», declaró.[29]

La historia de la brecha había terminado, pero no cabía duda de que las maneras de la prensa habían molestado a la reina. Como Suez o el nombramiento del sucesor de Eden, este había sido un episodio turbulento y también muy personal. Para el duque, era otro recordatorio de que ser el marido de la mujer más famosa del mundo entrañaba sus peligros. Nunca había habido duda de que el duque disfrutaba de la compañía femenina, de que era un bailarín excelente y de que era extremadamente atractivo para el sexo opuesto. Cuando llegó su boda, se popularizó un refrán entre colegialas y mujeres jóvenes: «Ven a mis brazos, con todos tus encan-

---

* El recorrido del Britannia incluía las islas Pitcairn, a las que Fletcher Christian y sus compañeros de tripulación huyeron tras el motín de 1789 a bordo del HMS Bounty.

tos, Philip Mountbatten R. N.». Él detestaba los chismes, pero, como le confesó a su amigo Gyles Brandreth, no había mucho que pudiera hacer cuando aparecía un artículo de otro periódico o un nuevo libro lleno de insinuaciones de coqueteos pasados o presentes. «¿Qué podría hacer? Tengo un detective siguiéndome día y noche desde 1947», dijo desesperado. Brandreth también sacó el tema de Mike Parker. «Felipe siempre ha sido fiel a la reina», afirmó su antiguo compañero de navegación y ahora caballerizo, que estuvo una década al lado del duque. «Sin condicionales, sin peros. Créeme, sé lo que me digo.»[30] A lo largo de su vida seguirían reapareciendo rumores de amistades cercanas en distintos medios, y la justificación siempre era la de «cuando el río suena, agua lleva». Más de setenta y cinco años después de esa noche de chicos con Pat Kirkwood en el Hippodrome, todavía no hemos visto el agua.

La luna de miel de la coronación se había terminado a todas luces. Como sería el caso en otros puntos críticos de su reinado, la reina encontraría su mejor antídoto a los titulares adversos en casa paseando la bandera por el extranjero. Tras lo de Suez, Gran Bretaña necesitaba desesperadamente salir del lodazal. En la primavera de 1957, visitó por primera vez Francia como reina. La bienvenida mostró que determinadas instituciones británicas seguían siendo tan populares como siempre. Algunas de las mayores multitudes vistas en la Francia de posguerra se emocionaron al ver a la guardia montada desenvainando las espadas a las puertas de la Ópera.[31] La reina no solo evocaba ese glamur hollywoodiense, sino que, con su francés fluido, despertó el lado más sentimental de su anfitrión. Como embajador británico, Gladwyn Jebb hizo la siguiente observación: «Hay una cualidad en la voz de Su Majestad que los franceses encuentran profundamente conmovedora».[32] A su esposa, Cynthia Jebb, sin embargo, le decepcionó que la reina no se hubiera esforzado más con su vestimenta, siendo el anfitrión tan puntero en moda: «un traje de lana beis con detalles de visón y unos accesorios bastante básicos (no lo suficientemente vistosos, en mi opinión). [...] No muy halagüeño».[33] No era el mejor momento de Bobo.

Hubo una situación muy graciosa durante la cena en el Louvre, cuando la reina lamentó no haber visto nunca la *Mona Lisa* de Leonardo da Vinci. Quince minutos después, escribía Jebb, aparecieron dos hombres «con la obra a cuestas y la apoyaron de cualquier manera sobre una silla».[34] De nuevo, la esposa del embajador quedó horrorizada por la estampa de *chevaliers* brutos y *grandes dames* buscavidas abriéndose paso para verlo. Las cosas se pusieron feas esa noche en el museo: «Los vestidos abullonados quedaron aplastados como una tortita; algunas señoras mayores perdieron el bolso y no lograron recuperarlo porque estaba pisoteado en el suelo; los de más adelante llamados "arriba" y los de atrás llamados "abajo"». Cuando le preguntaron si estaba bien, la reina dijo: «Bueno».

El reto principal para el séquito real fue la fontanería francesa o la ausencia de la misma. «Los franceses no dejan de sorprenderse porque necesitemos "retirarnos"»,[35] se quejaba Cynthia Jebb. Antes del almuerzo en Versalles, la reina fue a cambiarse a la *suite* de María Antonieta, la primera reina en hacerlo en 168 años. Se había añadido un baño portátil muy bien camuflado, pero no había donde lavarse las manos.

Las multitudes seguían sorprendiendo —y en ocasiones asustando— a la comitiva británica. Durante una visita a una planta textil en Roubaix, Gladwin Jebb observó que «el aspecto más relevante de la visita a la fábrica había sido la ovación que la reina había recibido de los trabajadores, muchos de los cuales eran claramente de extrema izquierda».[36] Los trabajadores, al parecer, tenían mejores modos que la clase alta francesa.

En casa, sin embargo, la reina percibía un cambio de ánimos por los recientes acontecimientos. Sabía que una monarquía de posguerra necesitaba estar más integrada con el gran público y parecer menos preocupada por los temas aristocráticos tradicionales. Pero el cambio no sería drástico: ese nunca fue su estilo. En su lugar, lo que se necesitaba era un paulatino cambio de dirección.

Adelantándose a la temporada de verano de 1957, la estrella de Hollywood Douglas Fairbanks júnior organizó un baile de presentación en sociedad para su hija debutante, Daphne. Su amigo, el vizconde Astor, le había cedido Cliveden, su hogar en el palaciego Buckinghamshire con vistas al Támesis, durante la semana del Royal Ascot. Según el propio Fairbanks, la estrella y su esposa, Mary Lee, querían invitar a la reina, a la que conocían bien. Sin embargo, ya se estaban recibiendo señales de que la monarca pretendía bajar el listón social de la familia. «Hubo amigos que nos desanimaron diciendo que no asistía a bailes, ni de debutantes ni de ningún otro tipo, ese año», recordaba el actor.[37] Mary Lee le escribió igualmente a la reina. La familia real había sido una invitada asidua de la casa de los Fairbanks en Londres y su amistad trascendía las reuniones sociales y de celebridades. Compañero de guerra y amigo de lord Mountbatten, Fairbanks era un galante anglófilo que había batallado en operaciones navales especiales entre los Estados Unidos y el Reino Unido en Sicilia y Francia, había recibido la Cruz por Servicio Distinguido y, más tarde, el rango de caballero honorífico de la mano de Jorge VI por sus servicios a la «amistad anglo-estadounidense». A su debido tiempo, llegó una respuesta escrita a mano de la reina diciendo que él y el duque estarían encantados de asistir al baile con algunos de sus invitados de la fiesta de Ascot. Pedía que su asistencia fuera secreta hasta el último momento.

La reina y el duque lo pasaron genial, sin duda, porque estuvieron bailando hasta las 2.30 horas de la mañana a pesar de que el duque no se sentía muy bien (tenía cólicos, según comentó). Hubo un momento incómodo en el que Mary Lee tiró sin querer un vaso de zumo de naranja y manchó el traje de la reina durante los fuegos artificiales de medianoche. «Una limpieza rápida del vestido logró salvarlo y finalmente no pasó nada», escribió Fairbanks.[38] Fue una velada de diversión a la vieja usanza, al estilo

Gatsby, con copiosos bufés, elaborados centros de fruta en cada mesa y champán hasta el amanecer. La princesa Margarita bailó hasta las 3.30 horas de la madrugada y la princesa Alejandra fue de las últimas en marcharse, ya de día. Además de unos doscientos jóvenes debutantes y posibles pretendientes, entre los invitados había incondicionales de la *société* como Chips Channon, peces gordos de Hollywood, altas esferas del cuerpo diplomático de Londres, algún marajá y el nieto del Káiser. Al parecer, incluso los monarcas pueden quedar deslumbrados por las estrellas. Hubo un momento en el que la reina le preguntó a Fairbanks si podía señalarle algunas de las celebridades que había, incluyendo la estrella de cine Deborah Kerr. «Oh, retrocedamos para que pueda verlo de nuevo», le susurró al anfitrión. «La gente nunca se imagina que, como a todo el mundo, me guste curiosear. Vamos, curioseemos un poco.»[39]

Este fue, de hecho, el tipo de tarde que la reina no quería en los periódicos. Mientras este grupo de mentes privilegiadas bailaba, bebía y se paseaba hasta el amanecer por las habitaciones y jardines de los Astor, dos periodistas consiguieron acceder a la entrada. Dos policías los acompañaron a la salida rápidamente. Sin embargo, el público tendría más información con el tiempo acerca de estas fiestas en Cliveden.

El círculo social de la familia real también estaba en el punto de mira, incluso desde antes. Hacía dos meses que la monarquía se enfrentaba a cuestiones un tanto extrañas. Esta vez, el blanco era la reina. Eran pocos quienes conocían el *National and English Review*, un insignificante medio conservador. En agosto de 1957, sin embargo, esta pequeña revista consiguió aparecer en los titulares internacionales después de que su dueño, el conservador John Grigg, el segundo barón de Altrincham, publicara un número especial que llevaba por título «La monarquía hoy». Presentado como alguien preocupado por la realeza y partidario de la misma, se mofaba de la atmósfera académica de la corte y de «la panda de segundones sin agallas» que les aconsejaban. Lo que más llamó la atención, sin embargo, fueron sus ataques personales a la propia reina. «Parece incapaz de juntar dos frases si no es con un papel delante», dijo. Mientras que la prensa francesa había sido «profundamente conmovedora» al hablar de la voz de la reina, tal como Gladwyn Jebb había observado, Altrincham no. La reina daba la impresión de ser, según él, una «colegiala mojigata, capitana del equipo de hockey; una monitora a la que aborrecía escuchar hablar».[40] Altrincham fue denunciado en gran parte de la prensa y, de hecho, fue agredido en la calle, e incluso un compañero mandó que le dieran un latigazo con la fusta de los caballos. El historiador Kenneth Rose, a quien le caía en gracia y había servido con él en la guerra, le apoyaba a medias: «Tenía razón, está claro, respecto a los cortesanos: muchos de ellos eran venenosos. Pero jamás debería haber hablado así de la reina, llamándola "mojigata" y tal. Pero me dijo: "Si no lo hubiera hecho, ¡nadie nos hubiera hecho caso!"».[41] El sobrino de Altrincham, Sebastian, el actual lord Altrincham, reconoce que la manera en que su tío actuó «enfureció» a los amigos de la familia, incluso estando algunos de acuerdo.[42] Sin embargo, algunos miembros de Palacio, sobre todo Martin Charteris, en silencio creían que había sido una intervención en el momento justo. Años después, Charteris se lo diría a John Grigg (cuando ya había renunciado a su cargo) a la cara.[43]

La disputa afectó el viaje otoñal de la reina por América del Norte. Exprimiendo el furor de Altrincham, el semanal de los Estados Unidos *Saturday Evening Post* publicó una versión actualizada de un escrito del periodista Malcolm Muggeridge, en el que se preguntaba si había llegado el momento de prescindir de la monarquía. El artículo original había aparecido en el *New Statesman* hacía dos años, pero había pasado desapercibido. Como bastantes intelectuales empedernidos, Muggeridge esgrimía que la pura banalidad con la que muchos medios habían tratado el tema era en sí mismo un argumento a favor de deshacerse de la Casa Real por «el mero hecho de que la presidencia de los Estados Unidos sea hoy una institución mucho más dignificada que la monarquía británica. [...] La monarquía se ha convertido en una suerte de pseudorreligión».[44] Sus editores de los Estados Unidos habían querido subirlo un poco de tono. Muggeridge hacía esta dura observación: «Son las duquesas y no las asistentes de compras quienes creen que la reina carece de gracia y es rancia y banal».[45]

Si Francia había sido una importante misión diplomática, el viaje otoñal era crucial. Sería su primera visita como monarca al reino más grande, Canadá, y a los Estados Unidos. Además, había tomado un rumbo diferente debido a la problemática de Suez. La idea original era que asistiera a la celebración del 350 aniversario de la primera colonia inglesa en Jamestown. Ahora lo primordial era restaurar una perjudicada relación transatlántica.

Había ecos de ese viaje poscoronación por el mundo cuando la pareja real llegó a Ottawa. «Puede que la visita de Isabel y Felipe sea el evento con mayor cobertura mediática de la historia de Canadá», escribió June Callwood, corresponsal especial de la revista *Maclean's*, añadiendo que tres de cada cuatro canadienses vieron la primera cobertura televisiva de costa a costa de un acontecimiento informativo en directo.[46] En este viaje también tendría lugar la primera retransmisión televisiva en vivo de la reina, un ensayo de su primera retransmisión navideña, dos meses después. El príncipe había conseguido que la reina sonriera cuando rodaron las cámaras, con un chiste sobre «llantos y rechinar de dientes». Lo que no consiguieron capturar fue que la reina estuvo todo el rato descalza. Un *paparazzi* que se escondió entre los arbustos de la casa gubernamental durante tres horas pilló a la pareja en un momento de descanso, saltando alrededor de un tótem, de la mano. Aunque la intrusión fue irritante, en este viaje no se hablaría de brechas. De nuevo, sin embargo, las elecciones de Bobo en cuanto a los trajes habían defraudado a los anfitriones. A diferencia de la princesa Margarita, dijo Callwood, la reina «prefiere llevar ropa que pase desapercibida, que requiera de menos confianza».

Si Canadá era educadamente entusiasta, los Estados Unidos, por el contrario, se volvieron locos. Suez parecía haber quedado en el pasado al ver a un millón de personas esperando para ver a la reina entrar en Washington D. C., donde se quedaría con los Eisenhower. Había pedido específicamente acudir a un partido de fútbol americano y se unió a 43.000 espectadores para ver a la Universidad de Maryland vencer a la de Carolina del Norte 21-7. En el camino de vuelta, pidió que se le enseñara un supermercado —un fenómeno que todavía estaba por llegar al Reino Unido— y quedó perpleja con la sección de congelados. «Qué bien que pueda traer a sus hijos», le dijo a un consumidor pasmado.[47] Durante las solo quince horas que pasó en Nueva York, fue recibida con una lluvia de confeti por más de un millón de personas. Recibió una gran ovación en las Naciones Unidas y subió al Empire State Building. La atención mediática era constante hasta el punto de que en la cena de 4.000 personas en el Waldorf Astoria una cámara de televisión grabó toda la velada de cerca, mostrando a la reina hablando con la boca llena y agarrándose a una generosa copa de vino. Apenas hizo nada reprochable en los nueve días que estuvo en el punto de mira. Había así allanado el camino para su primer ministro, Harold Macmillan, que acudiría a visitar al presidente una semana después. Como Macmillan apuntó en su diario, la monarca «ha enterrado a Jorge III para siempre».[48] La prensa, a esas alturas, se mostraba más afable. Como señalaba June Callwood, «en un momento en el que las críticas a la fosa del esnobismo del Palacio de Buckingham habían alcanzado un furor sin precedentes en su vida, mantuvo la cabeza alta».[49]

Como a la muerte de Diana, princesa de Gales, cuarenta años después, al tema de Altrincham le rodearía una mística que tendría un efecto transformador en la monarquía. En realidad, había sacado a la luz alguna que otra verdad incómoda, había centrado las ideas y le había dado un nuevo empujón a los que estaban impulsando un modesto cambio. La reina y el príncipe Felipe llevaban tiempo considerando poner fin a la tradición anual de la presentación en la corte de debutantes. Como había aprendido Douglas Fairbanks júnior ese mismo año, la monarquía ya era consciente de la necesidad de rebajar el ritmo de festejos. La biógrafa Sarah Bradford cita a un cortesano que sugirió que la reina estaba decidida a abolir el obsoleto circo en 1957 y que siguió adelante a lo largo de 1958 solo para demostrar que no le rendía pleitesía a Altrincham.[50] De cualquier forma, desde 1959, el tamaño y la naturaleza de las fiestas al aire libre se ampliaría. Aparecería la práctica palaciega de los almuerzos formales, una comida a la que asistía una pequeña parte trasversal de la vida nacional, aunque el príncipe Felipe ya los había propuesto antes de lo de Altrincham.

Hay quien tilda la retransmisión navideña de la reina en 1957 de una respuesta a las críticas. De hecho, ella había accedido a cambiar la radio por la televisión cinco meses antes de que la palabra «*tweedy*»* apareciese en escena.[51] El príncipe Carlos se había convertido en el primer futuro monarca en ir a la escuela —en Hill House, Londres, y un año más tarde en la escuela primaria privada Cheam, en Berkshire—, pero la decisión se había tomado mucho antes de Suez y, por supuesto, de Altrincham. Había un ámbito en el que la monarquía estaba tirando demasiado de la cuerda para el gusto del Gobierno. Cuando el lord chambelán, lord Scarborough, sugirió también en 1957 que Palacio podría ahorrarse la absurda y vetusta tarea de censurar todas las obras de teatro, Rab Butler, entonces secretario nacional, se opuso. El sistema funcionaba bien, opinaba el Gobierno, y no necesitaba ninguna reforma.[52]

En definitiva, la monarquía sabía que debía adaptarse y mostrar que lo estaba haciendo. No podía permitirse ser autocomplaciente. Desde una óptica cultural, sin embargo, habían cambiado pocas cosas. El exclusivismo y el esnobismo no se iban a evaporar

---

* En el inglés británico, el adjetivo «*tweedy*» sirve para describir a alguien que tiene una apariencia de clase alta pero sencilla. *(N. de la T.)*

de la noche a la mañana. Tras una reunión del Consejo Privado con la reina en el Castillo de Windsor en 1959, a los dos consejeros privados que habían estado en un colegio privado y que tenían amigos en la corte se les ofreció una cena con la familia real y una cama para pasar la noche. El otro, Frederick Marquis, un antiguo estudiante de instituto, fue despachado a pesar de que había trabajado como ministro de Alimentos durante la guerra y era conde de Woolton.[53]

El verano de 1959, la reina se alegró al enterarse de que estaba en estado después de una década. Antes de poder comunicárselo a nadie, tenía más compromisos por Norteamérica: la inauguración de la vía marítima de San Lorenzo, por la cual navegaría con el yate real. Había tanta gente observándola en el lugar que le fue imposible darles las gracias a todos. El capitán del barco, pues, ordenó a la tripulación que hiciera turnos para saludar y sonreír. Ya de vuelta en casa, la reina pudo relajarse. El discurso de Navidad fue un breve mensaje pregrabado por su estado, aunque tenía asuntos pendientes que debía cerrar. Días antes del nacimiento, mandó llamar a Rab Butler, que estaba cubriendo a Harold Macmillan mientras este se ausentaba por un viaje al extranjero. En la conversación, ella le explicó que quería modificar la decisión de 1952 que atañía al nombre familiar. Aunque la dinastía seguiría manteniendo el nombre de la Casa de Windsor, sus niños y su descendencia masculina heredarían el apellido Mountbatten-Windsor. Claramente era importante para ella, puesto que Butler revelaría más tarde que fue la primera vez que la vio llorar, lo cual sacaba a la luz tensiones familiares por el tema.[54] No es difícil imaginarse la rotunda oposición de la reina madre al respecto y la alegría del príncipe Felipe y su tío, lord Mountbatten.

Fue una señal más de las ganas de la reina de que Felipe se sintiera más cabeza de su familia, como la decisión de convertirle en príncipe del Reino Unido y su posterior entusiasmo por bautizar al bebé por el padre del príncipe Felipe, el príncipe Andrés de Grecia y Dinamarca. El tema del apellido se discutió en el

Gabinete, donde hubo algún que otro recelo. Sin embargo, la respuesta fue más emoliente que en tiempos de Churchill. Se aprobó. La reina le mandó un mensaje a Macmillan diciendo que «se había quitado un gran peso de encima».[55] Era una pequeña señal de la cada vez mayor confianza de la reina en su autoridad sobre asuntos de familia. Sus consejeros, empleados y ministros seguían apostando por el clásico estilo de su padre. Su madre, con quien hablaba todos los días, seguía siendo el líder espiritual del *statu quo*. Seguía habiendo vestigios del «reino inacabado», pero la monarca estaba dejando su huella.

Febrero de 1960 fue un mes feliz para la reina. Días después de conseguir cambiar el apellido de la familia, dio a luz al príncipe Andrés y, una semana después, la princesa Margarita anunció su compromiso con Antony Armstrong-Jones. Aunque era un chaval de Eton hijo de una condesa (su madre se había casado en segundas nupcias con un conde), era de todo menos académico. Era fotógrafo, una profesión tan desdeñada que en ocasiones tenían que entrar por la puerta de servicio en las casas de postín. Armstrong-Jones fue regañado por la columnista Betty Kenward cuando trabajaban juntos en la revista *Queen*. «Mis fotógrafos nunca me hablan en las fiestas», le advirtió.*[56] La antigua guardia había oído los rumores del círculo bohemio de Armstrong-Jones (su padrino tuvo que ser sustituido tras ser condenado por querer sexo con otro hombre) y algunos de los familiares de la realeza europea estaban resentidos por su falta de pedigrí. Sin embargo, a la reina y a la familia directa les gustaba el prometido de la princesa. En los cinco años que habían pasado desde el final de su relación con Townsend la habían visto vagar en la apatía e infelicidad con un estilo de vida «rápido». En una visita a París, a solo un año de su compromiso, había sido criticada por Cynthia Jebb en

---

* Al parecer Betty Kenward quedó consternada al enterarse de que el fotógrafo al que le había dado la espalda se había prometido con la hermana de la monarca, ni más ni menos. «Qué sorpresa», dijo, y dio una patada a la papelera de su oficina.

la Embajada británica. Los Jebb se habían tomado la molestia de organizar un programa con eventos interesantes. La princesa llegó con resaca tras una noche de fiesta en Roma y canceló todos sus eventos alegando que tenía un resfriado, tras lo cual coló al peluquero más codiciado de París en la Embajada para que le diera un aire nuevo a su peinado. Después se supo que esta había sido la razón principal de su viaje.[57] En casa, las historias de groserías e insolencias —tanto frente a otros como en presencia de la reina— eran legión. Quizá ahora encontraría la felicidad.

El resultado fue la primera boda británica televisada. El 6 de mayo de 1960, un gentío acudió a ver a la princesa Margarita llegar en su carroza de cristal a Westminster. La acompañaba el príncipe Felipe, que ocuparía el lugar del padre de la novia y la llevaría hasta el altar. Famosa por su sentido de la moda, la novia no decepcionó y portó una tiara nueva de Poltimore (no había querido nada prestado) y un vestido sorprendentemente sencillo con una falda con volumen. Fue el primer vestido de novia de una boda real en la que el novio había participado en el diseño.* Además de todo el glamur, los asistentes también quedaron sorprendidos con la seriedad de la reina, que a todas luces parecía taciturna. «Ni rastro de una sonrisa», escribió Kenneth Rose.[58] Y no es que tuviera nada en contra de la decisión de su hermana. De hecho, siempre le guardaría mucho cariño a Tony Armstrong-Jones. Pero esa seriedad era su forma de reprimir sus fuertes emociones. Durante toda su vida, siempre había sido protectora con su pizpireta hermana. El vínculo de la familia había sido uno muy cercano —«los cuatro», como decía su padre—. La reina conocía el impacto que la muerte de su padre había tenido en su hermana. A diferencia de Lilibet, Margarita no había tenido el apoyo de un marido y unos hijos, ni un rol definido para sacarla adelante. Y ya se la había visto perder la cabeza por amor en otra ocasión. Ahora, por fin, la reina

---

* Norman Hartnell creó un vestido de seda, pero Tony Armstrong-Jones le había dado instrucciones precisas de que el traje fuera sencillo.

veía a su hermana feliz y plena. Al mismo tiempo, era muy consciente de cuánto le habría gustado a su padre estar presente. A pesar de las quejas sobre los gastos en la prensa y el Gobierno, la monarca aprobó con gusto que se usara el Britannia para la primera luna de miel real, un viaje de seis semanas por las Antillas y las Bahamas. El Gobierno aprobó la factura, de 60.000 libras.[59]

7

1960-1966

«No pienso subirme a esa cosa»

Menos de dos meses después del nacimiento del príncipe Andrés, la reina retomaba su agenda. No necesitó que le insistieran demasiado dada la importancia de la ocasión para el Gobierno. Harold Macmillan creía firmemente que la Gran Bretaña pos-Suez debía salir de su antigua e imperial zona de confort y unirse a la nueva Comunidad Económica Europea. El Gobierno laborista de Clement Attlee había rechazado formar parte del club original, que entonces se llamaba Comunidad Europea del Carbón y el Acero, en 1950 (a Attlee le importó tan poco la decisión que se encontraba de vacaciones en el momento en el que la tomó). Una década después, Macmillan estaba convencido de que el futuro del Reino Unido debía dar un giro drástico y tirar de sus encantos para asegurarse un puesto en lo que, ahora, se había convertido en la CEE. Dado que Francia era el obstáculo principal, le propuso a la reina invitar al presidente Charles de Gaulle para una visita de Estado en abril de 1960. Palacio se implicó mucho y añadió la Royal Opera House y los fuegos artificiales al paquete de visita. «Nunca lo he olvidado», recordaba el príncipe Carlos. «Salieron al balcón todas las mujeres cubiertas de diamantes y dispararon unos fuegos artificiales increíbles en el Victoria Memorial con una Cruz de Lorena.»[1] El *Daily Mail* se refirió a la velada como «la noche más feliz de Londres desde la coronación».[2] La reina madre, fiel admiradora de De Gaulle, hizo gala de todos sus encantos. Sin embargo, cuando los miembros tuvieron que resolver la candidatura de

Gran Bretaña en 1963, todo cayó en saco roto. El presidente De Gaulle espetó su famoso «Non!», el mismo que pronunciaría en 1967. El Reino Unido, argüía, era demasiado «insular y marítimo» y estaba demasiado vinculado con «países lejanos y variopintos» para ser socio de Europa. Macmillan quedó consternado y la reina seguramente se cuestionó si había valido la pena tanta molestia. Serían necesarios doce años y la muerte de De Gaulle para que Gran Bretaña fuese aceptada en la CEE, y pasarían dieciséis antes de que la reina invitara a otro presidente francés.

Ocurrió otro cambio político importante que la preocupó profundamente porque le afectaba a nivel personal. Sudáfrica estaba ahora sometiéndose al *apartheid,* un sistema de estricta segregación racial totalmente contrario al espíritu de la nueva Commonwealth. Aun así, en 1960 seguía siendo un Estado miembro y la reina, su soberana. La situación era claramente insostenible. Al estarse preparando para dar a luz al príncipe Andrés, Harold Macmillan viajó a Sudáfrica para forzar una reforma. Pronunció un discurso que pasaría a la historia por su proclamación de «vientos de cambio» soplando por África. El Gobierno mayoritariamente afrikáner del doctor Hendrik Verwoerd hacía presión en dirección contraria. No les gustaban las maneras cada vez más multirraciales de la Commonwealth, con cada vez más colonias independizándose de Gran Bretaña y formando parte «del club». Tampoco sentían ningún apego por la Corona. En octubre de 1960, Verwoerd celebró un referéndum solo para blancos sobre si convertirse o no en una república. Por un margen de 52 frente a 48, Sudáfrica rechazó a la reina como jefa de Estado. No fue muy humillante, pero sí un momento triste. Habían pasado solo trece años desde que disfrutaron de aquel viaje de paso a la madurez con sus padres. Ahora, se había convertido en un Estado supremacista blanco que le daba la espalda a la monarquía. Bajo el mandato de la Commonwealth, toda nación que se convirtiese en república debía volver a solicitar la membresía. Los líderes del resto de Estados, reunidos en Londres en marzo de 1961 para debatir al respecto, dejaron muy claro lo que pensaban. Verwoerd retiró su solicitud antes de que pudiera rechazarse. Sin embargo, el tema de Sudáfrica seguiría siendo recurrente en la Commonwealth durante décadas.

Aunque la reina estaría más pendiente de su hijo pequeño de lo que lo estuvo con los otros dos, necesitó retomar su agenda en poco tiempo. En 1961 ya estaba compensando el tiempo perdido y estuvo meses fuera de casa, empezando por un espectacular viaje a una de las antiguas puntas del Imperio británico. Tras asegurarse su independencia en 1947, la India y Pakistán estaban encantadas de invitar a la monarca del antiguo poder colonial a ver sus éxitos como repúblicas de la Commonwealth hechas y derechas. Dos monarquías fuera de la comunidad, Nepal e Irán, también se incluirían en el itinerario de cuarenta y cuatro días. Más de dos millones de personas le dieron la bienvenida a la reina en Delhi, donde uno de los primeros actos consistió en poner quinientas rosas blancas en la tumba del padre fundador de la India, Mahatma Gandhi. El Gobierno de Jawaharlal Nehru se alegró de que la monarca notara el progreso científico e industrial con visitas a las energéticas y acererías. Sin embargo, también quiso visitar a uno de los antiguos miembros de la realeza india, que había rendido pleitesía a su padre y a su abuelo. Tal como les dijo a los anfitriones en su discurso de apertura del banquete de Estado, la India no debería «precipitarse hacia la modernidad» ni eclipsar «las mejores tradiciones y el legado de antiguas generaciones». Como no podía ser de otra forma, los medios querían ver el encuentro de la reina con la enjoyada princesa en un exótico palacio, no estampas de hidroeléctricas ni de ella hablando con los directores de fábricas. Así que una de las imágenes más icónicas de esa visita fue la de la reina y el duque llegando a la cena con el marajá de Jaipur en elefante. Para los lectores de Gran Bretaña, parecía que el Raj seguía teniendo fuerza. Las mujeres de la corte del marajá no solo tuvieron que ver a la reina a través de agujeros en las paredes, sino que se le pidió al duque de Edimburgo que cazara un tigre. A la tercera salida, en presencia de la reina, lo hizo.

Hubo muchos comentarios en la prensa occidental, aunque, en ese momento, importaba más la poca deportividad de usar a un animal atado como cebo que el haber matado a un tigre. En la India, donde muchos creían que los tigres eran una peste peligrosa, alegaron que esas críticas eran imperialistas:[3] si los británicos toleraban sin pestañear la caza de zorros —se quejaba un miembro del Gobierno indio—, no deberían aleccionar a los indios sobre qué cazar. Al margen de esto, era claramente una metedura de pata puesto que el duque estaba en plena apertura del World Wildlife Fund. Cuando la expedición llegó a Nepal, donde el rey Mahendra tenía intención de llevar a cabo una caza todavía más ambiciosa, el duque ya se había dado cuenta de su error. Le iba a ser muy difícil cancelar la caza cuando el rey ya había construido un campamento palaciego y había reunido a trescientos elefantes para transportar a sus invitados. Así que Felipe se presentó aquella mañana —preparado para apretar el gatillo— envuelto en una venda gigante, cortesía de una misteriosa «infección». Cuando tuvo un tigre a tiro, el honor de matarlo lo tuvo el conde de Home. El secretario de Exteriores tenía mala puntería, por lo que dos hombres del séquito real tuvieron que finiquitar la tarea. Lord Home tuvo más suerte tras el almuerzo, cuando disparó a una rinoceronte que merodeaba con su cría. «Fue uno de los días más emocionantes de mi vida», les dijo a los reporteros, aunque tenía por delante un notable problema. Dijo: «No sé qué haré con los pies. Probablemente los convierta en papeleras».[4] Pocos momentos ilustran mejor los cambios en la opinión pública que los que despertó el reinado de Isabel. A pesar de estos ecos del Raj, ambos gobiernos quedaron satisfechos con el viaje en general. *The Guardian* lo calificó de «éxito sin reservas» y añadió: «El público ha visto y amado el contraste entre la jovenzuela con vestidos sencillos saludando y sonriendo y las austeras estatuas de su abuelo y tatarabuela con los trajes de emperadores».[5] La India y Pakistán eran, sin duda, dos de los países más densamente poblados de la Commonwealth. Tras su independencia, abandonaron la Corona para convertirse en repúblicas y, ahora, tenían el honor de recibir un trato de igualdad por parte de la monarca. Había otra gran nación con el mismo postín: Ghana. Había sido colonia de la Costa Dorada, había conseguido su independencia en 1957 y ahora era el abanderado del estándar del Gobierno africano del antiguo Imperio británico. La reina había agendado una visita en 1960 al país, pero tuvo que cancelarla por quedarse en estado. Sabía que ello molestaría al padre fundador, el impredecible Kwame Nkrumah. También conocía la importancia de tenerle de su lado debido al ahínco de Rusia por sabotear a todas las naciones independientes como Ghana. Así que, en lugar de enviarle un telegrama a Nkrumah cancelando formalmente la visita, envió a Martin Charteris en persona. Este debía revelar el verdadero motivo de su ausencia (que seguía siendo un secreto en aquel momento) e invitar a Nkrumah a Balmoral para recibir el trato que un primer ministro merecía. Nkrumah salía ganando porque la reina también le convirtió en miembro del Consejo Privado y, en cualquier caso, tan solo un año después, ella pudo acudir a Acra.

Ese viaje reagendado revela varias cosas sobre la reina, en un momento en que se acercaba su décimo aniversario de acceso al trono. Antes de su visita había habido conflictos civiles en Ghana, bombas en Acra y pánico entre los conservadores, que pedían su cancelación. Nkrumah tenía cada vez un corte más déspota: hasta llegaba a encarcelar a sus oponentes. También había autoproclamado la república reemplazando la Corona por él mismo. ¿Por qué arriesgar la vida de la reina por un dictador de pacotilla? Como Macmillan escribió en su diario, sin embargo, hizo bien en ser esclava de sus palabras. «Siempre cumple con su deber y eso es ser una reina y no un títere», escribió, añadiendo sombríamente que «si la hubieran tratado como a una mera estrella de cine, quizá habría aceptado su derrota.»[6] Una vez más, la reina le demostraba a su Gobierno que no la iban a tratar de menos. Dejando Gran Bretaña a un lado, era capaz de ver los peligros de su Commonwealth si una Ghana ofendida viraba hacia la órbita soviética. Así que acudió y vio y bailó con Nkrumah. En una de las fotografías exclusivas más celebradas de la época —en un momento en el que la Sudáfrica segregada estaba abriendo fuego contra las manifestaciones de negros desarmados—,* la reina ocupaba las portadas del resto del continente bailando con un líder negro que le acababa de quitar la corona. El noticiero *Evening News* se refirió a ella como «la mejor monarca socialista del mundo». A Macmillan le dio la oportunidad de apelar al presidente de los Estados Unidos, John F. Kennedy, con una metáfora de ajedrez: «He arriesgado a mi reina, ahora tú debes arriesgar tu dinero».[7] Los Estados Unidos cedieron y comenzaron las obras en el Volta Dam de Ghana.

Kennedy y su esposa, Jackie, habían estado cenando en el palacio unos meses antes durante un viaje por Europa. *The Crown* muestra una competitividad fría entre las dos mujeres y muestra el viaje de Ghana de la reina como una calculada respuesta de adulación a la primera dama. La reina, en realidad, llevaba planeando este viaje más de un año, antes de que se supiera que los Kennedy iban a Londres. Las dos mujeres también tenían visiones muy distintas sobre el deber público. Len Allinson era entonces un diplomático júnior que servía en el Consulado británico de Lahore cuando la reina lo visitó en 1961. También estaba presente cuando Jackie Kennedy y su hermana, la princesa Lee Radziwill, pasaron por Lahore un año después. Dijo: «Había un gran contraste. En la bienvenida, la reina habló con todo el mundo. Jackie Kennedy solo habló con unos pocos y no se paseó como la reina. Además, la reina siempre sigue el programa si se lo confeccionas, pero Jackie decide su propio programa, y al final decidió que hacía mucho calor y que no iría. Tuvieron a niños en los arcenes durante horas, esperándola, y no hubo Jackie Kennedy. Fue bastante triste».[8]

---

* Durante una protesta contra las leyes de movilidad del país, que restringían el movimiento de los no blancos, 69 manifestantes negros desarmados fueron asesinados a tiros y 178 cayeron heridos en la horrible masacre de Sharpeville, en marzo de 1960.

En la familia real estaban ocurriendo otras cosas. Había llegado el momento de que el príncipe Carlos empezara sus estudios en un colegio privado. El duque de Edimburgo creía que su propia *alma mater*, que le había hecho tanto bien, tendría un efecto similar en su hijo. La reina madre estaba segura de que la socialmente superior Eton sería lo mejor para él porque estaría rodeado de muchachos con pasados similares. Y, precisamente, ese era el motivo por el cual el rey prefería Gordonstoun. En privado, para decisiones como esta, la reina dejaba que su marido tomara las riendas. Desde entonces, la reina madre siempre se referiría a la escuela de manera despectiva con un juego de palabras para denostarla. Pero Carlos no era el típico niño malcriado que necesitara curtirse. Una de las anécdotas favoritas de la familia cuenta el día que volvió a casa tras haber perdido una correa de perro. La reina le mandó a buscarla y le avisó de que «las correas valían un dinero».[9] En su nueva escuela, no era el ambiente duro lo que el príncipe Carlos detestaba —lo que Gordonstoun llamaba la cultura «Colditz pero con *kilts*»—, sino la todavía más desagradable forma en que los niños se metían con él. Los más amables, según recordaría luego, se reprimían por miedo a que les llamaran «pelotas». Estando allí, conoció a un joven que terminaría convirtiéndose en su amigo y que también influiría en otras futuras figuras nacionales. «Creo que la narrativa de miseria de Gordonstoun se ha exagerado», dijo Eric Anderson,* años después. «Había chavales que querían conocerle [al príncipe], pero no por buenos motivos, y chavales que guardaban las distancias. Se hubiera encontrado mejor en Eton, pero fue valiente. Fue a todas luces un buen fichaje para el equipo de rugby.»[10]

Con el tiempo, sin embargo, el príncipe descubriría que le

---

* Además de enseñar al príncipe, Eric Anderson también sería maestro de Tony Blair en Fettes y, más tarde, de David Cameron y Boris Johnson, cuando era director de Eton. Dijo que su mejor estudiante no había sido ninguno de los anteriores, sino un chico de Fettes llamado Angus Deaton, que más tarde sería galardonado con el Premio Nobel de Economía.

hacía más feliz fingir que era otra persona. Como profesor de teatro, Eric Anderson pronto descubrió su talento. Recuerda: «Se apuntó a *Enrique V* y yo me dirigí a mi mujer y le dije: "Es muy muy raro, pero quien mejor entiende a Shakespeare es el príncipe de Gales. Pero no le podemos dar el papel principal. Además, si acaba saliendo mal, sufrirá". Así que le hice duque de Exeter».[11] Anderson no se lo pensó dos veces cuando llegó la siguiente función. «Nadie dudaba de que podría ser Macbeth. Fue un Macbeth brillante. Estuvo humano y sensible, nunca llegaba tarde a los ensayos y siempre venía con las frases aprendidas. Fue una buena influencia para el equipo. Recuerdo cuando llegó la corona de Macbeth y dijo: "Tenemos mejores coronas en casa" y todos se rieron.» En este sentido, al menos, el príncipe Carlos deslumbró a su padre. Cuando el príncipe Felipe hizo la prueba para la producción de Gordonstoun de *Macbeth,* en los años treinta, no se ganó ningún personaje principal, según Anderson, sino un papel mucho más pequeño y sin frase, Donalbain.

Mientras tanto, la princesa Ana siempre recordaría sus días como alumna de una forma diferente. Acudiría a Benenden, un internado de señoritas privado en Kent, donde tuvo mucho éxito. «La educación tenía otro nivel. Me sorprendió lo mucho que lo disfruté», diría años después. «Y me llevaba muy bien con la directora, Miss E. B. Clarke, ¡aunque a la mayoría les daba pavor!»[12]

En el mundo exterior, los sesenta empezaban a notarse por lo que luego serían recordados, aunque no sería hasta 1966 cuando la revista *Time* relacionaría el *swing* con Londres y, más tarde, con toda la década. Como reza el poema de Philip Larkin:

> Es mil novecientos sesenta y tres
> y la gente está que arde
> (aunque es para mí ya un poco tarde).[13]

De repente, el escaparate mediático cambiaba y muchas personas que se dedicaban a ello ya no sentían una necesidad automática de desafiar a la autoridad. El hombre que terminaría escribiendo el primer documental real años después acababa de aceptar un puesto en un nuevo programa de actualidad de la BBC. «Estaba en *Tonight* por esa época y hay que pensar que éramos muy antimonárquicos, muy antisistema», le explicó Antony Jay a un servidor. «Intentábamos a toda costa ser sarcásticos, como esa famosa escena cómica de Frost con la barcaza real hundiéndose.» Esta escena de David Frost —«y ahora la reina, luciendo una amplia sonrisa, nada para salvarse...»— sigue siendo una de las más épicas de la televisión de la BBC en el programa *That Was the Week That Was.* Se emitió a finales de 1962 y enseguida atraería a audiencias de doce millones gracias a ese auge sarcástico e irreverente que compartía con la nueva revista *Private Eye.* Lo más gracioso es que la misma «barcaza real» de la escena se retiró de una versión teatral del espectáculo en marzo de 1963, alegando que podría ofender a la censura teatral de la Oficina del Lord Chambelán. La broma era buena para espectadores de televisión, pero para el escenario del West End era demasiado arriesgada.[14] Unos meses después, los Beatles lanzaron su primer álbum. La sociedad y la moral de la misma estaban cambiando de una forma obvia y la monarquía, aunque no se enfrentaba a ninguna amenaza directa, comenzaba a parecer cansada, atrasada y —lo más peligroso de todo— objeto de mofa.

En enero de 1963, la reina partió a Australia y a Nueva Zelanda, su primera visita desde su gran debut poscoronación. El viaje era de todo menos una segunda venida. La cobertura televisiva en directo (todavía no disponible en el primer viaje) significaba que la multitud era notablemente más menuda. La misión de Gran Bretaña de pasar a formar parte de la CEE y las ganas de forjar nuevas alianzas con antiguos enemigos europeos —a costa de aliados de la Commonwealth leales— habían tensionado el ambiente y contagiaba a la reina. «Más de una vez pensé que la reina parecía cansada», le dijo de forma confidencial el alto comisionado británico, Francis Cumming-Bruce, a Duncan Sandys en la Oficina de Relaciones de la Commonwealth.[15] «Esto provocó cierta seriedad entre los espectadores, muchos de los cuales expresaron su decepción.» Que De Gaulle hubiera desairado a Gran Bretaña y dado su primer «*Non!*» justo unos días antes no cambiaba nada. «La entrada de Gran Bretaña en el Common Market golpeó al país de una forma similar a la pérdida de Singapur en la guerra», escribía *The Guardian*, añadiendo que la reina había mostrado un aprecio «reservadamente escaso» por la gente que se presentó a verla.[16] El problema de la sonrisa era ahora más que nunca un problema. Y, encima, había mucho menos por lo que sonreír. Mientras la reina estuvo en Australia, el secretario de guerra, Jack Profumo, seguía negando su relación con una bailarina adolescente llamada Christine Keeler. Se habían conocido en Cliveden, el magnífico hogar de lord Astor, donde la reina y su familia habían festejado con Douglas Fairbanks júnior unos años atrás.

Profumo era un invitado y Keeler, amiga de uno de los inquilinos de Astor, estaba nadando en la piscina. La prensa pronto se olió que esta historia era mucho más que una farsa de cama política. Keeler no solo estaba relacionada con gente mafiosa, sino que había mantenido relaciones con el adjunto naval soviético Yevgeny Ivanov. En junio, Profumo tuvo que admitir que había mentido a la Cámara de los Comunes sobre el idilio y dimitió, tras lo cual tuvo que pasar el resto de su vida trabajando para la caridad como castigo. Días después, el inquilino de Cliveden que había presentado a los tortolitos se suicidó antes de que pudiera ser juzgado por proxenetismo. Stephen Ward suele describirse como un trepa social. Abandonado por sus amigos de alta cuna, se había vuelto adicto. También guardaba alguna relación con la realeza. Ward había sido invitado esporádico a esas reuniones en el Thursday Club a las que asistía el duque de Edimburgo, con el que había estado una vez en el Palacio de Buckingham para las *Illustrated London News*. Artista con talento, Ward había publicado parte de su trabajo en el *Daily Telegraph*. Su director, Colin

Coote, le había presentado a Ivanov. Era una conexión débil con la realeza, pero los medios, cada vez con la pluma más suelta, estaban promoviendo la idea de que un Gobierno cada vez más disecado ya no era adecuado para dirigir un país. Harold Macmillan se disculpó con la reina por «los innegables daños» que Profumo y su oscuro inframundo habían causado. El peligro para la familia real era que ese inframundo también era suyo. Conocían a la gente, sus mansiones y, de vez en cuando, incluso asistían a sus fiestas.

Un mes después del escándalo de Profumo, la reina, junto con otros miembros de la familia, tuvo la inusual experiencia de ser abucheada e increpada por una multitud de manifestantes enfadados en el Teatro Aldwych de Londres y también en el Hotel Claridge. El abucheo iba dirigido a los acompañantes de la reina, el rey Pablo y la reina Federica de Grecia, en solidaridad con los presos políticos izquierdistas de Grecia. Sin embargo, el secretario de Estado, Henry Brooke, estaba «atónito y furioso» por que alguien abucheara a la monarquía y encargó que se investigara el asunto.[17] Aunque la visita de Estado había dado la impresión de ser una reunión familiar entre realezas, no era más que una estrategia del Gobierno británico. El primer ministro Harold Macmillan había dicho a la Cámara de los Comunes que el objetivo de la visita era retomar las relaciones bilaterales de Grecia con el tradicional vigor de siempre. Ambas naciones habían fracasado con el mandato colonial británico en Chipre en los cincuenta. Tras su independencia en 1960, era hora de restaurar el canal diplomático.[18] Sin embargo, el resultado inesperado fue que la reina y el príncipe Felipe se encontraron atrapados en un embrollo por los derechos humanos de los griegos. El abucheo había dejado a la reina «impactada y atónita», y no era para menos.[19] Nadie recordaba que hubieran abucheado a un monarca, ni siquiera a Eduardo VIII.

En otoño de 1963, Macmillan ya había decidido que era hora de hacerse a un lado, una decisión precipitada tanto por lo de Profumo como por un repentino y agudo dolor en la próstata, que temía que fuera terminal. En lugar de acudir a la conferencia anual del Partido Conservador en Blackpool, fue al hospital. Hizo llamar al secretario de Exteriores, lord Home, y, a pie de cama, le entregó una carta que debía leerse en Blackpool. Anunciaba su intención de dimitir y decía que «el proceso habitual de consulta» —a saber, la reina— decidiría quién le sucedía. Entonces aseguró que él también se involucraría en el proceso y que el ganador sería cualquiera menos su antiguo rival Rab Butler.

Cuando Churchill abandonó el estrado, la reina tenía una clara misión: elegir a Eden. Cuando este dimitió, se le hizo elegir entre Butler o Macmillan, y su entorno le había dado consejos muy directos al respecto. Esta vez, eran cinco los candidatos y Macmillan le daría los consejos directos. Decidió que el modesto forastero, lord Home, era el mejor candidato para sustituir a Butler, a pesar de que Home necesitara un poco de presión para aceptar el puesto.

Lo que ocurrió a continuación sigue siendo objeto de debate constitucional. Macmillan dimitió formalmente ante la reina, por carta, la mañana del 18 de octubre de 1963. Ella, embarazada del príncipe Eduardo, ingresó en el hospital y celebró una audiencia de despedida. Incluso Macmillan quedó contrariado con los eventos que sucedieron en la habitación. En su diario, decía que le había preguntado a la reina si podía leer un escrito sobre su elección de sucesor. Sin embargo, a su biógrafo le dijo que había sido la reina quien le pidió consejo.[20] Sea como fuere, ya no era primer ministro y, por tanto, constitucionalmente no estaba en posición de darle consejos formales. Se los dio igualmente y fueron directos: elegir a Home. Como Martin Charteris le dijo al biógrafo William Shawcross, a la reina le gustaba escuchar estos consejos. «Ella adoraba a Alec», dijo él. «Era un viejo amigo. Hablaron de perros y de caza. Ambos eran terratenientes escoceses, el mismo tipo de persona.»[21] Ambos habían aprendido sobre su historia del mismo profesor de Eton, Henry Marten. De todos los ministros que la reina había tenido o tuvo, Home era con quien guardaba más similitudes de carácter: modesto, implacable, fuerte, patricio en cuanto a ser magnánimo... Estas cualidades se pusieron de manifiesto en un bizarro momento que se dio en su corto cargo de primer ministro. En 1964, un grupo de estudiantes izquierdistas intentaron secuestrarle tras haberle localizado en una remota casa de Aberdeenshire, donde se encontraba pasando la noche. Sus invitados todavía debían llegar y estaba solo cuando los secuestradores entraron por la puerta. Él accedió calmadamente a preparar una pequeña maleta y les ofreció cerveza y un poco de conversación antes de explicarles que el secuestro solo garantizaría que los conservadores salieran favorecidos en las elecciones. Finalmente, les convenció, y el primer ministro decidió no informar de ese pequeño susto por miedo a meter en problemas a su oficial de seguridad.[22]

El biógrafo Ben Pimlott criticaría el nombramiento de Home y lo tacharía de «la peor decisión política de su reinado».[23] El profesor Peter Hennessy no estaba de acuerdo. «Sí, Macmillan estaba tensando la cuerda forzando en demasía la balanza hacia el lado de Home. Aun así, Hennessy absolvió a la reina alegando que haber ignorado los consejos de Macmillan hubiera sido equivalente a decirle a este que, tras ser su primer ministro durante seis años, quería engañarla.»[24] Kenneth Rose creía que las críticas de la reina eran sobre todo quejas de progresistas que no soportaban que hubiera elegido a un conde. Escribió: «Si hubiera recomendado a Butler, nadie hubiera dicho ni pío».[25] Sin embargo, muchos tenían la percepción de que la monarquía y los conservadores —en concreto, su ala más patricia— estaban demasiado acomodados.

El nuevo primer ministro no podía gobernar desde la Casa de los Lores, así que el catorceavo conde Home faltaría a su título de noble, pelearía unas elecciones extraordinarias y volvería como Alec Douglas-Home. Sus primeros días en el Gobierno quedaron eclipsados por los acontecimientos al otro lado del Atlántico. El 22 de noviembre de 1963, John F. Kennedy fue disparado mientras iba en coche por Dallas, causando un tremendo impacto en el mundo moderno. A la reina, que estaba de cinco meses, se le aconsejó no acudir a la misa en su honor en la Catedral de San Pablo, y organizó su propia ceremonia en la de San Jorge, en Windsor. También organizaría una misa en Runnymede para el difunto presidente e invitaría a la viuda y a su familia. Kennedy obtuvo el privilegio de que la reina le leyera una elegía en la que hablaba de la «intensidad sin precedentes de esa tristeza» con la que la había dejado su muerte.

Con la llegada del príncipe Eduardo en marzo de 1964, la familia de la reina estaba al completo. Como le dijo a una amistad: «Qué alegría volver a tener un bebé en la casa».[26] Tendría el verano libre, pero se reincorporaría en otoño para lo que sería una tarea no muy agradable. El primer ministro canadiense, Lester Pearson, le había pedido que asistiera a las celebraciones por el centenario de la confederación, incluyendo eventos en Quebec. Allí, los separatistas francófonos habían avisado de que le darían una bienvenida «brutal», tras lo cual el Gobierno británico se planteó cancelarlo como había hecho con su viaje a Ghana en 1961. Aquel Gobierno había podido decidir sobre lo de Ghana porque era otro país con otro jefe de Estado. Canadá, sin embargo, era uno de sus reinos y se trataba de una invitación para que ella, reina de Canadá, visitara a su propio pueblo. Como tal, no atañía al Gobierno inglés. Alec Douglas-Home llegó a un compromiso con Pearson en el que los canadienses mantendrían a los británicos al día en temas de seguridad. Sin embargo, no era sino un recordatorio de la inherente flaqueza del concepto de la divisible Corona: ¿qué debe hacer un monarca cuando uno de sus reinos se enfrenta con otro?

Menos de un año después de la muerte de Kennedy mientras estaba de servicio, todos seguían con los nervios a flor de piel. «Para haber sido amenazada de muerte, parece tan tranquila como si fuera a una fiesta en el jardín», escribía Vincent Mulchrone del *Mail* cuando la monarca arribó a la Isla del Príncipe Eduardo.[27] Sin embargo, cuando la comitiva llegó a Quebec, la policía estaba tan crispada que cargaron incluso contra protestantes que apenas molestaban. El *Sunday Telegraph* informó de que una guerrilla de marxistas con influencia cubana estaba acampada en el bosque, esperando para actuar. La mayoría de los ciudadanos, sin embargo, o saludaron a la reina en silencio o ni se molestaron en salir de sus casas. El *Daily Mail* lo llamó «el mayor y más grave insulto proferido a la monarca».[28] Hella Pick, del *Guardian*, escribía que «apenas había sido aclamada» y que la reina parecía «apagada y seria. No era para menos».[29] Para empeorar las cosas, se había producido un dramático ataque fallido cuando la reina regresaba a su yate real en Charlottetown. «No pienso subirme a esa cosa: se está moviendo», declaró al ver la pasarela tambalearse. Momentos después, se desplomó y provocó un gran estruendo. «Dije que no iba a subirme», resolvió, seca. Fue un viaje para olvidar que empeoró cuando Pearson, al mando de la organización, reconoció que los días de la monarquía en el país podrían estar llegando a su fin.[30]

En su vida privada, los sesenta habían sido una buena década para la reina hasta el momento, con dos nuevas incorporaciones a la familia y la princesa Margarita casada y con dos niños. Como soberana, sin embargo, estaba claro que reinar siguiendo el estilo de su padre, como había jurado hacer, no le llevaría muy lejos. El respeto por la monarquía ya no podía seguir dándose por sentado. La escuela de gestión mediática Commander Colville no funcionaría con una nueva generación de reporteros que disfrutaban de mayores audiencias revelándose en lugar de obedecer al poder establecido, y lo mismo ocurriría con Fleet Street. Sudáfrica, uno de los antiguos dominios, había abandonado a la reina, la Commonwealth y el respeto por los derechos humanos básicos. En Australia y Nueva Zelanda, la sensación de que la Gran Bretaña que buscaba entrar en la CEE les había dado la espalda a sus aliados más acérrimos había hecho decaer el entusiasmo por la monarquía. Ahora, la mitad francófona de Canadá comenzaba a ver la Corona como un símbolo de división en lugar de unión. En

Gran Bretaña, sin embargo, no estaba extendida la hostilidad hacia la familia real; simplemente se había perdido interés por ellos y parecían tener menos relevancia para la gente. En una encuesta sociológica durante esa época, se relacionaba a la reina con una caja de bombones porque «a algunos les gustan pero otros ni siquiera piensan en ello».[31] Quizá no era mala señal que fueran a venir cambios del otro lado de la avenida. Días después de su vuelta de Canadá, la reina daba la bienvenida al que sería su primer ministro laborista.

El país se había cansado del «círculo mágico» de los conservadores, como Iain Macleod —candidato fallido al liderazgo tory— llamó al ala aristocrática y terrateniente del partido. El Partido Laborista de Harold Wilson había ganado las elecciones de 1964 por 200.000 votos y cuatro asientos. En lugar de acudir al palacio en solitario, llegó casi acompañado de una comitiva de fiesta: su mujer, sus hijos, su padre y su secretaria, Marcia Falkender. Desde un principio, esta Administración haría las cosas de forma diferente. La reina pronto entablaría una buena relación con este astuto político que hablaba con franqueza y sencillez: «como de tú a tú, [...] como si fuera un miembro del Gabinete», comentaba Ben Pimlott.[32] Hijo de un químico y una maestra, Wilson había sido un estudiante becado brillante, primero en su Huddersfield natal y más tarde en Oxford. Se le había negado el servicio militar en la guerra porque su mente estaba destinada a resolver complejos problemas de abastecimiento en el servicio civil. Aparentemente, no tenía nada en común con la monarca, pero le gustaba el cotilleo político, apreciaba las ceremonias y tradiciones y, solo diez años mayor que la reina, era lo más contemporáneo que esta había tenido al otro lado de la mesa en las audiencias semanales.

Wilson y su esposa Mary disfrutarían de sus viajes a Balmoral, donde no se dedicaban a la pesca, sino a jugar al golf. «Jugaba mientras fumaba en pipa y se le daba muy bien, aunque su guardaespaldas era el mejor encontrando las pelotas de Wilson», recuerda el antiguo caballerizo de la reina, Jock Slater.[33] Lo más importante era que Wilson conocía el apoyo que podía otorgarle la monarquía ante quienes dudaban de su programa. «Harold Wilson entendía que, cuanto más radical eres, más necesitas mantener a raya lo que te rodea y que todo siga igual»,[34] explicaba Antony Jay, escritor y reportero. Sin embargo, en las filas laboristas, eran muchos quienes querían presionar más y más fuerte en la dirección contraria.

En años posteriores, la hostilidad de la izquierda hacia la monarquía giraría en torno al coste. En los sesenta, los símbolos preocupaban a los combativos tenientes de Wilson, sobre todo a Antony Wedgwood Benn, el director del correo postal. Quería a toda costa, hasta rozar la obsesión, eliminar la cabeza de la reina de los sellos del Royal Mail. Incluso llegó a mostrarle sus planes y el muy inocente pensó que su amable respuesta significaba que no tenía opinión al respecto. Tras las cámaras, expresó claramente lo que sentía a su secretario privado y a su primer ministro, que discretamente le aseguraron que la idea se atajaría firmemente a todos los niveles. Como el historiador y periodista Andrew Marr ha dicho: «A Benn le derrotaron. Punto».[35] Lo que era todavía más difícil de ganar, casi una locura, era el plan que Benn le presentó a la reina en 1965 en la inauguración de la Post Office Tower. Su restaurante giratorio en el último piso se percibió como el epítome de la modernidad de los sesenta. Benn le sugirió a la reina que celebrara allí los banquetes de Estado. Le explicó que se podría sentar en la parte fija de la torre y que los invitados girarían a su alrededor. Como le explicó a Kenneth Rose unos días después, «no cumplía con las normas de protocolo porque todos podrían hablar con la reina cada veinte minutos».[36] Su respuesta no quedó grabada, pero seguro que le sacó partido a la historia en alguna sobremesa (aunque nunca en la Post Office Tower).

Otro archirrepublicano de colegio privado era el ministro de la Vivienda de Wilson y posterior líder de los Comunes Richard Crossman. No solo le parecían un fastidio las reuniones del Consejo Privado en el que un grupo de ministros veteranos se reunían cada mes para aceptar órdenes del Gobierno frente a la monarca, sino que también objetaba contra lo que estas significaban, por lo que llegaba siempre tarde deliberadamente para quejarse. Como escribió con pena en su diario, eran los «profesionaluchos» del Partido Laborista los que eran radicales. Los socialistas más tradicionales de clases más humildes, sin embargo, tenían en mejor consideración a la monarquía. «Cuanto más se acercan a la reina», apuntaba Crossman, «más les gusta a los miembros de clase trabajadora del Gabinete y viceversa.»[37] No sería el primer ni el último intelectual de izquierdas en quedar maravillado con la capacidad del trabajador raso de concebir la monarquía como un orgullo patrio en lugar de un enemigo de clase.

La sensación de que las placas tectónicas políticas se movían no cesó. Semanas después de la llegada de Wilson, la reina recibió un mensaje que llevaba tiempo esperando: «Operación Espero que No». Winston Churchill había muerto. La monarca estaba decidida a despedirlo de la misma forma que despidió a su padre. «Fue la reina la que insistió en hacer un funeral de Estado», dijo la hija del expolítico, [Mary] Soames, a la biógrafa Sally Bedell Smith. «Se lo había dicho años antes de su muerte.»[38] Saltándose el protocolo, la familia real llegó antes que la familia de Churchill, se fue antes y dio instrucciones de que no se debían hacer reverencias ni cortesías. La reina incluso le mandó a la viuda de Churchill, Clemmie, un carruaje con alfombras y agua caliente para resguardarse del frío enero. Condensar la vida de Churchill en una elegía era imposible y él tampoco lo habría querido así, de la misma forma que el duque de Edimburgo prohibiría cualquier atención en su propio funeral cincuenta y seis años después. A una corta misa en San Pablo con un épico «Battle Hymn of the Republic» en honor a sus ancestros de origen estadounidense le siguió una de las partidas más memorables de la historia moderna. El ataúd descendió por el Támesis a bordo de la lancha portuaria Havengore, mientras los foques descendían en los baupreses para rendirle homenaje. Un tren especial transportó entonces los restos del hombre que rechazó un ducado a su ducado de nacimiento, Blenheim Palace, para enterrarlo en el cementerio de St. Martin, en Bladon.

Era totalmente confidencial pero idóneo que a la muerte de Churchill le siguiera una casi inmediata visita de Estado a la Alemania Occidental. Con ya trece años de reinado a sus espaldas, la reina había visitado todas las grandes naciones europeas, por lo que la omisión de este país estaba comenzando a ser una vergüenza. Sin embargo, sus consejeros y ella temían que una reacción hostil de la prensa y de los ciudadanos agriara el impacto de la visita. El vicesecretario de la Oficina de Asuntos Exteriores, Paul Gore-Booth, escribió una circular narrando su conversación privada con la reina a su vuelta. Admitió que su principal preocupación antes de la visita había sido una reacción contraria de la prensa.[39] Solo habían pasado veinte años desde que terminó la guerra. En Palacio eran más que conscientes del cotilleo que corría de que la familia real era bastante, si no demasiado, pro-Alemania, debido a sus raíces de Hannover y a que los hermanos del príncipe Felipe habían estado en el lado equivocado durante la guerra. Además, después del viaje de 1963, la reina sabía de sobra qué opinaban allá abajo sus súbditos australianos y neozelandeses sobre las alianzas con el antiguo enemigo. Sin embargo, si Gran Bretaña necesitaba esquivar a los franceses para lograr entrar en la CEE, todo apoyo era bienvenido. Y Alemania Occidental estaba dispuesta a ayudar.

En el evento, la visita excedió todas las expectativas de ambos bandos. Un político alemán describió el gentío que apareció a recibir a la reina como *völkerwanderung*, un término que se usa para referirse a migraciones históricas.[40] El único momento comparable de la posguerra del país había sido la visita de John F. Kennedy a Berlín, dos años atrás. Los anfitriones de la reina quedaron impresionados desde el primer banquete de Estado, la primera noche, cuando apareció en el Schloss Brühl, cerca de Bonn, con un traje diseñado a conjunto de la decoración barroca del imponente castillo. Como demostraría una y otra vez durante su reinado, un gesto sincero podía tener el mismo impacto diplomático que todos los discursos políticos juntos. A los alemanes les encantó que estuviera ocho noches viajando por el país en un tren especial. Como en la India, debía centrarse en el futuro en lugar de en un pasado espinoso. «La imagen de más calado fue la de la reina con un casco de acero en las obras de Mannesmann», escribió el embajador británico Frank Roberts tras la visita real a una de las fundiciones más importantes del epicentro industrial de Ruhr.[41] En Berlín Occidental, la gente lloraba al verla visitar esa solitaria y encerrada avanzadilla de democracia enclaustrada en la zona comunista.

A los diplomáticos británicos les preocupaba cómo incluir a los familiares reales sin entorpecer mucho el programa. De hecho, ahora se les veía como británicos honoríficos. Archivos de Asuntos Exteriores revelan un plan llamado «Operación Hilo Azul» por el que las Fuerzas británicas efectuarían un rápido rescate de los primos reales en caso de una invasión soviética.[42] A la princesa *Peg* de Hesse (antigua Margaret Geddes, oriunda de Inglaterra) se le ocurrió la solución para el problema de la visita de Estado. Los familiares reales entretendrían a la reina y al duque de Edimburgo en privado, en sus respectivas áreas de Alemania. Como con el resto de viajes reales, sin embargo, hubo problemas técnicos. La reina había expresado su interés por visitar la conocida granja de sementales de Marbach. Sus anfitriones asumieron que hablaba del pueblo homónimo y la desplazaron casi setenta kilómetros en dirección contraria para ver el Archivo de Literatura Germana de Marbach am Neckar. A la reina le decepcionó claramente contemplar polvorientos manuscritos en lugar de ver los caballos que esperaba. La pareja real pasó la noche en el Castillo de Langenburg, hogar del príncipe Kraft —sobrino del príncipe Felipe— y su esposa, la princesa Carlota. Llegaron tan tarde que no pudieron cenar. «Hicimos venir a nuestro cocinero de siempre para que nos preparara un maravilloso plato ruso, *kulebyaka*», comentó la princesa, «pero se retrasaron tanto que se había pasado y se molestó mucho. Pero a la reina y al príncipe Felipe les encantó.»[43] El alcalde de Langenburg animó la situación con un gran discurso efusivo de bienvenida; aunque no sabía hablar inglés, se había aprendido la pronunciación de memoria. Imágenes del momento muestran a la reina casi muriéndose de la risa. La prensa alemana lo magnificó todavía más con titulares perspicaces al respecto. Días después, cuando el Britannia regresaba a casa, la portada del *Bild* rezaba: «Majestad, ha estado maravillosa».[44]

En un momento en el que la monarquía se tambaleaba en casa, un viaje al extranjero había, de nuevo, sido el antídoto y recordatorio del eterno poder de la Corona en el panorama global. Sin embargo, la Commonwealth siguió siendo un motivo de preocupación. Una vez más, el problema estaba en África. En 1965, el Gobierno blanco de la República de Rodesia declaró la independencia de Gran Bretaña unilateralmente manteniendo a la reina como jefa de Estado. En efecto, se habían autoproclamado un reino, como Australia o Canadá, aunque, crucialmente, lo habían hecho sin la autoridad de la monarca. En lo que a ella respectaba, Rodesia seguía siendo una colonia británica con un gobernador británico, Humphrey Gibbs, para mantener el poder colonial del primer ministro blanco, Ian Smith. No se concebía una independencia sin algún tipo de democracia que incluyera a personas negras y blancas. Las protestas desde Londres y el resto de la Commonwealth fueron ignoradas. El Gobierno rebelde de Ian Smith se negó a acatar órdenes de Gibbs, pero seguía profesando una ciega lealtad a la monarca. Ella no podía involucrarse en exceso, así que le pasó la pelota política a Harold Wilson y a otros líderes de la Commonwealth. Sin embargo, dejó clara su opinión, otorgándole a Gibbs el título de caballero comendador o KCVO.* «Este supone un ejemplo de uno de los límites de interferencia», diría el biógrafo Kenneth Rose años después. «La reina se saltó la convención

---

* Comandante de la Real Orden Victoriana por sus siglas en inglés.

constitucional dándole a Gibbs lo que pedía. Se estaba poniendo de lado del gobernador en lugar de apoyar al primer ministro, Smith.»[45]

No fue coincidencia que al año siguiente aceptara con gusto la invitación para asistir a la primera celebración religiosa de la Commonwealth, una misa multirreligiosa en la Iglesia de St. Martin-in-the-Fields, en Londres. Había demasiada diversidad para los sectores más tradicionales de la Iglesia de Inglaterra, que se quejaron al obispo de Londres por la celebración de ritos no cristianos y religiones en una iglesia anglicana. El evento se movió a ubicaciones laicas un año o dos, pero la reina no lo disfrutó. Así que sugirió hacerla en otra iglesia: la Abadía de Westminster, una «perla de la realeza» que no pertenecía a ningún obispo, sino a la monarca. La «Commonwealth Observance» sigue celebrándose allí hoy en día. He aquí otro claro ejemplo de cómo de claras dejaba sus intenciones para quien quería verlas. Probablemente no fue algo que su padre hubiera hecho.

8

1966-1969

«Sigue reinando: carry on»

El duque de Edimburgo estaba, a estas alturas, haciéndose notar en la casa y también en los departamentos gubernamentales. La desconfianza de la vieja guardia, que había intentado marginarle al inicio del reinado, ya se había esfumado. En 1962 el duque se había embarcado en un gran viaje por Sudamérica (no para ver fauna, sino para avivar el comercio de Gran Bretaña). Uno de sus temas favoritos siempre habían sido las rígidas relaciones comerciales del país y su habilidad para inventar y tener que ver al resto del mundo llevarse el mérito. En 1965, creó un nuevo sistema de reconocimiento para el negocio en nombre de la monarca: un premio a la industria de parte de la reina. Más tarde, el concepto evolucionaría y se convertiría en un premio empresarial, en diversas categorías, pero la emoción y el orgullo —junto con alguna que otra lágrima— siempre sería la misma en la ceremonia inaugural y en la presentación de la reina. Hasta hoy, más de 6.000 empresas han recibido dicho reconocimiento.

El duque, que ya tenía más de cuarenta años, estaba marcando el ritmo, sobrepasando a todos esos «vejestorios con bigote» obcecados con seguir haciendo las cosas a la antigua usanza. En Windsor, había entablado una buena relación laboral con un nuevo y dinámico decano, Robin Woods. Entre ambos reformaron varias casas medievales de detrás de la Capilla de San Jorge en un centro de conferencias teológicas al que llamaron St. George's House («la casa de San Jorge»), donde todas las fes podían explorar los grandes temas de la humanidad de la época. «No es fácil convencer a la gente para que dé su opinión. Si hablas en público, lo haces pensando en los medios y en la crítica, por lo que tiendes a rebajar el tono», dijo el duque, un hombre que recibiría críticas toda su vida (y halagos en la misma medida) por hablar claro.[1] Tenía muchos frentes abiertos y disfrutaba genuinamente de acompañar a la reina en las visitas de Estado a sitios cada vez más intrépidos. «Alguien me dijo: "Vaya, qué mala suerte. Deberías ir como turista porque entonces podrías conocer de verdad el país"», comentó una vez. «Curiosamente, los turistas tampoco ven demasiado. No tienen contacto con la gente de allí como nosotros porque, una vez llegamos, nos sepultan. Tenemos mucha suerte.»[2]

Fue durante esos años cuando ocurrió un pequeño pero simbólico cambio en el Parlamento. El trono del consorte, que fue ocupado por última vez por la reina Isabel durante el reinado de Jorge VI, volvió a ver la luz: se desempolvó y se colocó junto al trono de la soberana en la Casa de los Lores.[3] En 1967, por primera vez en el reinado, el duque no quedó relegado a las alas de la sala durante la ceremonia de apertura del Parlamento, sino que estuvo al lado de la reina presenciando la parte más importante de su deber constitucional. Y se quedaría en este evento, año tras año, hasta su retirada de la vida pública medio siglo después. Los medios habían estado tan ocupados con la imagen del príncipe Carlos y la princesa Ana asistiendo a su primera ceremonia de apertura del Parlamento que se perdieron la historia más jugosa del día: una gran y obvia demostración de la autoridad reforzada del duque.[4] No habría ocurrido a menos que la reina lo hubiera pedido. La monarca, de nuevo, estaba entrando sigilosa pero firmemente en terreno político.

En cuanto a asuntos familiares se refiere, el duque siguió siendo quien tomaba la mayor parte de las decisiones, como deseaba la reina. Defendía que el príncipe Carlos debía pasar seis meses fuera de Gordonstoun para asistir a la Geelong Grammar School, en Australia (país que el príncipe idolatraba). En 1965, el duque y la reina también organizaron una cena para hablar de la futura formación del príncipe Carlos, con, entre otros, el ministro y el arzobispo de Canterbury (la única ausencia notable fue la del propio príncipe). Harold Wilson, haciéndose eco de la escuela de pensamiento de lord Altrincham, abogaba por una universidad de provincia, pero el duque y la reina, alentados por lord Mountbatten, se decidirían por Cambridge y la Marina Real.[5]

Por otro lado, gracias al duque habría pronto una nueva y exótica presencia en Palacio. Un golpe de Estado había volatilizado y puesto en peligro la vida de la realeza en Grecia, donde la madre del duque, la princesa Alicia, seguía viviendo. Tras la guerra, había fundado su propia orden de monjas ortodoxas griegas, la Hermandad Cristiana de Marta y María, en Atenas. Había sido su tía quien la había inspirado, la gran duquesa Ella Feodorovna, también monja de la realeza, asesinada por los bolcheviques en 1918. La princesa Alicia estaba enferma y se encontraba débil, pero los intentos de sus hijos por conseguir que cambiara Atenas por un lugar más seguro caían en saco roto. Como su biógrafo Hugo Vickers señaló, además de su tozudez hercúlea, su sordera dificultaba las llamadas telefónicas. Finalmente, en 1967, su hija Sofía acudió en persona para transmitirle un mensaje personal de la reina, quien invitaba a su suegra a quedarse en Londres. «¿Que Lilibet ha dicho qué?», preguntó la anciana princesa, mostrando interés inmediatamente. «Zarpamos esta misma tarde.»[6]

Pasaría los últimos dos años de su vida en el Palacio de Buckingham discutiendo acaloradamente con su hijo y entreteniendo al resto de miembros de la familia. Les encantaba pasar a visitar a su abuela, siempre tan excéntrica, fumando como un carretero y jugando a la canasta vestida de monja, con sus juegos y sus anécdotas. La princesa Charlotte Croy, que se casó con el príncipe Kraft, el nieto de Alicia, recuerda con cariño ver a la princesa Alicia manteniendo profundas conversaciones con la princesa Victoria Luisa de Prusia en una reunión familiar en 1965: «Esas dos señoras hablaban de la batalla de Waterloo como si hubiera ocurrido ayer y como si hubieran estado».[7]

Pero la sensación de seguridad de la monarquía seguía siendo tenue. Cuando el presidente Jonas de Austria fue de visita en 1966, Asuntos Exteriores le pidió a la reina que introdujera una inocente frase en su banquete de Estado, acogiendo la llegada de la política de múltiples partidos de Austria. El borrador regresó de Palacio con la frase eliminada porque a la reina no le gustaba «meterse en política».[8]

Pero no dudaría en hacerlo después de una de las tragedias más tristes de la Gran Bretaña de posguerra. Fue el 21 de octubre de 1966, cuando una avalancha de lodo cayó por la colina del pueblo minero de Aberfan, en Gales. En cuestión de minutos, la escuela quedó sepultada y se cobró la vida de 146 personas, la mayoría niños. El duque de Edimburgo acudió inmediatamente al lugar de la tragedia cuando las tareas de rescate todavía se estaban llevando a cabo, en su mayoría por mineros que esperaban poder salvar a sus propios hijos. La reina llegó ocho días después, el 29 de octubre. Con los años, se ha construido la narrativa de que fue criticada por su lenta respuesta y de que la tuvieron que presionar para que visitara a los damnificados. Sin embargo, la prensa contemporánea describe una escena distinta. La verdad es que la visita ya había sido planeada y anunciada cuatro días después de la tragedia.[9] Los empleados de Palacio dejaron claro que no quería ir hasta que su presencia no entorpeciera las tareas de rescate. Aunque eso fuera un factor decisivo, los miembros veteranos del servicio admitieron más tarde en privado que su mayor preocupación era la de llorar delante de las familias rotas. «Creía que no iba a ser de ninguna ayuda ver a la reina sollozando»,[10] dijo un antiguo secretario privado. La serie de Netflix *The Crown* retrata a la reina como una visitante a regañadientes, con falta de tacto y fingiendo tristeza. Es una mala interpretación, particularmente cruel. La reina también era una madre joven y acababa de dar a luz a su cuarto hijo hacía dos años. «Lo siente mucho. Nosotros teníamos cuatro y ahora solo tenemos dos», dijo una de las madres tras reunirse con ella.[11] Según la corte de la reina, perdió la compostura en varias ocasiones, como probablemente a cualquiera le habría pasado al conocer a una niña que le regaló un ramo de flores con una tarjeta que rezaba «De los niños que quedan en Aberfan».

Ahora, la reina ya había visto todos los extremos de la emoción nacional en cuestión de meses. Ese verano había presentado al capitán de la Copa Mundial de fútbol, Bobby Moore, en el estadio de Wembley, un momento que para muchos significaba el vigor igualitario de la época. Ese día estaba sentado en el palco real un hombre que sin querer terminaría siendo la viva imagen del peligro que entraña ser de la realeza y un ciudadano privado. George Lascelles, séptimo conde de Harewood y fanático del fútbol, sería el primer miembro de la familia real desde Enrique VIII en pedir un divorcio. Nieto de Jorge V, era casi un contemporáneo de su prima la reina. Herido y capturado en la guerra (terminó preso en el Castillo de Colditz), dedicaría gran parte de su vida a dirigir organizaciones artísticas y su hogar, Harewood House, en Yorkshire.* Su amor por el club de fútbol Leeds United le llevó a ser presidente de la Asociación de Fútbol. Era un miembro moderno de la realeza, con un trabajo, una carrera profesional y un matrimonio fallido. Los sesenta estaban en su máximo esplendor a todos los niveles, incluido el gubernamental. El Gobierno de Harold Wilson trajo el más radical de los programas en cuanto a reformas sociales de la historia moderna, programa que incluía la legalización de la homosexualidad y el aborto, el fin de la pena de muerte y la reforma de las leyes familiares para permitir el divorcio de cualquier matrimonio que «hubiera fracasado sin remedio». Las reformas todavía se estaban llevando a cabo, sin embar-

---

* Muy respetado en los campos de la música, la ópera, el arte y el deporte, lord Harewood recibió el reconocimiento de caballero en el Gobierno de Thatcher, en 1986.

go, cuando lord Harewood solicitó el divorcio de su primera esposa, Marion.* Conocía las repercusiones porque hasta necesitó terapia: tal era su horror ante la idea de un divorcio real.[12] El caso había quedado demostrado. En 1964, había tenido un hijo fuera del matrimonio con Patricia Tuckwell y deseaba casarse con ella. La condesa finalmente accedió a divorciarse en 1967, cuando la reina se involucró. Según las leyes que regulaban los matrimonios de la realeza de 1772, debía aprobar la petición de Harewood de casarse de nuevo. Dado el trauma de la princesa Margarita por su romance con Peter Townsend —y anteriormente con la crisis de abdicación—, ¿cómo iba a dar su visto bueno a la boda de su primo? Aunque, por otro lado, ¿cómo iba a oponerse, cuando su propio Gobierno estaba claramente a favor de que las normas fueran más laxas? El abogado lord Goodman propuso una solución. La reina le pediría consejo a Harold Wilson y su Gobierno la aconsejaría formalmente (es decir, la forzaría a) aprobar el matrimonio, pero tendría la conciencia tranquila: no habría sido su decisión.

Entre los elementos más anquilosados dentro de la Casa Real, lo verían como el fin del mundo. Seguía siendo una institución regida por normas eduardianas, hasta el punto que, cuando el príncipe Carlos cumplió dieciocho años, en 1966, le convirtieron en consejero de Estado sin informarle. «¡Me enteré porque lo escuché en el noticiario de las seis de la tarde!», escribió.[13] Los divorciados seguían teniendo prohibida la entrada al Royal Enclosure de Ascot (menos si eran paisanos extranjeros; Douglas Fairbanks júnior y su segunda esposa recibirían invitaciones a tomar el té en el palco real durante la competición, a pesar de estar divorciado y tener reputación de mujeriego, porque ambos eran estadounidenses). Incluso tras recibir el consentimiento de la realeza para volver a casarse, lord Harewood tuvo que hacerlo en los

---

* Antiguamente Marion Stein, la condesa de Harewood tenía tres hijos con lord Harewood. Más tarde se casó con el líder progresista Jeremy Thorpe.

Estados Unidos. La Iglesia de Inglaterra no solo no casaba a divorciados, sino que la realeza era la única que, además, tenía prohibido hacerlo por lo civil. Se vería también excluido de la lista de invitados de eventos familiares como el funeral de su tío, el duque de Windsor, en 1972. No cambió nada de su relación personal con la reina, que seguía siendo totalmente amistosa, pero parte de la corte seguía chapada a la antigua. Aun así, poco a poco, una paulatina modernidad proveniente de dentro fue avanzando.

En 1967, la BBC estaba gratamente sorprendida de que se le permitiese filmar el discurso de Navidad en color por primera vez, otra muestra de la atención cada vez mayor que se le estaba prestando a lo que los futuros cortesanos llamarían «la óptica». Cuando el intrépido regatista Francis Chichester tenía que investirse caballero tras convertirse en la primera persona en dar la vuelta al mundo navegando solo, fue Palacio quien propuso una investidura pública. De la misma forma que Isabel I había acudido a Greenwich para ungir al aventurero Tudor Francis Drake, su tocayo le honró en el mismo lugar. La reina incluso utilizó la espada de Drake. Una multitud de gente acudió para ver la investidura y para animar a Francis Chichester en su yate, el Gypsy Moth IV, mientras ascendía el Támesis por el Puente de la Torre. La imagen recordaba los vítores del día de la coronación en la conquista del Everest. Allí estaba otro hito histórico que pasaría a los anales de la historia, alcanzado por un valeroso súbdito de la reina. La única diferencia sería que, esta vez, ella formaría parte del acto. La nueva mentalidad del Palacio de Buckingham comenzaba a hacerse visible.

Liderando este cambio de pensamiento había varios factores, además del hecho de que el duque de Edimburgo estuviera cada vez más cómodo ante las cámaras de televisión, incluso presentando algún que otro programa sobre naturaleza. A mediados de los sesenta, Palacio también estaba bajo los auspicios de un nuevo lord chambelán. El nombramiento de jefes no ejecutivos de la corte era un proceso opaco que incluía dejarse aconsejar por con sejeros privados, políticos y amigos de la familia, aunque en última instancia fuera decisión de la monarca. Lord (Kim) Cobbold podía encajar tranquilamente cualquier situación académica, pero este exgobernador del Banco de Inglaterra con pericia para la política quería tender puentes más robustos con la Administración de Wilson. Fue bajo su supervisión en 1968 cuando la Oficina del Lord Chambelán finalmente consiguió deshacerse de la tarea de censor teatral. En cuestión de días, los productores de *Hair* introdujeron el tema de las drogas, la bisexualidad y la desnudez en el escenario del West End (la princesa Ana fue vista asistiendo al espectáculo con un mono violeta y bailando con el resto de espectadores).[14] Por fin el teatro podía desafiar los límites a su gusto. «La reina se alegró mucho. Fue la primera en darse cuenta de que era una de las funciones más aborrecidas de la institución»,[15] explica uno de los promotores de la reforma, William Heseltine.

Joven y brillante servidor civil de Canberra que había sido secretario privado durante cinco años del primer ministro australiano Robert Menzies, Heseltine había estado en comisión de servicio en Palacio a principios de los sesenta. A la reina le gustaba tener presencia de la Commonwealth en la Oficina de Prensa y, en 1965, se le pidió que volviera a ser suplente del ultratradicional secretario de prensa, el comandante Colville. La reina había heredado a Colville del difunto rey. El condecorado veterano de guerra,* que no tenía experiencia en los medios, siempre mantuvo una implacable política «sin comentarios». Su perspectiva de la época de Jorge VI en cuanto a la gestión de los medios estaba cada vez más alejada de la actual. Diplomáticos de Asuntos Exteriores habían comenzado a quejarse de que los viajes reales cada vez se percibían con más «apatía», tanto a nivel nacional como internacional, porque los medios no tenían acceso ni cooperación suficiente.[16] En 1968, a la edad de sesenta años, Colville se retiró

---

* A Colville se le entregó la Cruz por Servicio Distinguido en la Segunda Guerra Mundial.

con el rango de caballero. Uno de los partidarios más fieles y leales del «reinado inacabado» se había marchado. La reina no tardó en sustituirle por William Heseltine. Poco conservador y con la cara de decir lo que muchos británicos estirados no se atrevían, el australiano le había causado una buena impresión incluso a Bobo MacDonald. Los resultados se notaron prácticamente de inmediato.

En febrero de 1968, el nuevo secretario de prensa, un tanto nervioso, pidió el apoyo de la reina para secundar un novedoso y atrevido plan. El gran evento en el horizonte era el vigesimoprimer cumpleaños del príncipe Carlos al año siguiente y su investidura como príncipe de Gales en el Castillo de Caernarfon. Los medios ya estaban bombardeando a Palacio con peticiones e ideas. «Todos tenían sugerencias, incluida una biografía, lo cual me parecía bastante estúpido puesto que no hay mucho que contar acerca de un chaval de esa edad», explicaba Heseltine.[17] Lo que él propuso fue un programa de televisión describiendo las responsabilidades que le esperaban al príncipe. Este proceso sería de ayuda para presentarle a él y a la princesa Ana en sociedad. Además, serviría de medida correctiva para la narrativa mediática que llevaba años construyéndose de que la monarquía había perdido toda la gracia y de que era tediosa. Heseltine reflexiona: «Siendo más cínicos, la decisión que la familia real debía tomar en 1968 era si preferían ponerse cómodos y dejar que la televisión se los comiese vivos bajo sus condiciones o tener un rol más activo, siendo ellos quienes decidieran cómo querían usar la televisión». También tenía el apoyo vital de dos aliados claves, el duque de Edimburgo y el productor de cine lord Brabourne, yerno de lord Mountbatten. Cuando se le habían expuesto todos los argumentos a la reina, dijo Heseltine, tomó una decisión rápida pero cautelosa: «Hazlo y ya veremos».[18] La grabación correría a cargo de la BBC, aunque, para tener contenta a la nueva cadena independiente británica, la distribuiría ITV.

Ante un proyecto tan especial se fijaron algunas bases bastante poco ortodoxas. Las zonas de grabación se acordarían con antelación por un comité dirigido por el duque de Edimburgo, Brabourne, Heseltine y el director de la BBC, Richard Cawston, junto con el ejecutivo de ITV Robin Gill. Al duque le gustaban las decisiones rápidas. El equipo de Cawston enseguida comenzó a grabar escenas que se convertirían en sacrosantas durante la época de Colville: la reina en su escritorio, en el tren, embarcando en un avión o, probablemente la más icónica, junto con su familia en Balmoral. El mundo observaba boquiabierto cómo la reina le compraba un helado al príncipe Eduardo en la tienda de un extremo del Estado o cómo la familia hacía una barbacoa. Heseltine recuerda que, como era normal, estaba nervioso por la grabación del pícnic en las costas del lago Muick, aunque pronto todo el mundo se destensó. «Más tarde este evento se vería como demasiado preparado para las cámaras», explica Heseltine. «Una mentira tan alejada de la realidad como la del *Daily Mirror*, que sugirió que la comida —una vez cocinada frente a las cámaras— se tiró a la basura o a los perros. Nadie que conociera a la reina se creería que fuera capaz de semejante despilfarro.»[19]

Sí hubo, como es normal, tensión. En la película se produjo un elemento dramático proveniente del otro lado del charco cuando la reina viajaba por Sudamérica, en su visita de Estado inaugural a Brasil y Chile. Al embajador británico de Brasil, John Russell, le pareció de mal gusto toda la idea de la grabación y les pidió que se marcharan. «¿De quién es la casa?», les espetó, a lo que Heseltine le respondió recordándole que había sido la residencia de Su Majestad y que estaban allí porque ella les había invitado. Cawston y su equipo de producción se tomaron la justicia por su mano. Todas las imágenes de los Russell acabarían en el suelo de la sala de montaje, si bien el director incluyó una imagen de sus preciosos perros. Se convirtió en una broma real que el equipo de luces de la comitiva causara un cortocircuito eléctrico allá donde fueran. Cuando el palacio del gobernador en Recife de repente se quedó a oscuras durante un convite, a la reina se la escuchó bromear: «Vaya, ha vuelto Cawston». En un momento un tanto delicado en Chile, cuando el gentío se hacía especialmente agobiantes, las cámaras grabaron el momento en que el general chileno le preguntó a Martin Charteris cómo estaba la comitiva real. «Tensa, joder, tensa», le respondió, y la BBC tuvo que dejar de grabar.

En Palacio también había tensión en cuanto a las pausas de grabación. El jefe de la Casa Real decretó que el equipo no tenía el suficiente criterio como para entrar en el comedor real y era partidario de que comiera con los empleados. Heseltine no quería tener que explicarles lo que claramente eran rangos eduardianos que seguían vigentes en ese momento, así que se les dio una sala solo para ellos. Hubo un momento en el que la reina estuvo especialmente molesta con la invasión. Cawston iba a grabar una investidura y le había pedido a la banda que dejara de tocar porque sería muy complicado editar el vídeo con los cambios de melodía. A la reina no le gustó. «La gente escuchará lo que digo», le dijo a Heseltine.[20] Estaba preocupada porque, en medio del respetuoso silencio, la audiencia escuchara sus comentarios privados con los receptores y el micro captara alguna conversación complicada, lo cual le hacía sentir muy incómoda. La banda siguió tocando. «Les daban pavor los micrófonos, no las cámaras»,[21] recuerda Antony Jay, a quien se contrató para escribir el guion. A medida que se acercaba Navidad, sin embargo, el encargado de sonido, Peter Edwards, entabló una cordial relación con la familia mientras decoraba el micro con acebo. Señal del éxito general del proyecto fue que, ya en los últimos días de grabación y a punto de empezar con la edición, la reina tuvo el detalle de hacerse una foto de equipo oficial en la terraza del palacio.

Aparte de haber marcado un cambio radical en el pensamiento real, el ejercicio estuvo acorde a los tiempos que corrían. Ahora, más que nunca, había un gran sentimiento de agitación en todo el mundo debido a la invasión soviética de Checoslovaquia, a una intensificación del conflicto de Vietnam y a los asesinatos de Martin Luther King y Robert Kennedy en los Estados Unidos. Unos disturbios en Francia habían obligado a un antiguo guerrero infatigable, Charles de Gaulle, a huir brevemente del país. El Gobierno de Harold Wilson incluso había revisado su plan de evacuación de la realeza en caso de emergencia, por si se producía un ataque nuclear en el Reino Unido. El historiador y lince de la documentación —el profesor Peter Hennessy— ha desenterrado el extraordinario plan del Libro de Guerra de finales de los sesenta, cuando el Gobierno se preparó para una guerra nuclear. La reina, el príncipe Felipe y el secretario (Roy Jenkins) zarparían en el yate real y se esconderían en los lagos escoceses, esquivando así el radar soviético, desde donde le transmitirían órdenes de emergencia al Consejo Privado. Dado el estado del mundo exterior, ahora se tenía la sensación de que la monarquía podía estar un poco más relajada con los medios sin que el cielo se les cayera encima.

En marzo de 1969, la reina inauguró una nueva sección del metro de Londres. A diferencia de inauguraciones anteriores en las que solo debía cortar una cinta, en esta no solo recorrería parte de la línea Victoria, sino que conduciría también un tren. Además, dando esta imagen de monarca moderna, incluso compraría un billete. Pero saldría un poco mal: su caballerizo de la época, Jock Slater, recuerda darle una moneda de seis peniques para que comprara el billete, pero, tras intentarlo dos veces sin éxito, un oficial tuvo que darle uno más para que pudiera pasar la barrera.[22]

A finales de los sesenta, también había una mayor predisposición a vincularse con el mundo del *rock* y del pop. En 1965, los Beatles habían conversado brevemente con la familia real y habían recibido un casto apretón de manos cuando acudieron al palacio a recoger sus MBE. En 1969, estrellas del pop se sentaban a la mesa: sir Jock recuerda una de las comidas de la reina en la que le sentaron «al lado de un joven emergente cantante de pop llamado Cliff Richard». El caballerizo le recuerda como alguien encantador.[23]

Los preparativos para la investidura del príncipe de Gales iban cada vez a más. Había también una batalla constante entre la guardia antigua y la nueva. El conde mariscal,* el duque de Norfolk, prefería ceñirse a las tradiciones, pero la reina nombró a su cuñado, lord Snowdon, como agente del Castillo de Caernarfon. El conde fotógrafo/diseñador quería que fuera el primer evento real diseñado teniendo en cuenta necesidades televisivas. No quería ángulos oscuros por un dosel de terciopelo rojo sobre el estrado, como las telas que se colocaron para la investidura del anterior príncipe de Gales en 1911. En su lugar, Snowdon diseñó un dosel de metacrilato transparente que no molestara a las cámaras a pesar de no ser demasiado protector. Cuando le preguntaron qué pasaría si llovía, el duque de Norfolk respondió sin reparos: «Pues nos mojaremos».

El verano de 1969 fue también una suerte de presentación en sociedad de la princesa Ana. Había dejado Benenden con buenas notas, pero decidió comenzar con sus responsabilidades reales y emprender una carrera como jinete de competición de tres días en lugar de ir a la universidad. En la actualidad, sigue sin arrepentirse: «Muchos de mis coetáneos, si les preguntas por qué fueron a la universidad, te dirían que porque toca, y creo que no es un motivo de peso. Me parece que hice bien».[24] En primavera de 1969 acompañó a sus padres en su primera visita de Estado, a Austria. «Su Majestad inspiró cambios de costumbres», dijo el embajador Anthony Rumbold a Asuntos Exteriores. «Los austriacos, atrasados en temas de atuendo, rápidamente gustaron de su apariencia espigada y a la moda pero sin ser ultramoderna.»[25] La princesa también se convirtió en la segunda mujer en la historia a la que se le permitió montar un caballo de raza *lipizzana* en la Escuela Española de Equitación de Viena (la primera había sido la reina

---

* El título heredado de «conde mariscal», uno de los grandes oficiales de Estado, ha sido de varios duques de Norfolk desde el siglo XVII. Además de la organización de eventos de Estado como coronaciones o funerales, el conde mariscal dirige el College of Arms, el cuerpo que gobierna los escudos de armas y la mayoría de los blasones ingleses.

cuando el mundialmente famoso equipo de equitación visitó Londres en 1953).

El verano de 1969 sigue siendo uno de los mejores del reinado: no solo se proclamaría una reconciliación con el público, sino que le daría a la familia una nueva y renovada imagen gracias a *Royal Family*. La emisión del programa de Rick Cawston fue el momento televisivo más significativo desde la coronación. Duraba una hora y tres cuartos y se emitió en la BBC el 21 de junio, y de nuevo en la ITV una semana después, con un alcance de casi el 70 % de la población. Esto significaba que muchas más personas habían visto a la reina ayudando al príncipe Carlos con el aliño de la ensalada en el lago Muick que las que habían visto el evento que había tenido lugar un mes antes: el hombre llegando a la Luna. Con el tiempo, algunos comentaristas han sugerido que la familia se arrepintió rápidamente y lo consideró un error, un sentimiento que también se retrató en *The Crown*. En la institución lo recuerdan de la forma opuesta. Martin Charteris lo bautizó alegremente como *Sigue reinando: carry on* (en homenaje a la franquicia cinematográfica *Carry On*, entonces en su mayor esplendor de popularidad), y la reina premió a William Heseltine nombrándolo comandante de la Real Orden Victoriana. Una década después, la asistente de Cawston en la BBC, Barbara Saxon, le informó de que el reportaje había sido el documental más visto de la historia. Se había emitido once veces en el Reino Unido y el doble, de costa a costa, en los Estados Unidos. Se había vendido a 125 países, produciendo derechos tan suculentos que cuando la reina los donó a los BAFTA,* la organización pudo comprarse una nueva sede en el corazón del West End de Londres.

Sin embargo, desde el inicio, la película iba a tener solo un tiempo de vida limitado antes de ser guardada bajo llave. *Royal Family* no era material de archivo para prensa, como la coronación o una visita de Estado, sino un retrato personal de la época.

* Academia Británica de Cine y Artes Televisivas, BAFTA por sus siglas en inglés.

La reina retuvo los derechos de reproducción porque no quería que el material se corrompiera o se adaptara durante los siguientes años. Hasta hoy, su acceso y uso se encuentran estrictamente en manos de su secretario privado, una norma que aplica a todas las imágenes personales de la familia. La mayoría de los periódicos valoraron el documental muy positivamente. «Un ejercicio de relaciones públicas perfecto que confirma la ya clásica sospecha de que la familia real siempre ha sido muy humana a pesar de toda la parafernalia», escribía el *Observer*.[26] Seguía habiendo gente dudosa, como Milton Shulman del *Evening Standard*, que prevenía de que «todas las instituciones hasta ahora han usado la televisión para darse bombo, y ha resultado trivial». Hasta hoy, Heseltine sigue manteniendo que la alternativa hubiera sido una irrelevancia artera y corrosiva. Recuerda la carta que recibió de lord Cobbold, donde este le decía que «la familia real estaba en deuda con él».[27] Antony Jay explicaría más tarde que la película había salido «al final de un período oscuro» para la monarquía y que los tiempos fueron cruciales: «*Royal Family* coincidió prácticamente con la investidura del príncipe de Gales, y eso provocó el resurgimiento del amor por la familia, que había estado estancado unos diez años».[28]

El pueblo británico pronto volvería a estar pegado a la pantalla, días después, para ver la investidura en Caernarfon. Muchos la recuerdan como teatral e incluso cómica, debido a la pequeña corona del príncipe, que tenía lo que parecía un adorno con forma de pelota de pimpón. Además, tuvo lugar con la creciente militancia del nacionalismo galés de fondo. El príncipe sabía bien de la existencia del problema porque había pasado dos meses aprendiendo galés en la Universidad en Aberystwyth, donde quedó atrapado entre protestas y contraprotestas. La semana anterior a su ceremonia, aceptó una entrevista con el periodista de la BBC Cliff Michelmore en la que expresó su apoyo a las críticas en Gales: «Les preocupa lo que pueda pasar si no intentan conservar su lengua y su cultura, ambas especiales para Gales. En el cinturón celta se cree que todo lo importante pasa en Inglaterra». Pero no admitió que había formado parte de una ofensiva, sino que señaló otro momento real importante, «algo maravilloso», el mes anterior. La reina se acababa de convertir en la primera monarca —que se tenga constancia— en asistir a la Asamblea General de la Iglesia de Escocia. El Gobierno de Harold Wilson estaba ocupado usando a la monarca como ficha para jugar con el sentimiento separatista en distintas partes del reino. Como señala el profesor Peter Hennessy, Wilson y su equipo habían quedado muy tocados por la victoria sorpresa del Partido Escocés Nacionalista en las extraordinarias de Hamilton en 1967.

Antes de la investidura, un frente ultranacionalista galés había recurrido al terrorismo, el mismo año en que comenzarían los problemas en Irlanda del Norte. De momento, el foco era Gales, lugar al que prácticamente toda la familia real se estaba dirigiendo en tren. El juicio que se estaba llevando a cabo de tres miembros de la «Armada por la Libertad de Gales» en Swansea había caldeado el ambiente. Cuando el tren pasaba por Gales del Norte, dos nacionalistas galeses fueron asesinados por una bomba que se encontró en un puente por el que pasaban las vías del tren. A la mañana siguiente, la reina madre intentó subir el ánimo haciendo bromas, pero el ambiente era de todo menos jocoso. A la reina le traía recuerdos de la coronación, con todo el estrés de la televisión en directo, excepto que esta vez la presión recaía sobre su hijo. Para más inri, había terroristas por todas partes intentando asesinar a su familia. Cuando el carruaje de caballos entraba al castillo por Caernarfon, según contaría el príncipe después, se pudo escuchar la explosión de una bomba no muy lejos.[29] Un protestante intentó tirarle un huevo a la reina y otro intentó que los miembros de la Household Cavalry se resbalaran con una piel de plátano. Dentro del castillo, la ceremonia casi supuso un alivio. «El inexorable peso de la historia recae sobre esta juventud que se arrodilla», escribía Vincent Mulchrone del *Mail*, testigo del momento en el que el príncipe rindió homenaje a su madre bajo las murallas medievales.[30]

La violencia no descansaba. Ese mismo día, se desactivó una bomba en lo que era la A5 de Caergeiliog cinco minutos antes de que la comitiva del príncipe pasara de camino a la cena en el yate real. Más tarde por la noche, de vuelta a Caernarfon, un soldado fue asesinado por una bomba que colocaron bajo su furgoneta.[31] Cuando la reina regresó a Londres, estando al tanto de todos estos acontecimientos, sucedió otro evento importante, por así decirlo. De repente, desapareció de la escena pública. Por primera vez, dejando de lado sus embarazos, canceló sus compromisos durante toda una semana, incluyendo un partido de tenis en Wimbledon, por lo que Palacio dijo que era «un resfriado con algo de fiebre». Un oficial veterano revelaría más tarde que en realidad se trataba de «fatiga nerviosa».[32] Otro explica: «Tampoco diría colapso, pero, sea lo que fuere, no se veía con corazón de ir. Muy impropio de ella».[33] Fue el momento que más cerca estuvo de una crisis nerviosa. Lo que está claro es que no le provocó ningún daño. Aquel verano, hizo algo poco común: llevarse a la familia de vacaciones al extranjero, en un crucero por el mar del Norte, para visitar al rey Olaf de Noruega antes de su tradicional escapada a Balmoral. Cuando retomó su agenda en otoño, el país vería a una monarca rejuvenecida con unas ganas renovadas.

Se libraría de otra tarea ese mismo año. Palacio y la BBC acordaron que en 1969 no habría discurso de Navidad con el pretexto de que ya había recibido suficiente exposición mediática últimamente. Pero había más. Además de *Royal Family* y la investidura televisada, el duque de Edimburgo también hizo sus pinitos en la pequeña pantalla, en Norteamérica, aunque sus razones eran otras. Durante una conferencia de prensa con motivo del Premio Duque de Edimburgo en Canadá, alguien le preguntó allí por el futuro de la monarquía. «No venimos por interés propio. Si fuera por diversión, no vendríamos», respondió irritado. Añadió que, si los canadienses decidían convertirse en república, «por el amor de Dios, acabaran directamente con todo el asunto en lugar de pelearse por ello».[34] En Gran Bretaña, incluso el *Daily*

Telegraph, de corte monárquico, reconoció que al duque «le había faltado esa mano derecha que le caracterizaba».

Estas desafortunadas declaraciones fueron eclipsadas por otra entrevista en los Estados Unidos días después. En su aparición en el programa de la NBC *Meet the Press*, le preguntaron por el estado de la economía de la realeza. La monarquía seguía funcionando con el mismo presupuesto de 475.000 libras, fijado en 1952, y la inflación comenzaba a notarse. El duque, una vez más, dio una respuesta demasiado cándida. Dijo: «El año que viene entramos en números rojos, lo cual no es una mala gestión teniendo en cuenta las circunstancias. Hemos ido tirando con un presupuesto basado en los costes de hace dieciocho años». Añadió que acababa de vender su yate de regatas «y que probablemente tendría que renunciar también al polo pronto».[35] A pesar de que tanta sinceridad les haría hasta gracia a los críticos, lo que molestó fue el momento en el que lo dijo. Harold Wilson estaba negociando una nueva legislación de precios y salarios. También se acercaban unas elecciones, y lo último que necesitaba era una encuesta sobre la economía real. Gracias al duque, no podría librarse de una. Apareció en los Comunes a la semana siguiente para anunciar una revisión completa de la financiación de Palacio. «Las consecuencias del resbalón de Felipe», rezaba la portada de *Los Angeles Times*, reflejando la fascinación por lo que se había convertido en un relato mundial.[36]

El duque estaba arrepentido de su metedura de pata, y se notaba. A la semana siguiente, de vuelta en Gran Bretaña, explotó cuando le dijeron que había un periodista entre los invitados de la comida del Instituto de Directores, donde había dado un inocente discurso sobre el papel del pequeño empresario. Encontró al reportero de la Press Association en una cabina telefónica dictando su historia, a lo que le abrió la puerta y le espetó que «esperaba que no estuviera explicando lo que había dicho».[37] Posteriormente se disculparía.

Aunque estaba irritado por la torpe intervención del duque sobre la financiación de la realeza, Harold Wilson también conocía —pero eligió no revelar— la otra cara de la moneda. El año anterior, la misma reina había propuesto deshacerse del yate real cuando el secretario de Defensa, Denis Healey, preparaba recortes de gastos. Ella le pidió a su secretario privado, Michael Adeane, que le escribiera a Wilson diciéndole que ella y el duque habían estado discurriendo cómo «ahorrar de forma tangible para ayudar al país en estos tiempos de dificultades económicas». Adeane añadió también: «La reina espera que tú y el secretario de Estado de Defensa decidáis cuál es el futuro del yate real».[38] El Gobierno, sin embargo, había decidido que eliminar el Britannia daría un mensaje equivocado. Además, Wilson y sus oficiales insistieron en que la oferta de la reina debía quedarse entre ellos. No quería tener que explicar públicamente por qué, si la familia real estaba dispuesta a renunciar a su yate, un Gobierno laborista tenía tanto interés en conservarlo.

Esa sensación generalizada de agitación no cesaba. Unos melómanos invadieron una granja cerca de Woodstock, en el estado de Nueva York, sentando las bases de los festivales modernos de pop. La violencia que caracterizó la investidura del príncipe en Gales era mínima comparada con lo que estaba ocurriendo en Irlanda del Norte. Allí, el malestar civil comenzaba a degenerar en una espiral de violencia y guerrilla paramilitar que duraría décadas. Y al Gobierno de Wilson todavía le quedaba una reforma que cambiaría el panorama social y político para siempre: la *Representation of the People Act*, que reduciría la edad legal para votar de veintiuno a dieciocho.

El 28 de octubre de 1969, se produjo un momento decisivo cuando la reina llegó a la que sería la última ceremonia de apertura del Parlamento antes de las elecciones generales. La procesión real incluía al gran héroe de guerra, el vizconde Montgomery, al que se le había brindado el honor de caminar por delante de la reina, blandiendo la Espada de Estado (hacia arriba) con ambas manos. Cuando la soberana llegó al trono, mientras se preparaba para dar su discurso, la espada comenzó a tambalearse. Jock Slater, presente como caballerizo de la reina, recuerda que el vencedor de Alamein estuvo a nada de desmayarse.[39] La consistente espada del siglo XVII, enfundada en plata y terciopelo rojo, iba a caer en cualquier momento. Lord Tryon, guarda del Privy Purse, consiguió agarrarla justo a tiempo, y al viejo general le asistieron para abandonar la cámara. Se había pasado otro testigo. Uno de los últimos grandes, quien había conducido a Winston Churchill a la victoria, ocupaba ahora un lugar entre el público. A pesar de la devoción de la reina por la memoria del difunto rey, a finales de 1969 parecía como si ese «reinado inacabado» estuviera llegando a su fin.

III

PLATA Y HIERRO

9

1970-1973

«No dejaremos atrás a los amigos de siempre»

No pretendía ser una fiesta loca puesto que la edad de la cumpleañera y de los tres cumpleañeros sumaban 280 años, y el estado de uno de ellos no le permitía asistir. Pero los ánimos estaban altos, si no exuberantes, en el Windsor la noche del 19 de junio de 1970.

Tres días después, el palco real de Ascot explotó en vítores después de que el caballo de la reina, Magna Carta, ganara la carrera Ascot Stakes el día de la inauguración del Royal Meeting. Ahora, al final de su evento deportivo favorito del año, daba la bienvenida a cientos de amigos de la familia a Windsor para su baile en honor del setenta cumpleaños conjunto de la reina madre, lord Mountbatten, el —ausente— duque de Gloucester y el duque de Beaufort, un viejo amigo de la familia (su esposa era sobrina de la reina María).

El tema principal de conversación, sin embargo, era otro. Muchos de los convocados, por así decirlo, habían disfrutado de su propio «momento Magna Carta», justo horas antes, cuando los conservadores obtuvieron una victoria inesperada en las elecciones generales. Las encuestas habían predicho confidencialmente que la Administración laborista de Harold Wilson se extendería a su sexto año de mandato. Sin embargo, fue Edward Heath el que se encontró siendo primer ministro con una mayoría de treinta. Como tal, había sido invitado a la fiesta del Windsor. A pesar de la presión de tener que formar un nuevo Gobierno, no quería perderse el baile, aunque sí llegó un poco tarde. El caballerizo de la reina, Jock Slater, esperaba para escoltar a Heath hasta la fiesta. Nadie se imaginaba, sin embargo, lo que ocurrió entonces. Slater recuerda: «Al entrar en la Cámara de Waterloo, los invitados comenzaron a aplaudir. Me pregunté si mostrar su alegría ante un resultado electoral de manera tan abierta delante de la reina era apropiado».[1]

Como siempre, sería imposible saber qué pensaba al respecto. Y puede que sus insensibles invitados estuvieran regocijándose abiertamente con la derrota del primer Gobierno socialista del reinado, pero los años de Heath serían de todo menos fáciles para la monarca y la monarquía. Además de ser el presagio de una larga década de tóxicas disputas industriales y calamidades económicas, estos años serían recordados en Palacio por un escrutinio público de las cuentas de la realeza bastante incómodo.

Personal y familiarmente, sin embargo, sería el comienzo de un período armonioso y feliz marcado por las campanas nupciales tañendo y algunos logros de la reina a nivel nacional; fue una época en la que la suerte de la realeza disfrutaba de una trayectoria ascendente en un gráfico nacional marcado por la decadencia. A diferencia de su familia, Gran Bretaña estaba en el pozo. Una monarca segura de sí misma reinaba imponiendo sus condiciones y a su manera. Cuesta encontrar otra época de su reinado en la que el país dependiera más de la monarquía.

Con la mitad del siglo a la vuelta de la esquina, la reina visitaría por primera vez un país comunista y disfrutaría de un vals en una velada con un dictador que describiría la visita como uno de los grandes momentos de su vida. Heath tenía sus propias intenciones: alejar a Gran Bretaña de la antigua anglosfera de la Commonwealth y acercarla a la Comunidad Económica Europea. Para ello, la reina debía embarcarse en un camino delicado tanto en el Reino Unido como en sus otros reinos.

«Creo que algunos de estos movimientos asociados con el

Common Market levantaron ciertas ampollas», comenta el antiguo primer ministro australiano John Howard. «Algo estaba cociéndose bajo la superficie.»[2] Sin embargo, los setenta significaron el regreso de una gloria pasada con un retorno real al Pacífico a bordo del yate en marzo de 1970. Ninguna visita «allá abajo» generaría la expectativa del primer viaje de la reina en 1954, pero el último, por Fiyi y Toga, fue una reconocida mejora después de la fallida visita de 1963, sobre todo en Australia, donde se celebraba con júbilo el segundo centenario de la llegada del capitán Cook. «Fue el tema principal del viaje y vimos muchísimas recreaciones de la llegada del capitán», recuerda William Heseltine, el entonces secretario de prensa de la reina.[3] El hecho de que la reina y el príncipe Felipe fueran acompañados del príncipe Carlos y la princesa Ana le regaló cierta vitalidad juvenil al viaje. Multitudes de personas de seis cifras hacían cola en el río Brisbane para saludar al Britannia a su paso hacia Queensland mientras en Melbourne a la comitiva real la recibían 42.000 niños cantarines en el gran campo de críquet. Pero lo que lo convirtió en uno de los viajes más épicos del reinado, en lo que respecta a Heseltine, fue un pequeño cambio de agenda en Nueva Zelanda.

Durante el primer día de compromisos en la capital, Wellington, el equipo de la reina decidió jugar con el protocolo y permitir que el coche real se detuviera un poco antes de la alfombra roja en un compromiso que tenían en el centro. «Pensamos entre todos en tener un contacto más directo con el gran público y no solo con alcaldes, consejeros y políticos», explica Heseltine. La pareja real estaba más que contenta de intentarlo para sorpresa del público y la alegría de los medios. El ya clásico reportero del *Daily Mail* Vincent Mulchrone enseguida supo ver lo que sería un hito en la historia real. Escribió: «La reina llegó andando ayer y la monarquía jamás volverá a ser la misma. Perdonaré a todo el que me diga que no es para tanto porque, para la realeza, sí lo es».[4]

El paseo había nacido y la tiranía de la presentación formal había muerto a pesar de que esas conversaciones inaugurales habían sido un tanto incómodas. «¿Cómo les está yendo el día?», le preguntó la reina a un grupo de amas de casa incapaces de responder por estar boquiabiertas. El príncipe Felipe, de uniforme naval, se acercó a lo que el *Mail* denominó «una pareja de melenudos» y les preguntó que si estaban vagueando.[5] Tal como esgrime William Heseltine, lo que se dijo o dónde no fue lo relevante. «Lo más importante de todo era que tenía un nombre: "el paseo". Fue idea de Mulchrone.»[6] Desde ese momento hasta la pandemia de 2020, este paseo sería uno de los números más populares del repertorio real.

Hubo también un importante problema diplomático en casa. En 1971, el emperador Hirohito de Japón se embarcó en el primer viaje de ultramar como emperador regio. Su objetivo principal era volver a ver Londres, cincuenta años después de su visita como príncipe heredero. Su gira de 1921 había sido su única experiencia fuera de Japón y había cambiado su estilo de vida. A partir de entonces, vestía ropa occidental y dormía en una cama también de este estilo. Como le decía a su hermano, el príncipe Chichibu, «en Inglaterra supe lo que era la libertad como ser humano».[7] En esa ocasión, había sido invitado por Jorge V. Medio siglo después, volvía para quedarse en casa de su nieta. Edward Heath y su pariente japonés estaban entusiasmados con esta nueva relación y sus perspectivas de futuro. Sin embargo, debían hacer frente al hecho de que miles de antiguos prisioneros de guerra británicos y sus familias fueron masacrados por la brutalidad japonesa durante la guerra a pesar de que los aliados hubieran tirado dos bombas atómicas en Japón.

Fue uno de los trayectos menos agradables para la reina, ese viaje por Londres junto con el emperador el 5 de octubre de 1971. Más gente de lo normal formaba hileras a lo largo del camino, observando en un silencio deliberado. Algunos, como el maletero ferroviario Alfred Richardson, veterano de la Campaña de Birmania, les dio la espalda a su paso.[8] La policía solo detuvo a una persona tras haber intentado lanzar un objeto al emperador (al final resultó ser su abrigo). Sin embargo, la reina no podía pasar por alto la reacción del público. Cuando llegó el momento del discurso en el banquete, en el cual el emperador solo ensalzó la necesidad de «mantener la tranquilidad», la reina fue mucho más allá. Dijo: «No podemos fingir que el pasado no ha existido. No podemos fingir que las relaciones entre nuestros pueblos siempre han sido de paz y amistad. Sin embargo, precisamente por ello debemos esforzarnos, para que no vuelva a suceder». El duque de Edimburgo le había dado muchas vueltas al discurso para que tuviera el tono exacto. Al parecer, en la actualidad se conoce que la versión que Asuntos Exteriores entregó se quedaba bastante corta. Tras una reprimenda a sus compañeros, el director del Servicio Diplomático, Denis Greenhill, escribió: «Me avergüenza ver hasta qué punto Palacio (y sobre todo el príncipe F) revisó el borrador para la visita japonesa».[9] Aunque llevara ya cerca de dos décadas en el trono, todavía había personas en Asuntos Exteriores que la seguían viendo como una novata a nivel diplomático, lo cual irritaba a Greenhill. «Todo lo que se parezca a una guía infantil es inútil e inapropiado», escribió en una circular aparte en la que urgía a todos los embajadores a subir el nivel de las notas para la reina y recordándoles que estaban «proporcionando información para una monarca con una vasta experiencia en asuntos internacionales».[10]

Otra tarea importante para la reina a principios de los setenta fue la de ayudar al Gobierno a reparar su relación con los Estados Unidos tras una década en la que ese «vínculo especial» se había desvanecido por completo. Al recelo del país tras el fracaso de Suez le había seguido una tibieza prolongada con motivo de la guerra de Vietnam. El presidente estadounidense Lyndon Johnson se había mofado abiertamente de Harold Wilson por haber rechazado mandar solo «un pelotón de gaiteros»[11] para apoyar los esfuerzos de los estadounidenses en la guerra durante los sesenta. En 1970, el fin de la guerra todavía estaba lejos —tras quince sangrientos años— y tanto Wilson como Johnson ya no ocupaban sus cargos. El sucesor de este último, Richard Nixon, estaba muy dispuesto a restaurar la relación como la reina. En 1968, durante su gira por Europa, Nixon había acudido a Palacio para almorzar, algo que se pudo ver en el documental *Royal Family*. Con hijos de edades similares a los dos mayores de la reina, también había invitado al príncipe Carlos y a la princesa Ana a Washington.

En el verano de 1970, Nixon tenía planeado volar a Yugoslavia para conocer al presidente Tito, ese líder con estilo propio del mundo neutral. De vuelta, el presidente pararía en el Reino Unido unas horas para charlar con el primer ministro, Edward Heath. Nixon dejó claro que quería un «almuerzo de trabajo, con énfasis en lo de "trabajo"», con un mínimo de protocolo. Heath quería hablar cara a cara con el político el máximo tiempo posible.[12]

Entonces, todo cambió. «Me temo que tengo una pesada arma con la que atacar», le dijo el secretario privado del primer ministro, Robert Armstrong, a sus compañeros de Asuntos Exteriores, dos semanas antes de la visita. «Cuando el primer ministro estuvo en Balmoral este fin de semana, la reina dejó caer que estaría encantada de bajar y conocer al presidente y a la señora Nixon durante la visita; de hecho, dijo que sería descortés no hacerlo.»[13] Heath no pudo ignorar tan clara sugerencia e inmediatamente invitó a la reina al almuerzo. Aunque significaba saltarse la cómoda agenda de Downing Street, los Nixon estaban emocionados. «La primera reacción fue de placer desorbitante», le dijo el embajador británico al secretario de Exteriores después de comunicar las noticias a la Casa Blanca.[14]

La reina le tenía aprecio a Harold Wilson, pero el nuevo y conservador primer ministro seguía siendo un enigma. Sin familiares cercanos ni conversación y con una pasión por dos cosas que jamás habían figurado en la lista de prioridades de la reina como eran las regatas y la música clásica, su audiencia semanal trataba puramente sobre trabajo. «Me parece que se le notaba incómodo con ella», confiesa William Heseltine.[15]

La mayoría conservadora de Heath, sin embargo, fue oportuna: el Parlamento ahora debía revisar las finanzas de la realeza. El comentario del príncipe Felipe de los «números rojos» no iba desencaminado. Con el presupuesto de 475.000 libras y un gasto anual de 770.000, la monarquía iba de capa caída.

La urgencia de la situación se refleja en que, poco menos de un mes después de las elecciones, el nuevo primer ministro invitó al lord chambelán, lord Cobbold, a una reunión en Downing Street. Como antiguo gobernador del Banco de Inglaterra, Cobbold conocía bien las prioridades de la Casa Real. Le explicó a Heath que quería modernizar la institución, alineándola con el mundo exterior en lugar de esperar que los empleados trabajasen «por una miseria con el pretexto de que es un lujo trabajar para la reina».[16] Consiguió un pacto duradero con Heath a sabiendas de que la monarquía podría no seguir gozando de popularidad y de que sería mucho más complicado buscar financiación más avanzado el reinado si «menguaba el entusiasmo».

En una circular posterior, el canciller de Finanzas, Anthony Barber, desaconsejó un acuerdo a largo plazo argumentando que las cantidades eran «inconcebiblemente grandes», en especial porque el reinado «podría durar perfectamente otros treinta años o más».[17] Más de medio siglo después, la reina demostraría superar con creces la marca que habían estimado. Palacio se había asegurado una victoria crucial antes de que comenzaran las negociaciones cuando Barber aceptó que los detalles de las investiduras privadas de la reina debían seguir siendo privadas. Sin embargo, los detalles del pago de sus impuestos era justo que se compartieran con el público y se debatieran incansablemente durante meses. El resultado fue un precio pactado. Un comité nombrado especialmente para la ocasión concluyó que el presupuesto anual debía ascender a más del doble, 980.000 libras, con aumentos similares en las anualidades que cubrían los costes de los puestos de otros miembros de la familia. Sin embargo, algunos de los miembros laboristas del comité, en especial el apasionado antimonárquico Willie Hamilton, representante de Fife West, estaban decididos a aprovechar la rara dicha para cargar contra la monarquía en el Parlamento.

Cuando el informe se llevó a debate en el Gobierno el 14 de diciembre de 1971, Hamilton estuvo sembrado. Con gran placer enumeró a todos los miembros del séquito de la reina madre —«tres damas de cámara más, seis mujeres de cámara más. ¿Cómo de grande es la cámara?»—. Pero se reservó las palabras más duras para la princesa Margarita: «Todavía trabaja menos que su anciana madre. Proponen darle 35.000 libras al año libres de impuestos, un aumento del 133 %. Explíquenme, se lo ruego, por qué estamos aumentando este salario».[18] A medida que el discurso se tornaba más amargo, un político conservador le acusó de «obsceno». A la institución, sin embargo, no le molestaron las pataletas de Hamilton. «En Palacio pensaban que si Willie Hamilton no existiera lo tendrían que inventar, porque era una figura absurda», comenta Ron Allison, antiguo secretario de prensa.[19] De mayor preocupación fue la propuesta del ampliamente respetado presidente del Partido Laborista Douglas Houghton de integrar a la institución como un departamento gubernamental más, nacionalizando a todos los efectos la monarquía. Aunque se rechazó, mostraba, una vez más, que la reina y su séquito no debían dar nada por sentado, y menos ahora que este implacable rayo de luz de sospecha parlamentaria se había arrojado sobre los entresijos de Palacio. A la institución le había preocupado el tono de la conversación. «No podemos sino preocuparnos por observaciones cargadas de veneno, y más si son de la Cámara de los Comunes», le dijo la reina madre a lord Snowdon.[20]

Dadas las circunstancias, la reina había rechazado una invitación a la reunión extraordinaria de la realeza que tuvo lugar en medio del proceso decisivo del comité. Para conmemorar los 2.500 años de la fundación del Imperio persa, el sah de Irán había invitado a monarcas y líderes de todo el mundo a una semana de celebraciones en la ciudad del desierto Persépolis en octubre de 1971. Había invertido más de doscientos millones de libras en una villa de tiendas provisionales de lujo y había fletado a todos los empleados de Maxim's en París, junto con toda la comida y el banquete a excepción de cien kilos de caviar iraní. Se mandaba un bloque gigante de hielo a diario en helicóptero para rellenar los cubos de hielo; también se importaban bandadas de pájaros para que se posaran en árboles importados y así dar una sensación de oasis, aunque sin agua natural los pájaros no durarían mucho.[21] El sah incluso había encargado a la estrella de Hollywood Orson Welles que grabara el vídeo oficial. El duque de Edimburgo y la princesa Ana representaron a Gran Bretaña en este evento que algunos historiadores califican de catalizador de la revolución que derrocaría al sah siete años después, solo a semanas vista de la visita de la reina.

Mientras el sah intentaba resucitar un antiguo imperio, la reina seguía con la transformación del viejo modelo británico en una moderna Commonwealth. La organización había cumplido la mayoría de edad y en 1971 decidió romper un importante vínculo con el arcaico poder colonial. Los miembros querían dejar de celebrar las reuniones en Londres e ir alternándolas en distintos lugares del mundo. Tenían el apoyo de la reina, que había sido clave en la creación de un secretariado independiente de la Commonwealth y le había proporcionado una sede, Marlborough House, en 1959. Más tarde, cuando el Gobierno británico intentó humillar a su primer secretario general, Arnold Smith, un canadiense, relegándolo al rango de funcionario menor,* la reina no pasó por el aro. Le otorgó un rango especial en la Orden de Precedencia, la orden formal para dotar de veteranía cualquier evento

---

* Tal como Smith apunta en sus memorias, en su primera reunión ministerial de la Commonwealth en 1965, los oficiales de Harold Wilson intentaron que tomara asiento junto a taquígrafos y trabajadores, a lo cual se negó.

oficial. Gracias a la monarca, el secretario de repente superaba en rango a cualquier diplomático de Londres.

Llegados a ese punto, las naciones de la Commonwealth estaban ya organizando su primera reunión fuera del Reino Unido para 1971, y Singapur se había ofrecido a ser la anfitriona. Como presidenta de la Commonwealth, la reina asumió que debía estar presente. Cuando faltaban días para su ascenso al poder, sin embargo, Heath y sus oficiales comenzaron a preocuparse. «Alguien tendrá que hacerse cargo de aconsejar a la reina si asistir», informó el secretario privado de Heath al jefe de la Casa Real en julio de 1970.[22] Heath sabía que iba a enzarzarse en una pelea con el resto de la Commonwealth por sus planes para retomar la venta de armas en Sudáfrica y temía que la reina presenciara el conflicto. El 15 de octubre, Isabel recibió una notificación oficial de su primer ministro instándola a no asistir. En circunstancias normales hubiera sido «deseable» que lo hiciera, pero la situación así lo requería. «El problema de las armas en Sudáfrica dominará la reunión», le dijo Heath. «Me temo que el riesgo de crítica y bochorno también podrían afectar a Su Majestad.»[23]

La reina había perdido esta batalla. En su respuesta oficial, que extendió vía su secretario privado, Michael Adeane, mantuvo un tono educado pero dejó claro que se trataba de una excepción. En la carta también decía que se alegraba de que sus ministros estuvieran de acuerdo en que su presencia era necesaria en las cumbres de la Commonwealth. También le recordó a Heath que había algo sobre lo que no cabían segundas interpretaciones. La reina, escribió Adeane, no «asistía» a estas cumbres, sino que acudía para «acoger» a los líderes.

No es ningún secreto que estaba molesta. Después de veinte años en el trono, se la estaba apartando de una institución constituida en su nombre por un primer ministro que llevaba meses en el cargo. El biógrafo de Heath escribió que la reina estaba «muy descontenta» con esta «impetuosa falta de respeto» por parte de la Commonwealth y el «desprecio» a sus líderes.[24] En efecto, la cumbre estuvo marcada por la acritud, y la organización casi se escinde. El secretario general, Arnold Smith, reconoció más tarde que el ambiente hubiera sido más distendido de haber estado la monarca presente.[25]

La reina no dejaría que Keith la apartara de sus amigos de nuevo. Arnold Smith había urdido un plan con su compatriota, el primer ministro canadiense, Pierre Trudeau, para acoger la siguiente reunión de la Commonwealth en Canadá. Esto dejaba a Heath sin poder de objetar a menos que quisiera desatar una crisis constitucional. «Para la reina, su máxima prioridad era asistir, y me dijo que estaría disponible en todo momento»,[26] escribió Smith en sus memorias. Habiendo perdido la primera ronda contra Heath, la reina había empatado el marcador. Finalmente asistiría a más de una veintena de cumbres de la Commonwealth en todo el mundo, más que cualquier otro miembro de la historia de la organización.

Para Heath, la Commonwealth siempre había sido una mera distracción del imperativo dominante de su mandato: conseguir que Gran Bretaña tuviera un puesto en la Comunidad Económica Europea. El primer intento en 1963 lo había frenado la negativa de Charles de Gaulle. Cuando Harold Wilson volvió a solicitar la entrada en 1967, animado por Alemania, De Gaulle había hecho lo mismo, proyectando su asentada hostilidad hacia Gran Bretaña en su propia visión de Europa. El Reino Unido tendría que esperar sin ninguna duda a que se retirara De Gaulle, lo cual sucedió dos años después. Su sucesor, Georges Pompidou, tenía un punto de vista diferente. De la misma forma, Gran Bretaña nunca ha tenido un primer ministro más pro-Europa que Edward Heath. Entre ambos lograron que el tercer intento de adhesión de Gran Bretaña, en 1971, tuviera éxito. Las negociaciones fueron largas y arduas, pero Heath estaba decidido a presentar un glorioso *fait accompli*. Un suceso clave para el éxito del plan fue la visita de Estado francesa que Pompidou y él preparaban para la reina en 1972.

En palabras del periódico francés *Le Figaro*, fue «la consagración de una nueva era».[27] A nivel interno, sin embargo, el asunto había levantado polémica porque los políticos seguían divididos ante la gran pregunta europea. El problema no dependía solo del Gobierno, pero el primer ministro estaba dejando fuera a la reina como si lo hiciera. El evento central sería el banquete de Estado del Palacio de Versalles, donde Pompidou había organizado un ballet seguido de un banquete de fuagrás de Périgord (con un Château d'Yquem de 1949), pastel de langosta, pata de cordero St. Florentin y tarta helada de fresas en la Galerie des Cotelle, bajo cuatrocientos ochenta candelabros de plata.[28] Mientras que para los ciento cincuenta invitados fue una de las mejores cenas de sus vidas, la reina apenas lo disfrutó pensando en lo que estaba por venir. Finalmente, las luces de televisión la deslumbraron para la retransmisión en directo de su gran discurso. «La gente de Europa occidental, con su talento y conocimiento, sus recursos y tecnología, tienen un legado común sin parangón», declaró con un fluido francés. «¿Por qué no trabajar unidos?»

Para los diplomáticos, el viaje era un punto de inflexión en las relaciones franco-británicas. París se llenó de aglomeraciones gigantes de gente y en la Provenza disfrutaron de un poco de informalidad al sol. Allí tuvo lugar el único tropiezo de la gira. Cuando un manifestante solitario gritó un «*Vive la republique!*» a la comitiva, la multitud le puso en su sitio y la policía tuvo que custodiarle por su seguridad.[29] *The Economist* dijo sobre la monarca: «Sigue siendo un símbolo en Europa de una forma que los británicos no saben apreciar». El corresponsal de París citó al ministro de Exteriores francés, que había observado que la reina representaba «esa difícil mezcla de democracia y estabilidad».[30]

La familia real recordaría la visita por motivos más personales. Sobrevolando todo el viaje estuvo el recordatorio de la cada vez más débil salud del duque de Windsor, que podía fallecer en cualquier momento. La reina quería incluirlo en el itinerario. Cuando llegó a la villa de la familia en Bois de Boulogne, estaba en las últimas pero decidido a que la reina no le viera en la cama. Pidió una camisa, toallitas y una americana, se sentó en la habitación contigua y le pidió al médico que camuflara goteos y tubos. El equipo médico pasó un mal rato porque insistió en ponerse de pie para saludar a su sobrina. Por suerte, no se desconectó ningún aparato crucial y dejaron que la monarca y el exmonarca pasaran un cuarto de hora en privado. La reina se unió a una tensa hora del té abajo con la casi histérica duquesa y sus carlinos jadeantes. Según uno de los presentes, la reina parecía «muy agitada, [...] saturada» por la situación. Le había traído recuerdos de su padre.[31]

El duque falleció solo nueve días después del regreso de la reina a Gran Bretaña, a la edad de setenta y siete años. La Real Fuerza Aérea repatrió el cuerpo y se celebró un ceremonioso funeral real precedido por una capilla ardiente en San Jorge, en Windsor. Decenas de miles de personas pasaron a despedirse. La familia real, incluyendo a la fría reina madre, montaron un escándalo con la cada vez más alterada duquesa, que llegó antes de hora. El príncipe de Gales escribió en su diario que, si no llega a ser por la garantía del médico, la duquesa no hubiera llegado. «Menos mal», añadió, pensando en las represalias mediáticas de la ausencia. Dejando a un lado las explicaciones médicas, los medios internacionales lo hubieran pintado como un desaire. De hecho, la duquesa se sentó con orgullo al lado de la reina, a la cual se pudo ver agarrándole la mano durante toda la misa, consolándola en voz baja durante los despistes de Wallis. El duque finalmente descansaba y, tal como dejó por escrito, fue enterrado en el camposanto al lado del mausoleo de la reina Victoria, en Frogmore.

Inmediatamente después de la muerte del duque, Edward Heath pidió que se revisara el protocolo de funerales reales. Creía que debía otorgarse cierta prioridad a preparativos futuros, especialmente en vistas de la delicada salud de la duquesa. Una circular de Downing Street avisaba de que, si se le negaba reconocimiento nacional, se percibiría erróneamente como «la fría venganza del sistema». Además, Heath añadió a mano: «Deberíamos ser generosos. Iré a Windsor».[32] La duquesa era dura de roer. Downing Street cambiaría de mando tres veces antes de su fin, donde descansaría junto al duque a partir de 1986. La reina, el príncipe Felipe y la reina madre —junto con la primera ministra del momento, Margaret Thatcher (y el líder de la oposición, Neil Kinnock)— asistirían a su funeral en la Capilla de San Jorge. Pero, aunque el sistema no podía ser tildado de vengativo, tampoco nunca le había profesado mucho cariño a la duquesa. Al historiador y diarista Kenneth Rose le sorprendió encontrarse al frente de un centenar de personas, y casi más al percibir dos ausencias. En primer lugar, en la misa ofrecida por el arzobispo de Canterbury no se nombró ni una vez a la duquesa; en segundo lugar, a los asistentes se les ofreció poco más que una mísera taza de té. Dijo: «La grandeza y pompa de los funerales reales, pero con una fría falta de humanidad. Sin hospitalidad». Rose vio una reveladora nota sobre la turbulenta historia del duque y la duquesa de Windsor fuera de la Capilla de San Jorge, donde los asistentes podían dejar objetos para el recuerdo: «Un oficial del castillo vio una tarjeta en una de las coronas funerarias de los soportales que rezaba "Hubiera sido una magnífica reina". Le tocó cortarlo con unos alicates».[33]

La muerte del duque de Windsor dejó una sensación generalizada de que la larga sombra de la abdicación había terminado. En cuanto a la pérdida en el plano personal, el duelo real sería más doloroso tres meses después con la muerte del primo de la princesa, el príncipe Guillermo de Gloucester. Tras haber sido uno de los pajes de su boda en 1947, el apuesto y deportista príncipe había pasado por Eton y Cambridge y había desempeñado cargos en Asuntos Exteriores de Nigeria o Japón, donde se enamoró de una divorciada húngara. Sin embargo, la pobre salud de su padre, el duque de Gloucester,* le había obligado a volver a casa para

---

* El príncipe Enrique, duque de Gloucester y tercer hijo de Jorge V, aspiraba a tener una carrera militar. Tras la abdicación fue uno de los posibles candidatos a regen-

hacer frente a compromisos oficiales. Aficionado a la aviación, participaba en una competición aérea en Sussex cuando su avioneta se estrelló en agosto de 1972.

En aquel momento también hubo cambios de la Casa Real. Al alcanzar la edad de jubilación, el veterano consejero de la reina y su mayor secretario privado, Michael Adeane, iba a hacerse a un lado. Había sucedido al maravilloso Alan *Tommy* Lascelles y, desde entonces, había ayudado a cambiar una institución con tintes victorianos desde la seriedad de mediados de los cincuenta hasta los desmelenados años del pop y la televisión en color. Sin embargo, surgió un imprevisto. El fiel segundo de Adeane, Martin Charteris, que había estado con la reina desde que era una princesa, siempre pensó que heredaría el puesto. Aunque la decisión recaía en última instancia en la reina, a ella le gustaba que fuera el lord chambelán quien tomara este tipo de decisiones, en este caso lord Cobbold. Y fue este quien le dio prioridad al tercero de a bordo, Philip Moore, un funcionario, diplomático y exjugador internacional de rugby en Inglaterra y expiloto de la Real Fuerza Aérea. Moore era también ocho años menor que Charteris y solo llevaba unos pocos en Palacio. «Lord Cobbold cometió un error. Creía que Martin, debido a su inmersión bélica en el golfo de Vizcaya,* no gozaba de la mejor salud», comenta William Heseltine, que sucedería a ambos hombres. Charteris, nieto de un conde, era popular en Palacio a todos los niveles. Tal como le dijo al profesor Peter Hennessy, tenía una estrategia muy simple para lidiar con extraños: «Me limito a ser implacablemente agradable con ellos, sean quienes sean».[34] Moore era menos divertido. En

---

te de guerra en caso de que la princesa Isabel ascendiera al trono siendo menor de edad. Con una actitud estoica respecto a la vida de los miembros de la realeza, afirmó que sus memorias llevarían por título *Cuarenta años de aburrimiento*.

* En la Segunda Guerra Mundial, Charteris estaba en la enfermería de un buque de transporte de tropas por una fiebre reumática cuando su embarcación sufrió un ataque en Vizcaya. Sobrevivió después de pasar horas amarrado a un bote salvavidas.

palabras de un contemporáneo, «Felipe era pesado al nivel de Westminster». Charteris se lo hizo saber a la reina. «Cuando llegó el momento, dijo: "Martin tiene derecho a su turno"», afirma William Heseltine.[35] Así que se le comunicó a un decepcionado Moore que esperara su momento mientras Charteris asumía el cargo durante cinco memorables años.

Uno de los principales retos era ayudar a la reina a navegar esa enemistad entre quienes se debían al Mercado Común Europeo, con el primer ministro al mando, y quienes pensaban que Gran Bretaña estaba traicionando a los compatriotas de la antigua Commonwealth. En tan solo cinco meses, en 1972, durante el mandato de Edward Heath, la reina acogió visitas de Estado de la mitad de las seis naciones de la CEE: la reina Juliana de los Países Bajos, el gran duque Jean de Luxemburgo y el presidente Gustav Heinemann de Alemania, además de su propia visita a Francia. Palacio estaba hasta arriba. Aun así, había quien pensaba que Gran Bretaña y su monarca no estaban siendo lo suficientemente pro-Europa. Tras su visita a Gran Bretaña en 1972, la reina Juliana hizo saber que estaba «muy decepcionada» con la respuesta de la prensa y el público tras sus entusiastas comentarios acerca de la adhesión de Gran Bretaña a la CEE.[36] Había utilizado sus discursos como una oportunidad para mostrar su apoyo a la entrada del Reino Unido, o eso creía, pero le parecía que se habían ignorado sus mensajes.

Las posiciones estaban cada vez más arraigadas a medida que se acercaba la fecha formal de entrada, 1 de junio de 1973. Heath estaba decidido a colocar a la reina y su familia en el centro de las celebraciones que se estaban planeando. Daba igual que las encuestas hubieran mostrado que Gran Bretaña estaba tan dividida en cuanto a las ventajas de la adhesión como lo estaría, casi un siglo después, sobre las de marcharse. Una encuesta de la BBC en la víspera revelaba que el 38 % de los británicos estaban a favor de la adhesión, el 39 % en contra y el 23 % no estaba seguro.[37]

La diferencia clave era que, tanto antes como después del

referéndum del *brexit* en 2016, la reina y su familia se mantendrían, porque podían, al margen. En 1972, sin embargo, su primer ministro le aconsejó escoger un bando. Debía animar a lo que —a raíz del mismo juego de palabras que *brexit*— ahora llamaríamos *brentry*. Y, mientras tanto, los súbditos de algunos de sus otros reinos de la Commonwealth —en especial, agricultores de Nueva Zelanda y Australia— se preparaban para la pérdida inminente de su mayor mercado de ultramar. Atrapada en un dilema que se escapaba de su control, la reina podía entretenerse con dos eventos futuros. En noviembre de 1972, celebró sus bodas de plata y, un mes antes, visitó por primera vez un país comunista. Debido a las tensiones existentes, fue un alivio tratar con un líder de una nación que no estuviera ni dentro de Europa ni en la Commonwealth.

Conoció a Josip Broz, *Tito*, el líder de guerra que había convertido Yugoslavia en un Estado comunista al margen del Imperio soviético. Orgulloso de su estado neutral, ya había recibido a dos de los hombres más poderosos del planeta: al presidente Nixon de los Estados Unidos y a Leonid Brézhnev de la Unión Soviética. Sin embargo, con su octogésimo cumpleaños a la vuelta de la esquina, todavía le faltaba un nombre en su libro de visitas: la reina. La Embajada británica de Belgrado llevaba tiempo intentándolo, pero, como siempre, los compromisos del Comité de Visitas Reales siempre encontraban otras prioridades. Dos años atrás, la Embajada de Belgrado había cerrado una visita de la princesa Margarita. Tito había ordenado que se la tratara como una jefa de Estado y que se le asignara un cocinero especial que la acompañara en todo momento. Ella, a cambio, recibió muchos elogios al perdonar la reverencia del pueblo, lo cual hizo que se ganara el apodo de «camarada princesa».[38] Asuntos Exteriores y Palacio acordaron que el cumpleaños de Tito era un hito que no se podía dejar pasar.

La reina se lo dijo a Martin Charteris, que comunicó a Asuntos Exteriores que guardaran unos días para un viaje en octubre de 1972, con dos advertencias: quería ver todo Yugoslavia, no solo la capital; y, aunque no le importaba dormir en un tren, «no quería tener que repetir que no era permisible que la reina volara en un avión yugoslavo».[39] El gentío en Zagreb era tan grande que el desfile tuvo que detenerse y la reina sorprendió a sus huéspedes apeándose del coche y caminando. Era algo a lo que el pueblo yugoslavo no estaba acostumbrado de sus líderes comunistas. Una orden que dictaba que las fábricas controladas por el Estado podían dar a sus trabajadores el día libre para recibir a la reina hizo que el número engordara al grito de «*Zivili!*» —«¡Larga vida!»— allá donde fuera. El periodista del *Guardian* Jonathan Steele informó de que la asistencia para ver a la reina camarada había sido seguramente mayor a la que tuvieron Nixon o Brézhnev.[40]

«No es fácil dar con dos naciones cuyos pueblos se lleven tan bien», declaró la reina en el banquete de Estado en Belgrado. Tito quedó embelesado, aunque no tanto como cuando recibió a la reina en Brioni, su archipiélago-safari privado al norte de la costa croata.* En una animada cena con ella, el embajador británico explicaba que Tito «se había puesto sentimental» y que «finalmente reunió la valentía para sacar a la reina a bailar un vals vienés, un estilo que dominaba».[41]

En casa, la reina y el príncipe Felipe celebraron sus bodas de plata en la Abadía de Westminster con un centenar de parejas que se habían casado el mismo día. A la edad de cuarenta y seis y cincuenta y uno, respectivamente, les alegró ser el reflejo de la cómoda felicidad de la mediana edad. A ella se la pudo ver sonreír más. El paseo, que ya no era una novedad, había dejado ver a una monarca más cercana. En la comida en Guildhall para celebrar el aniversario, incluso hizo un par de bromas (un claro signo del

---

* Por el todavía activo zoo privado de Tito en Brioni han pasado a lo largo de los años personalidades como Elizabeth Taylor, Richard Burton o el emperador Haile Selassie.

efecto Charteris). «Creo que todos estaremos de acuerdo en que, especialmente hoy, mi discurso debe comenzar con "mi marido y yo"», empezó diciendo, haciendo referencia a uno de los clichés recurrentes de la reina Victoria.

El aniversario nupcial se convirtió en el tema principal de su discurso de Navidad de ese año, un mes después, que sería uno de los más importantes de la historia del programa, y también uno de los que jamás olvidaría. Desde el prisma actual, fue descaradamente político. La reina empezó diciendo que «ningún matrimonio puede salir adelante sin un esfuerzo deliberado por ser tolerante y comprensivo». Esta reflexión se aplicaba más que nunca, dijo, a Irlanda del Norte, que acababa de sufrir uno de los mayores picos de violencia de esos treinta años tan problemáticos. Pasando del plano nacional al internacional, prosiguió diciendo: «Pero hoy me dirijo a todas las gentes de la Commonwealth». Y entonces llegó el giro: «Gran Bretaña pronto se adherirá a la Comunidad Europea y debéis saber que afectará a la Commonwealth». En efecto, era una pregunta que muchos todavía se hacían a menos de una semana de la entrada del Reino Unido en la CEE, o el Common Market, como la mayoría lo llamaban. Pocos, sin embargo, esperaban que la reina diera la cara, pero lo hizo: «Este nuevo vínculo con Europa no sustituirá al de la Commonwealth. No dejaremos atrás a los amigos de siempre; Gran Bretaña entrará en Europa con ellos».

Como marcaba la tradición, el discurso de Navidad era una de las ocasiones en las que la monarca hablaba con el corazón en lugar de con jerga administrativa. Sin embargo, se nota en el discurso que había decidido romper con esa tradición. Los documentos clasificados del Gabinete muestran que, antes de incluir a Irlanda del Norte e Irlanda en su mensaje, había pedido consejo a Heath. En el caso de que alguien acusara al primer ministro de interferir, su secretario privado, Robert Armstrong, le escribió a Martin Charteris dando su clara opinión: «Acordamos que lo correcto era que el primer ministro pudiera ver el contenido del discurso y aprobarlo».[42] Se cotejaron al menos cinco borradores antes de la grabación de la BBC. No hay constancia de que Palacio se opusiera a ninguna de las propuestas de Heath de añadir frases como la del «nuevo vínculo con Europa». Charteris respondió: «La reina incorporó con gusto los cambios [...] del texto. Creo que lo mejoraron y le dieron más fuerza». Como resumen de la visión general de la realeza sobre la adhesión de Gran Bretaña a la CEE, no podía ser más claro.

La reina llegó junto con otros miembros de la familia al gran concierto *Algarabía por Europa* de Edward Heath en Opera House, Covent Garden, el 3 de enero, para ser recibida por trescientos protestantes y una efigie de Heath colgando de una pequeña horca. Descrita como «una celebración de la música y las palabras», la velada incluyó temas británicos y europeos junto con lecturas de Laurence Olivier y Judi Dench. Si bien a la reina la alegró asistir a esta gala de Heath, limitó algunas de las propuestas más ambiciosas para la celebración de las nuevas credenciales continentales de Gran Bretaña. Palacio rechazó una invitación para que el príncipe Carlos participara en una versión europea del programa de talentos televisivos *Opportunity Knocks*. Asuntos Exteriores también quería organizar un *Algarabía por Europa* en la Abadía de Westminster.[43] El deán habló del tema con la reina. Podemos deducir la respuesta porque nunca se llevó a cabo. Quizá podía sentirse atada a su deber en cuanto a los consejos de Heath sobre políticas, pero no iba a pasar por el aro con la fe.

Sea como fuere, los ojos del mundo estarían clavados en la abadía en 1973 porque esos últimos años la princesa Ana había estado rodeada de rumores sobre su vida romántica. Aunque nunca fue una rebelde, tampoco era alguien conformista, y aborrecía esas expectativas de cuento de hadas. Cuando la reina le preguntó si quería celebrar su vigesimoprimer cumpleaños en el Palacio de Buckingham o en Windsor, la princesa optó por el puerto de Portsmouth y una discoteca en el yate real. La prensa la vincularía con varios jóvenes apuestos, pero ella tenía una estrecha relación con el teniente oficial Mark Phillips, un oficial de la Armada y experto ecuestre. Tras haber formado parte del equipo británico en las Olimpiadas de 1968, consiguió un oro en las de 1972. El concurso completo es un deporte en el que los hombres y las mujeres compiten en igualdad de condiciones al más alto nivel, y la princesa tenía un claro objetivo. Era tan buena que, en 1971, ganó el campeonato europeo en Burghley a lomos de Doublet, un caballo de la reina, por lo que en el palco real hubo doble celebración. Como Terry Pendry, el encargado de los sementales de la reina, señaló: «La reina había criado tanto al caballo como a la jinete».[44]

Para culminar un año extraordinario, la princesa recibió el galardón de Persona del Año por parte de la BBC Sports en detrimento del futbolista y superestrella del Manchester United George Best, que se llevó la plata. El interés mediático solamente lo acaparó ella en un momento en el que la prensa amarilla se adentraba en territorio no explorado. El infaliblemente respetuoso, si no alabador, reportaje de la estrella del reino había dado paso a artículos más informales y malvados. Lo que preocupaba a la familia real eran las fotos hechas a escondidas, desde lejos, lo que más tarde se popularizaría como *paparazzis*. Al principio, el combativo líder del grupo era Ray Bellisario. Este hijo de inmigrantes italianos oriundo de Yorkshire era un fotógrafo de agencia que, como muchos, tuvo problemas con el comandante Colville en Palacio. Captó a la princesa Margarita y al príncipe Carlos haciendo esquí acuático en el Gran Parque de Windsor, se le solía pillar escondido en Sandringham o Balmoral y estaba obcecado con fotografiar a la princesa Ana cayéndose del caballo. Bellisario incluso aprovechó las bodas de plata de la reina para promocionar su libro, *Treading on Royal Toes*. Palacio presionaría a los periódicos para no incluir sus fotos más morbosas —aunque encontraría un nicho de mercado en el extranjero—, pero su función sería más bien la de informar sobre la realeza como quien informa sobre celebridades.

Habían pasado más de diez años desde la boda de la princesa Margarita y la prensa anhelaba una historia de cuento, aunque a esta princesa en particular no le apetecía demasiado. Ana era divertida, atrevida y glamurosa; había sido portada de *Vogue* tres veces en tres años. También había demostrado ser una buena jefa, como su padre, cuando viajó a Kenia en 1971 para grabar un programa infantil para la BBC, *Blue Peter*. La idea era hacer un programa especial llamado *Blue Peter Royal Safari*. Junto con la presentadora, Valerie Singleton, la princesa fotografió animales salvajes, buceando por las costas keniatas y galopando por las llanuras. Fue una verdadera aventura. Lo que el público no sabe es que Singleton la tiró del caballo y desapareció entre la maleza.[45] Sin embargo, este programa formaba parte del trabajo de la princesa con Save the Children, organización con la que visitaba refugios nocturnos de la ciudad y escuelas. Antes de comenzar su agenda real, su padre le había aconsejado que no aceptara ninguna invitación de organizaciones benéficas para ser embajadora de las mismas. Le dijo: «Espera hasta que veas que puedes ayudar a cambiar las cosas»,[46] según recordaría más tarde. En el caso de Save the Children, la princesa seguiría ayudando a cambiar las cosas cuando algunos de esos niños de *Blue Peter* eran ya abuelos.

El 29 de mayo de 1973, la princesa y Mark Phillips anunciaron su compromiso. Como el resto de descendientes de Jorge II, la princesa necesitaba el permiso de la monarca. Aunque podía finiquitarse con un gesto de asentimiento, Palacio informó a Downing Street de que la reina quería una reunión extraordinaria con el Consejo Privado porque la ocasión lo merecía. Heath convocó a los líderes rápidamente junto con el lord canciller y el arzobispo de Canterbury para la dicha. La monarca escribió a Heath: «Parecía que a todos les hacía ilusión. Es agradable dar buenas noticias en lugar de malas».[47]

En medio de crecientes problemas económicos, el público también estaba de acuerdo. El Palacio de Buckingham necesitó un equipo de veinticinco personas para responder a todas las feli-

Princesa Isabel de Edmond Brock, inédito hasta hoy. Pintado en 1931, este temprano retrato maravillaba tanto a sus padres, los entonces duques de York, que estaba expuesto con orgullo en su hogar londinense, en el 145 de Piccadilly. Sigue en los aposentos privados de la reina. El perro es supuestamente el terrier del rey Jorge V, Snip.

La primera fotografía de la futura reina al volante de un coche, inédita hasta hoy. Lilibet toma las riendas en la fiesta del quinto cumpleaños de David Ogilvy en su casa familiar, el Castillo de Cortachy, en mayo de 1931. Como conde de Airlie, Ogilvy sería un fiel amigo y aliado.

La princesa Margarita (izquierda) y la princesa Isabel con sus perros y sus padres en la pequeña casita de campo galesa, como ellos la llamaban, en el Royal Lodge. Fue un regalo que el pueblo de Gales le hizo a Lilibet por su sexto cumpleaños: una réplica en miniatura de una casita de campo verdadera que incluso tiene instalación de agua y luz, mide 7,3 x 2,4 m y cuenta con habitaciones de hasta 1,5 m de altura.

Izquierda: La coronación de sus padres, el rey Jorge VI y la reina Isabel. «Todo ha sido muy muy maravilloso y espero que a toda la abadía también se lo haya parecido», escribió la princesa Isabel. *Derecha:* La princesa conoce formalmente al príncipe Felipe en Dartmouth en 1939. Previa aprobación, el biógrafo de su padre escribió que esta se había «enamorado» del príncipe «desde el primer encuentro».

Octubre de 1940. Durante «el Blitz» y la batalla de Inglaterra, la princesa Isabel hizo su primera emisión en directo a los catorce años desde Windsor. Se dirigió a los evacuados y les prometió que todos estarían bien. Ochenta años después emitiría un mensaje idéntico a causa de la pandemia del COVID-19.

La subalterna segunda n.º 230873, Isabel Windsor, del Servicio Territorial Auxiliar hace gala de sus dotes de reparación de vehículos ante su madre en 1945.

Los duques de Edimburgo contraen matrimonio el 20 de noviembre de 1947. El vestido floral diseñado por Norman Hartnell estaba inspirado en *La primavera* de Botticelli. El ramo de flores se perdió en dos ocasiones.

Un año después, el 14 de noviembre de 1948, nace el príncipe Carlos Felipe Arturo Jorge en el Palacio de Buckingham. Su madre dijo que era «tan dulce que no tenía palabras».

Febrero de 1952. Tres reinas lloran la muerte del último rey emperador: Isabel II, la reina María y la reina madre.

Día de la coronación, 2 de junio de 1953. Luciendo la corona de San Eduardo, sentada en el sillón con el mismo nombre, la reina sostiene en la mano derecha el Cetro de la Cruz (símbolo del poder temporal) y el Cetro de la Paloma en la izquierda.

De más de seis meses de duración y con una distancia de 44.000 millas recorridas, la gira poscoronación de 1953 a 1954 fue la más ambiciosa de la historia de la realeza. Naciones como Nueva Zelanda o Australia no habían conocido a ningún monarca regio. Llegada de la reina a Stratford, Nueva Zelanda, en enero de 1954.

Ante la inminente investidura del príncipe de Gales en 1969, la reina permitió a las cámaras de la BBC rodar el primer documental sobre la realeza. Llevaba por título *Royal Family* e incluía esta íntima comida familiar. Se emitió once veces en el Reino Unido y se distribuyó a 125 países.

El 1 de julio de 1969, la reina inviste formalmente a su hijo mayor como príncipe de Gales en el Castillo de Caernarfon. Fue el primer evento real diseñado teniendo en cuenta la televisión. El evento intentó boicotearse con bombas terroristas.

La duquesa de Windsor recibe a la reina durante su visita de Estado a Francia en 1972. Eran los últimos días del duque y la reina insistió en visitar a su tío, el que fue rey Eduardo VIII, en su casa a las afueras de París.

Gracias a la celebración de su Jubileo de Plata, la reina pudo visitar toda la Commonwealth en 1977. En octubre, el primer ministro Pierre Trudeau le daba la bienvenida a Ottawa.

Asistiendo a una exhibición de baile en Kuwait en febrero de 1979. Ese año, la gira de la reina por el golfo Pérsico fue la primera vez que muchos de sus anfitriones, incluida Arabia Saudí, acogían a una jefa de Estado mujer.

29 de julio de 1981. Los príncipes de Gales abandonan la Catedral de San Pablo tras contraer matrimonio. Lady Diana Spencer —con una tiara familiar— acababa de cumplir veinte años.

El príncipe Guillermo y sus padres abandonan el ala Lindo del Hospital St. Mary, en Paddington, el 2 de junio de 1982. Fue el primer bebé de la línea directa de sucesión en nacer en un hospital.

La reina visita su reino más pequeño, Tuvalu, en octubre de 1982. Llegó a la orilla desde el yate real en una canoa de guerra que, una vez en tierra firme, fue elevada y transportada por toda la capital, Funafuti, a hombros de veintiséis hombres. Una segunda canoa portaba al príncipe Felipe.

A bordo del Britannia. Con pantalones oscuros, pocas veces podía verse a Isabel tan relajada como en su crucero anual por las islas de Escocia a bordo del HMY Britannia. En 1983 los acompañaron sus tres hijos menores y sus dos nietos mayores, Peter y Zara Phillips. La monarca hizo de esta fotografía su postal navideña.

Las reuniones de la Commonwealth solían propiciar acalorados debates políticos. Durante los años ochenta, sin embargo, casi se produce un cisma por el enfoque que se debía adoptar para acabar con la supremacía blanca en Sudáfrica. Una vez más, la presencia conciliadora de la reina ʰ·ó la situación en la cumbre de 1985 en las Bahamas, en la que Margaret Thatcher (segunda la derecha) tuvo diferencias con otros líderes.

citaciones. Se expusieron más de mil quinientos regalos de boda, incluyendo una alfombra persa de doscientas libras de parte de los miembros del Gabinete. La Casa Blanca se gastó bastante más. El presidente Nixon mandó un cuenco de cristal grabado con una base de oro e incrustaciones de malaquita y cuatro candelabros de oro. «Ahora nosotros hemos quedado fatal con la alfombra persa», dijo el secretario privado de Heath, Robert Armstrong.[48]

Esta sería la primera boda real televisada al completo y a color (las ventas de televisiones a color se dispararon), sirviendo de modelo para el resto de bodas reales. Se estima que quinientos millones de personas vieron la boda por televisión, ceremonia a la que después le siguió un almuerzo de langosta, perdiz y helado de menta acompañado de un enternecedor discurso del padre de la novia. «No tengo la costumbre», dijo el duque de Edimburgo antes de una larga pausa dramática, «de hacer discursos en el desayuno...»[49] La luna de miel fue en el yate real en el Caribe, lo cual hizo que pudieran aprovechar para visitar a la reina en los Juegos de la Commonwealth, en Nueva Zelanda.

Con el Britannia para acompañarla en sus viajes, la reina podía hacer frente a lo que fuera. Lo que más le costaba era enfrentarse a la diplomacia a nivel interno: Heath había invitado a algunos de los dictadores más censurables de la época a Gran Bretaña y esperaba que la reina estuviera con ellos. El verano de 1971, el presidente Idi Amin de Uganda anunció que acudiría a Gran Bretaña para hacer su primera visita de ultramar desde su ascenso al poder seis meses atrás. Había planeado el golpe militar mientras su predecesor, Milton Obote, estaba fuera del país, en esa dichosa cumbre de la Commonwealth en Singapur. A pesar de esta acción antidemocrática, Heath quería invitar igualmente a Amin. Nunca le había gustado Obote, el padre de la independencia de Uganda. ¿Cómo iba Amin a ser peor? El Gobierno británico reservó un viaje y una estancia gratuitos para Amin en Londres, además de un viaje a Escocia, cortesía de la reina para visitarlo y bañarse en el mar.[50] Sin embargo, lo más reseñable de la visita para Ami' su almuerzo privado con la reina. Aunque Asuntos Exteriores, en sus notas, la había avisado de que él era prácticamente analfabeto, no imaginaba para nada un compañero de mesa tan frenético.[51] Entre otras cosas, le confesó que pretendía mandar a las Fuerzas ugandesas a invadir Tanzania, su país vecino. Teniendo en cuenta que la reina le profesaba un gran cariño al padre fundador de la Tanzania moderna, Julius Nyerere (una paternal figura que había pasado su tiempo libre traduciendo Shakespeare al suajili), fue un movimiento arriesgado por parte de Amin. El secretario general de la Commonwealth, Arnold Smith, dijo en sus memorias: «La dejó pasmada cuando le dijo que pretendía cortar una tira del territorio interior de su país y conectarlo así con el Índico, lo cual habría supuesto desplazar unos setecientos kilómetros del norte de Tanzania».[52] En cuanto el almuerzo terminó, comentó Smith, la reina alertó al secretario de Exteriores, Alec Douglas-Home, de los planes bélicos de Amin. En ese preciso momento, Amin se dirigía a pedirle armas británicas a Alec, incluyendo una flota de coches blindados. Smith comentó: «En el convite que se celebró esa tarde, se compararon las notas. Era obvio que Amin era un peligro potencial». La reina había sido indiscreta, pero, al serlo, había evitado un mal mayor.

Amin podía ser malo, pero al menos había ido a almorzar. Dos años más tarde, el Gobierno de Heath insistió en una visita de Estado al completo para otro tirano africano, Mobutu Sese Seko, de la República del Zaire (actual Congo), y su esposa Marie-Antoinette. Asuntos Exteriores y la reina no se hicieron ilusiones sobre el tipo de invitados para los que se preparó la Suite Belga. En las notas que le mandaron a la reina se decía que había colgado a sus rivales y desviado fondos de la nación. Mobutu había prohibido la moda occidental: trajes y corbatas para hombres y pantalones y minifaldas para mujeres. Eso sí, a su hija la envió a un caro internado en Eastbourne. Cada noche aparecía en televisión como si descendiera del cielo como *«le Père de la Nation»*.[53] Asuntos Exteriores también había recibido información sobre el embajador de los Estados Unidos acerca de la reciente visita de Mobutu a Nueva York. No solo había pedido muebles nuevos para su *suite* en el Waldorf Astoria, sino que también viajaba a todos lados con un cuarto de millón de dólares en una pequeña carreta verde. La razón principal de la visita real, al parecer, era la triste esperanza de que un consorcio británico le asegurara un contrato hidroeléctrico de treinta y cuatro millones de libras, adelantándose así a sus rivales europeos.[54] Al parecer, Mobutu también había cancelado una visita privada al Reino Unido en 1971 porque «la reina no iba a recibirle al aeropuerto». Con una visita de Estado quedaría todo solucionado.

La reina podía con la hipocresía. Se le había pedido que conociera a Mobutu en una visita anterior, en 1964, cuando era comandante de la Armada (sus consejeros de Exteriores en esa ocasión le previnieron de que él era un fanático de la danza del vientre). Todos esperaban también que la reina, sin quejarse, diera un insulso discurso en el banquete de Estado en el que alabara las maneras de hombre de Estado de Mobutu, que estaban «teniendo un papel clave en las relaciones internacionales». Pero lo que la monarca no podía ni iba a tolerar bajo ninguna circunstancia eran las tretas de la esposa, Marie-Antoinette. Poco después de la llegada de la pareja, las cocinas de palacio recibieron una petición de un criado de llevar carne cruda a la Suite Belga. Al parecer, la primera dama de Zaire había colado a su perrito faldero en Palacio, lo cual no solo era una violación flagrante de las estrictas leyes antirrábicas de Gran Bretaña, sino también un gesto de muy mala educación. Antiguos empleados comentan que pocas veces habían visto a la reina tan alterada. «Montó en cólera», dice William Heseltine.[55] Hizo llamar al indispensable lord Plunket y dio firmes instrucciones: «¡Sacad a ese perro de mi casa!». El polizón fue inmediatamente requisado y encerrado en cuarentena en las perreras; los *corgis*, transportados a Windsor. La visita de Estado se desarrolló fría como el hielo, tras lo cual Mobutu volvió a Zaire con un nuevo préstamo de un millón de Gran Bretaña. Incluso había intentado excusar el incidente del perro en su cena formal con el primer ministro insistiendo en que el perro «era británico de nacimiento y que Marie-Antoinette, muy digna de su nombre, solo había traído al perro a Londres para que conociera su ciudad natal».[56] En cuanto al contrato hidroeléctrico, al país jamás le devolvieron un céntimo.

10

1974-1976

«Aprendes observando a tus padres»

La reina todavía dormía en una cuna la última vez que las relaciones industriales estaban tan mal. La falta de fuentes de energía, sumada al parón más serio de las minas desde esa huelga general, había parado por completo Gran Bretaña al inicio de 1974. Los negocios solo podían abrir tres días a la semana y en la televisión estaba prohibido emitir después de las 22.30 horas, algo que no suponía ninguna desgracia para los millones de personas que ni siquiera tenían electricidad para encenderla. La reina se había embarcado en una gran gira por los reinos del Pacífico cuando Edward Heath decidió convocar elecciones. Sería un préstamo más en el banco real durante la época de Heath. Otros primeros ministros habían evitado siempre convocarlas si el monarca se encontraba fuera. El laborista Clement Attlee había incluso convocado unas en 1951 —las que le costaron el puesto— para evitar tener que realizarlas más tarde cuando el rey Jorge VI estaba en el extranjero (aunque no le salió muy bien porque el rey finalmente no se fue).

A Heath le habían advertido del perfectamente organizado viaje de la reina desde mayo de 1973 en una larga carta de Palacio. En una nota escrita a mano de su secretario privado, Robert Armstrong, decía que «en efecto, esto descartaba unas elecciones en febrero de 1974».[1] Sin embargo, Heath las convocó igualmente. Había calculado que la ciudadanía, a estas alturas, estaría tan harta de las huelgas, los sindicatos y los cortes de luz que le regalarían un segundo mandato. Pero no lo hicieron. Para sorpresa de muchos, el laborista Harold Wilson quedó en primera posición por muy poco. Con 301 asientos, cuatro más que Heath, justo pasaba la línea de la mayoría absoluta en el Parlamento. Esto significaba que la reina debía hacer frente al primer Parlamento en desacuerdo desde el reinado de Jorge V. Había regresado a casa justo a tiempo para los resultados y había dejado al príncipe Felipe de gira por Australia solo, una profunda vergüenza para él. La monarca podía ser reina de Australia cuando estaba allí, pero estaba claro que eso contaba poco cuando su *alter ego*, la reina del Reino Unido, era necesaria en su país. Los republicanos australianos jamás olvidarían el desaire.

Heath se agarró al puesto cuatro días para intentar llegar a algún tipo de acuerdo con los liberales de Jeremy Thorpe. Años después, el secretario privado de la reina, Martin Charteris, recordaría la incertidumbre de ese «fin de semana tan agónico». Le dijo al profesor Peter Hennessy, historiador constitucional, que Palacio se aferraba a la idea de que «un primer ministro sigue siéndolo hasta que presenta su dimisión».[2] Pero ¿y si Heath se negaba a dimitir? ¿Qué pasaría si la oscuridad se apoderaba de la situación? La reina dejó que las cosas siguieran su curso. Cuando Heath vio que claramente no conseguiría las cifras deseadas, acudió a Palacio para presentar su dimisión. En ese momento, la reina hizo llamar a Harold Wilson. «Rápidamente recuperamos esa intimidad relajada», escribiría Wilson después.[3] Ante tanta incertidumbre, tener a alguien conocido cerca la aliviaba. «Harold había sido *boy scout* y siempre se llevó bien con la reina», comenta el antiguo secretario de Exteriores laborista lord Owen. «Nada de lo que él hiciera le molestaba. En materia real, Harold tenía tanta potestad como Gengis Kan.»[4]

Sin mayoría en los Comunes, Wilson no tenía mucho margen de cambio. Debería adaptarse y esperar el momento adecuado para pedirle a la reina unas nuevas elecciones. Uno de los primeros actos de la nueva Administración fue volver a enviar a la monarca a la otra punta del mundo para reincorporarse al yate real a tiempo y realizar esa primera visita a Indonesia. «Su vuelta para la visita de Estado sería una señal de retorno a la normalidad en casa»,[5] le escribió Robert Armstrong —ahora bajo un nuevo jefe de la Casa Real en Downing Street— a su tocayo de Asuntos Exteriores, Antony Acland.

En el evento, la visita discurrió sin incidentes y animada por la decisión del gobernador de Yakarta de contratar a los diez mejores *dukuns** para mantener la lluvia a raya. Pero llegaron inesperadas y sorprendentes noticias de casa. El tercer día de la gira, despertaron al príncipe Felipe a las cinco de la mañana para comunicarle que un hombre armado había intentado secuestrar a la princesa Ana.[6] Esta volvía de un evento benéfico al Palacio de Buckingham con su marido. El Rolls-Royce real descendía por la avenida cuando un Ford Escort conducido por el fanático Ian Ball derrapó justo delante y detuvo el vehículo. El responsable de la protección de la princesa, el inspector Jim Beaton, quedó gravemente herido al salir del coche y recibir tres disparos mientras su arma se quedaba encasquillada. El chofer, junto con otro policía y algunos periodistas, también fueron disparados y heridos mientras Ball sacaba a la princesa del coche, gritando que quería un rescate de dos millones de libras. «Que te lo has creído», respondió ella, con su marido agarrándola del brazo, y añadió: «No tengo dos millones».[7] Ninguno de los dos resultó herido. Ball consiguió huir antes de ser placado y detenido por otro policía. Años después, la princesa explicaría que su formación ecuestre le había sido de gran ayuda. Dijo: «Por algún extraño motivo ya había pensado antes en ello. Lo que pasa con los caballos y la hípica es que tienes que prepararte para lo inesperado».[8] Pero había otra explicación de esta valiente muestra de sangre fría. Como la princesa explicó a su biógrafo, Brian Hoey, «estaba muy enfadada porque me había arrancado una manga del vestido, y era nuevo y de marca».[9]

---

* Un *dukun* es un chamán indonesio al que se le atribuye el poder de modificar las condiciones meteorológicas.

En los setenta hubo una epidemia de secuestros en el mundo occidental y la reina conocía los riesgos. La frase hecha en inglés «a King's ransom» (que significa «un ojo de la cara» o «un dineral», pero que literalmente se traduce como «el rescate de un rey») incumbiría a cualquier miembro de la familia. Cuando la policía entró en la casa de alquiler de Ian Ball, encontró una carta ya escrita dirigida a la monarca, donde, en efecto, pedía dos millones de libras como rescate de la princesa. Los documentos clasificados del Gabinete revelan que, tres años antes, la reina había intervenido personalmente para prevenir que le pasara lo mismo a su primo, el duque de Kent. En febrero de 1971, este estaba con su regimiento —los Royal Scots Greys— en Irlanda del Norte cuando Palacio recibió un alarmante mensaje del antiguo primer ministro lord O'Neill donde informaba al entonces secretario privado de la princesa Michael Adeane de los rumores de una conspiración del IRA para secuestrar al duque en Belfast el mes siguiente. «Tomamos nota de que la reina desea que no se envíe al duque a Belfast», informaba el Ministerio de Defensa a Downing Street.[10]

En Indonesia, la reina continuó con su gira a pesar de lo sucedido con su hija. «No le ha temblado el pulso ni un momento», le dijo Martin Charteris a Maurice Weaver del *Telegraph*. «Es maravillosa.»[11] Cuando regresó a Gran Bretaña, organizó una investidura privada condecorando a todo el que participó en el rescate. Jim Beaton recibió el galardón más alto, la Cruz de San Jorge, e Ian Ball una cadena perpetua. El incidente hizo que se volvieran a revisar los procedimientos de seguridad de la Corona y sirvieron de recordatorio de que, por muchos privilegios y protección que tuvieran los cargos reales, siempre existía el peligro del chalado de turno.

Esa misma semana, el príncipe de Gales había estado en California, donde su barco, el HMS Jupiter, visitó San Diego. Su aparición programada en el partido de polo el día de San Patricio se canceló en el último momento tras el aviso de intento de asesinato de los republicanos irlandeses. Cuando recibió las noticias de Londres, se puso en contacto con la princesa por teléfono en menos de una hora. «Mi admiración por una hermana como la mía no conoce límites», escribió en su diario.[12]

A esas alturas, la carrera naval del príncipe le había llevado por todo el mundo. En el mar, era solo otro oficial ensuciándose con el resto de la tripulación. En tierra firme, sin embargo, se esperaba que mantuviera el tipo en toda clase de eventos oficiales, aunque seguía teniendo alguna que otra escapada fuera de servicio. En una parada en Hawái, «dos bombones rubios» le habían seducido y llevado a su apartamento para «fumar una exótica y cara marihuana». Soltó una excusa y se marchó, aunque «le costó porque eran muy divertidas».[13] Al llegar a California tomó algo con Frank Sinatra, cenó con el gobernador, Ronald Reagan, y su esposa, Nancy, y tuvo una reunión con una chica de revista, Barbara Streisand, en un plató de Hollywood.[14] Fuera donde fuera el príncipe, la mayor preocupación de los medios eran sus intereses románticos. Pero su antigua novia, Camilla Shand, ya se había casado con el oficial de la Armada Andrew Parker Bowles, y los medios habían detectado un interés por parte de Carlos en la hija del duque de Wellington, Jane Wellesley. No tenía prisa por casarse, pero no iba a evitar el tema en su primera gran entrevista desde su investidura como príncipe de Gales. «No importa qué lugar ocupes, cuando te casas formas una alianza que esperas que dure cincuenta años, así que me gustaría casarme con alguien con quien tuviera cosas en común», le dijo al periodista del *Observer* Kenneth Harris en junio de 1974. «No está relacionado con la clase, sino con la compatibilidad. Hay tantos casos de matrimonios infelices porque un hombre se casa con alguien por encima de él como por debajo. Pero el matrimonio no entiende de jerarquías: debe ser horizontal.»[15]

Solo unas semanas antes se le había dado una nueva casa preparada para el matrimonio, Chevening, una bonita mansión georgiana en Kent. Igual que la residencia del primer ministro,

Chequers, la casa se había cedido a la nación (en este caso por el conde Stanhope). El primer ministro debía nombrar a un inquilino apropiado y Harold Wilson decidió ofrecérselo al heredero del trono, lo cual generó las esperadas pullas de la prensa. Pero al príncipe nunca le acabaría de gustar. De hecho, en ese momento no tenía intención alguna de marcharse de casa. La entrevista del *Observer* fue un ejercicio de conciencia, reflexión, donde se le pudo ver maduro para su edad y entregado a su familia. Al contrario de descripciones que se han hecho de él como alguien guiado por la rabia y pagando la presión que había sufrido con sus padres, el príncipe no tenía demasiados instintos rebeldes en aquel momento. Dijo: «No tengo la necesidad de encararme con gente mayor. He aprendido de la sabiduría y juicio de mi padre. Nunca he querido irme de casa. Me gusta disfrutar del hogar». En cuanto a los deberes constitucionales que le esperaban, dijo: «Aprendes observando a tus padres, por repetición, como los monos».

En el caso de sus propios padres, eran años de satisfacción personal. La economía y el equilibrio industrial podían no estar en su mejor momento, igual que los niveles de paro y la actuación de un Gobierno minoritario, pero la familia estaba feliz y asentada y la presencia de la reina tanto a nivel nacional como internacional seguía en auge. La monarquía en general estaba en la cresta de la ola en Europa gracias a una nueva incorporación. Tras casi cuarenta años de mandato militar, el dictador español, el general Franco, estaba en sus últimos días. En 1969, había declarado que le sucedería como jefe de Estado el príncipe Juan Carlos de Borbón y Borbón, nieto del hombre que había sido el rey de España antes de la abolición de la monarquía en 1931. La Casa Real británica mostró mucho interés, puesto que tanto la reina como el príncipe Felipe eran parientes suyos por parte de la reina Victoria (el padre de Felipe era el tío abuelo de la princesa Sofía de Grecia). Algunos en Gran Bretaña creían que el primo de la reina no duraría mucho. «Es un país en el que el asesinato político siempre es una posibilidad», escribía el embajador suplente, Robert Wade-Gery, en su artículo sobre el futuro rey. «El príncipe ya es un objetivo tentador. Como rey, todavía lo será más. Su probabilidad de morir en el trono de mayor es menor que de otras formas.»[16] Un año después, Franco había muerto y los líderes de occidente estaban dispuestos a ayudar a su sucesor a reconducir España hacia la democracia. Mientras Francia y Alemania enviaron a sus presidentes y los Estados Unidos a su vicepresidente, Gran Bretaña envió al duque de Edimburgo. España había sido un paria durante todos estos años de franquismo. El nuevo rey estaba ilusionado por abrazar el nuevo espíritu real con el que estaba emparentado. El embajador británico, Charles Wiggin, señaló que ninguna otra delegación nacional «había sido tan acogedora» ni había tenido mayor cobertura mediática que el contingente británico, con el duque a la cabeza.[17]

Durante esos primeros años de precariedad en el trono español, Juan Carlos le pediría varias veces consejo a su prima británica. «El rey profesaba un tremendo respeto por la reina y solía telefonearla a menudo», recuerda Antony Acland, el sucesor de Wiggin como embajador en Madrid. «Una de las cosas que ella le dijo fue que necesitaba hacer una gira por el país. A la reina se le había insistido mucho en pasear por zonas de Gran Bretaña, y él debía hacer lo mismo. Escuchó el consejo y fue a Andalucía.»[18]

Independientemente de las políticas extranjeras del nuevo Gobierno laborista, los ministros de Harold Wilson debían seguir con los planes y visitas de Estado ya agendados por sus predecesores conservadores. La primera fue la reina Margarita de Dinamarca, la primera soberana de la historia del país. *Daisy* Dinamarca, dieciséis años menor que su homóloga británica, había conocido a su prima Isabel en una visita a Londres con su madre en 1952. «Era una ciudad masacrada por las bombas», recordaría años después. «A dos casas del edificio en el que nos hospedábamos había un agujero enorme. Yo tenía doce años y me causó un tremendo impacto, te lo aseguro.»[19] La monarca danesa se formaría más tarde en el Reino Unido. Era totalmente bilingüe y le dijo a un servidor que sigue soñando en inglés cuando está en el país.[20] No harían falta indicaciones previas a la visita de Estado, pero Asuntos Exteriores sí advirtió a la reina británica y a su séquito sobre un «tema algo delicado». En el documento titulado «Temas a evitar», se decía que «los daneses no solían querer hablar de la fama de Dinamarca como capital pornográfica de Europa».[21] Era poco probable que ninguna de las dos quisiera hablar del tema.

El resto del mundo pasaría gran parte de 1974 pendiente de la implosión de la presidencia de Richard Nixon en los Estados Unidos. Tras un robo en las oficinas de sus rivales democráticos, en el Washington Watergate Building en 1972, las pruebas que demostraban quién era conocedor de qué terminaron salpicando el despacho oval. Nixon presentó su dimisión y dejó la Casa Blanca el 9 de agosto de 1974. La reina y su familia probablemente estuvieran un poco contrariados. Con Nixon, esa llamada «relación especial» se había reavivado tras la discusión de Vietnam. Había asistido como invitado al Palacio de Buckingham y también había sido un generoso anfitrión para el príncipe Carlos y la princesa Ana en los Estados Unidos. La reina madre siempre mostró mucha empatía hacia él. En un banquete en Clarence House para los estudiantes estadounidenses, un joven invitado la forzó a dar su opinión sobre lo de Nixon. Finalmente, admitió que si ella «hubiera sido presidente de los Estados Unidos, hubiera intentado estar al loro».[22]

Puesto que Harold Wilson podría tener que convocar elecciones en cualquier momento, la reina no tenía prisa por hacer otra gran gira. Su único viaje de ultramar en 1974 sería uno bastante feliz: una excursión de un día a París para ver a su potrilla, Highclere, ganar el Prix de Diane en Longchamp. Su caballo montado por Joe Mercer llegó a la zona de ganadores vitoreado por un «*Vive la Reine!*». Esa noche, Mercer y el entrenador de Highclere, Dick Hern, fueron invitados a cenar con la familia en Windsor.[23]

En otoño de 1974 Wilson convocó unas nuevas elecciones para sorpresa de nadie y salió vencedor por mayoría, aunque solo por tres asientos. Eso significaba que el Gobierno laborista podía ser un poco más proactivo. Con un fuerte contingente antieuropeo todavía en su partido, Harold Wilson había prometido que, si volvía a salir elegido, organizaría un referéndum para decidir si Gran Bretaña seguía o no en la Comunidad Económica Europea. Aunque Edward Heath se había estado preparando para usar a la reina como gancho para la campaña, Wilson la mantuvo (y a él mismo también) lejos del debate. En el evento, más de dos tercios de los británicos votaron quedarse, dejando en paz el tema durante una generación.

Si bien Europa ya había dejado de ser un problema para la monarquía en el país, seguía teniendo un impacto negativo en la Corona en algunos de los reinos de la Commonwealth. Las políticas gubernamentales británicas y la visión de la monarquía estaban inextricablemente unidas. Lo que de verdad les chirriaba a otros países, sobre todo, era la primera impresión que recibían los australianos, canadienses, neozelandeses y visitantes de otros reinos cuando llegaban al Reino Unido, visto todavía por muchos como «el país madre». Mientras que las llegadas europeas, incluyendo antiguos rivales, pasaban por una vía rápida especial, los «amigos y familiares» de la Commonwealth tenían que hacer cola como el resto del mundo. El antiguo primer ministro australiano John Howard reconoce que el Common Market «embarró» un poco el apoyo australiano a la monarquía durante los setenta. «En esa época, cada vez se viajaba más asiduamente», dice recordando sus propios viajes a Gran Bretaña. «Y escuchabas a la gente decir que tenían que hacer cola con los malditos extranjeros, mientras que aquellos contra los que habían luchado en la Segunda Guerra Mundial recibían un tratamiento especial. Incluso los más conservadores lo veían como una total atrocidad.»[24]

En cuanto Gran Bretaña se unió a la CEE, se produjo una rápida transformación en Australia. El país decidió cambiar su sistema de reconocimiento, lo cual desembocó en la pérdida de la figura del caballero. En un año dieron la patada al «God Save the Queen» y adoptaron un nuevo himno nacional, «Advance Australia Fair». La reina y sus oficiales fueron muy realistas en cuanto a los cambios. Estaba sobre todo preocupada por que el primer ministro australiano, Gough Whitlam, ni siquiera se hubiera molestado en decírselo. «Mi opinión es que el señor Whitlam no estuvo muy acertado al no buscar el apoyo de la reina desde un principio», escribió Martin Charteris al gobernador general, John Kerr, en relación con el nuevo himno. «Su Majestad les hubiera apoyado si se le hubiera preguntado.»[25]

Había algo, sin embargo, por lo que sí se alegraba de no haber formado parte de ello. En noviembre de 1975, el Gobierno australiano se estaba quedando sin fondos, y la posibilidad de que los funcionarios no pudieran percibir su salario era real. Como gobernador general —es decir, representante de la monarca—, John Kerr había sido puesto en situación por uno de los ministros de que existía la posibilidad de que se desatara violencia en las calles.[26] Pero se bloquearon los fondos gracias a un callejón sin salida político. Gough Whitlam había conseguido que se aceptaran sus presupuestos a través de la baja Cámara de Representantes de los Estados Unidos, pero no de la alta, el Senado, donde la oposición ejercía el control. Tampoco podía convocar elecciones. En su capacidad como monarca *de facto,* John Kerr intervino. El 11 de noviembre se reunió con Whitlam, que no tenía ni idea de lo que estaba por llegar. Kerr le destituyó fulminantemente y puso en su cargo al líder de la oposición, Malcom Fraser, del partido de centro derecha: se trataba de un primer ministro provisional pendiente de elecciones para relajar el ambiente. Whitlam se quedó atónito y juró que haría que la reina tumbara la decisión. Pero a nivel constitucional no se le permitió. Puesto que le habían despedido, era ahora un ciudadano civil y no podía aconsejar formalmente a la reina sobre nada. Ese día, más tarde, el secretario de Kerr tomó la palabra en el Parlamento para anunciar su disolución, concluyendo la sesión con el tradicional grito «God Save the Queen!», tras lo cual Whitlam declaró para ser vitoreado por unos furiosos miembros del Partido Laborista: «Bien podemos decir "Dios salve a la reina" porque nada salvará al gobernador general». A su ira se sumaba el hecho de que él mismo había nombrado a Kerr.

Finalmente, resultó que el partido de Whitlam quedaría por los suelos en las siguientes elecciones y Kerr conservaría el poder dos años más. Whitlam y sus seguidores siempre seguirían quejándose de que un representante no electo de una monarquía no electa había destituido al primer ministro electo. Kerr recibiría críticas y se enfrentaría a manifestantes durante meses.

Era un gobernador general de la vieja escuela: un aristocrático político británico retirado con algún parentesco con la reina, por lo que la decisión podía considerarse incendiaria. De hecho, Kerr era hijo de un calderero de Sídney que se había convertido en uno de los jueces más prominentes del país. Había pedido consejo legal antes de tomar acciones drásticas y murió seguro de estar actuando bajo su propia autoridad, así como de estar haciendo lo correcto para que su nación siguiera siendo funcional y solvente. En otras palabras, la crisis no podía achacarse a la reina.

Todavía hoy, lo que se conoce popularmente como «la destitución» se considera una de las crisis constitucionales más graves del reinado de Isabel. Republicanos acérrimos siguen recordando el 11 de noviembre de 1975, el Día del Recuerdo de Australia, como un hito en el camino hacia la abolición de la monarquía.

Las especulaciones acerca de la secuencia precisa de los acontecimientos continuaron cuarenta y cinco años más, hasta que la corte australiana ordenó la publicación de todos los documentos en 2020. Y, como suele ocurrir con la correspondencia real que se ha mantenido bajo llave con recelo durante años —igual que las cartas del puño y letra del príncipe Carlos a los ministros, años después, o los consejos del príncipe Felipe a la princesa de Gales—, la verdad resultó decepcionar profundamente a los teóricos de la conspiración. Los documentos confirman la clave a favor de la reina: no sabía nada. De hecho, estaba dormida, en Londres. En su carta a Kerr poco después de la debacle, su secretario privado, Martin Charteris, se mostraba más aliviado: «Creo que al NO informar a la reina de lo que pretendían hacer [...] actuó no solo con perfecto derecho constitucional, sino con admirable consideración hacia la posición de Su Majestad».[27]

«Jamás creí la teoría de que Palacio estuviera involucrado», comenta el antiguo primer ministro John Howard. «No se saltaron ninguna regla.» Sin embargo, cree que el asunto sí dejó secuelas a largo plazo. «No cabe duda de que la destitución radicalizó la oposición a la monarquía, le dio una seguridad y un componente emocional a la causa republicana.»[28] Todavía hoy la antigua primera ministra Julia Gillard recuerda la ira. «Mi padre, simpatizante laborista, estaba furioso por la destitución. Yo cursaba el segundo año del instituto, y nos llevó a mi hermana y a mí a escuchar el mitin de Whitlam», comenta. «Era para avivar la rabia, porque yo no tenía edad de votar, pero lo recuerdo con claridad.»[29]

Hubo, sin embargo, buenas noticias sobre la reina en esa misma parte del mundo. En el momento en el que las llamas republicanas comenzaban a prenderse en Australia, en Torres Strait, Papúa Nueva Guinea, hubo un brote de fervor monárquico. Se trata de la segunda isla más grande del mundo y también de una de las más diversas, con más de ochocientas lenguas. Tras haber sido gobernada por los holandeses, los alemanes y los británicos, finalmente había caído en manos de Australia a través de las Naciones Unidas. Mientras se preparaba para la independencia en 1975, el país había estado trabajando en una Constitución presidencial. Entonces, un día, el Palacio de Buckingham recibió una visita del alto comisionado australiano en Londres, John Bunting. «No te lo vas a creer», le dijo a Martin Charteris, «pero quieren que sea su reina.»[30] Explicó que el pueblo de Papúa Nueva Guinea adoraba a Isabel, que querían a alguien neutral y que les gustaban los reconocimientos y condecoraciones que podía otorgar.

La reina, según explica Charteris, «estaba emocionada con la idea y aceptó».[31] Otras naciones de la Commonwealth, alguna vez, han votado si mantener o deponer a la monarca como jefe de Estado; la última fue Barbados en 2021, que la cambió por un presidente. Pero esto era diferente: por primera vez, la habían venido a buscar. El 16 de septiembre de 1975, el príncipe de Gales, conocido en la lengua simplificada del país como «Número uno Piccaninny pertenece señora reina» tuvo el honor de ver nacer a la nueva nación de Papúa Nueva Guinea.

Seguidamente, el príncipe asistió a una ceremonia igual de memorable en otro de los reinos del Pacífico. El Imperio británico es sujeto de cada vez más acalorados debates y críticas en el siglo actual, así que parece increíble que una antigua colonia quisiera celebrar su mandato. Sin embargo, en 1974, cuatro años después de la independencia, Fiyi organizó unas fiestas nacionales para marcar el centenario de la anexión de Gran Bretaña, conocida como «la cesión». «La confianza y la amistad han sido faros para la relación entre Fiyi y la Corona británica», decía Ratu Mara, el primer ministro. «Porque cedimos libremente nuestras islas a la Corona, nunca nos sentimos sirvientes.»[32] Al príncipe le ocurrieron muchas cosas en ese viaje. Por poco no escapa a los cotilleos que se cernieron sobre él en una ceremonia en una pequeña isla donde los dirigentes del país habían llevado a cabo la cesión original en 1874. Las celebraciones concluyeron con una cena real en el Hotel Trade Winds, en el que el alto comisionado británico se fijó en que el príncipe «accedió a bailar con numerosas señoritas».[33]

Habiendo crecido con historias de la Commonwealth y siendo ahora un visitante VIP en muchos de sus Estados, el príncipe había heredado un profundo cariño por la organización. Tal como le dijo al *Observer* en 1974, «le encantaba Europa porque, al fin y al cabo, por su sangre corría sangre europea. Le fascinaba cuán diferentes eran, pero le sorprendía ver todo lo que tenía en común con la Commonwealth». Incluso había intentado comprar una casa en Australia en una de sus visitas en 1974, pero fue rápidamente disuadido por los oficiales de la reina. «Se cree que el público de este país no entendería que el príncipe de Gales tomara la decisión de comprar una casa en un momento así de difícil económicamente», informaba Martin Charteris a la oficina del gobernador general. «Nunca es un buen momento para que la familia real gaste dinero, pero creo que es justo decir que ahora mismo no lo es en absoluto.»[34] En efecto, no hubiera sido una buena compra. La situación estaba empeorando tanto que en 1975 la reina dejó pasar discretamente su ritual anual de navegar en un crucero de verano por la costa oeste de Escocia.

En febrero de 1975 la inflación obligó a Palacio a volver a acudir al Gobierno para pedir otro aumento en el presupuesto real. Habían pasado menos de cuatro años desde el último y Harold Wilson ahora se enfrentaba a una petición de aumentar la dotación anual de 980.000 libras a 1,4 millones. El momento no podía ser peor porque coincidía con la publicación de *My Queen and I*, un mordaz libro escrito por el archirrepublicano Willie Hamilton, del Partido Laborista. El político había bombardeado al duque de Edimburgo con preguntas durante su investigación. «Parece que tienes mucha imaginación», respondió el duque. «Me pregunto si te servirá de algo.»[35] Sin embargo, le envió a Hamilton varias páginas de respuestas a su larga lista de preguntas, aunque no consiguió torcer la teoría troncal de Hamilton de que debería abolirse la institución. Como siempre, la princesa Margarita fue blanco de críticas: «Ni siquiera intenta ocultar su pomposa irrelevancia extravagante».[36]

Hamilton podía ser uno de los extremos más radicalizados del Partido Laborista, pero la reina estaba mucho más preocupada por la economía familiar, que atraía más miradas de políticos, como el antiguo secretario de Exteriores Michael Stewart. Si la vergüenza de Palacio no era suficiente, encima se filtraron unas cartas de Hacienda en el periódico de tintes comunistas *The Morning Star*. En ellas se hablaba de normativas que protegían los datos de las participaciones accionarias de la realeza. Aunque Palacio insistió en que eran actualizaciones rutinarias y que querían gozar de la misma privacidad que cualquier otro inversor institucional, la información no hizo sino remarcar esa percepción general de doble moral. «Aunque no creo en las teorías conspiranoicas públicas, tengo que creerme que es una coincidencia que las cartas cayeran en manos de un periódico comunista unos días antes del debate», admitió William Heseltine, el secretario privado de la reina en aquel entonces, en una carta a John Kerr.[37]

Finalmente, ochenta y nueve ministros laboristas votaron en contra de aumentar el presupuesto real y otros cincuenta se abstuvieron, pero Harold Wilson —acusado de adulador por Willie Hamilton— consiguió reunir los votos necesarios con el apoyo de la oposición conservadora. Casualmente, el debate sería la primera investidura de un líder conservador, Margaret Thatcher, justo después de destituir a Edward Heath y al sucesor de su elección, Willie Whitelaw.

Ya había llegado la hora de que la reina se marchara a Tokio y devolviera esa visita de Estado que le hizo el emperador Hirohito de Japón en 1971. El embajador británico de Tokio, Fred Warner, le informó de que el Kunaicho (la Imperial Household Agency) había intentado en un principio que la reina no hiciera nada «colorido, original, nuevo o demasiado populista», por miedo a que contrastara demasiado con el estilo «tranquilo, formal y casto del emperador».[38] El equipo de la reina también estaba preocupado por la propuesta de que fuera a todos lados en coche, a toda velocidad, tras el cristal tintado. Así había viajado el presidente de los Estados Unidos Gerald Ford en su última visita, pero la reina aborrecía la idea, entonces y hoy. Los coches veloces y los cristales tintados van en contra de su mantra eterno de que tienen que «verla para creerla». Finalmente, sus oficiales se salieron con la suya y pusieron en marcha el plan «Operación Coche Abierto» para alegría de las multitudes japonesas.[39]

Como muchos medios extranjeros cuando se trata de visitas

reales por el reino, la prensa japonesa quedó atónita de haber sido invitada a un convite por y con una monarca. Los trabajadores del Kunaicho no estaban nada cómodos con este peligroso precedente del igualitarismo que la reina estaba asentando.[40] La gran sorpresa, sin embargo, fue el nivel de compromiso del público. A medida que se fue corriendo la voz de que podía verse a la reina, un millón de personas salieron a la calle. Incluso más inesperada fue la reacción de la retransmisión en directo en su discurso en el banquete de Estado. Se supo que setenta y cinco millones de personas lo habían visto, la audiencia más alta de la televisión japonesa jamás registrada.[41] El banquete había sido algo más relajado para la invitada de honor. William Heseltine recuerda: «Para la reina no fue muy emocionante. En el banquete, veía a la reina sentada al lado del emperador y no parecían tener mucha conversación. Después se me acercó el intérprete y me dijo: "Su Majestad no habla mucho, pero tiene el corazón lleno". Me pareció un detalle bonito».[42] Había sido otro ejemplo de ese fenómeno recurrente de los setenta. Gran Bretaña podía ser un caso perdido económicamente hablando, podía tener una industria en claro declive, igual que ocurría con el poder militar (Asuntos Exteriores tenía los fondos tan bajos que hubo un momento en el que negoció un patrocinio con una marca de belleza japonesa para poder pagar a una banda de la Armada británica para que tocara en la visita de la reina).[43] Aun así, Gran Bretaña seguía apuntando alto a nivel mundial gracias a su único activo del poder blando: ella.

Esa misma primavera acudió a su primera cumbre de jefes de Estado de la Commonwealth (CHOGM, por sus siglas en inglés) en el Caribe. Todo el mundo estaba muy animado, algo poco común, incluso constructivo, con una resolución particular que animó a la reina. Los miembros estaban de acuerdo en que la siguiente cumbre de la Commonwealth debía celebrarse en Londres para coincidir con su Jubileo de Plata, que se acercaba. Había sido la brillante idea del acérrimo fan de la realeza Harold Wilson, aunque él ya no ocuparía ese cargo llegado el momento. Aquel mismo año, en su estancia anual en Balmoral, le anunció algo bastante personal a la reina sabiendo que no se filtraría: estaba pensando en retirarse.[44]

Como ha explicado Ben Pimlott, biógrafo de Wilson y la reina, para el primer ministro era bastante importante informar a la reina primero (lo hizo tras una barbacoa en Balmoral). Y fue por una razón. De esa forma, nadie podía decir que le habían obligado a irse. Estaba cansado y se marcharía con sus condiciones. La reina le echaría de menos, tanto como a cualquier otro político. La observación del antiguo miembro del Consejo Privado, Godfrey Agnew, según cuenta Richard Crossman, parece haberse mantenido durante todo el reinado: «La reina no hace distinciones entre políticos de distintos partidos. Para ella todos pertenecen más o menos a la misma categoría social».[45] ¿Qué liga ocupaba Wilson en la tabla de primeros ministros de la reina (han sido unos doscientos contando todos sus reinos)? William Heseltine sin duda lo coloca en un puesto alto. «La relación era muy cercana. Le caía muy bien», explica, comparándolo con Edward Heath.[46] Martin Charteris le dijo una vez a Wilson que la reina solía llamarle «Harold», y a Macmillan «tío Harold». William Heseltine duda que la reina llamara por su nombre a otro primer ministro —a excepción de Winston Churchill—, pero Wilson estaba encantado. «Creo que le agradaba la idea de ser "Harold"», cuenta Heseltine.

La reina honró a Wilson asistiendo a una cena de despedida en Downing Street. La última vez que lo había hecho había sido por Winston Churchill. Hubo risas sinceras cuando en su discurso habló de la vida de los inquilinos de las «casitas apretujadas a los lados de la avenida» (una frase con el sello distintivo de Martin Charteris). Tenía dos cosas más que agradecerle a Wilson mientras este se preparaba para abandonar el número 10. La sucesión del puesto había acaecido sin problema, sin molestar a la reina, a diferencia de sus incómodas intervenciones tras la marcha de Eden y Macmillan a medio mandato. Aunque Wilson dimitió del Partido

Laborista, siguió siendo primer ministro hasta que el partido eligió a un nuevo líder, tras lo cual la reina solo podía escoger a Jim Callaghan. Wilson también decidió anunciar su dimisión el día en el que ocurrió una de las historias reales más incómodas: el fracaso del matrimonio de la princesa Margarita. Cualquier otro día, la noticia hubiera sido portada pero incluso el hecho de que la hermana de la reina fuera a divorciarse no era tan emocionante como la dimisión de un primer ministro. Al día siguiente, la principal noticia en la portada del *Daily Mail* era la batalla del liderazgo laborista (y el hecho de que la noticia de Wilson había hecho que la bolsa se desplomara mil millones), junto con otro pequeño titular: «¿El fin de Margaret y Snowdon?».[47] Dos días después, cuando los dos hijos de la familia hubieran vuelto a casa el fin de semana, Palacio confirmó que la princesa y Snowdon habían decidido separarse «de mutuo acuerdo».

El desacuerdo marital en el apartamento 1A del Palacio Kensington apenas era una sorpresa. Algunos amigos llevaban viendo señales desde hacía años. La pareja comenzaba a ser cada vez más desagradable y a pasar más tiempo separados. Además, había rumores de infidelidad. La princesa había empezado a beber más y Tony Snowdon se había enterrado en encargos de fotografía. En 1973 a la princesa le presentaron a Roddy Llewellyn, un apuesto y callado joven hijo de un *baronet* galés, quince años más joven que ella. Cuando empezaron la relación —la cual duraría ocho años—, vivía en una comunidad en West Country y trabajaba de jardinero. Empezó a acompañar a la princesa a sus retiros caribeños en Mustique, donde se hizo pública su amistad a principios de 1976 gracias al fotógrafo de *News of the World*.

Snowdon entendió la noticia como su momento de mudarse de esa vivienda, aunque no le pilló por sorpresa porque ya compartía su casa de campo de Sussex con la productora cinematográfica e investigadora Lucy Lindsay-Hogg. La prensa continuó describiéndolo como la parte que sufría y se enterraba en su trabajo. A él no le importaba. A la princesa se la retrataba como una diva cuyo círculo de amigos era cada vez más escueto. «Ambos lo estamos pasando muy mal; también los niños, el servicio y los pocos amigos que nos quedan»,[48] admitía Snowdon en una dolorosa y sincera carta que le escribió a la reina. Según su biógrafa, Anne de Courcy, la reina respondió que toda la situación le parecía «devastadora».[49] Otros apuntaban que, aunque a la reina le exasperaba la turbulenta vida privada de Margarita, siempre estuvo a su lado. Igual que la reina madre, la monarca estaba bastante preocupada por los dos hijos de su hermana, el vizconde Linley de catorce años y Sara Armstrong-Jones, de once, con quien sigue guardando una estrecha relación todavía hoy. Por este motivo decidió no ponerse de ninguna parte cuando el matrimonio terminó.* Aunque estuviera muy preocupada por su hermana, siempre le tendría cariño a Snowdon, quien, además, fue una persona discreta hasta que falleció en 2017. La familia real ya sabía cómo podía ponerse la princesa si las cosas no salían como esperaba. Durante la niñez, a Margarita le enfurecía que Lilibet recibiera un trato preferencial y una formación que a ella le hubiera encantado tener. Ahora, ya mayor, veía a Snowdon casarse con Lucy Lindsay-Hogg (en total tendrían cinco hijos, dos de ellos fuera del matrimonio), mientras que Roddy Llewellyn rehízo su vida y tuvo esposa y tres hijos. Margarita estaría soltera el resto de su vida. Aunque detractores como Willie Hamilton o algunos medios de comunicación la han criticado, también siempre la ha acompañado un aura de espíritu libre que, a pesar de su gran privilegio, nunca llegó a alcanzar todo su potencial.

Las noticias de la separación de Snowdon eclipsaron la gran reunión familiar del mes siguiente, aunque la reina tampoco quería que se prestase mucha atención a su cincuenta cumpleaños. Al principio tampoco había mostrado mucha ilusión al respecto, pero la familia la había convencido de celebrar una fiesta. Se hizo llamar al cantante Joe Loss para que dejara a un lado sus compro-

---

* La princesa Margarita y Snowdon se divorciaron finalmente en 1978.

misos y actuara en un crucero para los pasajeros del QE2, a bordo del cual iban quinientos sesenta invitados que bailaron hasta la madrugada. La reina había organizado la fiesta para la víspera de su cincuenta cumpleaños para que pudiera estar bailando con el príncipe Felipe justo cuando nació, a las 2.40 horas del 21 de abril.[50] Entre los invitados estaban la princesa Margarita y Snowdon, además de los líderes de todos los partidos políticos, excepto uno. El nuevo primer ministro laborista, Jim Callaghan, solo llevaba dos semanas en el cargo y, según uno de sus ministros, «estaba enterrado entre papeles».

La reina no solo se estaba adaptando a la marcha de Harold Wilson, el primer ministro con el mandato más longevo hasta el momento, sino que también estaba aceptando la pérdida de su mejor amigo y entregado maestro lord Plunket. Hasta ese momento, había sido uno de los organizadores de la fiesta. «Patrick era un amigo querido y cercano de la reina, que le conocía de toda la vida», explica un compañero.[51] Si la reina parecía aburrida en una fiesta y el duque de Edimburgo no estaba, era Plunket quien la sacaba a bailar sin reparos. Tras su prematura muerte por cáncer a los cincuenta y un años, le dedicó una glorieta en los jardines Valley Gardens de Windsor, y a veces se la ve allí sentada con sus perros.

Seguro que hubo muchos momentos en los que echó de menos a Patrick durante los siguientes años. La posición de Gran Bretaña continuó rozando la vergüenza, pero los bienes personales de la reina estaban en lo más alto. «En estos días de caída continua de la libra», comentaba el embajador británico de Helsinki, James Cable, en sus apuntes de la visita de Estado a Finlandia de 1976, «nuestro prestigio está en peligro. Debemos lucir bandera.» La visita de la reina, dijo, había sido la estrategia perfecta. De hecho, la imagen del Britannia entrando en Helsinki fue «la entrada más épica en la capital desde la visita de los zares».[52]

Esto era solo el calentamiento para la euforia que provocaría, dos meses después, la llegada de la reina entrando en Filadelfia para empezar una gira por el bicentenario de la independencia de los Estados Unidos. Es digno de mencionar que habían pasado casi veinte años desde la última vez que pisó el país y que disfrutó de esa bienvenida con confeti. La muerte de John F. Kennedy, los desacuerdos bilaterales por Vietnam y los posteriores dramas del Watergate habían hecho que se distanciara, pero el bicentenario era la manera perfecta de enmendar la situación. Se le había dado muchas vueltas para encontrar el tono perfecto de la visita de la descendiente del último rey colonial, Jorge III, durante lo que serían grandes y exuberantes celebraciones. Asuntos Exteriores decidió que lo mejor sería permitir que los Estados Unidos celebraran el Día de la Independencia el 4 de julio y que la reina fuese más tarde. «El 4 era muy justo. Tampoco había que forzar», le dijo David Walker de la Embajada británica al *New York Times*.[53] Así pues, la reina esperó hasta el 6 de julio para navegar hasta Filadelfia en el yate real.

Llegó con una campana nueva de regalo de la misma fundición londinense en la que habían fabricado la original y resquebrajada Liberty Bell («campana de la libertad») del siglo XVIII. También dio unos cuantos discursos con una simple temática: sin rencores. «Os hablo como la descendiente directa de Jorge III. Fue el último soberano con corona de este país», comenzó su discurso y añadió que el 4 de julio de 1776 Gran Bretaña recibió una lección valiosísima. Dijo: «Si no hubiera sido por los padres fundadores y ese gran acto en nombre de la libertad, nunca hubiéramos transformado el Imperio en la Commonwealth». Fue un gran episodio de historia revisada y marcó la tónica del resto de la visita. En Washington, el presidente Gerald Ford organizó un banquete de Estado en el Rose Garden, donde meses de minuciosa organización habían pasado por alto la elección de la canción del baile del presidente con la reina. Ford se quedó destrozado y la prensa se frotó las manos al ver cómo la acompañaba a la pista de baile mientras empezaba a sonar «That's Why the Lady is a

Tramp» («Por eso esta mujer es una pelandusca»). A la reina no le importó lo más mínimo.

En Nueva York hicieron una excursión a Bloomingdale's, donde se había montado un desfile de moda para la reina, con los mejores diseñadores, Calvin Klein incluido. El duque estaba encantado de ver semejante despliegue de novedades como una calculadora parlante o una piedra mascota. Pero la reina compró algo que no estaba rebajado. El director de la tienda, Lawrence Lachman, decidió regalarle una pipa de la paz de los siux que, según le explicó, «simbolizaba la paz que existía entre Gran Bretaña y los Estados Unidos».[54] Y esa era la sensación generalizada que había cuando la reina y su yate subieron por la costa este. «Allá donde fuéramos, la bienvenida era la misma durante todo el camino hasta Boston, donde habían sonado los primeros disparos de la guerra entre nuestros países», recordó en su discurso de fin de año. «La reconciliación, igual que la que vino después de la guerra de la Independencia, es producto de la razón, la tolerancia y el amor.»

Una vez más, la Gran Bretaña en decadencia recuperaba su reputación en ultramar. La reina hizo un ejercicio similar cuando acogió al presidente francés, Valéry Giscard d'Estaing, en una visita de Estado al Reino Unido. «El presidente no nos tiene demasiado aprecio», les avisó el embajador británico Nico Henderson en sus notas confidenciales a la reina y sus superiores días antes de la visita. «Nos ve débiles por nuestras dificultades económicas.» Hacía poco que a Giscard le habían preguntado en privado por qué Francia daba un trato de favor a Alemania sobre Gran Bretaña. Había respondido que los germanos eran fuertes y con ellos la relación era sólida, tras lo cual añadió que «con Gran Bretaña, ni la una ni la otra». Además, añadía Henderson, Giscard «no es un anglófilo».[55]

¿Y por qué se molestaba en dedicar gran parte de la semana a la visita? Porque iba a quedarse con la reina. «Es la soberana perfecta», le diría a Marc Roche, el autor y periodista veterano de Le

Monde y otros periódicos franceses, años después. «En el banquete, nos deleitó con vinos franceses: me dijo que tenía muchos en su bodega y que era la ocasión perfecta para disfrutarlos.»[56]

Cuando Giscard se hubo ido con un cachorro labrador salido del mismo Sandringham bajo el brazo,* era un hombre diferente. Vislumbraba una nueva entente entre las dos naciones más antiguas de Europa y empezó a organizar reuniones periódicas entre ambos países. «El presidente volvió de visitar a la reina muy cambiado, impresionado con la estabilidad que emana», reconocería Henderson más tarde.[57]

¿Cuántos de todos estos éxitos diplomáticos podemos atribuirle a la reina? Es difícil de saber. Quizá es más fácil decir que poco o nada de la parafernalia del verano de la larga sequía del 1976 hubiera ocurrido de no ser por ella. Que todo estuviera pasando en el mismo momento en que Gran Bretaña estaba sufriendo una crisis monetaria lo hacía más increíble porque era, quizá, el nadir económico del reino. A su salida de Washington, poco después, el embajador británico Peter Ramsbotham resumió la opinión de los Estados Unidos respecto al país: «Una manifiesta impaciencia ante nuestra falta de motivación. Teníamos todo a nuestro favor hace doscientos años y lo mandamos al traste».[58]

En pocos meses, Gran Bretaña dependería de un préstamo récord de 3.900 millones de dólares del Fondo Monetario Internacional para poder pagar a sus propios funcionarios. Pero la reina tendría un papel principal más en Norteamérica: inauguraría los Juegos Olímpicos de Montreal en Quebec. Atrás quedaron los recuerdos de pasadas protestas antimonárquicas. También fue una aventura familiar. La princesa Ana competía en el equipo británico de concurso completo, lo cual la convirtió en el primer miembro olímpico de la familia real. Su campaña sería un recor-

---

* La reina le dijo al presidente que Samba había sido entrenada en inglés en Sandringham, así que Giscard d'Estaing le habló siempre al perro en inglés.

datorio de los numerosos peligros del deporte. Durante una parte del ejercicio sufrió una caída que la dejó con tal contusión que sigue sin recordar haber vuelto a subir al caballo y finalizar la carrera. En cuestión de meses, sin embargo, la princesa tendría una noticia mejor para la reina: esperaba el primer nieto de Isabel, que nacería el mismo año de su Jubileo de Plata.

11

1977-1979

«¿Está todo el mundo contento? Yo lo estoy»

La economía británica no estaba para una fiesta a nivel nacional, por lo que la reina tenía reservas en cuanto a celebrar su primer Jubileo. Sin embargo, su consejero más veterano veía que la celebración de los veinticinco años en el trono, si se hacía con gusto, podía alegrar al país. «Había mucha preocupación. La situación económica no era favorable y la reina estaba preocupada por los gastos innecesarios», explica Ron Allison, su secretario de prensa de la época. «Pero, gracias a Dios, Martin Charteris supo leer los posos del café y acertó.»[1]

Charteris, en su quinto año como principal secretario privado de la reina, todavía recordaba lo que le había pasado a su abuelo Jorge V en la celebración de su Jubileo de Plata, en 1935. El rey se había quedado patidifuso ante la muestra de entusiasmo debido a que era un momento de incertidumbre económica y política. Charteris confiaba en que en 1977 el público tuviera más ganas que nunca de glamur, pompa y distracción inocua en tiempos de tormenta.

La idea del Jubileo de Plata se había mencionado por primera vez en Palacio durante el mandato de Heath, pero la reina hizo saber que le interesaban más sus bodas de plata.[2] Su sucesor, Harold Wilson, había organizado la siguiente cumbre de la Commonwealth en Londres para el mismo año del Jubileo, asegurándose de que habría una celebración internacional. Pero Wilson ya había dimitido cuando el momento llegó, así que su sucesor, Jim

Callaghan, fue el anfitrión. El dinero escaseaba hasta el punto de que la Administración avisó de que el presupuesto no alcanzaba ni para iluminar con focos la capital durante la celebración. «Paparruchas», espetó Callaghan. «Creo que esto es burocracia perniciosa. No pasa nada porque [los focos] se enciendan un poco durante las semanas de verano.»[3]

Fue un comienzo lento —los organizadores del resto de Jubileos también lo comprobarían— y los principales eventos se llevarían a cabo en los meses estivales. En el aniversario del ascenso de la reina, el 6 de febrero, el *Guardian* informó de que Gran Bretaña estaba un poco «apática» al respecto. El fervor del Jubileo no mejoró con el poema del poeta laureado, John Betjeman. El himno que compuso tuvo una acogida devastadora entre los monárquicos y los republicanos por igual. Todos estuvieron de acuerdo en que no había estado muy fino, pero tampoco lo estaba el país:

En tiempos de desilusión,
y días de ánimo bajo,
para seguir e inspirarnos
Dios a la reina nos ha dado.[4]

La reina ya se había marchado del país para comenzar con las celebraciones internacionales, empezando por las naciones de la Commonwealth al otro lado del mundo. Voló al Pacífico para una gira de cuatro semanas con el Britannia. La bienvenida fue bulliciosa y muy alegre de principio a fin en Nueva Zelanda. La espina clavada por el tema de la CEE se había dejado a un lado. Esta gira era por y para la reina. En Australia, la multitud no dejaba de crecer, y el broche de oro fue otra histórica celebración: la reina presenció el partido del «Centenary Test» entre Australia e Inglaterra en el Melbourne Cricket Ground, cien años después de su primer encuentro.

Para la reina, uno de los mejores momentos fue la visita a las islas más pequeñas del sur del Pacífico. Era el punto medio de la vida del Britannia. Ya se habían fijado en el yate rutinas y rituales, y muchos tripulantes eran conocidos desde hacía tiempo de la familia real, una cercanía de la que todos disfrutaban. Recuerda Ron Allison: «La zona sur del Pacífico siempre ha sido larga. La comitiva comía y cenaba en comunidad. La reina podía decir que estaba cansada y cenar sola, pero no lo hacía. El cuerpo de oficiales también estaba y, en esos días de descanso, disfrutabas y jugabas en cubierta. Era maravilloso».[5]

En alta mar, la reina, el duque y sus empleados pronto volverían al patrón familiar de la vida en el yate. Podía haber tenis en cubierta para los trabajadores y algún concurso de preguntas nocturno para todo el barco, desde la tripulación técnica hasta la reina. Los domingos por la noche hacían «noche de curry» y era obligatorio llevar camisas hawaianas (incluso ella tenía una). Algunas noches movían la distribución del comedor para ver una película que elegía el caballerizo de la reina (la única advertencia era «que no tuviera muchas escenas de cama»).[6] Uno de los mejores momentos de la semana era el concierto u «Ópera de Sod», en el que muchos miembros de la comitiva y de la tripulación participaban. El diplomático Roger du Boulay recuerda vivamente un crucero de mediados de los setenta, en el que se encontró a la reina ayudando a su caballerizo a vestirse de chica de la Polinesia: «Recuerdo ver a la reina de rodillas. Él tenía el torso al aire y ella le estaba probando un sujetador».[7]

El hecho de que el Britannia fuera como un miembro más de la familia se veía en detalles como que invitaran a cenar a los oficiales en la mesa real todas las noches. Durante la vuelta de Finlandia, en 1976, se tomaron todos unas copas distendidamente mientras el barco surcaba el canal de Kiel, en Alemania. La tripulación no avisó a la reina de su paso por un punto de interés ecuestre, lo que decepcionó a Isabel. Cuando los invitados se sentaron a la mesa aquella noche, la reina se colocó una servilleta sobre la cara. Después, la levantó muy lentamente, como si estuviera revelando un busto de ella misma, para mostrar, al final, su rostro más feliz y sonriente. La velada cambió completamente de tono. «Fue una forma increíble de darle la vuelta al momento por completo», comentó uno de los presentes.[8]

Dependiendo del tiempo, el yate amarraba para que el príncipe Felipe pudiera hacer gala de sus barbacoas en tierra firme. Hacían turismo y apariciones a nivel local, aunque surgió algún que otro problema. Visitando el archipiélago de la República de Vanuatu en febrero de 1974, el Britannia atravesaba la isla de Pentecostés en la que los hombres son conocidos por tirarse de torres de treinta metros con enredaderas atadas al tobillo. Se conoce como «land diving» («salto a tierra») y se cree que es el origen del *puenting*. Por desgracia, cuando uno de los expertos no acudió a la actuación, otro joven quiso sustituirle. «Un señor intentó disuadirle diciéndole que la enredadera tenía la medida justa para el otro participante», recuerda el príncipe Felipe. «El miedo tenía razón de ser.»[9] El saltador, padre de tres criaturas, aterrizó con la cabeza delante de la comitiva real. Murió más tarde en el hospital. La reina no regresó a la isla de Pentecostés.

El único momento desafortunado de la gira de 1977 por el Jubileo fue después de la visita a Tonga. Una antología de historias y fotografías de la tripulación dan fe de que, cuando el Britannia iba a zarpar, los cocineros reales del rey de Tonga mandaron unos cochinillos asados como regalo de despedida. Por desgracia, ya estaban un poco pasados. La tripulación esperó a estar fuera de su campo de visión para arrojarlos por la borda y dárselos a los tiburones.[10]

Regresando ya a Gran Bretaña, la reina quiso dar un discurso para las dos cámaras del Parlamento en mayo de 1977, todavía memorable por una frase que deseó no volver a pronunciar jamás. El nacionalismo escocés estaba en auge y empezaba a ser un tema recurrente. El primer ministro, Jim Callaghan, había llegado a un acuerdo con los políticos separatistas del Parlamento. Celebraría un referéndum para crear pequeñas asambleas en Escocia y Gales a cambio de que le apoyaran. La votación no sería hasta pasados

dos años (y, en esa ocasión, no saldría adelante). Sin embargo, la reina se atrevió a mencionarlo en su discurso del 4 de mayo. Declaró: «Los problemas del progreso, la complejidad de la Administración actual, el sentimiento de que el Gobierno metropolitano está muy alejado de las personas de a pie: todo esto ha avivado identidades nacionales. Son el caldo de cultivo perfecto para [...] una cordial charla sobre propuestas de descentralización». Señalando a sus antepasados escoceses y galeses, continuó: «Entiendo sus motivaciones». Y entonces llegó la frase: «Pero no me olvido de que me coronaron reina del Reino Unido de Gran Bretaña e Irlanda del Norte. Quizá el Jubileo es una oportunidad de recordarles los beneficios de esa unión [...] a los habitantes de todo el Reino Unido».

Sigue siendo su frase más directa a nivel político. Los documentos clasificados del Gabinete muestran que no era algo que sus dirigentes le hubieran escrito. Aunque el discurso había sido revisado por los ministros, las palabras, la fuerza y el sentimiento venían claramente de Palacio. El secretario escocés, Bruce Millan, apenas dio su aprobación asintiendo con la cabeza. Su secretario privado, Kenneth Stowe, redactó una circular en la que se le recordaba al primer ministro la secuencia de eventos al día siguiente. «La frase de la descentralización se ha cambiado atendiendo a las indicaciones del señor Millan [...] y se le ha enviado una copia para que la vea. La preparación se ha ceñido a los principios constitucionales y el tema de la descentralización se ha tratado según las políticas gubernamentales.» Un borrador respuesta de Jim Callaghan para leer en alto si se necesitaba era más sucinta: «Era una respuesta personal de la reina. [...] Lo vi con mis propios ojos antes de que se entregara y no me pareció que hubiera que cambiar nada».[11] En otras palabras, a su equipo le gustó el discurso, pero no lo escribieron ellos. O al menos eso le dijeron a Downing Street. En el Partido Nacionalista Escocés, que era más monárquico de lo que lo sería la siguiente generación, se respiraba tristeza. La mayoría quisieron señalar al Gobierno más que a la reina.

Douglas Henderson, diputado de Aberdeenshire East, tildó el comentario de «falto de asesoramiento y de precedente».[12] «Fuentes» del Gobierno, sin embargo, señalaron sin reparo a la monarca.

¿Por qué decidió la reina decir algo tan directo sobre un tema de rabiosa actualidad política? Quizá porque cinco años atrás, en su discurso de Navidad, se había esperado que tocara el tema de Europa, por lo que sintió que había cambiado su posición y que podía hablar con más libertad. Sin embargo, estaba claro que se arrepentiría de haber sido tan clara. En 1989, el historiador Kenneth Rose habló con el hombre que le había ayudado con ese discurso, su secretario privado Martin Charteris. Resultó que Charteris sentía que el que entonces era el primer ministro había decepcionado a la reina. «Martin dejó de fiarse de Jim Callaghan desde que la reina dio aquel discurso ante ambas cámaras del Parlamento», escribió Rose. Charteris había revisado el texto con Jim Callaghan, pero descubrió luego que «este había renegado de él».[13]

Esto puede explicar por qué la reina se ha mostrado tan recelosa de retomar el debate, el cual parece haberse convertido recientemente en una mayor amenaza existencial para el Reino Unido de lo que fue en 1977.

En junio, las celebraciones del Jubileo de Plata llegaron a su fin con la reina caminando por Snow Hill en el Gran Parque de Windsor para iluminar la primera serie de balizas peatonales del Reino Unido. Fue una fiesta llena de meteduras de pata. Los tiempos se les fueron de las manos, la linterna de la reina se apagó y el soldado que tenía que pulsar el botón de encendido en el momento preciso lo hizo demasiado pronto. «Me temo que todo está yendo horriblemente mal», le dijo el hombre a cargo, Michael Parker, a la reina. «¡Qué bien! ¡Qué divertido!», respondió ella.[14] Las desdichas siguieron cuando se emitieron los mensajes de buenos deseos dirigidos al mundo. Mientras Edmund Hillary, conquistador del Everest, empezaba a hablar desde Nueva Zelanda, la televisión del palco real se apagó. Un productor de la BBC se puso a cuatro patas y le propinó un buen golpe, que hizo volver la imagen. «¿Ves?», le dijo un sonriente duque de Edimburgo a la reina, claramente justificándose. «¡Incluso la BBC usa este truco!»[15] Ese era su propio método infalible para arreglar la televisión.

Miles de personas habían acampado bajo la lluvia nocturna para conseguir una buena vista del desfile londinense del día siguiente, que iba desde el palacio hasta la Catedral de San Pablo. Multitudes del tamaño del día de la coronación —de más de un millón de personas— se agolparon en la capital para ver a la reina recorrer el trayecto en la misma carroza dorada en la que se desplazó para ser coronada en la Abadía de Westminster en 1953. A nivel mundial, la estimación fue de quinientos millones de espectadores. En la catedral, entre los asistentes estaban los líderes de la Commonwealth, reunidos en Londres para celebrar su cumbre bianual. Algunos, como Seretse Khama de Botsuana, eran antiguos amigos de la reina. Otros, como el de Granada, Eric Gairy, debían ser tratados con cuidado porque, según las notas que la reina había recibido de Asuntos Exteriores, «tenía algunos altibajos que podían desembocar en locura. Un señor mujeriego con debilidad por las mujeres rubias».[16]

Pero lo más desquiciante fue la ausencia del líder de Uganda, Idi Amin. No le habían invitado, pero ¿podría aparecer y arruinar la fiesta? Cuando llegó el día, Amin se abstuvo de ser visto en Uganda, lo cual generó rumores de que estaba de camino. En su diario, el conde Mountbatten escribió que le había preguntado a la reina por qué parecía tan preocupada en un día tan feliz, a lo que ella respondió que «estaba pensando en el horror que sería que Amin se presentara en la fiesta».[17] Pero la realidad es que este ni siquiera estaba fuera del país. Tras la misa de Acción de Gracias vino la comida de Guildhall, donde la reina reafirmó su promesa de 1947: «Cuando tenía veintiún años, juré dedicar mi vida a estar al servicio de la gente. Aunque ese voto lo hice en mis días de juventud, cuando todavía mi juicio estaba un poco verde, no me retracto de nada de lo que dije». Las expresiones que usó en esa frase son una clara influencia de Charteris, que mezcló Shakespeare con un éxito del West End del momento. Muchos periódicos, sin embargo, se fijaron más en otro comentario que hizo al salir de la catedral: «¿Está todo el mundo contento? Yo lo estoy».[18]

Las festividades no terminaron aquí. Dos días después hubo un desfile por el Támesis y más procesiones de carruajes y apariciones en balcones. Unas semanas más tarde, hubo una revisión de la flota en Spithead. El Jubileo de Plata, a esas alturas, había superado ya a la coronación en cuanto a visibilidad. Por todo el país, los británicos habían redescubierto el simple placer y emoción de sentarse a comer en medio de la calzada. Para muchos ciudadanos, sus recuerdos del Día de la Victoria de 1945 o del día de la Coronación de 1953 implicaban fiestas en la calle. Ahora, gracias al Jubileo de Plata, estas celebraciones populares siguen grabadas en la mente de la siguiente generación, incluyendo al antiguo primer ministro David Cameron: «Recuerdo muy bien 1977: fue una verdadera fiesta popular con mesas desmontables».[19]

La reina no había dado nada por sentado, sino que, como su abuelo en su propio Jubileo de Plata de 1935, la habían pillado desprevenida. Sí, había estado viendo multitudes de gente en todo el mundo durante un cuarto de siglo, pero había sido siempre en representación de su nación o de la Commonwealth, o marcando algún aniversario histórico. En esta ocasión, era por ella. Además, se trataba de una avalancha de entusiasmo por una mujer de mediana edad a la cabeza de un país en decadencia (incluso perdido) que apenas podía permitirse iluminar sus calles de noche. En la coronación era una deslumbrante joven de veintisiete años, símbolo de una nueva era, pero ahora era una madre de cuatro niños que, con cincuenta y dos años, veía cómo asomaban grietas en una pintura desconchada de un reino dividido. Y, aun así, las respuestas —y los números, incluyendo cuatro mil fiestas en la calle solo en Londres— mostraban que la monarca llegaba más a su gente que ninguna otra institución nacional. Su antiguo crítico

John Grigg dio esta vez una versión muy distinta del puñetazo en la cara que le había regalado veinte años atrás. Escribió: «Es simple y majestuosa; ni las actrices están a su altura. En tiempos de modas cambiantes y de una dudosa moral, ha [...] dado ejemplo, algo que, aunque me cueste admitirlo, es digno de admiración».[20]

La última parada del Jubileo sería Irlanda del Norte, que en ese momento sufría atentados terroristas casi a diario. Tras parar a hacer un pícnic en Lundy Island y dedicar un día a compromisos en Bristol, el Britannia partió hacia Belfast el 10 de agosto. Era un momento tenso a pesar de que sus nervios poco tenían que ver con la amenaza de un ataque del IRA. La reina estaba nerviosa por algo que no había hecho jamás: volar en helicóptero. Hacía diez años que el comandante del transporte aéreo de la familia real británica, John Blount, había fallecido junto a tres colegas cuando un rotor del helicóptero Whirlwind se había averiado en Berkshire. «Nunca había montado en uno y, tras el incidente, no le hacía nada de gracia»,[21] explica un antiguo empleado. Sin embargo, no le quedaba otra si quería conocer al pueblo de Irlanda del Norte. Ante el riesgo de que hubiera bombas escondidas en setos o en vehículos aparcados, no podía viajar en coche. «Seguridad no le hubiera permitido seguir adelante de otra manera», recuerda William Heseltine. «Merlyn Rees, ministro del Interior, estaba muy preocupado y creo que le hubiera encantado que la reina lo hubiera cancelado. Pero estaba decidida a visitar todo el Reino Unido durante el año de su Jubileo.»[22] Y tampoco era una visita obligada. Voló al Castillo de Hillsborough, su residencia de la isla, donde celebró una investidura, un almuerzo y un banquete para dos mil quinientas personas, centrándose en las víctimas del terrorismo. Se organizó también otro banquete en el yate antes de que partiera de noche para Portrush, preparada para un segundo día de compromisos que casi se cancelan. La jornada empezó con una pequeña explosión en su primera parada, el nuevo campus de la Universidad de Ulster en Coleraine. Merlyn Rees entró en pánico e intentó cancelar todo el programa. «Solo cedió cuando Su Majestad le insistió en que debían continuar, ya que no había heridos»,[23] explica Heseltine. El discurso de la reina en la universidad se retransmitió en toda la región antes de otra ronda de eventos cívicos que culminaron con un almuerzo a bordo del Britannia para doscientos cuarenta norirlandeses «destacables por sus logros».

Una vez se hubieron marchado los invitados, el Britannia llevaría a la reina hacia Escocia para pasar el verano en Balmoral. Su último acto de la gira del Jubileo en Gran Bretaña fue nombrar a Martin Charteris caballero de la Gran Cruz de la Orden del Baño* (GCB, por sus siglas en inglés) antes de que se ausentara del servicio real. Llevaba trabajando para la reina desde 1950 y su labor sigue relacionándose con la época dorada del servicio de la Casa Real. Su última noche escribió una carta a la tripulación del yate: «En este barco he sido más feliz que en ningún otro sitio. Rodeado de gente tan entregada a servir a la reina como yo, no se me ocurre lugar mejor».[24] Ella le echaría mucho de menos.

El Jubileo había levantado su ánimo y el de su país. «Los setenta es una de las épocas peor apreciadas de su reinado», explica un antiguo secretario privado. «El período estuvo marcado por una especie de estabilidad que no aparece en la mayoría de la literatura porque no es morboso ni glamuroso. No fue sexy. Ocurrió la crisis financiera y la adhesión a la CEE. Incluso el Jubileo de Plata fue, francamente, bastante tranquilo. Pero lo que hizo fue velar por este rico capital, no solo por la institución, sino también por el país.»[25]

Pero el letargo económico de Gran Bretaña no parecía mejorar. Mientras la reina se dirigía a Balmoral, el paro alcanzó un

---

* Este era el cuarto nombramiento como caballero de Martin, a quien se le había hecho caballero comendador de la Real Orden Victoriana (KCVO, por sus siglas en inglés) en 1962. Un año antes de su jubilación, se convirtió en lord Charteris de Amisfield y, posteriormente, fue durante trece años decano de Eton.

nuevo récord de 1,8 millones. Antes de las vacaciones de verano de la reina madre en Francia, su tesorero Ralph Anstruther tuvo que pedirle cupones de combustible a Nico Henderson, el embajador británico en París.[26] Sin embargo, de puertas para adentro, la reina seguía manteniendo buena relación con su segundo primer ministro laborista. Jim Callaghan fue monárquico, antiguo miembro de la Marina Real y, por último, agricultor a tiempo parcial. Al hablar con la biógrafa Elizabeth Longford, Jim aportó un nuevo punto de vista sobre la audiencia semanal de la reina con el primer ministro: «Lo que transmite es cordialidad pero no amistad. Mucha cordialidad».[27]

En circunstancias normales, Callaghan nunca divulgaría los detalles. Aunque era algo habitual que los primeros ministros dieran parte al secretario privado tras una audiencia, Callaghan se negaba incluso a eso. «Me lo dijo el mismo Jim», recuerda Kenneth Rose. «Dijo que era abstemio y que creía que toda conversación que mantuviera con la reina era confidencial y que no podía compartirla ni con el secretario privado.»[28]

La reina y Callaghan se llevaban tan bien que su audiencia semanal se alargaba en ocasiones a un paseo por los jardines de palacio donde, en una ocasión, la reina se hizo con unos lirios del valle y los puso en la pechera de Callaghan. «Se aseguró de contármelo con todo lujo de detalles», le dijo uno de sus oficiales a William Shawcross.[29] Sin embargo, había algo más detrás de este pequeño flirteo. Debajo de ese «Jim simpático», Callaghan también buscaba controlar el poder de la Corte. Ahora se conoce que, cuando Martin Charteris se retiró, Callaghan ejerció presión para que el puesto del secretario privado fuera menester político en lugar de ser la reina quien lo eligiese. «Palacio y la reina tuvieron que mover hilos para detenerlo», explica un veterano cortesano que ha visto los documentos.[30] Fue de gran ayuda que Palacio eligiera a Philip Moore, exfuncionario, alguien más serio y metódico que el efervescente Charteris, que ya venía empapado de las tradiciones del poder político.

El aura alrededor de la reina volvería a cambiar. La mañana del 15 de noviembre, el salón de baile del palacio se llenó de invitados para una investidura, pero la monarca no aparecía, algo jamás visto, puesto que nunca llegaba tarde a ningún evento. Finalmente, llegó luciendo una amplia sonrisa y, por primera vez, comenzó la ceremonia con un pequeño discurso: «Mi hija acaba de dar a luz a un niño». En ese momento, pasó otra cosa que tampoco era común en las investiduras, ya que, normalmente, los invitados no aplaudían. En esta ocasión, todos se alzaron en una ovación capitaneada por el lord chambelán, lord Maclean.[31] Peter Phillips fue el primer nieto real en quinientos años que nacía sin título. Así lo habían querido sus padres, aunque a la reina le hubiera encantado conferirle el condado de su yerno, el capitán Mark Phillips, como había hecho con Tony Armstrong-Jones una generación anterior, lo cual hubiera dado a todos los hijos del matrimonio un rango. Sin embargo, la princesa Ana y su marido pensaban que, puesto que sus hijos nunca estarían en la línea directa de sucesión, disfrutarían de una vida más fácil como «señores» y «señoras». Tal como la princesa explicó a un servidor, «conociendo el lugar que ocupaban en la familia y lo que esto significaba, tenía mucho más sentido [que no tuvieran un título]».[32]

Ya finalizado su Jubileo, la reina debía volver a dirigir su atención hacia los vecinos europeos. En 1978, Jim Callaghan y su Gobierno querían que hiciera su primera visita de Estado a Alemania desde su épica gira de 1965. En su lista de temas a evitar estaba, entre otras cosas, «la supuesta falta de compromiso de Gran Bretaña con la Comunidad Europea». Más bien debía hacer propaganda del entusiasmo del Reino Unido con Europa, en especial ante la presencia del canciller alemán Helmut Schmidt. Según el biógrafo alemán de la reina, Thomas Kielinger, Isabel dudaba de Schmidt desde que apareció en la cumbre de la OTAN de 1977 en Londres. Kielinger explica: «No estuvo muy acertado: se saltó el protocolo en el Palacio de Buckingham apagando los cigarrillos en una salsera».[33]

Aunque en Alemania no estaban tan emocionados como en 1965, la visita causó sensación igualmente. «Nuestra reina durante cinco días», rezaba el titular de *Bild*.[34] En resumen, el embajador británico Oliver Wright explicó que «fue el contacto personal de la monarquía moderna con el hombre y la mujer de a pie en su máximo esplendor».[35] De nuevo, la emisaria de una nación venida a menos había sido subestimada. En casa, el Gobierno de Callaghan buscaba con desesperación señales de que el país podía remontar su inflexible situación industrial. La solución, sin embargo, pasaría por intentar cerrar un suculento trato con un bruto y déspota soñador. Los setenta serían una referencia para juzgar el reinado de Isabel. Tras un acuerdo común, sin embargo, la monarquía no volvería a pasar por el mal trago del día en el que Palacio invitó al dictador rumano Nicolae Ceaușescu y su esposa Elena.

«Me atrevería a decir que este tipo fue el invitado más repelente con el que [la reina] jamás ha tenido que lidiar», confiesa William Heseltine recordando la semana de junio de 1978, cuando el dictador recibió el trato real al completo, incluida una procesión en carruaje por Londres con la reina. «Trajo los trajes metidos en bolsas de plástico, uno para cada compromiso, porque le preocupaba que le envenenáramos. Y, en cuanto se había puesto uno, abría la siguiente bolsa y sacaba uno nuevo.»[36]

Como era habitual, la reina no tuvo ni voz ni voto en la elección de este huésped. La visita la había organizado Jim Callaghan, aunque la invitación la había extendido su predecesor, Harold Wilson. «Es un dictador en mayúsculas», le dijo el embajador británico Reggie Secondé a Palacio y a Asuntos Exteriores antes de la visita, añadiendo que su esposa era «una víbora».[37] El secretario de Exteriores también había tenido sus reparos. «¿Quién ha dado luz verde a esta visita?», escribía David Owen en su circular del departamento poco después de la llegada del dirigente rumano. «¿Yo? Si fui yo, me retracto.»[38] Pero entonces ya era tarde.

La esposa del presidente llevaba tiempo afirmando que era

una química de renombre internacional, de lo cual no había ninguna prueba. Ceaușescu tenía pensado crear una nueva industria aeronáutica rumana, fabricando el BAC 1-11 con licencia británica. Para asegurarse el contrato, quería hacerle una visita a la reina. Los rumanos también dejaron caer que, para que la visita fuera un éxito, debían darle a su esposa un reconocimiento en una prestigiosa universidad británica por su (falsa) proeza en el campo de la química. Asuntos Exteriores pasó meses buscando instituciones, pero le costó encontrar alguna dispuesta a acceder a semejante locura. Oxford, Cambridge, London, Southampton, Heriot-Watt y Bradford fueron algunas de las que rechazaron la idea. Finalmente, la Politécnica de Londres Central respondió que, como mucho, le otorgaría un título honorífico. Cuando el Real Instituto de Química anunció que también haría lo propio, el problema estuvo resuelto.

La reina hizo lo que se le pedía en cuanto a hospitalidad, pero ya había avisado a sus empleados de que quitaran todos los objetos de valor de la Suite Belga. Había recibido un aviso de su compañero francés, el presidente Giscard d'Estaing, quien también había recibido a los mismos huéspedes en el Palacio del Elíseo, el cual habían saqueado. «Es como si se hubieran hospedado ladrones durante todo el verano», le dijo Giscard.[39]

La reina los encontró fríos y paranoicos. Desconfiaban tanto de Palacio y sus empleados que insistieron en tener todas las conversaciones en el jardín. Años después, la reina le reveló al escritor Antony Jay una divertidísima anécdota de esa semana: «Me confesó que los vio por el jardín cuando paseaba a los perros y se escondió en unos setos para no toparse con ellos».[40]

Al final de la semana, Callaghan pudo anunciar grandes planes para un «ROM-BAC» de trescientos millones de libras, un trato para construir ochenta y dos aeronaves. Finalmente, el trato no tendría ningún valor porque, cuando los Ceaușescu fueron ejecutados en un tiroteo, alrededor de una década más tarde, solo se habrían construido nueve. Todo había sido un vergonzoso malgasto de tiempo. Años después, la reina seguiría refiriéndose a él como «el hombrecillo asustadizo».

Los problemas económicos del Gobierno siguieron creciendo. En otoño de 1978, los intentos de Jim Callaghan de controlar la inflación de los salarios colapsaron y una nueva ronda de huelgas se juntó con un invierno particularmente duro. Con camioneros, basureros e incluso enterradores en el ajo, la situación fue resumida por la prensa con una sola y rotunda frase que caló de inmediato: «El invierno del descontento».

A nivel internacional, la historia llegó a Irán, donde clérigos revolucionarios intentaban derrocar al sah. El petróleo, en especial el de Oriente Medio, había sido un factor recurrente en las calamidades económicas de la década. Ahora, en un momento en el que la región protagonizaba un levantamiento contra un amigo de la reina, ella quiso estar presente.

Se había propuesto realizar una gira real sin precedentes por todo el país para principios de 1979, mucho antes de que la revolución iraní amenazara al sah. Sin embargo, ante la creciente incertidumbre de la situación, el primer ministro tuvo que enfrentarse a una dura decisión: ¿debía cancelar la visita con antelación o esperar a ver cómo iban las cosas? «Callaghan empezó a preocuparse y quería cancelar la visita», comenta lord Owen, entonces todavía secretario de Exteriores. «Yo creía que Jim estaba equivocado. Teníamos que pensar en cómo se iba a percibir la decisión en el resto del golfo.»[41] A Owen le preocupaba dar la impresión de que el país estaba dejando en la estacada a un compañero en apuros. Puesto que a todos los dirigentes de la región ya les inquietaban los posibles levantamientos, recortar la reunión de la reina con el sah podría volverse en su contra en toda la nación. Owen creía que la reina compartía su punto de vista y así se lo hizo saber a Callaghan. «Siempre vi a la reina como una aliada. Mi memoria no me falla. Podía imaginármela diciéndole a Jim: "¿Está seguro? Tiene que tener en cuenta lo que el rey de Arabia Saudí pensará".»[42] A principios de junio, la situación en Irán era tan grave que fue el propio sah quien sintió la necesidad de eliminar su país de la gira.[43] La reina había mantenido el tipo y Gran Bretaña también había salvado el suyo. Pero Isabel seguiría insistiendo en finalizar toda la gira. Ninguna monarca británica regia había visitado aquellas naciones árabes y el hecho de que la primera en hacerlo fuese una mujer ocupaba todos los titulares del mundo. Tras haber llegado a Kuwait (volando, como tocaba, en el Concorde para promocionar la nueva atracción supersónica del país, aunque bien hubiera preferido su VC10 de siempre), la reina se encontró con que, a excepción de ella y sus dos damas de compañía, todas las mujeres habían sido eliminadas del programa.[44] Los oficiales de ambos bandos se lamentaron del irreverente tono de parte de la cobertura mediática, en especial de artículo del *Daily Express* en el que se describía a un anciano jeque con cincuenta esposas como «el hombre con el San Valentín más problemático del mundo».[45]

A su paso por la todavía más conservadora Arabia Saudí, la reina había optado por un vestido azul eléctrico a la altura de los tobillos, un turbante y una bufanda. Los saudís habían intentado prohibir la entrada a mujeres periodistas, pero Asuntos Exteriores les había parado los pies. Entre los reporteros se encontraba la periodista del *Daily Mail* Ann Leslie, que escribió: «A menos que esté usted aquí en medio de este reino desértico de polvo en el año islámico de 1399, no puede abarcar la grandeza de la ocasión».[46] Lord Owen recuerda la buena relación entre la reina y el rey Khalid, y al anciano monarca saudí despidiéndose de ella tras su banquete a bordo del Britannia: «El príncipe Felipe había bajado a la pasarela con él y le había dejado subir al Rolls-Royce. Entonces sacó el bastón por la ventana y saludó. Es evidente que se lo había pasado en grande. Jamás lo olvidaré. No cabía duda del cariño que se profesaron el rey y la reina».[47]

Los regalos fueron de los más fastuosos de todas las giras por más de 120 países. El rey Khalid le regaló un quemador de incienso de oro, una bandeja de oro, una lechera de oro con dos copas también de oro, y todo con tachuelas de ametistas.[48] Después, el emir de Qatar añadió una bolsa de oro y un reloj. Todos los anfitriones recibieron el mismo regalo a cambio: una bandeja de plata con el Britannia grabado, por valor de 15.000 libras.

La gira no solo había animado a la nación, sino que, como el embajador británico de Omán James Treadwell observó, «no vino a esta parte de Arabia como un "hombre honorífico", sino como una mujer». Por tanto, despertó en muchas mujeres de Oriente Medio una «sed de emancipación».[49]

A finales de una década de declive nacional y agitación internacional, período en el que la reina había visitado y entretenido a una variada lista de líderes mundiales —hombres en su mayoría—, las cosas iban a cambiar. En pocas palabras, dos nuevas y memorables caras femeninas pronto llegarían a su vida y a la de la nación.

12

1979-1981

«La grande plongée»

A principios de enero de 1979, Tim O'Donovan, un asegurador de cuarenta y siete años oriundo de Berkshire, decidió emprender una curiosa afición. Mientras otros fieles monárquicos coleccionaban tazas conmemorativas o vajillas, O'Donovan abría su ejemplar de *The Times,* recortaba la circular de la corte —el informe oficial de la actividad real del día anterior— y la pegaba en un pequeño cuaderno. A la mañana siguiente hacía lo mismo, y así continuó el resto del año, al final del cual había llenado el cuaderno de detalles formales de miles de compromisos oficiales. De esta forma, consiguió saber qué miembros de la familia real hacían cada tipo de actividad, dio con unos resultados y los mandó a un periódico. «Qué rendimiento saca el país de nuestra jefa de Estado y su familia», escribió. A algunos de los miembros menos activos de la familia no les hizo mucha gracia verse auditados, pero a la prensa le pareció tan absorbente que O'Donovan volvió a hacerlo en 1980 y, después, en los siguientes años. Es desde entonces una sección anual en el apartado de las cartas de *The Times.*[1]

Una de las entradas más épicas del primer año fue la del 4 de mayo de 1979. Constataba que la reina se había reunido con cuatro miembros de los Cuerpos de Servicio de la Armada Real, había nombrado caballero a Paul Scoon, el nuevo gobernador-general de Granada (la isla caribeña), y había recibido la dimisión de James Callaghan. Finalmente, mientras el duque de Edimburgo asistía a la cena anual de la Household Division Riding Masters en el Hotel Piccadilly, la reina había «recibido en una audiencia a Margaret Thatcher y le había pedido que formara un nuevo gobierno».[2]

Thatcher había devuelto el poder a los conservadores con una mayoría de 43. Ninguna dinámica entre monarca y primer ministro ha generado tanta fascinación y especulación como los once años y medio en el que ella se alojó en el número 10 de Downing Street. Aunque había notables diferencias de estilo, personalidad y opinión (principalmente sobre los méritos en la Commonwealth), su verdadera naturaleza sigue siendo desconocida. De lo que no cabe duda es de que era una relación basada en el respeto por ambas partes en lugar del choque de opuestos que a menudo se ha pintado en la ficción. «La reina nunca había conocido a nadie como ella», explica un veterano oficial del período. «La dejó fascinada, pero también era muy consciente de todo lo que había conseguido.»[3] «Thatcher se quedó boquiabierta con la reina», explica el antiguo secretario privado de la primera ministra, lord Butler, una opinión compartida por quienes trabajaban para ella, incluyendo el exsecretario de prensa, Bernard Ingham. Ingham explica: «Veneraba la Constitución y a la monarca, algo que se podía apreciar al ver cómo hacía la reverencia. Nunca he visto a nadie hacerlas tan exageradas: parecía que no iba a incorporarse. Solía ser una broma recurrente: ¿cuánto se doblegará esta vez?».[4]

Un cortesano muy veterano cree que una de las mejores muestras de la relación entre ambas la aportó la biógrafa y periodista Kenneth Harris: «No son ni intelectuales ni introspectivas ni filosóficas; ambas son directas, pragmáticas, con los pies en la tierra y muy observadoras. Ninguna de las dos es vanidosa, narcisista o pretenciosa. A ambas les gusta ir a su bola y caminan con la frente alta». A esto hay que añadirle el hecho de que ambas tenían una férrea ética de trabajo y mucha estima por sus maridos, dos personajes muy parecidos. Además, solo se llevaban seis meses de edad y compartían un profundo respeto por las tradiciones.

Cuando Thatcher acudió al besamanos de Palacio ese día de mayo de 1979, su teniente Alistair McAlpine dijo: «Buena suerte, primera ministra». «No me llames así todavía», respondió, en lo que su biógrafo Charles Moore llama una asidua «exactitud constitucional».[5]

Sus principales diferencias, que la prensa magnificaría a cismáticos desacuerdos en varios puntos de la relación profesional, eran sus estilos personales a la hora de «salirse con la suya», así como sus respectivos pasados.

Thatcher siempre estuvo extremadamente orgullosa de los valores que sus padres le inculcaron en su casa, situada encima de la tienda de su padre en Grantham, Lincolnshire. Sensible a la pedantería (y más en su propio partido), fue más que capaz de sobresalir por encima del esnobismo. Sin embargo, siempre quería hacer lo correcto cuando se trataba de la reina. Charles Moore habló con un sirviente que explica que Thatcher se metió en un pequeño aprieto tras escribirle una carta a la reina y firmarla con un «sinceramente suya».[6] Esto hizo que Palacio le respondiera con amabilidad explicándole que la costumbre dictaba que debía finalizar las cartas con un «Tengo el honor, alteza, de seguir siendo su obediente y humilde sirviente».

Thatcher aprendía rápido y no tendría problemas ajustándose a este nuevo formalismo. Lo que le preocupaba más era que la reina fuera quien le sirviera en una barbacoa, en uno de los primeros viajes a Balmoral. «La familia real se comportaba como una familia normal», explica otro invitado. «Llevaron las cosas a la cabaña, el príncipe Felipe se adelantó para cocinar, la reina repartió la comida y lavó los platos. Margaret Thatcher estaba muy incómoda. No podía soportar que la reina estuviese sirviéndole y no dejaba de levantarse. Al final, se escuchó que la reina le pedía a alguien que le dijera que hiciera el favor de sentarse, pero en un tono lo suficientemente alto para que la escuchara.»[7] Tras un viaje, uno de los primeros ministros incluso tuvo ganas de regalarle unos guantes de fregar.

The Crown retrata a la familia real obstaculizando la vida social de Margaret y Denis Thatcher. Un oficial desmiente esta dramatización: «No fue para nada así. La familia se esforzó para que todos estuvieran cómodos, aunque parece ser que Thatcher no lo pasó muy bien».[8] Antes de su primer viaje como primera ministra a las Tierras Altas, Thatcher tenía tan presente la puntualidad en Balmoral que apareció en el hotel el día anterior para solo tener que conducir unos minutos por la A93 para visitar a la reina.[9] En efecto, parecía vivir con miedo a hacerla esperar. Preocupada por llegar tarde a su primer Consejo Privado, llegó con cuarenta y cinco minutos de adelanto y un joven oficial tuvo que darle conversación durante casi una hora.[10] Era un cambio en comparación con la época en la que el laborista Richard Crossman llegaba cinco minutos tarde queriendo para marcarse un punto.

Aunque el respeto estaba ahí, la relación no era especialmente cálida. Tal como la reina le dijo una vez a William Heseltine, el tráfico solo fluía en una dirección durante las audiencias con Thatcher. «No se me da mucho espacio para comentar lo que me dice», le resumió la monarca. Sin embargo, Heseltine reconoce que la reina podría tener algo de culpa, al no participar cuando Thatcher hacía una pausa para recuperar el aliento.[11] Como con muchos otros líderes a los que había conocido, la reina estaba fascinada con las manías de Thatcher.* «¿Cree que algún día Thatcher cambiará?», le preguntó una vez la reina a lord Carrington, el primer secretario de Exteriores de Thatcher. Carrington respondió: «Oh, para nada. Entonces ya no sería Thatcher».[12] A las semanas de llegar Thatcher al poder, la reina se enfrentaría a ese carácter de acero. Durante el verano de 1979, Palacio y

---

* La reina también quedó fascinada con el presidente George W. Bush y su rutina diaria. Al despedirse de él en su visita de Estado en Washington, en 2007, le preguntó al embajador británico: «Se va a dormir muy pronto. ¿También se levanta igual de pronto?».

Downing Street se enfrentaron por un problema que se convertiría en una recurrente fricción: la Commonwealth. Las últimas dos décadas habían visto independizarse a cada vez más colonias y las que quedaban en el club posimperial cada vez daban menos poder a la Commonwealth. Para estos jóvenes miembros en particular, el problema más agobiante era el mandato de una minoría blanca en el sur de África. Su objetivo final era acabar con la supremacía blanca y su sistema de *apartheid* de Sudáfrica. También tendría que terminar el Gobierno blanco en Rodesia, un objetivo más realista puesto que seguía siendo una colonia inglesa oficialmente. En 1965, como se ha mencionado anteriormente, esa minoría al mando declaró una independencia unilateral en lugar de introducir el sistema democrático completo como el resto de colonias que querían autonomía. Su liderazgo blanco, al mando del cual estaba el piloto de la Real Fuerza Aérea Spitfire Ian Smith, seguía siendo monárquico y anglófilo. Sin embargo, el Gobierno británico —y, por ende, la reina— declaró que no habría independencia a menos que se votara democráticamente. Sin reconocimiento del Reino Unido, el Gobierno de Smith dejó a la reina y se convirtió en una república rebelde en 1970, mientras muchos de quienes lo apoyaban seguían siendo monárquicos acérrimos.

Que Gran Bretaña no consiguiera intervenir por la fuerza, a pesar de una larga historia de mandar tropas (no blancas) para cargar contra las protestas, estaba haciendo mella en los Estados miembros. Una larga y cruel guerra civil —la guerra Bush— seguía en 1979, mientras dos guerrillas armadas negras luchaban contra el régimen blanco en dos frentes. Uno estaba liderado por Robert Mugabe y operaba en la frontera de Mozambique con el apoyo de China. El otro, con Joshua Nkomo al mando, tenía su base en la vecina Zambia y recibía munición de los soviéticos. Tras las atrocidades cometidas por ambos bandos, que se cobraron la vida de miles de personas, el Gobierno de Ian Smith fue obligado a presentar finalmente un acuerdo de poder con una mayoría negra de Rodesia. La mayoría del resto de naciones no hicieron mucho caso y se negaron rotundamente a reconocer como Estado lo que ellos consideraban un paria. Thatcher todavía debía llegar a una conclusión, aunque los simpatizantes de Smith en el Partido Conservador ejercían presión para que reconociera al nuevo Gobierno. Si lo hacía, la Commonwealth explotaría. Justo en aquel momento, se preparaba para su siguiente cumbre en la capital de Zambia, Lusaka, a pocos kilómetros de la zona de guerra.

Todos estos eventos hacían que esta fuera la reunión más importante de la historia de la Commonwealth. Había que mantener la mente fría y en calma. Pero cabía el riesgo de que, a la más calmada de todas, la reina, no se le permitiera asistir. A medida que se acercaba la cumbre, Thatcher y el primer ministro de Nueva Zelanda, Robert Muldoon, dejaron claro que ambos tenían sus dudas de si involucrar a la monarca en una situación que entrañaba un riesgo tanto político como físico (a ellos tampoco les hacía mucha ilusión ir). Hacía poco que las guerrillas de Nkomo habían destruido dos aeronaves civiles de Rodesia con misiles SAM-7. El 1 de junio, el secretario del Gabinete, John Hunt, envió a Thatcher una desoladora circular informándola de la situación: «Hay razones de peso para considerar un posible ataque a la aeronave de la reina cuando entre o salga de Lusaka».[13] Cinco días después, el aviador y héroe de guerra Douglas Bader lanzó una petición a través del *Daily Express* para mantener a la reina fuera de peligro.

El único problema era que la reina tenía muchas ganas de ir. En primer lugar, todavía seguía dolida por la negativa de Edward Heath de asistir a la cumbre de Singapur en 1971. En segundo lugar, sabía lo mal que quedaría con los Estados miembros más nuevos, en especial con los de africanos negros, que la cabeza de la Commonwealth no apareciera en la primera cumbre en suelo africano. En tercer lugar, a ella le encantaban estas reuniones: muchos de los asistentes eran antiguos amigos o coetáneos. Habían empezado en la política justo cuando la princesa Isabel se convirtió en reina, en Treetops, observando el abrevadero del este de

África. «Conocía sus aspiraciones», dice Sonny Ramphal, antiguo secretario general de la Commonwealth. «Ella estaba en su salsa, ¡era también hija de la Commonwealth!»[14]

No solo no tenía miedo de ir a Zambia, sino que el príncipe Felipe y ella habían llevado a uno de sus hijos. El príncipe Andrés acababa de terminar el colegio y tendría su primera experiencia de gira real. Así que cuando el 2 de julio Thatcher hizo saber a los medios que seguía preocupada por la seguridad, el secretario de prensa de la reina, Michael Shea, contratacó rápidamente. Les dijo a los periodistas que la reina tenía la «firme intención» de viajar a Lusaka, tras lo cual Thatcher tuvo poco margen de acción.

Cuando la reina llegó a su destino después de haber visitado otras tres naciones africanas, el plan era hacerle una visita de Estado al presidente Kenneth Kaunda antes de que comenzara la cumbre de la Commonwealth. El avión aterrizó sin tiros de por medio, pero los problemas le esperaban en tierra. El alto comisionado británico,* Len Allinson, sabía que Kenneth Kaunda pretendía hacer comentarios «muy incómodos» sobre Rodesia y Thatcher en el banquete de Estado de aquella noche. Esto desestabilizaría la cumbre antes de que empezara y haría que Thatcher tuviera todavía menos posibilidades de alcanzar un consenso. Conocemos la extraordinaria historia de lo que sucedió a continuación porque el secretario privado de la reina, Philip Moore, le pidió a Asuntos Exteriores que lo incluyeran en el informe oficial de la gira. Allinson había hecho todo lo posible por cambiar el discurso del presidente, en vano. «La única forma de evitar las partes ofensivas del discurso de Kaunda era que la reina hablara con él en persona, cosa que hizo en el coche.»[15]

Fue la primera vez, sin duda, que la reina ha llegado a una visita de Estado y se le ha pedido que riña al huésped nada más llegar. Pero, teniendo en cuenta que la Commonwealth se resque-

* Todos los embajadores de los países de la Commonwealth reciben el nombre de «alto comisionado».

brajaba, estaba dispuesta a correr el riesgo. Y funcionó porque, tal como recuerda Allinson, el banquete fue cordial y hubo buen ambiente sin la diatriba que Kaunda había preparado contra Thatcher.[16] La parte polémica del discurso había sido recortada.

Durante el fin de semana, entre compromisos oficiales por Zambia y el inicio de la cumbre, la comitiva real voló al parque de caza de Luangwa para descansar veinticuatro horas. Len Allinson y su esposa, Peggy, también fueron invitados a sentarse con la reina y el príncipe Felipe durante el corto vuelo en el Andover.

A su llegada, cuenta Allinson, el príncipe Felipe enfureció cuando todos los vehículos encendieron sirenas y luces, lo cual asustó a la fauna de la zona. En su casa de invitados, Chichele Lodge, la comitiva real descubrió que las autoridades de Zambia habían colocado nuevos colchones, pero ni siquiera habían quitado el plástico de las camas, así que la reina y Peggy Allinson tuvieron que volver a hacer la cama mientras esta última le recordaba alegremente a la monarca: «¡Doble bien las puntas, señora!».

Cuando cayó la noche, habían regresado la mayor parte de los animales, lo cual sembró el pánico entre el servicio real. Len Allinson explica: «No había suficientes habitaciones en el alojamiento, así que parte del servicio tuvo que dormir en *bandas* [cabañas de paja]. Por la mañana vimos que habían dormido en los sillones del piso de abajo. Les asustaron los ruidos de los animales, así que se refugiaron dentro». También recuerda lo atenta que era la reina: «Estaba al tanto de todo. Consiguió ver un leopardo en un árbol antes que el guarda».[17]

Isabel regresó a la capital de Zambia mientras los dirigentes de la Commonwealth comenzaban su conferencia con un tema principal en el orden del día. La tensión por Rodesia había enrarecido tanto la atmósfera que Margaret Thatcher llegó a Lusaka con gafas oscuras totalmente convencida de que le iban a rociar ácido en la cara.[18] El papel de la reina era no entrometerse en la discusión; hasta 1997, ni siquiera podía entrar a la conferencia. Sin embargo, lo que sí podía hacer era marcar el tono. Durante cuatro días, tuvo audiencias individuales con los líderes, además de celebrar algunos banquetes y eventos. «Su influencia sosegada y cauta funcionó muy bien», señala el jefe Emeka Anyaoku, futuro sucesor de Ramphal como secretario general.[19] Recordando los treinta y cuatro años que Emeka estuvo en la organización, cita Lusaka como uno de los momentos más al límite. Si el ambiente hubiera seguido estando así de tenso, no lo hubiera resistido. Pero la organización consiguió —por los pelos— alcanzar un acuerdo histórico que traería algo de paz y un gobierno mayoritariamente negro a Rodesia. Ian Smith se dio cuenta de que no le quedaba otro remedio que dialogar con todos los bandos. Un año después, la reina pudo mandar al príncipe de Gales a representarla en las celebraciones de independencia de la nueva nación de Zimbabue. Independientemente de que el país se sumiera en el caos después, la reina siempre estaría orgullosa de su aportación personal a la causa.

De vuelta a casa pudo disfrutar de sus vacaciones de verano familiares en Balmoral, donde todos pensaban en lo mismo: ¿qué le deparaba al príncipe Carlos? Ya había dejado la Marina Real y las bases de la organización Prince's Trust estaban bien asentadas. Tal como su padre había descubierto hacía dos décadas al crear el Premio Duque de Edimburgo, el poder podía mostrarse reticente a estas nuevas asociaciones de jóvenes príncipes e ideas nuevas. En el caso del príncipe Carlos, su plan consistía en que la organización sin ánimo de lucro otorgara pequeñas becas para que los jóvenes pudieran emprender algún cometido con fines públicos. Sin embargo, su plan no contó con el apoyo del secretario privado de la reina, Martin Charteris, que temía que chocara con las acciones que ya existían. El príncipe no dio su brazo a torcer, pero cada vez estaba más frustrado por la falta de objetivos en su vida entre interminables compromisos oficiales e inauguraciones. «Incapaz de dar con un reto que se ajustara a su mal gestionada energía, el príncipe disponía de más tiempo del que le hubiera gustado tener», escribió su biógrafo oficial, Jonathan Dimbleby.[20] Haciendo frente a un «infinito vacío ante él», el príncipe Carlos parecía estar sumiéndose en el tipo de vida que anteriores herederos al trono habían disfrutado, con mucho polo para matar el tiempo. En efecto, fue jugando a este deporte en los Estados Unidos, en el rancho de Texas de la embajadora del país Anne Armstrong, cuando conoció a un futuro presidente. George W. Bush explica: «Los Armstrong eran amigos de toda la vida. Estaba empezando a salir con Laura y fuimos desde Austin a visitar el rancho de la familia para ver el partido de polo con el príncipe Carlos». Lo que Bush tenía en la cabeza no era ni la realeza ni el deporte, admite. «Lo que quería era llevarme a Laura de viaje, más que ver el partido. Pero, aun así, fue la primera vez que vi al príncipe Carlos.»[21]

La reina y otras personas dedicaban mucho a pensar sobre el futuro matrimonio del príncipe. Ya con cuarenta, no parecía tener intención alguna de encontrar esposa a pesar de los intentos de lord Mountbatten, una figura clave durante toda su vida, de que se prendiera la chispa con su nieta Amanda Knatchbull. Ese agosto, Mountbatten estaba en el Castillo de Classiebawn, su segunda residencia, una casa del siglo XIX en County Sligo, en Irlanda, donde le gustaba reunirse con su familia en verano. A pesar de su proximidad a los conflictos del país, siempre se había sentido como uno más. El 27 de agosto de 1979, sin embargo, estaba al timón de su barco de pesca, el Shadow V, alejándose de la costa irlandesa del pueblo de Mullaghmore, cuando explotó en el barco una bomba controlada por el IRA a través de una radio. Mountbatten, su nieto Nicholas Knatchbull, de catorce años, y un chaval del pueblo, Paul Maxwell, fallecieron a causa de la explosión. El hermano gemelo de Nicholas, Tim, fue gravemente herido, al igual que sus padres, la hija de Mountbatten, Patricia, y su marido, John Brabourne. Doreen Brabourne, la madre de ochenta y tres años de John, murió horas después.

La reina y el príncipe Felipe recibieron la noticia en Balmoral. El príncipe Carlos se encontraba pescando en Islandia. Horas después, se enteraron de que dos bombas del IRA habían asesinado a dieciocho soldados británicos en el pueblo fronterizo de Warrenpoint. Este sería el ataque que se cobraría más vidas de la Armada Británica durante esos treinta años en Ulster. Para la monarca, como cabeza de familia y de las Fuerzas Armadas, fue un día de completa consternación y tragedia. Cuando Tim Knatchbull recibió el alta en el hospital, donde sus padres seguían en cuidados intensivos, la reina le invitó a pasar unos días en Balmoral. Tal como recordaría años después, «ella estaba en modo madre total y a mí me encantó».[22]

Para el príncipe de Gales fue el peor momento de su vida. «He perdido a alguien infinitamente especial», escribió en su diario esa noche, «alguien a quien le podía contar todo y de quien recibía los más sabios consejos.»[23] Su tío abuelo, se lamentaba, había sido a la vez su abuelo, su hermano y su amigo. «Dickie» podría ser un famoso entrometido cuando se trataba de temas de familia (su elaborado y cambiante plan de entierro, al que él se refería como «mi plan», ha sido motivo de broma en Downing Street),[24] pero echarían de menos su papel como mediador, en especial como conducto entre el príncipe de Gales y el resto de la familia.

El príncipe seguiría de duelo el siguiente verano, cuando asistió a una barbacoa en Sussex después de un partido de polo. Compartiendo asiento sobre un fardo de heno con una invitada, esta le dijo que le había parecido estar muy afectado en el funeral de Mountbatten.[25] Aunque ya había visto a Diana Spencer una o dos veces cuando salió con su hermana mayor, lady Jane, hacía unos años, el príncipe se quedó bastante prendado de la joven maestra de guardería que diagnosticó, con buen ojo, que el príncipe se sentía, más que nada, solo.

Ese mismo verano, la invitó a Balmoral. A su familia y al resto de invitados les encantó su carácter alegre. Era alguien que, a pesar de haber nacido al margen de la realeza, no tenía problema con los retos que una fiesta en las Tierras Altas entrañaba. Su padre, el conde Spencer, había sido caballerizo de la reina en esa gran gira poscoronación. Ocho semanas después de su regreso en 1954, la monarca acudió a la Abadía de Westminster a la boda de Johnnie Spencer con Frances Roche, con quien tuvo cinco hijos (su tercer hijo, John, murió horas después de su nacimiento en enero de 1960). Se divorciaron en 1967. Antes de ocupar su ancestral lugar en Althorp, el conde y su familia vivieron unos años en el estado de Sandringham, donde los niños de la familia habían jugado con el príncipe Andrés y el príncipe Eduardo. La abuela materna de Diana, lady Fermoy, fue dama de la reina madre e hija de un conde. Crucialmente, a pesar (o justo por eso) de la diferencia de doce años de edad, Diana parecía haber rejuvenecido al cabizbajo príncipe.

Las cosas empezaron a cambiar rápidamente. Debido a ciertos comentarios en los círculos reales privados, que la ponían por las nubes, la prensa no tardó en hablar de la nueva chica en la vida del príncipe y en especular que Gran Bretaña podría haber encontrado a su futura reina. En semanas, sin embargo, la incansable atención mediática hizo que la madre de Diana, ahora Frances Shand Kydd,* escribiera una carta a *The Times* pidiendo restricciones.[26] El príncipe recibiría una carta de su padre en esa misma época, una carta que vería como un ultimátum irracional, puesto que llevaba con Diana unos meses solamente. La prima del duque, Pamela Hicks, cuenta que el príncipe llevaba la carta encima y se la leía a sus amigos para enseñar que le estaban obligando «a aclararse».[27] Era una forma de verlo. La esencia del argumento del duque era que el príncipe debía pedirle matrimonio o dejarla, todo por la reputación de Diana.[28] Con excepciones contadas, tanto la familia como los amigos deseaban que escogiera la primera opción. Diana conocía su mundo, parecía tener ganas de encajar, era lo suficientemente joven como para no tener —como Mountbatten y su generación lo llamaban— «un pasado» y, lo más importante, era hija de la Iglesia de Inglaterra, de la cual un día el príncipe sería gobernador supremo.

---

* En 1969, Frances se casó con Peter Shand Kydd, heredero de un negocio de papel de pared.

Ese otoño, la titular actual —la reina— se preparaba para dar un paso más en su largo camino interconfesional, una de las principales características de su reinado. La misma monarca que desafió a los tradicionalistas anglicanos invitando a todas las religiones del mundo a celebrar la Commonwealth en la Abadía de Westminster realizaba ahora una visita de Estado al Vaticano. Era, en realidad, el tercer viaje que emprendía para conocer a otro papa más (había conocido a Pío XII como princesa Isabel en 1951 y a Juan XXIII en 1961). En esta ocasión, acudió al Vaticano con una invitación para que el papa Juan Pablo II visitara el Palacio de Buckingham durante su próximo viaje al Reino Unido, el primero en la historia de un papa regio. Sabedora de las tradiciones vaticanas, iba vestida de negro —un vestido de terciopelo y tafetán de Ian Thomas, con un velo sujetado por la tiara de la gran duquesa Vladimir— y habló sobre una «nueva y constructiva» era que se abría entre la Iglesia de Inglaterra y Roma. Eduardo VII había sido el primer soberano regio británico en visitar el Vaticano, en 1903, pero ningún monarca moderno se acercaría a Isabel II en cuanto a salvar el cisma creado por la Reforma y Enrique VIII. Había una calidez genuina entre ella y Juan Pablo II, a quien no solo daría la bienvenida en Gran Bretaña en 1982, sino a quien también volvería a visitar en el año 2000 (asimismo, conocería a sus dos sucesores). Con tan dolorosa división de protestantes contra católicos en un extremo de su reinado, su visita de 1980 fue especialmente conmovedora. Pero no sería la parada en el Vaticano la gran historia de la gira mediterránea de la reina.

Tras abandonar Italia, se embarcó en el recorrido de tres naciones francófonas del norte de África. En Túnez visitó las ruinas cartaginesas y vio al presidente Habib Bourguiba emocionarse mientras saludaba a la oposición de la guerra contra el nacismo.[29] En Argelia, el ministro de Asuntos Exteriores presente, Douglas Hurd, vio cómo le ofrecían a la reina un gran plato de cordero asado sin ofrecerle para ello ningún cubierto. «Estaba muy caliente, así que miró a ver si había alguna cuchara, tenedor o cuchillo para hincarle el diente, pero no vio nada. Entonces se dio cuenta de que tenía que hacerlo con las manos, y así lo hizo.»[30]

La última parada de la gira, sin embargo, fue una mezcla de exasperación real y pura comedia que casi desemboca en un desastre diplomático. En todos sus viajes, la reina no experimentaría nada similar al viaje al reino del volátil Hassan II de Marruecos. Gran Bretaña quería conocer mejor al neurótico y pasional monarca anticomunista. En 1979, el embajador Simon Dawbarn les había enviado a sus jefes un informe confidencial, advirtiéndoles de los prejuicios imperantes en el Ministerio de Asuntos Exteriores. «Le vemos como un astuto déspota oriental, demasiado francés», les advirtió, y les aconsejó buscar otra estrategia. «El rey, aunque sea un autócrata, no es ningún tirano.» Dawbarn instó al Gobierno a mandar a un «emisario especial» para sanear las relaciones bilaterales.[31]

Un año después, el emisario definitivo del Reino Unido estaba de camino. Su yate todavía estaba saliendo de Argelia, pero la reina se adelantó. Las cosas empezaron a salir mal antes de que el vuelo hubiera aterrizado. El rey tenía que venir a buscarla al aeropuerto, pero llegó tarde, lo cual hizo que la aeronave tuviera que dar vueltas hasta que llegara. La primera noche, la reina acudió a un banquete de Estado y le dijeron que el palacio real de Rabat había sufrido un apagón. Tuvo que esperar en el coche media hora —aunque, por suerte, Rupert Nevill, secretario privado del duque de Edimburgo, había comprado algunas raciones de emergencia, y logró hacerse con un Martini y pasárselo por la ventana—. «La verdadera razón del retraso», explicó Dawbarn más tarde en documentos recientemente desclasificados de Asuntos Exteriores, «era que el rey, como de costumbre, no estaba preparado.»[32] Al día siguiente, la reina tenía que visitar la antigua ciudad de Fez, pero el rey cambió de planes y la llevó a Marrakech. También organizó un almuerzo, de camino, en el desierto y una gran exhibición de jinetes. Sin embargo, el almuerzo se retrasó tres horas poque el rey no salía de su tienda. Mientras tanto, la prensa iba a la caza de imágenes de la obvia incomodidad de la reina. Al final, no consiguió visitar Marruecos. Cuando terminaron de servir la comida, el sol ya se estaba poniendo. No tuvo reparo en cuadrar al rey. «Te agradecería que no volvieras a hablar así de mis empleados», le dijo, después de que el monarca culpara al asistente del secretario privado, Robert Fellowes, del caos.[33] Se le acabó la paciencia de nuevo cuando intentó cancelar la visita a la casa de Leonard Cheshire para niños discapacitados, insistiendo en que no tenían tiempo suficiente. «Bueno, puedes parar el coche, pues», respondió la reina, y le explicó que iría en otro vehículo. Finalmente, fue una parte del itinerario a la que sí acudieron, aunque con retraso.

Cuando la comitiva llegó a Casablanca, la reina se reunió con su yate real, donde debía celebrar un banquete de agradecimiento para su anfitrión. Cuando se estaban finalizando las preparaciones, sin embargo, llegó el asistente principal del príncipe. El general Moulay Hafid, que no tenía muy buena pinta y que era conocido como «la cabeza de la muerte» entre los oficiales británicos, anunció que el rey deseaba que la cena «se retrasara unas horas». La reina le explicó entonces claramente que se había citado al resto de invitados a una hora concreta y dijo que «si Su Majestad llegaba tarde, lo entendería perfectamente».[34] En efecto, llegó una hora tarde y acudió con otras personas y su propia comida por miedo a que la tripulación del Britannia le intentara envenenar. Sin embargo, le halagó mucho la visita, tanto que le otorgó a la reina el privilegio de acudir al aeropuerto a despedirse.

En su informe confidencial sobre la vista, al cual se ha tenido acceso cincuenta años después, Dawbarn lo llamó «una lección objetiva sobre los peligros de la monarquía absoluta», y añadió que había sido «una humillación» para los marroquíes más que una visita. «La reina les mostró otra forma de hacerlo, una mejor. Seguro que envidian a los leales súbditos de Su Majestad.»[35] Echando la vista atrás, sin embargo, un antiguo miembro del servicio está bastante seguro de que a la reina le gustó bastante: «Fue algo de lo que hablaría durante años».[36]

Una vez más, Asuntos Exteriores había usado a la reina para camelarse a un difícil déspota con la excusa de que Gran Bretaña y Occidente necesitaban tantos amigos como fuera posible en un mundo cada vez más binario. Para la monarca, todo aquel que ofreciera venganza contra la Unión Soviética era un compañero digno de invitar a cenar. Los soviéticos acababan de invadir Afganistán, lo que provocó que muchos gobiernos occidentales, incluyendo el de Gran Bretaña, intentaran boicotear las Olimpiadas de Moscú de 1980. Esto dejaba al duque de Edimburgo en una posición comprometida al ser el presidente de la Federación Internacional Ecuestre, puesto que algunos de sus miembros estaban a favor del boicot y otros no. «Vi que lo más fácil era simplemente retirarse», explicó.[37]

Margaret Thatcher seguro que habría visto con recelo una presencia real en los Juegos de Moscú apenas unos meses después de revelarse que el Palacio de Buckingham había encubierto a un espía ruso durante quince años. Anthony Blunt, el tasador de los cuadros de la reina, entró al servicio de la Casa Real en 1945 y se pasó la Segunda Guerra Mundial trabajando para el MI5. Más tarde, el rey Jorge VI incluso le envió a misiones delicadas para hacerse con documentos y artefactos de familiares alemanes antes de que les saquearan. En 1964, bajo interrogación del MI5, Blunt admitió que la inteligencia soviética le había buscado cuando todavía estaba en Cambridge y que les había estado pasando secretos de Estado a los rusos durante la guerra. Puede parecer algo chocante para generaciones posteriores, pero Blunt no solo no fue condenado, sino que siguió en su puesto de trabajo. Se llegó al acuerdo —aprobado por el secretario de Estado Henry Brooke— de que Blunt seguiría en su puesto si lo admitía todo.[38] Mientras que se informaba al secretario privado de la reina, Michael Adeane —y se le avisaba de que la reina no debía hacer nada—, al primer ministro del momento, Alec Douglas-Home, no se le avisó.

El verdadero papel de Blunt fue conocido por los siguientes primeros ministros y secretarios privados, pero se mantuvo en secreto hasta 1979, cuando un autor estaba a punto de sacar la verdad a la luz. Fue en ese momento cuando Margaret Thatcher —a la que se le había actualizado sobre la situación hacía nada— reveló lo básico a los Comunes. La conducta de Blunt, dijo, había sido «despreciable y repugnante».[39] Aunque Blunt ya se había retirado de Palacio, se le retiró también el título de caballero y pasó los últimos tres años de su vida marginado. ¿Y qué sabía la reina? En su comunicado a los Comunes, Thatcher decía que se había avisado a su secretario privado para «que la reina no hiciera nada» porque «cualquier cosa hubiera podido alertar a los controladores rusos». La teoría más aceptada es que Adeane debió de explicárselo y ella se acogió a la discreción impuesta por los sucesivos gobiernos. Todo el que ha intentado esclarecer con ella el asunto no ha sacado mucho. Otros empleados de la realeza no tenían ni idea. Ron Allison recuerda a Blunt como una figura erudita que comía de vez en cuando en el comedor real. Tras la denuncia de Blunt, algunos empezaron a comentar que, pensándolo bien, era raro que el hombre a cargo de las obras de arte de la reina nunca acudiera a los eventos reales en los que la monarca estaba presente.

El 24 de febrero de 1981, el Palacio de Buckingham anunció finalmente lo que el mundo llevaba años esperando. Tras decidirse mientras esquiaba en el complejo suizo de Klosters, el príncipe de Gales había vuelto a casa y le había pedido matrimonio a Diana Spencer. La entrevista de compromiso obligatoria nos regalaría esas eternas declaraciones sobre estar enamorado —«sea lo que sea el amor»—, aunque solo en retrospectiva adquiere un carácter portentoso. En el momento, pareció lo que probablemente era: una respuesta rápida de un príncipe nervioso que por fin realizaba lo que le gustaba llamar «*la grande plongée*» («el gran salto»).[40] Otro aspecto de este momento que forma parte del imaginario real fue que a la boda asistieron dos abuelas, la reina madre y su dama de compañía e hija de un conde, lady Fermoy. Esta última le diría a Jonathan Dimbleby poco antes de su muerte en 1993 que, en realidad, no estaba a favor del enlace. Al príncipe Carlos no le había dicho nada porque, según dijo, «no le hubiera hecho ni caso».[41] La reina invitó a Diana y a su madre a mudarse al Palacio de Buckingham para prepararse para la boda. Hay distintas versiones del apoyo que recibió la novia. Diana declararía más tarde que se sintió bastante abandonada por Palacio, una acusación que años después también repetiría la duquesa de Sussex.* Sin embargo, los trabajadores de la reina afirman que se ofrecieron para ayudarla sin éxito. En retrospectiva, parece que el problema fue generacional. Un par de cortesanos bienintencionados no hubieran podido llenar la ausencia de gente cercana a la novia.

A medida que del país —y de la mayor parte del mundo— se apoderaba lo que los medios llamaban alegremente una «fiebre nupcial» (los más febriles eran los escritores de titulares de Fleet Street), el resto de la familia real se vio eclipsada por «Carlos y Di». Sin embargo, a tan solo seis semanas de la boda, sucedió algo que sirvió de recordatorio sobre los riesgos de formar parte de la realeza. A la cabeza del desfile tradicional de su cumpleaños, la reina estaba entrando en la curva de la Avenida hacia las caballerizas cuando se escucharon seis disparos procedentes de la muchedumbre. El hombre armado de diecisiete años, Marcus Sarjeant, fue reducido al momento por el cabo primero Galloway, del segundo batallón de Guardias Escoceses, uno de los soldados encargados de proteger el área. Rápidamente se supo que Sarjeant, un aspirante a Marina Real en el paro, había estado disparando una réplica de una Colt sin balas. Sin embargo, la reina no debía saberlo. Su primera respuesta fue calmar al caballo, Burmese, la leal yegua que la guardia montada canadiense le había regalado en 1969. Lo que asustó a Burmese no fueron los disparos, sino la reacción del resto de jinetes y caballos a su alrededor. Como los medios, los millones

---

* Tal como Meghan Markle —la recién nombrada duquesa de Sussex— le dijo a Oprah Winfrey en 2021: «No había ninguna directriz. [...] No te explican cómo debes hablar, cómo cruzar las piernas, cómo ser alguien de la realeza. Ninguna formación del estilo. Puede que sí exista para otros miembros de la familia, pero a mí no se me ofreció en ningún momento».

de personas que vieron el suceso por televisión fueron testigos de la encomiable entereza de la reina, que continuó el desfile como si nada.

Habían pasado menos de dos años desde el asesinato de lord Mountbatten y el terrorismo era una amenaza constante. Solo hacía un mes que el IRA había hecho explotar una bomba de tres kilos con la intención de asesinar a la reina en la inauguración de la terminal petrolera Sullom Voe de Escocia, acompañada del rey de Noruega. Explotó mientras ella estaba ya en los alrededores, aunque pocos se dieron cuenta, porque lo hizo dentro de un edificio a medio kilómetro de los invitados reales durante el himno nacional. Cuando el historial autorizado del MI5 salió a la luz en 2009, se reveló que el IRA había puesto dos bombas, pero que la segunda no se llegó a entregar.[42] Pero el mundo todavía no sabía nada. La reina —casi seguro— lo sabía todo. Su fatalismo se vio reflejado en el comentario que hizo cuando un pedazo de cemento aterrizó en su coche en una de sus últimas visitas a Irlanda del Norte: «Es un coche resistente».[43] Casi nada le da miedo, salvo esa excepción de la que se ha hablado anteriormente. Aunque su marido, sus dos hijos mayores y dos de sus nietos tienen todos el título de piloto de ala rotatoria, sigue teniendo sus reservas con los helicópteros (especialmente en invierno y de noche).[44]

Ni la amenaza terrorista ni los disturbios en varias ciudades* podían pinchar la burbuja de orgullo nacional el 29 de julio de 1981, cuando Diana Spencer se dirigía al altar de la Catedral de San Pablo del brazo de su padre. Solo cuatro años después del fervor del Jubileo que había conmovido tanto, e incluso llegado a avergonzar, a la reina, ahora Isabel II podía apartarse con cierto alivio y observar cómo el mismo profundo afecto envolvía a la siguiente generación de la realeza.

* Los disturbios de 1981 empezaron en Brixton, en el sur de Londres, como respuesta al abuso policial, que había tomado la forma de cacheos aleatorios a hombres negros.

Se interesó por los detalles de la procesión. Abordó discretamente a Andrew Parker Bowles, el oficial a cargo de la escolta de
la Household Cavalry. «Se había fijado en uno de los caballos de la
procesión y me dijo que parecía "un poco animado". Supe a lo que
se refería, así que lo cambié para el camino de regreso.»[45]

Como era de esperar, el beso del novio y la novia en el balcón
ocuparía las portadas de la mayoría de los periódicos del día siguiente. Igual que el Jubileo, la boda había atraído a una multitud
de gente equiparable a la ceremonia de la coronación, y miles de
millones la siguieron por la televisión en todo el mundo. Más
de veintisiete millones de personas vieron la ceremonia en directo
solamente en Italia, mientras que en Francia se estima que quince
millones la siguieron durante cuatro horas, intercalándose con
imágenes de los disturbios que les recordaban que no era oro todo
lo que relucía al otro lado del canal. La ceremonia se televisó en
directo en naciones comunistas, incluidas China y Polonia, pero
no en el miembro más reciente de la CEE. La cadena estatal griega
ignoró la boda, alegando que entre los invitados de la reina estaba
el emérito de Grecia, Constantino II.[46] Su hermana Sofía, por otro
lado, sí fue invitada, pero no asistió. Como reina de España, se le
había aconsejado que lo rechazara porque el crucero de la luna de
miel debía partir de la colonia británica de Gibraltar, unos pocos
kilómetros de roca que España siempre ha percibido como suyos.

El plan en un principio era que el viaje fuera al Caribe, pero,
puesto que la reina y el Gobierno estaban preocupados por la
reacción del público ante el coste en momentos de crisis económica, pensaron que un crucero por el Mediterráneo tendría mejor
acogida. Tras pasar tres noches en la finca de lord Mountbatten en
Hampshire (donde la princesa Isabel y el príncipe Felipe también
habían pasado su noche de bodas), la pareja viajó en avión para ir
al encuentro del yate. Quizá no fue la luna de miel que la princesa
imaginaba. Aunque el príncipe estaba feliz de poder enterrarse en
sus libros y sus acuarelas, la princesa tuvo que ser escoltada de
vuelta a las instalaciones reales después de aventurarse a acudir al

bar de los marineros, el Ye Old Honk Inn. Una de las primeras lecciones de la veinteañera fue que, a partir de ese momento, la vida no volvería a ser la misma. Pocos recién casados se esperan recibir la petición por parte de Asuntos Exteriores de invitar al presidente Sadat de Egipto a cenar, eso seguro (aunque al día siguiente este les envió un cargamento de mangos, la fruta favorita de la princesa). De vuelta en Gran Bretaña, la luna de miel terminó con unos días en Balmoral. Los medios siguieron al pie del cañón mientras el príncipe le enseñaba a la princesa de Gales sus lares. En noviembre, Palacio anunció que Diana esperaba a un hijo. Estaba claro que la reina conocía de primera mano la presión que su nuera experimentó cuando su secretario de prensa, Michael Shea, invitó a todos los periódicos y editores a tomar algo al palacio con la reina. Todos aceptaron excepto Kelvin MacKenzie, director del *Sun*. Hubo un momento en el que la reina les preguntó por qué una joven no podía visitar una tienda de caramelos sin que la asaltaran fotógrafos. El ya difunto director de *News of the World* le dio una engreída contestación, diciéndole que, si quería golosinas, siempre podía mandar a alguien para que se las trajera a casa. «Es lo más pretencioso que he escuchado», respondió la reina.[47]

Quedó claro que la petición de Palacio de dejarles un poco de espacio no caló, porque fotografiaron a la princesa embarazada en bikini en unas vacaciones en Bahamas ese mismo mes y las imágenes aparecieron en las revistas británicas poco después. El mismo mes, la reina celebró su treinta aniversario en el trono. No hubo tanta parafernalia como cinco años atrás, pero todos estaban de acuerdo en que sí debía estar contenta y orgullosa al respecto. Un comentador incluso sugirió que quizá había llegado el momento de que la reina delegara algunas responsabilidades en el príncipe Carlos para poder vivir más tranquila. Lo que ocurriría sería justo lo contrario.

13

1982-1985

«Ponte a ello»

Hasta abril de 1982, pocos británicos hubieran sabido encontrar las Malvinas en un mapa. Con doce mil metros cuadrados de roca, hierba y ciénagas, reminiscencia de las Tierras Altas escocesas, las islas contaban con una diminuta población de 1.820 ciudadanos, la mayoría dedicados a la ganadería de ovejas. Era territorio inglés desde 1833. Argentina lo reclamaba unos kilómetros al oeste, algo que entorpecía su relación con Gran Bretaña, y una reciente propuesta de Londres de una posible cesión había sido rechazada por completo por los isleños. Se sentían británicos hasta la médula (el mayor empujón de la economía local el año anterior, según el gobernador Rex Hunt, había ocurrido con motivo de la boda real).[1]

Cuando comenzó el día 2 de abril, sin embargo, estos fieles fueron despertados por soldados argentinos y fuerzas especiales entrando en la capital, Puerto Stanley. El pequeño equipo de marines británicos residentes opuso algo de resistencia, pero finalmente se rindió. Margaret Thatcher, haciendo honor a su apodo de «la Dama de Hierro»,* no perdió ni un minuto y envió refuerzos al sur del Atlántico para reclamar tanto el suelo como el honor

---

* El biógrafo de Margaret Thatcher, Charles Moore, afirma que la primera vez que se la apodó así fue en *Red Star*, un periódico de la Armada roja rusa, en 1976. La intención era insultarla, pero terminó convirtiéndose en un mote cariñoso que ella apreciaba.

británico. La reina se lo tomaría como algo personal. No solo eran sus Fuerzas Armadas las que navegaban para liberar las islas, sino que también estaba su hijo, el príncipe Andrés. Desde que dejó la escuela, se había habilitado como piloto de helicópteros de la Marina Real. La primera ministra, según su biógrafo, se había opuesto a mandar al segundo al trono a una zona de conflicto alegando que sería un objetivo muy claro como un rehén y, por tanto, un peligro para sus camaradas. El príncipe y sus padres estaban seguros de que debía ir. Él afirmó: «Era crucial que fuera. Como profesional, no podía no ir. Hubiera destruido mi credibilidad». Añadió: «Y fue la reina quien se dio cuenta».[2] El cabeza de Thatcher, Michael Jopling, dijo que Palacio se había comprometido a lo grande.[3] Con tantas otras discrepancias por venir, la primera ministra se supo vencida en esta. «Recuerdo ir a ver a la reina para informarle acerca de las Malvinas y, por supuesto, para preguntarle si el príncipe Andrés debía ir o no», le contó a William Shawcross. «Me dijo con rotundidad que el príncipe había decidido ir. La reina estaba visiblemente orgullosa y yo también.»[4]

El resultado no estaba nada claro. A medida que las Fuerzas se iban acercando, la flota inglesa comenzó a sufrir una pérdida tras otra debido a los ataques de los misiles guiados franceses Exocet. El 4 de mayo, el HMS Sheffield recibió un disparo y perdió a veinte almas: se convirtió así en el primer barco en hundirse en combate desde la Segunda Guerra Mundial. En primavera y principios de verano, los Windsor fueron como cualquier otra familia de las Fuerzas Armadas, intentando mantener la compostura y esperando noticias, puesto que el príncipe Andrés seguía en el escuadrón naval aéreo 820 a bordo del helicóptero Sea King. Entre sus responsabilidades se encontraban tareas antisubmarinas y desquiciantes labores de señuelo y rescate de compañeros que habían caído al mar o habían sido disparados. En casa, no obstante, la reina también desempeñó un papel especial. Justo cuando las Fuerzas británicas rescataban los cuerpos sin vida de la primera gran batalla de la guerra, la batalla de Pradera del Ganso, la reina le daba la bienvenida al papa al Palacio de Buckingham. Ningún papa regio había pisado suelo británico antes y Argentina era una nación ultra romana católica. Su audiencia de media hora fue privada en todo momento, pero, al final, el Supremo Pontífice le dio la mano al gobernador supremo de la Iglesia de Inglaterra, y le dijo a la reina: «Que Dios bendiga a tu hijo».[5]

La victoria británica dependía del apoyo de un aliado y, el 7 de junio, el más importante de todos llegó a Gran Bretaña. Thatcher se había esforzado mucho para que Ronald Reagan se pusiera de su lado a pesar de la reticencia de algunos estrategas estadounidenses para quienes Argentina era un bastión que impedía la expansión del comunismo en América del Sur. «Thatcher convenció a Reagan diciéndole que, si no hacían algo al respecto, los dictadores creerían que podían entrar en cualquier país pequeño. Y, entonces, ¿qué pasaría con la Unión Soviética?», explicó su secretario de prensa, Bernard Ingham.[6] En el verano de 1982, Reagan fue a Europa. Tenía que asistir a la cumbre del G7 en Francia, a la cumbre de la OTAN en Alemania y a una audiencia con el papa. Entre medias incluiría una visita de tres días al Reino Unido como invitado de la reina en Windsor. La Casa Blanca insistió en que no se catalogara de visita de Estado (por miedo a ofender a sus otros anfitriones europeos).[7] El énfasis estaba puesto en la informalidad, aunque la estancia de los Reagan incluía un banquete de Estado y un discurso a ambas cámaras del Parlamento. Sin embargo, los documentos de Asuntos Exteriores que han salido a la luz recientemente revelan que el presidente destacó un evento por encima del resto de los de la gira europea: quería cabalgar con la reina en el Home Park de Windsor.

«Es un tema recurrente y central cuando se habla de la visita del presidente», informó a Londres el embajador británico de Washington, Nico Henderson, tras una reunión de la Casa Blanca en febrero de 1982. También dijo que el equipo de prensa de los Reagan lo consideraba «el evento más fotogénico de la gira presidencial».[8] Las semanas siguientes se verían volar muchas circulares de un lado a otro del Atlántico hablando del caballo ideal para el presidente, de su silla y estilo de montar junto con ideas para los invitados a la cena del banquete real. «Al presidente le interesan más el teatro y las artes que el mundo académico», informó Henderson. Propuso dos nombres del mundo artístico en concreto: Jeremy Irons y Diana Quick. «A Jeremy Irons se le conoce aquí por su papel en *La mujer del teniente francés* (película que el presidente y su esposa han visto). *Retorno a Brideshead* (en el que aparecen tanto Irons como Quick) es un éxito rotundo actualmente en las televisiones del país.»[9] En el evento, un tercer miembro del reparto de esta última, Anthony Andrews, también estaría invitado.

La reina se aseguró de que la primera velada de los Reagan en Windsor fuera algo íntimo con una modesta cena familiar. Aunque ya estaba muy avanzada con el embarazo de su primogénito y le gustaría haber estado en otro lado, la princesa de Gales acudió atendiendo a sus responsabilidades. Al día siguiente llegó el tan ansiado momento de la caminata ecuestre. La reina apareció montada en su leal Burmese mientras Reagan estaba a horcajadas de otro regalo de la policía montada canadiense, un capón llamado Centennial. «Si os quedáis quietos, os paso por encima», bromeó con la prensa antes de que la reina le llevara de paseo durante una hora por la zona, escoltados por la secreta estadounidense, casi en estado de pánico.

Tras un brillante discurso al Parlamento, durante el cual el presidente relacionó la batalla de las Malvinas con grandes guerras históricas por la liberación, los Reagan regresaron a Windsor para el banquete de la reina. Algunos empleados del momento han hablado positivamente de la pareja, afirmando que era «encantadora» y que a ambos les encantaron todas las curiosidades de la *suite* 240 de la Torre Lancaster, con sus baños dobles y su impresionante vista del Long Walk. La reina había pedido a uno de sus asistentes, Paul Burrell (futuro mayordomo de la princesa de Gales) que cuidara de ellos.* La reina puso a punto el Salón de San Jorge con tiaras, pajaritas blancas y la mesa más larga que Gran Bretaña había montado desde la plata y el oro de Jorge IV. El salmón y el cordero de Balmoral se sirvieron al estilo Tournai. La reina saludó con calidez a los Reagan, como una verdadera amiga frente a las agresiones que habían sufrido en el Atlántico. Los documentos revelan que Asuntos Exteriores le había pedido expresamente que no utilizara el término «relación especial» («siempre es mejor evitar describirla así, si es posible», le había advertido David Gladstone, del departamento de Europa occidental).[10] Sin embargo, el sentimiento estaba claro. «Admiramos la honestidad, la paciencia y las formas en las que habéis desempeñado vuestro papel de aliado e intermediario», le dijo la monarca a su invitado. Además, añadió que, si Jorge III pudiera verlo, «no le hubiera dado tanta pena la pérdida de las colonias».

Reagan, a cambio, hizo referencia a la emoción de haber cabalgado por el lugar en el que el rey Juan había emprendido su viaje para firmar la Magna Carta. «Muchos de nuestros valores, creencias y principios provienen de esta tierra», dijo con teatralidad. Era lo mínimo que la reina podía hacer para agradecerle a un aliado vital su ayuda en momentos así de cruciales.

En esta ocasión, sin embargo, la princesa de Gales no estuvo presente porque no se encontraba bien para asistir. El 21 de junio de 1982 daría a luz a un pequeño príncipe. Guillermo Arturo Felipe Luis fue el primer bebé real en la línea directa al trono que nació en un hospital, en el St. Mary, en Paddington. La reina ansiaba verle y, en lugar de esperar a que la madre y el bebé volvieran a casa, apareció en el hospital al día siguiente.

Esta alegre noticia familiar vino acompañada de más éxitos

---

* Al final de su estancia, según les dijo Burrell a sus compañeros, Nancy Reagan quería darle un regalo de agradecimiento. Ronald Reagan propuso un bote de golosinas, pero la primera dama pensó que debía ser algo mejor. Así que Reagan le regaló a Burrell uno de sus cinturones.

en el Atlántico, donde las Fuerzas argentinas se rindieron pocos días después. La campaña de las Malvinas había sido un atroz conflicto armado. Gran Bretaña había demostrado que su poder eximperial en decadencia seguía al pie del cañón en un mundo en conflicto. La reina no solo estaba orgullosa de su país, sino de la forma en la que la Commonwealth se había mostrado como un frente unido, apoyando a Gran Bretaña. El príncipe Andrés estaba de una sola pieza y pronto volvería a casa, tras lo cual declararía que «había ido como un niño y volvía como un hombre».[11] Con su escapada veraniega anual a Balmoral cada vez más cerca, fueron días de gran felicidad para la monarca o, al menos, deberían haberlo sido.

La mañana del 9 de julio, la reina se despertó con un desconocido descalzo en su habitación del Palacio de Buckingham y un reguero de sangre que iba desde la moqueta hasta su cama. Michael Fagan, un hombre de treinta y dos años en paro con problemas de salud mental, había conseguido trepar hasta acceder a la vivienda privada de la reina, haciendo saltar todas las alarmas. El oficial de policía de guardia dio por sentado que estas habían saltado por error y las había apagado. Fagan ya había entrado otra vez en Palacio, durante la noche en la que la reina acogía a los Reagan en Windsor, y había merodeado por los grandes salones antes de que una sirvienta asustada llamara a seguridad (para que estos le respondieran que eran imaginaciones suyas). En esa ocasión, se había sentado en los tronos (más tarde se le compararía con ricitos de oro) y había abierto una botella de vino.[12] En esta segunda visita, terminó «siguiendo los cuadros» hasta las estancias privadas, donde se cortó la mano con un cenicero de cristal. Según el informe de Scotland Yard, «Fagan entró en los aposentos de Su Majestad sobre las 7.15 horas con un trozo de cenicero con el que había intentado cortarse las venas delante de ella. Afirmó que no había entrado con esa intención, pero que le vino a la cabeza en cuanto vio el cenicero. Atravesó la habitación y abrió las cortinas».[13] En ese momento, la reina tuvo que enfrentarse a lo que seguro fue uno de los momentos más espeluznantes de su vida.

Con una entereza encomiable, intentó calmar a Fagan animándole a explicarle su vida mientras presionaba el botón de alarma en vano. El policía de guardia había terminado su turno a las seis, cuando los empleados del hogar tenían que empezar el suyo. Puesto que tenía compromisos para los que debía prepararse muy temprano, el duque de Edimburgo había dormido en una habitación separada aquella noche.[14] Finalmente, apareció una sirvienta y dejó esta frase para la posteridad: «Pero ¿qué coño hace este aquí, alteza?».[15] Pasaron algunos minutos más hasta que la policía finalmente se dignó a aparecer, llevándose buena parte de la ira de la reina. Fagan fue detenido y llevado a una comisaría, y la monarca insistió en continuar con su agenda del día: tenía una investidura a las once y había cientos de personas ya en camino. Todos los que se han atrevido a sacar el tema delante de ella han obtenido más o menos la misma respuesta: «Parece que se os olvida que paso la mayor parte de mi tiempo dándole conversación a desconocidos».[16] Su frialdad ha hecho que en ocasiones se trivialice el suceso. En *The Crown* se reinterpretó como una parábola de la iniquidad del thatcherismo. Los oficiales de la realeza, sin embargo, recuerdan con horror lo que podría haber sido.

No hay que olvidar el clima en el que había acontecido. Londres estaba en un casi permanente estado de terror y la amenaza de un lunático haciendo locuras era todavía más probable. Había pasado solo un año del intento de asesinato del papa y de Ronald Reagan, ambos poco después del asesinato de John Lennon. Todos estos sucesos habían inspirado al joven atormentado que le había disparado a la reina en su desfile de cumpleaños de 1981. Despertarse en soledad al lado de un Fagan descalzo, sangrando y, tal como admitió él más tarde, bajo los efectos del alcohol y otras sustancias, hubiera sido aterrador para cualquier persona de cualquier edad. «Para mí sigue siendo lo más extraordinario que le ha ocurrido a la reina», explica su antiguo secretario de prensa, Ron

Allison. «No me parece que se le reconozca lo suficiente porque parece que avergüenza hablarlo.» William Heseltine, su entonces secretario privado suplente, no trabajaba ese día y llamó a su compañero Robert Fellowes en cuanto vio los primeros informes: «Le dije que me parecía que todo lo que ponía en el papel debía de ser inventado, pero Robert Fellowes me contestó que había sido exactamente lo que había pasado. No podía creérmelo». ¿Que cómo estaba la reina cuando la vio? «Pues como siempre.»[17]

Pero lo peor estaba por llegar. Días después, un trabajador sexual se puso en contacto con el *Sun* para vender la exclusiva de su larga relación con el principal guardaespaldas de la reina, Michael Trestrail, que dimitió de inmediato. A ella siempre le cayó bien y le entristeció que se marchara. Un posterior interrogatorio policial concluyó que su vida privada no había interferido en la seguridad del palacio. Sin embargo, sí se había convertido en un chivo expiatorio de lo que claramente estaba siendo un fallo sistémico de la seguridad real. La misma semana que él dimitió se materializó de nuevo una amenaza real. El 20 de julio de 1982, justo cuando la Household Cavalry salía para su ritual diario del cambio de guardia, el IRA detonó una bomba de clavos en Hyde Park. Cuatro soldados del regimiento Blues and Royals y cinco caballos perdieron la vida. Dos horas después explotó otra bomba bajo un quiosco en Regent's Park, cobrándose la vida de siete soldados de la banda del regimiento Royal Green Jackets mientras tocaban durante un concierto al mediodía. El oficial al mando del regimiento montado de la Household Cavalry, el teniente coronel Andrew Parker Bowles (entonces casado con la futura duquesa de Cornualles), lo recuerda a la perfección: «Una de las barreras se abrió y alguien dijo: "Una bomba para la guardia". Corrimos hacia el humo». Para la reina esto era ya algo personal porque eran las tropas y caballos que la protegían. Esa misma tarde, Parker Bowles recibió un mensaje: «Un oficial vino y me indicó: "Está la reina al teléfono. Quiere hablar contigo". Le respondí: "No estoy para bromitas". Pero me puse al teléfono y sí resultó ser la reina, quien me dijo: "Lo siento mucho. Es el día más horrible de mi vida"». Parker Bowles recuerda en particular la respuesta que le dio cuando empezó a hablar de los caballos: «Me dijo: "Recuerda, siempre podemos comprar más caballos, pero no soldados", lo cual me pareció un comentario muy lúcido».[18]

La guerra de las Malvinas había generado todavía más respeto entre la reina y la primera ministra. Thatcher se oponía radicalmente a cualquier cosa que se pudiera interpretar como eclipsar a la reina mientras se planeaba la misa de Acción de Gracias en la Catedral de San Pablo. «Le gustaba sentirse superior a sus rivales políticos», explica Charles Moore, «pero detestaba hacerle sombra al Ejército o a la monarquía.»[19] Thatcher rechazó una invitación a leer en la misa alegando que debía hacerlo alguien de uniforme y pidió un sitio sin mucha atención y siempre detrás de la familia real. Pero cuando el Ayuntamiento invitó a los liberadores a hacer un desfile de la victoria tres meses después, la reina estuvo encantada de que Thatcher fuera la invitada de honor junto al alcalde.

La reina estaba en Australia en ese momento. Se la invitó antes de la invasión de las Malvinas para asistir a los Juegos de la Commonwealth en Brisbane y visitar algunos de los reinos más menudos. Era una gira importante para el miembro secundario de la familia real, el HMY Britannia. La guerra de las Malvinas había dañado las relaciones públicas del yate real. Al público británico siempre se le había vendido que estaba diseñado para ser un «barco hospital» en tiempos de guerra. Cuando el país entró en el conflicto, la familia real y la tripulación querían que la embarcación también se uniera a la batalla, pero el Gobierno se negó. Al parecer, el barco no solo presentaba problemas logísticos porque necesitaba un combustible distinto al resto de barcos de la flota, sino que era un claro objetivo. El Gobierno, a diferencia de la decisión sobre el príncipe Andrés, se puso firme al respecto.

El viaje de la reina por el sur del Pacífico fue una oportunidad para lucir el Britannia. Pero la gira no sería recordada precisamente por eso. Al llegar a Tuvalu, la reina y el duque fueron trasladados a tierra firme con unas canoas que los «guerreros» locales (entre los cuales estaba el ministro de Economía del país) transportaron en brazos con ellos todavía subidos, y les pasearon por las calles. Fue una de las entradas reales más espectaculares de la reina.

En febrero de 1983, el Britannia pudo volver a lucirse acompañando a la reina a un lugar que hacía mucho que no visitaba y al que le tenía tantas ganas que adelantó la visita: California. Ronald Reagan la había invitado cuando fue a Windsor. A diferencia de sus anteriores visitas a los Estados Unidos, que habían girado alrededor de Washington, donde se solía recibir a los jefes de Estado, esta tendría una dimensión más personal. Igual que el viaje de los Reagan a Windsor, no estaría considerado una visita de Estado. El príncipe Felipe estuvo relajado desde el primer momento. Cuando visitaron a los lémures en el Zoo de San Diego, el presidente de la World Wildlife Fund le dijo al cuidador: «Supongo que estos se pasan el día haciendo orgías en esta época del año».[20]

En Hollywood, los Reagan habían organizado una cena en el escenario de sonido de la 20th Century Fox, con Frank Sinatra, Perry Como y George Burns animando a más de quinientos asistentes. Aunque hubieran sido invitados, había algunos molestos por la distribución de la cena. Todos los presentes en la mesa de la reina eran británicos a excepción del aliado de Reagan, Holmes Tuttle (que pagaba la cena). En Palacio estaban consternados. «A Reagan se le preguntó quién debía estar en la mesa principal», recuerda el diplomático Brian Fall, que entonces obedecía las órdenes de su jefe, el secretario de Exteriores Francis Pym. El presidente no se decidía entre complacer a sus amigotes políticos o a sus amigos de la industria cinematográfica. «No se decidía, así que tuvo la idea de poner a todos los británicos de Hollywood juntos», explica Fall.[21] Pero esto no le sentó bien al director Blake Edwards, que se marchó iracundo porque su esposa, Julie Andrews, comiera con la reina y él no. Edwards no sería la única estrella molesta por la costumbre británica de separar a las parejas en las cenas. La futura duquesa de Sussex también se quejaría.*

El viaje estuvo marcado por el mal tiempo, en especial cuando la reina y el duque fueron al rancho de los Reagan. Se necesitó una flota de vehículos de cuatro ruedas para conseguir atravesar las carreteras destrozadas y se llegó a pensar en una excursión a caballo como la de Windsor. Tres agentes del servicio secreto perdieron la vida en un accidente automovilístico mientras se dirigían por una carretera de montaña a proteger a la pareja real.[22] Cuando llegaron, Nancy Reagan estaba hecha polvo, pero a la reina parecía haberle gustado el reto. «No dejábamos de disculparnos, pero ella decía que le había gustado la aventura.»[23] Lo único que la decepcionó fue la falta de conversación política durante la comida mexicana. Como explica Brian Fall, «estaba hablando a solas con el líder del mundo occidental y él no quería hablar de política sino de temas rurales y de cortar leña».[24]

El tiempo era tan malo que la reina prefirió no subir por la costa con el Britannia y se adelantó en avión, mientras los Reagan utilizaban su nada despreciable influencia para conseguir habitaciones para la comitiva real en el Hotel St. Francis de San Francisco y una mesa en Trader Vic's. Cuando llegó el yate, la reina organizó una cena de agradecimiento que coincidió con el trigésimo primer aniversario de boda de los Reagan. Tras la cena, el presidente hizo un brindis y un discurso inesperadamente emotivo. «Le prometí a Nancy muchas cosas hace treinta y un años, pero no esto.»[25] Más tarde, la primera dama se sentó al piano del Britannia y le cantó «Our love is here to stay».[26]

---

* Según *Finding Freedom*, de Omid Scobie y Carolyn Durand, que simpatiza con la salida de los Sussex de la vida real, a Meghan Markle le molestó que a ella y al príncipe Enrique les sentaran separados en la boda de Pippa Middleton, la hermana de la duquesa de Cambridge, en 2017. Tal como más tarde le explicaría a un antiguo amigo de la familia, las parejas británicas «se llevarían mucho mejor si se sentaran juntos en los eventos sociales».

Aunque a Asuntos Exteriores no le gustaba mucho la palabra, la «relación especial» había alcanzado un nuevo pico posguerra.

Sin embargo, atravesaría otro altibajo ocho meses después, cuando en octubre de 1983 la Casa Blanca mostraba su cada vez mayor preocupación por el golpe marxista de la isla de Granada en el Caribe. Temiendo una nueva mini-Cuba, y avivados por los países vecinos, los Estados Unidos decidieron intervenir. Margaret Thatcher le había dicho a su Gobierno que no estaba a favor. El golpe apenas fue una incursión en territorio soberano, a diferencia de la de las Malvinas, pero Ronald Reagan ejerció presión a sus espaldas. Aunque había vuelto a salir electa con una mayoría aplastante, Thatcher se sintió humillada ante lo que le parecía una traición al jefe de Estado de Granada: la reina. «Se pasó tres pueblos», afirma el antiguo secretario de prensa, Bernard Ingham. «Dijo: "¿Le apetece invadir un poco a la reina sin permiso? Además, ¿qué se cree? Esto no hará sino enfadar más a los soviéticos. ¿Podemos mirarlos a los ojos y decirles que no les invadiremos después de esto?".»[27]

Reagan era consciente del impacto de lo que había hecho y llamó a Thatcher en varias ocasiones, sin disculparse pero con sinceras intenciones de enmendar su error. ¿Y la jefa de Estado de Granada? Teniendo en cuenta que el mismo gobernador general de la reina había favorecido la intervención de los Estados Unidos, su posición era curiosa. ¿Cómo de molesta estaba la reina? «No le dio muchas vueltas a lo de Granada», dice su antiguo secretario privado, William Heseltine, pero añade: «Creo que a la reina no le gustó mucho que los estadounidenses se lanzaran a uno de sus dominios sin aviso».[28]

Cuando las Fuerzas estadounidenses se retiraron poco después, explica Ingham, la Dama de Hierro se ablandó: «Reagan se fue de Granada una semana después de destituir al pueblo, y Thatcher dijo: "Ahí lo tienes. Hay una diferencia entre los comunistas y Occidente. Nosotros no tenemos ambición territorial"».[29] Podrían apaciguarse los miedos de algo peor que un bache menor en las relaciones bilaterales al año siguiente, cuando Ronald Reagan volvió a Londres para la cumbre del G7. La reina celebró un banquete para todos los líderes mundiales y sus esposas. Le dio a Reagan un lugar predilecto, entre ella y la reina madre.

Unas semanas después del conflicto de Granada, los líderes de la Commonwealth se reunieron con la reina en Nueva Delhi para la cumbre de 1983. Antes de la conferencia, Isabel había hecho una gira por gran parte del subcontinente, incluyendo la empobrecida Bangladesh. Durante su estancia en Nueva Delhi, le otorgó la Orden del Mérito a la celebrada líder de los pobres, Teresa de Calcuta. Era el deseo expreso de la reina darle a la monja ganadora de un Premio Nobel el mismo honor que su bisabuelo, Eduardo VII, le había dado a Florence Nightingale. El Gobierno indio, siempre tan sensible al más mínimo rastro del imperialismo de antaño, intentó en diversas ocasiones sabotear la ceremonia. Incluso se negó a celebrarla en el palacio presidencial, donde la reina se quedaba. Al final, el evento se celebró sin problemas en el jardín. En su discurso de Navidad de ese año, la monarca fue más allá de los típicos buenos deseos y habló de la brecha entre ricos y pobres. La Commonwealth, dijo, estaba comprometida a «devolver el equilibrio económico a las naciones». Los avances tecnológicos, dijo, no sustituirían la compasión y la tolerancia.

Aunque el mensaje no fue para nada polémico, sí apelaba a las naciones más pobres de la Commonwealth y a su secretario general, Sonny Ramphal. El discurso generó muchas críticas en la derecha, como el ministro radicalizado unionista de Ulster Enoch Powell, que se quejó de que la reina estuviera ejerciendo presión en nombre de otros países pero hablando como «la monarca británica a la nación británica». Avisó de que «los ministros y consejeros la estaban aconsejando de manera peligrosa».[30] Puesto que se trataba de un ataque a su discurso navideño, que siempre había sido a título personal y no influido por sus consejeros, parecía todo aquello más bien un ataque a la monarca. Kenneth Rose lo habló con el secretario privado de la reina, Martin Charteris. «Dice que es la primera vez en treinta años que ha ido mal», escribió Rose en su diario. Añadió que Charteris creía que «sería mejor que la reina se ciñera a los textos de sentimientos anodinos en forma de palabras rimbombantes».[31]

Esta era la antesala de la crisis que se avecinaba, la señal más clara de que la monarca y la derecha del Partido Conservador habían dado opiniones distintas sobre la Commonwealth.

Si su discurso de Navidad había sido visto como un signo de frescura en Palacio, no era nada comparado con lo que sucedería el año siguiente. Pronto se retiraría Chips Maclean, el lord chambelán de la reina, la figura más veterana de sus empleados y el verdadero director de la orquesta. A Maclean se le recuerda como alguien alegre en el palacio. «Tenía buena mano con los niños. A los míos les gustaba mucho estar con él», explica William Heseltine.[32] Su lugar lo ocuparía una de las personas más importantes e influyentes fuera de la familia real, David Ogilvy, el decimotercer conde de Airlie, que lideraría las reformas más radicales de la realeza desde que Jorge V creara la Casa de Windsor en 1917.

Lograr esto no fue solamente debido a su larga y exitosa carrera en el Ayuntamiento de Londres, sino, sobre todo, a que era amigo de toda la vida de la reina. Habían jugado juntos de pequeños. El Castillo de Cortachy, en Escocia, residencia de los Airlie, estaba cerca del Castillo de Glamis, una antigua casa de la familia de la reina madre. La abuela del joven David, Mabell, condesa de Airlie, era dama de compañía de la joven abuela de Isabel, la reina María (se dice que una de las primeras palabras de la futura reina fue «Airlie»). Todavía hoy, lord Airlie tiene una preciosa fotografía en su estudio de un jovenzuelo algo serio al volante de un coche a pedales conducido por una jovencita igual de seria. La hizo su cuidadora. «Cumplía cinco años en Cortachy», explica David. «Las dos princesas estaban en Glamis y las invitamos. Mi padre me regaló este coche y me dijo que invitara a la princesa Isabel a montarse. Yo dije que no; hubo una votación y perdí. Y aquí estoy empujándola con cara de pocos amigos.»*³³ De niños también se vieron en Norfolk cuando la familia real se encontraba en Sandringham y los Airlie estaba en Holkham Hall, la casa de los abuelos maternos de David, los condes de Leicester. «Ambos vivimos en sitios gigantes, nos criaron de la misma forma», explica Airlie, que todavía recuerda el miedo que pasó con seis años, cuando rompió el vaso que utilizaba para lavarse los dientes y tuvo que ir a disculparse con la imponente sirvienta de Holkham (pero no con su abuela).

Tras servir en los Scots Guards en Europa a finales de la Segunda Guerra Mundial, David Ogilvy fue enviado a Malasia y recuerda encarnizadas peleas contra las guerrillas comunistas en la jungla. Regresó a casa para ayudar a su padre con la economía familiar antes de comenzar su carrera de banquero. Tras su matrimonio con Virginia Ryan en 1952, la pareja recibía invitaciones a menudo para acudir a Balmoral y Sandringham. Ella era estadounidense de nacimiento, pero más tarde adquirió también la nacionalidad británica y la reina la nombró dama de compañía. Ginny Airlie se convertiría en un miembro muy popular del servicio y acompañaría a la reina por todo el mundo.

A principios de los ochenta, Airlie era el director de uno de los bancos de inversión más punteros de Gran Bretaña, Schroders. Recibió entonces la petición de su amiga de la infancia: ¿consideraría la opción de mudarse de la ciudad a Palacio? Por fuera, la Casa Real parecía preciosa, sobre todo después de que una Gran Bretaña resurgida —ahora saliendo de la recesión— corriera la misma suerte que la creciente familia real. La reina, sin embargo, pronto se daría cuenta de que los problemas financieros seguirían ahí por culpa de la inflación, como habían hecho durante los sesenta y los setenta. Y, por muy entregados a la monarquía que estuvieran Margaret Thatcher y su Partido Conservador, sucumbían agresivamente a cualquier petición pública de financia-

---

* Véase la página 2 en el primer pliego de fotografías.

ción. Si Palacio tenía que pedir otro aumento del presupuesto real, estaba claro que Hacienda pediría primero una investigación profunda. Airlie creyó que esto debía gestionarse «desde dentro» y que debía ser el lord chambelán quien se encargara. Una de sus primeras decisiones fue encargarse del asunto.

El día a día de las finanzas de la reina era cosa de la Oficina del Tesorero, el guarda del Privy Purse. Lo que Airlie tenía en mente era algo mucho más grande, una reestructuración total de la gestión y la cultura del lugar, pero habría intereses obstinados y poderosos de por medio. Solamente el lord chambelán, con el apoyo total de la monarca, podría lidiar con ello.

La reina y su corte ya habían recibido acusaciones de ser demasiado *tweedy*, demasiado distantes y aristocráticos, al principio del reinado. Había pocas cosas más *tweedy* que un conde escocés y su familia viviendo en uno (o dos) castillos, pero David Airlie era igual de capaz y se sentía igual de cómodo con un traje de raya diplomática. Además, gozaba de mayor autoridad por ser amigo de la infancia de la reina.

«Vimos al lord chambelán esforzarse a lo grande de manera efectiva», afirmó lord Peel, uno de los sucesores de Airlie. «Lord Airlie tenía claro que para dirigir la casa [real] se necesitaba una gran reforma y él fue quien hizo llamar a todos los jefes de departamento para la nueva ley. Les dijo: "Es inaceptable. No trabajamos con presupuestos cerrados, no hay la más mínima cooperación entre departamentos. Necesitamos cambios". Y nadie se inmutó, pero porque todavía no le había consultado nada a la reina. David Airlie se presentó ante la reina y le dijo: "Su Majestad, necesito su permiso expreso para tener capacidad de ejecución".»[34] La reina dijo que sí.

La estrategia de Airlie era revisarlo todo de arriba abajo. Para ello contrató a Michael Peat,* un astuto contable formado en

---

* Nombrado dos veces caballero, Michael Peat terminó siendo el secretario privado del príncipe de Gales.

Oxford con un MBA de la escuela de negocios europea INSEAD. Igual que Airlie, también había estado dentro del meollo porque la empresa de su familia, Peat Marwick, había sido auditora de la Casa Real. «No quería pedir más dinero a Hacienda hasta que fuera necesario, por lo que pudieran decir», explicó Airlie años después. «Ese fue el motivo de llamar a Michael Peat.»[35]

Peat y su equipo se embarcaron en la tarea con una velocidad pasmosa que pilló a la organización por sorpresa. En seis meses redactaron un informe de 1.383 páginas con 188 recomendaciones. Las propuestas iban desde pequeños cambios en las funciones de determinados lacayos (como, por ejemplo, en el reemplazamiento de bombillas) hasta reformas radicales para la gestión de los tesoros de la Royal Collection. El equipo de la reina madre opuso una férrea resistencia en Clarence House, y también se opusieron en las caballerizas Royal Mews, donde el caballerizo real John Miller le estampó la puerta de los establos en la cara a Peat. Los consultores vieron que algunos de los oponentes más fuertes de la reforma se encontraban entre los más pobres, sobre todo empleados con poca experiencia, para quienes pequeños beneficios y bajos rangos —como cuál de las cinco mesas de la cena era la suya— eran primordiales.

Menos de dos años después de su llegada, Airlie llevó el informe a la reina. Su respuesta, dice, fue instantánea y empática: «Ponte a ello».[36]

Sabía que ese «ello» no iba a gustarle en su totalidad y que a su madre todavía menos, pero había llegado el momento de tener fe en ese pequeño muchacho que la había empujado en el coche a pedales. Se forjó una relación muy especial que, según Airlie, estaba basada en la confianza: «Todo se consigue más fácil si hay confianza».[37]

Los sucesores de Airlie no dudan de la importancia de las reformas de gestión y financieras que llevó a cabo, sobre todo teniendo en cuenta lo que estaba por venir. Una organización que todavía tenía un corte eduardiano (si no victoriano) terminaría transformándose en una institución mucho más eficiente, barata y, en teoría, más meritocrática. En muchas áreas podría compararse con instituciones del sector tanto público como privado de tamaño similar. Peel dijo: «Creo que fue un hecho definitivo en la historia de los lores chambelanes. Podían ir con la cabeza alta de una forma en la que quizá antes no».[38] Llegado el momento, incluso impresionaría a una persona decisiva en este asunto en particular; no a la monarca, sino a la persona que cortaba el bacalao: la primera ministra.

A Margaret Thatcher y la reina pronto las unirían los tristes sucesos del otoño de 1984. Cuando la monarca estaba en visita privada a los Estados Unidos para ver carreras de caballos, recibió la noticia de que el IRA había intentado asesinar a Thatcher en la Conferencia del Partido Conservador en Brighton. Habían colocado una bomba en el hotel que había matado a cinco personas poco antes de las tres de la madrugada del 12 de octubre.

Ante semejante noticia, la reina les pidió a sus oficiales que se comunicaran con Downing Street y que prepararan su regreso inmediato. Charles Anson, que entonces trabajaba para la Embajada británica en Washington, estaba en el séquito real y recuerda que costó un poco localizar a la primera ministra en su casa de emergencia en plena noche. Le encantó saber de su monarca y quería conservar el buen ánimo a pesar de haber evitado por poco el asesinato. Anson explica: «Finalmente conseguimos contactar con Thatcher, cuyas primeras palabras fueron: "Espero que os lo estéis pasando bien". Dio indicaciones expresas de que la reina no debía regresar: "No, no volváis. Los terroristas creerán que han ganado". Algo así».[39]

Desde fuera, la monarquía ahora se percibía a través del prisma de generaciones más jóvenes, y les iba genial. En 1983, los príncipes de Gales disfrutaron de una concurrida gira por Australia con el príncipe Guillermo, de nueve meses, aunque tanta adulación había despertado algunas alarmas. «¿Quizá la boda ha distorsionado su percepción?», escribió el príncipe desde Australia.

«Sea como sea, me asusta y sé de primera mano que a Diana le aterroriza.»[40] La manera en que el público posaba todas sus miradas en Diana en lugar de en el príncipe de Gales (y sin intención alguna de ocultarlo) empezaba a picarle al heredero al trono. Sin embargo, no era del todo una sorpresa, teniendo en cuenta el factor novedad. El año siguiente nacería el príncipe Enrique y, para el público, los de Gales habían alcanzado el culmen de la felicidad. Sin embargo, los buenos observadores podían ver una creciente inquietud, una inquietud que avivaría las tensiones entre el príncipe y la princesa, el príncipe y el Gobierno y el príncipe y su madre. Empezaba a dar más abiertamente su opinión sobre temas como la agricultura, la medicina y la arquitectura.

Fue en mayo de 1984 cuando atacó la arquitectura moderna, en el ciento cincuenta aniversario del Royal Institute of British Architects. Los anfitriones se quedaron perplejos cuando acusó a la audiencia de vandalismo gratuito y citó a Goethe: «No hay nada más terrible que la imaginación sin gusto».[41] El equipo del príncipe estaba que trinaba. En un año, su secretario privado Michael Adeane dimitiría por posibles altercados con la princesa y lo que el biógrafo del príncipe llamó «una diferencia irreconciliable de perspectivas y personalidades».[42] Más tarde, en 1985, uno de los consejeros arquitectónicos del príncipe, Rod Hackney, concedió una entrevista a la prensa diciendo que el príncipe tenía miedo de heredar una «Gran Bretaña dividida»,[43] después de un nuevo estallido de altercados raciales y huelgas de mineros.* Se percibió como una crítica contra Thatcher, y a Downing Street no le hizo ninguna gracia. En casa, la princesa cada vez estaba más agobiada con la vida real y pasaba cada vez más tiempo alejada de su marido.

Aun así, a nivel mundial, los de Gales parecían ser la fuerza diplomática por excelencia. En noviembre de 1985 aparecieron

---

* La huelga de los sindicatos mineros contra los cierres de minas de carbón duró un año y hubo numerosas batallas violentas con la policía en distintos yacimientos del país que terminaron con más de 10.000 detenciones.

por primera vez en los Estados Unidos como pareja en la portada de la revista *Time* —«¡Aquí vienen!»— y hubo gritos de alegría cuando la princesa saltó a la pista de baile con el actor John Travolta. A esa gira le siguieron otras igual de exuberantes por Australia (de nuevo) e Italia. Allí los acompañaron multitudes allá donde iban durante una fotogénica gira que pasó por la Toscana, Venecia, la Capilla Sixtina y el Vaticano. La prensa italiana, más dueña de la moda que nunca, criticó a la princesa por llevar ropa repetida. Cuando ella se enteró, no tuvo reparo en decirle a un corresponsal de *La Stampa* que el vestido rosa de cóctel que había llevado a La Scala era la quinta vez que se lo ponía y que no veía por qué no podía volvérselo a poner.[44] En cuanto a los medios, la pareja estaba «de luna de miel», todo el día cuchicheando y bromeando. «Cuidado con la cabeza», le dijo el príncipe al pasar por un arco algo bajo en Florencia. «¿Qué más da? ¡Si la tengo hueca!», respondió ella.[45]

Una visita que se había propuesto a la Iglesia anglicana tuvo que cancelarse porque el gentío reunido era tal que la policía no podía garantizar un acceso seguro. De mayor calado fue la cancelación de otro compromiso en una iglesia: durante su visita al Vaticano, el príncipe llevaba tiempo esperando una misa privada con el papa Juan Pablo II. Aunque la pareja real no formaría parte de la misma, el príncipe creía que su presencia serviría de reconciliación interconfesional. El plan era mantenerlo en secreto y dar detalles a toro pasado. Fue indicativo del caótico estado en el que se encontraban las comunicaciones reales internas en esa época porque a nadie se le ocurrió consultárselo al gobernador supremo de la Iglesia de Inglaterra. Cuando la reina se enteró del plan, hizo llamar al príncipe de Gales para lo que su biógrafo oficial ha descrito como «una larga reunión».[46] La decisión era final y firme: la misa no estaba permitida. Los oficiales del Vaticano no ocultaron su desengaño cuando se enteraron. Fue un lío. Las relaciones entre ambas iglesias habían alcanzado máximas tras la visita del papa a Gran Bretaña y su reunión con la reina. Sin embargo, el Palacio de Buckingham conocía de sobra la sensibilidad del extremo más protestante del espectro, en particular el escocés. El príncipe no tenía derecho a embarcarse sin consulta previa en una misión ecuménica a espaldas de la reina. La indignación de Palacio puede notarse en el comunicado cortante que se emitió en nombre de la monarca: «La decisión final la tomó el príncipe tras recibir consejo de la reina».

14

1986-1992

«La única vez que la vi llorar»

Más allá de sus preocupaciones por la salud financiera de la Corona y por el distanciamiento entre los príncipes de Gales, al menos en privado la reina podía esperar con muchas ganas su sesenta cumpleaños. En cualquier caso, el ojo del público estaba puesto ahora sobre su segundo hijo, y por razones obvias.

Aunque los medios especulaban con los posibles recelos de la reina respecto a la amistad de Randy Andy* con varias mujeres, incluida la actriz y modelo americana Koo Stark, la verdad era que Isabel no veía necesario interferir. El príncipe había demostrado su valía en las Malvinas, era un abstemio redomado y no parecía tan indeciso como su hermano mayor (quizá incluso le faltara algo de indecisión). La reina solo quería que prosperara en la Marina Real y que encontrara una esposa adecuada. Cuando Koo Stark había estado en Balmoral, le había caído en gracia. Le había regalado un cojín bordado y le había causado una grata impresión. «A la reina le caía muy bien», dice un antiguo empleado suyo.[1]

En verano de 1985, el príncipe Andrés conoció a Sarah Ferguson, la alegre hija del entrenador de polo de Carlos, el mayor Ronald Ferguson. Diana la había descubierto y había visto en ella una futurible novia para Andrés, y se las ingenió para invitarla a un almuerzo en Windsor. Allí, la pelirroja ayudante de edición

* Apodo del príncipe Andrés.

hizo buenas migas con el príncipe, tonteando, según contó ella más tarde, en torno a la bandeja de profiteroles. Igual que le había pasado a lady Di, su madre había abandonado el hogar familiar cuando ella era una niña; Susan Ferguson había dejado a Ronald por el jugador de polo Héctor Barrantes para irse a su rancho de Argentina. Sarah era apenas una adolescente. Como Diana, Sarah había crecido en los márgenes de la realeza. Estaba emparentada con la duquesa de Gloucester y el futuro secretario privado de la reina, Robert Fellowes. Pero, mientras Diana seguía encontrando «abrumador» el mundo de la realeza, la chica que acababa de llegar a la vida de Andrés consideraba ese *modus vivendi* cualquier cosa menos abrumador.[2] Todos los artículos sobre Fergie, como el mundo pasó a conocerla, aludían sin falta al «soplo de aire fresco» que aportaba y al júbilo que despertaba en la reina su personalidad «sencilla» y refrescante. El hecho de que tuviera un pasado, pues acababa de salir de una relación larga con el multimillonario del automovilismo Paddy McNally, un hombre viudo que le sacaba treinta y siete años, carecía de importancia. No estaba en la línea de sucesión. El 19 de marzo de 1986, la pareja anunció su compromiso.

Si por su hijo estaba exultante, la reina estaba gravemente preocupada por su otra familia. La Commonwealth estaba cada vez más fracturada: el Reino Unido, por un lado; y el resto del mundo, por el otro. El problema eran las sanciones contra Sudáfrica. La mayoría de los Estados miembros y el secretario general, Sonny Ramphal, insistían en que había llegado la hora de imponerlas. Pero Margaret Thatcher había creído siempre que eran ineficaces, que perjudicaban a los más pobres y que iban en detrimento de los intereses británicos.

Los líderes de la Commonwealth se estaban preparando para verse en las Bahamas, pero no iban a contar con el ánimo conciliador de una pieza clave. El año anterior, Indira Gandhi había sido asesinada por sus propios guardaespaldas. La histórica primera ministra india era sumamente respetada por todas las partes. Su fallecimiento hacía aún menos probable la armonía en la inminente cumbre de Nasáu. Seguramente se repetiría la riña de Lusaka de 1979 en torno al asunto de Rodesia, salvo que esta vez no se vislumbraba ninguna solución obvia. El primer ministro canadiense, Brian Mulroney, reveló a posteriori que la reina le había pedido personalmente que evitara «una fractura irremediable».[3]

Isabel II se esforzó mucho por animar a los invitados en el banquete celebrado en el Britannia, entreteniendo a todo el mundo. La cumbre empezó con mal pie y el tono no hizo sino empeorar. Los líderes acusaron a Thatcher de «priorizar los puestos de trabajo británicos a las vidas negras africanas».[4] En sus memorias, la primera ministra confesó cuánto la había ofendido ese grave insulto. Con todo, los líderes lograron acordar una propuesta crucial. Se iba a enviar a un «grupo de personas eminentes» para que informara de la situación en Sudáfrica. Según sus conclusiones, podrían aprobarse sanciones. Todo el mundo admitió que la presencia de la reina había ayudado a evitar un daño irreparable.

Los medios se hacían cada vez más eco de la precariedad de su posición, pues encabezaba una Commonwealth más y más alejada de los postulados de la primera ministra británica. A mediados de los ochenta, el tono con el que la prensa hablaba de la monarquía había cambiado. La época de la deferencia había terminado hacía tiempo, y el descaro tímido de los setenta había dado lugar a una batalla sin cuartel por los titulares. El archiconocido decano de los corresponsales de la Casa Real, el reputado James Whitaker de *The Daily Mirror*, sacaba más portadas que ningún otro periodista del rotativo. El gran enemigo de su periódico, *The Sun*, parte del flamante imperio mediático de Rupert Murdoch, había roto su récord de ventas histórico vendiendo cuatro millones de ejemplares al día. Ambos tabloides, junto con sus hermanos dominicales, consideraban todos los aspectos de la realeza (públicos o privados) un objetivo legítimo y fundamental en su guerra despiadada por aumentar la tirada. Pero el recrudecimiento de las noticias sobre la Casa Real no se ciñó a los diarios sensacionalistas, sino que impregnó poco a poco gran parte de la prensa. La única excepción fue el nuevo periódico de gran formato *The Independent*, de tendencia centrista, que se propuso ignorar de plano a la monarquía.

En Palacio sabían perfectamente que de vez en cuando algún empleado filtraba rumores. En esa búsqueda incansable de exclusivas sobre la familia, hasta los chismes más modestos tenían su precio. En 1983, *The Sun* pagó cuatro mil libras al despensero Kieran Kenny por una serie de indiscreciones, publicadas con el título «Los jugueteos de la reina Koo en palacio». Al verlo, la reina y sus asesores decidieron que había llegado el momento de trazar una línea. En medio de una gira por México, la soberana dio órdenes a su bufete, Farrer & Co, para que tomara medidas legales contra Kenny por infracción flagrante de su acuerdo de confidencialidad con la Casa Real.[5] El juez coincidió y dictó una medida cautelar urgente, así que los lectores del tabloide nunca llegaron a leer el artículo prometido para el día siguiente: «Lady Di me unta, descalza, la tostada». Eso sí, que un sirviente se hubiera ido de la lengua no fue nada comparado con la crisis que desató un empleado de mucha mayor trayectoria. Y en esa ocasión no apareció en un tabloide, sino en el buque insignia de las operaciones británicas de Murdoch, *The Sunday Times*.

El 20 de julio de 1986, el periódico publicó un titular sensacionalista en portada: «La frialdad de Thatcher consterna a la reina». Los rumores y especulaciones sobre las tensiones entre Buckingham y Downing Street no eran nada nuevo. Había habido chismorreos desde que Thatcher llegó al cargo, algo que no debería sorprendernos en absoluto aunque solo fuéramos seguidores casuales de la situación política. Siempre habría tensiones entre el tesón vigoroso, neoliberal y meritocrático de los radicales thatcheristas y la cultura reflexiva, aristocrática y centrista de la corte, por no hablar de las tendencias socialistas de gran parte de la Commonwealth. Desde hacía varias semanas, se había hablado del malestar que causaba en el seno del palacio la opinión de la primera ministra en lo tocante a las sanciones a Sudáfrica. Los rumores parecían provenir de una fuente anónima del propio Gabinete de prensa real.[6] Cada vez eran más los países que anunciaban que, a menos que Thatcher cambiara de discurso, boicotearían los inminentes Juegos de la Commonwealth en Edimburgo, una posibilidad claramente espeluznante para la cabeza de la organización. Pero ahora aparecían testimonios específicos que señalaban que la reina consideraba a su primera ministra una persona «fría, provocadora y una fuente de división social». Entre los cargos que se le imputaban a Thatcher no estaba solo su desaire a la Commonwealth oponiéndose a las sanciones a Sudáfrica, sino su gestión agresiva de la huelga de mineros y su decisión de permitir a los bombarderos norteamericanos lanzar ataques aéreos contra Libia desde territorio británico. Y había más acusaciones. Se decía que la monarca temía «el deterioro a largo plazo del tejido social del país».[7] Las acusaciones levantaron aún más polvareda porque se pensó que la reina había movido los hilos para hacerlas públicas. No evocaban las impresiones atribuidas al príncipe de Gales un año antes; iban mucho más lejos. De ser cierto, la reina habría abandonado de repente una neutralidad política inflexible e inescrutable para entrar de lleno en la arena política. Además, habría decidido hacerlo apenas tres días antes de la boda de su hijo, el príncipe Andrés. Parecía inverosímil.

La reina se enteró de lo que iba a pasar por la tarde, antes de que se publicara la noticia. Las casas reales de Europa estaban viajando al Reino Unido para la boda y se había invitado a todos los cortesanos a tomar un aperitivo en Windsor. Poco antes de la fiesta, la reina recibió una llamada de su nuevo secretario privado principal, William Heseltine. Michael Shea, secretario de prensa del palacio, le había avisado de que *The Sunday Times* estaba a punto de publicar un bombazo sobre un rifirrafe entre Buckingham y Downing Street. Heseltine recuerda que sugirió a la reina llamar a la primera ministra a su refugio de fin de semana, Chequers. En una conversación me confesó lo siguiente: «Le dije que lo mejor que se podía hacer era descolgar el teléfono y llamar a la primera ministra. Tenía que asegurarle que en absoluto había querido, había esperado o había sabido de nadie que hubiera dicho nada que pudiera dar pie a sacar una conclusión parecida». La reina se excusó de la recepción con los monarcas europeos e hizo la llamada.

Casi de noche salió la primera edición del periódico. Fue peor de lo que cualquiera de las partes hubiera imaginado. La noticia monopolizaba la portada y, en las páginas interiores, se le añadía un extenso artículo con el titular «Reina africana». Aun así, las sanciones a Sudáfrica eran la punta del iceberg. El rotativo afirmaba que, según la reina, Thatcher estaba acabando con «el consenso en la política británica que, ella cree, tan buen servicio ha prestado al país desde la Segunda Guerra Mundial». Y lo que inquietaba todavía más a Isabel II era que se atribuía a múltiples fuentes. Los medios de comunicación no daban crédito. En una semana que teóricamente debería haber estado dominada por la boda real, la prensa se propuso descubrir por cualquier medio qué demonios había detrás de esa exclusiva constitucionalmente termonuclear. Como dijo Andrew Alexander, del *Daily Mail*, «ni siquiera la reina Victoria, la última monarca que optó por participar activamente en política, habría estimado adecuado torpedear en público a su propia primera ministra de una forma tan flagrante».[8] El director del *Sunday Times*, Andrew Neil, insistía: no es que la noticia saliera de dentro del palacio, sino que se había enseñado el texto a la fuente antes de publicarlo y la fuente solo había sugerido un par de retoques menores.

Dos semanas más tarde quedó claro que la fuente había sido el propio Michael Shea. Él siempre mantuvo que sus observaciones se habían malinterpretado gravemente. Aunque Shea murió en 2009, entre Buckingham, Downing Street y *The Sunday Times* se encargaron de perfilar la versión definitiva de lo sucedido. En un principio, el periodista Simon Freeman había contactado con Palacio en busca de información para un artículo. El secretario de prensa, Michael Shea, había hablado largo y tendido con Freeman y el jefe de la sección de política del periódico, Michael Jones, atribuyendo de manera despreocupada a la reina opiniones genéricas y ligeramente progresistas sobre las cuestiones de actualidad. Curiosamente, esas opiniones también reflejaban las convicciones socialdemócratas de Shea. Pero, al compararlas con la mentalidad thatcherista prevalente y atribuirlas a una monarca constitucional neutral, esas observaciones podían clasificarse de plano como una discrepancia grave. Un veterano miembro de la Casa Real recuerda: «No hay duda... [Shea] pensaba que había sido muy astuto sesgando un artículo periodístico importante para dar una imagen de las opiniones de la reina que, según él, el público vería con buenos ojos. Pero cuando se dio cuenta de lo que había hecho, entró en pánico».[9]

William Heseltine resume las acciones de Shea en una palabra: orgullo. Le duele que Shea no fuera tan sincero con sus compañeros como lo había sido con *The Sunday Times*: «Se dejó llevar por la soberbia. Seguro que sabía que el artículo se basaba en lo que les había contado a esos dos periodistas, como es lógico. Pero estuvo dos semanas negándolo categóricamente».[10]

El principal fallo en la hipótesis de Shea era que no tenía ni idea de lo que pensaba en el fondo la reina sobre Thatcher. Ni antes ni después ha habido secretario alguno, ni siquiera un secretario privado, que se haya visto con la confianza suficiente para hablar de lo que opina un monarca sobre cualquier asunto político, al menos no con la esplendidez con la que habló Shea en un amplio abanico de temas muy sensibles. En la Commonwealth hay quienes siguen pensando que Shea no mentía. Sonny Ramphal, exsecretario general de la organización, reconoce que lo vivió con gran entusiasmo: «Pensé que era auténtico. Sabía que lo era. Aun así, tengo que reconocerle algo a Thatcher, y es que no permitió que llegara la sangre al río».[11] Exceptuando a los guionistas de *The Crown*, nadie cree de veras que la reina instara a Shea a hablar en los términos en que lo hizo. Lo ha reconocido hasta

Andrew Neil, el director del periódico que acabó en medio del ojo del huracán.[12]

Shea estaba con la reina en Holyroodhouse cuando la primera ministra llegó al palacio para asistir a los boicoteados Juegos de la Commonwealth en Edimburgo. Durante la cena, la reina sentó a su arrepentido secretario de prensa al lado de Thatcher y Shea se disculpó. Aunque la política dijo que no la había afectado, su marido reconoció a un miembro de la Casa Real que se había sentido «muy herida».[13] El exsecretario de Gabinete y secretario privado de Thatcher, Robin Butler, explicó que: «Tenía un pavor reverencial de la reina y, al mismo tiempo, una cierta sensibilidad política por la monarca. Eso se podía plasmar de dos maneras. Primero, no quería enemistarse con la reina, o que la gente pensara que lo estaba, porque la perjudicaría políticamente. Pero, a nivel personal, se sentía muy dolida si tenía la sensación de que la reina no aprobaba lo que hacía».[14] La monarca también estaba dolida, mucho más de lo que daba a entender. Le inquietaba sobremanera que la gente creyera que había renunciado a todo lo que había aprendido de su padre y de sus más de tres décadas en el trono. Como le confesó la princesa Margarita a su amiga, la princesa Josephine Löwenstein: «Fue la única vez que la vi llorar».[15]

El secretario de prensa de Thatcher, Bernard Ingham, lo recuerda así: «La historia más fácil con la que tuve que lidiar en mi trabajo. Simplemente decía que no les podía ayudar [a los periodistas], porque la primera ministra jamás divulga lo que departe con la reina».[16] Unos meses más tarde, Michael Shea abandonó su cargo para emprender un nuevo camino como asesor de relaciones públicas. Aunque dijo a sus amistades que se había ido por voluntad propia, algunos extrabajadores del palacio no esconden que recibió presiones. Según uno de ellos: «Cuando al final se fue, tuvo la desfachatez de sugerir que debía ser armado caballero».[17]

En medio de toda esa vorágine, la reina y el príncipe Felipe disfrutaron de una alegre distracción: ver cómo Andrés y Sarah

Ferguson se leían sus votos en la Abadía de Westminster. La mañana de la boda, la reina invistió a su hijo duque de York, el mismo título que se le había concedido a su propio padre. La aparición de los recién casados en el balcón del palacio para el beso de rigor despertó el éxtasis habitual. Luego la pareja emprendió su luna de miel por las Azores en el yate real, con una mínima intromisión de la prensa.*

A pesar del artículo en *The Sunday Times*, la reina no quería verse privada de su papel como fuerza unificadora de la Commonwealth. Cuando el grupo de personas eminentes regresó de Sudáfrica con noticias aciagas sobre la falta de reformas, se acordó una minicumbre de países clave en Londres, con Australia, Canadá, la India, el Reino Unido y Zimbabue. La unidad y evidentemente el futuro de la Commonwealth volvían a estar en juego. La víspera de la conferencia, la reina voló desde Escocia para celebrar un acto que el Palacio de Buckingham jamás había presenciado: una «cena de trabajo». Dijo por activa y por pasiva que su objetivo era acordar una respuesta unitaria, y lo logró. Thatcher y los demás líderes superaron las expectativas y, en general, fueron a una. Había llegado la hora de aprobar nuevas e importantes sanciones económicas contra Sudáfrica. Más tarde, muchos de los presentes, como el presidente canadiense Brian Mulroney y el secretario de Exteriores británico Geoffrey Howe, atribuyeron ese inesperado consenso a la cena de trabajo de la reina. Sonny Ramphal escribió: «Thatcher había avanzado en el tema de las sanciones. La cabeza de la Commonwealth, no la reina del Reino Unido, había hecho un último esfuerzo para ayudar a la organización a llegar a un acuerdo».[18] Citando las famosas palabras de Nehru sobre la organización, añadió: «[Fue] una mano sanadora muy necesaria».[19]

---

* Según las memorias privadas del yate Britannia, recogidas por los miembros de la tripulación, «la promesa de la Marina portuguesa de abrir fuego contra cualquier embarcación garantizó una privacidad total».

El futuro secretario general Emeka Anyaoku ha sido aún más generoso al juzgar el papel de la reina: «Su mensaje fue claro como el agua: "No podéis permitir que fracase la Commonwealth". Y eso fue lo que salvó a la organización».[20]

La prensa estaba tan atenta a la glamurosa vida de los miembros más jóvenes de la familia, o a las disputas con Downing Street, que apenas se percató de que otro miembro de la Casa Real estaba embelesado con ideas verdaderamente radicales. Como señaló Tim Heald, biógrafo del duque de Edimburgo, Felipe se estaba convirtiendo a marchas forzadas en «una especie de místico ecologista».[21] Para celebrar el veinticinco aniversario de su World Wildlife Fund, el duque convenció a las grandes religiones del mundo para que se reunieran en Asís, hogar espiritual de san Francisco. Allí dio una conferencia en la que los presionó para que firmaran «declaraciones sobre la naturaleza». Incluso reclutó al papa, que luego le nombró a él asesor papal extraoficial sobre el mundo natural.[22]

Felipe, que antaño no podía parar quieto, se acercaba a una edad que la mayoría de la gente consideraría propia de la jubilación. Pero él había madurado y se había vuelto un experto de la meditación. Disfrutaba mucho con sus debates teológicos con Michael Mann, el deán de Windsor, sobre cuestiones como la fe, la ciencia y la evolución. Su erudita correspondencia mutua se publicó con el título *A Windsor Correspondence*. En una misiva, el duque admitió que no encontraba «la pasión por el sentido de la vida humana».[23] Era una cara del duque que el mundo nunca veía, ni vería jamás. La prensa le había catalogado como un graciosillo sin pelos en la lengua, y en otoño de 1986 esa imagen quedó grabada a fuego para siempre. Ocurrió cuando el duque acompañó a la reina en la primera visita de Estado a un territorio jamás pisado por la familia real: China.

En el Reino Unido llevaban años planeando ese revolucionario viaje con el objetivo de garantizar un proceso fluido hasta la cesión final de Hong Kong. Ningún político británico podrá generar jamás ni un ápice del entusiasmo que despertó la llegada de una reina hereditaria a la hermética nación comunista. Isabel fue recibida con todos los honores por el ilustre estadista Deng Xiaoping, y se ganó aún más su aprecio al notar sus nervios y decir en voz alta: «Creo que el señor Deng estaría más feliz si alguien le diera permiso para fumar».[24] Sin duda, él lo agradeció. Su Majestad paseó entre los guerreros de terracota y atracó su yate en Shanghái ante la atenta mirada de millones de personas. Fue una muestra épica de lo que más tarde se bautizó como «diplomacia de poder blando».

Pero en el Reino Unido solo se hablaba de una cosa... una cosa muy diferente. Durante una visita a la Gran Muralla, el duque se encontró con un grupillo de estudiantes de intercambio de la Universidad de Edimburgo, de la que él era rector. Intentando romper el hielo, se dice que le comentó lo siguiente a uno de ellos: «Si os quedáis mucho más, se os pondrán los ojos achinados». No hubo más testigos del incidente, pero, tras la partida de la comitiva real, uno de los estudiantes reveló la observación al periodista Alan Hamilton de *The Times*. De los titulares que sacaron los tabloides acerca de la gira, destacan dos: «Felipe habla en chino» y «El fulol de la leina». La comitiva no se enteró de nada hasta el día siguiente. Fue responsabilidad del secretario privado, William Heseltine, darles la noticia a la reina y al duque.

«Viví momentos peores, pero no muchos», recuerda Heseltine. Le sugirió al duque que en algún momento hablara con el ministro del Gobierno chino que acompañaba al séquito. «Recuerdo que, al terminar el día, el príncipe Felipe se me acercó con una sonrisa radiante y me dijo: "He hablado con él y ha dicho que no tenía la menor importancia".»[25] No había ninguna señal de que en China se hubieran ofendido, ni en la prensa ni en instancias oficiales. La noticia ni siquiera apareció en los medios del país, aunque, con el rígido control estatal, era difícil que se produjera una réplica china al estilo de *The Sun*. En su cable subsiguiente a Londres, el embajador británico Richard Evans trató de responsabilizar por completo a una prensa británica «muy ofensiva». Recalcó que la gira había servido para sellar una «relación nueva y mucho más fluida» entre ambos países.[26] Sin embargo, a partir de entonces el episodio se utilizó como arma arrojadiza para denunciar las opiniones retrógradas del duque. Era algo que llenaba de consternación a su círculo de colaboradores y amigos, que conocían una cara diferente del plurilingüe embajador real.

El antiguo jefe del Servicio Diplomático, lord McDonald, recuerda sus primeros pasos como diplomático en Riad, cuando el duque viajó a Arabia Saudí para representar al Reino Unido en un importante aniversario. El rey Fahd empezó a farfullar cosas incomprensibles y la tensión se extendió rápidamente entre el público. Según McDonald: «Se encontraba muy mal, había tenido varios ictus y no se podía comunicar mucho. Podría haber sido un auténtico desastre». El rey había balbuceado algo y el duque había respondido, pero luego se había producido un silencio sepulcral. Al final, el visitante se dio cuenta de que tendría que sacar las castañas del fuego. McDonald recuerda que el duque dijo: «Su Majestad, anticipándome a su siguiente pregunta, debo...», y todos los oyentes suspiraron aliviados. Llevó la voz cantante durante toda la conversación. Obró con elegancia y profesionalidad.[27]

Las relaciones de la Casa Real con la prensa siguieron deteriorándose. Ni la reina madre se salvó. En 1987, un periódico reveló que sus dos sobrinas habían estado internadas en un hospital psiquiátrico desde la infancia: Nerissa y Katherine Bowes-Lyon, nacidas en 1919 y 1926, respectivamente. Su padre, John Bowes-Lyon, fue el segundo de los seis hermanos de la reina madre. Ambas habían heredado un trastorno genético a través de su madre, miembro de la familia Trefusis, que las condenaba a vivir con una edad mental de seis años. Su familia informó a Burke's Peerage, la editorial encargada de publicar datos sobre la genealogía real, que las muchachas habían perecido en 1963. Pero no era cierto, porque Nerissa había fallecido en 1986 y Katherine aún vivía. En *The Crown* se sugiere que la familia real maquinó el encierro de las hermanas para, así, proteger a la monarquía de las acusaciones de deficiencia mental. Eso sí habría sido un escándalo. De hecho, fueron los familiares más cercanos quienes tomaron todas las decisiones, internaron a las chicas y cortaron prácticamente por completo los lazos con ellas. La enfermedad genética era muy conocida entre la aristocracia. Al conde Spencer, padre de Diana, le habían aconsejado no declararse a Anne Coke (ahora, Glenconner) por esa razón. La propia Anne lo describió así: «Su padre le dijo que no me desposara porque tenía sangre Trefusis. [...] La sangre de Trefusis se consideraba "patológica" o "mala" porque las chicas Bowes-Lyon habían terminado en un asilo estatal».[28] Fue una noticia aciaga y un triste testimonio de las actitudes atávicas respecto a la discapacidad intelectual. Pero culpar a la familia real era muy injusto.

Para más inri, al poco de aparecer esa noticia, la Casa Real se metió un gol en propia meta de los que sacan los colores. Tras licenciarse en la Universidad de Cambridge en 1986, el príncipe Eduardo probó suerte en el Cuerpo de Marinos Reales, pero abandonó en mitad de la formación básica. Todo el mundo sabe que el proceso es exigente; entre un tercio y la mitad de cada promoción no pasa el corte, así que no era ningún motivo de vergüenza. Además, seguro que era mucho más complicado para un recluta cuyo padre era capitán general del Cuerpo de Marinos Reales y cuya madre era jefa de las Fuerzas Armadas. La familia era plenamente consciente de ello y no se lo recriminó. Se optó por apoyar los sueños del príncipe en otros ámbitos, como el teatro y la televisión. La primera gran idea de Eduardo fue una espectacular recaudación de fondos basada en el histórico programa televisivo *It's A Knockout*, en el que se jugaba a deportes de contacto con atuendos graciosos. Después de convencer a Ana, recién investida princesa real, al duque y a la duquesa de York, Eduardo no tuvo ningún problema para seducir a un medio nacional como la BBC y a docenas de celebridades para componer los equipos.

Rowan Atkinson, Christopher Reeve, John Cleese y Jane Seymour estuvieron encantados de ataviarse con jubones, sayas y corpiños para ponerse en ridículo por causas benéficas. Gracias a esa virtuosa travesura se logró recaudar una cifra nada desdeñable: un millón de libras.

Pero varios miembros destacados del palacio quedaron consternados por que la familia real mancillara su nombre de esa forma. Para ellos, cuando la generación más joven se prestaba a bromear y regocijarse con sus colegas famosos, rebajaba la monarquía a un mero circo. Se estaba dando la razón a la camarilla de periodistas que ponían sistemáticamente a caldo a Palacio y que denigraban la institución tachándola de «telenovela». Esto opinaba uno de los miembros destacados de la Casa Real: «Lo que me disgustó fue que se nos informó a última hora».[29] La única persona que podía pararlo era la reina, pero, en esta cuestión, el instinto bondadoso de una madre pesó más que el instinto de cautela de la protectora del trono. Según un trabajador que todavía se estremece al recordarlo: «Creo que la reina pensaba: "El pobre chaval está sufriendo por las críticas que ha recibido al dejar los Marines. Vamos a dejarle tranquilo y que haga esto". Y lo hizo».[30]

Animados por sus regios «capitanes de equipo» vestidos con ropajes grotescos, los famosos participaron en una serie de juegos absurdos, tratando, por ejemplo, de cruzar por troncos resbaladizos, aunque muchos caían en una piscina de agua. Por su parte, los presentadores hacían estilosas reverencias y proferían chanzas de estilo fingidamente shakespeariano. Millones de personas encendieron el televisor para ver *It's A Royal Knockout* en la BBC. Como entretenimiento ligero, podía considerarse un éxito, pero la noticia suculenta estuvo en la conferencia de prensa posterior. Después de hacer esperar a todos los periodistas en el exterior, presenciando el acto a través de un monitor instalado en una tienda, el príncipe llegó para atenderles y les informó orgulloso que había sido una de las mejores veladas de su vida. Se hizo un extraño silencio y el príncipe exclamó: «Vaya, gracias por tanto entusiasmo, hostia. ¿Lo habéis visto? ¿Qué os ha parecido?». Sin esperar a que respondieran, se levantó y salió.

A pesar de eso, la institución monárquica seguía siendo muy querida y no corría riesgo alguno. La reina aún contaba con un apoyo popular muy superior al que podría soñar con lograr cualquier político, incluida Margaret Thatcher, que en verano de 1987 había ganado sus terceras elecciones generales. Aun así, aparecieron nuevas tensiones entre la monarca y la primera ministra tras un suceso poco conocido: en las antípodas, la reina abdicó.

Pocos reinos de la Commonwealth habían sido tan incondicionalmente monárquicos como Fiyi, pero un par de golpes de Estado en 1987 habían llevado al país al borde de la guerra civil. Aunque su promotor, el coronel Rabuka, era monárquico, la reina no podía aprobar una revolución militar. Pero si se negaba a reconocer el nuevo régimen, no solo convertiría a su gobernador general en un objetivo, sino en el blanco principal de la violencia. Según William Heseltine: «No tenía ningún sentido mantenerlo como gobernador general sin ningún apoyo local, y la reina estaba de acuerdo».[31] Su Majestad aceptó que era el momento de irse y le ordenó a su delegado, el gobernador general, que abdicara la corona en su nombre. Según Heseltine, se puso muy triste por abdicar el trono de un país y de un pueblo por los que tenía mucho afecto y un montón de buenos recuerdos.

Pero si alguien insistió para que la reina se mantuviera como jefa de Estado fue la primera ministra. «Thatcher pensaba que era una decisión pésima», dice Heseltine, y añade que cuando la política se enteró de la resolución de la reina, hizo uno de sus célebres e imponentes aspavientos. Pero he aquí un perfecto ejemplo de la divisibilidad de la Corona. Thatcher podía aconsejar a la soberana del Reino Unido, pero no a la soberana de Fiyi. Aun así, resulta revelador que Isabel II nunca haya renunciado formalmente al título Tui Viti, monarca de los fiyianos. El país tampoco ha retirado la bandera británica de la esquina de su insignia nacional, y el retrato de la reina sigue colgado en numerosos edificios públicos.

La línea en constante ascensión de la fortuna real empezaba a estabilizarse. Durante los setenta, la monarquía había sido una peculiar fuente de orgullo frente a la crisis nacional y la prensa la había tratado con afecto y bondad. Eso pasó a mejor vida durante los ochenta, pues el interés en las bodas reales, los nietos de la realeza y todo lo relacionado con la Corona se fue internacionalizando. Pero el ritmo era insostenible y había degenerado en una dinámica tóxica entre la familia y unos medios con un hambre voraz por nuevos sucesos o puntos de vista.

Los problemas con los que se entretenía el príncipe de Gales, como el medioambiente y la brutalidad de la arquitectura moderna, comenzaban a estar en boca de todos. La gente ya no se mofaba de él diciendo que hablaba con las plantas; cada vez parecía ser un actor más importante en la lucha ecologista internacional. Y todo gracias a sus conocimientos y su determinación. Pero eso se traducía en que, mediáticamente, sus frecuentes arrebatos se consideraban menos interesantes que antes. Nadie hablaba ya de la duquesa de York como un «soplo de aire fresco». El dinero que dilapidaban los York en viajes y su esperpéntica nueva mansión en Sunninghill, Berkshire, comparada a menudo con un supermercado o con el rancho de un magnate del petróleo de la telenovela *Dallas*, derivó en una imputación que les persiguió a ambos durante años: la vulgaridad.

Si no había noticias felices con las que saciar el inagotable apetito de los medios, la cobertura de la realeza se tendría que llenar con desgracias. En 1988, los tabloides estaban repletos de noticias morbosas sobre el padre de la duquesa de York, que había estado visitando una «sala de masajes» de Londres. Esos mismos periódicos también se hacían eco de las presuntas grietas que se habían abierto en el matrimonio de los dos hijos mayores de la reina. Se decía que los príncipes de Gales pasaban más tiempo separados, pero no eran conscientes del grado de infelicidad de la pareja. El biógrafo del príncipe en persona reveló que, en 1987, Carlos ya albergaba serias dudas y había perdido la confianza en su matrimonio.[32] Poco a poco, se iba proyectando la imagen de una familia cada vez más desunida y desconectada de la gente. Esa tendencia se acentuó más todavía con el atentado terrorista al vuelo 103 de Pan Am, encima del pueblo escocés de Lockerbie. Ocurrió en 1988, poco antes de Navidad, y murieron 259 personas. El hecho de que ni un solo miembro destacado de la familia real estuviera presente en el funeral celebrado a principios de 1989 fue una noticia que armó una cantera. Se volvía a poner de relieve la crónica descoordinación de la institución.

La prensa sabía que la familia estaba desbordada. Pero el número de actividades y actos reales no se reducía, porque en el extranjero la marca seguía tan demandada como siempre. La reina continuaba con sus visitas de Estado y las giras por los países de la Commonwealth, mientras que los demás miembros de la familia se quedaban en el Reino Unido llenando los huecos, muchas veces sin apenas cobertura mediática. Un ejemplo típico es la visita de 1990 a Gambia para el veinticinco aniversario de la independencia del país, en el que la princesa real representó a la reina. Otro estudiante aplicado en el acto fue George W. Bush, hijo del presidente de los Estados Unidos. Bush había viajado con su esposa, Laura, representando a su padre. Esto es lo que recuerda el político norteamericano: «Fue un acto extraño, una celebración en un estadio ruinoso. Íbamos en un coche destartalado con la bandera de los Estados Unidos».[33] En esas circunstancias, los Bush estuvieron muy contentos de encontrarse a Ana, que conocía bien el país gracias a la gira que había hecho unos años antes: «Hicimos buenas migas. Fue una aventura, y ella era parte de la propia aventura».*

En Europa del Este estaban produciéndose movimientos sísmicos. El presidente de la Unión Soviética, Mijaíl Gorbachov,

---

* El expresidente George W. Bush disfrutó mucho con la réplica de Felipe cuando ambos se encontraron un año más tarde: «Le dije a Su Alteza Real: "Señor, me lo pasé estupendamente con su hija en Gambia", y él contestó: "Creo que, si fuera usted, ¡lo expresaría de otra manera!". ¡Qué avispado!».

estaba llevando a cabo tímidos gestos de apertura hacia Occidente. Había pocos símbolos más potentes de la estabilidad occidental que la monarquía británica. Cuando Mijaíl Gorbachov visitó Gran Bretaña en 1989, Thatcher le pidió ayuda a la reina para ofrecerle al presidente una bienvenida parecida a la que había embelesado a Reagan siete años antes. El presidente y su esposa Raisa llegaron al Castillo de Windsor, donde la reina dispuso una guardia de honor, un almuerzo privado y una exposición especial con todas las joyas de la Royal Collection que guardaban alguna relación con Rusia. Gorbachov respondió invitando formalmente a la reina a hacer una visita de Estado a Moscú. Él ya no estaría cuando se realizara la visita, pero nadie dudaba de que ella sí.

En 1990, Thatcher estaba perdiendo paulatinamente el control de su grupo parlamentario. Todo culminó con el adiós de su viceprimer ministro, Geoffrey Howe, cuya renuncia precipitó el fin de su mandato. La caída del Muro de Berlín y el descalabro del comunismo habían generado maravillosas imágenes de liberación, igual que lo había hecho el día de Navidad la ejecución de aquellos infames invitados de la reina: los rumanos Nicolae y Elena Ceauşescu. Fue un golpe de efecto triunfal para la estrategia común y tenaz de Reagan y Thatcher durante la Guerra Fría. Aunque para entonces él ya no era presidente y ella pronto dejaría de serlo.

En sus últimos meses en el cargo, Thatcher tomó la palabra en la Cámara de los Comunes para abordar la cuestión provinciana de las finanzas reales. Escuchados los argumentos de lord Airlie a favor de un nuevo acuerdo, la primera ministra aceptó sus propuestas para modificar la partida para el presupuesto real, recabando el apoyo de más partidos y cambiando la asignación presupuestaria. Fue un acuerdo para diez años. Desde 1975, cada año se le presentaba el presupuesto real al Parlamento y crecía la indignación por «la enésima subida de sueldo a la mujer más rica del Reino Unido». Desde Palacio intentaban subrayar que no tenía nada que ver. Como dice William Heseltine: «Como secretario de prensa, destiné la mayor parte del tiempo a intentar convencer a la prensa de que el presupuesto real no eran los honorarios de la reina».[34] Al menos, el debate pasaría a tenerse una vez por década.

El total acordado, 7,9 millones de libras, suponía un aumento enorme respecto a los cinco millones del año anterior, pero era una suma anual fija que tendría que subsistir durante una década. Se había calculado suponiendo que la inflación seguiría creciendo al 7,5 %. La idea era permitirle a Palacio prever gastos a largo plazo. En julio de 1990, los diputados del Parlamento lo consideraron sin duda un acuerdo generoso, y pensaron que el debate había sido sorprendentemente corto. Esas reformas internas de Palacio no habrían sido en absoluto posibles de no haber sido por la perseverancia del lord chambelán, lord Airlie, y de su mano derecha, Michael Peat, que hicieron frente a una resistencia feroz. Airlie tampoco tenía nada claro que hubieran hecho lo correcto: «Me daba bastante reparo porque la inflación podía subir más».[35] Pero lo cierto es que la inflación hizo lo contrario. Palacio vigilaba tanto el gasto que el presupuesto no duró diez años, sino veinte. Asimismo, el Gobierno optó por cederle a la institución la manutención de los bienes reales y, más adelante, también el transporte. Por fin la reina y su equipo manejaban su cotarro.

Las reformas de Peat y Airlie dieron tan buen resultado que, al poco tiempo, el Gobierno se dejó convencer para confiar al equipo de Airlie la gestión de todos los palacios reales vacíos. Había edificios históricos como Hampton Court o la Torre de Londres que llevaban siglos sin ser sedes de la familia real. Un organismo gubernamental los gestionaba como atracciones turísticas y recibían ayudas de las arcas públicas. Pero casi todo lo de dentro pertenecía a la Royal Collection y lord Airlie temía cada vez más por su gestión. A fin de cuentas, no era responsabilidad del Gobierno encontrar conservadores de arte ni operadores turísticos. Así lo explica Airlie: «No culpo para nada a los empleados públicos. No se les forma para eso. Pero todo lo que había colgado en los muros de esos palacios pertenecía a la Royal Collection. Como lord chambelán, solía ir a inspeccionarlo todo en nombre de la reina. Por tanto, parecía mucho más lógico que estuviera bajo su control».[36] También juró al Gobierno que su equipo velaría por todos los palacios sin subvención pública. En el Gabinete ya habían presenciado cómo la Casa Real había transformado sus propias operaciones en el Palacio de Buckingham, así que no vacilaron en librarse de esos tesoros nacionales y confiarlos a una nueva organización benéfica llamada Historic Royal Palaces. Airlie fue su primer presidente y el modernizador Alan Coppin, antiguo gerente del estadio de Wembley, su primer director ejecutivo. El número de visitantes y la facturación no han dejado de crecer desde entonces, junto con las subvenciones del Heritage Lottery Fund y de fundaciones benéficas. Aun así, no se gestiona dinero público. Antes de la pandemia del COVID-19, la Historical Royal Palaces generaba unos beneficios de seis millones de libras y facturaba más de cien millones.

El 22 de noviembre de 1990, el Palacio de Buckingham acogió posiblemente la audiencia más emotiva que la reina tuvo que dispensar a una primera ministra. Dos días antes, el exsecretario de Defensa, Michael Heseltine, había retado a Thatcher para hacerse con el mando del partido y las llaves del 10 de Downing Street. Aunque Thatcher había logrado más votos, no había llegado a la mayoría necesaria para evitar una segunda ronda. Tras once años en el cargo, había llegado la hora de que la Dama de Hierro se marchara mientras aún llevara la delantera, aunque fuera por poco. Mientras se preparaba para ir a Palacio, se emocionó muchísimo porque su encargado de seguridad personal y su chofer le dijeron que no la abandonarían. Hubo lágrimas, y en el palacio hubo más. Según el secretario privado de la reina, Robert Fellowes, Thatcher «salió de la audiencia muy alterada y sin poder hablar».[37] De vuelta al número 10 de Downing Street, fue directa al baño para llorar otra vez y le dijo a su mano derecha, Cynthia Crawford: «Cuando la gente es buena contigo es cuando más te afecta. Y la reina ha sido muy buena conmigo».[38]

El 28 de noviembre, una vez elegido John Major como su sucesor, la primera ministra regresó a Palacio por última vez para dimitir. Fue con su marido. El biógrafo oficial de Thatcher, Charles Moore, recoge un momento puramente casto de Denis Thatcher. Cuando el coche cruzó las puertas del palacio, Denis tenía cogida la mano de su esposa y murmuró una de sus citas favoritas de Kipling: «*Steady, the Buffs!*»[39] («¡Caballería, que reine la calma!»). En su estudio, la monarca esperaba con un regalo sorpresa a la mujer que había imprimido en su país y en el mundo una huella más profunda que cualquier otro político británico desde Winston Churchill. Le hizo uno de los mayores honores que le estaban dados: la Orden del Mérito.

La salida de Thatcher de Downing Street no sirvió para acallar las especulaciones sobre la verdadera relación entre las dos insignes mujeres de la Gran Bretaña de posguerra. Fue una relación de once años que se ha analizado en libros, al menos una obra teatral del West End y una temporada entera de *The Crown*. Un hombre que las conocía a ambas muy bien era Richard Luce. Como miembro del Parlamento, fue ministro de los tres gobiernos de Thatcher y, más adelante, lord chambelán de la reina. También fue vicerrector de la Universidad de Buckingham, de la que la (futura) baronesa Thatcher fue rectora. En una ocasión, dio una comida en la universidad a la que acudieron ambas. Según Luce: «Margaret tuvo un comportamiento impecable, pero hacia el final del almuerzo empezó a expresar opiniones extremistas y a la reina se la veía bastante entretenida. Creo que todos pensamos: "Ya está dale que te pego", etcétera. Y entonces Margaret dijo: "Si fuera secretaria de Defensa, invadiría tal país y haría tal cosa". Y en ese momento la reina echó un vistazo a su reloj y, con los ojos brillantes, dijo: "¡Me parece que ya es hora de irse!". Sabían lidiar la una con la otra».[40]

Cada miembro de la familia tenía su opinión sobre la Dama de Hierro. La reina madre, que acababa de celebrar noventa años con un desfile deliciosamente caótico de todas sus obras benéficas, siempre alzaba la copa cuando alguien mencionaba el nombre de Thatcher. En su obra de 1995 *Royal Bounty: The Making of a Welfare Monarchy*, el historiador Frank Prochaska apuntó al tono fuertemente thatcherista de los discursos del duque de Edimburgo. Prochaska aludía al libro del duque de 1982, *A Question of Balance*, en el que se burlaba de los socialistas que defendían la Unión Soviética y despreciaba el marxismo como «la mayor fantasía de nuestro siglo». Según el historiador, eran opiniones que «podría haber expresado la señora Thatcher». No podía decirse lo mismo de Carlos. Según Prochaska, «de todos los miembros de la realeza del siglo», el heredero al trono era el «menos hostil» a la idea de que el Estado interviniera en cuestiones sociales.[41]

Thatcher dejó encima de la mesa un gran melón abierto. Había sido una de las impulsoras de la temible alianza forjada por el presidente George Bush para expulsar al dictador iraquí Sadam Huseín cuando este invadió Kuwait. Navidad dio paso a Año Nuevo y las tropas británicas se prepararon para entrar en acción y liberar territorios conquistados. Simultáneamente, muchos periódicos estaban sacando su ristra habitual de noticias invernales sobre la Corona: el príncipe de Gales disfrutando de la caza, la duquesa de York esquiando, etcétera. Salvo que, en esta ocasión, *The Sunday Times* las juntó todas para respaldar su tesis sobre el descarado egoísmo de la familia en un momento de crisis. El tajante editorial decía: «Este país está en guerra, aunque uno nunca lo diría viendo las chiquilladas de algunos miembros del clan de Su Majestad». El rotativo rezongaba porque los «jóvenes nobles» estaban mostrando «una mezcla de hidalga decadencia e insensibilidad que degrada la monarquía».[42] La Casa Real se sentía vulnerable e incómoda. Unos años antes, ese tipo de ataques habrían sido impensables. Al cabo de dos semanas, cuando estalló la guerra sobre el terreno, la reina mandó el primer mensaje especial televisado de su reinado. Fue un mensaje breve en el que recogía la esperanza de la nación de que todo terminara pronto y se lograra «una paz justa y duradera». Ciertamente, la batalla fue fugaz y aplastante. Tras bombardear intensamente las posiciones iraquíes durante semanas, la gigantesca coalición aliada liberó Kuwait en cuestión de días y entró en Irak.

Apenas tres meses después, la reina iba camino de los Estados Unidos. La visita se había planeado mucho antes de la guerra del Golfo, pero ahora se presentaría como la celebración de una larga amistad que había acabado con el enésimo tirano. Era su primera visita de Estado propiamente dicha desde 1976, cuando se había celebrado el bicentenario del país americano. La gira empezó en Washington con discursos formales en los jardines de la Casa Blanca. «En nombre de un pueblo norteamericano que venera este país del que provenimos, os doy la bienvenida», le dijo el presidente Bush. Cuando la reina subió para contestar, hubo un problema. El podio se había diseñado para que lo ocupara un hombre de 1,90; por la razón que fuere, no se había ajustado para una mujer de poco más de 1,60. Todo el mundo la oía, pero pocos veían más que su coronilla. Como declaró un comentarista de la NBC: «¡Se ha ido y solo he visto un sombrero que hablaba!». El personal de Palacio aún hoy sigue refiriéndose a esa visita como «la gira del sombrero hablante».

Según George W. Bush: «Fue uno de los peores deslices en la historia del protocolo de los Estados Unidos. El jefe de protocolo era Joseph Reed, amigo de mi padre. [...] Recuerdo que mi padre estaba furioso y que no daba crédito. Lo bueno fue que no fue un desaire hacia Su Majestad, sino hacia el protocolo. Y ella lo gestionó bien».[43]

Tras los discursos de bienvenida, George W. Bush recuerda que se celebró un sobrio almuerzo privado para la pareja real y la familia Bush: «Yo llevaba unas botas de vaquero bastante llamativas y madre me dijo: "No piensas llevar esas botas, espero"». Como orgulloso tejano, pensaba que sus botas eran totalmente adecuadas: «Le respondí: "Seguro que a Su Majestad le gustan". Y se las mostré. Entonces madre intervino: "Su Majestad, ¡solo quiero que sepa que vamos a sentar a George lo más lejos posible durante la comida!". La reina me miró y me preguntó: "¿Es usted la oveja negra?", y yo contesté: "Supongo que se podría decir que sí, Su Majestad". Le pareció lo más, y pensó que madre era divertida".[44] Es innegable que la reina gozó del momento. Dieciséis años después, en su siguiente visita de Estado en el país, complació a su séquito con la anécdota del día que le enseñaron las botas de Bush.[45]

Antes de la visita, algunos periodistas norteamericanos habían sugerido que en los Estados Unidos creían que la monarquía había perdido la chispa. *The New York Times* manifestó que los Windsor estaban empezando a «consumirse»[46] y *The Washington Post* recurrió directamente al insulto: «Una reina estrafalaria, un hijo simplón, una nuera rolliza y su padre, el bribón».[47] Pero una vez iniciada la gira, la reina volvió a estar de diez. Lo más destacado del viaje fue su discurso en una sesión conjunta del Congreso, el primero de un monarca británico. Iba a ser una oda a la libertad y al consenso ante los peligros de la fuerza bruta. Pero de pie en el púlpito, comprobado constantemente por los aterrorizados agentes de protocolo, la reina introdujo una línea extra en su discurso: «Espero que hoy sí se me vea bien». Todo el Congreso se puso en pie para dedicarle una ovación, cuando solo había dicho ocho palabras. George W. Bush lo recuerda así: «Eso te dice cómo es. En vez de sentirse insultada, se quedó con el lado gracioso de la situación. Esa es la mujer que yo conocí».[48]

Aquello marcó el tono de una gira que la llevó por la costa este del país. El clima fue tan distendido como la temperatura que hacía. La única pega fue un malentendido con las autoridades portuarias de Miami a raíz de un error de la tripulación del Britannia, que liberó el depósito de aguas residuales cuando seguían en el puerto. Todo se saldó con una amenaza de multa de diez mil dólares por contaminación. Esa visita de Estado generó muchísimo material interesante para que la BBC sacara un nuevo y ambicioso documental titulado *Elizabeth R*, encargado para celebrar el cuarenta aniversario del reinado. La reina no quería ninguna celebración ostentosa, aunque solo cinco soberanos en la historia británica habían llegado a esa longevidad. Pero su secretario privado William Heseltine y el resto del equipo eran conscientes de que los medios estaban demasiado atentos a las generaciones jóvenes. Querían recordar al público el propósito de un monarca y la reina estaba de acuerdo. La BBC encargó la dirección de ese programa especial a uno de sus directores, Edward Mirzoeff. Más tarde, Mirzoeff dijo: «A mí me parecía que en Palacio no sabían cómo justificar todo el gasto de la Corona si la reina no se veía. Estaba siempre de gira y de visita, pero nadie informaba de ello. Los miembros más jóvenes de la familia salían continuamente en los periódicos».[49]

El nuevo documental no fue como *Royal Family*, el que se había grabado en 1969 dando acceso completo a las intimidades de la familia, ni hubo comité asesor presidido por el duque de Edimburgo. En este filme, Felipe y los demás miembros de la familia se mantuvieron bastante al margen, porque era un retrato de la reina. Aunque Mirzoeff había grabado varias escenas con la princesa de Gales, decidió no incluirlas: «Teníamos un montón de diálogos maravillosos con ella [Diana], pero los cortamos. El responsable de montaje vio que, cuando salía ella, distraía al espectador».[50] Los índices de audiencia fueron increíbles: veinte millones sintonizaron la BBC y, días más tarde, otros nueve millones lo vieron por ITV. Se veía a la reina pasando un buen rato con sus nietos en Balmoral, dando la bienvenida al presidente polaco Lech Wałęsa en una cena y charlando con su nuevo primer ministro, John Major. Mirzoeff y su equipo estaban dentro del palacio cuando Margaret Thatcher llegó para dimitir, pero la reina estaba tan conmovida que no quiso que la filmaran. Aun así, el documental sí plasmó un encuentro que terminó desembocando en una de las grandes amistades de la reina: la primera vez que se vio con Nelson Mandela, recientemente puesto en libertad y presente en la cumbre de la Commonwealth en Harare de 1991. «Se la ve bien, teniendo en cuenta su apretado calendario», le dijo Mandela, a lo que la monarca contestó: «Mañana igual no tengo tan buena cara», añadiendo con tono socarrón: «Alguien me ha preguntado si había estado alguna vez en África. Qué amabilidad...».[51]

Este documental es lo más cerca que ha estado jamás la reina de conceder una entrevista. Hay un momento registrado, pero no grabado, en el que reflexiona sobre su papel y habla de las condecoraciones: «El sistema reconoce actos que pasan inadvertidos, y eso me parece fantástico. Creo que a veces la gente necesita una palmadita en la espalda. De lo contrario, sería un mundo muy gris». También habla de la caja roja: «Por suerte soy de las que lee rápido, así que avanzo mucho en muy poco tiempo. Aunque sí lamento algunas de las horas que tengo que dedicar a leer en vez de a pasear».

Sobre sus obligaciones, dijo: «Si llevas una vida como esta, como la lleva muy poca gente, te riges por la tradición y el continuismo. Sabes exactamente lo que vas a estar haciendo dentro de dos meses». Y en un comentario revelador, añadió: «Me parece que eso es lo que les cuesta a los miembros jóvenes de la familia, el aspecto reglamentado».

Como pronto descubriría la gente, sus palabras resultaron ser casi proféticas.

IV

FUEGO Y FLORES

15

1992-1993

«Al menos hemos podido salvar los cuadros»

La misión era ambiciosa y no cabe duda de que el anfitrión de la reina tuvo muchas dudas. Sin embargo, desde Palacio no pusieron ninguna objeción. La reina entendía la importancia de ese ejercicio de reconciliación y sabía que no podía recaer en nadie más. Así pues, la mañana del 22 de octubre de 1992 el coche real se detuvo delante de la Kreuzkirche de Dresde y fue recibido por un silencio incómodo. Luego llegaron algunos abucheos y, finalmente, el primer huevo.

Era la plaza donde se habían apilado e incinerado los cuerpos de decenas de miles de civiles alemanes en febrero de 1945, tras uno de los bombardeos más devastadores de la Real Fuerza Aérea durante la Segunda Guerra Mundial. Todavía hoy se debate sobre el bombardeo en alfombra que decretó el Comando de Bombarderos y sobre las tácticas de su oficial al mando, el mariscal de la Fuerza Aérea Arthur *Bomber* Harris. En verano de 1992 se había intensificado el debate porque la reina madre, gran admiradora de Harris, había inaugurado una estatua del militar. Para los veteranos del Comando de Bombarderos, a los que seguía negándose una medalla de campaña o cualquier monumento de conmemoración, la estatua había sido un gesto importante de reconocimiento, por más que fuera tardío.* Pero, poco después, un activista le arrojó pintura roja.

---

* De los 120.000 hombres que se presentaron voluntarios para el Comando de

En 1992, este era el clima que se respiraba cuando la reina empezó su visita de Estado a Alemania. Era la primera desde la caída del Muro de Berlín y el desmoronamiento del comunismo en Europa del Este. Su propósito era bendecir la reunificación alemana y visitar las principales ciudades de la antigua Alemania del Este. Eso implicaba pisar Dresde. Según Michael Burton, número dos de la Embajada británica: «El presidente alemán, Richard von Weizsäcker, reaccionó de forma reticente. Lo creía un poco arriesgado».[1] Cinco mil personas con la mirada perdida se habían reunido a las puertas de la Kreuzkirche para esperar la llegada de las estrellas del acto. Según Burton: «Parecía que no supieran si tenían que aplaudir o mandar alguna señal de aprobación», y añade que una visita de esa clase habría sido impensable antes del hundimiento del régimen de Alemania del Este. Los abucheos rompieron el silencio y dieron paso a un lanzamiento desviadísimo de huevos. La reina ni se inmutó. Dentro, en directo por la televisión pública, el obispo de Sajonia y el de Coventry, la ciudad hermanada con Dresde, oficiaron conjuntamente la misa de reconciliación. El duque de Edimburgo leyó un sermón en un fluido alemán, mientras que el primer ministro de Sajonia leyó otro en inglés. Al terminar, la reina salió y vio que los ánimos estaban un poco más apaciguados. Según Douglas Hurd, que la acompañaba como secretario de Exteriores: «La reina estaba curando las heridas de la única forma que podía hacerlo».[2] El ambiente en Dresde fue completamente diferente al del resto del viaje. Transcurridas apenas unas horas, la reina llegó a otra gran ciudad oriental, Leipzig, y fue recibida por cien mil personas en un ambiente festivo.

En el tabloide berlinés *BZ* apareció un editorial que elogiaba la «incomparable calma y serenidad» de la reina: «¡Chapó! Le arrojaron huevos y en Gran Bretaña eso levantó ampollas, pero

---

Bombarderos, perecieron más de 55.000. Solo el 24 % salieron ilesos de la guerra. Ninguna otra unidad británica o de la Commonwealth sufrió bajas de esa magnitud.

Isabel debe saber que la mayoría de los alemanes entiende y valora su gesto».[3]

Su discurso en el banquete organizado por el presidente llegó al corazón de millones de personas: «El telón de acero se fundió gracias al ardiente deseo de libertad del pueblo». Cuando cruzó simbólicamente la Puerta de Brandemburgo de oeste a este, varios periódicos alemanes publicaron editoriales en los que celebraban el gesto como nada más y nada menos que el fin de la Guerra Fría.[4]

Para muchos líderes mundiales, esa visita habría sido el momento cumbre de toda una vida de servicio público, toda una lección de diplomacia de la que alardear en las memorias. Pero para la reina no fue así. Que un viaje de esa sensibilidad y magnitud apenas dejara huella en la mente colectiva británica coetánea, o posterior, probaba lo terrible que fue 1992.

Por lo graves, repentinas y variadas que fueron, aún cuesta asimilar las calamidades que sobrevinieron a Su Majestad durante ese año funesto. Habrían sido impensables para la pensionista resuelta y serena que había aparecido en el documental *Elizabeth R: A Year in the Life of the Queen*, grabado a principios de año para conmemorar su cuarenta aniversario en el trono (aunque, a juzgar por los documentos del Gabinete, no tenía mucho ánimo de celebrar nada).[5] Nadie lo llamó el Jubileo de Rubí. La reina no solo descartó la idea de la fuente conmemorativa en Parliament Square, sino que rechazó la invitación a una cena conmemorativa con el Consejo Privado. Con la gracia de Dios, esperaría a cumplir cincuenta años en el trono. Andrew Turnbull, secretario privado del primer ministro, le mandó a su jefe un mensaje sobre esta cuestión con unas palabras manuscritas: «Téngase presente la actitud de la reina respecto a su cuarenta aniversario».[6] Solo aprobó dos ideas. Una fue la propuesta de Jim Callaghan de dar una cena para todos los primeros ministros británicos que había habido. La otra fue una comida en la City de Londres. El año acabó pasando a la historia como el *annus horribilis*. Y, sinceramente, menos mal que la reina no quiso grandes gestos para conmemorar un año que acabaría queriendo olvidar.

Los problemas empezaron en enero, cuando los periódicos se hicieron con unas instantáneas de la duquesa de York de vacaciones con un magnate del petróleo norteamericano, Steve Wyatt. Un trabajador de la limpieza encontró el manojo de fotos encima de un armario en el viejo piso londinense de Wyatt y lo hizo llegar a la policía. Las imágenes confirmaron los rumores generalizados de que el matrimonio de los York estaba a punto de irse a pique. El duque de York se puso «hecho un basilisco» y la pareja comenzó a consultar a abogados de familia.[7] El mes siguiente, los príncipes de Gales emprendieron un viaje por la India y las especulaciones que llevaban tiempo circulando acerca del estado de su matrimonio se multiplicaron fruto de una imagen espectacular. Mientras el príncipe acudía al Indo-British Industrialists' Forum de Deli, la princesa viajó a Agra y posó sola para la prensa delante del Taj Mahal. Los itinerarios se habían planeado meses antes. Cuando una pareja real iba de gira, era habitual que tuviera programas diferentes para maximizar el impacto diplomático; el objetivo primordial de la visita a Agra era ver los proyectos de salud pública que se estaban llevando a cabo. Sin embargo, los periodistas evocaron enseguida las palabras que el propio Carlos había proferido en 1980 cuando había visitado la gran obra del sah Jahan: «Un día traeré aquí a mi esposa». Y allí estaba Diana en el Taj Mahal, sin él. Se convertiría en una de las imágenes más conocidas de la década.

El mes siguiente, el Parlamento iba a concluir su mandato de cinco años y John Major convocó elecciones generales. Tras trece años en la oposición, el Partido Laborista veía la oportunidad de acabar con la racha triunfal de los conservadores. Y la mayoría de los analistas también lo veían así. Incluso baluartes neoliberales como *The Economist* y *Financial Times* terminaron apostando por el laborista Neil Kinnock durante la campaña. En momentos así, la convención dicta siempre que la monarquía debe mantener la discreción. Pero la semana que empezó formalmente la campaña, *Daily*

Mail barrió de un plumazo la política de las portadas con una jugosa exclusiva: «Andrés y Fergie lo dejan».[8] La noticia apareció el día que Kinnock lograba abrir una brecha de cinco puntos sobre los *tories*. Pero, durante unos días, buena parte de la prensa estuvo absorta con el final del matrimonio, incluso el prolaborista *Mirror*. La repentina ventaja del Partido Laborista en las encuestas ya no era el notición.

El director de *The Sunday Times*, Andrew Neil, hizo una mordaz observación: «Los cuadros del Partido Conservador deberían orar y dar las gracias a la duquesa de York. Si la separación de la pareja no hubiera desviado la atención de la nación, los laboristas disfrutarían de una ventaja insalvable. Gracias a Fergie, los *tories* tienen una segunda bala».[9] Se dice que la reina dio órdenes a su secretario privado, Robert Fellowes, para que se disculpara en privado con todos los líderes políticos. Días antes de las elecciones estalló otra noticia sobre la realeza, pero tampoco en esa ocasión fue culpa de la monarquía. Había muerto el conde Spencer, recordado con cariño en todo el mundo por su papel en la boda de Diana, cuando acompañó entre temblores a su hija al altar. Su entierro en la iglesia familiar de Great Brington, Northamptonshire, despertó una atención mediática inmensa. La prensa no pasó por alto que los príncipes de Gales llegaran por separado.

Ese mismo mes se concretó el divorcio de la princesa real. Ana llevaba varios años separada de Mark Phillips y ambos habían tenido vínculos sentimentales con otras parejas. En el caso de ella, había estado con el antiguo caballerizo de la reina, el comandante Timothy Laurence. La separación fue amistosa y Ana siguió totalmente fiel a sus obligaciones principescas, así que la respuesta de la gente fue más bien de empatía. La reina estaba triste, pero no escandalizada. Como le dijo a un miembro de la corte: «Le confieso lo que he descubierto: no soy lo bastante chapada a la antigua para ser reina».[10]

La duquesa de York debería haber seguido un poco más los pasos de su cuñada. Fergie se había pasado los últimos meses en unas vacaciones sonadas y en maravillosos «actos benéficos» por el extranjero; en cambio, la princesa real había estado ocupada con su habitual y cansina ronda de obligaciones públicas, que la habían llevado de Escocia a Santiago. Su última gira antes del divorcio había sido en Chile, donde la princesa había visitado una urbanización construida solo por mujeres. El embajador británico la había acompañado y había compartido con Londres su incredulidad: «Se quedaron prendadas de la princesa en el acto. Fue directa al grano y se puso a examinar los servicios, las cocinas y los fregaderos».[11]

Para sorpresa de casi todo el mundo, el Reino Unido reeligió primer ministro a John Major para cinco años más. El Partido Conservador consiguió más votos que ningún partido en cualquier votación que se recordara, pero se concentraron en zonas *tories*, así que su mayoría era de apenas veintiún escaños. Eso sí, bastaron para ahorrarle a la reina el mal trago constitucional de tener un Parlamento sin mayorías. La Cámara de los Comunes ya no contaba con Margaret Thatcher en sus filas, pero fue elegida la primera mujer portavoz: la diputada laborista Betty Boothroyd.

Sin embargo, eran otros comicios los que ofuscaban a la reina. A finales de 1991, Australia había destituido a su primer ministro, Bob Hawke, y había nombrado a un nuevo líder: Paul Keating, el más fervientemente antimonárquico de la historia del país. Aun así, dos meses después de su nombramiento, Keating recibió a la reina en un viaje por Australia planeado desde hacía tiempo. El suceso que más dio que hablar fue una fotografía que sacaron del político dirigiendo con gentileza a Su Majestad entre la multitud de la recepción oficial. Los medios británicos se sobresaltaron ante el hecho de que hubiera tocado a la reina. Desde la comitiva real se aseguró que a ella no le había importado, y que no era más que la prueba de los buenos modales de Keating. Lo que sí inquietó en Palacio y en la Oficina de Asuntos Exteriores fueron los comentarios del dirigente unos días después de que ella se marchara. Durante un encrespado debate parlamentario sobre su aparente falta de decoro en la visita de la monarca, Keating pronunció un discurso acalorado en el que acusó a los monárquicos de «complejo de inferioridad» y de «besar la tierra» que pisaba Gran Bretaña. Dijo que el Reino Unido había traicionado a Australia en dos ocasiones: la primera, al no defender Singapur del ataque japonés de 1941; y, luego, al entrar en la CEE en 1973. Dirigiéndose a la bancada rival, gruñó: «Incluso cuando les dejaron plantados para entrar en el mercado común, ustedes seguían soñando con ser nombrados oficiales y caballeros».[12] Al terminar el año, Keating había eliminado cualquier mención a la monarca en el juramento que debían prestar los nuevos ciudadanos de Australia y había puesto en marcha el proyecto de desmantelar la Corona australiana. Habría sido difícil elegir un momento mejor. La familia real encadenaba una crisis tras otra y, en medio de esa vorágine, la reina estaba a punto de dar un discurso para elogiar la misma entidad europea de la que había renegado Keating.

La monarca llevaba tiempo aplazando su visita al Parlamento Europeo en Francia. En mayo de 1992, fue por fin a Estrasburgo. Era la única jefa de Estado de un país miembro que no había pisado el hemiciclo. Sí había estado en 1980 en la Comisión Europea de Bruselas y la habían invitado a visitar el edificio del Parlamento en Estrasburgo cuando quisiera, pero no había ido porque Margaret Thatcher siempre le había aconsejado que no lo hiciera. El ex secretario de prensa Charles Anson lo recuerda así: «Hacía años que se hablaba de cuándo iba a ir la reina. Siempre se consideraba que no era el momento, que no era el momento. Y entonces sucedió».[13] Si pasó, fue gracias a John Major. Con un nuevo mandato electoral bajo el brazo, el primer ministro se mostró decidido a acercar al Reino Unido a la corriente europea con la ayuda de su monarca. Ya llevaba tiempo librando un pulso con los euroescépticos de la derecha conservadora después de la firma del Tratado de Maastricht en 1991, que allanaba el camino para una mayor unión política y económica en el continente. La visita de la reina podía ayudar a transmitir una idea a sus colegas de la UE: el Reino Unido quería desempeñar un papel más activo.

Isabel no decepcionó. Con un vestido del mismo azul oscuro que engalana la bandera de la UE, dio un discurso repleto de mensajes europeístas: «Forman ustedes parte de un proyecto único en la historia universal», les dijo a los parlamentarios. Sabiendo que las decisiones locales (sobre cuestiones locales) eran tan necesarias como la cohesión general en el continente, añadió muy certeramente: «Ese fue el equilibrio necesario que se logró con Maastricht».[14] Como siempre, sus palabras habían sido redactadas por los ministros, pero esa era una clara referencia a los rebeldes de Maastricht.* Que ni ella ni sus colaboradores hubieran decidido eliminar o suavizar esa frase, cosa que podrían haber hecho sin problema, era señal de que la opinión de la Corona respecto a Europa no había cambiado mucho desde el mensaje europeísta de la Navidad de 1972. Su discurso duró trece minutos y fue correspondido con una ovación de doce minutos, abanderada por el presidente de la Comisión, Jacques Delors. «Es un gran día para Europa», dijo luego Delors, un sentimiento que compartió el parlamentario alemán Elmar Brok, que habló de «una sorpresa de lo más agradable». Todavía hoy, el museo del Parlamento Europeo hace mención al discurso «nítidamente europeísta» de la reina. Ewen Fergusson, embajador británico en Francia, señaló: «Al subrayar efusivamente la idea de que el Reino Unido es parte primordial de Europa, estaba dándole al mensaje una fuerza que ninguna figura política le podría haber dado».[15]

John Major no se detuvo allí. Un mes más tarde, la reina fue enviada a Europa para realizar dos visitas de Estado en pocas semanas. Durante la época Thatcher, los viajes de la monarca por

---

* Los rebeldes de Maastricht fueron políticos británicos conservadores que se rebelaron contra la disciplina de su partido y de su líder, John Major, para torpedear la implementación del Tratado de Maastricht. *(N. de los T.)*

Europa habían sido solamente a otras monarquías, salvo una o dos excepciones. Ahora iba a visitar Malta, país en el que había residido y flamante candidato a entrar en la UE, y luego regresaría a Francia para una visita de Estado al vecino más importante del Reino Unido. El presidente francés, François Mitterrand, decidió ignorar los convencionalismos y fue apareciendo en diferentes ocasiones durante toda la gira. Sucumbiendo a las presiones de la Oficina de Asuntos Exteriores y de la Embajada para dar tantos discursos como fuera posible, la reina se ganó un reconocimiento especial por uno, en el que comparó al Reino Unido y a Francia con el aceite y el vinagre. «Tan diferentes y, al mismo tiempo, tan necesarios para preparar un buen aliño», dijo la monarca, siempre avezada al momento de mezclar la vinagreta en los pícnics familiares. El viaje copó los titulares franceses durante toda la semana. Según el embajador británico: «Ningún otro visitante reciente lo ha logrado durante tanto tiempo».[16] Y en Inglaterra, ¿qué opinaban?

Pues la prensa y el pueblo británicos apenas se percataron. La visita se vio completamente eclipsada por las memorias más bochornosas que se habían publicado en la historia reciente sobre un miembro de la realeza. Cuando la reina se disponía a salir hacia París, *The Sunday Times* divulgó el fragmento inicial del nuevo libro de Andrew Morton, *Diana: su verdadera historia*. En él se daba a entender que el estado de su matrimonio había llevado a la princesa de Gales al límite de autolesionarse, e incluso a intentar suicidarse. El fin de semana siguiente apareció un segundo fascículo que hablaba de la bulimia y ahondaba en el mensaje de que el suyo era un matrimonio sin amor. La víspera del último bombazo, la familia real, incluidos los príncipes, se había reunido en el balcón del palacio para el final del desfile de cumpleaños de la reina. La semana siguiente, cuando Isabel y gran parte de la familia se dejaron ver en el hipódromo de Ascot, el superventas de Morton copaba los escaparates de todas las librerías. La monarca hizo todo lo posible por aparentar serenidad durante otra funesta semana, pero era fácil detectar la tribulación en su sonrisa regia.

Los partidarios y simpatizantes de la monarquía habían presionado al Gobierno para que acabara con la aparente ofensiva a pecho descubierto de los medios contra la Corona. Tras aparecer las primeras acusaciones de Morton, el presidente de la PCC (la comisión que vela por la buena praxis de la prensa), lord McGregor, estaba listo para responder. Había muchos indicios de que el libro se había escrito con el visto bueno tácito de Diana, e incluso con su colaboración voluntaria. El secretario privado de la reina le aseguró a McGregor que no era el caso. Como Robert Fellowes también era cuñado de Diana, McGregor le creyó a pies juntillas. La PCC emitió una invectiva feroz contra esos sectores de la prensa que metían «las narices en cuestiones que conciernen al alma de las personas». El arzobispo de Canterbury se sumó y exhortó a la prensa a «respetar los valores humanos fundamentales».[17] Sin embargo, cuando la princesa visitó a una persona con quien había convivido y que se había identificado como fuente del libro, quedó claro que ella había participado estrechamente en el proyecto. Teóricamente era una visita privada, pero todo el mundo se enteró y se avisó con antelación a los fotógrafos reales preferidos por lady Di. Cuando la verdad salió a la luz, Fellowes se quiso morir de la vergüenza y presentó su dimisión. La reina no la aceptó. Ya tenía suficientes quebraderos de cabeza como para perder a su secretario privado, sobre todo cuando acababa de tomar dos decisiones cruciales. Al menos ahora se prestaría a hablar de la separación de los príncipes.[18] También tenía muy presentes los continuos ataques de la prensa a las arcas reales, surgidos durante la recesión británica de principios de los noventa. Por eso decidió comenzar a pagar impuestos según la tasa correspondiente y le pidió al primer ministro que lo hiciera realidad, aunque John Major seguía pensando que su exención tributaria era lícita.

Por suerte, hubo un remanso de paz la noche que la reina fue a cenar con todos los primeros ministros británicos en Spencer

House, a fin de celebrar sus cuarenta años en el trono. John Major recuerda que cenaron huevos de codorniz, *dartois* de lubina, pudin de verano, *strudel* de manzana y queso Stilton con Château Lafite-Rothschild del cincuenta y dos y Taittinger rosado del ochenta y cinco, todo ello aderezado con un número «de lo más entretenido» de una de las debilidades de la reina: Peter Ustinov.[19]

Pero los tabloides no habían acabado de dar guerra, ni mucho menos, y pronto metieron una marcha más aprovechando que la familia se retiraba a las Tierras Altas para pasar el verano. Aunque mediaba el mes de agosto y todo el mundo estaba de vacaciones, *Daily Mirror* registró una de sus mejores jornadas a nivel de ventas publicando fotografías íntimas de la duquesa de York en toples con su «asesor financiero», John Bryan.[20] Sarah estaba en Balmoral con la reina y sus hijas cuando bajó por la mañana y se encontró a los miembros de la familia absortos, leyendo las diez páginas de pura ignominia. Se disculpó con la reina, que estaba furiosa, pero lo más extraño del episodio fue quizá que la duquesa permaneció en Balmoral tres días más antes de salir hacia el sur.[21] Así que se hubo marchado, el archienemigo de *Daily Mirror*, *The Sun*, respondió con una contraexclusiva devastadora. Publicó una conversación llena de insinuaciones entre Diana y James Gilbey, un viejo amigo que le había aportado información a Morton para su libro. La conversación había sido pinchada. Era Nochevieja de 1989, y en ella se oía a Gilbey llamar *squidgy* («bomboncito») a Diana y a la princesa despotricar contra la familia real. La princesa hablaba desde Sandringham y Gibley por el móvil, desde un coche. Nunca se ha sabido cómo su charla terminó llegando a *The Sun* dos años y medio más tarde.

La reina mantuvo la compostura. Los abogados de los príncipes quizá estuvieran debatiendo la separación, pero ella no quería que se hicieran públicas decisiones precipitadas. Unos meses antes, la pareja se había comprometido a hacer un viaje importante a Corea a instancias de la Oficina de Asuntos Exteriores, pero de golpe la princesa les dijo a los responsables de Palacio que no iba. La reina intervino. Ya que el primer ministro iba a dedicar un tiempo precioso a trabajar por el presupuesto de la familia, y varios periódicos estaban retomando ya sus ataques contra las finanzas de la Corona, lo mínimo que podían hacer ellos era cumplir con sus obligaciones públicas. Además, el año de John Major tampoco estaba siendo plácido. El 16 de septiembre, una catástrofe nacional en los mercados de divisas dejó en una nadería los percances de Maastricht. El Reino Unido se vio obligado a salir del mecanismo de tipos de cambio (MTC) porque la libra cayó por debajo del límite inferior del sistema. Ese día, el «miércoles negro», se suele citar como el momento en que los conservadores perdieron las siguientes elecciones, para las que faltaban todavía casi cinco años. La subida de los tipos de interés y la humillación que sufrió el país dejaron por los suelos la reputación de Major. Al final, la princesa de Gales capituló y embarcó en el avión rumbo a Corea. Los príncipes cumplieron a rajatabla con todos sus compromisos, cosa que llenó de satisfacción a los diplomáticos del Reino Unido y Corea y a las empresas británicas instaladas en la región. La reina llegó al trono en plena guerra de Corea. Cuatro décadas después, los veteranos británicos recibieron con júbilo las imágenes de Carlos y Diana visitando los cementerios de la Commonwealth y los campos de batalla donde habían fallecido más de mil de sus camaradas. Los titulares de la prensa británica seguían destacando el aire abatido de la pareja, pero la gira puso de manifiesto que Carlos y Diana conservaban su ascendiente diplomático.

Pocos días después de regresar de Corea, la pareja tuvo otra pelea que llevó al agrietado matrimonio a un punto de no retorno. Guillermo y Enrique iban a tener un fin de semana libre en el colegio y su padre había decidido que la pareja diera una imagen de frente unido. Harían un viaje familiar a Sandringham para cazar con unos amigos. Pero una semana antes de ir, Diana anunció que quería llevar a los muchachos a otra parte, con lo que arruinó los planes del príncipe. Según el biógrafo de Carlos, este mantuvo una larga conversación con la reina, «tras la cual la princesa recibió grandes presiones para que diera su brazo a torcer».[22] Diana no quería ceder. Empezaba a vislumbrarse el final del matrimonio. Al concluir esa semana, el príncipe decidió que había llegado el momento de iniciar los planes de separación y de llamar a sus abogados. Pero justo cuando se preparaba para recibir a los invitados en Sandringham, se produjo el desastre.

Bien entrada la mañana del 20 de noviembre de 1992, un viernes triste y gris, se empezaron a ver columnas de humo saliendo de los grandes salones del Castillo de Windsor. Se estaban realizando obras de restauración y los contratistas que trabajaban en la capilla privada de la reina habían hecho su particular pausa diaria de las once; era un ritual en todo el castillo que se cumplía religiosamente. Nadie se percató de que un foco había quedado muy cerca de las cortinas que ocultaban las obras de mantenimiento. Después de la restauración, el duque de Edimburgo me explicó en privado: «Detrás de las cortinas, que como es obvio estaban corridas, había focos para iluminar el altar y el techo. En un abrir y cerrar de ojos, las luces cogieron temperatura y las cortinas comenzaron a arder. Las llamas subieron de forma que solo quemaba el espacio entre las bóvedas. Abajo no había fuego».[23] El incendio inundó las cavidades que había encima del techo hasta llegar al Salón de San Jorge, consumiendo a toda prisa la parte más importante y majestuosa del castillo. La pequeña dotación de bomberos de Palacio enseguida se dio cuenta de que la catástrofe los superaba. En una hora llegaron camiones de bomberos de todo Londres y de los condados aledaños. El personal del castillo, los soldados apostados en Combermere Barracks (un cuartel cercano) y el duque de York, que casualmente estaba en Windsor estudiando para unos exámenes navales, se unieron a la desesperada operación por intentar salvar los tesoros de la Royal Collection. Mucha gente que andaba por allí también echó una mano. Tim O'Donovan, que trabajaba en Datchet recopilando estadísticas de la circular de la corte, recuerda que se sumó a una cadena humana. Los bomberos habían empapado de agua la moqueta del pasillo y los voluntarios iban pasándose piezas del mobiliario hasta depositarlas en el patio: «Parecía un mercado de antigüedades al aire libre».[24]

Al menos, la diosa Fortuna sonrió a Windsor en dos aspectos. Primero, como se estaba restaurando el castillo, buena parte del arte y de los tesoros palaciegos ya se habían movido de sitio. Y segundo, no llovía, así que los valiosísimos cuadros y libros pudieron dejarse al aire libre antes de trasladarlos a un almacén seguro. Y, sobre todo, no hubo que lamentar ninguna lesión grave ni ninguna muerte. Solo se perdió una pintura: el colosal lienzo de 1798 pintado por William Beechey, titulado *Jorge III y el Príncipe de Gales revisando las tropas*, además de un fornido aparador. Se elaboraron copias de ambos.

En ese momento Felipe estaba fuera del país, pero la reina llegó rápidamente desde Londres. Quería ver el desastre con sus propios ojos, pero también tenía algo muy específico en mente. Según Charles Anson, entonces secretario de prensa de la monarca: «Fue a sus aposentos para poner a buen recaudo algunas cosas muy preciadas, porque solo ella sabía lo que eran y dónde estaban».[25] La reina sufrió una leve intoxicación por inhalación de humo, que se sumó al fuerte resfriado que ya tenía. Y, en el exterior, supervisó las operaciones de rescate con el duque de York y el lord chambelán. «Para ella fue un mazazo», dice lord Airlie. Luego, Isabel regresó a Londres, donde fue recibida por miembros de la Casa Real que habían salido de las oficinas de Buckingham para esperarla en su entrada privada y darle apoyo emocional. Ella hizo de tripas corazón e incluso le quitó algo de hierro al asunto. Así lo recuerda Charles Anson: «Se encogió de hombros y dijo que había sido espeluznante: "Pero al menos hemos podido salvar los cuadros". No se había descompuesto, ni muchísimo menos».[26] Lord Airlie coincide: «Obviamente, mostró una entereza increíble».[27]

Pero la quema de esa residencia ancestral donde había vivido de niña le había afectado mucho. Tras pasar el fin de semana con la reina madre en el Royal Lodge, le escribió una afligida carta de agradecimiento: «Fue vital para mantener la cordura después de ese día tan aciago».[28]

Apenas cuatro días después del incendio, la reina llegó al Guildhall de la City de Londres para ese almuerzo oficial planeado tanto tiempo atrás, en circunstancias más alegres, para celebrar sus cuarenta años en el trono. Con la voz todavía ronca por culpa del resfriado y del humo, había sopesado la idea de pedirle al príncipe Felipe que leyera su discurso. Pero Robert Fellowes insistió en que debía darlo ella. Lo bueno es que lo pronunciaría antes de la comida, no después. Nada más empezar, saltó a la vista por qué esas palabras solo podían provenir de la reina: «1992 no será un año que vaya a recordar con sumo placer. Como dice uno de mis amigos más queridos en sus cartas, este ha acabado siendo mi *annus horribilis*».* Aunque esa fue la expresión que pasó a la posteridad, el objetivo fundamental del discurso no era regodearse en sus infortunios (o en el «ano horrible», como lo expresó *The Sun* haciendo un juego de palabras entre *anus* y *annus*), sino pedir un poco de comprensión a los antimonárquicos, sobre todo a los que trabajaban en los medios: «A veces pienso en cómo juzgarán las generaciones futuras los sucesos de este año tan turbulento. Me atrevería a decir que la historia nos valorará con algo más de moderación que algunos periodistas de la actualidad». Aunque admitía que las críticas eran constructivas: «Ninguna institución, sea la City, la monarquía u otra, se librará jamás del escrutinio de quienes prometen su apoyo y lealtad, por no hablar de quienes no lo hacen». Y entonces llegó el clímax. Con un hilo de voz, hizo una súplica con la que era fácil empatizar y que resultó muy conmovedora: «Ahora bien, ya que todos formamos parte del mismo

---

* El autor de la carta y de la expresión, que significa «año horrible», fue el ex secretario privado adjunto de la reina, Edward Ford, un académico de Oxford experto en idiomas clásicos.

tejido social y nacional, este escrutinio mutuo entre las partes puede ser igual de efectivo si se hace con una pizca de gentileza, buen humor e indulgencia».

Incluso con las llamas consumiendo el Castillo de Windsor, los ataques a la Corona no remitieron, sino que tomaron un nuevo cariz. Con toda la buena intención del mundo, el secretario de Estado de Patrimonio Nacional, Peter Brooke, había asegurado ante las cámaras de televisión y la Cámara de los Comunes que el Gobierno estaba dispuesto a correr con los gastos de la restauración. Pero no solo había voces discrepantes en la izquierda republicana. Hasta el conservador y monárquico *Daily Mail* publicó un editorial en portada en el que esgrimía la exención tributaria, la ristra de escándalos que salpicaban a la familia y el incendio para cuestionar a la propia reina: «La impresión que da es la de un Gobierno delirante que consiente a una familia real acaudalada y caída en desgracia. Ahora mismo, es como un capote para el toro británico».[29] Era un mensaje que iba en consonancia con las llamadas cada vez más insistentes del cuarto poder y de la oposición, que instaban a la Corona a escuchar y hacer algún tipo de sacrificio económico.

Lo que desconocían las voces críticas era que lord Airlie, Michael Peat y su equipo llevaban gran parte del año trabajando en esa cuestión. Y perseveraron a pesar de los recelos del primer ministro, John Major, que muchos años después aseveró lo siguiente: «Yo no le exigí a la reina que pagara impuestos».[30] Aun así, Su Majestad había resuelto acabar de una vez por todas con la situación; pensaba anunciar el fin voluntario a la exención tributaria a principios de 1993. El equipo de Airlie y Peat solo tenía que cerrar unos últimos flecos. La polémica por la reparación del castillo incendiado les animó a seguir adelante con el plan. Podían parecer reactivos, más que proactivos, lo cual resultaba innegablemente fastidioso, pero era mejor reaccionar que seguir aguantando la incesante tormenta. Dos días después del discurso en el Guildhall, respondiendo a una pregunta parlamentaria pactada con

John Smith, el líder de la oposición, el primer ministro comunicó a los miembros de la cámara que la reina y el príncipe de Gales pagarían impuestos voluntariamente como los demás ciudadanos. Además, la reina reembolsaría al Gobierno las novecientas mil libras de dinero público que se gastaban cada año en las oficinas de otros miembros de la familia. El Estado solo seguiría subvencionando las funciones públicas del duque de Edimburgo y de la reina madre.

En el seno de la Casa Real, el mayor reto para la reina fue aplacar la voz de la realeza más hostil con la reforma: la de la reina madre. Su marido, el rey Jorge VI, había conseguido la exención tributaria del Gobierno de Neville Chamberlain en 1937. El motivo estaba más que justificado moralmente. Chamberlain quiso ayudar al nuevo monarca a sufragar los cuantiosos y totalmente inesperados gastos de indemnizar a su hermano mayor tras su abdicación (como se ha señalado antes, Eduardo VIII ya se había procurado fondos considerables, cosa que sembró indignación en la familia). Jorge VI le había insistido mucho a su heredera sobre la importancia del acuerdo. William Heseltine fue uno de los que propuso, en vano, cambiar la postura de la Corona con respecto al impuesto sobre la renta: «Fue una de las cosas que su padre le recalcó. Era una concesión determinante y no había que ceder. Cualquier norma que le hubiera podido legar él era importantísima».[31] La reina se mostró dispuesta a contradecir a su padre, y también a su primer ministro, en una cuestión muy sensible. Es obvio que fue una de las decisiones más meditadas e importantes de su reinado. Aun así, estaba bastante preocupada por cómo iba a reaccionar la reina madre. Temía que su madre lo viera como una especie de crítica a su esposo, así que Isabel mandó a Robert Fellowes a que le explicara lo que pasaba. Como le confesó este al biógrafo oficial de Su Majestad: «Cuando terminé, hizo una larga pausa y dijo: "¿Y si nos tomamos algo?". No quiso darle muchas vueltas».[32]

Al cabo de tres meses, el proyecto se hizo público con todo

lujo de detalles. Instantes después de que John Major lo presentara en la Cámara de los Comunes, hubo una histórica rueda de prensa en el Palacio de St. James. Por primera vez, toda la plana mayor de la Casa Real compareció ante los medios para hablar de la riqueza de la Corona, con lord Airlie a la cabeza. El lord chambelán destacó que varios medios habían tasado el capital entre los cien millones y los miles de millones de libras: «Su Majestad me ha autorizado para confirmar que la menor de esas estimaciones excede holgadamente el verdadero patrimonio». A los pies de veintitrés retratos de la pinacoteca del Palacio de St. James, se informó a la prensa de que todos los tesoros de la Royal Collection pasarían a ser gestionados por un nuevo fondo benéfico, que se harían públicas las cuentas y que se democratizaría el acceso a las obras de arte. Pese a todas esas reformas, lo que atrajo más atención fue un resquicio significativo en la normativa fiscal, aunque quizá fuera de esperar: los futuros soberanos no pagarían impuesto de sucesiones por los bienes heredados. Como había explicado John Major, se decidió así para evitar que el patrimonio real fuera desperdigándose. Si no, edificios como Balmoral o Sandringham se tendrían que terminar vendiendo al cabo de una o dos generaciones. No era un asunto que despertara una gran simpatía. La economía en auge de finales de los ochenta había dado paso a una recesión que iba ya por su tercer año. Pero con un aspecto único en este caso. Cualquier otro patrimonio o negocio familiar podría reaccionar, por ejemplo, legando bienes de una generación a otra, pero ningún monarca podía recurrir a algo semejante sin abdicar con mucha antelación o sin entregar gran parte de la maquinaria monárquica estando aún en el trono. Ese, sin embargo, era un argumento que los antimonárquicos no querían oír. Para ellos, la familia real había hincado la rodilla ante una «victoria del poder popular» (palabras de *The Sun*). Al día siguiente, el jefe de la sección de política de *Daily Mirror*, Alastair Campbell, atacó sin piedad a la Corona con el titular «Su Majestad, la evasora de impuestos» y una caricatura de la reina sonriendo soca rronamente y contando como una posesa sus riquezas con la calculadora. «La reina se va a convertir en la mayor "evasora de impuestos" del Reino Unido, pagando apenas dos millones de libras por su vasta fortuna».[33] Tras todos los esfuerzos que habían conducido a ese momento, la portada estuvo a punto de hacer llorar a la reina, confiesa un miembro de la Casa Real.

Pero, aunque las finanzas reales acabaron pasando a un segundo plano, al menos durante un tiempo, ese largo *annus horribilis* todavía guardaba más desgracias en la chistera. El 9 de diciembre, John Major compareció ante la Cámara de los Comunes para anunciar la separación de los príncipes de Gales. No fue ningún bombazo, pero sí sirvió para formalizar lo que hasta entonces había sido un carrusel de titulares en los tabloides. La guerra entre Carlos y Diana se había convertido en un debate político de pleno derecho. Tanto la BBC como los periódicos del estilo del *Daily Telegraph*, que siempre habían considerado un asunto privado las grietas en el matrimonio, ahora las comentaban sin rodeos e incidían sobre todo en una afirmación de Major: «No hay razón por la que la princesa de Gales no debería ser coronada reina en su debido momento». El asunto ya no era solo personal, sino jurídico. El secretario del Gabinete, Robin Butler, admitió después que había sido un error decir eso y añadió que Major simplemente quería «amortiguar el golpe».[34]

La reina disfrutó de un espejismo de felicidad al final de esa semana, cuando la familia se reunió en la Iglesia de Crathie para la boda real más modesta de la historia. La princesa había recalcado que quería una ceremonia frugal para su matrimonio con el comandante Tim Laurence. No hubo carruajes de caballos ni limusina nupcial. Ana fue desde el Castillo de Balmoral hasta la iglesia en el Land Rover de su padre y la misa fue a puerta cerrada. Las relaciones de la familia con los medios habían llegado a tal nivel de desgaste que incluso se expulsó del recinto a una furgoneta que llevaba algo para picar a la congelada prensa acreditada, que esperaba en un aparcamiento público de la zona. Tampoco, nadie de la familia real iba a poder quedarse en el castillo, que llevaba tiempo cerrando durante el invierno. Se reabrió solo una sala para celebrar una breve recepción en la que se ofreció sopa y bocadillos, pero después todos los invitados se marcharon hacia el aeropuerto de Aberdeen. Los recién casados se dieron el lujo de una luna de miel de treinta y seis horas en una mansión de la familia. Según el biógrafo de la princesa, Brian Hoey, todo el acto costó menos de dos mil libras.[35]

Y sin embargo el año aún no había agotado su arsenal de desdichas. Dos días antes de Navidad, el mensaje anual de la monarca apareció con todo lujo de detalles en las páginas de *The Sun*. Quizá el rotativo pensara que simplemente estaba ofreciendo a sus lectores un anticipo, pero desde Palacio aseguraron que la filtración había «angustiado mucho» a la reina. La monarquía parecía haberse convertido en poco más que un pelele en manos de los medios; pensó que habían pasado olímpicamente de su súplica en el Guildhall, cuando había pedido un poco de margen y comprensión. En palabras de Charles Anson, entonces su secretario de prensa: «Para mí fue la gota que colmó el vaso, y creo que la reina pensó lo mismo».[36] Ordenó a sus abogados que demandaran al periódico por infracción flagrante de los derechos de autor. Curiosamente, *The Sun* no plantó cara; publicó una disculpa en portada, pagó todas las costas procesales e hizo un donativo de doscientas mil libras a una causa benéfica. Cuando al final se emitió el mensaje el 25 de diciembre, el público vio a la reina admitir sus desgracias, pero sin sucumbir a ellas: «Como algunos sabréis, porque me habéis oído señalarlo, este ha sido un año sombrío. Pero la Navidad es, sin lugar a dudas, el momento idóneo para intentar sobreponernos. [...] Curiosamente, de todo lo sucedido en este 1992, ha sido un suceso triste el que más me ha ayudado a relativizar mis preocupaciones». Hablaba de cuando había conocido a Leonard Cheshire poco antes de morir. El filántropo y piloto de la Real Fuerza Aérea había recibido múltiples condecoraciones, como la Cruz Victoria durante la guerra y la Orden del

Mérito en tiempos de paz. A pesar de sufrir una enfermedad terminal, solo hablaba de los demás. Como señaló la reina: «Resumió el mensaje en esas palabras tan conocidas: "Bondad en la desdicha ajena, coraje en la propia"». En conclusión, dijo Isabel: «seguro que 1993 deparará nuevos retos».

No hubo que esperar mucho. Al cabo de unos días apareció en todos los periódicos otra grabación telefónica entre Carlos y Camilla Parker Bowles hablando de forma muy íntima. Seguro que la reina pensó que el nuevo año iba camino de igualar al anterior en infamia. La estrategia de su madre en esas situaciones, hacer como si no pasara nada, le había valido el apodo de «negacionista imperial» entre el personal de la Casa Real.[37] Pero la reina respondió siguiendo como siempre el ejemplo de su padre, reminiscencia de sus días en alta mar, cuando había aprendido a lidiar con la adversidad del océano. Según John Major, que colaboró codo con codo con ella durante esta fase: «Las tormentas van y vienen, y algunas son peores que otras, pero ella siempre agachará la cabeza y arremeterá contra el problema de frente. La reina siempre se ha regido por la doctrina del "ya pasará"».[38] Aunque a veces se la acusó de ser lenta de reflejos, nunca se la pudo acusar de sucumbir al pánico. Ante las crisis, su actitud natural fue la calma.

Esto comenta Charles Anson: «Durante todo el *annus horribilis*, no recuerdo ni una sola ocasión en que fuera a verla y ella exclamara: "¡No!, ¿qué más puede pasar?". Algunos sucesos fueron humillantes, pero los superó. En situaciones así, es un inmenso consuelo trabajar para alguien que no se rinde». Y añade que en todo el proceso no estuvo «nunca brusca ni irritable, sino que fue la personificación de la templanza».[39]

Llegaron más noticias trágicas. La antigua niñera, ayudante de vestuario y confidente de la reina, Bobo MacDonald, había muerto a los ochenta y nueve años. Había servido incondicionalmente a su «renacuaja» desde el parvulario, y el sentimiento de afecto era mutuo. Bobo se había retirado a un piso propiedad de la reina encima de las dependencias de Su Majestad en el Palacio de Buckingham, donde vivió hasta el fin de sus días. También la reina madre recibió noticias aciagas. En su caso perdió a Martin Gilliat, su secretario privado, tan abnegado o más que el de la reina. Sin embargo, se produjo una feliz coincidencia justo antes de la muerte de Bobo. Durante la visita de Estado a Alemania del otoño anterior, la reina había quedado muy impresionada con el ama de llaves del embajador, a la que conoció en la Embajada. Poco después, Angela Kelly recibió una llamada en la que le preguntaban si estaría interesada en trabajar como ayudante de vestuario en el palacio. Tres décadas más tarde, no solo está a cargo de los atuendos de la reina, sino que es una de sus más leales confidentes.

16

1993-1995

«No se irá sin hacer ruido»

Durante los últimos coletazos del *annus horribilis*, hubo un atributo esencial de la reina que demostró ser de un valor incalculable: su pragmatismo. Con su beneplácito, el secretario privado adjunto Robin Janvrin ya había empezado a reflexionar sobre el papel de la monarquía a largo plazo y redactó un informe que terminaría siendo muy influyente, titulado «The Way Ahead – The Next Ten Years» («El futuro: los próximos diez años»). Las reformas de Michael Peat habían empezado a cambiar la manera en que se dirigía y financiaba la Corona. Pero ¿cuál debía ser su verdadero papel?

Según un antiguo miembro de Palacio: «El informe preguntaba cosas como: ¿qué aporta la monarquía a la nación? ¿Cómo puede ayudar? Cosas así... [...] Sabíamos que necesitábamos modernizarnos, aunque se nos disuadía firmemente de usar la palabra "modernizar". Hablábamos más bien de "evolución"».[1]

Una gran influencia sobre la mentalidad de Palacio en esa época fue el escritor que estaba detrás del documental de 1992 *Elizabeth R: A Year in the Life of the Queen* y, sobre todo, el libro subsiguiente. Tal vez recordemos más a Antony Jay como el creador de las series estelares de la BBC *Sí, ministro* y *Sí, primer ministro*. Pero también puso su aguda mente analítica al servicio de cuestiones más mundanas, produciendo el manual definitivo de la Escuela de Negocios de Harvard sobre la ciencia de las reuniones. También había escrito el guion del documental original de

1969 *Royal Family*. El libro de Jay aparcaba la doctrina tradicional del siglo xix de Walter Bagehot sobre las diferentes obligaciones y responsabilidades de la monarca, y las reducía a dos funciones primarias: una, la reina era «jefa de Estado», un papel predeterminado y definido que concernía a cada monarca; y dos, la reina era algo que Jay llamaba «jefa de la nación». Era algo más personal y menos específico y abarcaba su rol como «epicentro de lealtad», valedora del continuismo y del deber público, entre otras muchas cosas. Su libro y su doble definición se tradujeron en una actitud más proactiva de los miembros de la realeza. En lugar de esperar a que les invitaran a las cosas, la familia real empezó a decidir más dónde debía ir y qué debía hacer.

Según un ex secretario privado: «Empezamos a valorar la idea de contratar a personal más joven. La cuestión es que a la gente le gusta trabajar en el Palacio de Buckingham, o sea que nunca se jubilan. Se quedan durante una eternidad. Otra de las políticas que tratamos de aplicar fue la comisión de servicios. Queríamos continuismo y cambio».[2]

El informe de Janvrin desembocó en la creación de la nueva Unidad de Coordinación e Investigación, destinada a garantizar que los compromisos de la Corona se distribuyeran equitativamente por el país, y también a nivel de sensibilidades. Que la misma semana hubiera tres miembros de la familia visitando un hospital en el mismo condado no era la mejor manera de usar los recursos de la Corona.

La reina estaba de acuerdo con todo. También con crear el Way Ahead Group, un grupo en el que los miembros destacados de la familia y sus secretarios privados se reunían puntualmente para hablar de los problemas a largo plazo. Según Mary Francis, que llegó al palacio a mediados de los noventa para convertirse en la primera mujer secretaria privada de la reina: «Igual se hablaba de los viajes al extranjero en general, o de cuánto se gastaba en el tren real... Cuestiones así. Los temas eran muy variados y el duque de Edimburgo defendía ardientemente que había que reaccionar a los periódicos que le mostrábamos a la familia. Casi todo se tenía que examinar al menos dos veces antes de llegar a un acuerdo, pero era un ejercicio en el que la plana mayor de la familia al completo se sentaba a debatir cómo hacer las cosas».[3]

Otro miembro de la Casa Real recuerda: «El duque no era ningún novato y ayudaba muchísimo, porque había organizado varios estudios de tiempos y movimientos en el palacio durante los cincuenta y los sesenta. Era un gran modernizador, aunque no usáramos ese término».[4]

Uno de los primeros indicios de este cambio de mentalidad fue la respuesta de la Corona a las obras de Windsor. Cuando todos vieron que una reforma financiada por los contribuyentes iba a generar mucha polémica, lord Airlie y su equipo buscaron una solución alternativa para el castillo. La reina abriría las puertas de Buckingham a los turistas durante los meses de verano y el dinero recaudado serviría para sufragar las costosas obras de Windsor. Más adelante, el duque de Edimburgo me explicó: «La Cámara de los Comunes decidió que no iba a gastar ni una libra en la restauración, así que dependía de nosotros. En cierto modo, fue una bendición». Significaba que a partir de entonces la familia real podría decidir sobre su residencia: «No teníamos que lidiar con ningún pagador ni contentar a nadie». Como siempre que surgía un gran problema familiar que requería tomar muchas decisiones, algunas de ellas difíciles, la reina puso al frente al duque. Analizando el mundo del patrimonio cultural, Felipe detectó enseguida cuáles eran los oponentes más probables. Según explicó: «Consideré mejor dejarles participar en la decisión, antes que aguantar sus críticas luego». Ayudó mucho que la revista *Country Life* patrocinara un concurso público a mediados de 1993 para recopilar diseños arquitectónicos para el nuevo Windsor. Las propuestas resultaron ser «todas horrendas», así que Felipe se puso contento porque se acabó eligiendo la opción que siempre había preferido la familia: «Los diseños eran tan terribles que decidimos restaurarlo tal como había sido antes».[5]

Por su parte, John Major tenía varias ideas para reformar modestamente la Corona. Siguiendo uno de sus mantras, el de una «sociedad sin clases», estaba empecinado en ampliar el perfil social de los representantes de la reina en los condados, sus lores lugartenientes.* Los lores lugartenientes son los hombres y mujeres que, de forma altruista, representan a la monarca en actos locales y, cuando los miembros de la familia real visitan el condado, los acompañan. Ningún soberano ha presenciado más cambios en este antiquísimo gremio que la reina. Al principio de su reinado, los ciento tres lores lugartenientes eran hombres blancos, la mayoría de ellos con algún título y rango militar. Aunque el cambio fue gradual, John Major y luego Tony Blair aceleraron bastante el proceso. En 2006, solo quedaban once nobles de sangre y veintiocho eran mujeres.[6] Major también acabó con el premio más modesto del sistema de condecoraciones, la Medalla del Imperio Británico (o BEM), a veces descrita como «el reconocimiento a la clase trabajadora». Según él, cualquier candidato a la BEM debería ser también MBE, Miembro de la Orden del Imperio Británico.**

No era ni mucho menos el fin de la antigua orden, pero se palpaba un aire de renovación.

Según un ex empleado del Palacio: «La gente tiende a pensar que todos estos cambios empezaron después de la muerte de Diana en 1997. Pero lo cierto es que habían comenzado años antes». La propia princesa de Gales se estaba amoldando a la vida como «semiintegrante de la Corona». Siguió siendo una embajadora formidable para el Reino Unido. En marzo de 1993, se embarcó en su primer viaje de trabajo desde que se separó. Visitó Nepal con la ministra británica para el Desarrollo Extranjero, la baronesa Chalker. Los monarcas nepalíes no tenían muy claro cómo de-

---

* Los orígenes del título son militares. Por tanto, el plural es «lores lugartenientes», mientras que los representantes de la reina en los reinos son llamados «gobernadores generales».

** David Cameron recuperó la BEM en 2012 para ampliar el reconocimiento oficial a la labor de ayuda a la comunidad local.

bían tratar a una posible monarca del Reino Unido que se había separado del futuro rey. En un momento dado de la visita, el príncipe Dipendra, que en 2001 masacró a toda su familia, invitó en secreto a la princesa a dar una vuelta por Katmandú en su deportivo. Eran altas horas de la noche y el príncipe ordenó a la policía que cerrara las calles. Chalker recuerda haberse despertado con alguien aporreando violentamente la puerta. Era el embajador británico, a quien acababan de alertar de que la princesa se había marchado. Chalker le dijo: «¡Pues llame a la policía! Mi trabajo no es mantenerla encerrada». ¿Qué era Diana, una ciudadana más o una embajadora de la realeza? Nadie estaba del todo seguro, aunque una cosa sí quedaba clara: si hubiera estado en visita oficial como princesa, habría sido impensable que se fuera espontáneamente a dar una vuelta en un deportivo en plena noche. Para el príncipe de Gales, el cambio supuso un mero regreso a su vida anterior y su traslado a un piso de soltero en el ala del personal del Palacio de St. James (la princesa se quedó en su casa, en el Palacio Kensington). En ese momento, Carlos estaba colaborando con el periodista Jonathan Dimbleby en una película y un libro para conmemorar los veinticinco años de su investidura como príncipe de Gales. Su pasión por la arquitectura y el medioambiente ya era de sobra conocida, y ahora estaba decidido a emprender un nuevo camino promoviendo el entendimiento entre las diferentes confesiones del Reino Unido, y con una en particular. Después de dar un relevante discurso en Oxford titulado «Islam y Occidente», emprendió una gira por Oriente Medio, donde fue elogiado por sus anfitriones por tender puentes.

La reina también estaba rompiendo moldes. Tras visitar la antigua Alemania del Este en 1992, se aventuró más si cabe en el viejo bloque comunista yendo a Hungría. Fue la primera de una serie de visitas revolucionarias que pondrían de manifiesto una paradoja de los noventa. Su reputación internacional estaba por las nubes, pero en su país y en los demás reinos parecía seguir inmersa en un rosario infinito de desgracias personales y domésticas.

En Australia, los planes del primer ministro Paul Keating de expulsar a la reina como jefa de Estado habían recibido un doble estímulo. Había ganado las elecciones generales y Sídney acababa de ser seleccionada para acoger los Juegos Olímpicos del año 2000. Como la Carta Olímpica dictaminaba que todas las Olimpiadas debían ser inauguradas por el jefe del Estado, los australianos republicanos contaban con un aliento renovado. A finales de verano de 1993, Keating visitó Balmoral para presentar sus propuestas y recalcar que no era nada personal. Luego, él mismo reconoció: «Me pareció admirable que se reuniera conmigo a solas. Fue muy formal», añadiendo que la monarca entendía a la perfección el «peso» de ambos argumentos: «Fue muy muy sincera y franca cuando habló conmigo de su familia y de su manera de ver el mundo».[7]

Un asesor destacado de la época recuerda que Keating había causado sensación en la Casa Real con su inteligencia y su profundo conocimiento de los relojes de la Regencia.[8] No obstante, el cara a cara fue tenso para ambos, porque Keating presentó el plan que conduciría al referéndum. Cuando salió de la sala, parece que las primeras palabras que pronunció la reina fueron: «Necesito un buen trago».[9] Según un primer espada de la monarca, también tomó la firme decisión de no volver a pisar Australia hasta que la cuestión hubiera sido dirimida, acabara como acabara. Cuatro meses después, mandó a Carlos a una gira especialmente importante y delicada por aquel país y le pidió que enviara un mensaje claro: es decisión vuestra. El momento culminante del viaje fue el discurso del Día Nacional de Australia, cuando el príncipe se dirigió al público en Sídney: «Personalmente, creo que es signo de madurez y autoconfianza que una nación debata sobre estos temas mediante un proceso democrático». Pero sus palabras se vieron completamente eclipsadas por otro hecho. Ese mismo día, el príncipe asistía a una ceremonia de entrega de premios en un parque cercano cuando David Kang, un chico de veintitrés años hijo de inmigrantes coreanos, trató de subir al escenario disparando un arma de fogueo y la policía le redujo. El encargado de seguridad del príncipe, Colin Trimming, se interpuso rápidamente entre el atacante y el príncipe, increíblemente sereno. John Howard, futuro primer ministro e invitado al acto, recuerda que se manejó bien: «El príncipe se comportó con gran propiedad. Incluso algunos de los republicanos más fervorosos dijeron que se alegraban de que estuviera sano y salvo».[10] Emulando las palabras del soberano, el hecho de que no se abatiera ni se enviara a la cárcel a Kang demostraba que Australia era una nación madura y segura de sí misma. Al final, el agresor corrigió su conducta, fue a la universidad y se convirtió en un abogado de éxito en el sistema jurídico australiano.

En otoño de 1993, los líderes de la Commonwealth se reunieron a bordo del yate real en Chipre, donde la reina celebró una serie de recepciones y audiencias y un banquete que volvió a subrayar el carácter singularmente plurinacional de sus huéspedes. No cabe duda de que había muy pocas circunstancias en las que se consideraría totalmente natural abuchear a la monarca. «El banquete fue desternillante porque, de los líderes de mayor edad, muchos eran viejos amigos de la reina», recuerda el entonces capitán del Britannia, el contraalmirante Robert Woodard: «Cuando se levantó para hablar, no dejaron de interrumpirla: "¡Espero que no dure mucho!", decían, o cosas por el estilo. Y ella braceaba y decía: "Vale ya, ¡silencio! Quiero ponerme seria, solo será un minuto". Y prorrumpieron en carcajadas».[11]

Pronto, el Britannia volvió a levar anclas en dirección al Caribe. La de principios de 1994 fue una de las últimas grandes giras posimperiales de antaño, cuando se iba saltando de una isla a otra. En su itinerario estaba su primera y única visita a la isla de Anguila, una colonia tan ligada a la Corona que, en los sesenta, se había rebelado contra la independencia y había exigido que se reinstaurara el Gobierno británico. Incluso en Guyana, que había renunciado a la monarquía hacía veinticinco años, se vieron grandes multitudes apostadas en los arcenes durante la hora entera que duró el trayecto hasta la capital, Georgetown. Mientras la guerra entre los príncipes de Gales monopolizaba la atención de los tabloides británicos, Isabel y Felipe disfrutaban de grandes bienvenidas propias de otra época y encadenaban viajes pausados y majestuosos entre diferentes destinos. Ya podía ser una barbacoa en una isla desierta o un chapuzón en medio del océano para el séquito real bajo la atenta mirada del Cuerpo de Marinos Reales, cuyos integrantes vigilaban por si venía algún tiburón. En alta mar, el Britannia celebró el millón de millas náuticas con una ceremonia en la sala de máquinas, donde la reina y el duque cortaron una cinta y degustaron una tarta especial. Hubo muchos momentos surrealistas, como cuando unos bañistas excitadísimos invadieron una recepción en un jardín de las Bahamas o cuando subieron en canoa por un afluente guyanés del río Demerara para ir a la misa del domingo. Quizá fuera la iglesia más pequeña donde había rezado la reina, una estructura de siete por cuatro metros de latón y madera que, como campanario, usaba el fuselaje erguido de una avioneta averiada. La monarca lo pasó estupendamente, aunque llevaba el brazo escayolado. Antes de salir de Gran Bretaña se había roto la muñeca al caer de un caballo. Como le explicó al corresponsal de la BBC que la acompañaba, Wesley Kerr: «El caballo me cayó encima».[12]

Fue un año impredecible. El contraste entre los dramas domésticos y los aniversarios internacionales resultó más pronunciado que nunca. En un momento dado uno veía a los miembros más jóvenes de la familia en las noticias por un nuevo escándalo conyugal y, en un abrir y cerrar de ojos, estabas viendo a la reina pasar nuevamente a la historia de un mundo cambiante, adaptándose con rapidez al fin del comunismo soviético y del *apartheid*. En mayo de 1994, la reina inauguró el Eurotúnel con el presidente francés Mitterrand. Haciendo gala de su tacto, eligió Ashford, Kent, como sede de las celebraciones británicas, en vez de la nueva terminal de Eurostar en Londres (invitar al presidente francés a celebrar ese triunfo bilateral en una estación llamada Waterloo habría sido demasiado). Esa misma tarde, Kenneth Rose estaba almorzando tranquilamente huevos revueltos y gambas en Clarence House con la reina madre, cuando esta le dijo que no tendría «nada que ver» con lo que consideraba una siniestra amenaza a la integridad territorial del Reino Unido.[13]

Al cabo de cuatro semanas, la reina y Mitterrand se volvieron a encontrar para conmemorar otro hecho histórico del canal de la Mancha, aunque esa ocasión se contaría entre las más emotivas celebraciones recordadas en Palacio. Antes del cincuenta aniversario del desembarco de Normandía del 6 de junio de 1944, el Día D, la reina invitó a todos los jefes de Estado de las naciones aliadas que participaron en la liberación de Francia a una serie de actos de conmemoración en Portsmouth. El plan era que todos los líderes cruzaran luego el canal en el yate real, que se pondría a la cabeza de una flota gigantesca de ferris y cruceros llenos de veteranos, a fin de reeditar la invasión de la arena sagrada de Normandía.

Se envió una invitación especial al más poderoso de los aliados del Día D, los Estados Unidos. La reina les pidió al presidente Bill Clinton y a su esposa, Hillary, que se adelantaran a los demás huéspedes y se alojaran a bordo del Britannia. Los ex marineros del yate aún recuerdan al presidente a primera hora de la mañana corriendo por el astillero real naval de Portsmouth en su chándal fluorescente, antes de volver al trote para hacer su rutina de estiramientos delante de la tripulación, que esperó pacientemente en postura de firmes hasta que acabó. Pero lo más memorable fue ver a un millón de personas en la orilla mientras el Britannia y los viejos héroes levaban anclas a pleno sol, escoltados hacia el mar por una flotilla gigantesca de pequeñas embarcaciones. Los líderes mundiales estaban de pie en la zona resguardada de la cubierta, al lado de la familia real, tan emocionados como el resto. Lech Wałęsa, el presidente de Polonia, tenía los ojos llorosos y levantaba los puños. Hubo un momento de tensión dramática en medio del canal, cuando los Clinton tuvieron que subirse a una barcaza para pasar del Britannia al gigantesco portaviones USS George Washington; por orgullo, el presidente debía llegar a Francia a bordo de un navío norteamericano, no en el yate real. Al atardecer, el Britannia entró en el puerto, subió por el canal de Caen y se embutió por el puente Pegaso (con escasos centímetros de margen), el primer trozo de Francia liberado en 1944. Una orquesta militar británica se puso a tocar «Rule Britannia» mientras la monarca y su yate navegaban tranquilamente entre un mar de gente llorosa hasta dejar atrás la campiña normanda que conducía a Caen.

Al día siguiente, la emoción fue aún más intensa. La reina y la familia real se dispersaron por toda Normandía para acudir a actos del Día D. Por parte del Reino Unido, el encargado de logística era el ministro de Defensa, lord Cranborne (futuro marqués de Salisbury), que recuerda bien la tensión entre la puntualidad de la Casa Real y la poca puntualidad del presidente Mitterrand. Cuando pareció que el presidente francés iba a llegar tarde al principal oficio británico en el cementerio de la Commonwealth en Bayeux, Cranborne llamó a su homólogo francés para decirle que si el presidente obligaba a posponer más las cosas, tristemente la reina no tendría tiempo para asistir a la ceremonia posterior de Mitterrand. Así lo recuerda: «Ni siquiera lo había consultado con ella. Me estaba arriesgando. Hubo un momento terrible en que me dijo: "¿Puede esperar un momento?", y añadió: "El presidente no llegará tarde"».[14]

Al final sí llegó, pero donde no se le vio el pelo fue en el otro gran acto del día, con veteranos británicos. Miles de ex soldados se juntaron en la playa de Arromanches decididos a marchar detrás de su reina por la arena donde había sucedido todo. Un factor apremiaba: la marea inminente. Aun así, no había ni rastro del jefe de Estado francés. Fue el príncipe Felipe quien, según uno de los presentes, se saltó la formalidad diplomática con una frase imperecedera: «¿Quién demonios se cree que es? ¿El rey Canuto?». Dice lord Cranborne que en ese momento el sargento mayor de regimiento de la Real Academia Militar Sandhurst se acercó a la reina y anunció: «Ocho mil cuatrocientos ochenta y dos veteranos en el desfile, Su Majestad». Y empezaron a desfilar pese a las protestas de las autoridades locales. Entre risas, Cranborne comenta: «El alcalde se estaba quejando porque la normativa no permitía que hubiera más de cuatrocientas personas en la playa». Lo único que le inquietaba era que subiera la marea: «Lo hicimos y punto, aunque al final algunos se mojaron un poco».

Por desgracia para la familia real, la marea también subía y amenazaba al Britannia. En cuanto terminaron las conmemoraciones del Día D, el Gobierno anunció que se iba a desmantelar el yate en tres años. Dio igual que acabara de desempeñar uno de los papeles más estelares de su larga carrera marítima, o que en su papel comercial hubiera acogido una ceremonia en Bombay donde el Reino Unido y la India habían firmado un contrato cifrado en 1.500 millones de libras. El primer ministro decidió que los diecisiete millones que habría costado reacondicionarlo habrían provocado el mismo clamor que la decisión inicial del Gobierno de financiar la restauración de Windsor. Aunque se dejó encima de la mesa la opción del reemplazo, John Major y sus ministros decidieron que este miembro honorario de la familia real se jubilara en 1997.

Era una noticia que la reina ya esperaba. Lo que no esperaba era el contenido del documental de televisión que se emitió apenas seis días después. La creación de Jonathan Dimbleby para celebrar los veinticinco años de Carlos como príncipe de Gales era un retrato largo y bastante revelador del noble como un hombre entregado y preocupado por el estado del país que un día heredaría. Sin embargo, el filme pasó a la posteridad por una frase en la que Carlos admitía que había sido fiel a su esposa hasta que su matrimonio se había «derrumbado de forma irreparable». No calumnió en ningún momento a la princesa, cuyas aventuras con el oficial de caballería James Hewitt y el marchante de antigüedades Oliver Hoare ya eran *vox populi*. Pero si Carlos había creído que la admisión ayudaría a despejar incógnitas, como le habían aconsejado sus asesores, se acabaría llevando una gran decepción. La noche en que se emitió el programa, la princesa apareció sola en la galería de arte londinense Serpentine para un acto benéfico. Intencionadamente, eligió un vestido negro corto de hombros descubiertos, con el que se aseguró aparecer en todas las portadas a la mañana siguiente. Gracias al documental, también tenía un *casus belli*, un motivo claro para dar cualquier réplica televisiva que deseara ofrecer. Su contestación tardó más de un año, pero fue devastadora.

Lo que más les dolió a la reina y al príncipe Felipe fue el libro que también sacó Dimbleby, publicado en otoño. Además de indagar mucho más en el fin del matrimonio, decía que Carlos había sido bastante infeliz en su infancia y acusaba al duque de Edimburgo de mostrar «una dureza inexplicable» con su primogénito.[15] Para agravar la consternación de Palacio, *The Sunday Times* publicó las alegaciones por entregas justo antes de una de las visitas de Estado más importantes del reinado de Isabel II. Su Alteza iba a ser la primera monarca británica en visitar oficialmente Moscú, un viaje largamente esperado. Había sido una misión llena de incertidumbres organizada en cuestión de meses. Miembros influyentes de la Oficina de Asuntos Exteriores habían aconsejado posponer la visita hasta que la Rusia poscomunista, terreno abonado para pistoleros y vaqueros, se hubiera estabilizado. Pero el embajador británico Brian Fall y otros habían defendido con uñas y dientes que, cuanto antes se hiciera la visita, mayor sería el impacto.[16] La reina y el duque de Edimburgo eran muy favorables a ir, así que el viaje se organizó para antes del invierno. Nuevamente, en un momento de crisis doméstica, surgía la oportunidad de demostrar para qué servían Isabel y la institución que representaba.

La víspera del viaje, el duque me concedió una entrevista en el Castillo de Windsor en la que expuso sin tapujos lo que pensaba del libro de Dimbleby: «Nunca he hablado de cuestiones privadas y creo que la reina tampoco. Muy pocos miembros de la familia lo han hecho. No sé por qué ni cómo ha sucedido. Preferiría que no me salpicara». Pero fue mucho más franco al hablar de la visita de Estado y de sus estrechos vínculos con Rusia. Tres años antes, había donado su propio ADN para contrastarlo con unos posibles restos del zar. En 1991, se exhumaron los supuestos huesos del zar Nicolás II y de su familia en un bosque cerca de Ekaterimburgo, donde habían sido ejecutados el 17 de julio de 1918. Como estaba emparentado con la zarina, que era su tía abuela,* el ADN de Felipe fue crucial para la investigación. En efecto, el ADN coincidió, igual que coincidió con el de otro pariente británico de los Romanov, el duque de Fife.

El príncipe Felipe hablaba con filosofía del asesinato de sus primos: «No puedes condenar a un país entero por lo que hacen, o hicieron, unos cuantos extremistas fundamentalistas. [...] Incluso entre los chapuceros que llevaron a cabo la ejecución, hubo algunos que decidieron no participar, por más que estuvieran borrachos y apenas pudieran moverse». Tampoco creía que la culpa fuera de Jorge V o de su Gobierno por negarse a conceder asilo al zar y a los Romanov. Dijo que el Reino Unido se había negado justo después de la abdicación del zar en 1917, en un momento en que todavía podía ir a otros sitios. El príncipe también señaló: «En esa época había un movimiento revolucionario muy fuerte en toda Europa. Creo que el rey fue pragmático y dijo: "No vayamos a caldear el ambiente trayéndolos aquí". Después, la cosa fue a peor y la puerta se cerró definitivamente».[17]

El joven Felipe se crio escuchando anécdotas de su heroica tía abuela, la gran duquesa Ella, que se había hecho monja y había animado a su madre a hacer lo mismo: «A Ella se la llevaron y la arrojaron a la boca de una mina en Siberia. Y luego tiraron granadas de mano», explicó el príncipe, impasible. También recordaba

---

* Nicolás II y la zarina fueron invitados a la boda de los padres del príncipe Felipe. El zar fue reprendido por la novia cuando lanzó una zapatilla que le dio en la cara. «¡Merluzo!», exclamó.

con cariño a un primo disoluto que había ayudado a asesinar a Rasputín, el místico rufián de la zarina. Otro primo, el gran duque Dimitri, había huido a París, donde había tenido una aventura con Coco Chanel: «De pequeño venía constantemente. Era un chico muy divertido. Lo recuerdo con gran afecto».

En opinión del príncipe, varios factores habían exacerbado la caída de la familia real rusa, como el carácter nacional —«los rusos no se andan con medias tintas; son mucho más viscerales»— o el tamaño físico del zar: «El emperador Alejandro III, por ejemplo, era un hombre enorme... O sea, gigantesco. Era el autócrata arquetípico. El problema de Nicolás II era que no era un hombre grande. No casaba con la imagen que la gente esperaba. Los líderes rusos siempre parecen el doble de grandes en persona. Yeltsin es un ejemplo paradigmático, con esa enormidad y ese ¡Boom!».

Felipe también fue muy franco con el papel de las monarquías terminada la Guerra Fría: «Durante los últimos mil años, hemos usado un sistema hereditario. Si ha durado tanto, no puede ser tan horrible. Lo que no es, es un intento desesperado de una familia por aferrarse a una situación. Ese no es el objetivo. No creo que nadie se presentara voluntario para este tipo de labor. Siempre me ha fascinado que haya gente que se presente voluntaria para presidir, la verdad».

Formar parte de la realeza acarreaba problemas específicos, dijo, aludiendo a su dilema al estallar la Segunda Guerra Mundial. Él había estado en la Marina Real y sus hermanas se habían casado con príncipes alemanes: «Creo que la dificultad a la que han tenido que hacer frente las familias reales ha sido equilibrar el interés de la familia con el interés de la nación. Puede ser muy complicado. Te ves atrapado en el torbellino. Fue una tragedia, pero no les culpo y no creo que ellos me culparan a mí».

Dos días más tarde, el célebre Boris Yeltsin daba la bienvenida a la pareja real en el Salón de la Orden de San Jorge del Kremlin. La sonrisa de la reina al recibir del líder ruso unas flores y un amago de reverencia irradiaba un genuino entusiasmo. La rivalidad entre los servicios secretos atosigó a la comitiva durante todo el viaje. Por eso el paseo que dio la reina por la Plaza Roja fue tan artificial. Se había expulsado a los transeúntes y las únicas personas allí presentes eran diplomáticos o guardias. Sin embargo, había un apego evidente entre la monarca y el presidente. Según el contraalmirante sir Robert Woodard, que había llevado el yate real río Nevá arriba hasta llegar a San Petersburgo: «La reina le cogió auténtica simpatía a Yeltsin. Le admiraba. Quizá pensaba que tenía que ser un hombre muy especial para controlar un país tan grande».[18] La última noche, cuando celebró su banquete de agradecimiento a Yeltsin, la reina se saltó la tradición. En esas veladas no tenía que haber discursos, pero ella concluyó la noche dedicando un breve e improvisado tributo a sus anfitriones. Luego cayó lo que Woodard describe como «una granada cegadora». Tal como había previsto el duque de Edimburgo, Boris Yeltsin había estallado y había aporreado la mesa con el puño pidiendo silencio, para después ofrecer unas tiernas palabras de elogio al Reino Unido y a su reina. Hasta entonces, ningún líder occidental había dejado una huella tan imborrable en esa gigantesca, imberbe y caótica democracia. A todos los escritorzuelos de telenovela de Inglaterra, la marca real había vuelto a demostrarles que seguía tan potente como siempre en el plano internacional. La reina invitó al presidente a visitarla, pero cuando al fin se pudo celebrar el viaje, en 2003, fue Vladímir Putin quien paseó con ella en carruaje por The Mall. Por entonces, las relaciones bilaterales ya se habían enfriado, y poco después de que Putin regresara a Rusia, se congelaron de nuevo. Pero en el extraño y agitado clima político de 1994, la reina y el duque quedaron cautivados. Isabel, de hecho, sigue usando el samovar plateado que le regaló Yeltsin.

Apenas cinco meses después, el Britannia volvió a ser el centro de todas las miradas al entrar en el puerto de Ciudad del Cabo con la reina y el duque en cubierta, admirando las vistas.

La montaña de la Mesa que se alzaba ante ella le traía vivos recuerdos. Según evocó Isabel más tarde, la última vez que había gozado de esas vistas aún era princesa. Había sido en 1947, cuando llegó a Sudáfrica con padre, madre y hermana para esa mágica gira emprendida al cumplir la mayoría de edad. Su segunda visita también marcaría el inicio de una de las grandes amistades de la reina durante sus últimos años. En el muelle la esperaba Nelson Mandela. Después de ser un Estado paria durante más de tres décadas, Sudáfrica acababa de elegir por fin a su primer presidente negro. En una de sus primeras decisiones ejecutivas, Mandela había reintegrado a su país en la Commonwealth, cosa que satisfizo mucho a la reina. Ella había decidido devolverle el cumplido.

Algunas voces precavidas de la Oficina de Asuntos Exteriores le habían aconsejado no visitar Sudáfrica tan pronto. Tenían miedo del aumento de delincuencia y de la posible hostilidad porque Thatcher se hubiera opuesto a las sanciones durante la época oscura del *apartheid*. La reina no quiso atender a razones. Robert Woodard recuerda que, mientras se preparaba para su última gira al mando del Britannia, presenció una discusión entre la reina y el secretario de Exteriores, Douglas Hurd: «Estaban hablando de cómo se gestionaría todo, y yo estaba allí. El secretario de Exteriores decía que era peligroso, pero la reina lo ignoró. Dijo que a Mandela le estaban asesorando muchas personas, pero nadie le estaba ayudando de verdad. Necesitaba ayuda presencial y necesitaba un espectáculo».[19] El 20 de marzo de 1995 empezó el espectáculo.

Según un miembro que acompañó a la comitiva real en esa gira: «Fuimos a transmitirle un apoyo que nadie más podía darle. Y los dos conectaron». Mandela tenía sangre azul africana, porque su bisabuelo había sido rey de los Thembu. Poseía modales de la vieja escuela y una autoridad serena, así que hizo migas con la reina desde el principio. Según el secretario general de la Commonwealth, Emeka Anyaoku: «Había muy buena química entre ambos, de eso no cabía duda».[20] En todas las visitas que hacía por Sudáfrica, desde Ciudad del Cabo al océano Índico, la reina no solo era recibida por una multitud absolutamente cordial, sino que Mandela iba apareciendo a lo largo de la ruta, aunque el protocolo dictaba que no era necesario que asistiera. Como era de esperar, Isabel limitó al máximo los ejercicios de memoria. En 1947, Sudáfrica ya era un país dividido, aunque nada parecido a la magnitud vista durante los años del *apartheid*. Sin embargo, cuando habló ante el Parlamento sudafricano, fue incapaz de ocultar sus sentimientos al recordar un momento. Con la voz entrecortada, declaró: «Hace cuarenta y ocho años vi a mi padre inaugurar este Parlamento. Naturalmente, ahora vengo en circunstancias muy distintas». En su último acto en Durban, proclamó que esa visita había sido, simple y llanamente, «una de las experiencias más excepcionales» de su vida.[21]

Pero de vuelta en Gran Bretaña, la manía persecutoria volvió a manifestarse enseguida. Tras esas gloriosas imágenes en Normandía del año anterior, el Reino Unido se disponía a conmemorar el cincuenta aniversario del fin de la Segunda Guerra Mundial. Todo empezaría con el Día de la Victoria europeo, en mayo. El Gobierno había previsto importantes actos en la capital. Como el rey, la reina y sus hijas habían sido la piedra angular de las celebraciones en 1945, era lógico que el Palacio volviera a ser el centro de atención. Pero el ministro de Defensa a cargo de la fiesta, lord Cranborne, descubrió por varios canales que la reina estaba preocupada. Ella quería que el acto principal tuviera lugar en un recinto más modesto, el Horse Guards: «Era evidente que le daba miedo que no hubiera mucha asistencia y que pareciera un poco vacío. Por eso sugirió el Horse Guards».[22]

Cranborne decidió jugársela. Como ministro, aconsejó formalmente a la reina seguir con el plan del Gobierno y salir al balcón. Si veía poca gente, despacharía dos bandas militares para conducir al público hasta allí desde el superfestival que se celebraba allí cerca, en Hyde Park. Así lo recuerda: «Pensé que, si me equivocaba, me metería en un buen lío». La noche antes de las celebraciones, las imágenes llenaron de júbilo al Palacio porque no se habían visto desde la feliz época de los ochenta: había gente acampada para pasar la noche a las puertas de Buckingham. A la mañana siguiente, lord Cranborne y los representantes del Ministerio de Defensa fueron a Hyde Park a supervisar la ocupación de la vía pública. De repente, el general de brigada destinado en Palacio llamó para informar de un problema, a lo que Cranborne respondió: «Vale, voy a enviar a las bandas».

Pero el problema no era que faltara gente, sino todo lo contrario. La policía apostada en el exterior temía que hubiera más gente reunida en 1995 de la que había habido en 1945. «Entonces me di cuenta de lo fuerte que es la institución monárquica. Después de todos los problemas de la familia, tenías a ese gentío desgañitándose y animando». La marabunta no era la única que lloraba; también estaban emocionadas las tres damas de la realeza que observaban desde Buckingham. Más tarde, la reina admitió que le habían dado algo de reparo los fuegos artificiales que el mayor Mike Parker iba a lanzar desde el tejado. Una vez terminado el acto, le dijo: «Por poco prendéis fuego a mi madre».[23]

Tampoco había que descuidar el «ejército olvidado», para el cual la guerra con Japón había durado otros tres meses. En agosto llegó el turno de los veteranos del Lejano Oriente, que se reunieron ante el palacio para conmemorar el cincuenta aniversario del Día de la Victoria sobre Japón, un triunfo especial y muy trabajado. El duque de Edimburgo incluso le gastó una broma a la reina mientras esta observaba cómo los veteranos desfilaban por The Mall. Escabulléndose de la carpa real, se unió a las filas de soldados condecorados con la Estrella de Birmania, entre los cuales se contaba él mismo,* y desfiló delante de la jefa de las Fuerzas Armadas con los demás veteranos.

* La Estrella de Birmania se concedió a los soldados que entre 1941 y 1945 sirvieron en esa zona por tierra, mar o aire.

Era una vuelta a los días en que la monarquía había sido una fuente de estabilidad y alegría en momentos de grave crisis. Pero el rumbo de la Corona parecía de todo menos claro. La reina había estado encantada de permitir que los príncipes de Gales siguieran viviendo en residencias distintas y yendo a actos por separado, con la vana esperanza de que, o bien «lo resolvieran», palabras textuales de un cortesano, o bien se pudiera acordar algún tipo de *modus vivendi*. Diana había ido a ver al secretario de Exteriores, Malcolm Rifkind, con el plan de encontrar para ella un nuevo rol diplomático.[24] A finales de otoño se le organizó una gira por distintas ONG de Argentina, durante la cual hizo las delicias de Carlos Menem, autodenominado presidente *playboy*, y admiró la fauna marina de la Patagonia. Allí, para satisfacción del gigantesco séquito de *paparazzi*, la princesa de Gales conoció a las ballenas.

Pero las tinieblas del *annus horribilis* volvían a cernerse sobre el Palacio. La princesa eligió el cumpleaños del príncipe, el 14 de noviembre, para anunciar que había concedido una entrevista al programa insignia de la BBC, *Panorama*. No se lo había contado ni a su secretario privado ni a su secretario de prensa, y ambos dimitieron al cabo de poco. Pero lo más significativo fue que no se lo había dicho a la reina, pese a haber hablado con ella el día anterior. Hubo que esperar un cuarto de siglo para descubrir todos los detalles y motivos detrás de la entrevista y del subterfugio de Diana. Solo entonces supimos que el periodista de la BBC que persuadió a la princesa para que concediera la entrevista la engañó.

Tres meses antes, Bashir se había ganado arteramente su confianza a través de su hermano, el conde Spencer, ofreciéndose a divulgar información clave sobre las jugarretas que los medios le hacían a la princesa. Para reforzar sus credenciales, Bashir había falseado extractos bancarios para demostrar que el ex jefe de seguridad del conde había aceptado sobornos de News International, una compañía de Rupert Murdoch, y de una misteriosa empresa de Jersey. Como era de esperar, poco después le presentaron a la princesa. Perseguida por las cámaras allí donde iba, Diana veía que su vida privada era un caos y que su futuro estaba siempre sometido a especulación. Estaba en un momento triste y vulnerable. Bashir atizó esas inseguridades mintiéndole y diciéndole que su personal, sus amistades e incluso las fuerzas de seguridad conspiraban en su contra. Así consiguió volver a la princesa contra aquellos que quizá la habrían asesorado sabiamente con la mejor de las intenciones. Al final, el 5 de noviembre Diana coló a hurtadillas a un pequeño grupo de cámaras dentro de su piso del Palacio Kensington y se sentó para responder a la entrevista de Carlos del año anterior. Todo se realizó en un grado de secretismo rayano en la paranoia. El equipo de Bashir se retiró a un hotel en Eastbourne para editar el material, porque no querían arriesgarse a hacerlo en la BBC. El 20 de noviembre, veintitrés millones de británicos y una infinidad más de espectadores del resto del mundo vieron a la princesa sincerarse con Bashir acerca de su familia, su infelicidad y su adulterio, hablando con una franqueza chocante. Así como Carlos no había criticado en ningún momento a Diana durante su entrevista, la princesa atacó con virulencia a su marido y habló sin rodeos de los sentimientos de sus hijos. En el matrimonio habían sido «multitud», le dijo a Bashir, y en el palacio la habían tratado como un incordio: «No se irá calladamente». Lo peor fue que sembró dudas acerca de las futuras capacidades del príncipe como monarca: «El papel de protagonista, como lo llamo yo, le impondría enormes limitaciones y no sé si sería capaz de adaptarse», dando a entender que la sucesión debería saltarse a Carlos y pasar directamente a Guillermo.

La reina no vio el programa, pero se quedó de piedra al descubrir lo que en él se decía. Con una rapidez y una firmeza que cogieron por sorpresa a Diana, escribió tanto al príncipe como a la princesa para decirles que había llegado la hora del divorcio. Carlos hizo saber que estaba de acuerdo. Diana, aunque afirmaba específicamente en su entrevista que no quería divorciarse, mandó a sus abogados para iniciar las conversaciones.

Pasó de la red de bufetes tradicionales de vieja escuela, de los que tienen las paredes revestidas de madera de roble, y contrató una firma más pendenciera especializada en derecho corporativo: Mishcon de Reya.

Si Diana no hubiera caído víctima de la infinita red de mentiras de Bashir, ¿habría hablado en los términos en que lo hizo? Cuando la BBC acabó revelando lo que había pasado, pasados veinticinco años, el duque de Cambridge respondió categóricamente que no.[25] ¿Acaso se habría dignado a dar la entrevista? Nunca lo sabremos. La monarquía no fue la única institución gravemente dañada. *Panorama* terminó expuesto a uno de los episodios más bochornosos de la historia de la BBC, cuando se supo que las más altas esferas de la organización habían encubierto la mala praxis.

Pero en 1995 se endiosó como la «exclusiva del siglo». A diferencia de la entrevista a Carlos del año anterior, esta desprendía una sinceridad, una franqueza y una visceralidad que dejó aturdido al público británico, y encendió la chispa de otra serie de sucesos que desembocarían en una tragedia inconcebible.

17

1995-1997

«No toquéis las flores»

Para la reina y la monarquía, eso significaba dos negociaciones simultáneas de divorcio. La separación de los duques de York fue relativamente sencilla en términos económicos, pero Diana siempre sería la madre del futuro rey. En cuanto que mujer divorciada, ¿cuál era entonces su posición? En febrero de 1996 se reunió con la reina para tratar de distender las relaciones y se ofreció a renunciar al título de «Su Alteza Real» porque dijo que no lo necesitaba.[1] A la reina le vino bien, porque sentaba un precedente: a partir de entonces, el título adquirido al casarse acabaría si el matrimonio se disolvía. Era algo que también sería aplicable a la duquesa de York. Al cabo de poco, la princesa sugirió por boca de su cortejo de leales tertulianos que la habían coaccionado para renunciar a su estatus real, pero el Palacio se mostró firme. El secretario de prensa de la reina no dejó lugar a dudas: la decisión había sido de la princesa. La monarca se había asegurado de que uno de sus secretarios privados levantara acta de todo lo hablado en el encuentro. La monarca no quería que la acusaran de mentir.

Como ya empezaba a advertir Diana, la reina había cambiado de táctica. En vez de ceñirse a esperar lo mejor o adoptar la estrategia de su madre de negar la realidad, no dudó en extremar el rigor para proteger a su flagelada institución. Aunque tampoco es que la reina madre hubiera ignorado de plano la entrevista que iba a dar la princesa en *Panorama*. Cuando anunció la emisión, urdió un ingenioso plan para intentar distraer la atención de la gente² avanzando una operación de cadera para que coincidiera con los días de la emisión. Según ella, cualquier operación con anestesia general a una persona de noventa y cinco años conllevaba un considerable riesgo. Por tanto, al menos podría prestar un último servicio póstumo a la monarquía en caso de que el procedimiento no fuera como se esperaba. Después de organizar un almuerzo con sus damas de compañía en el Ritz (evidentemente, todo el mundo esperaba que no fuera el último...), la antigua reina y emperatriz fue al hospital. Regresó a casa al cabo de un par de semanas.

Aunque de puertas afuera se mostraba igual de estoica que siempre, de puertas adentro la reina estaba muy inquieta por las negociaciones. Otro ex miembro de la Casa Real recuerda que de vez en cuando traslucía su desazón: «La perturbaba mucho más de lo que lo exteriorizaba», añadiendo que él había intentado relativizar la ruptura de matrimonios reales. «Yo le decía: "Su Alteza, ahora pasa en todas las casas. Es casi un hecho habitual". Pero ella decía: "¡Tres de cuatro!", con pura tristeza y desesperación. No hay que subestimar cuánto le dolió».³

Hizo como siempre: sumergirse en sus obligaciones en el extranjero. En noviembre de 1995 visitó Nueva Zelanda para reunirse con los líderes de la Commonwealth, incluido Nelson Mandela, en la cumbre de Auckland. Era innegable que Mandela había aportado un soplo fresco de autoridad y prestigio a una organización que andaba escasa de ambas cosas. Sin embargo, el futuro de la Corona volvía a estar sumido en la incertidumbre en Canadá, donde los separatistas francófonos del Quebec habían forzado un referéndum de independencia. En plena campaña, la reina se vio arrastrada personalmente a la pugna cogiendo una llamada del francófono primer ministro de Canadá, Jean Chrétien. Salvo que no era el político, sino un bromista de nombre Pierre Brassard, que llamaba desde una emisora de radio de Montreal. Tras colarse por el sistema, Brassard habló con la monarca durante diecisiete minutos y reprodujo la grabación en su programa de radio. Empezó preguntándole a la reina en inglés si se prestaría a mandar un mensaje televisado a la nación, propuesta que ella aceptó alegremente, confirmando que haría todo lo necesario para mantener unido al país. «Ya me mandará el texto por fax», le contestó ella. Brassard pasó entonces al francés y la reina hizo lo mismo con total fluidez. La conversación derivó en una charla extraña, en la que Brassard llegó a preguntarle a la reina por sus planes para Halloween. Ella explicó que lo hacía *pour les enfants*, y al final Brassard se despidió prometiendo que pronto le mandaría el fax.

El engaño no se reveló hasta que llamaron de Palacio a Ottawa para preguntar a dónde se había enviado el fax. Al oír a la reina decir que el resultado del referéndum podía «no ser el indicado», algunos creyeron que Isabel había expresado una opinión partidista. Pero era muy injusto que se la acusara de indiscreción, pues ella pensaba que estaba hablando confidencialmente con uno de sus primeros ministros. Cualquier acusación de sesgo político quedaba tristemente eclipsada por el hecho extraordinario de que Su Majestad hubiera estado diecisiete minutos hablando de cuestiones constitucionales y de Halloween con un impostor. El propio Brassard admitió luego que le había desarmado el excelente francés de la reina. Cuando se celebró el referéndum la semana siguiente, los separatistas cayeron derrotados por un pelo, un 1 %. Muchos expertos apuntaron a que la fluidez de la reina en francés y su evidente entusiasmo por todo lo canadiense pudieron haber ayudado a decantar la balanza.

Según recuerdan en la Casa Real, en Gran Bretaña había una inquietud constante por ver cuál podía ser la siguiente desdicha. El setenta cumpleaños de la reina se acercaba e Isabel había dejado tajantemente claro que no quería grandes celebraciones públicas. Vetó incluso la emisión de una colección de sellos conmemorativos. No estaba con ánimos de celebrar nada. Cuando se filtró el plan que consistía en una cena privada con la familia en el Waterside Inn, el restaurante de Michel Roux en Bray, la reina también la canceló por el miedo a que hubiera fotógrafos merodeando por el exterior. La cena se trasladó a Frogmore House, un emplazamiento más seguro situado en el recinto de Windsor, donde Roux se puso al mando de los fogones para servir una cena de lenguado, cordero y uno de los platos favoritos de la reina y su madre: suflé de frambuesa.[4]

Aun así, llegado el verano, no hubo ningún reparo a que la reina devolviera la bienvenida que le habían brindado en Sudáfrica el año anterior. Isabel escoltó al presidente Mandela por The Mall en una procesión de carruajes hasta Buckingham. Londres no cabía en sí de júbilo. Hacía muchos años que una visita de Estado no atraía esas multitudes. Fuera donde fuera, a Mandela lo acompañaban los vítores. Donde más lo notó fue en la comunidad negra de Brixton. La reina se había cuidado mucho de no agotar a un hombre que superaba la ochentena, y cuyo cuerpo seguía padeciendo los veintisiete años de reclusión como preso político.* Adelantó media hora su banquete para permitirle retirarse pronto a sus aposentos y, sabiendo que no le gustaba la carne roja, pidió que se preparara un menú ligero de lenguado y pavo al curri. Cuando le llegó el turno a Mandela de celebrar su banquete en honor a la reina, que tuvo lugar a la hora del almuerzo, Isabel II volvió a saltarse el protocolo y se levantó al final para saludar a «este maravilloso hombre». Luego, ambos asistieron a un concierto especial en el Royal Albert Hall, donde Mandela y el príncipe Carlos se pusieron de pie y menearon el cuerpo al ritmo de los Ladysmith Black Mambazo. Hasta la reina se levantó y se permitió algún suave giro.[5]

A partir de entonces, cada vez que Mandela pasaba por Londres, incluso después de dejar la presidencia, se le invitaba a almorzar o a tomar té con su amiga, a quien él llamaba alegremente

---

* Sabiendo que Mandela había encontrado un gran consuelo en Shakespeare durante sus años de cárcel, la reina le hizo entrega de los ocho volúmenes de sus obras completas editadas por Samuel Johnson.

«Isabel». Sigue siendo el único líder mundial que ha saludado a la reina con las palabras: «Uy, Isabel, ¡ha adelgazado!».[6]

Ese verano se certificó el adiós a la familia de las dos nueras de la reina. Diana, la princesa de Gales, como entonces se la llamaba, y la duquesa de York se fueron juntas de vacaciones al sur de Francia con sus hijos. Habían logrado acuerdos muy diferentes. La duquesa había llegado a un buen pacto según las necesidades de un cónyuge de la Marina Real, además de una suma cercana al medio millón de libras y un fondo fiduciario para las dos hijas de la pareja.[7] Debido al nivel de vida al que se había acostumbrado, el recorte en el presupuesto le generó algunas situaciones embarazosas a lo largo de los años siguientes. Diana, en cambio, recibió una cifra de diecisiete millones de libras, una partida anual de casi cuatrocientas mil libras y una casa en el Palacio Kensington.[8] También tendría derecho a usar las estructuras del Estado, como las embajadas y los palacios reales, para su labor benéfica. Sin embargo, hubo bastante confusión acerca de su nuevo estatus, por no hablar de su título.

En otoño de 1996, la invitaron al Victor Chang Cardiac Research Institute de Sídney y asistió a una gala para recaudar fondos. El personal fue informado de que «en ningún caso debía aludirse a ella como "princesa Diana"», pero todo el mundo la llamaba así.[9] Cuando llegó, con una comitiva de solo dos personas, fue recibida por un convoy no oficial. Lo organizó un concesionario local de Toyota. Sin embargo, en la Casa Real levantó muchas ampollas porque el viaje de la princesa coincidió con la visita de Estado de la reina a Tailandia. La gira de la monarca llevaba planeándose más de un año y se había hecho coincidir con el cincuenta aniversario de la llegada al trono del rey Bhumibol. Eso no impidió que muchos periodistas que estaban siguiendo a la reina en Tailandia recibieran la orden de abandonar Bangkok en medio de la visita de Estado para ir a Sídney e informar sobre la princesa. Para los jefes de redacción en Londres y en el resto del mundo, era incontestable que la primera misión internacional de

Diana desde su divorcio era una noticia más importante que la enésima visita de la responsable monarca a un jefe de Estado. Algunos miembros de la comitiva real no disimularon su rabia ante lo que consideraban una falta de respeto flagrante, sobre todo porque eclipsaba a la monarca en uno de sus reinos.

Si la reina se enfadó, no dejó que se notara. Una de las cosas que más recordaría de su viaje a Tailandia fue el estricto protocolo de los miembros del séquito real, que siempre se postraban en presencia del soberano. Mary Francis, entonces secretaria privada adjunta de la reina, recuerda: «Disfrutaba mucho hablándonos de la dama de compañía tailandesa que le habían asignado. La primera vez que la acompañó a un acto, se tumbó en el suelo del coche. A la reina le costó Dios y ayuda convencerla para que se sentara a su lado».[10]

Mary Francis era secretaria privada adjunta desde 1995, fruto del sigiloso proceso de reforma interna de la Casa Real. El príncipe de Gales la había entrevistado para el puesto, cosa que denotaba una mayor coordinación en la familia. Antes había trabajado para el Tesoro y había sido secretaria privada del primer ministro, así que no sabía qué esperar de Palacio, pero encajó enseguida: «La reina fue un sol. Nunca tuve la sensación de que pensara que habría sido mejor elegir a un hombre más competente. Me trataba como esperaría una ser tratada en cualquier organización, aunque, de vez en cuando, el hecho de que yo fuera mujer hacía que charláramos con un poco más de confianza».

Empezó a circular la broma de que Francis no sentía especial debilidad por los sombreros. Con una sonrisa, la secretaria dice: «Cuando entré en el Palacio, insistí mucho en que no siempre llevaría sombrero a los actos. Pero enseguida tuve que ceder un poco, porque todo el mundo se lo ponía. Y no me refiero solo en el Palacio, sino a las personas que visitaba la reina. Hubo un par de ocasiones en las que la reina me dijo, con una sonrisa pícara: "¿Cree que debo llevar sombrero para este acto?". ¡No lo había olvidado!».[11] Pero había eventos para los que la monarca insistía en contar con compañía femenina. En marzo de 1996, después de que un hombre entrara armado en la escuela de Dunblane y matara a dieciséis estudiantes de primaria y su maestra, la reina expresó rápidamente su apoyo a una comunidad devastada. Algo había aprendido en Lockerbie. Cuatro días después del tiroteo, fue hasta Dunblane para asistir a la misa y verse con los familiares de los difuntos. Le pidió a Ana que la acompañara y tampoco quiso privarse de su secretaria privada. Según un veterano miembro del personal: «Dijo que quería tener a su lado a una mujer porque lo entendería. Sabía cómo se sentiría. Y lo cierto es que, una vez allí, se derrumbó».[12]

Mary Francis estuvo presente la mañana del 2 de mayo de 1997, cuando la política británica sufrió el mayor terremoto desde que Thatcher había llegado al Gobierno dieciocho años atrás. A los conservadores de John Major se les veía cansados, divididos y salpicados por acusaciones de corrupción y perversión. Tras arrastrar a su partido hacia el centro político, Tony Blair lo remodeló bajo el lema del «nuevo laborismo» y logró el mejor resultado de la historia, con una mayoría aplastante de 179 diputados. Aunque Blair había dicho sin rodeos en su manifiesto que su partido no tenía «ningún plan para acabar con la monarquía», había hecho una apasionada campaña para eliminar el privilegio hereditario de la Cámara de los Lores y, en contra de la promesa electoral de última hora de los *tories*, construir un nuevo yate real. John Prescott, el fiel esbirro de Blair que se consideraba auténtica voz del viejo laborismo, había reducido el tema del yate a una «lucha de clases totémica» durante toda la campaña.

Esa mañana de mayo se produjo el primer e inquietante encuentro entre el nuevo laborismo y la monarquía. El hecho de que el reciente primer ministro llegara al palacio acompañado no solo por su esposa, sino también por su secretario de prensa, fue indicio de las prioridades de la nueva Administración. Según Mary Francis: «Estaba allí cuando Tony Blair entró para el besamanos. Vino con Alastair Campbell y con Cherie». Pese a llevar veinticuatro horas sin dormir, los recién llegados estaban encantados, como era de esperar: «Estaban muy animados. Les podía la adrenalina. Mientras el primer ministro entró a saludar a la reina, Cherie y Alastair Campbell se quedaron en el despacho del secretario privado con Robert Fellowes, Robin Janvrin y conmigo. Entonces llamaron a Cherie. Recuerdo que no sabían muy bien lo que se iban a encontrar. Y se dieron cuenta de que éramos seres humanos relativamente normales».[13]

Para la reina, el nombramiento de Tony Blair fue una especie de hito. Era el primero de sus primeros ministros que no había conocido a ningún otro monarca. Nacido en el segundo año de su reinado, un mes antes de la coronación, el primer recuerdo de Blair sobre la realeza es el siguiente: «Estaba en la calle, en Durham, y la vi [a la reina] pasearse en coche por la ciudad. Entonces yo estudiaba en la Chorister School. Recuerdo perfectamente cómo agité la banderita cuando ella pasó».[14]

Blair llegó con un ambicioso plan de reformas, así que la monarquía no ocupaba para nada un lugar destacado en su mente. Aun así, recuerda la vergüenza que sintió cuando la reina leyó en voz alta el programa del nuevo Gobierno en la ceremonia de apertura del Parlamento, doce días después de la victoria en los comicios. El nuevo laborismo siempre tuvo debilidad por la jerga tecnocrática y la reina se encontró de repente recitando frases como: «Debemos aspirar a un nivel alto y estable de crecimiento económico, garantizando oportunidades para todo el mundo». Según dice Blair: «Recuerdo el primer discurso de la reina. En ese momento tenía bastantes frentes abiertos y no había prestado mucha atención a las palabras exactas. Cuando la escuché hablar, empecé a hacer muecas y a pensar: "Dios mío, no le va a gustar". Al acabar les dije que la próxima vez lo revisaría mucho más. El discurso del nuevo laborismo estaba bien para los mítines, pero no podíamos obligar a la reina a hablar en esos términos».[15]

En Palacio no estaban por la labor de contrariar a la nueva Administración. Tal vez se hubieran resuelto los divorcios, pero las heridas seguían abiertas y el miedo a que estallara de la nada una tormenta mediática seguía tan latente como siempre. Charles Anson explica: «Imagínate que una gran familia tiene un problema del que sus miembros han acordado no hablar, y que entonces alguien hace algo que vuelve a encender todas las alarmas. No sé... Era el Día D o el Día de la Victoria en Europa y de repente salía lo de *Panorama* y nos volvía a hundir. Tardamos mucho en librarnos de esa sensación de paranoia y rabia, y de que había un problema acechando en cada esquina».[16] El año había empezado con el enésimo varapalo televisivo para la monarquía. En enero de 1997, ITV se había instalado en el National Exhibition Centre de Birmingham para un debate televisado sobre la monarquía (*Monarchy: You Decide*) que enseguida degeneró en una lluvia de descalificaciones e insultos. Un diputado conservador, Steven Norris, tenía que aparecer para defender la monarquía, pero nada más ver la cantera que había armada se fue del edificio. Al final se hizo una encuesta que recibió 2,6 millones de llamadas, de las cuales dos tercios eran de gente favorable a la monarquía. Pero el resultado era lo de menos. Lo que inquietaba en Palacio era que la Corona hubiera pasado a ser objeto de debate en programas de televisión sensacionalistas y soeces.

Al cabo de una semana, Diana viajó a Angola para luchar por una nueva causa: la prohibición internacional de las minas antipersonas. Las imágenes que realizaron mientras caminaba embutida en un traje protector por un campo de minas siguen siendo de las más reeditadas de la princesa. Era una de esas causas por las que jamás habría luchado mientras formaba parte de la familia real, pues era una causa politizada. Sin estar en absoluto a favor de las minas antipersona, la postura del Gobierno británico era que el Reino Unido no apoyaría la prohibición hasta que la refrendaran todos los demás países. Un ministro conservador llegó a llamar «bala perdida» a la princesa. Pero esa visita subrayó la diferencia entre la realeza tradicional y normativa y la semirealeza, que planteaba nuevos debates. La llegada del blairismo a Downing

Street no hizo sino acentuar la sensación de que había un pulso entre el nuevo y el viejo poder. Tony Blair había izado la bandera de la cultura juvenil y de los apoyos de las celebridades, proclamando el lema «Cool Britannia» («Britania mola»), pero no era ninguna amenaza ni ninguna réplica a la manera antigua que tenía la realeza de hacer las cosas. Eso sí, reflejaba un cisma de carácter. Cuando informaron a la reina madre de la frase de moda, expresó la siguiente reflexión: «Pobre Britania, lo habría pasado fatal siendo "molona"».[17]

Cuando tomó posesión, el nuevo Gobierno estaba centrado en su plan para el Reino Unido. Hasta junio, Tony Blair no conoció la nave real que tanta discordia había sembrado durante la campaña. Blair cogió un vuelo para asistir al acto oficial de cesión de Hong Kong a China por parte del príncipe de Gales, que representaba a la reina. Antes del acto principal, Carlos invitó al primer ministro y su esposa a subir al yate, asegurándose de que echaran un buen vistazo a lo que iban a desmantelar. Hubo un momento de tensión cuando el nuevo capitán, el comodoro Anthony Morrow, le ofreció a la pareja una visita guiada delante del príncipe. Su asesor de relaciones públicas, Alastair Campbell, que iba siempre con ellos, gritó en broma: «¡Presiones!». El príncipe escribió lo siguiente en su diario: «El primer ministro y la señora Blair han subido a bordo durante una hora y parece que han quedado muy impresionados con la visita a piñón fijo por el barco. Ojalá hubieran podido ver el yate durante una recepción o una cena y hubieran oído la reacción de la gente».[18] El control británico sobre Hong Kong terminó con un desfile militar y un aguacero tan intenso que Carlos tuvo dificultades para leer su discurso. De hecho, estuvo a punto de quedarse sin él. Justo antes de la ceremonia, un trabajador de la limpieza muy aplicado se lo había llevado del asiento de su caballerizo y lo arrojó a la basura, de donde fue rescatado en el último momento.[19]

Aunque el Imperio británico había muerto formalmente en 1947, la cesión de Hong Kong fue la excusa perfecta para una retahíla de nuevos análisis. ¿El objetivo? Sopesar el lugar que ocupaba el Reino Unido en el mundo posimperial. El hecho de que el yate real, a punto de ser desmantelado, y Hong Kong hubieran dado ese último baile juntos subrayaba aún más la sensación de que el viejo orden estaba dando paso al nuevo. Andrew Marr, director de *The Independent*, escribió: «Nuestro país necesita menos nostalgia imperial y un poco más de optimismo. Voy a romper una lanza en favor de ese archipiélago inclusivo y liberal en el que debemos convertirnos. Es la misión de Blair allanar ese camino entrando en el nuevo milenio».[20] Alan Rusbridger, director de *The Guardian*, describió la presencia del Britannia como «un símbolo bellamente ornamentado de la grandeza de un imperio moribundo».[21] El Britannia estaba a punto de enviar un mensaje enérgico a los críticos que decían que el buque era demasiado anticuado para seguir utilizándose. Tras llevar sin un rasguño al príncipe de Gales y al último gobernador de Hong Kong, lord Patten, a Filipinas, el comodoro Anthony Morrow y su tripulación marcaron un nuevo récord de velocidad con el yate cruzando medio planeta para poder conducir a la reina en un último recorrido por las islas Hébridas Occidentales hasta Balmoral. El Britannia levó anclas en Hong Kong, en uno de los momentos más emotivos de sus cuarenta y cuatro años de vida, mientras el príncipe de Gales contemplaba las vistas de la ciudad asiática y se consolaba con una idea: quizá fuera «positivo para el alma tener que despedirse» de Hong Kong y del yate en el mismo año.[22]

Apenas dos meses después se produjo otro adiós que nadie habría previsto jamás. Conmocionó a Gran Bretaña y, de hecho, a buena parte del mundo, y fue una prueba igual de exigente para la monarquía que el *annus horribilis* habido un lustro atrás. En su acuerdo de divorcio, Diana había aceptado tener la custodia de sus hijos durante la primera fase de sus vacaciones de verano, y también durante la última. El resto del tiempo, estarían con su padre y demás familia en Balmoral. Para la princesa, así como para cualquier madre con niños pequeños que se esté adaptando a la vida de divorciada, la perspectiva de pasar gran parte de agosto sin sus chicos era profundamente desoladora. Por eso intentó mantenerse distraída, apoyándose en su equipo y sus amigos íntimos. Con ese fin, hizo otro viaje con la Cruz Roja británica para visitar a víctimas jóvenes de minas antipersonas, aunque esta vez en Bosnia.

La princesa había entablado una buena amistad con Dodi Al-Fayed, hijo del propietario de Harrods, Mohamed Al-Fayed. En su larga cruzada por obtener la ciudadanía británica, este tenaz empresario nacido en Egipto había pedido favores a varios políticos conservadores, hecho que en algunos casos les había costado el puesto. Al-Fayed había conocido a la princesa en un acto benéfico y la había convencido para que en verano llevara unos días a sus hijos al chalet del magnate en Saint-Tropez. Allí le presentó a Dodi, que dirigía una productora de cine e invertía el dinero paterno en películas, como la ganadora del Oscar *Carros de fuego*. Surgió el amor. Aún hoy sigue sin saberse cuán seria era la cosa. Sus hijos no lo veían nada claro. Cuando volvieron de las vacaciones en Saint-Tropez, una furgoneta de Harrods llevó al Palacio Kensington una selección de las últimas videoconsolas del mercado. Parece que el príncipe Guillermo escribió enseguida «devuélvase al remitente» en las cajas.[23] Aun así, según una amiga de la princesa, Dodi Al-Fayed proporcionaba acceso a todos los juguetes imaginables (yates, aviones o helicópteros), que en el mundo de la corte solo eran accesibles con permiso de la reina o del Gobierno. Es obvio que la princesa no se aburrió durante ese difícil mes de agosto, aunque cada vez estaba más abrumada por la atención que le mostraban los *paparazzi*. Las noticias estaban en temporada baja y el nuevo romance fue el bombazo del verano.

El 21 de agosto de 1997, la princesa volvió al Mediterráneo para hacer un viaje de siete días con Dodi en el yate de su padre, el Jonikal. Al terminar, iba a volver al Reino Unido para reencontrarse con sus hijos. Sin embargo, el *jet* privado de Mohamed Al-Fayed hizo un alto en el camino para que su hijo y la princesa pudieran culminar las vacaciones con una noche romántica en la capital francesa. El sábado, 30 de agosto, Diana y Dodi fueron a cenar al Hotel Ritz, propiedad de Fayed, pero los *paparazzi* de París les siguieron hasta allí y se quedaron esperando a que salieran. Después de comentar la situación con su padre por teléfono, Dodi hizo venir un Mercedes del proveedor de coches de lujo del hotel y quiso a toda costa que el jefe de seguridad en funciones, Henri Paul, llevara a la pareja al piso de la familia Fayed en París. El guardaespaldas Trevor Rees-Jones iría en el asiento del copiloto. No llegaron jamás a su destino. Henri Paul, que después se supo que iba borracho, estaba decidido a dejar atrás la marea de fotógrafos, muchos de los cuales iban en moto. No era el equipo habitual de fotógrafos reales que la princesa solía encontrar en sus actos benéficos. Eran atrevidos contratistas privados con un apetito voraz por cazar famosos. Algunos de los más codiciosos contrataban a motoristas para poder sentarse atrás y tomar fotos de los objetivos mientras iban a toda pastilla. Más tarde, uno de estos pilotos contratados, Stephane Darmon, dijo que Henri Paul había estado provocando a los *paparazzi* con insultos lanzados desde la escalera de entrada del Ritz: «Para él, era una especie de juego con los fotógrafos».[24]

Paul entró como una exhalación en el túnel subterráneo de la Place de l'Alma y perdió el control de su Mercedes hasta chocar con una columna de hormigón. Dodi Al-Fayed y él murieron en el acto. La princesa y Rees-Jones quedaron gravemente heridos. El guardaespaldas era el único pasajero que llevaba puesto el cinturón y sobrevivió, mientras que la princesa murió en la ambulancia o nada más llegar al hospital. La noticia del accidente llegó a Balmoral la madrugada del domingo y Robin Janvrin, secretario privado de servicio, informó a la reina, al príncipe Carlos y al príncipe Felipe. A las tres y media de la madrugada se notificó al primer ministro y poco después de las cuatro llegó la confirmación de que la princesa había fallecido. Carlos optó por no contárselo a sus hijos hasta la mañana siguiente. La reina tomó enseguida una resolución: la crisis sería monumental y obligaría a tomar decisiones muy complicadas, pero, independientemente de estas, su prioridad sería proteger al máximo a los hijos de la princesa. Hizo lo mismo que tantos años atrás, cuando acogió a los nietos de lord Mountbatten después del asesinato de su abuelo: se cercioró de que Balmoral fuera un lugar de consuelo y un santuario para dos muchachos muy traumatizados.

Nunca se ha dejado de debatir e investigar sobre lo sucedido en los días posteriores. El historiador y biógrafo Ben Pimlott lo ha llamado el primer caso de histeria colectiva global, señalando que la reacción se extendió más allá de Reino Unido y de la Commonwealth.[25] Según un analista de medios norteamericanos, la revista *Newsweek* publicó su número más vendido de la historia.[26] Ni siquiera el ataque a Pearl Harbor o el asesinato de John F. Kennedy habían suscitado una respuesta parecida en los quioscos. La manera en que la familia real gestionó la muerte de la princesa inspiró una película ganadora de un Oscar, con Helen Mirren como reina, que más adelante dio pie a la serie dramática de Netflix *The Crown*. Esa febril semana también ha hecho calar la idea de que la reina y su familia «aprendieron una lección», o algo por el estilo. Aunque es verdad que aprendieron, no es menos cierto que el país y el Gobierno también. Tal vez lo más revelador fue que Gran Bretaña sentía un aprecio por la monarquía mucho mayor del que se pensaba.

En los primeros momentos posteriores a la muerte de Diana, lo más urgente era repatriar el cadáver y preparar el funeral. En unas horas, el príncipe de Gales embarcó en un avión de la Real Fuerza Aérea rumbo a París con las dos hermanas de la princesa, Jane Fellowes y Sarah McCorquodale. Tony Blair, por su parte, habló con la reina, que «estaba serena, muy angustiada por los chicos, pero también se mostraba profesional y pragmática; [...] a su modo, comprendía la gran trascendencia del suceso»,[27] y, de camino a misa, dedicó unas palabras a un país en estado de *shock*.

«En todas partes, y no solo aquí en el Reino Unido, sino en todo el mundo, la gente confiaba en la princesa Diana. Se la apreciaba y se la amaba y era considerada parte del pueblo. Era la princesa del pueblo, y así lo seguirá siendo». Al contemplar hoy aquel período en que iba a hacerse famoso el gusto del primer ministro por los eslóganes resulta difícil no torcer el gesto al oír lo de «princesa del pueblo», y muchos todavía lo hacen. Él mismo admite que ahora suena cursi y excesivo, pero asegura que en ese momento parecía «natural».[28] Mientras tanto, en Balmoral, la reina preguntó a los jóvenes príncipes si querían ir a la iglesia con ella, a lo que contestaron que sí. Siguiendo con la tradición de la Iglesia de Escocia, no hubo mención alguna a los fallecidos durante el oficio. Más tarde, ese hecho fue utilizado por algunos como prueba de la insensibilidad de la familia, un anticipo de la divergencia total de mentalidad que marcaría toda la semana. El propio Tony Blair acabó señalando que, para la comitiva real, quizá habría sido «sensato» procurar que en el oficio mencionaran la tragedia. Pero añadió lo siguiente: «La cuestión es que la reina es una persona natural, no artificial, y con eso quiero decir que no se sirve de tretas».[29]

Al llegar al hospital de París, las hermanas y el ex marido de Diana se encontraron con el embajador británico, Michael Jay, y el presidente francés, Jacques Chirac, que era incapaz de contener las lágrimas. De allí llevaron el cuerpo a la base aérea de Northolt, donde un equipo de portadores del Colour Squadron de la reina bajó del avión el féretro cubierto por el estandarte real. La repatriación fue una operación bilateral digna de la de un jefe de Estado. Sin embargo el hermano de la princesa, el conde Spencer, estaba volviendo a Gran Bretaña desde Sudáfrica, donde se había instalado temporalmente, y todavía hablaba del deseo de celebrar un «funeral familiar» privado. Había miembros importantes de la Casa Real de vacaciones, como la secretaria privada adjunta de la reina, Mary Francis, y el secretario de prensa, Geoff Crawford, y justo después del accidente se les había dicho que probablemente no haría falta que las interrumpieran para volver. Con todo, las personas reunidas en la pista de aterrizaje de Northolt aquella tarde enseguida vieron que la opción del funeral privado estaba totalmente descartada.

El secretario de prensa de Blair, Alastair Campbell, anotó lo siguiente en su diario: «Algunos pensarían que la familia estaba mandando a freír espárragos a la realeza. Otros creerían que era una conjura de la Corona para ultrajarla. Y lo cierto es que la gente no lo entendería». Era la primera vez que nuevos laboristas y miembros de la Casa Real se reunían como manda la ley, y esa semana tuvieron ocasión de conocerse a fondo. A Campbell le sobrecogió «el extraordinario elenco de prohombres de Estado» que esperaban al avión real: «El lord chambelán, lord Airlie, llegó en su Rolls-Royce enorme. Llevaba los zapatos más lustrosos que he visto y una mata de pelo blanco impresionante. Se mascaba un poco la tensión».[30] Aun así, lord Airlie había entendido en el acto lo grave de esa «extraordinaria situación» y quiso trabajar codo con codo con el Gobierno. La percepción del pueblo durante esos días se refleja bastante en las crónicas de dos personas que participaron activamente en los preparativos: Tony Blair y Alastair Campbell. A lord Airlie le pareció lógico que el Gobierno se involucrara y estuviera de acuerdo con las decisiones, pero es evidente que los miembros destacados de la Casa Real iban a remolque en las cuestiones clave: «Durante esa semana, fui consciente de que no íbamos a tener muy buena prensa. Pero no había tiempo para pensar en eso. Había otras prioridades. Teníamos que olvidarlo y seguir».[31] Dentro de la Casa Real, hay quienes siguen lamentando que esa sea la idea que ha calado como la versión definitiva de los hechos. Un ex empleado dice que «Blair y Campbell lo politizaron completamente».[32]

De momento, los documentos concernientes a los sucesos de septiembre de 1997 siguen clasificados en los Archivos Reales de la Torre Redonda de Windsor. Aun así, el lord chambelán se forjó una imagen clara e imparcial de todo lo sucedido durante esa semana. La razón es que fue él quien presidió las reuniones diarias en el Palacio de Buckingham, donde una coalición de cortesanos, funcionarios y asesores de Downing Street tuvieron que tomar decisiones rápidas sobre la logística del funeral en la Abadía de Westminster, y también sobre la respuesta general de la Corona. La persona a cargo de organizar el funeral fue el auditor y maestro de ceremonias real, el teniente coronel Malcolm Ross. Una de las primeras personas a quien llamó Airlie al enterarse de la muerte de la princesa fue a Ross, a fin de ordenarle que interrumpiera sus vacaciones en Escocia: «Llamé a Malcolm y le dije que tenía que volver de inmediato: "Lo único que debes tener en cuenta es que el protocolo no sirve. Aquí hay que improvisar", le dije. Dicho de otra manera, se tenía que actuar de forma bastante diferente».[33]

Lord Airlie y otros mantienen que la mayoría de las ideas originales surgieron de Palacio, pero que cuajó la impresión general de que la batuta la llevaban en Downing Street: «Por supuesto, no era así».[34] Ese domingo por la tarde, antes de que llegara cualquier asesor del Gobierno, Airlie y su equipo de colaboradores empezaron a planear el funeral. Según el lord chambelán, la prioridad era «encontrar el equilibrio entre dignidad e informalidad»: «Anoté unas cuantas ideas básicas para mandárselas a la reina y hacerle saber mi postura general sobre cómo debía celebrarse el funeral. Por ejemplo, la importancia de capturar y reflejar el sentir de la gente de que Diana era la "princesa del pueblo", o de procurar que la ceremonia no rebosara de formalidades. También creía que la procesión del ataúd hasta la abadía tenía que ignorar la tradición y ser un poco radical». La filosofía de base era que el acto tenía que ser público, no privado, y tan único como la propia Diana. Se debía invitar a la abadía a gente de todo tipo y no regirse por lo que se había hecho en funerales previos de miembros de la realeza. El lunes por la mañana, Airlie envió todas estas ideas en un informe a Robin Janvrin, secretario privado suplente de la reina, que estuvo en funciones en Balmoral durante toda esa aciaga semana. Airlie recuerda claramente que: «Se lo mostré a la reina y recibió el visto bueno. De esta forma, Malcolm Ross y los suyos pudieron seguir adelante con el plan, que llevaron a cabo a la perfección».[35]

Cuando llegaron a Buckingham los primeros emisarios de Downing Street, todo eso ya estaba hecho. En sus diarios, Campbell describe su primera reunión en Palacio. Allí señala que Ross era quien «llevaba los pantalones» en el tema del funeral y reconoce que lord Airlie ya había impuesto algunas reglas básicas: «Era evidente que todo el mundo estaba en cierta consonancia y que creían que había que mezclar tradición y modernidad [palabras textuales de Airlie] para plasmar la esencia incomparable de la princesa». También dice que el lord chambelán subrayaba constantemente que el funeral debía ser «un acto de curación».[36]

Malcolm Ross, ex miembro de los Scots Guards, era un cosmopolita innovador que no le veía el sentido a mantener la tradición porque sí. De acuerdo, el féretro de la princesa podía llegar a la Abadía de Westminster en un carro de municiones como de costumbre (el motivo era que se veía mejor), pero enseguida se desechó la tradición de que fueran miembros de la Marina Real los que tiraran del carro. Y eso que se llevaba haciendo desde el funeral de la reina Victoria, cuando los caballos salieron desbocados... Ross optó por usar soldados de la King's Troop, la Artillería Real Montada. Pues, como me confesó él mismo: «Puedes convocar a la King's Troop en diez minutos, pero intenta conseguir a doscientos marineros... Es imposible».[37]

Los cambios bruscos de humor en la familia real, la familia Spencer, el pueblo y los medios eran más difíciles de controlar. La conmoción por la muerte de Diana dio paso a la ira, que se expresaba sin previo aviso y en cualquier dirección. La muchedumbre se fue agolpando en masa en el Palacio Kensington y Buckingham y cada vez estaba más colérica. Al principio, mucha gente volcó su ira sobre los medios, sobre todo los fotógrafos, considerándolos poco menos que cómplices de asesinato. Hubo altercados. Pero pronto el Palacio y la monarquía empezaron a ser blanco de todo tipo de críticas: por la falta de libros de condolencias o por los pocos miembros de la familia que se habían dignado a exhibir su tristeza en público. Un día después de morir la princesa, lord Airlie recibió una llamada de los agentes de policía apostados en la portalada palaciega; las flores amontonadas en las puertas centrales obstaculizarían la ceremonia del cambio de guardia del día siguiente. Airlie les dijo que trasladaran la ceremonia, no los ramos: «Les dije: "Que la guardia use la puerta del Privy Purse [la puerta central norte]. Y no toquéis las flores». Como a muchas personas que estuvieron de servicio esa semana, a Airlie le turbó el ánimo de los desconocidos, que llegaban en masa para dejar flores y encender velas: «Lo siniestro era el silencio total. Yo mismo me mezclé de incógnito con la multitud para intentar entender sus sentimientos, pero debo admitir que no lo logré. Eso sí, cuando volví a mi despacho en Buckingham, me dije que teníamos que prestar atención. Y es lo que hicimos».[38]

En el santuario escocés de Balmoral, la atención de la familia seguía firmemente centrada en los jóvenes príncipes. Como señalan a menudo antiguos trabajadores, lo que más valora la familia real de Balmoral es que te permite alejarte del mundo exterior y desconectar. Para el equipo en Londres, resultó ser una gran desventaja, porque había dos cuestiones que empezaban a poner de relieve el abismo entre Su Majestad y sus críticos más encarnizados. Primero, la reina y su familia querían llorar en privado, no en público como exigían algunos. Y segundo, algunos habían advertido que en el palacio no ondeaba ninguna bandera a media asta. La prensa, cómo no, había magnificado el hecho. Para los que buscaban la afrenta, que no eran pocos, significaba dos cosas: uno, que no había nadie en casa; y dos, que tampoco les importaba. Pero, para la reina, era un símbolo de sentido común y de respeto por su padre y todos sus predecesores. La única bandera en el palacio había sido siempre el estandarte real, que solo se izaba en honor al monarca y que nunca podía ondear a media asta, pues siempre había un monarca. Nunca lo había hecho por su padre y nunca lo haría por ella. Por tanto, no se podía bajar el estandarte ni sustituirlo por una bandera británica por nadie más, aunque fuera una «princesa del pueblo». Empleados de la Casa Real y de Downing Street (como Campbell) han mencionado la intransigencia de la reina, rayana en la furia, cada vez que el comité a cargo del funeral sacaba el tema desde Londres. Esto fue lo que escribió Campbell: «Janvrin llamó y dijo que estaba bastante hundido. Era obvio que habían sugerido a la reina lo de bajar la bandera, pero para ella era un desaire rayano en la tradición».[39] Robin Janvrin actuó de mediador durante la semana. Un compañero dijo de él que: «La reina le hizo sufrir». Pero si se podía acusar a Isabel y su familia de actuar con frialdad y de esconderse en el valle de Deeside, también podía decirse otra cosa: los periodistas que se mezclaban con la caravana enfurecida de personas con ramos se estaban formando una imagen igual de distorsionada del pueblo. Según la versión de Alastair Campbell, Tony Blair y sus asesores salvaron a la familia real del precipicio: «Si veías los medios, la sensación era que nosotros no podíamos equivocarnos y que ellos no daban pie con bola».[40]

Gracias a los medios, enseguida se impuso una forma de expresar el luto. Cuantas más flores se veían apiladas ante Kensington y Buckingham, más gente se decidía a peregrinar a Londres con flores. El corresponsal real de la BBC, Wesley Kerr, lo describió como «un mar de flores, un océano de dolor». Cuantas más colas de gente que quería escribir en los libros de condolencias del Palacio de St. James, más personas se sumaban a las colas. Aparecieron nuevas pullas a la familia por su falta de empatía, sobre todo cuando Mohamed Al-Fayed envió una furgoneta de Harrods con piscolabis gratis para la multitud. Como era de esperar, hubo un contraataque de los monárquicos de la vieja escuela, liderados por *The Daily Telegraph*. Un columnista llamado Boris Johnson, que acabaría dirigiendo el país durante una crisis muy diferente, manifestó que la princesa se había convertido en la excusa perfecta para quejarse de lo que fuera. Comparándola con Eva Perón, dijo: «Es un símbolo para cualquier mujer maltratada por un hombre, [...] para los oprimidos y para los débiles. Como Evita, a quien se asemeja más ahora con su muerte, apela a la versión británica de los *descamisados*». Según él, el Partido Laborista y el primer ministro se habían poco menos que agenciado su figura: «Según el gusto de cada uno, será una desfachatez asombrosa o una estratagema brillante del señor Blair. La hagiografía campesina argentina de la princesa ha enojado a mucha gente».[41] Exponiendo que todo su legado se ceñía a su condición de miembro de la realeza, Johnson instó a los paladines de la tradición a que la reivindicaran como argumento a favor de la monarquía, en lugar de permitir que fuera usada como flagelo contra ella.

Según los cálculos, esa semana se llevaron a Buckingham sesenta millones de flores, quince toneladas. Era una cantidad gigantesca de materia orgánica para los encargados de jardinería del Palacio, especialmente porque la mayoría de los asistentes consideraban más digno dejar las flores en su envoltorio de plástico, cosa que no hacía sino acelerar su descomposición.[42] Aun así, el 98 % de los ciudadanos que no compraron flores ni dejaron una vela votiva oscilaban en medio de estos dos extremos cada vez más polarizados. Estaban muy afligidos por la muerte de la princesa, pero no deseaban en absoluto ver a una reina de rodillas en señal de penitencia.

Los políticos se llenaban la boca hablando de las vacilaciones de Palacio, pero en un abrir y cerrar de ojos se materializó uno de los eventos televisivos más vistos del siglo XX, ¡y eso que unos días antes no había nada preparado! Al avanzar la semana, el duque de Edimburgo entró en el comité de organización del funeral por videoconferencia. Se acordó el plan para la misa, en la que Elton John cantaría una versión adaptada de su éxito «Candle in the Wind». Malcolm Ross recibió una oferta a última hora del tenor Plácido Domingo, pero le tuvo que decir que ya habían dado el papel a otro.[43]

Tony Blair dijo que había temido mucho porque la reina siguiera malinterpretando el sentir del pueblo: «Llevaba poquísimo como primer ministro y no la conocía. No sabía cómo se tomaría el consejo directo que me veía obligado a darle. Así que me dirigí a Carlos».[44] Según Blair, cuando llamó al príncipe de Gales el miércoles, ambos coincidieron en que la reina tenía que mandar un mensaje a la nación y que la familia debía volver a Londres antes del funeral. Pero ¿de verdad la reina era tan obstinada como muchos periodistas habían dicho? Veinticuatro horas después, cuando por fin la llamó, Blair se encontró con una persona muy cambiada, si no totalmente diferente. En realidad, había sido ella quien había solicitado hablar con el primer ministro. Alastair Campbell, que estaba escuchando la conversación por otra línea, habla de una monarca a quien se le tuvo que decir «que mostrara su vulnerabilidad».[45] Pero Blair pinta una imagen muy distinta: «Estaba muy concentrada y totalmente convencida. Por el lenguaje y el tono era evidente que, cuando decidía moverse, se movía con una destreza considerable».[46]

¿Se podría interpretar de otra forma? Las memorias de Blair y Campbell y el diálogo ficticio de Helen Mirren se han conjurado para crear una imagen de una monarca fría, inamovible, a la que convencieron gentilmente para que hiciera lo correcto. Pero ¿no es posible que una jefa de Estado con casi cincuenta años de experiencia estuviera tomando sus propias decisiones? Como demuestra el diario de Campbell, mucho antes de que Blair llamara a la reina, Robin Janvrin ya estaba dictando el plan que debería seguir el comité del funeral en Londres: ir a misa en Escocia por la tarde, regresar a la capital al día siguiente, emitir un mensaje oficial por televisión, etcétera.[47] En otras palabras, la reina ya estaba decidiendo los siguientes pasos.

Desde el momento en que la familia real empezó a mezclarse con la multitud en Londres, comenzando por las tentativas de Andrés y Eduardo, los ánimos se relajaron. El príncipe de Gales y sus hijos fueron a ver las flores en la entrada de Balmoral la tarde antes de viajar a Londres, e hicieron lo mismo fuera del Palacio Kensington, cosa que provocó enseguida las lágrimas, el asombro y el silencio de la gente. Al final, Isabel y Felipe volvieron a Buckingham. Allí tuvieron la agudeza de detener el Rolls-Royce antes de cruzar la verja del palacio para inspeccionar algunos ramos y hablar con la multitud. La reina vio a una chiquilla de once años, Kathryn Jones, con cinco rosas rojas en la mano y le preguntó si quería que se las colocara. «No, Su Majestad. Son para usted», contestó la pequeña. «¿De verdad?», preguntó la reina visiblemente emocionada. Más adelante, Kathryn confesó a *The Times* que al principio había comprado las flores para la difunta princesa: «Pero cuando vi a la reina y lo triste que se la veía, me dio lástima por todas las cosas que se habían dicho. Es la abuela de Guillermo y Enrique, y ellos la necesitaban más que nosotros».[48] Cuando al fin la pareja real entró en el palacio por la única puerta transitable entre el mar de flores, se empezó a notar el cambio en la dirección en que soplaba el viento. Hubo un tímido aplauso. Según Mary Francis: «En Londres se respiraba un aire muy tóxico, pero cuando el convoy se acercó al palacio, se oyó a la multitud empezar a aplaudir. Eso demuestra que, a veces, puedes cambiar lo que siente la gente con una respuesta positiva, aunque llegue tarde».[49] El relato simplista que arraigó esa semana fue que las aguas volvieron a su cauce en cuanto la gente vio a la reina arrimar el hombro. Pero si decimos eso, pasamos por alto que fue una estrategia valiente y muy arriesgada, teniendo en cuenta lo caldeado que estaba el ambiente en el centro de la capital. Con un puñado de alborotadores escondidos entre la multitud congregada fuera del palacio, la reacción podría haber sido muy distinta. Fue un acto memorable de humildad y de autoridad personal de la monarca. Y funcionó.

Esa tarde, la reina compareció en directo por televisión para dar el segundo mensaje especial de su reinado; el primero había sido en 1991, al estallar la guerra del Golfo. Reconoció de plano que esos últimos días habían sumido al país en «la incredulidad, la incomprensión y la rabia». «Así que las palabras que comparto con vosotros, como reina y como abuela, me salen del corazón.» Después de enumerar los muchos atributos de Diana, añadió una elegante réplica a algunos de sus más histéricos críticos de los últimos días: «Esta semana, en Balmoral, todos hemos intentado ayudar a Guillermo y a Enrique a asimilar la trágica pérdida que tanto ellos como el resto de nosotros hemos sufrido».

Hasta Tony Blair dijo que su mensaje había sido «casi perfecto»: «Consiguió ser reina y abuela al mismo tiempo».[50] Según un veterano miembro del Palacio, los autores principales habían sido la reina, el duque y sus empleados, con alguna «aportación amistosa y constructiva» de Downing Street.

La mañana siguiente, la reina ya había propuesto que, como deferencia a Diana, la familia real esperara en el exterior de Westminster a que su féretro recorriera lentamente la distancia que separaba el Palacio Kensington de la abadía. Y no se detuvo ahí. Cuando Diana pasó, la reina decidió acertadamente rendirle un último honor. Como cuenta Mary Francis: «Yo estaba de pie detrás de la reina y recuerdo que por instinto inclinó la cabeza. Era el gesto perfecto».[51]

Durante toda la semana, una de las cosas que más había inquietado al comité organizador del funeral había sido decidir quién debía andar tras el ataúd en el último tramo. Básicamente, era algo que dependía de lo que quisieran los hijos. El duque de Edimburgo lo había comentado con Guillermo la noche previa. Le dijo a su nieto que tal vez se arrepentiría si no lo hacía, y añadió: «Si voy yo, ¿caminarás a mi lado?».[52] Años después, Enrique reconoció que lo que más recordaba era el sonido de los caballos: «Me sentía como si hubiera abandonado mi cuerpo y estuviera siguiendo a mis pies. Hacía lo que se esperaba de mí. Mostraba una décima parte de la emoción que exteriorizaban los demás».[53]

La policía llevaba toda la semana trabajando en esa parte del funeral, adaptando sus planes en función de quién acabara andando detrás del féretro. Habían conseguido tumbar la propuesta de Alastair Campbell del «flautista de Hamelín», que consistía en que «el pueblo» cerrara el pasillo tras el féretro y lo siguiera. Un agente de la Policía Metropolitana a cargo de la organización lo recuerda así: «Si se hubiera aprobado la idea de Campbell, habría sido una tragedia. Uno de los presentes le espetó: "¿A cuánta gente quiere matar?"».[54] La policía temía por Carlos. Según el oficial de la policía montada Steve Marsh, le habían pedido que cambiara su posición cuando el cortejo pasara por Parliament Square para proteger al príncipe de Gales: «Uno de los encargados de protección dijo que había una zona donde no podíamos cubrir el ángulo por el que pasaría el príncipe Carlos. En ese momento dije: "Vale, no hay problema". Pero recuerdo que más tarde pensé: "Si alguien hubiera querido asesinarle, me habría tenido que disparar a mí primero"».[55] El príncipe era muy consciente del delirio que consumía a ciertos ultras de Diana escondidos entre la multitud. La noche antes del funeral, llamó a algunos amigos cercanos, asumiendo estoicamente que podía ser la última vez que hablaran. Varios terminaron llorando.[56]

Fue el día más importante para la Abadía de Westminster desde 1953, cuando la coronación señaló la llegada de la era de la televisión. Hubo unos 2.500 millones de espectadores en todo el mundo. No se invitó a todos los líderes mundiales, pero había muchas personalidades con vínculos especiales, como Nelson Mandela, un contingente de Hollywood formado por gente como Tom Hanks y Steven Spielberg y el invitado que se vio obligado a boicotear la boda de la princesa, el rey de España. La misa empezó con el himno favorito de Diana, «I Vow to Thee, My Country», y las hermanas Spencer y Tony Blair leyeron unas palabras. Aunque la familia real y la familia de Diana habían pedido al primer ministro que leyera el fragmento de Corintios 1, 13 —«Si yo hablase lenguas humanas y angélicas»—, él mismo admitió que sus críticos le acusarían de entrometido (cosa que hicieron). Un reducido grupo de periodistas, entre los cuales estaba un servidor, tuvo acceso a una galería de prensa improvisada frente a la familia real, pero las cámaras de televisión no fueron muy pródigas con los primeros planos.

Todo el mundo coincidió en que el elemento que en principio había parecido más inapropiado, la actuación de Elton John, resultó perfecto. Fue el tributo del conde Spencer el que pilló por sorpresa a los dos mil invitados de la abadía. Se esperaba un ataque sin cuartel contra la prensa, ya que días atrás de forma unilateral había decidido no convocar al servicio a los directores de periódico. Lo que pocos imaginaban era que el cuñado del heredero al trono empezaría el discurso lanzando un derechazo a la monarquía. Dijo que Diana «no necesitaba ningún título regio para seguir obrando su particular magia». Y concluyó con otro desafío franco a la Casa de Windsor, prometiendo a su hermana que los Spencer velarían por sus hijos: «Prometo que nosotros, sangre de tu sangre, haremos todo lo posible por perpetuar la originalidad con la que estabas guiando a estos dos jóvenes tan excepcionales, para que sus almas no solo beban del deber y la tradición, sino que puedan cantar sin ataduras». Cuando se sentó, pasó otra cosa totalmente inesperada. La gente que seguía el acto desde unas pantallas gigantes instaladas en los parques cercanos se puso en pie para aplaudir al conde, y su ovación se extendió como una ola. Hacía calor y los frailes de la abadía habían dejado abierta la puerta de la fachada oeste, así que los voluntarios y trabajadores de las ONG favoritas de la princesa, que estaban sentados más cerca de la puerta, emularon a la multitud del exterior y empezaron a aplaudir. En la otra punta de la iglesia, los invitados de la familia oyeron un rumor. Al principio parecía lluvia sobre un tejado de hojalata, pero el sonido se fue intensificando hasta parecer una sartén candente. Los aplausos se liberaron y propagaron rápidamente por la nave y el coro hasta el transepto sur. Incluso a finales de los noventa, aplaudir en una iglesia, o en el Parlamento, no era lo que marcaba la etiqueta. Pero la etiqueta había acabado por los suelos esa semana. Las cámaras de televisión rotaron para mostrar las filas donde se sentaban los invitados menos célebres y cortaron para permitirnos ver los aplausos y lágrimas de quienes esperaban en los jardines, pero tuvieron la decencia de no mostrar también las primeras filas, donde se sentaba la familia real. Aun así, desde la galería de enfrente vimos a los jóvenes príncipes perdidos en sus pensamientos, aplaudiendo con suavidad y casi maquinalmente. Carlos se golpeaba ligeramente con la mano en la rodilla mientras la reina, la reina madre, el príncipe Felipe y los otros miembros de mayor edad permanecían impasibles.

Luego, el féretro se subió a un coche fúnebre para recorrer los ciento veinte kilómetros que separaban la abadía del hogar de los Spencer en Althorp. La princesa iba a ser enterrada en la finca familiar. El convoy avanzó despacio por el norte de Londres mientras la gente se apilaba en las aceras y los arcenes para lanzar más flores, algo que siguieron haciendo durante el paso del séquito por la autopista M1. Para complicar más las cosas al conductor y a la escolta policial, muchos ciudadanos habían añadido piedras a los ramos para que pesaran más y cogieran más impulso. Bob Stewart, un policía que acompañó el cortejo en motocicleta, recuerda: «Iban envueltos en celofán y cuando te daban en la cabeza, lo notabas. Si solo hubieran tirado un par, no habría sido tan grave. Pero es que nos apedreaban».[57] Al acabar, hubo que reparar a fondo el techo del coche fúnebre.

La familia real regresó a Balmoral y al día siguiente llegaron los Blair, cumpliendo con la visita ritual anual del primer ministro. Las circunstancias no eran las óptimas para bautizarse en las Tierras Altas. Blair admitió que quizá no había hablado «con la suficiente sensibilidad sobre la necesidad de aprender la lección», pero al final había sido testigo privilegiado de la sabiduría de la reina, «en una muestra de reflexión, meditación y adaptación».[58] Según el hombre que supervisó toda la operación, la familia real no era la única que debía aprender algo de aquella desdichada semana. Casi veinticinco años más tarde, lord Airlie reflexiona así sobre lo sucedido: «La monarquía sufrió muchísimo, y creo que todos los partidos y medios deben asumir su parte de culpa».[59]

18

1997-1999

«¡Que me pellizquen!»

El nuevo Gobierno apenas había reparado en la monarquía durante su etapa en la oposición, pero acababa de descubrir que no se la podía ignorar ni menospreciar. Tony Blair lo volvió a comprobar pocas semanas después del funeral de Diana, cuando la reina se embarcó en la primera gira por el extranjero desde su toma de posesión. Era un viaje especialmente importante, con visitas consecutivas a Pakistán y a la India para conmemorar el cincuenta aniversario de su independencia. La gira se había planificado mucho antes de que muriera Diana; mucho antes, a decir verdad, de que el nuevo laborismo llegara a Downing Street. La costumbre dictaba que el secretario de Exteriores debía acompañar a la monarca, normalmente manteniendo un perfil bajo. Isabel tenía ganas de visitar dos de los Estados miembros más grandes de la Commonwealth, empezando por Pakistán, cuya capital le intrigaba especialmente. La última vez que había visitado el país, en 1961, Islamabad todavía estaba en construcción.

Durante una recepción con los medios en los jardines de la Alta Comisión Británica, el secretario de Exteriores, Robin Cook, charlaba con un grupo de periodistas pakistaníes con (cierta) ligereza. Cuando le preguntaron por el espinoso tema de Cachemira, Cook dijo que su Gobierno estaba dispuesto a mediar en cualquier acuerdo de paz con la India para dirimir el futuro de la región. Los medios pakistaníes se hicieron eco de la noticia al día siguiente, pero si unos lo recibieron con júbilo, otros se lo toma-

ron muy mal. La India se oponía frontalmente a cualquier inje-
rencia exterior porque lo consideraba un asunto interno. Por tanto, cuando la reina voló hacia Deli para iniciar la segunda parte
del viaje, fue víctima de una serie de desaires diplomáticos y de
despiadados ataques en la prensa. *The Times of India* le dio la
bienvenida con una portada que reproducía la desfavorable des-
cripción que había hecho de ella Malcolm Muggeridge: «Rancia y
banal». Algunos de sus compromisos se degradaron o incluso se
cancelaron. En teoría, la visita de Estado debía dar comienzo a
una época de cordialidad en la históricamente complicada relación entre ambos países. Pero se convirtió en un bochorno.

Los medios británicos responsabilizaron a Cook, que se
apresuró a echarle el muerto a todos los demás, incluyendo a sus
predecesores *tories*, de quienes dijo que nunca tendrían que haber
sugerido ese viaje. Cuando la reina se preparaba para incluso volver a casa, prohibieron embarcar a un miembro de su séquito.
Más tarde, uno de los diplomáticos que lo vivió en primera persona lo llamó «la tormenta perfecta», sobre todo porque el secretario de Exteriores había cogido un vuelo anterior, en plena gira,
para verse con su nueva novia (y posterior esposa). Cook llegó a
ordenar a Palacio que emitiera una declaración para decir que la
reina había quedado «totalmente satisfecha con el asesoramiento
del secretario». Como declaró el historiador y cronista Kenneth
Rose: «Fue todo lo opuesto a la buena praxis constitucional. Corresponde al ministro proteger a la soberana de las polémicas. La
soberana no tiene por qué proteger a un ministro de las consecuencias de sus malos consejos».[1] Para culminar el bochorno del
nuevo ejecutivo, el viaje ocurrió solo una semana antes de que
Tony Blair celebrara su primera cumbre doméstica, el encuentro
anual de la Commonwealth que su predecesor en el cargo había
previsto organizar en Edimburgo.

Aunque fue fundada por un primer ministro laborista, Clement Attlee, la Commonwealth moderna no atraía mucho a los
visionarios del nuevo laborismo debido a su deje imperialista y

sus incomprensibles trifulcas. Blair no la menciona ni una sola vez en sus memorias. Pero, para la reina, la cumbre de la Commonwealth de otoño de 1997 supuso un cambio radical y bienvenido en su papel dentro del «club». Aunque era cabeza de la Commonwealth, la costumbre la obligaba a esperar fuera del palacio de congresos para mostrar su neutralidad y su labor pacificadora. En la cumbre de 1997, todo eso cambió. Por primera vez no solo la invitaron a asistir a la ceremonia inaugural, sino también a dar un discurso. Fue idea del secretario general, Emeka Anyaoku, que pretendía así involucrarla en el funcionamiento interno de esas cumbres. También sentó un importante precedente para las reuniones futuras.

Al fin, parecía que la monarquía entraba en aguas más tranquilas. En noviembre, la reina y su esposo dieron una fiesta para celebrar la restauración del Castillo de Windsor. Bajo la supervisión del duque, el monumental proyecto había terminado seis meses antes de lo previsto y había gastado tres millones de libras menos de lo presupuestado. Además, coincidió con otro acontecimiento feliz: las bodas de oro de la pareja. En una misa oficial en la Abadía de Westminster, el arzobispo de Canterbury dedicó unas sabias palabras de consuelo a algunos de los invitados más jóvenes de la familia real: «Que algunos matrimonios fracasen no debería, equivocadamente, hacernos desestimar el matrimonio», y señaló que la Iglesia estaba muy a favor de que la gente pudiera hacer borrón y cuenta nueva. Isabel y Felipe se dieron un baño de masas de los de otra época en Whitehall y luego almorzaron con el primer ministro en la Banqueting House, donde se hizo patente la huella del nuevo laborismo. Tony Blair había rechazado el formato de la mesa principal y había optado por disponer mesas redondas de diez comensales cada una. La reina se sentó entre Blair y el *jockey* Walter Swinburn, mientras que el príncipe Felipe se colocó al lado de Cherie Blair y Jill Willows, una agricultora de Yorkshire. El discurso del primer ministro fue ingenioso y afable. Quiso regañar a los que no entendían cómo un partido empecinado en la modernización podía trabajar de la mano de una institución hereditaria milenaria: «Hago mucho hincapié en que este es un país moderno. Pero debo desmentir el mito de que modernidad y tradición no puedan convivir plácidamente, ya que, de hecho, lo hacen». Elogió a la reina por «sus valores atemporales de deber y servicio», y recibió un cálido aplauso cuando la describió como «lo mejor de Gran Bretaña».

Para Blair, ese acto sigue siendo uno de sus mejores recuerdos sobre la realeza. En privado, me dijo: «Fue un día alegre y una ocasión preciosa. Estuvo maravillosa». La reina contestó con uno de los discursos más célebres de su reinado. En él mandó dos mensajes. Primero, quiso tranquilizar al país y decir que la monarquía seguía dispuesta a escuchar tras todo lo sucedido en el último lustro. Dijo que los gobiernos funcionaban con el «sistema severo y brutal» de las urnas: «Pero para nosotros, para la familia real, muchas veces el mensaje del pueblo es más difícil de interpretar, porque puede verse enturbiado por la deferencia, la retórica o las tendencias contradictorias de la opinión pública. Aun así, debemos interpretarlo».

Y pronunció otra frase memorable que acabó condensando la esencia de la alianza real más duradera del mundo. Volviéndose hacia el príncipe Felipe, destacó su capacidad para hablar sin tapujos y añadió: «Es alguien a quien le cuesta aceptar los cumplidos, pero no puedo sino admitir que ha sido mi fuerza y mi sustento durante todos estos años; y yo, la familia entera y muchos países tenemos con él una deuda mayor de la que él reclamará jamás, o de la que es capaz de imaginar». El día anterior, el duque había expresado un amor y un afecto similares durante un almuerzo en la City de Londres para conmemorar el aniversario de bodas. Tras rendir un tierno e inesperado homenaje a sus hijos, se giró hacia la reina: «Para mí, lo más importante que hemos aprendido es que la tolerancia es el ingrediente clave de cualquier matrimonio feliz. Créanme cuando les digo que la reina tiene esta cualidad en abundancia».

Ese año extraordinario, tan estresante como el *annus horribilis*, si no más, terminó con otro triste adiós, aunque ese no cogió desprevenido a nadie. Habían transcurrido más de tres años desde que John Major había anunciado que el yate real dejaría de navegar en 1997. Sin embargo, el barco no se había permitido ni un segundo de respiro. Más bien parecía estar viviendo una segunda juventud, llevando a la familia real a cumbres comerciales y marcando un nuevo récord de velocidad regresando de Hong Kong. Hace poco se desclasificaron unos documentos del Gabinete, entre ellos un informe apasionado de John Browne que el director de BP escribió con motivo de un seminario sobre liberalización económica celebrado en el Britannia durante la gira de Carlos por Kuwait. Para Browne, ese acto de 1997 a bordo del yate fue el mejor que había presenciado en el golfo.[2]

Según esos documentos, a finales de 1995 Major había convocado a miembros destacados de su Gabinete para valorar distintas opciones para el proyecto CELERY, siglas en clave de «Yate Real Elegante y Rentable».[3] El objetivo no era decidir el tipo de yate, sino decidir si el Reino Unido debía fabricar uno. Había opiniones para todos los gustos. Como más tarde señaló el secretario privado de Major, Alex Allan: «El incendio de Windsor había puesto de manifiesto que la gente no estaba muy por la labor de aumentar el gasto de la monarquía. Tampoco la reina había mostrado una señal clara de que quisiera reemplazar la nave». Por tanto, el primer ministro había concluido que no era «el momento idóneo» para reemplazar el Britannia. Aun así, sus defensores siguieron ejerciendo presión.

Al final, en enero de 1997, la víspera de las elecciones generales, Major había apoyado el reemplazo y lo había plasmado en su programa electoral de su partido. Como no había obtenido la aprobación de los demás partidos, algo que Clement Attlee sí había hecho al encargar el Britannia en 1951, la propuesta para construir un nuevo buque se convirtió en un tema político controvertido. Y lo fue durante toda la campaña electoral. Cuando el laborismo se alzó con el poder, se desechó el proyecto CELERY. Tony Blair dice que la reina nunca le habló del barco, pero añade: «Creo que le tenía afecto. El príncipe Carlos se lo tenía, indudablemente». Blair afirma que ahora se arrepiente de la decisión de desguazarlo, pero asegura que primaron las circunstancias, y los obsesivos contables del Tesoro se llevaron el gato al agua en un momento en que él tenía muchas cosas más importantes en las que pensar: «Después de decidir deshacernos del Britannia, me subí a bordo. Nada más poner el pie en cubierta, recuerdo que pensé: "Menudo error hemos cometido"».[4]

El yate constituyó hasta el final el refugio que siempre había sido para la reina. Mary Francis participó en uno de esos últimos viajes por las islas Hébridas Occidentales como secretaria privada en funciones. Recuerda que todo el mundo estaba «muy contento» y que la reina no dejaba de contar entretenidas anécdotas. «Nunca la he visto más relajada en mi vida, y fue la única vez que la vi informal, con pantalones», me confesó. Pero incluso durante esas vacaciones en el mar, seguía habiendo compromisos: «Le tenía que llevar los documentos oficiales que traía la Marina Real. Pero nunca hizo ni un gesto para decir: "Ojalá pudiera darme unas vacaciones de verdad, sin nada de esto"».

Todo el mundo conocía la rutina. Según Francis: «Por la mañana todo era muy informal. Luego íbamos a una playa local a hacer un pícnic y a almorzar y dejábamos a la reina y al duque solos. A veces, los empleados organizaban y presentaban un concurso por la tarde. Y cuando llegaba la noche, todo el mundo iba de punta en blanco, aunque el ambiente era relajado e informal. Una noche fantástica salió el tema de que yo nunca había hecho danza tradicional escocesa, y, ya que se iba a celebrar un baile en Balmoral, como siempre, al acabar de cenar la reina y el duque dijeron que me tendrían que enseñar». En ese momento, la banda del Cuerpo de Marinos Reales se puso a tocar un popurrí de *reels* escoceses y la reina le dio una clase de danza a su secretaria privada mientras el velo de la noche caía sobre la embarcación.[5]

Todos los pasajeros tienen anécdotas parecidas. Algunos de los primeros recuerdos de muchos familiares son del Britannia: de pícnics en playas remotas, de partidas en cubierta, de su amistad con la tripulación, por no hablar de las «niñeras de alta mar», cuya labor era evitar que los pasajeros más pequeñitos cayeran por la borda. En la ceremonia de desmantelamiento del 11 de diciembre de 1997, más de dos mil ex miembros de la tripulación con sus familias quisieron acompañar a la reina y a la Casa Real para un último adiós. La reina madre, fiel a su estilo «negacionista imperial», decidió que aquello no estaba pasando de verdad, así que no asistió al acto.

El viento que soplaba sobre el puerto de la Marina Real en Portsmouth era recio. Fue un acto magnífico y muy triste. La banda del Cuerpo de Marinos Reales guardaba un último as en la manga y comenzó a desfilar al ritmo del «Auld Lang Syne». Incluso la reina tuvo dificultades para mantener el tipo y contener las lágrimas.

Al final, el Gobierno decidió que el Britannia fuera remolcado hasta Edimburgo para convertirse en barco museo y centro de recepciones en el puerto de Leith. Desde entonces ha ganado numerosos premios como uno de los mayores atractivos de Escocia.* Muchos de los antiguos tripulantes aún vuelven cada año para ayudar en las tareas de mantenimiento. La mayoría de la familia real no ha regresado; prefieren recordarlo tal como era en tiempos felices. Al concluir ese día aciago de diciembre de 1997, la tripulación del Britannia celebró una cena de despedida. El príncipe de Gales fue el invitado de honor, pues había sido el primer miembro de la familia en viajar en el yate con su hermana, en 1954. En la cena, se puso en pie para dar el discurso más breve de su vida: «Lo único que quiero es beber hasta caer rendido».[6] Y se volvió a sentar.

---

* Más de veinte años después de su retiro, el Britannia ganó el premio Which? 2020 a mejor atracción turística del Reino Unido.

Desde la muerte de Diana, la prensa estuvo atenta a cualquier señal que indicara que la familia real había «aprendido la lección» y que había cambiado la manera de hacer las cosas. Sin duda fue lo que sucedió el 22 de septiembre de 1998. La reina había firmado órdenes para movilizar tropas, sentencias de muerte y miles de leyes. Pero hasta entonces, nunca había firmado un balón de fútbol. «¿Cómo lo hago?», se preguntó cuando un muchacho de trece años con la camiseta del Manchester United le dio la pelota.[7] Justo en ese momento, la leyenda del fútbol británico Bobby Charlton se adelantó para sujetar el balón y permitirle así que escribiera las mismas letras con las que sellaría una ley del Parlamento: «Elizabeth R».

El escenario era tan extraño como el propio hecho de firmar el balón: una tienda de chándales de un centro comercial malasio. Isabel estaba en la capital, Kuala Lumpur, para los Juegos de la Commonwealth de 1998. Los siguientes se celebrarían en 2002 en Manchester, una ciudad conocida sobre todo por su equipo de fútbol, el Manchester United. Así que su firma se vio como una manera elegante y simbólica de conectar Malasia, el Reino Unido y el deporte. Pero, como todo el mundo sabía, unos años antes habría sido imposible. Mientras los directores de periódico en Gran Bretaña preparaban sus titulares de «Madame United», los periodistas y expertos en la Casa Real no dudaron en atribuir esa curiosa escena a un nuevo fenómeno: el efecto Diana.

Desde la muerte de la princesa, apenas había pasado un solo día sin que columnas o programas de radio hablaran de la necesidad de cambio en la monarquía. La mayoría de la gente ignoraba que en Palacio ya habían aplicado las reformas más ambiciosas en generaciones. Mary Francis admite que la muerte de Diana contribuyó a querer cambiar un poco las cosas: «Cuando Diana murió, quizá añadimos un toque más humano y divertido al programa oficial de la reina. Alteramos un poquitín nuestra política».[8] Algunos cambios fueron deliberados, como el mencionado hecho de contratar a más gente joven. Otros fueron totalmente fortuitos. En marzo de 1998, la reina se dejó caer por el Bridge Inn de Topsham, Devon, y los medios se relamieron atribuyendo al efecto Diana la «primera visita de la reina a un *pub*». Les dio igual que la primera visita a un *pub* hubiera sido en 1954, en el Pied Piper de Stevenage.

Independientemente de que esa firma en Kuala Lumpur fuera o no fruto del supuesto efecto Diana, la reina había recibido presiones intensas para cancelar el acto por motivos de seguridad. Su gira otoñal había empezado con buen pie en Brunéi, donde se había reunido con el monarca, el sultán, un leal y riquísimo aliado del Reino Unido. Pero cuando se dispuso a viajar al país vecino, Malasia, surgieron muchos miedos. En las calles de Kuala Lumpur habían estallado violentos altercados porque el Gobierno había arrestado al vice primer ministro Anwar Ibrahim. La Oficina de Asuntos Exteriores, la policía y los asesores de seguridad no estaban convencidos de que la reina tuviera que visitar el país, y menos aún pasearse en público. Mary Francis lo recuerda así: «Recibimos muchas presiones para cancelar las partes de la visita donde la reina estaría más desprotegida; por ejemplo, al entrar en un centro comercial para charlar con aficionados locales del United. Para mí fue una decepción, porque había trabajado bastante en ese acto». Ese día, después de desayunar, tuvo lugar lo que Mary Francis llama «un consejo de guerra» entre las autoridades malasias, la comitiva real y el secretario de Exteriores Robin Cook: «El duque estaba cien por cien convencido de seguir adelante. Lo habían hablado antes con la reina». Y así se hizo: «La reina siguió con el plan sin hacer ningún cambio ni alterar el acto, pese a conocer las presiones y los posibles riesgos».[9] Si el efecto Diana cambió otras cosas, no afectó a la impasibilidad y la sangre fría de la monarca.

En casa le esperaba una noticia feliz: otra boda. El príncipe Eduardo se había prometido con Sofía Rhys-Jones, una ejecutiva de relaciones públicas a la que había conocido jugando al tenis real (una especie de trinquete precursor del tenis actual). Eduardo había visto a sus tres hermanos mayores desfilar por los tribunales de divorcio, pero él era más viejo y más sabio; se iba a casar habiendo cumplido treinta y cinco años. La pareja llevaba saliendo más de un lustro, pero siempre había evitado el foco mediático. Durante un viaje de Eduardo y Sofía hacia la regata anual en Cowes, donde la prensa no fallaba nunca, el capitán del Britannia ideó un plan. El contraalmirante Robert Woodard pidió a dos de sus marineros que se disfrazaran del príncipe y de Sofía, les subió a una lancha y les mandó escopeteados a una playa bien lejana. Los botes de la prensa les persiguieron como posesos y la pareja pudo ir a otro sitio a hacer *windsurf* tranquilamente.[10]

A diferencia de las anteriores nueras de la reina, Sofía no se había criado en los márgenes de la familia real. Su padre había sido director de ventas de una empresa de neumáticos. Ella era de Kent y se había formado como secretaria en la universidad antes de entrar en el sector de las relaciones públicas. Nadie, y menos aún la pareja, quería una boda como las de los ochenta. Fue la primera pareja real moderna que optó por contraer matrimonio en la Capilla de San Jorge, en Windsor, con lo que instauraron una moda. El oficio se retransmitiría en directo las dos principales cadenas de televisión, pero no se esperaba una gran audiencia internacional. La pareja eligió empezar la ceremonia por la tarde, como estaba de moda, para que la recepción pudiera prolongarse hasta entrada la noche, con música y baile. El príncipe explicó lo siguiente a ITN: «Son las bodas en las que mejor nos lo hemos pasado».

Los hombres debían llevar chaqué y las damas, vestido de noche sin sombrero. La reina infringió un poco las normas con un tocado lila. La reina madre las ignoró de plano y llevó directamente un sombrero. Fue un acto muy formal, por supuesto, pero modesto. Los novios dieron un breve paseo en carruaje por la ciudad, pero no se desplegó un gran desfile. Como siempre, había mucho interés por saber si la reina cumpliría con la tradición y le concedería un ducado a su hijo menor el día de su boda, ahora que el sistema de clases parecía tener los días contados. Optó por no hacerlo, nombrándolo conde de Wessex. Pero era un apaño. En la letra pequeña del anuncio de Palacio se daba a entender que, en el futuro, una vez fallecidos Isabel y Felipe, el conde heredaría el título de duque de Edimburgo. La reina recuerda los años como duquesa de Edimburgo como unos de los más felices de su vida; algunos dicen que fue por eso por lo que nunca concedió al duque otro título. Claramente, quería que el título pasara a las siguientes generaciones, algo imposible si lo heredaba su hijo mayor y quedaba diluido en el crisol del heredero.

En la Casa Real se estaban tramando cambios. El impávido Robert Fellowes se jubilaría tras haber acompañado a la reina durante el tramo más difícil de su reinado. Aparte de una breve incursión en el Ejército y en la City, Fellowes había dedicado casi toda su vida a la realeza. No solo se había casado con la hermana mayor de la difunta princesa Diana, sino que su padre había sido administrador de Sandringham, lugar donde él había sido bautizado; la reina, de hecho, que entonces era princesa, había estado en su bautizo. En la fiesta de despedida de Fellowes, Isabel II dio un discurso tierno y dijo que Robert había sido el único secretario privado al que había «tenido en brazos».[11] Su sustituto fue Robin Janvrin, que llegó después de haber pasado por Oxford, la Marina Real y la Oficina de Asuntos Exteriores. En 1983, trabajando para Exteriores en Deli, había impresionado a la comitiva real durante la visita de Estado a la India. Llegó a Palacio cuatro años más tarde como secretario de prensa, en sustitución del impredecible Michael Shea, y ascendió hasta hacerse un hueco en el triunvirato de secretarios privados. Fiel defensor del cambio gradual, llevaba un tiempo abogando por una mentalidad más empresarial, aunque ese término suscitaba ciertos recelos. Como ha señalado el conde Peel, ex lord chambelán: «A la reina no le gusta la palabra "corporativo"».[12] Janvrin había creado el Way Ahead Group para hablar de estrategia, pero también había contratado al experto en demoscopia Bob Worcester y su empresa de sondeo de mercado, MORI, para detectar dónde y cómo podía mejorar la monarquía. Para Worcester, fue un desafío interesante. Según un miembro que sirvió a la Casa Real durante ese período, «Bob Worcester solía decir que las encuestas sobre la monarquía eran las más sólidas que había hecho. El índice de aprobación nunca bajaba del 65 o el 70 %, un sueño para cualquier político. Siempre habrá un 15 o un 20 % de la gente que estará en contra del sistema. Si llegaras a una aprobación del cien por cien, solo podrías caer. Daría mucho, mucho miedo».[13] Incluso después de morir Diana, durante los días más oscuros, las encuestas apuntaban a un vago deseo de cambio en la monarquía, pero siempre había una mayoría arrolladora favorable a mantener la institución.

Más relevante aún fue el adiós de David Airlie como lord chambelán. Aún hoy, el personal de Palacio destaca sus trece años de intendencia como de los más importantes del reinado de Isabel. Durante los felices ochenta había empezado a aplicar una larga serie de reformas que, en los noventa, cuando todo se torció, demostraron ser providenciales. Un ex secretario privado recuerda uno de los lemas favoritos de Airlie durante el tramo más lóbrego de esa década: «David solía decir que las cosas nunca van tan mal como piensas, ni tan bien como quieres. Tuvo que apechugar con la etapa más negra de la monarquía y tuvo que decirle a la reina cosas que obviamente no quería oír; en eso consiste el trabajo del lord chambelán. Seguro que fue muy engorroso, pero siguieron siendo amigos».[14] Aun así, Airlie siempre recalcó que era la reina quien tomaba las decisiones, no él. Airlie fue sustituido por lord Camoys, pero no dejó nunca de ser un confidente, y su esposa Ginny siguió siendo una fiel dama de compañía de Su Majestad.

También hubo cambios drásticos en los aposentos privados de la reina. Angela Kelly, la ayudante descubierta en la Embajada británica durante la visita a Alemania de 1992, había sido ascendida a responsable de vestuario e incluso había empezado a diseñar ropa para la reina. Sus diseños habían recibido críticas muy favorables, y era alguien que hacía oídos sordos a los chismorreos de Palacio y mostraba una lealtad inflexible hacia su jefa. Todo ello le había valido un profundo aprecio por parte de la monarca. Igual que su predecesora, la formidable Bobo, Kelly se ganó un apodo en Palacio. Si Bobo había sido «QE3», ella era «AK-47».* La reina también la había nombrado «asesora y comisaria personal» y la había puesto al mando de todo, desde las joyas a las citas con el médico, un cargo que ha desempeñado desde entonces.

Las tormentas familiares habían amainado, pero la reina estaba entrando en un histórico período de reformas constitucionales. La monarquía tenía que andarse con pies de plomo. Uno de los caballos de batalla de Blair durante la campaña electoral abogaba por que los pueblos de Escocia y de Gales tuvieran más voz sobre su futuro. Ambos votaron a favor de un gobierno descentralizado, y en consecuencia, la reina tuvo que inaugurar también el Parlamento escocés y la Asamblea galesa, posteriormente elevada a Parlamento y llamada como Senedd.

En el Jubileo de Plata, la reina había estado más cerca que nunca de expresar su opinión respecto a la descentralización, cuando enfatizó que: «No puedo olvidar que fui coronada soberana del Reino Unido». El sistema de descentralización puesto encima de la mesa dos décadas antes era mucho menos avanzado que el que estaba preparando el Gobierno de Blair. La unión nunca había estado tan cerca de romperse desde su nacimiento en 1707. Esta vez, la reina debería mantenerse totalmente al margen. Mary Francis, que representó a Palacio en las diversas comisiones que estudiaron la cuestión, dice: «No había voluntad de cuestionarse nada».[15]

Ni siquiera Blair recuerda voces discordantes entre la realeza: «En esa época, la descentralización se veía como la mejor vía para conseguir un acuerdo que satisficiera el deseo de autogobierno,

---

* El fusil de asalto ruso también aparece en la bandera nacional de uno de los últimos miembros en incorporarse a la Commonwealth, Mozambique.

pero manteniendo a Escocia dentro del Reino Unido. No recuerdo que hubiera un especial temor. Creo que [en la familia real] pensaban: "Con este pacto Escocia sigue dentro del Reino Unido, y eso es bueno. Por tanto, tenemos que ser lo más delicados posible". No sé si en Palacio había distintas opiniones, pero si las había, yo no las oí».[16]

La reina estaba tan decidida a tener un papel clave en la inauguración del nuevo Parlamento escocés que ordenó a un diseñador escocés que le confeccionara un vestido de seda verde, con un abrigo morado, inspirándose en el cardo. La ceremonia de apertura fue una fusión peculiar de tradiciones gaélicas e innovaciones nuevolaboristas. A muchos curiosos no les terminó de gustar que una procesión de niños con banderas budistas eclipsara a los viejos regimientos escoceses. Incluso se excluyó de los actos al jefe de la familia Scrymgeour, que había portado el estandarte de Escocia desde que su antepasado lo llevó en la victoria sobre los ingleses en la batalla de Bannockburn. La reina tenía que calibrar el estatus exacto de la nueva Administración con respecto a la de Westminster, a la que estaba subordinada. Decidió que, estando en el norte, el primer ministro escocés debería tener un derecho de audiencia similar al del primer ministro británico, concediéndole una reunión a solas y en estricta confidencialidad. Sin embargo, sería una audiencia más corta. Y cuando se le invitara a quedarse en Balmoral, sería por una noche, no las dos de rigor que se ofrecían a su homólogo británico.

En Gales también hubo que hacer malabarismos parecidos en la inauguración de la Asamblea. En ese caso el príncipe de Gales tuvo un papel destacado, por razones obvias. Su discurso fue íntegramente en galés, mientras que el mensaje en inglés de la reina se impregnó de la jerga típica de la nueva clase política: «Estoy convencida de que esta Asamblea Nacional será un templo del vigor y de la democracia», dijo, añadiendo que Gales había sido bendecido con «una renovada energía».

Para la monarquía, aún era más delicado el plan gubernamental de expulsar de la Cámara de los Lores a los miembros hereditarios. La estrategia de Palacio en esa cuestión fue simple: alejarse lo máximo posible del debate o, como lo llamaron algunos, «lavarse las manos». Para Mary Francis, «el quid era demostrar que, para tener una monarquía, no era necesario contar con una aristocracia hereditaria».[17] Tony Blair tampoco veía ninguna contradicción: «Para algunos, si empezábamos a interferir con los principios hereditarios, estábamos dando un pasito hacia la república. Pero para mí no era ningún pasito. Era un tema completamente diferente».[18]

Al final se echó formalmente de la cámara a más de seiscientos lores hereditarios. Se fueron sin hacer ruido, porque lord Cranborne llegó a un acuerdo entre bastidores para que noventa y dos de ellos pudieran quedarse. Entre los que siguieron hubo dos de los grandes oficiales de Estado, el conde mariscal y el lord gran chambelán. Ambos pudieron seguir formando parte de la Cámara de los Lores para supervisar actos como la ceremonia de apertura del Parlamento y, con el tiempo, las coronaciones.

En general, tanto en el tema de las reformas constitucionales como en la prohibición de la caza o incluso el fin del yate, la reina y su familia mantuvieron siempre la distancia. Sabían que tenían que tratar con respeto y cautela a un partido de gobierno con una amplísima mayoría y con un plan de reformas radical. En 1998, el Gobierno incluso se envalentonó con la reforma de las leyes de sucesión a la Corona. Lord Archer, mejor conocido como el novelista Jeffrey Archer, había presentado una propuesta de ley en la Cámara de los Lores para acabar con la primogenitura masculina al trono. En otras palabras, quería que un hermano menor nunca pudiera adelantar a una hermana mayor en la línea de sucesión. Un tranquilo viernes de febrero, cuando la mayoría de los lores se habían escaqueado para el fin de semana, el ministro del Interior laborista Williams de Mostyn compareció para anunciar que el Gobierno seguiría trabajando en la ley de lord Archer. Al final, los reformadores del nuevo laborismo sí escucharían a la Corona, pero lo que Williams de Mostyn dijo a continuación provocó una sorpresa aún mayor: «Obviamente, el Gobierno lo consultó con la reina antes de llegar a una conclusión y Su Majestad no se mostró contraria a la opinión del Gobierno de que hijas e hijos debieran ser tratados igual». Lo chocante no era la opinión de la reina sobre la primogenitura, sino que un ministro esgrimiera la opinión privada de la monarca para influir sobre cualquier ley. Los historiadores constitucionales señalaron enseguida que, en adelante, lógicamente, el Parlamento podría exigir la opinión de la reina sobre cualquier normativa.

La maquinaria propagandística de la izquierda se puso manos a la obra con presteza. El prolaborista *Daily Mirror* proclamó: «Con Blair, las mujeres tendrán el mismo derecho al trono».[19] Mientras, la prensa conservadora como *The Daily Telegraph* acusó a Blair de «poner a la reina entre la espada y la pared».[20] El primer ministro empezaba a ver que eran muchos problemas para tan poca cosa. La ley había iniciado su andadura con mal pie y probablemente obligaría a modificar varios estatutos, entre ellos el Acta de Unión. ¿Valía la pena tanto esfuerzo por realizar una operación a corazón abierto a la Constitución británica, solo para resolver problemas hipotéticos de un futuro muy lejano? Seguramente solo afectaría a los hijos del príncipe Guillermo, que aún era un quinceañero estudiando en Eton. Mientras la Casa Real se esmeraba por ignorar la polémica, la Ley de Sucesión al Trono (*Succession to the Crown Bill*) acabó cayendo silenciosamente en el olvido.

Otro tanto pasó unos años más tarde con un nuevo intento blairista de interferir en los asuntos de la monarquía. De repente, el 12 de junio de 2003, el Gobierno anunció que quería abolir uno de los cargos más antiguos del país, el de lord canciller. Hacía ochocientos años que los poseedores de ese título dirigían el sistema judicial, y llevaban aún más tiempo asesorando fielmente al monarca. Por desgracia, nadie se lo había dicho a la reina. Si un soberano pierde la capacidad de regir, el lord canciller es uno de los que asumen el cometido formal de nombrar a un regente. También asume automáticamente el cargo de guarda de la Consciencia Real, lo que conlleva ciertas obligaciones religiosas. Pero en ese momento la monarquía volvía a sentirse fuerte, mientras que la Administración de Blair ya no gozaba de su brío de juventud. No sabemos con exactitud qué pasó, pero la reina hizo saber que estaba muy descontenta. Según un miembro de la Casa Real: «El Gobierno quería abolir la "Consciencia" de la reina. Nos quedamos todos pasmados. Nadie se lo había consultado».[21] Lo que sabemos es que la oficina del lord canciller sufrió una serie de reformas, pero se dio marcha atrás en su abolición.

El Gobierno de Blair también empezaba a ver lo útil que podía ser la reina para su «política exterior ética», una de las cosas de las que más se jactaba el ejecutivo. En 1999, la Commonwealth iba a reunirse en Sudáfrica, donde la reina sería recibida por el sucesor de Nelson Mandela, el presidente Thabo Mbeki. Ahora bien, de camino hizo una visita de Estado a Ghana para repetir la famosa gira de 1961, cuando bailó con Kwame Nkrumah y se ganó el corazón del África negra. En esta ocasión, Isabel fue recibida por un líder vanidoso y corrupto con un largo historial de golpes militares y ejecuciones de adversarios políticos. Sin embargo, con el tiempo el ex teniente de aviación Jerry Rawlings había ido dando pasos. Había convocado elecciones, había sido presidente en dos ocasiones e iba a ceder el poder a un sucesor elegido democráticamente al año siguiente. Para garantizar que lo hiciera, el Gobierno británico le hizo el honor de enviar a la reina en su último año de presidencia.

El clímax de la visita fue el discurso ante el Parlamento ghanés. La reina se encontró un país tan eufórico y acogedor como el de 1961. Se calcula que un millón de personas se echaron a las calles de Acra para darle la bienvenida. A las puertas del Parlamento, todas las casas nobles de Ghana la recibieron con un desfile espectacular al estilo *durbar*. No faltaron los jefes supremos y las siete reinas madres. Dentro, sin embargo, su mensaje fue totalmente progresista y democrático. El discurso fue breve y acabó con un mensaje teledirigido: «El año que viene su presidente llegará al final de su segundo mandato. Su sucesor deberá ser elegido de manera libre y lícita...». La expresión «libre y lícita» hizo que los rivales de Rawlings prorrumpieran en vítores, silbidos y protestas. El alto comisionado adjunto del Reino Unido, Craig Murray, escribió lo siguiente: «La bancada de la oposición se volvió loca. Entonces la reina expresó el deseo de que los comicios fueran pacíficos, pero los gritos de "así es" acabaron silenciándola. La frase era mía y tuvo un efecto mucho mayor del que habría podido prever».[22] La reina parecía sobresaltada. No estaba acostumbrada a que hubiera estrépito mientras hablaba en un hemiciclo. El presidente Rawlings se puso hecho una fiera y el secretario de Exteriores, Robin Cook, también. El ministro de Exteriores ghanés se le acercó corriendo para comunicarle que Rawlings estaba muy ofendido.

Ya se había decidido que el presidente no recibiría el título honorífico de caballero que la reina solía conceder en esas giras. La Oficina de Asuntos Exteriores le había dicho que no lo hiciera; como dijo el secretario de prensa del ministro, John Williams, fue un «pequeño gesto hacia los derechos humanos».[23] El discurso de la reina ante el Parlamento ghanés parecía haber arruinado el viaje. Tras regresar al hotel, Cook espetó: «Menudo desastre. ¿Quién demonios lo ha escrito?», y Craig Murray reconoció que había sido él. «¿Y quién fue el lumbreras que lo aprobó?», dijo Cook, a lo que Murray respondió: «Usted. Usted aprobó el borrador final anoche».[24]

Según John Williams, el secretario de Exteriores estaba enfadado sobre todo consigo mismo por no anticipar la reacción que suscitaría el discurso. Lo último que quería Cook era que le responsabilizaran de otro viaje fallido de la Casa Real como el de la India, hacía dos años. No tenía un buen historial con las visitas de Estado. Durante la del presidente chino Jiang Zemin, habían acusado a Cook de confabularse con la policía para impedir manifestaciones a favor de los derechos humanos en Londres. Según John Williams: «Estaba muy cabreado. Incluso hizo llorar a una persona de la Oficina de Asuntos Exteriores leyéndole la cartilla. No vimos al mejor Robin».[25] Después de ese episodio, Cook había llegado a plantearse prescindir del todo de la diplomacia. Hablando con su equipo, dijo: «¿Para qué necesitamos estas visitas de Estado? O nadie les presta atención o terminan como el rosario de la aurora».[26]

En Ghana, la prioridad pasó a ser el control de daños. Fue la reina quien acudió al rescate. Robin Janvrin le comunicó al secretario de Exteriores que esa noche habría un brindis en la cena oficial y que podían adornarlo un poco más. Ya se les ocurriría algo. Y vaya si se les ocurrió... Justo antes de la cena, Janvrin le contó al equipo de Exteriores lo que había pensado la reina. Según Williams: «Lo que me impresionó fue que se lo había estudiado de pe a pa. No dio nada por sentado». Al concluir el banquete, en el que Rawlings no esperaba que la reina dijera nada, ella pidió a todos los invitados que se alzaran y brindaran por el presidente y por el pueblo de Ghana: «Fue la prueba de lo perfeccionista que era, de la seriedad con la que se tomaba su influencia, de lo importante que era su presencia para el momento histórico que vivía la democracia en África, que tampoco había vivido muchas alegrías. Pero funcionó, porque Rawlings se quedó la mar de contento».[27]

Por su parte, el Reino Unido estaba empezando a pensar en un momento realmente histórico: la llegada del nuevo milenio. Antes de perder las elecciones de 1997, el Gobierno de Major había convencido al equipo de Blair para que apoyara y llevara adelante su plan de construir el gran Millennium Dome en Greenwich, el lugar desde donde hacía siglos que se calculaba el tiempo histórica y teóricamente. El presupuesto para el proyecto se estaba disparando y nadie se ponía de acuerdo sobre cuál debía ser su contenido (al final costó lo mismo que doce yates reales). Sin embargo, la más funesta de las décadas todavía guardaba en la recámara un último desafío antes de las celebraciones del nuevo milenio. La profecía pronunciada en el discurso de las bodas de oro se hizo realidad: la reina iba a vivir la desconocida experiencia de someterse al juicio de las urnas, sin poder hacer ni decir absolutamente nada sobre la cuestión.

En Australia, el mandato de Paul Keating había llegado a su fin en 1996, cuando el combativo y progresista republicano cayó derrotado por el Partido Liberal de centroderecha. El nuevo primer ministro era John Howard, un monárquico convencido que se acabaría convirtiendo en la segunda persona con más años en el cargo de la historia del país. Pero Howard no era ajeno al clamor que existía en la calle por votar. En 1998, creó una convención constitucional para hablar de las futuras relaciones de su país con la Corona e idear un modelo de nueva república que fuera sometido a sufragio. El 6 de noviembre de 1999, la gente elegiría entre tener un presidente nombrado por el Parlamento o mantener a la reina. La familia real se abstuvo de participar en la encarnizada campaña previa al referéndum. Según Howard: «Nunca quisieron inmiscuirse. La reina no lo habría querido. Y yo tampoco. Habría sido contraproducente».[28]

Uno de los más activos durante la campaña fue el futuro primer ministro Tony Abbott, que acababa de entrar en el Parlamento y que había dirigido la campaña promonarquía «Australians for Constitutional Monarchy» («Australianos a favor de la monarquía constitucional»). Para él, el sentimiento republicano y antimonárquico había calado debido a varios factores. Según me confesó, «la entrada del Reino Unido en la CEE, como se la llamaba entonces, fue uno de los elementos». El político recuerda la ira que sintieron los australianos al llegar al Reino Unido y ser tratados como extranjeros, mientras que los alemanes y los demás pasaban tranquilamente con sus pasaportes de la CEE: «Fue algo que provocó mucha irritación... Muchísima». También apunta a la crisis constitucional australiana de 1975 como factor: «Otra cuestión era el mito imborrable de que la reina había conspirado

contra Gough Whitlam, un primer ministro elegido democráticamente».

Todo el mundo creía que el nuevo perfil demográfico de
Australia favorecía el cambio. Es innegable que eso contribuyó a
dar a Paul Keating su empuje inicial para crear una república.
Según esa teoría, los inmigrantes que llegaban cada vez en mayor
número desde Asia y Europa del Este estaban menos unidos a la
Corona que la mayoría blanca anglosajona. Sin embargo, Abbott
veía una tendencia muy distinta. Para él, los republicanos eran
mucho menos diversos y multiculturales que los monárquicos:
«Si me tengo que basar en mi experiencia trabajando con la campaña promonarquía, muchos eran migrantes que habían llegado a
Australia precisamente por la promesa de estabilidad y continuismo que personificaba la Corona». El movimiento republicano se
nutría de australianos que llevaban en el país más de una generación: «Y, aun así, a menudo citaban el multiculturalismo como
motivo para renunciar a la Corona. Yo siempre decía: "Bueno, a
ver... La reina está casada con un extranjero y desciende de antepasados de muchísimas nacionalidades diferentes. ¿Qué podría haber más multicultural que eso?"».[29]

Otra futura primera ministra, Julia Gillard, acababa de ser elegida diputada por Melbourne. Ella también detectó una reacción
parecida en su electorado: «Mi distrito electoral es multicultural.
En muchas comunidades de migrantes, sobre todo entre los que
habían venido a Australia por su paz y su prosperidad, la idea
que más predominaba era que si no es porque algo está realmente
hecho añicos, es mejor no meterse a arreglar. Si vienes de un país
donde ha habido golpes de Estado o una guerra civil, ves los cambios desde otra perspectiva. Dan miedo. Para muchos de ellos, la
palabra "república" no era positiva. Era sinónimo de desgracias».[30]

John Howard cree que los escándalos de los noventa y la
muerte de Diana habían perjudicado a la causa monárquica, pero
las divisiones en el seno del republicanismo a la hora de buscar un
mecanismo para escoger presidente constituían un problema más

grave: «Para la familia real no era un buen momento, después del *annus horribilis* y todo lo demás, pero yo tenía bastante confianza porque los republicanos estaban fragmentados. Tampoco daba la sensación de que hubieran expuesto las razones. En algunos círculos estaba de moda afirmar que uno era republicano, pero la gente simplemente decía que no le gustaba el modelo. Habían encontrado una excusa». Dentro de su propio partido había habido escisiones: «Algunos compañeros llegaron a estar a favor [de la abolición], con diferente nivel de entusiasmo. Por supuesto, una parte del argumento pro monarquía era que nos habíamos acostumbrado los unos a los otros. La reina era una figura muy conocida y bastante popular. Neville Wran, uno de los laboristas más importantes de toda una generación, estaba a favor de la república, pero acabó diciendo: "¡El mayor problema que tenemos es la reina! Todo el mundo la ama"».[31]

El día de la votación, el 6 de noviembre, pintaban bastos para la monarca y su trono australiano. Al final de la campaña, los medios y dirigentes políticos estaban en su inmensa mayoría a favor de abolir la monarquía. Todos los periódicos de Australia, excepto uno, llevaban editoriales que defendían el cambio, como bien recuerda John Howard: «Era extraordinario. La prensa de Murdoch, la de Fairfax y la ABC* estaban pidiendo a gritos que la gente votara que sí. Obviamente no tenían en cuenta el escepticismo del pueblo australiano: "Si todos están a favor, es que hay gato encerrado"».

Tony Abbott se pasó el día entero como observador en su colegio electoral, donde las cosas se presentaban fatal para la causa monárquica: «Recuerdo que volví a casa después del recuento en ese colegio, donde había salido más o menos un 60-40 a favor de la república, y me sentía desolado. Pero por la noche me puse a escuchar las noticias y vi que empezaban a llegar resultados de otros sitios. Estaba claro que los republicanos habían perdido.

* Siglas de «Australian Broadcasting Corporation».

Pensé: "¡Que me pellizquen!". Casi todos los medios estaban a favor de la república y, aun así, gracias a Dios, prevaleció el sentido común y la decencia del pueblo australiano».[32] Al final, fue una clara victoria del *statu quo* con un 55 % de los votos. Como explica Julia Gillard: «En Australia cuesta horrores ganar un referéndum porque no solo necesitas una mayoría de votos, sino una mayoría de votos en la mayoría de estados».[33] Los republicanos no lo consiguieron en ningún Estado.

John Howard recuerda con alegría que el día acabó con la final de la Copa Mundial de Rugby en Cardiff. Los australianos de todos los signos políticos disfrutaron de la victoria 35-12 sobre Francia, y luego vieron al capitán de los Wallabies, John Eales, acercarse para recibir el trofeo de una reina rebosante de felicidad.

Menos de dos meses después, la reina visitó en el hospital al moribundo Martin Charteris y ambos hablaron animadamente del presente, no del pasado.[34] Con esa visita la reina se despidió del siglo xx y de la década más negra de su vida. La velada debe de contarse entre las Nochviejas menos placenteras de su vida. Se había hablado mucho del estilo y del tono de las celebraciones previstas para el nuevo Millennium Dome. El productor teatral Cameron Mackintosh y el arquitecto de los grandes actos palaciegos, el mayor Michael Parker, habían recibido el cometido de diseñar una feria impresionante que el Dome acogería durante todo el año 2000. Concibieron una celebración de pasado, presente y futuro llamada «About Time». Parker incluso había pensado en recrear la carga de la Brigada Ligera, pero el ministro a cargo del Dome, Peter Mandelson, y su equipo subrayaron que todos los espectáculos tenían que ambientarse en el presente y el futuro, no en el pasado.

Mackintosh y Parker habían defendido que cualquier celebración de un momento histórico debía conectar el antes con el después, así que dimitieron.[35] En Nochevieja, el Gobierno demostró lo que había preparado: una soporífera velada de música pop y acrobacias. Parker lo describió como «un triunfo de la falta de creatividad burocrática». Eso, al menos, sí plasmaba la esencia del Dome. El centro fue un derroche y un fiasco y cerró al cabo de un año.* Después del espectáculo se conectó en directo con las campanadas del Big Ben y el canto tradicional del «Auld Lang Syne». La imagen de la reina frunciendo los labios y cogiendo de la mano a Tony Blair (que no tenía los brazos cruzados, a diferencia de casi todos los asistentes) sigue siendo un emblema del triste estoicismo real. Puede que fuera una fiesta horrorosa, pero al menos se habían acabado los noventa.

---

* Años después, el Millenium Dome reabrió con un nuevo nombre: O2 Arena.

V

ORIGINALIDAD Y CAMBIO

19

2000-2004

«Debemos hablar de cambio»

Las espantosas celebraciones en el Dome evidenciaron las dos mentalidades opuestas que existían a principios del siglo XXI. Entre los círculos políticos y mediáticos, se estaba extendiendo un credo modernizador y casi evangélico centrado exclusivamente en el futuro, decidido a aceptar lo nuevo y a relegar el pasado al pasado. De ahí la negativa a incluir cualquier tipo de elemento histórico en las celebraciones del nuevo milenio. Luego había aquellos, como la reina, que se prestaban a mirar en ambas direcciones. Para ellos, el milenio era un momento de reflexión tanto como de celebración. En su mensaje de Navidad de unos días antes, la reina había dicho: «El futuro no consiste solo en dispositivos nuevos, tecnología moderna o últimos diseños. El eje de nuestra vida, hoy y mañana, debe ser el mensaje de amor por los demás. Para los cristianos, este mensaje, "ama a tu prójimo como a ti mismo", tendrá dos mil años de antigüedad, pero sigue estando tan vigente como siempre». Para Isabel, era un mensaje que difundían «todas las grandes religiones».

La fe ha sido un pilar para la reina durante toda su vida, pero sus más allegados empezaron a percibir un cambio sutil, aunque evidente, con la llegada del nuevo milenio. Mientras la sociedad general se alejaba de la fe y abrazaba el laicismo, la reina comenzó a darle más importancia a su propia religión y a las demás. Sus mensajes de Navidad se volvieron más religiosos. En los actos públicos, tenía más en cuenta los otros credos. Iba a visitar más mezquitas y templos. Cuando el equipo de Tony Blair se reunió para ultimar los detalles de la celebración del nuevo milenio, ya había habido señales. Según el ex secretario de prensa de la reina, Charles Anson: «Se había reunido la flor y nata. Todo el mundo hablaba del acto principal en el Millennium Dome: qué famosos habría, quién aparecería, en qué actos...». Al final, dice Anson, alguien se acordó de preguntarle al secretario privado cómo le gustaría a la reina celebrar esa fecha. Robert Fellowes contestó que seguramente querría ir a la iglesia, y Anson recuerda: «Se hizo el silencio en la sala. De repente todo el mundo lo vio claro». Para Anson, no hay ninguna duda de que la fe fue clave para Isabel durante esos años difíciles antes del 2000, y también durante sus últimos bretes: «Existe una dimensión religiosa y ella la considera un deber sagrado. Cuando las cosas van mal tiene unos amortiguadores estupendos, y cuando todo le sale a pedir de boca tampoco echa las campanas al vuelo».[1]

La devoción de la reina por su Commonwealth es de sobra conocida. Lo que cuesta más de asimilar es que haya sido una de las gobernadoras supremas de la Iglesia de Inglaterra más escrupulosas que ha habido desde que se creó ese título en tiempos de los Tudor. Se preparó para la coronación con un libro de meditaciones y oraciones que recopiló para ella el arzobispo de Canterbury, Geoffrey Fisher. Rowan Williams, que ocupó ese cargo entre 2002 y 2012, dijo: «Creo que guardaba ese libro con mucha estima. Una vez me lo enseñó en Windsor».[2]

Para ella, uno de los cimientos de la fe es ir a misa con regularidad, normalmente a iglesias pequeñas que utilizan el Libro de Oración Común (si está en Inglaterra). También prefiere los maitines a la eucaristía, que solo recibe de vez en cuando. Otro indicio claro es que Isabel II ha resucitado el ritual del Royal Maundy, un servicio de ochocientos años de antigüedad en el que el rey entregaba limosna a los necesitados el día de Jueves Santo. Los primeros testimonios de la ceremonia datan del reinado de Juan, cuando se les lavaban los pies a los pobres y se les daba ropa y comida. Durante la época de los Estuardo se fue perdiendo la costumbre de lavar los pies y dar alimentos, hasta que los reyes dejaron de ir, directamente. Para no acudir, elegían a un obispo destacado, lo nombraban «lord alto limosnero» y le mandaban a repartir monedas entre los pobres. El abuelo de la reina fue quien recuperó la tradición de acudir personalmente de vez en cuando. Según Nigel McCulloch, antiguo lord alto limosnero y obispo de Manchester: «Creo que, durante el reinado de Jorge V, ella fue alguna vez y le marcó mucho».[3] Al llegar al trono, Isabel II no solo se convirtió en la primera monarca en siglos que iba al acto cada año, sino que decidió que debería ser una ceremonia nacional sin vínculos con la Abadía de Westminster. Por eso empezó a organizar el acto en una ciudad diferente cada año. Solo volvía a la abadía una vez por década. Gracias a eso, casi todas las catedrales de la Iglesia de Inglaterra han acogido este acto tan simbólico con ramilletes (ramos de flores medievales para alejar los malos olores), niños que desfilan detrás de la reina y la Guardia, que lleva los monederos con limosna en bandejas de oro. Ahora ya no se da el dinero a indigentes, sino a personas que llevan muchos años trabajando para su iglesia o comunidad local. Todos reciben dos bolsitas de monedas de plata conmemorativas con un valor nominal. Es una ceremonia importantísima para la reina. Según Nigel McCulloch: «Es una de las fechas que espera como el santo advenimiento y, en mi opinión, la ayuda mucho en su vida». Y está atenta a todo. McCulloch recuerda una ceremonia en que un guarda ladeó la bandeja sin darse cuenta y cayeron dos bolsitas. La reina fue la única que detectó el percance: «Inmediatamente señaló al suelo. Si no lo hubiera hecho, habríamos sufrido la humillación de no poder entregar las bolsitas a su destinatario».

Cuando los obispos van a rendirle homenaje a la reina, cosa que hacen cuando son citados, saben que Isabel conocerá a fondo su diócesis. McCulloch recuerda así su propia experiencia: «Lo que me dejó fascinado fue el contacto visual. Te arrodillas ante ella, ella aplaude y, sin separar las manos, te mira de hito en hito y te hace sentir como si tu labor fuera importante».[4] Muchos fines de semana se invita a diferentes pastores para que oficien la misa dominical y luego se queden a almorzar con la familia en Windsor, Sandringham o Balmoral. Siempre se pide que el sermón no supere los siete minutos. Algunos son invitados más de una vez, como el evangelista norteamericano Billy Graham, que también dejó una profunda huella en otro jefe de Estado. Según comenta el ex presidente George W. Bush: «Sé que a Isabel le cae muy bien. Y a mí, ni te digo. Era un hombre asombroso. Quizá le conté a la reina que Billy Graham me ayudó a dejar de beber».[5]

Bush cree que la fe de Isabel ha sido primordial para su éxito: «Tengo la sospecha de que su fe la ayuda mucho porque le permite relativizar las cosas. Puede que sea la monarca, pero no es la última reina, ni la suprema, y eso es interesante». Incluso se atreve a decir que su fe desempeñó un papel clave en la alianza transatlántica entre el Reino Unido y los Estados Unidos durante sus mandatos, y también *a posteriori*: «Para mí, es una "relación especial" porque compartimos una serie de valores en los que creemos firmemente. Si Su Majestad hubiera fallado a la Corona o no hubiera mostrado empatía o compasión, el vínculo no habría sido tan sólido. Digámoslo así».

En el año 2000, la familia celebró varios acontecimientos, como el cuarenta cumpleaños del duque de York y el cincuenta de la princesa real. El gran acto fue el centenario de la reina madre. Aunque la mayoría de sus viejas amistades habían fallecido, ella se negaba a hablar de la muerte; prefería decir que la gente «ascendía».[6] Recientemente había perdido al poeta Ted Hughes, por quien sentía una gran debilidad, pero ella seguía teniendo las mismas ganas de vivir que siempre. Aún empezaba el almuerzo con una copita de ginebra con Dubonnet, seguida de una o dos copas de vino y rematándolo todo con algo de queso. Los fumadores siempre tenían luz verde para fumar en su presencia. Según su sobrina, Margaret Rhodes: «Le recordaba a su marido, su padre y sus hermanos, porque todos fumaban».[7] Siempre que podía, prefería comer fuera, o bien en el jardín de Clarence House, que ella llamaba su «salon verte», o bien, cuando estaba en Birkhall, en la cabaña que ella había bautizado como «el Toro y el Matorral».

El Gobierno llevaba décadas puliendo su funeral. En 1993, Alex Allan, secretario privado del primer ministro, dijo que no hacía falta correr. Les contó a sus colegas que la reina madre acababa de asistir al banquete de Estado organizado en honor del rey de Malasia y, «mientras todo el mundo se iba a acostar, [ella] se acercó a los Irish Guards para pedirles que tocaran un poco más de música para despertar los ánimos. ¡Y entonces se quedó en el umbral, a la intemperie, y se puso a hacer de directora de orquesta en la sombra!».[8] Kenneth Rose la había visto hacer lo mismo unos años antes, cuando él estaba visitando Clarence House y vio pasar una banda: «La habrá visto miles de veces, pero sigue con las mismas ganas de disfrutar del espectáculo».[9]

Para celebrar los cien años, Palacio le pidió al maestro de ceremonias real, el mayor Michael Parker, que organizara un gran desfile. Tendría lugar en el Horse Guards y en él participarían todas las organizaciones que representaba o financiaba la reina madre. Parker recibió un alud de ofertas de famosos que deseaban participar de forma gratuita. Pero, cuando faltaban unas pocas semanas, se produjo un encontronazo entre las dos facciones de la vida pública, la de los modernizadores y la de los tradicionalistas. La BBC anunció que desprogramaba el desfile. Furioso, Parker se ofreció a adelantar el acto para que no se solapara con las noticias de la noche, pero los ejecutivos de la cadena dijeron que eso les obligaría a eliminar de la programación la popular telenovela australiana *Vecinos*. No retransmitirían el acto. Aunque Palacio no emitió ninguna queja oficial, de puertas adentro había consternación y alarma. Para los nuevos cabecillas de la cultura popular y su plan «Cool Britannia», era obvio el lugar que ocupaba la monarquía. Antes de aceptar el puesto, el nuevo director general de la BBC, Greg Dyke, había sido un generoso donante del Partido Laborista y un miembro numerario de su ala modernizadora «New

Britain». Para Dyke y sus camaradas, obsesionados por todo lo joven, una telenovela australiana iba claramente por delante de un momento histórico para la realeza.

Pero el director de asuntos corporativos de Carlton Television, la franquicia londinense de ITV, hizo gala de su agudeza y vio la oportunidad. David Cameron era un ambicioso candidato conservador al Parlamento y director de Carlton, e instó a sus superiores de ITV a que intercedieran. Ellos estuvieron encantados. La tarde en cuestión, la cumpleañera vio desfilar ante ella una cabalgata de carrozas, cada una de las cuales representaba un momento emblemático de la vida de la reina madre durante el siglo xx. Entre otras cosas, Parker incluyó el movimiento sufragista, imágenes del personal de los complejos turísticos Butlin's, la Home Guard y Vera Lynn en un Jeep militar. El cortejo era interminable: ahora una réplica del Everest, ahora una delegación del sector cinematográfico británico con Norman Wisdom haciendo el payaso en la parte trasera de un camión... Y al final llegó el turno de todas las instituciones de las que era mecenas la reina madre, como la Worshipful Company of Grocers (a lomos de camellos), el Poultry Club (con un gallinero de pollos de Orpington), ex prisioneros de guerra de la Colditz Association y todos los condecorados con la Cruz Victoria y la Medalla de Jorge.[10]

Fue un glorioso galimatías. Por una amenaza de bomba del IRA, no había habido tiempo para ensayar y se tuvo que improvisar todo, en algunos casos de forma literal. Pero no importó lo más mínimo. La reina madre había dejado claro que quería estar de pie durante todo el acto, y acabó insistiendo en dar un discurso. Con una voz clara y firme, que resonó en las tribunas abarrotadas de gente de bien (doce mil personas), dijo: «Me ha parecido todo muy ameno: los que han desfilado, los niños, los regimientos y especialmente la música. Espero que todos hayáis disfrutado tanto como yo. Ha sido una velada maravillosa y solo quiero decir que Dios os bendiga y gracias». Greg Dyke y sus ejecutivos se habían equivocado de medio a medio al pensar que el país no tendría interés. ITV logró su máxima audiencia en siete años para esa franja horaria; doce millones de espectadores vieron el espectáculo en directo o los momentos más destacados al acabar. En BBC One, *Vecinos* solo sumó tres millones y medio de espectadores.[11] Desde Palacio no quisieron hacer comentarios. Como de costumbre, la reina expresó su sentimiento con hechos, no con palabras. Dos semanas más tarde, el mayor Michael Parker fue nombrado caballero.*

Por entonces, podía afirmarse con cierta cautela que la suerte de la familia real estaba cambiando. Durante su visita de Estado a Italia en el año 2000, la reina asistió a una recepción para el mundo de la moda en Milán. Los diseñadores no siempre habían aprobado su gusto al vestir y en la comitiva real había nervios. Sin embargo, en cuanto empezó a codearse con los grandes nombres de la moda milanesa, todos elogiaron su estilo. Miuccia Prada, del imperio Prada, declaró que la reina: «Es básicamente una de las mujeres más elegantes del mundo». El acto mereció incluso una brillante portada en *The Guardian*, para gozo y sorpresa de la comitiva.[12] Hacía tiempo que no pasaba algo así. Tras los constantes mazazos de los noventa, ciertamente los ánimos empezaban a mejorar poco a poco.

En el 2000, la reina concedió al artista más famoso de su tiempo una serie de sesiones para que la retratara en el estudio del Palacio de St. James. Lucian Freud optó por un lienzo pequeño, de apenas treinta centímetros de alto, para poder ahondar en la intensidad del estudio. En 2001, cuando por fin se reveló el retrato, hubo opiniones para todos los gustos. Según un periódico, se mostraba a una monarca de rostro serio, con lo que parecía «un bigote mal rasurado».[13] El crítico de arte principal de *The Times* lo tachó de «incómodo, valiente y honesto».[14] Según *The British Art Journal*, era «totalmente deprimente».[15] *The Sun* dijo que era

---

* Parker recibió el título KCVO, siglas en inglés de «Caballero Comendador de la Real Orden Victoriana», un reconocimiento que concedía la reina, no el Gobierno.

una «caricatura» y creó inmediatamente un concurso con mil libras de premio para el lector que pintara el mejor retrato de la monarca.[16] En cambio, el presidente de los Estados Unidos dijo que admiraba profundamente al retratista y a la retratada. Según George W. Bush, que después de su paso por la Casa Blanca ha intentado dedicarse a la pintura (inspirado, según dice, por Winston Churchill): «Una de las cosas que me fascinaron, y ahora puedo decirlo porque soy artista y he estudiado muchos cuadros, es que Su Majestad le permitiera a Lucian Freud que la retratara. Me quedé de piedra. Hay que tener mucha confianza para decirle a Lucian Freud: "Claro, retrátame". Era un artista con un talento impresionante, pero los temas sobre los que pintaba eran bastante obscenos. ¡No tiene un estilo tradicional, que digamos! Que Su Majestad le diera permiso para hacerlo es una gran muestra de su confianza».[17]

En marzo del 2000, la reina finalmente regresó a Australia tras un lapso de ocho años. Como no había querido que la acusaran de intromisión, no había visitado el país desde que Paul Keating había emprendido el camino hacia ese referéndum sobre la monarquía. Pero, con el fin de aclarar las cosas, el sucesor de Keating había acordado una visita para poco después del referéndum, fuera cual fuera su resultado. Al pactar la visita antes de saberse el resultado, nadie podía decir que la reina estuviera respondiendo a los acontecimientos. Estaba en el calendario e iba a ir tanto si seguía siendo jefa de Estado como si no.

En privado, desde Palacio admiten que pensaban que Australia optaría por el modelo presidencial en la consulta de 1999. Uno de los que participó en esa gira me confesó: «A juzgar por lo que se leía en la prensa, lo lógico era esperar que ganaran los republicanos». Y añadió: «Cuando llegó la reina, la gente tuvo una reacción extraordinaria. Se le acercaban y decían: "Soy republicano, pero, jolín, me alegro de verla"». La reina dejó clarísimo que no quería nada de triunfalismos. Era evidente que mucha gente había votado a favor de la Corona porque recelaba del modelo republicano que se le ofrecía más que por amor a la Casa de Windsor. En el discurso estrella de la gira, la reina prometió: «Seguir sirviendo fiel y constitucionalmente como reina de Australia según la mejor de mis habilidades, como he intentado hacer estos últimos cuarenta y ocho años», añadiendo: «Ese es mi deber, pero también mi privilegio y mi placer».

John Howard recuerda que todo salió bien: «Todo el mundo aceptó el resultado. No se volvería a sacar el tema en mucho tiempo. Algunos pensaban que podía ser su última visita, pero evidentemente no lo fue. Siempre ha estado feliz de su vínculo con Australia. Lo siguió todo con atención, y estoy seguro de que el resultado le llenó de satisfacción».[18] Howard se aseguró de que la gira la llevara también a zonas remotas del país, como el pueblo de Bourke, muy cerca del desierto. En sitios como ese se habían concentrado la mayoría de los votos a favor de la monarquía. Allí viajaron para conocerla todos los habitantes de Coolabah, a ciento treinta kilómetros por carretera, una minúscula aldea donde se había concentrado el mayor número de votantes monárquicos del país: cuarenta y seis a favor, por solo cuatro en contra. Naturalmente, los cuatro que votaron en contra no viajaron para conocer a la reina...

En el Reino Unido se nombró un nuevo lord chambelán: Richard Luce, ex ministro de los gobiernos de Thatcher y posteriormente gobernador de Gibraltar. Antes del nombramiento, se le invitó a Balmoral con su esposa Rose para conocer a la reina y al duque de Edimburgo. Luce le preguntó cómo quería ella que se llevaran sus asuntos domésticos, e Isabel contestó: «Lo que más me preocupa es que haya un buen ambiente de trabajo entre el personal, porque si hay buen ambiente, lo haces lo mejor posible». Luce lo recuerda así: «Cuando llegué, me encontré el mejor ambiente de mi vida».[19]

En ese momento, el Way Ahead Group, creado en un principio para supervisar el rumbo que debía seguir la Corona, había perdido ímpetu. Cada vez se celebraban menos reuniones, para gran alivio del nuevo lord chambelán: «No me apasionaba. No iba todo rodado, que digamos». Según otro habitual de esas sesiones, la reina tampoco las tenía en gran estima: «No lo pasaba especialmente bien. Se quedaba ahí sentada sin hacer gran cosa». Según este ex empleado, los encuentros se estaban convirtiendo en un medio tedioso para que el duque de York pudiera desahogarse con lo que fuera que le incordiara en ese momento: «Al príncipe de Gales le resultaba especialmente molesto, e intentaba escabullirse».[20]

Muchas veces era el deber del lord chambelán dar malas noticias y decir verdades. David Airlie podía dar fe de ello. Una de las prioridades de Richard Luce era la peliaguda misión de encontrar un nuevo papel aristocrático para los condes de Wessex, porque su vida empresarial comenzaba a chocar con su labor familiar. La productora de televisión del conde, Ardent, estaba en un mal momento y los canales de televisión le pedían constantemente permiso para hacer programas sobre su propia familia. La condesa dirigía su propia consultoría de relaciones públicas, pero en 2001 fue víctima de un engaño por parte de un tabloide. Alguien se hizo pasar por cliente y la chinchó para que hablara sobre la familia real y otras personalidades públicas. Sus comentarios fueron embarazosos, aunque sin malicia. Durante años, la principal crítica a los miembros de la familia fuera de la línea directa de sucesión era que no tenían un trabajo de verdad. Pero allí estaba la prueba de los riesgos.

La reina le pidió a lord Luce que lo resolviera. Con respecto a lo que debatieron, que a él mismo le pareció amargo, Luce señala: «Dije que necesitaba su autorización plena y me la dio. Yo empatizaba mucho con los condes de Wessex. Querían demostrar que podían conseguir algo por sus propios medios, y no solo por haber nacido con sangre azul. [...] Tuvimos que hablar de que no se podía ser Edward por la mañana y el príncipe Eduardo por la tarde. La cosa no iba así. Y por mucho que todos admiráramos su voluntad de demostrar cosas, podía ayudar un montón a la monarquía. Y la condesa, igual. Le dije: "Todo el mundo entiende por qué quieres hacerlo, pero si sigues formando parte de la realeza, todo se irá al garete". Me quito el sombrero por cómo lo gestionaron. Merecen un gran reconocimiento».[21]

Pocos meses después, los condes anunciaron que iban a priorizar sus obligaciones como miembros de la realeza, y así lo han hecho desde entonces. El conde ha colaborado mucho con la gran creación de su padre, el Premio Duque de Edimburgo, mientras que la condesa se ha dedicado en cuerpo y alma a un amplio repertorio de organizaciones, varias de ellas dedicadas a combatir la ceguera. Con el tiempo, se han vuelto cada vez más importantes para el engranaje de la familia e invierten más tiempo que la mayoría en obligaciones relacionadas con la Commonwealth. Eso sí, quisieron una vida diferente para su familia. Cuando nacieron sus dos hijos, Luisa y Jacobo —vizconde Severn—, la pareja decidió prescindir de las ostentaciones y renunciar a los tratamientos protocolarios a los que tenían derecho. Dos décadas más tarde, la reina y su equipo recordarían su experiencia previa y sabrían reaccionar a tiempo cuando otra joven pareja real, los duques de Sussex, quiso compaginar sus obligaciones con otro empleo. De momento, el debate sobre el futuro papel de los condes eclipsó todas las decisiones respecto a otro miembro de la familia que buscaba cambiar de sector... En 2001, con cuarenta y un años, el duque de York se decidió a dejar la Marina Real y anunció que probaría suerte como embajador itinerante, buscando oportunidades de negocio para empresas británicas. Su aventura acabaría trayendo de cabeza a la monarquía.

El 11 de septiembre de 2001 es una fecha que quedó grabada en la memoria de buena parte del planeta. Un grupo de terroristas secuestraron dos aviones estadounidenses y se inmolaron contra las Torres Gemelas de Nueva York. El ataque fue obra de la organización terrorista islamista Al Qaeda, de Osama bin Laden. Los terroristas secuestraron dos aviones más: uno se estrelló contra las instalaciones militares del Pentágono en Arlington, Virginia; y el otro en un campo de Pensilvania. Los ataques costaron la vida de casi tres mil personas, incluidos sesenta y seis ciudadanos británicos.

La reina siguió el desarrollo de los trágicos acontecimientos por televisión, desde Balmoral. Tras la polémica con la bandera surgida al morir Diana, se había acordado que la insignia del Reino Unido ondeara en el palacio cuando la reina no estuviera. A diferencia del estandarte real, también podría ondear a media asta cuando hubiera alguna tragedia. La reina apoyó sin vacilación la sugerencia de hacerlo en señal de solidaridad con los Estados Unidos. También modificó la ceremonia de cambio de guardia del día siguiente. Además del «God Save The Queen», la banda tocó el himno de los Estados Unidos, guardando dos minutos de silencio entre cada canción. La reina llamó al embajador del país aliado, Will Farish, como invitado de honor. El gesto fue muy valorado por los estadounidenses que vivían en el Reino Unido, y caló hondo en todo el país norteamericano. También tuvo un gran efecto el mensaje de la reina al pueblo estadounidense. Sus últimas palabras, «el dolor es el precio del amor», han pasado a la posteridad.

Aunque todo el espacio aéreo internacional estaba cerrado, Tony Blair cruzó el Atlántico para acompañar a los diputados estadounidenses en Washington cuando el presidente George W. Bush se dirigió a una nación devastada. Desde la Segunda Guerra Mundial, el Reino Unido y los Estados Unidos nunca se habían sentido más unidos y decididos. George Bush no lo ha olvidado: «No faltó a las incontables muestras de apoyo internacional. Me refiero tanto al gesto de Su Majestad como al de Tony Blair, que vino a sentarse en la galería al lado de Laura durante mi discurso en el Congreso. Fue un gran momento de solidaridad, y no cabe duda de que la reina desempeñó un papel crucial».[22] Ese día, Isabel también recibió una noticia personal fatídica. Su viejo amigo y consejero real en la adquisición de caballos de carreras, Porchey, séptimo conde de Carnarvon, había tenido un ataque al corazón y había muerto.

El gran examen para la revolución silenciosa (pero decidida) de la monarquía sería en 2002, cuando la reina iba a celebrar los cincuenta años en el trono. ¿Podría el Jubileo de Oro igualar el asombroso éxito del Jubileo de Plata? Y en caso de que así fuera, ¿podría devolver a la monarquía a los días de gloria previos al *annus horribilis*? Casi todo dependería de la buena planificación. También haría falta una gran confianza a todos los niveles. Los oscuros noventa aún atormentaban a muchos miembros de la Casa Real, incluida la reina. Si antes de las celebraciones del Día de la Victoria de 1995 había temido la falta de interés, ahora temía excederse con los actos de su Jubileo. Según me contó un ex miembro destacado de Palacio: «Es evidente que no rebosaba de confianza. Tantos años de pruebas y reveses familiares le habían minado la moral. La gente le decía que esperara a ver cómo se desarrollaban los acontecimientos, porque igual se llevaba una sorpresa».

En momentos como ese, el príncipe Felipe tenía un papel primordial. Según un veterano de la época: «Se complementaban. Si uno se sentía triste, el otro lo animaba. Pero los consejos del príncipe eran la auténtica clave. Si le consultabas sobre una cuestión espinosa, siempre decía: "Te propongo que vayas a hablar con Felipe y que luego me cuentes lo que habéis puesto en común". Entonces ibas y te reunías a solas con él durante unos cuarenta y cinco minutos para hablar de lo que fuera. Abordaba los problemas con una franqueza y una sinceridad totales. Y no sé cómo, pero siempre lográbamos acordar una manera de proceder».[23]

Los actos del Jubileo tendrían lugar durante todo el año, tanto en el Reino Unido como en los diferentes reinos, y se coronarían con un largo fin de semana de celebraciones en Londres. En el Palacio se contrataron ayudantes extras, entre ellos el primer director de comunicaciones. Anunciado el plan general, los medios expresaron su desilusión. *The Times* habló del «gatillazo del Jubileo», tal como la reina había temido. Fue un flaco favor a la confianza de la Casa Real. Pero lo que pasó a continuación parecía encaminado a arruinar por completo el aniversario.

La salud de la princesa Margarita iba de capa caída tras el ictus que sufrió en 1998 y el accidente con el agua de la bañera hirviendo un año después. La Navidad de 2001 la pasó postrada en la cama, en Sandringham, igual que la reina madre. Para cuando el Jubileo empezó formalmente el 6 de febrero de 2002, en el aniversario de la llegada de Isabel al trono, la princesa había vuelto a su casa en el Palacio Kensington. Dos días después tuvo otro ictus y el 9 de febrero de 2002 falleció. El acto formal de despedida tuvo lugar exactamente cincuenta años después del funeral de su padre, y en el mismo lugar: la Capilla de San Jorge de Windsor.

La princesa Margarita quería un acto sobrio. Pidió que la incineraran y que enterraran las cenizas al lado de su padre, bajo la capilla conmemorativa de Jorge VI. El panteón real de segunda categoría de Frogmore no era para ella. Días antes había dicho: «Me gustaría que me rindieran tributo, no que me enterraran».[24] Pese a haber sufrido una terrible caída dos días antes, la reina madre hizo de tripas corazón y cogió un helicóptero en Sandringham para asistir al funeral privado. Estaba decidida a alzarse cuando sacaran el féretro de su hija de San Jorge. Con el estandarte de la princesa todavía sobre la tapa, el ataúd recorrió el camino hasta la incineradora de Slough. Años atrás, para celebrar el nacimiento de la princesa en el Castillo de Glamis, en los valles de Escocia habían prendido las almenaras. Margarita se había criado en el Castillo de Windsor como segunda en la línea de sucesión y su hermosura siempre fue elogiada por los líderes internacionales y grandes artistas de la época. Pero se reunió con su creador en Stoke Road, Slough, veinte minutos después de Annie Read, una mujer de la zona.[25]

Según sus amigos, la reina nunca había estado tan afectada. Siempre había cuidado de la intrépida e impulsiva Margarita, desde el parvulario, y había hablado con ella casi todos los días de su vida. De repente perdía a un alma gemela, la única persona aparte de Felipe que siempre hablaba sin tapujos, sin adornos y sin reparar en el tema tratado, incluso si concernía a la propia Isabel. Aun así, al cabo de una semana, el Jubileo de Oro que tanto se había preparado llevó a la reina a Jamaica y luego a la cumbre de la Commonwealth en Australia, con parada incluida en Nueva Zelanda. No se canceló ni un solo compromiso.

Por su parte, la reina madre regresó por última vez a sus dependencias de Windsor, el Royal Lodge. Carlos la había reconfortado mucho diciéndole que, unos días antes de morir, Margarita había manifestado sus ganas de «reunirse con padre».[26] La reina madre se aferró a su monotonía de siempre, formada por esas mismas rutinas recurrentes y conocidas que siguen gustando tanto a Isabel II. Como señala William Shawcross, biógrafo de la reina madre, no canceló su acto anual con los Beagles del Eton College, ni tampoco la fiesta en Sandown Park, el Grand Military Meeting, a la que invitó a amigos a competir en carreras de caballos y coronó a su último vencedor. Pero a medida que se acercaba Semana Santa, sus amigos y allegados empezaron a recibir llamadas con un tono más formal. Su consejero de caballos de carreras, Michael Oswald, recibió el cometido de cerrar varios asuntos pendientes. A la princesa real le preguntaron si le importaría encargarse de ciertos caballos y demás. El Viernes Santo, la reina madre perdió sus fuerzas, no sin antes mandar a dos de sus trabajadores más fieles hasta un cajón de su escritorio, donde encontraron unos regalos.

Al día siguiente, Isabel fue llamada de urgencia mientras cabalgaba por el parque. Llegó al Royal Lodge a tiempo de despedirse junto con los hijos de la princesa Margarita, el vizconde Linley y Sarah Chatto. Se dijeron unas palabras. Según Shawcross: «La reina madre Isabel pudo despedirse de su hija».[27] La reina madre perdió y recuperó la consciencia varias veces, y entretanto llegó su sobrina y habitual compañera, Margaret Rhodes. El capellán real, el canónigo John Ovenden, recitó un canto religioso escocés: «Me sumerjo ahora en el sueño», y leyó la última oración: «Permite a tu vasalla ir en paz». Margaret Rhodes escribió lo siguiente en sus memorias: «Todos teníamos lágrimas en los ojos y, todavía hoy, no puedo oír esas palabras sin querer llorar».[28] Según le confesó después a Sally Bedell Smith, la reina había sufrido «un dolor inmenso».[29]

Pese a tener ciento un años, la muerte de la reina madre el 30 de marzo de 2002 cogió al país desprevenido durante el largo puente de Semana Santa. Para los que la conocían bien, no fue ninguna gran sorpresa. Dos meses antes, su vieja amiga Prue Penn le había dicho a Kenneth Rose que no le parecería extraño que la reina madre quisiera morir en el aniversario de la muerte del rey, o por esas fechas; cualquier cosa para no «eclipsar el Jubileo de Oro de la reina». Total, María de Teck había hecho lo mismo antes de la coronación de 1953.[30]

Para no quedarse cortos como pasó tras la muerte de Diana, la Casa Real dispuso enseguida libros de condolencias en el Palacio de St. James. Como no hubo una estampida de gente, algunos lo interpretaron prematuramente como una señal de que el Reino Unido del siglo XXI ya no era esclavo de la vieja etiqueta monárquica. Cinco días después tuvieron que retractarse. Cuando el féretro de la reina madre desfiló desde el Palacio de St. James hasta el Salón Westminster para los tres días de capilla ardiente, unas 250.000 personas se echaron a las calles. ¡Y eso que era una mañana gélida y era día laborable! La operación recibió el nombre en clave Tay Bridge y el desfile se celebró sin contratiempos. El féretro fue escoltado por mil seiscientos militares en representación de todos y cada uno de sus regimientos, desde el Cuerpo Médico Real de Nueva Zelanda hasta los Toronto Scottish, pasando por los Highlanders de Ciudad del Cabo. Sus nietos y nietas desfilaron detrás con la princesa real, rompiendo la tradición de que solo participaran hombres de sangre azul.*

La reina esperaba en Westminster. El ataúd fue colocado en el mismo lugar donde un país en luto había desfilado para rendir

---

* En 1994, cuando la reina nombró a Ana Dama de la Orden de la Jarretera, ella insistió en ser nombrada Caballero de la Jarretera.

homenaje a su padre en 1952. Cuando se marchó el coche de Isabel, la multitud arrancó a aplaudir espontáneamente y los vítores la acompañaron hasta que llegó al palacio. Fue un gran consuelo. Como le admitió después a una dama de compañía, había sido una de las experiencias más emotivas de su vida.[31]

Durante el velatorio, acudió tanta gente al Salón Westminster a expresar sus condolencias que al final hubo que dejar abierta la capilla ardiente toda la noche. La cola cruzaba el puente de Lambeth y se prolongaba varios kilómetros hacia el este, siguiendo el curso del río Támesis. Cuando se advertía a la gente que quizá tendrían que esperar doce horas, la mayoría simplemente se encogía de hombros. Un pensionista de Stoke-On-Trent que había ido con su nieto señaló el hornillo que le salía de la mochila y dijo: «Traemos panceta».[32] Igual que en los bombardeos nazis de 1940 y 1941, el Real Servicio de Voluntarios se presentó con tiendas y grandes teteras para aliviar a los que estaban haciendo cola a pesar del frío. Era la imagen de otro Reino Unido: estoico, anticuado, discreto, omnipresente y fiel a sus tradiciones.

La víspera del funeral, la reina envió un mensaje a la nación. Unos días antes, había sido Carlos quien le había rendido un homenaje televisado a su abuela. La reina habló de su madre como un emblema del siglo pasado. Dijo que «su vida no estuvo exenta de complicaciones ni reveses», pero que «fue muy valiente y servicial, y no dejó nunca de gozar ni de reír». Entre los invitados a la Abadía de Westminster hubo siete reinas, seis reyes y un sultán, el de Brunéi, y representantes de ciento sesenta y dos países y territorios. Los Estados Unidos enviaron a la primera dama, Laura Bush. La reina madre había dado una última y desgarradora instrucción. Cuando se había casado en 1923, apenas cinco años después de terminar la Primera Guerra Mundial, había dejado su ramillete de novia en la Tumba del Soldado Desconocido.* Así empezó

---

* El hermano de la reina madre, Fergus Bowes-Lyon, murió en la batalla de Loos en 1915, cuando tenía veintiséis años. No se sabe dónde están sus restos exactamente.

una tradición regia que se ha ido legando de novia en novia hasta la actualidad. Isabel había pedido algo: cuando pasara por última vez al lado del monumento, el féretro se detendría un momento para rendir pleitesía en silencio.

Se calcula que un millón de personas vieron el cortejo fúnebre en su trayecto hasta Windsor. El lord chambelán viajó con el deán de Windsor en el coche que seguía al príncipe de Gales y se quedó de piedra; durante los cuarenta kilómetros de trayecto vieron gente de todas las edades y razas en las calles. Lord Luce recuerda que los conductores que iban por el carril contrario paraban el coche, se bajaban y hacían reverencias: «Es una de las cosas más conmovedoras que he visto». En el primer par de kilómetros, inclinaban la cabeza en silencio. Pero cuando la reina madre llegó a Gloucester Road, la multitud empezó a aplaudir y lo siguió haciendo hasta el Castillo de Windsor. Dentro de la diminuta capilla conmemorativa del rey Jorge VI había tan poco espacio que solo cabían el deán de Windsor, lord Luce y el propio lord chambelán de la reina madre, el vigesimonoveno conde de Crawford.[33] La reina y el resto de la familia lo observaron a través de los barrotes. La larga tradición del lord chambelán dictaba que lord Crawford debía quebrar su larga vara blanca sobre la tumba y arrojarla dentro. Pero la vara moderna, un cetro ligero de sauce parecido a un taco de billar, se desenroscaba por el medio. Así que se decidió que lord Crawford podría quedarse con la vara como recuerdo de sus años de servicio, en lugar de tirarla a la fosa. Fue un guiño modernizador con el que, a buen seguro, su ex jefa habría estado de acuerdo.

Unos días después, cumplido con el luto de rigor, la reina empezó su gira por el Reino Unido para celebrar su Jubileo de Oro. Empezó en el Museo Nacional Marítimo de Falmouth, donde los presagios no fueron muy buenos. Poca gente acudió a su pri-

---

La Tumba del Soldado Desconocido es un monumento erigido en honor a todos los militares caídos en guerra cuyos cuerpos no han sido encontrados.

mer acto (bastante más interesante para el duque de Edimburgo, que pudo volver a ver su viejo velero de carreras de clase Dragon, el Bluebottle). Una hora más tarde se supo el motivo de la escasez de público. Según un miembro de la comitiva real: «Nunca olvidaré esa sensación horrible de salir y encontrar la calle vacía. Entonces doblamos una esquina donde no había nadie y nos los encontramos».[34] Todo Falmouth estaba esperando a la pareja en el centro del pueblo, donde a la reina le llovieron las flores y los regalos. Al cabo de un par de horas, en Truro, parecía que medio Cornualles se hubiera reunido a esperar a que la reina llegara a la catedral para almorzar.[35] Los que creían que el Jubileo sería un fracaso se equivocaban de medio a medio, tanto como los que habían sugerido que los británicos no tenían mucho interés en la reina madre. En verdad, nunca hubo ninguna duda. Las encuestas de Bob Worcester y sus analistas de mercado indicaban lo mismo sistemáticamente y no erraban. El país parecía tan unido a su monarca como siempre. El rumor se propagó y la reina se encontró un panorama similar al cruzar la frontera de Cornualles, en Devon. El recibimiento en Exeter fue extraordinario. Y lo mismo pasó en Bath, cuando el cortejo del Jubileo entró en Somerset.

Aun así, se quería evitar por todos los medios que se convirtiera en un ejercicio de nostalgia. La reina veía necesario casar tradición con modernización. Al duque de Edimburgo le gustaba distinguir entre el progreso sensato y la modernización gratuita, o como lo describió en su día, «las medias tintas blairistas».[36] Pero era evidente que la reina, la misma que les pedía a sus empleados que no usaran términos como «modernizar» o «corporativo», estaba incorporando elementos de la filosofía blairista. Se vio en su discurso del Jubileo ante lores y comunes en el Salón Westminster, el 30 de abril de 2002: «Si un Jubileo es el momento de definir una era, para mí debemos hablar de cambio. Cómo afrontemos dicho cambio definirá nuestro futuro», empezó diciendo. La palabra «cambio» salía cinco veces, aunque ella hizo todo lo posible por enmarcarla en la tradición más que equipararla a un nuevo rumbo: «Somos personas moderadas y pragmáticas; nos sentimos más cómodas con la práctica que con la teoría. Nuestra tradición internacional y marinera nos lleva a mirar hacia el exterior y a ser abiertos. Nuestra forma de ser y nuestra lengua nos aportan grandes ventajas en este mundo cada vez más pequeño». Era una idea que evocaba a Churchill y De Gaulle, que habían hablado en términos contradictorios de la mentalidad esencialmente marítima del Reino Unido. También armonizaba con la creencia de su padre en la «calzada definitiva e indestructible» del mar. Pero la reina lo vinculaba todo a otra tradición: «También nos sentimos orgullosos de nuestra tradición de equidad y tolerancia. [...] [Y celebro] que se haya consolidado una sociedad con tantas culturas y credos diferentes. Supone un gran avance desde 1952». En otras palabras, estaba apuntando orgullosa a un continuo de cambios, desde Nelson al carnaval de Notting Hill, cambios que se extendían hasta bien entrado el siglo XXI.

Tony Blair lo recuerda como una lección de fortaleza de la reina: «Fue un buen verano. Estaba muy abierta a ideas y sugerencias nuevas. El motivo de su éxito es esa capacidad extraordinaria por equilibrar la mística de la monarquía con la adaptación a los cambios en la cultura nacional. En ese aspecto es única, y es lo que hace fantásticamente bien. En el sentido de la política en minúsculas —nada que ver con la política de partidos— es casi un genio. En 2002 lo demostró. La monarquía no se vio degradada, pero sí fue una celebración muy diferente a la anterior».[37] Una feliz diferencia entre el Jubileo de Oro y el de Plata, veinticinco años antes, fue que esta vez la reina pudo visitar el pueblo de Irlanda del Norte con una relativa normalidad. En 1977, la amenaza sobre su vida era tan real que había tenido que salir del barco de guerra en helicóptero. En 2002, las diferentes facciones religiosas y políticas de Irlanda del Norte ya habían firmado el Acuerdo de Viernes Santo, que trajo la paz al Úlster después de tres décadas de baño de sangre. Aunque seguía viva la amenaza de terroristas disidentes, al menos la reina podía moverse en coche.

Las celebraciones del Jubileo llegaron a su clímax en junio, en un largo y festivo fin de semana con conciertos de música clásica y pop en los jardines palaciegos, una misa de Acción de Gracias y un desfile de niños provenientes de toda la Commonwealth. Después de su metedura de pata con el centenario de la reina madre, en esa ocasión la BBC no mostró ninguna reticencia. Los productores recibieron la orden de grabar hasta el último segundo. Los actos conmemorativos son recordados sobre todo por dos imágenes. Una es del Concorde, que sobrevoló The Mall y el Palacio de Buckingham flanqueado por un grupo acrobático de la Real Fuerza Aérea, los Red Arrows. La otra instantánea es la de Brian May, guitarrista de The Queen, tocando un magnífico solo del himno nacional desde el tejado de Buckingham para inaugurar el concierto de música pop. Igual que sucedió con el concierto de música clásica de dos noches antes, millones de personas habían solicitado una de las doce mil entradas concedidas mediante un sistema de lotería. Hasta el sorteo fue un acto muy seguido en todo el país gracias al tráiler promocional de la BBC. En la rifa tomó parte el actor Rowan Atkinson, que volvió a enfundarse en el personaje de la Víbora Negra, el cortesano cascarrabias, que refunfuñaba y se quejaba del acto. La reina había abierto las puertas del palacio a la BBC para filmar la pantomima. Según el ex secretario de prensa Charles Anson: «Dio mucho que hablar. El tráiler fue aún más revolucionario que los conciertos. La gente no se cansaba de verlo».[38] De hecho, el breve *sketch* de Atkinson sentó el precedente para otro video satírico grabado en el palacio una década más tarde.

Según la policía, la noche del concierto un millón de personas se amontonaron en los parques alrededor del palacio. Tony Blair acompañó a la reina en la recepción de los artistas y recuerda perfectamente a los roqueros de Black Sabbath: «Fue una conversación divertidísima. Estaba Tony Iommi, el guitarrista, un hombre supercentrado, listo, que parecía casi un empresario... Y luego estaba Ozzy Osbourne [el cantante], que era muy majo, pero un poco excéntrico y difícil de entender».[39] Bautizada como «Party at the Palace» («Fiesta en el Palacio»), la velada contó con la presencia de Elton John, Cliff Richard y Annie Lennox, entre muchos otros. Al final del espectáculo, Paul McCartney se puso al frente de la comitiva y juntos tocaron «Hey Jude».

Según Tony Blair: «Fue un acto muy alegre. La nueva cultura del rock, el pop y el arte se alineó a la perfección con la monarquía. Fue muy extraño, pero conmovedor». Luego salió un CD con el concierto grabado y los beneficios se destinaron a proyectos benéficos. Quizá la reina no fuera conocedora de los grupos ni de la música, ni mucho menos una fan, pero estuvo contentísima de ser la primera monarca en recibir un disco de oro por el número de álbumes vendidos. Todavía lo tiene colgado en Buckingham.

Otro recuerdo del Jubileo de Oro fue un coche. Para celebrar la fecha, Bentley diseñó un modelo especial único adaptado a la altura de la reina. Antes de entregar el nuevo Bentley oficial, la reina le pidió a su chofer, Joe Last, que lo probara un poco. Él le dijo que lo había llevado sin problemas hasta los ciento sesenta kilómetros por hora y que aún podía ir mucho más rápido. «Fantástico, ¿pero a cinco por hora cómo va?», quiso saber la reina.[40] Igual que el papamóvil, era uno de los pocos vehículos del mundo diseñados específicamente para mejorar la vista desde fuera, no desde dentro. Y eso era mejor a velocidad baja. Bentley fabricó otros dos modelos idénticos, conocidos en las cocheras reales como Bent 1 y Bent 2. Los dos llevan al frente del capó una figurita de san Jorge con el dragón. La insignia es extraíble, así que cuando el vehículo cruza la frontera, se cambia por el león escocés.

Pero todavía había una sombra cerniéndose sobre el Jubileo. El año anterior, había sido arrestado el ex mayordomo de Diana, Paul Burrell. La policía registró su casa y lo acusó de robo al descubrir en su ático centenares de pertenencias de la princesa, valoradas en millones de libras. Como Burrell había sido tan leal a Diana durante el ocaso de su matrimonio y hasta su muerte, los medios se frotaban las manos con las grandes revelaciones que saldrían del banquillo de los acusados. Sin embargo, en otoño de 2002 el juicio apenas había empezado cuando la fiscalía echó el freno. Trascendió que la reina había recordado una charla con Burrell al poco de morir la princesa. Burrell le había dicho que tenía en su haber algunas pertenencias de la princesa. Cuando la reina se lo mencionó al príncipe de Gales como quien no quiere la cosa, Carlos se dio cuenta de lo relevante que era para el juicio y alertó a las autoridades. El fiscal y consejero de la reina William Boyce declaró lo siguiente ante el tribunal: «La fiscalía ha concluido que el presente juicio ha perdido el sentido, al estar basado en una premisa falsa, a saber: que el señor Burrell nunca dijo a nadie que estaba guardando algo». Burrell fue liberado y declaró: «La reina ha respondido por mí».[41] El caso ya había suscitado reportajes obscenos sobre presuntos encubrimientos y trabajadores que vendían los regalos recibidos de Palacio. La Casa Real tuvo que abrir una investigación interna, cosa que puso en ridículo a diputados laboristas y expertos en derecho que ya pedían una investigación independiente con efectos legales. El asunto había puesto de relieve los graves errores de gestión que afectaban a todo el dominio real. Los cínicos se preguntaron por qué la reina no había recordado esa información tan primordial hasta el último momento. Según ha descubierto la biógrafa Sally Bedell Smith, lo cierto es que la reina había mencionado esa conversación con Burrell a otras personas mucho antes del procedimiento. Su relevancia no estuvo clara hasta que empezó el juicio y la causa contra Burrell tomó un nuevo rumbo.[42] En su declaración para la investigación interna, el secretario privado de Carlos manifestó que, si alguien hubiera intentado evitar el juicio, lo cual era una acusación gravísima, habría tenido «muchas oportunidades antes para meter baza e impedir o detener la acusación, pero no aprovechó ninguna de esas oportunidades».[43] El caso se archivó, pero fue una mácula triste para el Jubileo.

Tony Blair se encontraba en su segundo mandato como primer ministro tras unas elecciones que apenas habían cambiado el mapa político británico. Aun así, empezaban a divisarse dos grietas. Muchos ingleses que vivían en zonas rurales de mayoría conservadora se sentían marginados y olvidados por una clase política mayoritariamente urbana y metropolitana. Por otra parte, la epidemia de fiebre aftosa de 2001 había asolado económicamente buena parte del campo. Al poco tiempo, el Gobierno presentó una propuesta para prohibir la caza de zorros, que entraría en vigor en 2004. Ninguna ley del periodo Blair fue más debatida en sede parlamentaria. En 2002 atrajo a las calles de Londres a cuatrocientos mil manifestantes. La familia real, y sobre todo el príncipe de Gales, que había sido un ávido cazador, simpatizaban con los intereses rurales. Pero no podían decir nada sobre la caza, más allá de advertir a Blair y a sus ministros del mal que haría eso en el sector laboral rural.

Al cabo de cinco meses, Tony Blair decidió unirse a la invasión estadounidense de Irak y se topó con una manifestación aún mayor en las calles de la capital: se estima que hubo entre setecientos mil y dos millones de participantes. Pero la prioridad de Blair era seguir a pies juntillas la estrategia de Washington. El apoyo férreo del Reino Unido se reflejó en noviembre de 2003, cuando el presidente Bush y la primera dama llegaron al Palacio de Buckingham. Pocos representantes de la izquierda se habían dignado a alzar la voz contra el anterior jefe de Estado en visitar el Palacio ese año, Vladímir Putin. En realidad, algunos de los invitados del Palacio más autócratas, como los Ceaușescu, apenas habían generado polémica. Pero la llegada del aliado más importante y líder del mundo libre hizo que la coalición Stop the War («No a la guerra») saliera a las calles de Londres. Era la primera visita de Estado propiamente dicha de un presidente de los Estados Unidos; todos los predecesores de Bush, empezando por Woodrow Wilson, habían rechazado la parafernalia y habían preferido la flexibilidad que permitía la visita oficial, ciertamente menos formal. El único ingrediente que le faltó para ser una visita de Estado tradicional fue la procesión en carruaje por The Mall escoltada por la Household

Cavalry. La seguridad estadounidense no lo consintió. Aun así, George W. Bush guarda un gran recuerdo de la experiencia: «Fue increíble: estábamos en el Palacio de Buckingham, un lugar conocidísimo gracias a su famosa inquilina, que había tenido un reinado fascinante. Para alguien del Reino Unido quizá no signifique mucho, pero para alguien de Texas sí es muy importante. Fue estupendo».[44]

Uno de los actos fue el banquete de Estado de etiqueta. Habían transcurrido más de veinte años desde la noche en que la Oficina de Asuntos Exteriores había disuadido a la reina de hablar de una «relación especial» delante de Ronald Reagan, y ahora la instaban a usar esas mismas palabras en su discurso para Bush: «Pese a las críticas que recibe ocasionalmente la expresión, creo que describe perfectamente nuestra amistad», le dijo al presidente.

Visto ahora con perspectiva, a Bush le hace gracia que ninguno de ellos mencionara su anterior encuentro de 1991, cuando había conocido a Isabel llevando sus botas tejanas de vaquero: «¡Probablemente no quise sacar el tema porque había dejado de ser el hijo graciosillo y me había convertido en presidente!». Aunque la visita de Estado era claramente una misión política, Bush afirma que no tuvo la sensación de que lo fuera gracias a la reina.

«Le tengo aprecio. Y cuantas más cosas conozco sobre ella, más aprecio le tengo», explica: «Nos hospedamos en la histórica Suite Belga y no teníamos la agenda excesivamente cargada. Laura y yo pudimos relajarnos. Para ser sincero, creo que se pareció más a una visita social, ya que no hubo mucha política de por medio».

El sello personal es lo que mejor recuerda Bush: «Un día, la reina nos invitó a tomar el té y yo pregunté si podíamos ver los corgis. Ella pulsó un botón y entró un chico muy bien vestido, y detrás correteaban los perritos. Creo que se puede conocer a una persona según su capacidad para relacionarse con los animales». Bush no tenía tanta estima por el perro del embajador estadounidense Will Farish, que se dio a conocer durante el banquete de

rigor que el presidente ofreció a la reina en la residencia del embajador: «El perro de Farish ladraba cada vez que yo brindaba por
ella o ella por mí. No me fue muy grato».[45]

Bush iba a verse muchas más veces con la reina, especialmente al año siguiente, cuando los líderes internacionales se reunieron
en las playas de Normandía para celebrar los sesenta años de la liberación de Francia. Un diplomático británico recuerda que en el
acto principal se mascaba la tensión entre los que apoyaban la
guerra en Irak y los que se oponían: «La guerra estaba en plena
efervescencia y hubo muchas discusiones porque los franceses y
los alemanes no nos ayudaban. Bush estaba allí, y Blair también.
Estaban todos en primera fila. La significación política era inmensa, porque el acto se interpretaba a través de esa imagen. Y en
medio de todos estaba la reina, la única que podía encarnar realmente lo que debían representar: el sacrificio, el servicio y el deber. Era la única que había servido de verdad en la Segunda Guerra Mundial. Era una presencia auténtica entre tanto disparate».[46]

Al cabo de unas semanas se cerró figuradamente otra vieja
herida. La reina inauguró una fuente dedicada a Diana en Hyde
Park y dio un discurso con guiños al mensaje que había mandado
la víspera del funeral. Bajo el rutilante sol de julio, dijo: «En todos
los aspectos, la trágica muerte de Diana cortó la respiración del
mundo. Y, para hacerlo, es obvio que Diana tuvo que tener un
efecto extraordinario sobre las personas que la rodearon. Ese es, en
general, su legado. Pero no puedo olvidar, como no puede olvidar
nadie que esté aquí hoy, a esa Diana que dejó una huella tan imborrable en nuestras vidas. Recuerdo especialmente lo felices que
hacía a mis dos nietos». Ambos estaban sentados a su lado, junto
con el príncipe de Gales y toda la familia Spencer. Se había hablado mucho del simbolismo que encarnaría mejor a una mujer tan
reconocible y famosa en todo el mundo como la princesa. La reina no eludió el problema: «Crear un monumento en recuerdo de
Diana no ha sido tarea fácil. Lograr un parecido se antojaba, a lo
sumo, una trivialidad, dado que es alguien cuya imagen sigue fas-

cinando al mundo entero». La princesa sería representada por un cauce de agua con pendiente y forma ovalada, un monumento con dos canales que desembocarían en un estanque en la parte inferior. Según los diseñadores, la idea era reflejar los principios de «inclusión y accesibilidad» de la princesa. No fue santo de la devoción de todos. Intentar plasmar la esencia de Diana, figurada, teatral o musicalmente, seguiría siendo un desafío para el mundo artístico durante largos años.

20

2005-2009

«¡Hola, reina!»

Para terminar la etapa de «la restauración», como la llama un ex empleado, faltaba cerrar un último fleco: el futuro del príncipe de Gales. Por aquel entonces, no quedaba ni un alma en el país que no supiera quién era la mujer más importante en la vida de Carlos. La familia real la conocía desde hacía décadas, desde que había robado el corazón del príncipe en sus días como joven oficial de la Marina a principios de los setenta. Aunque Camilla Shand se había terminado casando con el oficial de caballería Andrew Parker Bowles, siguió muy ligada al día a día de la Casa Real. La familia de su marido tenía muy buena amistad con la reina madre, quien en su día había conseguido un trabajo para Andrew como edecán del gobernador general de Nueva Zelanda. La reina hasta les había regalado a Andrew y Camilla un corgi bastante travieso llamado Flame. Ese popular y apuesto oficial fue escalando en la jerarquía militar y la pareja fue invitada a menudo a los actos de la familia real. Incluso le ofrecieron a Carlos que fuera el padrino de su primer hijo, Tom. Luego tuvieron una hija, Laura. En 1979, Parker Bowles fue enviado a Rodesia para ayudar a la colonia a preparar su independencia, en la cual el príncipe de Gales cedería formalmente el control para que naciera el nuevo país de Zimbabue. Antes de la visita del príncipe a un centro de investigación agrícola en el país, Parker Bowles estuvo a punto de morir subiéndose a un búfalo teóricamente domesticado que el príncipe pensaba montar.[1] Más tarde comandó la escolta montada en la boda de Carlos con Diana Spencer.

Pero el matrimonio de los Parker Bowles no duró. La pareja acabó separándose amistosamente y se divorció en 1994. Aunque los medios destacaron la íntima amistad entre Camilla y el príncipe, ninguna de las partes culpó a la otra. Según sus amigos, «fue lo de siempre». En 1996, Andrew se casó con otra mujer divorciada, Rosemary Pitman. Pero el príncipe tuvo que proseguir con su reavivado romance en secreto. Aunque la mayor parte del país no tendría ningún inconveniente en que un heredero al trono divorciado siguiera adelante con su vida, todavía había muchos fieles a la Iglesia, republicanos y acérrimos seguidores de lady Di que sí se lo tomarían a mal. Pensara lo que pensara la reina en privado, la gobernadora suprema de la Iglesia de Inglaterra se vio en una situación muy delicada. Incluso sus tres secretarios privados estaban indecisos. El consejero en quien más confiaba, Robert Fellowes, no escondía su recelo por que la reina aprobara el nuevo *modus vivendi* del príncipe. Su segundo, Robin Janvrin, era más liberal, mientras que la tercera integrante del equipo, Mary Francis, estaba a favor de aceptarlo: «Yo empatizaba mucho con Camilla porque tenía la sensación de que es lo que pasa en muchas familias, sea por la razón que sea. Cuando hay una separación, la familia la puede lamentar, pero en general se sigue adelante. De vez en cuando intentaba defender ese punto de vista. Probablemente Robin y yo éramos del ala más progresista en ese aspecto, pero tampoco esperas que la familia real sea ultraprogresista».[2]

El príncipe había nombrado a un nuevo y polémico secretario de prensa, Mark Bolland. Sus tácticas dejaron descolocados a los tradicionalistas de Palacio, que siempre habían entendido la gestión mediática como una reacción a los acontecimientos. Bolland casaba mucho más con la nueva hornada de expertos en relaciones públicas de Westminster. Dedicado exclusivamente al perfil mediático de su superior directo, ajeno al resto de la familia real, fomentó una estrategia proactiva para tratar de normalizar la nueva situación doméstica del príncipe. La primera vez que se vio formalmente juntos a Carlos y Camilla fue saliendo de una fiesta en el Hotel Ritz, y el circo mediático que se montó no tuvo nada de ordinario. La explosión de *flashes* de las cámaras fue tan intensa que la asociación británica encargada de concienciar sobre la epilepsia pidió a las televisiones que no emitieran más de cinco segundos de la grabación por miedo a que algunos espectadores tuvieran una reacción peligrosa. Eso había sido en enero de 1999. Al verano siguiente, se presentó a Camilla a la reina en una fiesta privada en Highgrove. En 2002 se sumó a la familia real para algunas celebraciones del Jubileo de Oro y, un año después, acompañó a Carlos a la recepción de unos invitados en los jardines de Holyroodhouse, en Edimburgo. Ambos superaban los cincuenta y llevaban juntos diez años, durante los cuales habían recibido algunas críticas mordaces, sobre todo ella, pero la pareja estaba decidida. Cuando al fin anunciaron su compromiso, en 2005, el país se lo esperaba y les deseó la mejor de las suertes. Dentro de la familia, el júbilo fue generalizado. Esto le dijo el duque de Kent a Kenneth Rose después de haberse sentado al lado de Camilla en una comida familiar ese mismo año: «Esa dama es una de las mejores noticias en años. Me gusta su sentido común y su pragmatismo. No se las da de nada, es amable, simpática y tiene sentido del humor. [...] Birkhall* es su lugar favorito, aunque no siente tanta debilidad por el Castillo de Mey».[3]

El país ya estaba acostumbrado a los pronunciamientos públicos del príncipe en una amplia serie de cuestiones. Varias observaciones habían aparecido en la prensa y por algunas se le acusaba de entrometerse en política, pero los políticos no lo veían así. Para Tony Blair, la correspondencia que recibía del príncipe era un servicio público: «Había periodistas que afirmaban que no nos gustaba que nos escribiera. A mí me parecía estupendo, y además creía que estaba en su derecho de hacerlo».[4] Según el historiador

---

* Después de morir su abuela, el príncipe de Gales se trasladó a Birkhall, antiguo hogar de la reina madre en la finca de Balmoral. También asumió la presidencia del fondo fiduciario que posee su proyecto de restauración, el Castillo de Mey.

y constitucionalista Vernon Bogdanor, el príncipe ha acuñado una nueva «monarquía de servicio público» que le lleva a abogar por «temas previamente ignorados por el proceso democrático», aunque los abandona una vez entran en el debate político.[5] Normalmente son temas que preocupan mucho al príncipe, como el paro juvenil y la rehabilitación de los barrios marginales. Por ejemplo, en 1990, el Prince's Trust empezó a promover la fundación de clubes extraescolares donde los niños desfavorecidos pudieran estudiar y hacer los deberes. En 1996, cuando Tony Blair dio un importante discurso sobre esta cuestión y anunció que el Partido Laborista se comprometía a crear más clubes, el Prince's Trust ya había creado más de cien. A partir de entonces, el príncipe y su organización benéfica, comprensiblemente satisfechos, tuvieron que dar un paso atrás y renunciar a su propia campaña.[6]

Cuando estallaban altercados y disturbios en zonas empobrecidas del país, algunos políticos se dejaban ver, pero el príncipe demostró ser un apoyo más leal. En 1981, Toxteth fue escenario de revueltas y tensiones raciales y Carlos visitó los suburbios de Liverpool. Cuando regresó en 2006, el príncipe pisaba terreno conocido. Había estado más veces que ninguna otra personalidad del país. Según me dijo: «A veces, ves cómo se cierra el círculo cuando llegas a cierta edad. Habrá quienes consideren que me estoy metiendo donde no me llaman, pero, si rondas el país sin parar, creo que cometes una grave negligencia si no intentas hacer algo para resolver los problemas y dificultades de la gente».[7]

Su boda estaba prevista para el 8 de abril de 2005. Como sucede en todas las bodas reales, hubo problemas técnicos. Al principio se pensó en celebrar una ceremonia por lo civil en el Castillo de Windsor, pero se tuvo que desechar y cambiar la sede por el Ayuntamiento de Windsor, porque el castillo carecía de la preceptiva licencia para acoger bodas. La reina, gobernadora suprema de la Iglesia de Inglaterra, tampoco estaría presente en esa parte del procedimiento, pero sí asistiría al oficio de bendición matrimonial celebrado en la Capilla de San Jorge.

Cuando faltaba una semana, la muerte de Juan Pablo II obligó a posponerlo todo veinticuatro horas para que el acto no se solapara con el funeral del papa. El príncipe y el arzobispo de Canterbury tendrían que ir a Roma. Los empleados de la Casa Real tuvieron que llamar a la carrera a los setecientos veinte invitados. Hubo algunos, como la antigua niñera de los príncipes Guillermo y Enrique, Tiggy Pettifer, que ya habían dicho que sí a otras bodas en esa nueva fecha. Haciendo gala de su decoro, Pettifer cumplió con su palabra y se perdió la boda del príncipe.

Como de costumbre, los problemas pasaron a un segundo plano a medida que avanzaba el día. Lo más importante era la unión y el amor inflexible de una pareja de mediana edad cuyo romance se remontaba a una época en que muchos de los invitados ni siquiera habían nacido. La novia iba de azul claro, no de blanco, mientras que el novio vestía un chaqué, no un uniforme ceremonial completo. No se orquestó ningún beso para la prensa, ni un pomposo paseo en carruaje. Sin embargo, todos los presentes el 9 de abril de 2005 recuerdan el inmenso deleite que se apoderó de la sala cuando la madre del novio se dispuso a hablar. La reina optó por trazar una analogía con las carreras de caballos, pues no dejaba de ser el día del Grand National. En tono jocoso, dijo que los recién casados habían vencido todos los obstáculos hasta llegar al reservado del ganador.*

Era un momento histórico para la reina y la monarquía. Nadie podía negar la felicidad de Guillermo y Enrique al ver a su padre reencontrar la dicha. Cuando los novios salieron para iniciar su luna de miel en Birkhall, Enrique no dudó en dar un beso lleno de ternura a su nueva madrastra. Palacio había informado que Camilla (en lo sucesivo, Camila) recibiría el apelativo de duquesa de Cornualles y que, luego, cuando el príncipe ascendiera al trono, sería princesa consorte. Sin embargo, eso no frenó las interminables especulaciones sobre si iba a convertirse en reina pro-

---

* En 2005, el ganador de la carrera más dura del Reino Unido fue Hedgehunter.

piamente dicha. El hecho de que estuviera debatiéndose algo así evidenciaba que se había abierto una importante nueva etapa.

Un veterano miembro de la Casa Real describe así la llegada del nuevo milenio y el sentir de la familia: «En resumen, el periodo entre 1992 y 1997 fue un auténtico vía crucis. Luego tuvimos cinco años de restauración entre la muerte de la princesa de Gales y el día que Brian May tocó la guitarra en el tejado del Palacio de Buckingham. Y la boda del príncipe fue el último capítulo».[8]

Unas semanas atrás, la reina había celebrado otra fiesta importantísima con posibles implicaciones a largo plazo para el país, aunque nadie podía estar seguro de su éxito. Sebastian Coe, ex deportista británico y doble ganador olímpico, lo recuerda vívidamente. Fue una de las personas que presentaron el acto a petición de la reina.

Coe fue presidente del comité encargado de preparar la candidatura a los Juegos Olímpicos de Londres de 2012. En febrero de 2005 se acercaba el momento crítico. Los miembros de la comisión evaluadora del Comité Olímpico Internacional (COI) iban a visitar Londres durante una semana para analizar a fondo si la capital podía albergar unas Olimpiadas. Las demás candidatas iban a brindar una bienvenida similar y articularían ideas muy parecidas. Pero nadie tenía un as en la manga como el que estaba a punto de jugar Coe: una noche en el Palacio de Buckingham con la reina.

Además de ofrecer un banquete con todas las de la ley, Su Majestad organizó un desfile de su Guardia en el patio y colocó antorchas al estilo olímpico en la gran entrada. Todos los invitados fueron recibidos en la puerta por la única inquilina del palacio que había sido olímpica, la princesa Ana, que también formaba parte del COI y era una figura clave del equipo a cargo de preparar la candidatura. También estaba su hija y promesa olímpica, Zara Phillips, que escoltó a los invitados hasta el Salón Azul para conocer a la reina. Después de una cena majestuosa e íntima a partes iguales, Isabel condujo la comitiva hasta una exposición especial de objetos históricos de los Juegos Olímpicos de 1908 y 1948. Ambos se habían celebrado en Londres y habían sido inaugurados por su familia. El mensaje subliminal era muy simple: «Se nos da bastante bien».

Al final de la velada, aprovechando que los invitados bajaban la Gran Escalinata, un miembro de la comisión con un aire algo aturdido se acercó a Coe: «¡Canalla!», exclamó Simon Balderstone, jefe medioambiental del COI y ex asesor de dos primeros ministros australianos. Coe no tenía claro cómo responder. Balderstone añadió: «He sido republicano desde siempre y, en una sola noche, he acabado cuestionándome el esfuerzo de toda una vida».

Aquellos miembros del COI eran individuos destacados y conocidos en todo el mundo. Quizá estaban acostumbrados a pisar la alfombra roja allí donde fueran, pero esa ocasión fue cosa de otro planeta. Recordando esa noche memorable, Coe dice que el Reino Unido tiende a infravalorar sus mayores activos: «El problema es que, a menudo, algunas instituciones nos resulten bastante indiferentes. Olvidamos que para buena parte del mundo son magníficas. Quiero decir que una visita al palacio, una audiencia con la reina, un paseo por los grandes salones... es imposible de sobrevalorar».[9]

Cinco meses después, Coe y la princesa real formaron parte de la delegación británica que presentó la candidatura ante el COI en pleno, antes de la votación decisiva en Singapur. Con el apoyo de Tony Blair, defendieron Londres hasta el final con un video que rezumaba felicidad y multiculturalidad, con británicos dispuestos a pasarlo en grande. No había imágenes preparadas ni generadas por ordenador. Los productores simplemente habían cortado y pegado escenas del Jubileo de Oro de la reina de tres años antes. Buckingham volvía a ser el centro de atención. ¿Sería esa pompa real suficiente para impeler al Reino Unido por delante de Nueva York, Moscú, Madrid y la favorita, París?

El 5 de julio, el presidente del COI abrió el sobre para anunciar la ciudad ganadora y ni siquiera Ana, conocida por su impasibilidad, fue capaz de ocultar su euforia. Sí, los Juegos Olímpicos irían a Londres, y además tendrían lugar el año del Jubileo de Diamante.

Todo el mundo tenía la mirada puesta en el Reino Unido, pero el éxtasis londinense fue efímero. Dos días más tarde, en hora punta, la capital fue víctima de una serie coordinada de atentados suicidas que provocaron cincuenta y seis muertos y casi ochocientos heridos. Aunque lejos de la magnitud del 11S, esa mañana del 7 de julio sacudió a un país poco acostumbrado al terrorismo. La reina y su familia tuvieron un papel clave en los homenajes a los fallecidos, visitando a los heridos y consolando a las familias de luto. La monarca fue a varios hospitales, celebró un minuto de silencio delante del palacio y fue a una misa especial en la Catedral de San Pablo, donde la hija de siete años de un trabajador que había sido asesinado yendo al trabajo le entregó un ramo de flores. Los ataques se habían concebido para enfrentar comunidades y credos. Al acabar el año, la reina remó con vigor en la otra dirección, y utilizó el mensaje de Navidad para trazar paralelismos con el devastador tsunami que había asolado gran parte de Asia a finales de 2004. En ambos casos, la tragedia había servido para unir religiones, dijo Isabel, no para separarlas.

Tony Blair acababa de firmar su tercera victoria en unas generales derrotando a Harold Wilson y se había convertido en el primer ministro laborista más exitoso de la historia. Aun así, su canciller de Finanzas llevaba mucho tiempo a su sombra y cada vez estaba más impaciente por asumir un liderazgo para el que se creía legitimado. En 2007, Gordon Brown por fin tuvo su oportunidad aprovechando la dimisión de Blair. Por su parte, un genio precoz se había hecho con el control del Partido Conservador: David Cameron. El antiguo ejecutivo de relaciones públicas que había ayudado a rescatar del olvido el desfile para el centenario de la reina madre había logrado su escaño en el Parlamento en 2001 y había escalado con rapidez en la jerarquía de su partido.

Para Isabel fue muy desconcertante saber que el líder de la

Muy Leal Oposición de Su Majestad era alguien que había estudiado en el colegio con su hijo menor. Cameron había coincidido con Eduardo en Heatherdown durante los setenta. También era pariente lejano de la reina a través de uno de los muchos hijos ilegítimos del rey Guillermo IV con la actriz Dorothea Jordan.

También llegó la hora de aplicar más cambios en el pináculo de la Casa Real. Richard Luce había decidido poner fin a su etapa como lord chambelán tras una de las investiduras más asombrosas de la historia reciente. Fue una efigie de la capacidad de la reina para mantener las formas a pesar del chaparrón. En 2004, iba a nombrar miembro de la Orden del Imperio Británico a uno de los meteorólogos más conocidos de Gran Bretaña cuando las cosas empezaron a torcerse. Lord Luce lo recuerda así: «Empecé a ver negro y a sentir una punzada terrible en la espalda». En las investiduras, el lord chambelán se encargaba de leer las credenciales de todos los galardonados mientras se acercaban para recibir su condecoración. Luce solo había leído «don Michael Fish, meteorólogo de televisión, Oficina Meteorológica...», cuando se desplomó: «Se me llevaron inconsciente. La reina tuvo el decoro de continuar y pidió a mi adjunto que ocupara mi lugar de inmediato».[10] Luce aún sonríe al pensar en el comentario de Michael Fish cuando fue entrevistado por los medios que había fuera: «Creo que el lord chambelán se encuentra un poco mal».

Poco después, lord Luce se disculpó con la reina: «Le dije que lo sentía mucho, pero que creía que había tomado demasiadas pastillas para el dolor de espalda. Ella me contestó: "No se preocupe. La gente tenía muy pocas ganas de prestarme atención y se morían por saber qué le había pasado"». Luce pensó que sus días de investidura habrían concluido, pero la reina no estuvo de acuerdo. Por tradición, ni ella ni su personal se sientan durante esos actos, pero con Luce hizo una excepción y mandó sentarlo en un sillón elevado tras un atril: «Necesita un asiento alto, y colocaremos una cortina delante del escritorio para que nadie vea cómo se apoya». Así lo recuerda Luce: «Se tomó muchas molestias por mí. Seguí participando en las investiduras durante todo el tiempo que trabajé en Palacio y siempre parecía que estaba de pie. Fue todo idea suya». En 2006 fue sustituido por un terrateniente de Yorkshire, el conde Peel, antiguo asesor de Carlos en el Consejo del Ducado de Cornualles.

Poco después, la reina también dijo adiós a su secretario privado principal, Robin Janvrin, al cumplir este los sesenta. Llevaba con ella veinte años y había asumido el distinguido cargo tras la muerte de Diana, ayudando a reconducir la monarquía hacia territorios más seguros y felices. Igual que su jefa y Tony Blair, se vio retratado en *The Queen*, la película de 2006 sobre los días posteriores a la muerte de Diana. Él siempre ha recalcado que tampoco la ha visto nunca, a pesar de que se llevó el Oscar. El sustituto de Janvrin fue Christopher Geidt, otra mente privilegiada y serena que se había formado en las Fuerzas Armadas y en la Oficina de Asuntos Exteriores. Geidt había llegado a Palacio en 2002, justo después de ocupar un cargo importante en la ONU durante los días más tensos de la brutal guerra de Bosnia.

En abril de 2006, la reina entró en su octava década de vida. Celebró los ochenta con un poquitín más de entusiasmo que los setenta y aceptó dar un modesto paseo de cumpleaños por Windsor. Sus amigos, empleados y otros líderes internacionales habían advertido un cambio de actitud durante los últimos años. El más obvio era que sonreía mucho más. Según un ex alto cargo: «Puede que suene extraño, pero creo que después de morir la reina madre y la princesa Margarita, tuvo menos preocupaciones. Dejó de ser la niña modosa que hacía de nexo entre su madre y la generación más joven. De repente era ella la abuela del país».[11]

Para Antony Jay, no tenía nada de extraño. Según el guionista que hizo posible esas dos joyas sobre la realeza como fueron los documentales de 1969 y 1992 *Royal Family* y *Elizabeth R: A Year in the Life of the Queen*: «En mi vida me he equivocado con una o dos predicciones, pero una de las cosas con las que acerté fue que, en los sesenta, dije que la reina había nacido para ser una gran abuela para todos».[12]

La gente de su alrededor empezó a verla recuperar ese pícaro sentido del humor. Tony Blair recuerda la cena con los líderes mundiales celebrada con motivo de la cumbre del G8 de 2005, en la que los primeros ministros disfrutaron viendo a la reina chinchar educadamente al presidente de Francia, Jacques Chirac. La semana anterior, durante una cumbre en Rusia, un micrófono de la televisión había cazado a Chirac mientras se cachondeaba del Reino Unido y de la comida británica con el canciller alemán Gerhard Schröder y el ruso Vladímir Putin. Chirac dijo, y luego no lo desmintió, que: «Uno no puede fiarse de gente con una gastronomía tan horrorosa. Después de Finlandia, es el país con la peor comida». Tanto la prensa finlandesa como la británica habían armado mucho escándalo con ese tema. Cuando todo el mundo se sentó a cenar, la reina no quiso dedicar mucho rato a la metedura de pata de Chirac, pero el honor nacional no podía tolerar que se fuera de rositas. Según Blair, «con un aire travieso pidió que le explicaran por qué Finlandia se había ofendido tanto con Francia». Recuerda con alegría la excusa que balbució Chirac, que dijo que la prensa lo había malinterpretado: «La mesa lo recibió con mucho jolgorio».[13]

Siempre ha sido mucho más divertida en privado que en público. Se ha especializado en los comentarios secos, pero sin llegar a ser mordaz. Durante una gira por el extranjero, a un fotógrafo nervioso se le cayó un vaso al suelo en la recepción a los medios. Al cabo de unas horas, su cámara se bloqueó en un momento importante y la reina remarcó: «Hoy se ha levantado con el pie izquierdo, ¿verdad, señor Reed?».[14] Hace muchos años, cuando Carlos era soltero, llegó con una nueva novia al Castillo de Windsor y la reina la recibió diciendo: «¿Le ha costado encontrarlo?».[15]

Para Isabel, una pizca de frivolidad puede romper el hielo y hacer que todo el mundo se sienta más cómodo en situaciones formales. Pocas ocasiones tienen más capas de protocolo y tradición que los cónclaves de la Orden de la Jarretera, la orden de caballería más antigua y noble que existe. Aun así, uno de sus miembros recuerda la ceremonia en que se armaba un nuevo caballero como una combinación de prácticas medievales y deliciosas agudezas de Isabel II: «Es un espectáculo fantástico. Es muy divertida. Cuando te arma, es una mezcla de: "Uy, con esto debemos ser serios", y: "No me puedo agachar; alguien tendrá que ponerle la liga". Esa mezcla de formalidad e informalidad es muy típica, creo».

Si alguien muestra malos modales o temeridad, como cuando un ministro conservador entró bruscamente en una reunión del Consejo Privado diciendo: «Señora, veo que tiene la alfombra rasgada»,[16] puede recibir la temida «mirada». Pero Isabel no tiene reparos en disculpar los lapsus sin mala voluntad, como el de la desafortunada primera dama de Finlandia. Sylvi Kekkonen acompañó a su marido Urho en su visita de Estado de 1969 a Londres y, por desgracia, se equivocó con la medicación. Tomó un somnífero en vez de su pastilla para el corazón y el duque de Edimburgo y la princesa Ana tuvieron que mantenerla erguida con gentileza durante todo el paseo en carruaje hasta el palacio. Según un antiguo funcionario, «la reina aún disfruta contando esta anécdota».[17]

Quizá la chispa de la reina volvió para su ochenta cumpleaños, pero su atención a los detalles nunca se había ido. Después de ser nombrado secretario general de la Commonwealth en el año 2000, Don McKinnon, ex ministro de Exteriores de Nueva Zelanda, fue invitado a Balmoral. Al llegar, McKinnon se quedó estupefacto al comprobar que Isabel recordaba una conversación en la que él había dicho que de joven había trabajado como peón en un rancho de Wyoming. Sabiéndolo, Isabel había hecho gestiones para que el pobre hombre pudiera montar un poco después de cumplir con sus obligaciones. «Le hemos encontrado un caballo, porque sabemos cuánto pesa», le dijo la reina.[18]

La actriz Judi Dench vivió una experiencia parecida unos años antes, cuando fue al palacio para ser investida dama. La reina elogió sus tapices y Dench puso los ojos como platos, porque no tenía ni idea de lo que quería decir. La actriz tardó un tiempo en recordar que una vez había hecho un tapiz para una ONG de Birmingham, y cayó en la cuenta de que la familia real acababa de hacerle una visita.[19]

Al veterano diputado laborista Gerald Kaufman también le sorprendió la atención a los detalles de Isabel durante una sesión del Consejo Privado en la que se estaba aprobando una larga lista de alguaciles de condado de cara al año siguiente. Tradicionalmente, la reina los aprueba «agujereando»* un pergamino donde aparece la lista de los candidatos elegidos, que son leídos uno por uno por el secretario. Es un ritual que ha hecho tantas veces que sería capaz de efectuarlo dormida, aunque en esa ocasión demostró estar más despierta que nunca. Mientras el secretario leía a toda velocidad la lista de nuevos candidatos, la reina le hizo parar en seco: «Pero si está muerto», espetó al oír uno de los nombres. Y, efectivamente, lo estaba.[20]

La gente que no sabía si los ochenta años de Isabel se traducirían en una cierta relajación salió de dudas enseguida, al anunciarse una gira por las tres repúblicas bálticas en otoño de 2006. Nuevamente, cuando se acercara la fecha del viaje, se enviaría a los anfitriones un aviso estándar con las cosas que gustaban y disgustaban a Su Majestad (agua mineral de Malvern, nada de claveles, etcétera)** y British Airways haría los simbólicos ajustes que solía hacer en sus aviones antes de cada vuelo de la Casa Real, como instalar un espejo de cuerpo entero y un medallón de san Cristóbal (la reina siempre ha respetado al patrón de los viajeros).[21] Con el príncipe Felipe a su lado, volvía a estar de gira por territorios desconocidos para la Corona. Era la primera visita de Estado de un rey británico a Lituania, Letonia y Estonia. Los dos octogenarios estaban en su salsa. Nada más volver a casa, el duque cogió un avión para ir a

---

* Los agujeros al lado del nombre se hacen con una aguja de plata, una tradición que iniciaron los reyes Tudor para evitar que se falsificaran las listas.

** Parece que desde Buckingham se envió un aviso a los hoteles donde se iba a alojar la reina durante su gira por Sudáfrica de 1999. Prevenía contra la «carne poco hecha», las malvas y la televisión en el dormitorio, entre otras cosas.

inspeccionar uno de sus regimientos, los Royal Hussars. Pero no fue un viaje sencillo para el coronel en jefe de ochenta y cinco años; el regimiento, la vieja unidad de Winston Churchill, estaba en servicio activo en Irak. Para el duque fue toda una experiencia.

A la primavera siguiente, la reina y el duque hicieron una nueva visita de Estado a los Estados Unidos por invitación del presidente Bush. La gira empezó con un viaje a Virginia para conmemorar los cuatrocientos años de la primera colonia inglesa en Jamestown. Muchos ciudadanos de ese Estado no daban crédito a que la reina y el duque también hubieran estado presentes en la celebración de los trescientos cincuenta años, allá por 1957. Después de un viaje privado al derbi de Kentucky, donde la noticia de su presencia se propagó como las llamas entre los 150.000 asistentes, la reina llegó a la bienvenida formal en Washington.

En la Casa Blanca llevaban semanas preparando la llegada con un lema extraoficial: «Hay que estar impecables para la reina».[22] El presidente Bush recalcó que no quería otro incidente en el podio como el del «sombrero hablante», que tanto había enfurecido a su padre durante la visita de 1991. Aun así, el acto de bienvenida no estuvo exento de sorpresas. En su discurso, el presidente agradeció al Reino Unido y a su monarca el apoyo férreo en los recientes conflictos. Rememorando el largo reinado de la reina, dijo: «Su Majestad ayudó a nuestro país a celebrar su bicentenario en 17...», y entonces se paró y se corrigió: «¡...en 1976!». Todo el mundo pareció encontrarlo muy divertido, especialmente Isabel, si atendemos a lo que se susurraron a continuación reina y presidente: «Me lanzó una mirada como la que lanzaría una madre a su hijo». Bush todavía recuerda con afecto la broma que le hizo la reina la noche siguiente en la Embajada británica. Se alzó para brindar por sus anfitriones al acabar la cena y dijo: «No sabía si empezar este brindis diciendo: "Cuando estuve aquí en 1776..."». Como dice Bush: «Por eso me gusta. Sí, en público es muy recatada. Y luego me suelta un chascarrillo como ese, sutil, ¡para recordarme mi desliz!».[23]

Comparada con las frenéticas giras de principios de su reinado, ese viaje por los Estados Unidos tuvo algo de distendido y feliz. Bush recuerda que en su banquete de Estado en la Casa Blanca «hubo otro momento clásico». La lista de invitados sufrió dos incorporaciones de última hora. La reina había querido invitar al *jockey* que había ganado el derbi de Kentucky, Calvin Borel, y su novia, aunque parece que nadie les había asesorado mucho a nivel de protocolo. Según Bush: «Calvin Borel llegó y dijo algo así como: "¡Hola, reina!". Ella lo gestionó con delicadeza y sonrió. Fue tenso para la gente de protocolo, pero para la reina y para mí no lo fue en absoluto».

El banquete fue la única ocasión durante los ocho años de Bush en la Casa Blanca en que la etiqueta dictó frac. La primera dama insistió en ello, y en ese momento el presidente ya había aprendido a no llevarle la contraria a Laura Bush: «No soy muy de llevar frac, pero nos decantamos por esa opción», dice el ex presidente riendo. En los banquetes de la Casa Blanca solía haber mesas redondas de diez comensales, así que, a cambio de ponerse frac y pajarita, el presidente le dijo a la primera dama que quería elegir los diez comensales que iban a sentarse con él: «Diseñé yo la mesa. Yo nunca vigilaba y corregía a los empleados, pero en ese caso quise colocar a algunos amigos en mi mesa para que pudieran decir que habían cenado con la reina. Y también escogí a algunos grandes hombres. A un lado tenía a Su Majestad y, al otro, a Nancy Reagan. Teníamos a Jim Nash, el célebre locutor, que es íntimo amigo mío, y a Arnold Palmer, el golfista». Bush decidió colocar a otro buen amigo, el presidente del Tribunal Supremo, John Roberts, al otro lado de la reina. El menú consistió en lenguado, cordero y pudin de rosas. El presidente recuerda que «en la mesa hubo un ambiente maravilloso» y que Arnold Palmer hizo reír a la reina con uno de sus chistes sobre golf: «No fue una mesa de gente estirada, si se me permite decirlo así».

Un aspecto de la visita que conmovió especialmente al pueblo estadounidense fue que los padres del presidente participaran en varios actos. La reina no solo había acogido a Bush padre, conocido como «Bush 41»,* y Barbara Bush en 1991, sino que eran de la misma generación. Cuando la reina y el duque iban asistir a un encuentro de veteranos de la Segunda Guerra Mundial en un nuevo monumento de recuerdo, el presidente se borró del acto y pidió a sus padres que hicieran de anfitriones. Bush padre, igual que el duque, podía presumir de historial militar. Ambos habían servido en el Pacífico, donde el avión de Bush había sido abatido. Ver al ilustre cuarteto deambular entre los veteranos de la generación de la guerra, como viejos amigos, fue un recordatorio poderoso y tácito de todos los vínculos y sacrificios compartidos que sustentaban esa sólida alianza transatlántica. La reina y el presidente también se aseguraron de invitar a Bush padre y Bush madre al banquete de rigor celebrado en la Embajada británica. Según George W. Bush: «Tenían una buena relación, mi madre y Su Majestad. Que venga la reina es todo un suceso, así que en la lista de invitados volaban los codazos para intentar ser elegidos. Quise asegurarme de que se escogiera a mis padres».[24]

En 2007, todas las generaciones de la Casa Real se juntaron para celebrar las bodas de diamante de la reina y el duque. Era la primera ocasión en que, técnicamente, ambos eran dignos de un mensaje de felicitación de Palacio. Además de recibir tarjetas cuando se llega a los cien años, los empleados también reciben una para el sesenta aniversario de bodas, y luego también para el sesenta y cinco y el setenta aniversario. Sin embargo, la monarca no se envía mensajes a sí misma.

La Abadía de Westminster celebró un oficio en el que participaron el príncipe Guillermo y Judi Dench, que leyeron unas palabras. También hubo una delegación de todos los primos y primas de la familia repartidos por Europa. Para la princesa Mar-

---

* Dentro de la familia y de su círculo de amistades, a George H. W. Bush, el presidente número cuarenta y uno, y a George W. Bush, el número cuarenta y tres, se les conocía como Bush 41 y Bush 43.

garita de Rumanía, heredera al trono de su difunto padre, fue algo curioso. Estudiando en la Universidad de Edimburgo, había salido durante cinco años con un apasionado líder estudiantil llamado Gordon Brown. Ahora se encontraban sentados uno frente al otro en la abadía, a la que él asistió en calidad de nuevo primer ministro.

Las relaciones de Brown con la monarca siempre fueron correctas y cordiales. Él se había criado como hijo de un pastor de la Iglesia de Escocia, una Iglesia que ella, como reina, había jurado proteger. Brown también conocía desde hacía tiempo al duque de Edimburgo. Felipe había sido rector de la Universidad de Edimburgo durante los años en que Brown estuvo de alumno. Cuando Brown fue elegido responsable del gabinete del rectorado de la universidad, era un estudiante de posgrado de veintiún años y los altos mandos de la institución se echaron las manos a la cabeza. Años después, Brown lo recordó así: «Como es natural, ningún doctor me quería presidiendo el gabinete del rectorado. Pero lo hice. La única persona que me animó y me apoyó sin fisuras fue el duque de Edimburgo. Entendía que el alumnado quisiera a alguien que representara sus intereses. Era un visionario».[25]

El día que se celebraron las bodas de diamante, la reina y el duque fueron a Uganda para una cumbre de la Commonwealth, haciendo una parada romántica en Malta. Fue como volver a los días de paz vividos en el Mediterráneo poco después de casarse. Habían pasado muchos años, pero el rostro de Isabel seguía iluminándose cuando el viejo oficial de la Marina entraba en la habitación. Durante los paseos, él aún ayudaba a los niños a saltarse las barreras policiales para entregarle flores a la reina. De gira, no era tan comprensivo como ella con los empleados que desbarataban el programa, sobre todo cuando podía causarle molestias a la reina. Según el marqués de Salisbury, que ha acompañado al duque en muchos actos: «Siempre es puntual. Pero la clave es que él se va a su hora, y eso resulta muy conveniente cuando eres el or-

Tras la caída del bloque comunista de Europa del Este, la reina quiso tenderles la mano a las nuevas democracias en nombre del Gobierno del Reino Unido. En abril de 1991, recibió en el Castillo de Windsor al presidente polaco Lech Wałęsa en una visita de Estado.

La reina inspecciona las tropas alemanas en Potsdam durante su visita de Estado a Alemania en 1992, la primera desde la caída del muro de Berlín. Su itinerario se centraba en Alemania del Este, incluyendo Dresde.

La mañana del 20 de noviembre de 1992, un foco de unas obras prendió fuego a las cortinas en la capilla privada del Castillo de Windsor. Al anochecer, buena parte del hogar familiar se había calcinado. Fue la guinda de un año en el que la reina vio derrumbarse los matrimonios de sus tres hijos mayores. Cuatro días después lo llamó su *annus horribilis*.

A pesar de ser una época marcada por los problemas en el ámbito privado, durante los años noventa tuvieron lugar varios hitos reales. En octubre de 1994 la reina visitaba por primera vez el Kremlin ruso, al que le dio la bienvenida el presidente Boris Yeltsin. El yate real también atracó en San Petersburgo.

En marzo de 1995, la reina pisó suelo sudafricano por primera vez desde su visita como princesa en 1947. El año anterior, Nelson Mandela había sido elegido presidente en las primeras elecciones libres del país. La reina y Mandela se hicieron muy amigos. Él fue el único líder mundial no perteneciente a la realeza que la llamó «Isabel».

6 de septiembre de 1997: el funeral de Diana, princesa de Gales. Sus hijos tenían quince y doce años. Más tarde, el príncipe Enrique lo rememoraría así: «Me sentía como si hubiera abandonado mi cuerpo y estuviera siguiendo a mis pies. Hacía lo que se esperaba de mí».

Algunos recibieron con más euforia que otros la llegada del nuevo milenio. La reina y el príncipe Felipe estuvieron con el primer ministro Tony Blair y su esposa Cherie en el nuevo Millennium Dome, donde los asistentes se cogieron de las manos para dar la bienvenida al siglo xxi cantando «Auld Lang Syne». El edificio resultó ser un despilfarro inútil como espacio educativo y cerró al cabo de un año. En 2007 volvió a abrir como sala de conciertos.

El Jubileo de Oro de la reina fue un punto de inflexión para la monarquía. Se estima que un millón de personas se reunieron ante el Palacio de Buckingham, en cuyos jardines tuvo lugar un concierto pop televisado. El número de álbumes vendidos fue tan elevado que el sector discográfico le concedió un disco de oro a la reina.

En marzo de 2005, nueve años después de su divorcio, el príncipe de Gales se casa en Windsor con Camila Parker Bowles, quien se convertía así en la duquesa de Cornualles. La novia estuvo acompañada por sus hijos, Tom y Laura, y su padre, el mayor Bruce Shand.

Cincuenta y seis años después de su primera visita, la reina regresa a los Estados Unidos en 2007. En la Casa Blanca, el presidente George W. Bush le dio la bienvenida: «Su Majestad ayudó a nuestro país a celebrar su bicentenario en 17…». A la reina le hizo mucha gracia la confusión de Bush. El presidente dijo sobre ella: «Me gusta porque tiene carácter trabajando, pero es una reina sin muchos humos».

Para celebrar sus bodas de diamante en noviembre de 2007, la reina y el duque de Edimburgo volvieron a Broadlands, el hogar de los Mountbatten en Hampshire, donde habían pasado su noche de bodas. También regresaron a Malta, donde habían vivido como joven pareja de la Marina Real.

Poco después de la boda con Catalina Middleton el 29 de abril de 2011, el príncipe Guillermo fue nombrado duque de Cambridge. La novia lucía un vestido de satén de color marfil diseñado por Sarah Burton, de Alexander McQueen. Siguiendo las instrucciones de la reina, el novio llevó el uniforme de coronel de los Irish Guards.

El 27 de julio de 2012, la reina inaugura los Juegos Olímpicos de Londres. La ciudad era la primera en acoger su tercera Olimpiada, después de las de 1908 y 1948. La ayudante de vestuario de la reina, Angela Kelly, le diseñó un conjunto melocotón porque era el único color que no tenía vinculación con ninguna delegación olímpica.

Durante su visita a Londres en 2016, el presidente de los Estados Unidos, Barack Obama, y la primera dama almorzaron con la reina y Felipe en el Castillo de Windsor. Luego cenaron en el Palacio Kensington con los duques de Cambridge y el príncipe Enrique. El príncipe Jorge, de dos años, pudo quedarse despierto un ratito y conoció a sus huéspedes.

La reina Isabel y la reina Letizia se preparan para la procesión del Palacio de Buckingham con motivo del banquete de Estado por la visita del rey Felipe en 2017.

Todas las flores de la Commonwealth del velo de Meghan Markle en la Capilla de San Jorge, en Windsor, el 19 de mayo de 2018. Ese mismo día, la reina le había concedido al príncipe Enrique el ducado de Sussex. En cuestión de dos años ambos se apartarían de la vida de la corte y se mudarían a California.

El matrimonio más duradero de la historia real británica: setenta y tres años y ciento treinta y nueve días. La reina fue una de las treinta personas que, el 17 de abril de 2021, pudieron asistir al funeral celebrado en Windsor en honor al duque de Edimburgo. Felipe había disfrutado del proceso de diseño del Land Rover especial que portó su féretro.

Menos de dos meses después de despedir a su marido, la reina acogía a los líderes mundiales en una cumbre del G7 en Cornualles. Mientras se colocaban para la foto oficial, quiso crear un ambiente más distendido: «¿No se supone que tiene que parecer que se lo están pasando bien?», preguntó.

Ayudándose de un bastón, poco después de cumplir noventa y seis años, la reina llega al Royal Windsor Horse Show para asistir al evento ecuestre en honor a su Jubileo de Platino. A pesar del frío y la lluvia, disfrutó tanto que se quedó en su asiento más de dos horas para presenciar todo el espectáculo.

Sucesión. Para finalizar las celebraciones de su Jubileo de Platino en junio de 2022, la reina hacía una aparición ante la multitud desde el balcón acompañada del príncipe de Gales y la duquesa de Cornualles, los duques de Cambridge y sus hijos Jorge, Carlota y Luis.

ganizador. Nunca tienes la sensación de que está mirando el reloj, pero funciona como un metrónomo».[26]

Amigos y empleados recuerdan con una sonrisa cómo la reina y el duque intentaban arrancarse una sonrisa después de cualquier berrinche. Así lo recuerda uno de los empleados de Palacio: «Si alguien cree que la reina y el duque de Edimburgo no tenían defectos, se equivoca. Pero lo fascinante era cómo se animaban mutuamente para superar los problemas».[27]

Aunque el duque empezó a viajar menos por el mundo, siguió igual de activo en el Reino Unido, sobre todo gestionando las propiedades de la Casa Real. En Sandringham, la granja no daba abasto suministrando a marcas comerciales como Ribena y Waitrose. En la finca de Windsor, Felipe había revolucionado el sistema agrícola y había abierto una tienda con productos de la granja. Al duque no le gustaban las injerencias externas, sobre todo cuando los activistas se opusieron a su plan de sustituir una larga hilera de árboles muertos en Windsor. En privado me confesó: «Sugerí replantar los árboles del Paseo de la Reina Ana y me llovieron golpes de todas partes. Esos ecologistas del demonio... se pusieron hechos unas fieras. Plantamos mil robles: que me digan qué tiene de malo».[28] Él era guardabosques del Gran Parque y nadie podía pararle los pies; de hecho, incluso estaba estudiando crear un nuevo y ambicioso viñedo. Pero al margen de eso, a la reina sí le preocupaba que compitiera en carreras de carruajes. Al final lo convencieron para que renunciara a la faceta deportiva, pero él no tenía intención de dejar de practicar deportes. En 2011, la reina organizó una fiesta en Windsor para celebrar los noventa años del duque y, al llegar, los invitados se quedaban perplejos viendo que el homenajeado seguía en el parque, bajo la lluvia, dirigiendo a los ponis y aprovechando hasta el último momento.

Fueron años bastante felices para la Casa Real, pese a las graves dificultades económicas que afrontaba el país. La crisis bancaria de 2008 causada por la caída del mercado inmobiliario en los Estados Unidos, la caída de las bolsas y el impago de las hipotecas de alto riesgo provocó una crisis mundial de confianza en el sector financiero. En noviembre, la reina dio un famoso discurso a la nación en su visita a la London School of Economics. Ante una sala llena de economistas, preguntó: «¿Cómo es que nadie lo vio venir?». La respuesta fue de Luis Garicano: «Siempre había alguien que confiaba en otra persona y todo el mundo creía que estaba haciendo lo correcto», pero la monarca no se dio por satisfecha. Su veredicto fue tajante: «Espeluznante».[29] La reina tenía buena memoria y le parecía estar volviendo a los setenta, otro periodo de vacas flacas en que la monarquía se irguió como símbolo de continuismo y estabilidad. Y eso que no podía hacer absolutamente nada para corregir la balanza comercial o el estado de la libra esterlina... La crisis financiera degeneró en una crisis política, al menos en el Reino Unido, y los diputados de ambos bandos de la Cámara de los Comunes se vieron arrastrados a un escándalo sobre el gasto. Se filtraron las dietas y los estipendios que cobraban los parlamentarios y el país estuvo semanas hablando de ello.

En 2008 se cerró finalmente el capítulo de la muerte de Diana, al concluir una investigación minuciosa de seis meses de duración. Hacía más de una década que proliferaban teorías de la conspiración que apuntaban a una posible participación de los servicios de seguridad británicos y del duque de Edimburgo. Algunas teorías habían sido avivadas por Mohamed Al-Fayed, el padre de Dodi, que afirmaba que su hijo había sido asesinado siguiendo las órdenes de la familia real, y que la princesa estaba a punto de aceptar la propuesta de matrimonio de Dodi. La reina y la familia habían ignorado por completo las afirmaciones de Al-Fayed y habían dejado que la gente sacara sus propias conclusiones. La mayoría de los británicos tenían una simpatía tremenda por el pobre padre, pero sabían que la princesa y Dodi habían muerto por culpa de Henri Paul, el conductor borracho de Al-Fayed que servía como jefe de seguridad en funciones de su hotel. Paul había llevado el coche del magnate entre dos propiedades de

Al-Fayed, siguiendo las instrucciones de su hijo. Después de noventa y cuatro días de juicio y de oír a doscientos setenta y ocho testigos, el jurado declaró a Paul culpable de homicidio imprudente. Resolvió que el chofer había incurrido en negligencia grave y que los *paparazzi* habían perseguido el coche «a una velocidad y de una forma» temerarias. El juez dictaminó que no había «ni el más mínimo indicio» que permitiera conectar el siniestro con los servicios secretos, y menos aún con la familia real. La investigación judicial francesa, que duró dieciocho meses e interrogó a doscientos testigos, llegó a la misma conclusión.

Al día siguiente, el secretario de Estado de Salud, Alan Johnson, estuvo en una reunión del Consejo Privado en Windsor. Lo acompañaba Paul Murphy, el secretario galés. Ambos se llevaron una grata sorpresa al saber que los invitaban a almorzar, y más al ver la disposición de los comensales. Según Johnson: «Nos sentamos uno a cada lado de Su Majestad: Paul a su derecha y yo a su izquierda. Al otro lado de la mesa había muchos miembros del Ejército». Luego tomaron algo y charlaron amigablemente en el Gran Salón de Recepciones, donde Johnson encontró un ambiente aún más animado: «Durante el almuerzo lo pasamos en grande. La reina te entretenía como nadie. Tenías la sensación de que la conocías desde hacía años. Claro que había normas que sabías que tenías que cumplir. No le pasabas el brazo por el hombro y le decías: "Le voy a contar...", y tal».[30]

Johnson recuerda que los periódicos no hablaban de otra cosa que de la investigación, así que decidió alejarse al máximo de ese tema. Pero no había nada que temer: «Hablamos de todos los temas de actualidad, y la noticia que copaba todos los informativos era Diana. Paul y yo pensamos que sería mejor no tocar ese asunto, pero la reina lo comentó sin rodeos. Dijo que parecía no tener fin». Como consejero privado, Johnson no quiere entrar mucho en detalles, pero asegura que fue una conversación muy natural y agradable. Todo fue informal hasta el final, cuando la reina se puso a charlar mientras les daba comida a sus corgis.

Los dos ministros se marcharon muy contentos: «Estábamos esperando al coche y Paul dijo que había sido una comida estupenda. Yo coincidí en que había sido maravillosa, del primer minuto al último». Hablando de la comida, Johnson mencionó que le habían gustado especialmente el queso y esas extrañas galletitas oscuras, a lo que Paul contestó: «¿Qué dices? ¡Esas galletas eran para los corgis!». Alan Johnson se dio cuenta de que se había estado comiendo los tentempiés del perro, cosa que aún le resulta graciosísima: «Creo que nunca había comido queso con galletitas en forma de hueso».[31]

Otro invitado que disfrutó mucho de la compañía de la reina la conoció por primera vez durante esa época. La cumbre del G20 de 2009 tuvo lugar en Londres y la reina y su familia recibieron a todos sus participantes. Uno de ellos fue el flamante presidente de los Estados Unidos, Barack Obama. Como nunca había estado en el palacio, Isabel los invitó a él y a su esposa Michelle a una audiencia privada previa a la recepción del G20. En sus memorias, la ex primera dama dijo que su anfitriona era: «Un símbolo querido y amable, [...] tan humana como el resto de nosotros. Me cayó bien desde el primer momento». Los periódicos del día siguiente se apresuraron a hablar de un momento fugaz durante la recepción en que se había visto a la primera dama rodear con el brazo a la reina. No faltaron las acusaciones habituales de incumplimiento del protocolo. Según explica Michelle Obama en sus memorias, esas informaciones eran pura patraña. La reina había observado que la primera dama era muy alta y ella había contestado: «Debo admitir que con los zapatos gané unos cinco centímetros. Pero sí, soy alta». La reina escudriñó los Jimmy Choos negros de su invitada y negó con la cabeza: «Deben de ser una tortura, ¿verdad?», dijo, admitiendo que a ella también le dolían los pies. Las dos mujeres se miraron «con idéntica expresión» y entonces la reina soltó una carcajada y se puso a comparar el tamaño de los tacones.[32] En ese momento la primera dama pasó instintivamente la mano sobre el hombro de la reina, como lo haría alguien que se apoyara solo sobre una pierna para mirarse la suela. Lo que muchos periódicos no mencionaron fue que la reina también rodeó con el brazo a Michelle Obama para hacer lo mismo.

Los diplomáticos estadounidenses se quedaron pasmados con lo bien que se habían llevado la reina y el primer presidente afroamericano del país. Según Matthew Barzun, embajador en el Reino Unido durante el segundo mandato de Obama: «Me consta que conectaron en ese viaje».[33] Unos meses después de ese primer encuentro, Michelle Obama hizo un viaje privado a Europa acompañada de su madre y de sus hijas, Malia y Sasha. Cuando la reina se enteró de que su itinerario pasaba por Londres, las invitó a tomar el té y preparó un paseo en carruaje por los terrenos del palacio. Según el veterano asesor de Obama, Ben Rhodes: «Sasha y Malia no eran niñas caprichosas. Aunque su padre era presidente, no querían hacer mil cosas. Ahora bien, una de las cosas en su lista era tomar el té con la reina. Se morían de ganas».[34] En su autobiografía, *Mi historia*, Michelle Obama dice que en los jardines del palacio había visto «miles de flores radiantes»: «Bajo las ventanas del Despacho Oval había cuatro rosales de los que estábamos orgullosísimos. De repente parecían un poco menos imponentes».[35] La hospitalidad de la reina con la familia Obama emocionó. Ben Rhodes señala que «no habrían podido ofrecer una acogida más magnánima y cortés».[36]

Ese mismo año, la reina volvió a encontrarse con su otra familia. Los líderes de la Commonwealth se reunieron en Trinidad y Tobago para su cumbre bianual. Hacía tiempo que la organización había dejado atrás las tensas y polarizadas broncas de la época Thatcher y se había convertido en un remanso de paz donde se hablaba mucho y se hacía poco. Eran pocos los titulares. Los líderes de los cuarenta y nueve países de la Commonwealth se juntaron en la capital trinitense, Puerto España, y hablaron especialmente de temas como el medio ambiente y la ayuda internacional. El calentamiento global era la máxima prioridad, pero curiosamente uno de los primeros ministros de la región había elegido

ese momento para intentar librarse de la reina. El primer ministro socialista de San Vicente y las Granadinas, Ralph Gonsalves,
había convocado un referéndum para determinar si su archipiélago de treinta y dos islas, que incluía el paraíso de Mustique
donde veraneaban miembros de la familia real, debía deshacerse
de la Corona y constituirse en república. El «camarada Ralph»
tenía muchas esperanzas puestas en que así fuera, y soñaba con
pasar a la historia como padre de la república. El día de la votación coincidió con la llegada de la reina a la zona. Es innegable
que, si Isabel hubiera perdido un reino caribeño nada más llegar
al Caribe, habría sido una distracción embarazosa para la cumbre. Pero el pueblo de San Vicente tenía otros planes y decidió
mantener la monarquía con el mismo margen que lo había hecho
Australia una década antes, 55-45.

La monarquía había vuelto a demostrar que era mucho más
sólida de lo que suponían sus detractores. Quien no se sorprendió
del resultado de San Vicente fue el dictador cubano Fidel Castro.
Según el ex secretario general de la Commonwealth, Sonny Ramphal, Castro era un admirador secreto de la reina. En 1994, otro
primer ministro socialista del Caribe, el antiguano Lester Bird,
charló con Castro y aludió a su deseo de expulsar a la monarca
como jefa de Estado. El camarada cubano se quedó de una pieza y
le preguntó a Bird si estaba interfiriendo en sus asuntos. Este le contestó que no y Castro dijo: «Entonces, ¿cuál es el propósito? Si su
deseo es ser una gran isla turística, les conviene que presuma de su
estabilidad». Según Ramphal, Castro e Isabel tenían algo en común:
«Fidel era pragmático, como la reina. Por eso duró tanto».[37]

21

2010-2011

«¡Esto va por las doncellas!»

El 11 de mayo de 2010 se produjo una novedad constitucional: el primer Gobierno de coalición del reinado de Isabel. Tras casi sesenta años de alternancia entre los dos grandes partidos, la perspectiva la llenaba de expectación, por no decir entusiasmo. Esto fue lo que le comentó a un comensal: «Creo que esta coalición será bastante positiva para el país».[1] Las elecciones generales del 5 de mayo habían dejado un Parlamento sin mayorías. Los conservadores de David Cameron eran el partido más votado, pero les faltaban veinte escaños para la mayoría absoluta. Tras un largo fin de semana de tira y afloja, se alcanzó un acuerdo para compartir el poder con los liberaldemócratas de Nick Clegg, que sumaban cincuenta y siete diputados. Los trece años de laborismo en Downing Street habían llegado a su fin.

Uno de los melones abiertos que se encontró Cameron nada más llegar al poder fue un tema de cierta urgencia que afectaba a la monarquía. Las finanzas de la Casa Real habían llegado otra vez a una situación crítica. La institución llevaba operando desde 1990 con el mismo presupuesto, acordado primero con lord Airlie y renovado en el 2000. En 2010 había que volver a renovarlo. Si el sueldo de un diputado se había triplicado durante el mismo periodo, el presupuesto real no había cambiado en veinte años. Puede que no hubiera mucha empatía por una de las familias más ricas del territorio, pero la jefatura del Estado seguía necesitando financiarse y modernizarse. Según David Cameron: «[En la Casa

Real] tenían un problema gordo de dinero, porque el acuerdo, que había sido bastante generoso, no daba más de sí. Se estaban quedando sin dinero para reparar las cosas». El primer ministro le atribuye a George Osborne y su equipo del Tesoro el haber hallado una solución: «El Tesoro vio la oportunidad de hacer una reforma ambiciosa y atrevida. Creo que George se frotó las manos. A su alma de historiador debió de encantarle la idea de intentar solucionar un problema que llevaba tiempo arrastrándose. Pensé que sería un gran desafío para la relación entre Downing Street y Buckingham: ¿lo lograríamos?».[2]

A Osborne siempre le fascinaron algunos aspectos tradicionales de ser canciller de Finanzas, como la tarea de acuñar nuevas monedas. En eso no se parecía al canciller de gran parte de la época Blair. Según Osborne: «Gordon Brown había mostrado poquísimo interés en esas cosas. Sinceramente, a mí me parecía triste que no se involucrara más en esas facetas de la labor del Tesoro. Por eso me involucré personalmente en el tema de las finanzas reales». Enseguida vio que tenía mucho que aprender, pese a haber estado cinco años en la oposición como canciller en la sombra: «No había tenido contacto real con la Corona. No había conocido a la reina ni nada de eso».[3] Una razón fue que Gordon Brown había bloqueado su nombramiento al Consejo Privado durante el Gobierno laborista. Históricamente, los miembros destacados de la oposición siempre eran designados consejeros privados. El propio Gordon Brown había sido consejero privado cuando los conservadores de John Major estaban al mando. Pero en cuanto se vio en una posición de poder, Brown se negó a devolver el favor.

Así que Osborne no tuvo constancia de la gravedad de la situación hasta que fue nombrado canciller de Finanzas tras las elecciones de 2010 y pudo conversar con franqueza con el canciller laborista saliente, Alistair Darling: «Alistair fue caballeroso. Me dio muy buenos consejos para el puesto y para tratar con la Administración, y luego me dijo: "Me temo que te he dejado un regalito con la familia real, pero tenía demasiadas cosas encima de la mesa". Entonces fue cuando supe que había un problema».[4] Como es comprensible, Darling tenía bastante con lo que lidiar a raíz de la crisis bancaria de 2008 y de sus consecuencias. Pero su sucesor comprobó que la economía real necesitaba atención urgente. De la mano del secretario permanente en el Tesoro, Nick Macpherson, Osborne echó un vistazo a los números y constató que cada vez que el Gobierno había tratado de fijar un nuevo presupuesto para la monarquía, la inflación había echado por tierra el acuerdo. Según la reflexión de Osborne: «El reinado de Isabel ha sido tan largo que ha puesto a prueba el sistema hasta destruirlo». Así que Osborne valoró la opción de vincular la financiación de la monarquía a los ingresos de la Hacienda de la Corona («Crown Estate»).

Era una vieja idea planteada desde otro prisma. La Hacienda de la Corona es un gigantesco conjunto de bienes que lo abarca todo, desde calles comerciales en el West End de Londres hasta el Gran Parque de Windsor, más unos ocho mil kilómetros cuadrados de cultivos y los derechos minerales sobre el lecho marino de buena parte del litoral británico. Todo eso perteneció a los reyes hasta 1760, cuando el nuevo monarca, Jorge III, llegó a un pacto con su Gobierno. Él seguiría siendo propietario del patrimonio, pero solo de forma nominal, y cedería la gestión y todos los ingresos al Estado. A cambio, el Estado se comprometió a financiar la Administración pública y a pagar al monarca un estipendio fijo: la llamada «lista civil», es decir, el presupuesto real. Dos siglos y medio más tarde, este modelo de negocio estaba dando sus últimos coletazos. La idea de Osborne era asignar anualmente a la monarquía una parte concreta de los ingresos de la Hacienda de la Corona. El acuerdo recibió un nuevo nombre: la «asignación al soberano» (*Sovereign Grant*).

Osborne admite que su nuevo plan requería un vínculo más cosmético que real: «Queríamos reformar el sistema. No había un nexo real, pero ideamos un sistema en el que se podía crear una asignación y vincular su futuro crecimiento al crecimiento de los beneficios de la Hacienda de la Corona. La ventaja en ese momento era que tenía un aire de reforma y de permanencia. Y ofrecía otra ventaja a corto plazo... Como la economía se había hundido, durante los primeros años probablemente no crecería mucho. O sea, que se podía decir que hasta la reina se apretaría el cinturón. Por entonces parecía un argumento convincente».

Osborne y Buckingham habían acordado que la monarca recibiría el equivalente del 15 % de los ingresos totales de la Hacienda de la Corona. Pese a tener el término «Corona» en su nombre, la familia seguiría sin poseer ningún control sobre ese patrimonio, que estaba gestionado por profesionales que respondían ante el Parlamento, no ante la Casa Real.

En su primer año, la nueva fórmula se tradujo en unos ingresos de la Corona de treinta y un millones de libras. Como indica Osborne, esa cantidad suponía un recorte del 9 % si se comparaba con los gastos reales del año anterior. No es extraño que pensara que había conseguido un buen trato para el contribuyente. Al ver una viñeta de Peter Brookes en *The Times* poco después, que plasmaba básicamente la misma idea, se le iluminaron los ojos: «Es una de mis favoritas. Aparecen la reina y el duque saliendo de una estación de metro en Westminster y van engalanados para la ceremonia de apertura del Parlamento. Y ella dice: "¡Ese Osborne nos la ha colado!"».[5]

Salvo que, como reconoce Osborne, esa previsión del Tesoro no se cumplió. Al cabo de un año, los ingresos se dispararon y aumentaron un 16 % la asignación al soberano. «Lo que pasó fue que el Reino Unido se recuperó bastante deprisa. La gestión de la Hacienda de la Corona fue óptima y se ingresó más de lo que nadie había previsto».

Ya puestos, Osborne decidió cambiar algunas reglas antiguas del ducado de Cornualles, que desde la Edad Media había sido una fuente de ingresos para el heredero al trono, siempre que fuera hombre y no mujer. Osborne iba a echar una mano a las futuras herederas: el ducado siempre entregaba sus ganancias al hijo mayor de Isabel, pero si un futuro soberano solo tuviera hijas, como en el reinado de Jorge VI, esos fondos pasarían al Tesoro. Según Osborne: «Si el heredero al trono hubiera sido una mujer, no habría percibido los ingresos del ducado de Cornualles. Así que incluí eso en la asignación al soberano y también lo reformé».[6] El príncipe Carlos, añade, se mostró muy satisfecho con el plan.

David Cameron admite que el nuevo sistema resultó ser un buen trato para Palacio: «Fue un acto de generosidad, pero no me importa. Mejor un acuerdo sostenible a largo plazo. Habría sido mucho peor equivocarnos en el otro sentido, porque habríamos tenido que rehacerlo todo de nuevo».[7]

Para la reina y para el hombre que gestionaba su patrimonio, el guarda del Privy Purse, fue una ganga en varios sentidos. Habían conseguido más autonomía y más seguridad financiera sin tener que abrir más las puertas de Palacio. El antiguo modelo de financiación también había dispuesto partidas aparte para costes específicos, como los desplazamientos y el mantenimiento. A partir de entonces, sería un monto general. Según Osborne: «Les daba mucha más independencia porque podían llenar las reservas y tener más libertad». Entonces, ¿la reina estaba satisfecha y agradecida? Lo único que reconoce Osborne es que él estaba «muy contento de haberlo resuelto».[8]

En pocos años, Cameron y su coalición aplicaron más cambios a la maquinaria de la Corona que cualquier otro gobierno en vida de Isabel II. En la mayoría de los casos, como con la asignación al soberano, la familia real se dio por satisfecha. Pero hubo una reforma que sí provocó nervios y sensación de vulnerabilidad entre la reina y sus consejeros. Fue la supresión del antiguo derecho de la monarquía a disolver el Parlamento y, por ende, convocar elecciones generales.

Incluso antes de saberse los resultados, las elecciones de 2010 habían puesto sutilmente en entredicho el papel de la reina a la hora de formar Gobierno. Todo el mundo esperaba un Parlamento sin mayorías. Tanto en Palacio como en Downing Street estaban decididos a evitar otro comprometido fin de semana como el de febrero de 1974, cuando Edward Heath ni había ganado ni había perdido ni había dimitido. Llamaron a la reina para que volviera al palacio, interrumpiendo su gira por Australia, y esperara el desarrollo de los acontecimientos. Su secretario privado Martin Charteris describió ese *impasse* a Peter Hennessy con estas palabras: «Una incertidumbre total».[9]

En 2010, todas las partes habían aceptado un nuevo documento de la Administración llamado «Manual del Gabinete». En él se decía que quienes debían resolver el problema eran los políticos, no la reina. Isabel estaba muy contenta. A su abuelo, Jorge V, tal vez le gustara cantarles las cuarenta a los políticos, pero a ella le disgustaba la idea. Antes de los comicios de 2010, tuvo el detalle de retirarse al Castillo de Windsor y quedarse allí hasta que los políticos dejaran de reñir. Cuando acabaron, regresó a Londres para invitar a Cameron a formar Gobierno.

Según un antiguo consejero real: «La gran lección aprendida en 1974, y útil en 2010, fue que, casi a modo preventivo, se aseguraron de que en Westminster entendieran que el deber de los políticos era solucionar el problema antes de involucrar a la reina. Era muy importante subrayarlo constantemente. Ella necesitaba ser visible y, al mismo tiempo, estar ausente. Tenía un montón de compromisos, sobre todo con las Fuerzas Armadas. Hablando en plata, dejó en manos de los políticos la desagradable política».[10]

En virtud del pacto con los liberaldemócratas, los conservadores habían cedido en algunas exigencias. Una de ellas era poner fin al sistema por el que los primeros ministros podían pedirle a la reina que disolviera el Parlamento y convocara elecciones cuando les conviniera. Según los liberaldemócratas, esa histórica norma favorecía al partido gobernante. Cameron aceptó aprobar una nueva Ley de Mandatos Fijos (*Fixed-term Parliaments Act*), según la cual habría elecciones automáticamente cada cinco años, salvo que el Parlamento votara de forma aplastante en otro sentido. El proyecto de ley se mandó a la Cámara de los Comunes como una exhalación, sin apenas mención a la monarca. Pero había un gran fallo. El apartado que estipulaba el mecanismo para reemplazar al primer ministro si este perdía la confianza de la cámara era poco claro y enrevesado. Por ejemplo, no explicaba lo que se suponía que debía hacer la Corona si ese primer ministro intentaba seguir en el cargo. El historiador constitucional Peter Hennessy recuerda perfectamente los recelos de los primeros espadas de la reina: «Tenían miedo de que fuera un vacío clamoroso en la legislación».[11] Reflexionando sobre ello, un veterano de Palacio lo describe como «una chapuza decepcionante, peculiar y grotesca de los liberaldemócratas».[12] Sin embargo, en 2020 los dos grandes partidos prometieron abolir la ley en un futuro próximo. No la echarán mucho de menos en Palacio.

El nuevo primer ministro evocaba en Isabel la fase inicial de su reinado. Cameron era el primer alumno de Eton que llegaba a Downing Street en casi cincuenta años (el último había sido Alec Douglas-Home) y también el primero con quien estaba emparentada, aunque remotamente. Pese a la brecha generacional, Cameron tardó muy poco en entablar una cortés relación con la monarca. Un día, cuando llevaba unos meses en el cargo, habló con ella. Su padre Ian había muerto hacía poco y ella le dejó sin palabras y al borde de las lágrimas. No solo estaba al tanto de qué caballos de carreras habían sido de Ian Cameron, sino que sabía algo que el primer ministro desconocía: «Os interesará saber que uno de sus caballos corre esta noche en Windsor», le dijo.[13] Cameron tenía tantos frentes abiertos que no sabía que uno de los caballos de su difunto padre iba a competir. Pero la monarca no había dejado de leer el *Racing Post*.

Como tantos otros antes que él, George Osborne también constató con asombro la disciplinada atención a los detalles de la reina, como cuando habló con ella sobre política de viviendas: «Recuerdo que le dije que los gobiernos siempre intentan promover el concepto de ciudad jardín y de *new town* («ciudad nueva»), y ella contestó: "Ah, sí, creo que mi abuela vivió en la ciudad jardín de Welwyn"». No exactamente. Por delicioso que sea imaginarse a los condes de Strathmore mudarse a una de las miles de viviendas funcionales construidas en la *new town* de Hertfordshire durante los años veinte, lo cierto es que habían adquirido la finca cercana de Woolmers Park en 1927. Aun así, el nuevo canciller quedó impresionado por su capacidad para retener todo tipo de detalles.

En la segunda década del siglo xxi, la monarquía iba viento en popa, como no lo había hecho desde principios de los ochenta. Pero esta vez el centro de atención no era la nueva generación, sino la propia reina. En 2010, el artículo más vendido en las tiendas de regalos de la Royal Collection, que no paraba de abrir sucursales, no fue una taza de té con motivos de la realeza ni un gorro de baño con la imagen del Palacio de Buckingham: fue una postal con una imagen actual de la reina, en todo su esplendor, en la ceremonia de apertura del Parlamento.[14]

A finales de 2010, los antimonárquicos reconocieron que habían perdido su oportunidad. El periodista y tertuliano republicano Steve Richards, experto en política, dijo en *The Independent*: «Hace unos años hubo una ocasión muy propicia para reformar la monarquía. Quizá incluso habría sido posible que el Reino Unido avanzara en algún momento hacia el presidencialismo», y aludió a una confluencia de factores que favorecían los intereses republicanos: un Gobierno laborista radical, la eliminación de los derechos hereditarios en la Cámara de los Lores, la crisis de la familia real, etcétera. Fue una oportunidad para toda una generación de acabar con un milenio de monarquía. Por desgracia, decía: «El tren pasó y ahora el país ha vuelto a la histeria primitiva».[15]

La causa de esa «histeria primitiva» había sido una declaración concisa del príncipe de Gales del 16 de noviembre de 2010. En ella anunciaba que Guillermo se había prometido con la que era su novia desde la universidad, Catalina Middleton. Así empezó una de las etapas más felices y agitadas de la historia moderna de la Casa Real, una etapa que evoca la de principios de los ochenta, o incluso la dicha de comienzos de los cincuenta. Si 1992 había sido un *annus horribilis*, 2011 fue una especie de *annus mirabilis*, aunque nadie se atreviera a decirlo.

Hasta entonces, Guillermo y Enrique habían vivido con relativa calma, teniendo en cuenta su condición de príncipes. Con el escrutinio mediático al que habían sido sometidos desde su nacimiento, seguramente a ellos no les pareciera una vida tranquila, pero las amenazas a su privacidad no habían sido ni la mitad de graves que las soportadas por su padre. Carlos había vivido experiencias tan penosas como que robaran sus trabajos académicos y los publicaran en la prensa extranjera, o que los periodistas le persiguieran por la calle cuando tenía catorce años.* Para celebrar sus veintiún años, en 1969, se había encargado el documental *Royal Family* y un comité de ilustres había planificado toda su vida. Por tanto, cuando Guillermo y Enrique acabaron el colegio, su padre estaba deseando alejarlos de la prensa y permitirles escoger su propio futuro, siempre que fuera algo razonable.

Guillermo dejó Eton en el año 2000 para irse a Chile y África durante su año sabático, y luego estudió cuatro años en el relativo aislamiento que confería la Universidad de St. Andrews, donde conoció a su futura esposa. Una vez licenciado, empezó su periplo en las Fuerzas Armadas siguiendo la estela de su hermano menor. Enrique había decidido no ir a la universidad; pasó directamente de Eton al Ejército y entró en el regimiento Blues and Royals. Los dos jóvenes coincidieron como oficiales de las Fuerzas Armadas en el mismo periodo. También tenían un pequeño despacho en el Palacio dirigido por el antiguo miembro de los Irish

---

* El príncipe intentó zafarse de la prensa durante una excursión escolar a las islas Hébridas Exteriores. Entró corriendo en un bar de Stornoway y se camufló entre la gente pidiendo lo primero que le vino a la cabeza: brandi de cereza.

Guards y ex oficial del SAS Jamie Lowther-Pinkerton, antiguo caballerizo de la reina madre. Se le reclutó como secretario privado y se le encomendó que ayudara a los príncipes a adquirir una constancia con las obligaciones reales. Pero carecía de manual de instrucciones.

Según los empleados del Palacio, los hermanos reflexionaron mucho y acabaron diseñando un plan en tres partes. Primero, se marcarían algunas metas: encontrarían su pasión, se ganarían un prestigio y procurarían no hacer grandes declaraciones públicas. Sería una fase de aprendizaje. Luego, empezarían a participar en el mundo de la realeza y tratarían de entender las bases constitucionales. La fase tres sería la dedicación completa a la Corona. Después de seguir a su hermano menor hasta el Ejército, Guillermo podría haber seguido perfectamente como oficial de la Household Cavalry. Durante su formación con tanques ligeros de reconocimiento en Bovington, Dorset, demostró poseer un talento innato. Ahora bien, como futuro jefe de las Fuerzas Armadas, lo lógico era que dedicara tiempo a los demás cuerpos. Se echó a la mar con la Marina Real y aprendió a volar con la Real Fuerza Aérea. Hecho eso, Guillermo quiso participar en algún tipo de operación, igual que el príncipe Enrique cuando había sido destinado al servicio activo en Afganistán, en 2007. La credibilidad de Guillermo ante las Fuerzas Armadas dependería de ello. ¿Pero qué operación podía ser? Ya había sido lo bastante difícil que Enrique, el tercero en la línea de sucesión, sirviera en Afganistán sin ser un blanco ideal. Para Guillermo, futuro rey, ese destino sería directamente imposible.

Al final, fue el propio príncipe el que urdió un plan. Solicitaría plaza como piloto de búsqueda y rescate en la Real Fuerza Aérea. Según alguien que trabajó con él durante ese periodo: «Así no atraería el fuego del enemigo, poniendo en riesgo a quienes estaban a su alrededor. Sería la persona más importante del equipo, la persona en quien tendrían que confiar los demás».[16] No era un camino de rosas. Aunque alguna vez se podía presumir de un rescate exitoso, muchas misiones no terminaban bien. Algunas eran muy traumáticas para todos los involucrados. Según un colega: «Era solo para adultos».

Enrique también tenía un don natural para pilotar helicópteros y acabó consiguiendo la licencia para llevar uno bastante diferente: el helicóptero de ataque Apache. Eso significó que, durante unos años, la reina, que siempre había tenido grandes reservas con los helicópteros, vio cómo dos nietos suyos los pilotaban en su nombre. Según un miembro de la Casa Real: «Si alguien me preguntara cómo eran en realidad los príncipes, me limitaría a señalar los helicópteros que pilotaban. Por un lado, tenías a Enrique, que llevaba el Apache rozando las copas de los árboles. Y, por otro, estaba Guillermo, que llevaba el Sea King en maniobras de búsqueda y rescate con una serenidad total, calculando la carga de combustible sin distraerse».[17] Otro ex miembro del Palacio traza una similitud con la Segunda Guerra Mundial. Dice que Enrique habría sido el piloto de combate ideal, que le habría encantado salir de la nada y lanzarse en picado con su Spitfire disparando toda su munición. El estudioso y analítico Guillermo, en cambio, ponía toda su atención en el objetivo, y habría sido la persona ideal para comandar un bombardero pesado en ataques a larga distancia, como el Lancaster.

El príncipe de Gales nunca había sido parco con los consejos paternos ni con las facturas, lo cual es igual de importante. Pero, por todo lo vivido, también era muy consciente de que los herederos necesitaban espacio para respirar. La reina le pidió a David Manning, ex embajador en Washington, que aconsejara a ambos príncipes como quien no quiere la cosa. Un ex miembro de la Casa Real recuerda: «Fue un sol con ellos. No les agobiaba, pero cada pocos días asomaba la cabeza; fue un gran mentor».[18]

Algunos integrantes del Palacio estaban sorprendidos con el grado de independencia concedido a los dos jóvenes príncipes. Pero se habían fijado unos objetivos y estaban rodeados de un equipo de fiar, porque Lowther-Pinkerton, su secretario privado y mentor, había creado una unidad pequeña y motivada en un rincón del Palacio de St. James. Además, el equipo iba a tener a un tercer miembro de la familia real del que cuidar.

El príncipe Guillermo eligió esposa con total libertad. No hubo ningún tira y afloja para concertar el matrimonio, como había sido tan común en las generaciones previas. Catalina Middleton, conocida popularmente como Kate, venía de una familia estable y feliz de Berkshire. Sus padres, Michael y Carole, se habían conocido trabajando para British Airways y habían montado una potente empresa de organización de eventos. Sus tres hijos habían estudiado en el Marlborough College, alma máter del capitán Mark Phillips, de varios cortesanos y, en el futuro, de la princesa Eugenia. Entre los antepasados de Catalina había un piloto de combate, un criptógrafo militar de Bletchley Park, mineros del carbón y terratenientes de Yorkshire. Guillermo le había cogido mucho cariño a la familia Middleton y se aseguró de que la Casa Real la acogiera con los brazos abiertos. Aun así, los medios sometieron a la familia a un intenso escrutinio. Como Catalina estaba llamada a ser reina algún día, era de esperar. También fue el salto a la fama de su hermana Pippa. Sin embargo, los padres se convirtieron de repente en personas semifamosas y pasaron a ser objeto de celos y rumores constantes; lejos de desearlo, fue para ellos una experiencia extraña e incómoda. Como primera novia real de la era de las redes sociales, Catalina fue víctima de incesantes comentarios sobre su peso, su vestuario y, de hecho, toda su vida. No es de extrañar que, después de la boda, la pareja destinara tantos esfuerzos al tema de la salud mental.

Wills y Kate, como les bautizó la prensa, pasaron por el temido (pero protocolario) apuro de reunirse con los medios en el Palacio de St. James. Los periodistas rescataron una frase que no se había usado desde hacía una generación: «fiebre matrimonial». Curiosamente, fueron los medios extranjeros los que se adelantaron, reservando lugares estratégicos mucho antes que cualquiera de sus indiferentes homólogos británicos. Al principio, parecía que el resto del mundo estaba más entusiasmado con la noticia que el Reino Unido. La reina fue una gran aliada de la pareja preparando la boda. Más tarde, Guillermo reveló que se había quejado a su abuela de los cientos de personas que había que invitar por compromiso y que ocupaban el sitio de muchas de sus amistades: «Me dijo que desechara la lista, pero recalcó que hay ocasiones en las que debemos encontrar el equilibrio correcto».[19] Así, se invitó a todos los cargos diplomáticos sin acompañante, con lo que la lista se redujo de un plumazo a la mitad. Aun así, hubo algunos fallos: por ejemplo, Palacio invitó al embajador del sanguinario régimen sirio de al-Assad, pero no a los ex primeros ministros Tony Blair y Gordon Brown. Guillermo descubrió que la reina no dejaba de insistir en algo. Hacía poco que había nombrado a su nieto coronel de los Irish Guards, así que no había debate sobre la indumentaria que debía llevar en la boda. Cualquier vano deseo de ponerse el uniforme de la Real Fuerza Aérea se podía arrojar a la misma papelera donde había acabado la lista de invitados. Como dijo el príncipe: «Fueron muy tajantes: "No, ¡tienes que llevar esto!"».[20]

Como si no tuviera bastante con sus obligaciones como piloto y con los preparativos para la boda, la reina le pidió al príncipe que viajara a la otra punta del mundo. Nueva Zelanda acababa de sufrir el peor desastre desde la guerra: un terremoto había destruido gran parte de la ciudad de Christchurch y había provocado gravísimas inundaciones en algunas zonas de Australia. Guillermo fue a inspeccionar la zona y a dar el pésame en nombre de la reina, una señal inequívoca de la fe que tenía Isabel en su nieto como fiel emisario.

La mañana de la boda, el 29 de abril de 2011, Buckingham anunció que la reina había investido a Guillermo duque de Cambridge. También le había cedido a la futura duquesa la tiara Halo, una joya de 1936 encargada a Cartier por el padre de Isabel cuando aún era duque de York como regalo para su esposa. La tiara coronaría un espectacular vestido de satén de color marfil diseñado por Sarah Burton, de Alexander McQueen. En el Reino Unido, veintiséis millones de espectadores siguieron el acto por televisión; otros veintitrés se conectaron desde los Estados Unidos; e innumerables más lo hicieron desde el resto del planeta.[21] Según el Guinness World Records, setenta y dos millones lo vieron en vivo por internet, con lo que marcaron un nuevo récord mundial.[22] Fue la primera boda real de la era digital. Atendiendo a la sugerencia de Carlos, más aficionado a la música clásica que su hijo, el oficio primó piezas de compositores británicos como Parry, Elgar o Walton, además del gran himno galés «Guide Me O Thou Great Redeemer». La majestuosidad de la Abadía de Westminster se compensó y avivó con gran tino, colocando en lugares estratégicos árboles, arces y carpes.

Las damas de honor y los pajes fueron capitaneados por la hermana de la novia, Pippa Middleton. También fueron damas de honor la nieta de siete años de la reina, Luisa Mountbatten-Windsor, y la nieta de tres años de la duquesa de Cornualles, Eliza Lopes. Ni la novia ni su padre dieron señales de nerviosismo al recorrer los noventa y ocho metros de pasillo central. Al final les esperaba Enrique, el padrino, que le susurraba al oído a su hermano todo lo que iba sucediendo. La pareja le había pedido a un viejo amigo de Carlos, el obispo de Londres Richard Chartres, que diera un discurso: «En cierto modo, cada boda es una boda real, pues el novio y la novia son rey y reina de la creación, y producen vida nueva juntos». Parecía un guiño al arzobispo de York, que más de sesenta años antes había estado en ese mismo lugar compartiendo una reflexión: en muchos aspectos, la boda de la princesa Isabel era «igual que la de cualquier granjero» que casualmente se casara esa tarde. Hasta cierto punto.

Se calcula que un millón de personas vieron el oficio a través de unas gigantescas pantallas y unos altavoces. Lo disfrutaron desde los parques aledaños y a lo largo de la ruta que seguiría el desfile. La solemnidad de los votos se quebró con la risa afectuosa de los mil novecientos invitados de la abadía, y el «sí, quiero» provocó el clamor de los que esperaban en la calle. En Palacio, la reina recibió a seiscientos invitados. Julia Gillard recuerda que todos los líderes de los reinos recibieron un trato especial, incluido Ralph Gonsalves, que dos años antes había intentado abolir la monarquía en San Vicente y las Granadinas. Un autobús especial los llevó a la abadía, tuvieron asientos privilegiados y pudieron charlar en privado con los novios antes de la recepción principal: «Estábamos en una sala anexa al balcón, así que veíamos el gentío del exterior. Qué maravilla ver a gente contenta reunida por una ocasión tan feliz».[23] La policía llenó poco a poco la zona de delante del palacio antes del gran beso en el balcón: «Se acercaron lentamente para que la multitud pudiera arrimarse. Se veía que la policía estaba disfrutando del momento. Muchas veces, cuando ves imágenes de multitudes, las circunstancias son muy distintas. Por eso me impresionó tanto».

Aunque Carlos y la familia Middleton habían corrido con los gastos privados de la boda, algunas voces de la izquierda se habían quejado de que la policía y la seguridad hubieran costado supuestamente entre diez y veinte millones de libras. En comparación con el coste de los inminentes Juegos Olímpicos, era una cifra ridícula. Y más si se tenía en cuenta el interés televisivo. El director de orquesta, el entonces secretario de Cultura Jeremy Hunt, recuerda ese día con puro éxtasis: «Solo invitaron a los cuatro ministros más importantes del Gabinete y a mí. Fue un suceso extraordinario. Todavía tengo la fotografía en el baño. En política, te llueven muchas hostias por cosas de las que no tienes ninguna culpa. Pero también te llevas el mérito por cosas que no tienen nada que ver contigo. Y recuerdo que la gente me decía: "Menuda boda has organizado, Jeremy"».[24]

Tras la histérica alegría que desataron los dos besos en el balcón, la familia real y los invitados se trasladaron a la Galería Pictórica para la recepción. Carlos dio un conmovedor discurso para dar la bienvenida a su nuera a la familia, como si de una hija se tratara, e hizo una broma sobre la alopecia hereditaria. El nuevo duque de Cambridge se ganó los aplausos del público introduciendo a la «señora de Gales». Julia Gillard y su pareja, Tim Mathieson, se mezclaron apaciblemente con los invitados y terminaron conociendo a la reina y charlando sobre los actos posteriores. Según Gillard: «Ese era el acto oficial, pero luego habría una cena y música con los amigos más íntimos. La reina nos habló de la discoteca y dijo que la bola de espejos te hacía bailar los ojos».

Quienes estuvieron en el acto nocturno oyeron al príncipe Enrique rendir un homenaje descarado, aunque muy enternecedor, a su hermano. Dijo que nunca habría superado el trauma de la muerte de su madre sin él, ante lo cual muchos invitados fueron incapaces de contener las lágrimas. La fiesta se alargó hasta altas horas de la madrugada. Rompiendo con la tradición, los recién casados no se fueron directos a la luna de miel; el duque de Cambridge tenía un compromiso militar de búsqueda y rescate en Gales. Cuando el circo mediático hubo hecho las maletas para ocuparse de otros asuntos, la pareja se fue diez días a las Seychelles, alejados de todo.

Por su parte, la reina se estaba preparando para el viaje internacional más corto de su reinado. Iba a cruzar la única frontera terrestre del Reino Unido. Fue una visita que pasó a la historia como una de las más destacadas, como las que hizo a Estados Unidos, Sudáfrica, China y Rusia. Habían pasado cien años desde que un monarca británico en el trono pisaba territorio irlandés, si bien es cierto que la República de Irlanda no existía cuando Jorge V visitó Dublín en 1911. Desde entonces, la guerra de independencia, la guerra civil, la partición entre norte y sur, el abandono de la Commonwealth y treinta años de conflicto («The Troubles») habían convertido la república en terreno vedado para la jefa de Estado británica. Pero los lazos históricos entre el pueblo irlandés y el británico no habían hecho más que estrecharse por vía del matrimonio, el trabajo, la emigración o el deporte... ¡Solo hay que pensar en la equitación y el rugby! El Acuerdo de Viernes Santo de 1998 trajo la paz a Irlanda del Norte y supuso un cambio radical en las relaciones entre ambos gobiernos. La señal definitiva de amistad iba a ser una visita de Estado. Y nadie era más favorable a la idea que la propia reina. Además, había encontrado a una aliada vital en la presidenta irlandesa, Mary McAleese, cuyo segundo y último mandato estaba a punto de terminar. McAleese estaba decidida a ser la que acogiera a la reina antes de concluir su mandato.

En mayo de 2011, menos de tres semanas después de ver a su nieto y a su nueva esposa iniciar una etapa completamente nueva de la historia monárquica, la reina hizo lo propio. La atmósfera era surrealista. La modesta aeronave de la reina, un pequeño BAe 146, aterrizó en el aeródromo de Casement, en las afueras de Dublín, y de allí la llevaron por calles vacías hasta la residencia presidencial. Era la mayor operación de seguridad en la historia de la Irlanda moderna, con diez mil soldados y agentes de policía, y no se quería dejar nada al azar. Pero eso no frenó a los medios irlandeses ni a los centenares de medios del resto del mundo. Por televisión y por escrito, narraron cada momento. Fue una lección del poder visual de la diplomacia real. En cuanto se abrió la puerta del avión, se vio que la reina había elegido el verde esmeralda. Para algunos irlandeses, el momento culminante fue su visita al Garden of Remembrance dublinés, un jardín tan sagrado como el Cenotafio de Londres. Allí dejó una ofrenda floral y agachó la cabeza como tributo a los mártires que habían perdido la vida durante el largo pulso entre Irlanda y la Corona británica.

Otros destacaron su visita a Croke Park, hogar del fútbol gaélico, donde en 1920 las fuerzas británicas habían asesinado a catorce espectadores civiles para vengarse de un tiroteo. El moderno estadio que actualmente se alza en ese lugar, uno de los más grandes de Europa, no ha minado en absoluto la santidad de este templo del nacionalismo irlandés. La imagen de la monarca al saltar al césped fue aún más trascendental que el cordial discurso de bienvenida del presidente de la Gaelic Athletic Association. Los propios anfitriones irlandeses habían querido que la reina fuera, y ella estuvo encantada de ir. Los ministros y representantes en Dublín sabían desde hacía tiempo que iban a recibir a una invitada muy solícita. Según el embajador británico de aquel momento, al principio de la negociación los irlandeses habían sopesado que la visita durara solo un día y medio.[25] Pero la reina tenía en mente algo mucho más largo. Normalmente la Casa Real procura reducir al máximo los itinerarios, pero en esa ocasión intentaron alargarlo lo máximo posible. David Cameron recuerda que en Palacio decían: «Alargadlo». Como primer ministro, sentía el mismo instinto: «Los dos estábamos muy ilusionados con el potencial de la visita y con lo histórica que podía resultar. Le interesaba muchísimo, y creo que le prestó mucha atención a cómo se iba a hacer y a la agenda».[26] Al final fueron cuatro días y se visitó una granja de caballos, el almacén de la Guinness y la ciudad de Cork. El colofón fue el banquete de Estado en el Castillo de Dublín, antigua sede del Gobierno británico.

Todo parecía cargado de simbolismo. Antes del acto, la reina y su equipo habían estado atentos a los detalles más nimios. No era una velada para joyas ostentosas, aunque muchos habían esperado que rebuscara en las cámaras para encontrar las mejores y más verdes esmeraldas. La ayudante de vestuario de la reina, Angela Kelly, que también tenía antepasados irlandeses, había cosido a mano un vestido con 2.091 tréboles de cristal y la reina había encargado un nuevo broche de cristal con la forma del arpa irlandesa. Para rematarlo, Isabel se puso la tiara entregada a la reina María en 1893 con motivo de su boda, un regalo hecho en nombre de las «damas de Gran Bretaña e Irlanda». Todos los detalles fueron remarcados y celebrados a ambos lados del mar de Irlanda.[27]

La reina había trabajado mucho en su discurso, sobre todo en la primera frase: «A Uachtaráin agus a chairde» («Presidenta y amigos»). La fórmula era corta, pero no podía permitirse pronunciarla mal. Sus anfitriones se llevaron una grata sorpresa. «¡Guau!», exclamó la presidenta McAleese. Republicanos, monárquicos y periodistas se quedaron de una pieza cuando la reina aludió a la «aflicción, la confusión y la pérdida» que había afectado a ambos países. Expresando sus «más sinceras condolencias» por todos los que habían sufrido en el proceso, declaró: «Con el beneficio que nos aporta la perspectiva histórica, todos reparamos en cosas que nos gustaría haber hecho de otra forma, o no haber hecho». Fue un momento decisivo en la relación entre el Reino Unido e Irlanda. Su Gobierno había escudriñado y aprobado cada palabra, salvo la introducción en gaélico, que fue su aportación personal; así y todo, era evidente que hablaba con el corazón en la mano. Incluso el padrino de los republicanos irlandeses, el presidente del Sinn Féin Gerry Adams, reconoció: «En mi opinión, las condolencias que ha expresado por todos los que han sufrido en nuestro turbulento pasado son genuinas».

El protocolo dicta que los primeros ministros no deben acompañar a la reina en las visitas de Estado, pero en esa ocasión David Cameron hizo una excepción. Al político aún le fascinan todos los guiños cuidadosamente medidos: «Tenía tanta elegancia y tan buen gusto que ningún gesto parecía artificial. Eran gestos simbólicos e importantes con un efecto muy potente».[28]

Cameron también recuerda lo bien que se lo pasó el duque de Edimburgo. Era una cena con mesas redondas, no con la típica mesa presidencial, y Felipe había solicitado encarecidamente sentarse al lado del poeta irlandés Seamus Heaney, de quien era un gran admirador, si bien el poeta no era precisamente simpatizante de la realeza. Cameron se sentó al otro lado de Heaney. Al terminar la cena, el poeta se volvió hacia el primer ministro y exclamó: «Madre de Dios, ¡ese hombre es una joya!».[29]

El éxito de la visita a Irlanda se tradujo pronto en una serie de avances. El más destacado fue el apretón de manos entre la reina y el ex comandante del IRA Martin McGuinness al año siguiente. David Cameron quedó impresionado por la ternura y el decoro mostrado por la reina hacia un hombre que había llegado a planear el asesinato de su familia y de sus tropas. Se lo dijo a Isabel, pero ella no entendía por qué se armaba tanto escándalo: «¿Y qué se suponía que tenía que hacer? Claro que le di la mano. Si no lo hubiera hecho, habría sido tenso».[30]

Y esa fantástica primavera aún no había acabado. Nada más volver de Irlanda, los Obama regresaron al palacio, esta vez para una visita de Estado. Según el asesor Ben Rhodes: «La verdad es que en ese momento teníamos vínculos muy estrechos con el Reino Unido. Ambos estábamos recuperándonos de la crisis financiera y colaborando en misiones de alcance internacional».[31] David Cameron estaba decidido a entablar con la Casa Blanca una relación más sólida que la de su predecesor, Gordon Brown. Cameron es el primero en admitir que el proceso fue mucho más fluido gracias a la reina: «Creo que Obama quedó realmente embelesado con esa servidora pública tan extraordinaria. Por eso se llevaron tan bien».[32]

Tal como había pasado con Bush, el Servicio Secreto de los Estados Unidos no quiso que el presidente paseara en carruaje por las calles. Pero se cumplieron todas las demás formalidades de una visita de Estado: la mejor porcelana, la mejor cristalería y los mejores vinos para un banquete de lenguado y cordero. Según Ben Rhodes: «Cuando hablé con el presidente nada más terminar, estaba pasmado porque la reina le había hablado de un montón de líderes de la posguerra. Fue una conversación natural y él intuyó cuáles le caían mejor».[33]

Después de la cena, tomaron café y otras bebidas y Ben Rhodes terminó hablando con David Cameron. Descubrieron que a ambos les apasionaba la serie *Entourage* de la HBO. Rhodes veía muy raro que el primer ministro se hiciera tan pequeño en presencia de la monarca: «Era una de las personas más importantes del mundo, pero, sin ánimo de ofender a Cameron, le ponías en la misma sala que la reina y se convertía en su lacayo. Es algo que nunca se podría decir del presidente. Es una dinámica muy interesante».

La noche siguiente, los Obama organizaron el banquete de

rigor en la residencia del embajador estadounidense, Winfield House. Se trabajó mucho en la lista de invitados, repleta de representantes de Hollywood. Según Ben Rhodes: «Nos preguntamos qué le gustaba a Su Majestad. Le gusta el cine y le gusta Broadway, así que nos lanzamos a la piscina y sentamos a Tom Hanks a su lado [con Obama a su izquierda] y tuvimos una representación de Broadway».[34]

Fue un acto importante para ambas partes. Según un miembro destacado del equipo británico: «Los Obama estaban un poco nerviosos, y no es lo que uno esperaría del líder del mundo libre. Al final, los vimos saludar a la reina y al príncipe Felipe desde los escalones de Winfield House. Fue una delicia. El cochazo de la reina se perdió por el camino de entrada con la luz interior encendida. Los Obama estaban de pie, convenciéndose de lo que estaban presenciando y de lo que acababan de hacer. Era una imagen adorable. Había un no sé qué mágico».[35]

En esa visita, Obama también dio un discurso ante el pleno del Parlamento. Esos actos suelen tener lugar en la Galería Real, pero Obama se sumó al selecto club de personas invitadas a hablar en el Salón Westminster. El presidente empezó así: «Según me comentan, las tres últimas personas que han hablado aquí han sido el papa, su majestad la reina y Nelson Mandela. O el listón está altísimo o estoy a punto de oír un chiste muy gracioso». Fue un discurso de un Obama en plena forma, rematado con estas representativas palabras: «El ejemplo de nuestros dos países demuestra [...] que los hijos e hijas de las antiguas colonias pueden formar parte de este gran Parlamento, y que el nieto de un keniano que fue cocinero en el Ejército británico puede comparecer ante ustedes como presidente de los Estados Unidos».

Ahora, Rhodes lo considera el momento culminante de la visita: «El componente racial me parece muy importante, en este caso. No se entiende esa visita ignorando la frase del discurso en la que habla de sus antepasados kenianos. Estaba siendo recibido con los brazos abiertos por la familia real, los mandamases del país y el Salón Westminster. Era un mensaje muy potente, lleno de simbolismo».[36]

Pese a la evidente cordialidad, los principales asesores de Obama no sabían si el viaje pecaba de pompa y carecía de sustancia. Como encargado del itinerario, Rhodes había temido que acusaran al presidente de saltarse la parte más pesada de la diplomacia internacional: «No sabía cómo se interpretaría esa visita. ¿Qué queremos conseguir? Y ¿qué vamos a invertir? Pasaremos mucho tiempo con la Casa Real. No sé si hubo ningún otro viaje al extranjero en el que los Obama pasaran tres noches con una misma familia. ¿Al otro lado del Atlántico habrá gente que se preguntará por qué no se está ocupando de Afganistán y de las otras crisis mundiales?». Ahora se ríe por haber pensado jamás en esos términos: «Evidentemente, a los norteamericanos les encantó. ¡Fue el viaje más rentable! Como presidente tienes compromisos formales de todo tipo, pero la gente y la prensa sabe cuándo es puro deber y cuándo hay un afecto real. Y, después de la visita, el pueblo vio claramente que había un afecto verdadero entre los Obama y la reina».[37]

El hombre que más se benefició de ello fue el primer ministro británico. Según Cameron, fue una lección de diplomacia de poder blando: «Los Obama tienen un don para todo lo ceremonial. Saben lo importantes que son los símbolos y hacer las cosas bien. Eran una pareja nacida para la presidencia, tanto en su aspecto como en su porte y en la calidad de sus discursos. Ambas partes estuvieron de diez».[38] Según las memorias de Cameron, en su siguiente viaje a los Estados Unidos le dispensaron un trato con el que otros líderes mundiales no podrían ni soñar. Durante un vuelo interno en el Air Force One, Obama se percató de que el primer ministro estaba acusando el desfase horario. Al cabo de unos minutos, le estaba arropando en una cama y tomándole un poco el pelo: «Seguro que Roosevelt no hizo esto por Churchill».[39]

La visita norteamericana, la gira por Irlanda y la boda real se habían unido para conformar un año irrepetible, pero en 2011 aún quedaba tela que cortar. En otoño, la reina y el duque viajaron a Australia para una cumbre de la Commonwealth en la que la monarquía era un tema destacado del orden del día. La boda de Guillermo había hecho que tanto en Palacio como en el Gobierno se dieran cuenta de algo: pronto llegaría una nueva generación. Con las leyes de sucesión vigentes, si la duquesa de Cambridge diera a luz a una niña y luego a un niño, el chico adelantaría automáticamente a su hermana en la línea de sucesión. En el siglo XXI, eso podía ofender y distanciar a las generaciones más jóvenes de británicos y extranjeros. Las normas también discriminaban contra los católicos romanos. Los miembros de la familia real que se casaban con un católico romano o que se convertían al catolicismo perdían *ipso facto* su derecho al trono. Las normas no eran un capricho de la Corona. Habían sido aprobadas por un Parlamento protestante hacía mucho tiempo y se habían traspuesto a la legislación de todos los reinos de la Commonwealth. Para cambiar las reglas, tenían que estar de acuerdo los líderes de las dieciséis naciones. Y todos iban a reunirse en Perth.

Por lo común, ninguna cumbre tendría como máxima prioridad hablar de unos hipotéticos hermanos todavía por nacer. Pero Cameron y el secretario privado de la reina, Christopher Geidt, estaban decididos a aprovechar el momento. Según Cameron: «La sensación era que, si se quería hacer, tenía que ser entonces. Así que las mentes más brillantes de Westminster empezaron a estudiarlo y la máquina se puso en movimiento».[40] Igual que la asignación al soberano, fue otro paquete histórico de reformas que acabó con siglos de reglas y reglamentos, y eso que seguramente no afectaría a la monarquía hasta mucho después de que el Gobierno de coalición y sus miembros hubieran pasado a mejor vida.

Cameron dice que la reina estaba muy de acuerdo: «Creo que lo quería corregir. No había mucha gente que se opusiera. Simplemente era complicado reunir en la misma sala a tantas personas, que todos coincidieran y que lo hubieran meditado y consultado con sus respectivos gabinetes. Y, en eso, la maquinaria de la Oficina de Asuntos Exteriores y del Palacio de Buckingham fue como la seda».

Para la anfitriona, Julia Gillard, era una situación extraña. Era una minicumbre dentro de su propia cumbre, y su objeto era hablar de un sistema que ella, como republicana, no apoyaba. Pero, como avezada activista por los derechos de las mujeres, le resultaba difícil defender el *statu quo*: «Como persona, todavía tengo sentimientos encontrados. Obviamente, mi yo superfeminista está cien por cien de acuerdo con que chicas y chicos tengan el mismo derecho a cualquier título. Pero también soy una política laborista. No me parece que la gente deba heredar privilegios y títulos porque la suerte les ha sonreído. Noto el pulso entre ambos instintos».[41]

En el acto, los líderes de todos los reinos convinieron en que el cambio era sensato y que ya era hora de aplicarlo. Todos adaptarían la legislación para acabar con la primogenitura masculina y con la prohibición de casarse con católicos. Y, ya puestos, suprimirían otra cosa: el arcano requisito de que todos los descendientes directos de Jorge II tuvieran que pedir permiso al monarca para casarse. En tiempos de Isabel II, esta norma abarcaba a miles de personas. Muchas ni siquiera sabían que tenían que pedir permiso a la Corona antes de casarse, ni que, por tanto, a efectos legales sus matrimonios eran nulos. El sistema se había diseñado pensando en controlar la progenie díscola de Jorge II, pero había terminado siendo simple y llanamente inviable. Gracias a la nueva ley, solo han de pedir permiso a la reina las seis primeras personas en la línea de sucesión.

Siempre habrá quienes consideren la monarquía un anacronismo. Pero, tras la cumbre de Perth de 2011, al menos ya no podrían tacharla de sexista ni de sectaria. De camino a la rueda de prensa para anunciar la decisión, Gillard recuerda que le hizo una broma a Cameron: «¡Esto va por las doncellas!».[42] Bromas aparte, fue un final digno. Se había modernizado de un plumazo una institución milenaria para ponerla al día con las normas y los valores del siglo XXI. Fue una experiencia memorable y agradable para todos los políticos que tomaron parte en ella. Según el secretario de Exteriores William Hague: «A todos les gustó cumplir su papel. Todos veían bien que un Parlamento pequeño en un lugar alejado de la mano de Dios, como Tuvalu, tuviera poder de veto sobre el futuro de la monarquía británica».[43] Durante años, los gobiernos habían sopesado reformar la sucesión al trono y lo habían aparcado enseguida, alegando que era una caja de Pandora y un problemón. Si nos remontamos más en el tiempo, se habían librado incluso guerras. Ahora se había resuelto todo en una hora y sin rencillas. Según el marqués de Salisbury, experto en complejas reformas constitucionales: «Fue un trabajo impecable. Como todas las cosas bien hechas, no se dejó nada al azar. Un trabajo de orfebrería. Si tuviera que adivinar, diría que se ve la mano experta de Geidt».[44]

Antes de la cumbre de Perth, la reina y el duque viajaron por toda Australia a un ritmo vertiginoso, cosa que no pasó inadvertida. Aunque no había confirmación oficial, era bastante evidente y probable que la decimosexta gira de la reina por el país austral fuera la última. De repente, todo el metraje y todas las imágenes de ese trepidante y exuberante debut de 1954 adquirían una conmovedora vigencia. Los medios no tuvieron ningún reparo en referirse a ese viaje como «el de la despedida», aunque sus anfitriones seguían sin hacerlo. Según Julia Gillard: «Nadie decía que ese viaje fuera a ser el último. Pero el hecho de que fuera tan largo y abarcara tantas ciudades... algo dejaba traslucir».

Gillard no vivió ninguna tensión como la que, según muchos periodistas, había habido entre la reina y Margaret Thatcher. Para la primera mujer gobernante del país, buena parte se debía simplemente al sexismo de los medios durante la época Thatcher: «Hay un lugar común que dice que dos mujeres que comparten los focos se tienen que llevar mal. Los editores se mueren de ganas de sacar titulares sobre presuntas "peleas de gatas". Creo que algo hubo entre la reina y Margaret Thatcher, pero conmigo no se mascaba ninguna tensión. Teniendo en cuenta la diferencia de edad y el sistema político australiano, el paradigma no era el mismo». Reflexionando sobre sus propias experiencias en privado con la reina, lo que más recuerda Gillard es lidiar con una persona profesional y muy amable: «Era muy cordial. Las conversaciones siempre eran amenas y estaba al corriente de todos los temas que podían atañer a Australia».[45] La otra cosa que recuerda vívidamente Gillard son todas las fotos que decoraban el cuarto de estar de la reina en Buckingham, y la estufa eléctrica que había en la chimenea.

Sobre ese último viaje de 2011, Julia Gillard dice que uno de los actos más importantes fue la gran recepción de la reina a los parlamentarios australianos en Camberra. La ex primera ministra recuerda bien que hizo lo mismo que tantos problemas le había causado a Paul Keating dos décadas antes: tocó a la reina. Y, para más inri, no se arrepiente en absoluto: «Es bajita y mayor, y yo sé de buena tinta lo que es estar en medio de una turba de gente que está empujando porque quiere conocerte. Todo el mundo tiene buena intención, pero estar en una marabunta puede resultar incómodo. Me pareció muy natural colocarle el brazo en la espalda y guiarla un poco». Mientras Gillard escoltaba a la reina, su marido Tim Mathieson se encargó del duque, que tampoco decepcionó. Durante la fiesta, Mathieson le presentó el duque a su hija. Cuando supo que era maquilladora, Felipe paseó la mirada por el enjambre de políticos de mediana edad y dijo: «¡Pues aquí tiene trabajo!».[46]

Por último, como anfitriona de la cumbre, recayó en Gillard acompañar a la reina a su coche para volver al aeropuerto. La política australiana lo relata así en sus memorias: «Se volvió para mirar a la multitud y se le humedecieron los ojos».[47] Tantas visitas y tantos años después, efectivamente la reina de Australia se despedía por última vez.

22

2012-2015

«No tiene plural»

Cuando la reina Victoria llegó a la Catedral de San Pablo para celebrar los sesenta años en el trono, estaba tan frágil que no podía subir los escalones. El clero, de hecho, tuvo que salir para oficiar la misa de Acción de Gracias por su Jubileo de Diamante al lado del carruaje. En su Jubileo de Diamante de 2012, Isabel II no solo subió la escalera para entrar en la catedral por su cuenta, sino que hizo una gira por el país, acogió otro concierto de pop y saludó al mundo entero en la inauguración de los Juegos Olímpicos.

Sin embargo, el auténtico aniversario de su reinado fueron dos actos modestos cerca de Sandringham. A Isabel siempre le ha gustado celebrar su toma de posesión en los terrenos de Norfolk. Allí fue donde murió el rey en 1952, mientras dormía. El 6 de febrero de 2012, la reina visitó el pueblo cercano de King's Lynn, donde fue elogiada por el alcalde de la localidad, y luego visitó un parvulario en Dersingham. Allí contempló con tremenda alegría los resultados del último proyecto de los pequeños, colgado alrededor de un aula. Habían estado leyendo el célebre cuento infantil *The Queen's Knickers*.[1]

El primer compromiso importante del Jubileo de Diamante no fue un gran acto o desfile, sino un discurso ante una congregación de fieles de diferentes religiones en el Palacio de Lambeth, hogar del arzobispo de Canterbury. Y no es casual. El equipo de la reina no avisó con antelación a los medios porque no quería grandes titulares. Aun así, las palabras de Isabel causaron sensación y conectaron con el origen bíblico del concepto «jubileo».* Su mensaje quería reconfortar a todos los credos del Reino Unido: «A veces se malinterpreta y, en mi opinión, se infravalora el concepto de nuestra Iglesia oficial. Su función no es defender el anglicanismo mediante la exclusión de las demás religiones. La Iglesia tiene el deber de proteger el libre ejercicio de todas las creencias religiosas del país». En verdad, el tema principal era el mismo que el de la famosa afirmación del príncipe de Gales en 1994, cuando dijo que aspiraba a ser un «defensor de fe», más que un «defensor de la fe», el título creado por Enrique VIII en 1521. Con esta declaración, Carlos había recibido muchas críticas. Algunos miembros de la Iglesia de Inglaterra sufrieron arritmias al imaginar qué otros planes radicales podía tener en mente el príncipe. Pero allí estaba la reina, expresando principios idénticos en 2012, y nadie lo advirtió.

El discurso en Lambeth fue una prueba más de la tendencia detectada desde el año 2000: las crecientes alusiones de la reina a Dios. Su fe también se fue acentuando en los mensajes navideños. Según Nigel McCulloch, obispo de Manchester y lord alto limosnero durante muchos años: «Los mensajes en televisión son una prueba mucho más manifiesta de la infinidad de ideas sobre la fe que llevaba tiempo sopesando».[2] A McCulloch le extraña que en los discursos de Navidad de los sesenta y los setenta apenas hubiera mensajes religiosos, y que esto cambiara tanto más adelante: «Del 2001 [el año del 11S] en adelante, su fe aflora mucho más, en una época de grandes cambios en la sociedad», y advierte que otra cosa que aumentó inesperadamente fueron las referencias a otras religiones. Cita como ejemplo el mensaje de Navidad de 2014, en el que habló del «príncipe de paz» como «inspiración y pilar» de su vida. Cuando llegó el Jubileo de Diamante en 2012,

---

* Según la tradición del Antiguo Testamento, el jubileo se celebraría cada cincuenta años con el perdón de las deudas, la liberación de los esclavos y el descanso de la tierra.

la reina era la única gran figura no religiosa del Reino Unido que se sentía como pez en el agua hablando en público sobre su fe en Jesucristo.

La gran gira por el país empezó en primavera por la ciudad más multicultural del Reino Unido, Leicester. Isabel y Felipe insistieron en llevarse a la nueva duquesa de Cambridge, ya que Guillermo acababa de ser destinado temporalmente a las Malvinas para una misión de la Real Fuerza Aérea.

Durante todo el verano hubo giras por la región, y varios miembros de la familia fueron enviados a países de la Commonwealth para transmitir el agradecimiento y los saludos de la reina. Enrique llegó a Jamaica horas después de que la primera ministra, Portia Simpson Miller, hubiera denunciado el «obsceno» legado esclavista y hubiera reiterado su intención de abolir la monarquía para que Jamaica pudiera «ser amo y señor de su destino». Hablando con la BBC, Simpson Miller dijo que no era nada personal: «La decisión de ser una república no debería entenderse como el deseo de librarnos de la reina. Aunque la reina deje de ser jefa de Estado, podrá visitarnos siempre que quiera».[3]

El humor cambió con la llegada del príncipe, que le dio un fuerte abrazo a Simpson Miller y dedicó una mañana entera a divertirse con el héroe olímpico Usain Bolt en la pista de atletismo.

En Gran Bretaña y en el exterior, el tono general del Jubileo fue celebrar el cariz humano, más que el paso del tiempo. El clímax de las conmemoraciones fue un largo fin de semana a principios de junio. Hubo una misa en San Pablo, un concierto de pop y el acto más ambicioso de todos: un enorme espectáculo en el río Támesis. Embarcaciones de todos los tamaños se unieron a una flotilla gigantesca que navegó más de once kilómetros. Desde el oeste de Londres, la comitiva cruzó la capital entera hasta más allá del Puente de la Torre. Millones de personas siguieron su recorrido. En el centro, en una barcaza fluvial adaptada, iban la reina y el duque.

El organizador de esa extraordinaria celebración fue el mismo que había ideado los magníficos actos para conmemorar los cincuenta años del fin de la Segunda Guerra Mundial. Pero, esta vez, lord Cranborne (ahora ya marqués de Salisbury) no contó con financiación pública. Todavía se notaban los devastadores efectos de la crisis bancaria y la reina conocía perfectamente el coste exorbitante del otro gran acto de 2012: los Juegos Olímpicos de Londres, que ya habían triplicado el presupuesto original, pasando de dos mil cuatrocientos millones de libras a más de nueve mil millones. Incluso le había pedido al secretario de Estado para Cultura y Juegos Olímpicos, Jeremy Hunt, que le informara personalmente de los costes. Hunt admite que sus esfuerzos por reducir el presupuesto estuvieron cerca de arruinar la reunión: «Quizá me excedí, pero prescindí de todos los vehículos ministeriales como una medida para reducir costes, así que tuve que ir a pie hasta el Palacio de Buckingham, donde había una multitud enorme para ver el cambio de guardia». Hunt encontró una puerta lateral, pero le dijeron que tenía que dar la vuelta y usar la entrada principal: «Tuve que abrirme paso por la fuerza, sudando como un pollo. Tenía ganas de decirles a los turistas que, demonios, ¡tenía una cita con la reina! Al final llegué con treinta segundos de margen. En Palacio ya estaban un poco nerviosos».[4] La conclusión era que los Juegos habían dilapidado demasiado dinero público, así que tendrían que buscarse la vida para el Jubileo. Lord Salisbury y los organizadores del acto tuvieron que encontrar diez mil quinientos millones de libras por su cuenta.

Los recuerdos que guarda Salisbury de esa época no son nada felices: «Fueron los dos años más espantosos de mi vida».[5] Asumió el cometido por invitación del entonces alcalde de Londres: «Me encargué porque Boris Johnson me vino a ver y me lo propuso. No era tan fácil decir que no. Lo primero era que no disponía de financiación pública, así que tuve que recaudar una suma gigantesca. Eso fue lo más difícil. Tampoco me esperaba nada que los británicos fueran tan tacaños, con una o dos notables excepciones. El 75 % del dinero vino del extranjero».[6]

El sector marítimo recibió la idea con sumo placer y dispuso una flotilla de casi mil embarcaciones, que puestas en fila medían once kilómetros. La Armada Real estaba compuesta por botes, por el convoy de los «pequeños barcos» de Dunkerque, una waka maorí y un campanario flotante. La entrada más ambiciosa y espectacular fue una nueva réplica de veintisiete metros de una barca de remo georgiana, la Gloriana, encargada por lord Sterling, el empresario y gran organizador del Jubileo de Oro. La barca se fabricó siguiendo la práctica del siglo xviii y la tripulación estaba formada por remeros olímpicos.

Fue todo muy estrafalario, bonito e increíblemente tierno; como dijo el príncipe de Gales, «la quintaesencia de lo británico».[7] La barcaza fluvial de la reina fue rebautizada como Spirit of Chartwell y los organizadores instalaron dos pomposos tronos rojos en cubierta, uno para la reina y otro para Felipe. Los primos de la familia, los políticos y otros próceres se repartieron entre las demás embarcaciones, aunque lord Salisbury no se libró de los reproches de quienes creían que la embarcación que se les había asignado no era lo bastante grande: «Todo el mundo quería estar en el Spirit of Chartwell, así que dije: "Yo no iré a bordo. Y si no voy yo, no entiendo por qué usted sí debería"».[8]

Todavía iba de cabeza buscando patrocinadores para recaudar los millones de libras necesarios para sufragar los costes y la seguridad. Según dice, un consorcio de ejecutivos de Hong Kong fue especialmente generoso, pero las empresas británicas seguían escurriendo el bulto: «Un tipo me dijo que podía soltar la mosca, pero que a cambio quería cenar en Buckingham con la reina. Le dije que la cosa no iba así. Si finalmente conseguimos el dinero fue gracias a un sueco muy generoso que me prestó tres millones de libras y, cuando no se las pude devolver, las convirtió en un regalo. Es mejor que no diga quién».[9]

El gran día, al menos un millón de personas se juntaron a orillas del Támesis, y muchos más lo vieron por televisión. Todos los edificios estaban repletos de espectadores excepto uno: la sede del MI6 junto al río. Pero incluso ese estaba cubierto de banderines. En el tejado del Teatro Nacional, el elenco de *War Horse* sacó sus enormes marionetas ecuestres e hizo las delicias de la reina. Otro momento emotivo fue ver a los pacientes, médicos y enfermeros en todas las plantas del Hospital St. Thomas con las caras pegadas a las ventanas. Por desgracia, soplaba de cara un viento de levante muy impropio de la estación, acompañado de lluvia y bajas temperaturas.

La reina se retiró momentáneamente a las cabinas del Spirit of Chartwell y reapareció momentos después con un pashmina color crema. Nadie esperaba que ella o Felipe se sentaran en sus esperpénticos tronos, pero sí estuvieron encantados de resguardarse tras ellos. Fueron un útil parabrisas contra los elementos, que empeoraron cada vez más. Según el canciller de Finanzas George Osborne: «Todo el mundo sabía que iba a llover, así que yo sugerí posponerlo una semana. Pero nadie me hizo caso. Era como plantear que no se celebrara el Ascot: "¡Qué propuesta más ridícula!"».[10] El príncipe de Gales había tenido miedo de pasar calor con su uniforme naval, pero constató que cada vez llovía más y hacía más frío. Aun así, estaba eufórico: «No olvidaré jamás las pobres orquestas en los botes, tocando con bravura y determinación a pesar de las condiciones. El único problema era que el viento y el sonido soplaban en la dirección equivocada».[11]

En cuanto la barcaza real cruzó el Puente de la Torre y se detuvo, el tiempo había obligado a cancelar el gran final de lord Salisbury, con fuegos artificiales y helicópteros. Pero la reina y el príncipe Felipe quisieron permanecer sí o sí en cubierta para ver pasar el resto de la flotilla. Así lo rememora lord Salisbury: «Cuando por fin llegué a la barcaza, no conseguí hacerles entrar». Varias embarcaciones habían echado anclas y había veinte personas de camino al hospital con hipotermia. Horas más tarde las acompañaría el duque de Edimburgo, que había contraído una infección de vejiga. Según Salisbury: «Al final se tuvieron que llevar al príncipe al hospital en camilla. Alguien me llamó y me dijo que había matado al lord alto almirante: "¡Te ejecutarán!"». Salisbury sigue muy orgulloso de lo que logró considerando las circunstancias: «Salió perfecto, pero doy fe de que fue mucho más complicado que los Días de la Victoria y de la Victoria sobre Japón».

Era uno de los puntos álgidos de su reinado y, de repente, la reina se encontraba sin el duque de Edimburgo en el acto musical estrella del Jubileo: un concierto pop delante del Palacio de Buckingham. Al final, fue escoltada al escenario para recibir tres ovaciones encabezadas por el príncipe de Gales y las estrellas de rock presentes. «Su Majestad», empezó diciendo el príncipe, y luego se corrigió: «Mamá». De golpe, la multitud empezó a corear espontáneamente «¡Felipe, Felipe!», hasta un millón de personas esparcidas por los parques reales y a lo largo de la avenida de The Mall. La reina estaba azorada.

El largo fin de semana de festejos concluyó con el oficio en San Pablo y con una procesión en carruaje por Londres, antes de la esperada aparición de la reina en el balcón del palacio. Sin el duque, la comitiva era aún más reducida de lo previsto. A su lado estaban el príncipe de Gales, la duquesa de Cornualles, los Cambridge y el príncipe Enrique. La monarca y sus asesores habían querido algo simple. No era el día de abarrotar el balcón con docenas de primos, como a la reina le gusta hacer en el desfile para celebrar su cumpleaños. Tampoco era ningún desaire a los hijos menores de la reina, aunque se dijo que el duque de York se lo había tomado muy a pecho. El público no necesitaba ningún experto en realeza ni ningún constitucionalista para que tradujera el mensaje subliminal: he aquí la monarquía del futuro.

El Jubileo fue una expresión del profundo e incondicional afecto del pueblo por la reina y su familia, y viceversa. En 2002, el Jubileo de Oro había generado bastantes nervios. Era un aniversario que tenía que salir bien por la fuerza. El Jubileo de Diamante, en cambio, se pareció más a una fiesta informal para un viejo amigo. Nadie lo había esperado como el santo advenimiento y el tiempo había sido terrible, pero la gente había acudido de todos modos. Pese a las dificultades de lord Salisbury para conseguir donantes, hubo suficientes aportaciones para el Queen's Diamond Jubilee Trust. Liderado por la condesa de Wessex y John Major, el organismo perseguía dos objetivos claros en toda la Commonwealth: combatir la ceguera e identificar a jóvenes que destacaban en su comunidad. Ese grupo de jóvenes, conocidos como los Queen's Young Leaders, fueron invitados a Londres para conocer en persona a Isabel.

Durante años, en el Reino Unido había sido habitual no valorar a la reina. Tampoco es que se le faltara al respeto; era más bien una sensación de confianza y la idea de que la figura impertérrita de los sellos y las monedas seguiría asistiendo a los mismos actos de siempre. En 1999, según un sondeo de Good Housekeeping sobre las mujeres «más influyentes» del Reino Unido, la reina ocupaba el puesto número ochenta y nueve, entre una cazatalentos de la City y la famosa chef Delia Smith. Pero en 2010 se había encaramado hasta el puesto número tres, detrás de la autora de novela juvenil J. K. Rowling y de la cantante y diseñadora Victoria Beckham. En 2012, esa misma revista decidió finalmente que la reina había sido la «mujer más influyente del siglo pasado».

Pero en el resto del mundo siempre se la había considerado bastante excepcional, una rareza comparada con la ristra habitual de líderes mundiales: un caso único en geopolítica, totalmente diferente a la estirpe de primeros ministros. En 2005, lord Coe lo entendió al presentar la candidatura de Londres a los Juegos Olímpicos ante la élite deportiva mundial. En julio de 2012, el COI y buena parte del mundo se dirigía a Londres para la ceremonia inaugural de las Olimpiadas.

El contingente de personas ilustrísimas incluía la mayor dotación de jefes de Estado jamás reunida en la historia de unos Juegos, más la primera dama de los Estados Unidos. El grupo no solo esperaba con expectación la ceremonia de inauguración en el estadio. Para muchos, resultaba igual de atractiva la fiesta previa con la reina en el Palacio de Buckingham. Ninguna ciudad había acogido tres Olimpiadas. Y la misma familia iba a presidirlas de nuevo. El

secretario de Exteriores William Hague recuerda que un «murmu-
llo de asombro» recorrió la sala cuando la reina dio la bienvenida a
los presentes: «Mi bisabuelo inauguró los Juegos de 1908; mi padre, los de 1948; y esta noche yo tendré el placer de dar por inicia-
dos los Juegos Olímpicos de Londres de 2012». Hague dijo que
poco después se vivió un momento surrealista: el personal del palacio hizo subir a los invitados a tres autocares para llevarlos hasta
el estadio, «como Madame Tussauds... todo reyes, reinas y presidentes».[12]

Ningún invitado sabía lo que estaba a punto de suceder. Ni
el resto del mundo tampoco. Cuando la noche cayó sobre el Estadio Olímpico, quedó claro que esa ceremonia de inauguración
distaría mucho del ejercicio habitual de nacionalismo sincroniza-
do, como el que se había visto a escala épica en las anteriores
Olimpiadas de Pekín. El Reino Unido podía presumir del reac-
tor, del balón de fútbol, de la televisión, de la penicilina, del descubrimiento del ADN o de Charles Dickens, pero ninguna de
esas cosas figuró en el excéntrico programa. Sí aparecieron, en
cambio, cantantes de punk y una banda de mineros. El arquitecto
de la ceremonia fue el director de cine y ganador del Oscar Danny
Boyle, que obtuvo libertad total por parte de los organizadores.

Según el ministro al mando, Jeremy Hunt: «Fue muy excéntrica, pero auténtica». Hablando de 2008 y de todas las ceremonias precedentes, dice: «Pensad en la ceremonia de Pekín. Se suponía que nos teníamos que haber quedado boquiabiertos ante el
estadio Nido del Pájaro. Todas las ceremonias de inauguración
habían tratado de superar a la anterior en términos de extravagancia y resplandor. Danny Boyle tuvo la suspicacia de ver que en
realidad la gente quería algo auténtico».[13]

Tras pensarlo mucho, Boyle y su equipo concluyeron que no
podía haber nada más genuinamente británico para los espectadores internacionales que la reina y James Bond. Así que se pusieron a buscar emplazamientos palaciegos donde filmar a 007.
Según Jeremy Hunt: «Nos explicaron que querían filmar en el

Palacio de Buckingham. No creyeron ni por un instante que podrían filmar a la reina. Eso se les ocurrió más adelante, y lo propusieron a la Casa Real sin muchas esperanzas».[14] Asumiendo que quien no arriesga, no gana, Boyle y su equipo preguntaron si la reina estaría dispuesta a aparecer junto a Bond antes de la espectacular llegada al estadio. Como se explica en la introducción de este libro, la respuesta a los productores no se hizo esperar. Según Hunt: «Para su total asombro, la respuesta fue que sí». La ayudante de vestuario de la reina, Angela Kelly, dice que Isabel «se lo tomó con mucho entusiasmo y aceptó inmediatamente».[15]

El video humorístico embelesó y dejó paralizado al estadio y a medio planeta. Empezaba con la llegada al palacio del auténtico James Bond, Daniel Craig, quien era recibido por los auténticos corgis. El auténtico paje de servicio de la reina, Paul Whybrew, escoltaba entonces al agente hasta un estudio, donde Bond esperaba a que la conocida figura terminara lo que estuviera haciendo en el escritorio y le prestara atención. Él carraspeaba cortésmente y la reina, vestida de color melocotón, se giraba...

Ni la familia se lo esperaba. Cuando hubo terminado, la reina de Dinamarca dijo que no podía creer lo que había visto y que se le había puesto la piel de gallina cuando la cámara había mostrado a su prima Lilibet.[16] Al final del video, un doble vestido igual que Isabel saltaba del helicóptero sobre el estadio. Instantes después, la reina entraba en el palco real y recibía una ensordecedora ovación. Iba vestida igual que en el video. Angela Kelly asegura que fue la única ocasión en que hizo copias idénticas del mismo atuendo, añadiendo que había elegido el color melocotón porque era el único que no estaba relacionado con ninguno de los países que competían en las Olimpiadas.[17]

Después de todas las buenas noticias de 2011, los Juegos coronaron el segundo verano balsámico y feliz para la Casa de Windsor. Sobre todo, fue una quincena emocionante para la princesa real, que, aparte de ser la primera olímpica de la familia, había dedicado muchos años a presentar candidaturas a los Juegos. Como colofón, su hija Zara competía con el equipo británico de concurso completo de hípica y la princesa tuvo el honor de entregarle la medalla de plata delante de la familia.

También fue significativo el invitado de honor escogido para la ceremonia de clausura. La reina ya se había retirado a Balmoral y le había pedido a Enrique que la representara a ella y al país en la bajada del telón. El público no lo sabía, pero el príncipe de veintisiete años estaba a punto de embarcarse en su segunda misión contra los talibanes y los insurgentes de Al Qaeda en Afganistán. En 2007 fue enviado al país asiático en su primera operación, un hecho que se consiguió ocultar a los medios hasta que una revista australiana acabó con su tapadera y le obligó a volver enseguida. Ahora iba a regresar, pero esta vez se pondría a los mandos de un helicóptero de ataque Apache. La invitación para que clausurara las Olimpiadas fue el modo que encontró la reina para darle una palmadita en la espalda. Sin embargo, antes de partir salió en todos los titulares por otras razones.

Una semana después de la ceremonia de clausura, Enrique se escabulló con unos amigos a Las Vegas para un último «viaje con colegas» antes del despliegue. En unos días, llegaron a internet y a la prensa imágenes del príncipe desnudo, jugando al strip billar con una chica también desnuda. Las imágenes de la fiesta privada habían sido inmortalizadas por un invitado, no por los *paparazzi*. Fue un bochorno del que Enrique nunca se libraría. La gente no se lo tomó como una gran ofensa y empatizó bastante con el príncipe unas semanas más tarde, cuando se anunció formalmente que había llegado a Afganistán para servir a la reina y a su país. En 2007 había sido enviado a una unidad encubierta de avanzada, en infantería, y había requerido un secreto total; pero su función en 2012 como piloto se pudo hacer pública desde el principio. Para la mayoría de la gente, un príncipe soldado de veintitantos años, siendo tan popular como era, no podía hacer nada mal; no tenía pareja e iba a luchar en primera línea. Lo que fuera que hubiera pasado en Las Vegas, debía quedarse en Las Vegas.

La reina y la familia real tampoco tenían ningún inconveniente con que Enrique se desahogara un poco en Nevada. Como toda familia que enviaba a un ser querido a la guerra, había peligros mucho más importantes que temer. El duque de Edimburgo le dio al príncipe un consejo franco: «Cuando me fui a Afganistán, el abuelo fue muy práctico: "Tú asegúrate de volver de una pieza"».[18] Para el príncipe, también fue conmovedora la reacción del resto de las Fuerzas Armadas al episodio de Las Vegas. Cientos de combatientes mostraron su solidaridad colgando imágenes de sí mismos desnudos en una página de Facebook de militares titulada «Desnúdate y apoya al príncipe Enrique con un saludo militar». Como dice un amigo, «le animaron mucho». Aun así, estaba furioso consigo mismo y con los medios. Meses más tarde, cuando habló con la Press Association en Afganistán, la noticia todavía no se había disipado del todo. Según declaró: «Probablemente fue una decepción tanto para mí como para mi familia. Pero no dejaba de ser un espacio privado y tendría que habérseme respetado una cierta privacidad, como esperaría cualquier persona». Y añadió: «Seguramente es un ejemplo perfecto de lo que es ser demasiado soldado y no lo bastante príncipe».[19]

La presencia de Enrique en Afganistán en un puesto de combate simplemente ponía de manifiesto una verdad esencial sobre la reina: la Casa de Windsor es primero y ante todo una familia militar. En toda su vida, apenas ha habido un día sin que alguien vestido de uniforme se sentara a cenar con ella, se cruzara con ella en un pasillo o la saludara. Su abuelo, Jorge V, dirigía la Casa Real como un navío de la Marina. Su padre llevó uniforme durante la mayor parte de su reinado. Sus propios compromisos públicos habían empezado cuando ella era adolescente, con una serie de actos militares en tiempos de guerra, y también ella había servido en uniforme. A lo largo de su reinado, ministros de diferente signo político han constatado que hay una rama de gobierno en que la reina no tiene reparos en intervenir. George Osborne lo aprendió deprisa cuando fue nombrado canciller: «En un banquete de Estado, la reina se me acercó y dijo: "He hablado con el jefe del Estado Mayor, que me ha dicho que hablara con el secretario de Defensa, que me ha dicho que hablara con usted. No van a cerrar la escuela de gaiteros, ¿verdad?". Le dije que no, que yo supiera, y ella contestó: "Qué bien"».[20] Según Osborne, cuando llegó a la sede del Tesoro al día siguiente, la primera pregunta que le hizo a su equipo fue peculiar: «¿Existe una escuela de gaiteros que vayamos a cerrar?». Si había existido el plan de cerrarla, murió allí mismo. Todavía hoy se oyen las estridentes gaitas de Inchdrewer House, cerca de Edimburgo, sede de la Escuela Militar de Música Gaitera, la unidad más pequeña del Ejército británico.

La reina siempre quiere saber qué cuestiones inquietan a los militares y sus familias. Es la misma princesa que, como adolescente, se propuso escribir a los padres afligidos de todos los oficiales de la guarnición de Windsor muertos en combate durante la Segunda Guerra Mundial. Sigue mostrando un interés directo por todos quienes le juran lealtad. En los noventa, estaba hablando con un oficial de los Scots Guards que había estado de servicio en una investidura en el palacio. Comentando su trayectoria y los planes de futuro, él dijo que estaba por dejar el Ejército y esperaba poder meterse en política. Le mencionó a la reina que había intentado ser nombrado candidato conservador por West Aberdeenshire, donde se encuentra Balmoral, en las siguientes elecciones al Parlamento escocés. Pero el comité del partido no lo había preseleccionado por ser demasiado joven. «Creo que deberían reconsiderarlo», replicó la reina, sin añadir nada más. Para su sorpresa, Ben Wallace recibió una llamada del comité al día siguiente. Por alguna razón, de golpe habían decidido ampliar la preselección para incluirle. Poco después consiguió ser candidato y salió elegido para ocupar un escaño en el Parlamento escocés. Al final recaló en Westminster como diputado por Lancaster. Durante la sesión parlamentaria de 2012 para celebrar el Jubileo de Diamante de la reina, contó la anécdota en la Cámara de los Comunes y dijo: «Quizá por eso estoy hoy aquí».[21] De ser así, o bien constituye un ejemplo rarísimo de intromisión por parte de la reina en la política local de West Aberdeenshire o bien es solo un caso de una comandante que ayuda a un soldado a hacerse un hueco en el sector civil que ha elegido. En 2009 Wallace fue nombrado secretario de Estado de Defensa, y seguro que la Escuela Militar de Música Gaitera se alegró de ver a un ex oficial de los Scots Guards conseguir el puesto.

Igual que todos sus predecesores, David Cameron sabía perfectamente la importancia que daba la reina a sus conexiones con el Ejército. Poco después de llegar a Downing Street, Cameron tuvo una idea y la reina se convirtió en una aliada inestimable. El político había decidido conceder un honor especial a Wootton Bassett, un pueblo de Wiltshire. Durante las guerras de Irak y Afganistán, los soldados británicos muertos en combate se llevaban al aeródromo de Lyneham, Wiltshire, y entonces se transferían por carretera hasta un depósito de Oxford para la notificación formal. Cuando salían de la base aérea para cruzar el antiguo pueblo de Wootton Bassett, muchos habitantes salían a mostrar sus condolencias y dejaban todo lo que estuvieran haciendo para acompañar a los portaestandartes de la Real Legión Británica mientras pasaban los coches fúnebres. El pueblo también acogía a las familias en luto. Pronto esta ceremonia *ad hoc* se convirtió en un ritual y demostró ser un consuelo inmenso para las familias. Cameron quería reconocer de alguna manera la generosidad de espíritu de la aldea y pensó en concederle un estatus real. Jorge V había permitido que Bognor añadiera la distinción «Regis» a su nombre cuando se recuperó en el pueblo de una grave operación en 1929, pero ninguna otra población había recibido el reconocimiento oficial de «Royal» («real») desde que Eduardo VII honró Royal Tunbridge Wells en 1909. Precisamente, el rey había concedido el título como agradecimiento por los numerosos tratamientos que había recibido la reina Victoria en los balnearios municipales. Sin embargo, Cameron se sorprendió al ver que tanto Westminster como Buckingham recelaban de su propuesta para Wootton Bassett, porque temían que otros sitios empezaran a exigir un trato equivalente. Según Cameron: «Fue uno de esos típicos momentos en los que Palacio decía: "Uy, no lo proponga. No estamos preparados". Pero yo hice oídos sordos y lo propuse». El ex primer ministro no quiere revelar lo que habló con la reina sobre ese tema; solo dice que la idea se aplicó con rapidez y entusiasmo. Unos meses después, Cameron se unió a la multitud de Royal Wootton Bassett para ver a la princesa Ana entregar al pueblo la patente real de la reina y agradecerle a la población local su dedicación en nombre de su madre.

A finales de 2012, Cameron pudo dar gracias a Dios (e incluso presumir un poco) de haber presionado por que se reformaran las normas de sucesión. El año del Jubileo de Diamante terminó con la feliz noticia de que los duques de Cambridge esperaban a su primer hijo. Gracias a los cambios constitucionales acordados en Perth en 2011, daba igual si la duquesa tenía un niño o una niña. Su primogénito sería el heredero y lo seguiría siendo al margen del sexo de cualquier potencial hermanito. Aun así, la noticia pasó pronto a un segundo plano. La duquesa ingresó en un hospital londinense por culpa de unas intensas náuseas y dos locutores de radio australianos llamaron haciéndose pasar por la reina y el príncipe Carlos. La enfermera que contestó al teléfono les pasó con otra enfermera que asistía a los pacientes. La conversación sobre el estado de la duquesa duró unos minutos y luego se emitió en Australia. Se vendió como una gran exclusiva, pero la enfermera que había cogido el teléfono se llevó un disgusto tan grande que dos días después se quitó la vida. Recientemente, los duques habían iniciado una causa legal contra una revista francesa que había publicado unas imágenes de Catalina en toples. Los *paparazzi* habían sorprendido a la duquesa desde lejos, mientras tomaba el sol en una piscina del sur de Francia. Sucedió poco después del caso de las fotos de Enrique en Las Vegas. Así pues, no era extraño que empezara a arraigar una cierta manía persecutoria entre el pequeño hogar común de los tres miembros más jóvenes de la familia. Cada vez se procedía con mayor cautela.

En 2013, en pocas semanas, la reina perdió a dos de las figuras más relevantes de su generación y de su reinado. En abril, Margaret Thatcher murió en la suite del Hotel Ritz, donde había pasado sus últimos días. Por segunda vez, la reina asistió al funeral de un ex primer ministro, concediéndole a Thatcher el mismo honor que le había mostrado a Winston Churchill. Había habido cierto tira y afloja burocrático con respecto al estatus exacto de la ocasión, pero el primer ministro no quiso atender a razones. Y la reina se dejaba guiar por su primer ministro. Según David Cameron: «Mi objetivo fue convertirlo en un funeral de Estado. La resistencia no vino de Palacio. Lo más difícil fue convencer al poder político, porque sentaba un precedente y tal».[22]

Los funerales de Estado se reservan para los soberanos y se rigen por protocolos muy estrictos que estipulan a quién se debe invitar y quién hace qué. Los otros miembros de la familia real suelen tener o bien un funeral «real ceremonial» como el conde Mountbatten, Diana y la reina madre o bien un funeral privado como el de la princesa Margarita. En muy raras ocasiones, el Parlamento también puede votar conceder un funeral de Estado a un héroe nacional excepcional, como lord Nelson o Winston Churchill. Margaret Thatcher no terminaba de entrar en esa categoría y Cameron no quería ninguna riña en sede parlamentaria, sabiendo el rencor que aún carcomía a la izquierda por cuenta de su legado. Aun así, el primer ministro quiso que fuera un funeral casi igual de digno. Se creó una unidad funeraria especial bajo el mando del ministro para la Oficina del Gabinete, Francis Maude, y enseguida se le dio la vuelta a la tortilla. La reina no necesitó que nadie la urgiera a asistir. Tres años antes, cuando se habían pulido por última vez los detalles del funeral, desde Palacio habían informado al equipo de Thatcher que a la reina le gustaría asistir, si tenía la ocasión.[23] Como en el funeral de Churchill de 1965, la reina dejó a un lado el protocolo y llegó antes que la familia. E hizo lo mismo al final, yéndose después.

Años más tarde, los viejos rumores de la antipatía entre ambas mujeres volvieron a resurgir gracias a *The Crown* y a su retrato de la época Thatcher. Según Tony Blair, que también sirvió a la reina durante más de una década, era una patraña: «La gente solía decirme que a la reina no le caía bien Margaret Thatcher. Te puedo asegurar que eso no es verdad. No lo es y punto». Igual que la australiana Julia Gillard, Blair cree que el origen de esos rumores está en lo que ciertas personas quieren creer, más que en grandes certezas: «[La reina] no pensaría en esos términos».[24]

Ese mismo año, la reina lloró la pérdida de otro coloso político a quien había concedido orgullosamente la Orden del Mérito. Nelson Mandela murió a los noventa y cinco años. En sus últimos años, el sudafricano había cogido el gusto de visitar a la reina cuando pasaba por Londres, y ella siempre se alegraba de verle. Cada vez que un miembro de la familia salía hacia Sudáfrica, recibía un mensaje personal de la reina para su viejo amigo. Al enterarse, la reina pidió directamente a Carlos que se preparara para representarla en el funeral.

Unos días más tarde, en su mensaje de Navidad, la reina prefirió destacar dos de los momentos más alegres del año. Uno había sido el nacimiento del príncipe Jorge. Después de tanto papeleo para garantizar la igualdad de género en la sucesión, todo resultó ser hipotético. Igual que la reina Victoria, Isabel veía asegurados tres reinados consecutivos en la línea de sucesión directa. E igual que Victoria, solo veía reyes hombres. En el mensaje navideño también aparecieron imágenes del príncipe de Gales en la reciente cumbre de la Commonwealth en Sri Lanka. Era un guiño deliberado y significativo a lo que los consejeros de Palacio ya bautizaban tímidamente como «transición».

Como la mayoría de las organizaciones, la monarquía rehúye la incertidumbre. Y de todas las cuestiones por resolver sobre lo que podía conllevar un cambio en el trono, una de las más sensibles era el tema de la Commonwealth. El título de cabeza de la Commonwealth no era como los otros títulos y cargos de la reina: no era hereditario. Carlos era el candidato obvio, pero no se podía vender la piel del oso antes de haberlo cazado. No debía proyectar la imagen de que estaba presionando para ser nombrado ni de querer ser nombrado. Pero, por otra parte, sería muy perjudicial que en los albores del siguiente reinado la cuestión se volviera polémica. Más valía resolverlo. Los líderes de la Commonwealth se iban a reunir en Sri Lanka para la cumbre de 2013, aunque lo harían sin la reina. Era la primera cumbre que se perdía desde que Edward Heath le había impedido ir a la de Singapur en 1971. Esta vez fue ella quien escogió no ir, fiel a su reciente decisión de reducir los viajes largos. Según un consejero, la razón principal era su recelo por la salud del duque. Por eso le pidió a Carlos que ocupara su lugar.

Para que nadie se ofendiera y acusara al príncipe de «hacer campaña» por su nombramiento como cabeza de la Commonwealth, el secretario privado de la reina, Christopher Geidt, fue a ver a la primera ministra australiana con una simple petición. Como anfitriona de la última cumbre, Julia Gillard todavía ostentaba el cargo rotatorio de presidenta en funciones, así que era portavoz de los demás líderes. Geidt le pidió que expusiera su opinión sobre la dirección de la Commonwealth, que dejara constancia de ello en el Parlamento y lo enviara a los demás líderes de la institución. Así se evitarían las acusaciones de que la monarquía estaba moviendo los hilos para convertir a Carlos en el siguiente cabeza de la Commonwealth. Aunque Gillard era republicana hasta la médula y quería que Australia fuera representada por un jefe de Estado de su país, se mostró dispuesta a mantener el vínculo entre la Corona y la Commonwealth. Así pues, una tarde tranquila en Camberra introdujo una frase anodina en un debate parlamentario sobre la institución. Los medios lo pasaron por alto y la frase se abrió paso sin escollos hasta las actas parlamentarias. Esto les dijo Gillard a los miembros de la cámara: «En lo que concierne a Australia, estoy segura de que el sucesor de la reina ocupará algún día el cargo de cabeza de la Commonwealth con la misma dignidad que Su Majestad».[25] En sus memorias, Gillard dice que le hizo gracia ver la siguiente lista de caballeros condecorados. En Año Nuevo se le concedió un nuevo título a Christopher Geidt, que en total recibió cuatro. Oficialmente, se le premiaba por su labor «preparando la transición en el trono y las relaciones con la Commonwealth».[26]

Al final, la de Sri Lanka resultó ser una cumbre bastante bronca. Las acusaciones de violación de los derechos humanos contra el Gobierno local habían llevado al boicot a muchos políticos, entre ellos el primer ministro canadiense. El príncipe y la duquesa de Cornualles tendrían trabajo para mantener la utópica amigabilidad de la que tanto se jacta la Commonwealth. Pero Carlos recogió el guante. En su afectuoso discurso final durante el banquete, aprovechó para recordar a la concurrencia todas las leyendas de la institución que había conocido desde pequeño. Oyéndole citar nombres ilustres como Menzies, Trudeau y Kenyatta, el público no tuvo ninguna duda de que tenían ante sí a una persona que entendía mejor que casi nadie esa organización y sus métodos, con la evidente excepción de su madre. Aunque no fuera exactamente una audición para el futuro puesto de cabeza de la Commonwealth, sí llamó la atención. Tony Abbott, que ya había reemplazado a Gillard como primer ministro de Australia, señaló: «Estuvo impresionante. Si alguien trata con el príncipe Carlos, quedará impactado con su caballerosidad. Durante esa tensa conferencia lo demostró con creces».[27]

En el pasado reciente, pocos hechos han agobiado tanto a la reina como la votación de 2014. El futuro del Reino Unido entero estaba en juego en un referéndum para decidir si Escocia tenía que ser un país independiente. En su famoso discurso de 1977 con motivo del Jubileo de Plata, la reina había podido expresar su pasión por la unión con relativa impunidad, porque el nacionalismo escocés era minoritario. Pero ahora tenía la legitimidad de ser mayoría en el Parlamento. Además, el líder del Partido Nacional Escocés, Alex Salmond, estaba recortando la distancia en las encuestas previas al referéndum.

Días antes de la votación, una encuesta les concedió la primera ventaja a los independentistas. Sucedió justo cuando el primer ministro llegaba a Balmoral para su estancia anual en el castillo. En sus memorias, Cameron recuerda los nervios que se respiraban durante la cena, mientras el duque de Edimburgo asaba perdices rojas escocesas en la barbacoa. El sondeo también había sido «un derechazo al esternón» para él. Al día siguiente, la reina salió de misa en Crathie y habló con un grupo de fieles. Dijo que esperaba que el pueblo escocés pensara «muy seriamente» sobre su futuro, una intervención muy neutral que «llenó de dicha» a Cameron.[28] Es imposible establecer la medida en que cambió el estado de ánimo, aunque la mayoría tiende a pensar que «no mucho». Ese inquietante sondeo había sido una ilusión y el resultado final de la votación, 55-45 a favor de la unión, se atribuyó a muchos otros factores. Luego Cameron cometió un desliz y un micrófono de la televisión le cazó *in fraganti* explicando cómo le había dado la noticia a la reina. Según el primer ministro, Isabel había «ronroneado» de pura felicidad. Cameron quiso que se lo tragara la tierra y pidió «sinceras disculpas». Cinco años más tarde, mucho después de dejar el cargo, añadió algo más de luz al momento en la iglesia. En un documental para la televisión que acompañaría sus memorias, Cameron fue un poco más lejos que en su libro. Como le contó al realizador de la BBC Denys Blakeway, había sido él quien había orquestado la intervención en Crathie. Insistió en que no había sugerido que la reina hiciera nada «inadecuado o inconstitucional; solo que levantara la ceja... Vamos, cinco milímetros». Su sinceridad ante las cámaras le valió nuevas críticas por enemistar a la reina con los nacionalistas. Cameron emitió otra disculpa por avergonzar a la Casa Real. «La he pifiado», reconoció, añadiendo que se arrepentía muchísimo.

En cinco años, el Gobierno de coalición de Cameron había alterado bastante el funcionamiento de la monarquía. La asignación al soberano había revolucionado las arcas reales. El Parlamento había evitado a la monarca el engorro de tener que pasar por las elecciones anticipadas, aunque lo había hecho con leyes chapuceras, y se habían extirpado indoloramente las connotaciones sexistas y sectarias de la sucesión al trono. En las generales de mayo de 2015, la posición de Cameron salió reforzada con una mayoría absoluta y el adiós definitivo a la coalición.

La otra gran vencedora de la noche fue la lideresa del Partido Nacional Escocés, que se llevó cincuenta y seis de los cincuenta y nueve escaños de Escocia. Después de suceder a Salmond tras la derrota en el referéndum, Nicola Sturgeon se había convertido en una de las figuras políticas más formidables del territorio y la reina estaba decidida a tratarla como tal. El día que Sturgeon fue investida primera ministra de Escocia, se la invitó a una audiencia con la reina, seguida de una rápida investidura como consejera privada. Aunque fuera un honor automático, un testigo dijo haber quedado impresionado con la pompa del Palacio: «Fue un Consejo Privado fascinante, cien por cien británico. Todo el mundo le mostró la máxima cortesía, incluida la reina. Nadie habría dicho que quería hacer trizas la Constitución. Pensé: "Debemos de ser el único país del mundo capaz de comportarse así"».[29] Nicola Sturgeon mostró el mismo nivel de deferencia y atención que recibió.

El día que Isabel superó a la reina Victoria como la reina más longeva de la historia británica era Sturgeon quien estaba a su lado. La reina nunca ha sido competitiva con sus antepasados, sobre todo porque habría preferido mil veces que el reinado de su padre hubiera sido más largo y el suyo, mucho más corto. Así que Palacio combinó un hito histórico que no llenaba de orgullo a la reina con otro que podía celebrar con furor: la inauguración de la nueva línea de ferrocarril escocesa Borders Railway. Isabel, Felipe y Nicola Sturgeon hicieron el trayecto entero entre Edimburgo y Tweedbank en el mismo compartimento de tren. Al final, la reina celebró la flamante línea ferroviaria diciendo que: «Mucha gente, incluida usted, primera ministra, ha atribuido al día de hoy otro significado importante, aunque no es algo a lo que haya aspirado jamás». Sturgeon respondió con palabras afectuosas y generosas: «Señora, déjeme que le transmita, en nombre de quienes nos están viendo en el mundo entero, un simple pero sentido agradecimiento».

Aunque la reina había dejado los viajes largos por el extranjero, Europa aún era muy accesible para ella. En 2014, viajó a Normandía para el setenta aniversario del Día D, donde se volvió a encontrar con Barack Obama, que se sentó a su lado en la comida previa a la gran ceremonia internacional en la playa de Sword. El acto se organizó como si fuera un concurso gigantesco. Cada jefe de Estado cogía de la mano a un niño y recorría una pasarela hasta llegar a una gradería. Por deferencia a la única jefa de Estado que había servido en la contienda y a su marido veterano de guerra, la reina fue la última en llegar. De hecho, un Land Rover la dejó justo delante. Todos los invitados en las gradas se levantaron al unísono, incluido el presidente de los Estados Unidos. Su fiel asesor Ben Rhodes habló con él al terminar el acto: «Obama me dijo que se sentó al lado de la reina en la conmemoración del desembarco de Normandía y que emitieron un video. En un momento dado, aparecía ella de joven sirviendo durante la guerra, y Obama se volvió y se dio cuenta: "Estuvo allí en la guerra". Impactante».[30]

El viaje terminó con una visita de Estado a París por invitación del presidente François Hollande. A nadie se le ocurrió pensar que podía ser la última vez que Francia recibía a Isabel. Desde ese primer viaje en 1948, cuando era una princesa inexperta que todavía ocultaba su primer embarazo, la reina siempre había estado encantada de visitar el país.

Las nuevas generaciones de la Casa Real cada vez trotaban más por el mundo. En 2014, los duques de Cambridge viajaron a Australia y Nueva Zelanda con el príncipe Jorge. El recuerdo de la bienvenida sigue grabado a fuego en la mente de Tony Abbott. Según el hipermonárquico primer ministro australiano: «Cuando el coche entró en el centro de Manly, se me hizo un nudo tremendo en la garganta de la emoción. No es que las calles estuvieran a rebosar, es que había seis filas de gente, además de la marea que llenaba la playa. Yo había vivido la ofensiva por el referéndum en un momento en que la monarquía tenía pocos aliados, y nunca pensé que viviría para ver algo parecido. Fue una experiencia extraordinaria y me dejó sin palabras, porque estoy seguro de que la mitad de la gente que estaba allí, y que había votado en 1999, había votado mal. Pero la ocasión tenía algo de mágico y les hizo salir a las calles. Fue irrepetible».[31]

La reina no dejó los viajes cortos para complacer a algunos líderes y aliados importantes. Logró concentrar en un mismo día dos visitas de Estado: a Italia y al Vaticano. Quien recibió formalmente a la monarca y almorzó con ella fue el presidente de Italia, Giorgio Napolitano, que había luchado con la resistencia durante la guerra. Napolitano despertaba gran admiración en Isabel porque no dejaba de batir récords de longevidad en un país conocido por su volatilidad política. Luego, la reina fue agasajada con otra bienvenida de Estado en el Vaticano, donde tomó té con el papa antes de coger un vuelo y volver a casa.

En 2015, se embarcó en la que muy probablemente sería su última gran visita de Estado en el extranjero. Con ochenta y nueve años fue a Alemania. En ese momento, David Cameron había comprometido al Reino Unido a celebrar un referéndum sobre la pertenencia a la Unión Europea. Cameron necesitaría concesiones para convencer a los votantes británicos de seguir en la UE, y Alemania sería primordial. El primer ministro esperaba que, con una visita de Estado, la cancillera alemana Angela Merkel fuera más benevolente con las peticiones británicas. Al fin y al cabo, los alemanes estaban encantadísimos de volver a ver a la reina. La visita era tan importante para ambas partes que la reina no iría solo con el secretario de Exteriores, como marcaba la tradición; el primer ministro también iría, igual que la había acompañado en aquella histórica visita a Irlanda. Cameron lo recuerda así: «Angela Merkel me pidió específicamente que fuera. Y estuve encantado de ir. Creo que fue una de las cosas más interesantes que vi hacer a la reina durante mi mandato».[32]

Merkel también quiso el máximo de tiempo posible a solas con la reina, aunque el anfitrión oficial de Isabel era el presidente alemán Joachim Gauck, que no tenía funciones ejecutivas. Según lord McDonald, ex jefe del Servicio Diplomático y entonces embajador británico en Berlín: «He visto a muchos líderes visitar a la cancillera, pero ese día parecía que había venido hasta el último empleado del edificio. La gente se asomaba al balcón para intentar ver a la reina. Incluso en un edificio como ese, muy acostumbrado a los grandes acontecimientos, se respiraba un aire especial».[33] Ese mismo día, la reina fue a una charla en la universidad y Angela Merkel se presentó sin avisar, para deleite de todos los participantes. Según McDonald: «Merkel quería transmitir una idea. Creo que tienen una relación de verdad. Se han visto unas cuantas veces y hay actitudes de Merkel en su manera de entender el cargo que huelen casi a realeza. No es que la imitara a conciencia, pero sí aprendió algo del ejemplo de Isabel II». En concreto, apunta a los mensajes de Año Nuevo de Merkel y a su esfuerzo deliberado por no embarrarse con trifulcas políticas: «Veía cómo lo hacía la reina y es indudable que hay cierto parecido».

Toda la visita fue «mágica», dice el ex embajador. La fiesta que dio la reina en los jardines atrajo a todos los políticos de renombre a la Embajada británica, tanto del pasado como del presente. Sus anfitriones tampoco se ofendieron cuando Su Majestad rechazó el ofrecimiento de usar su mejor Mercedes durante la visita. Tuvo más bien el efecto contrario. Según McDonald: «Una de las cosas que los alemanes más adoraron fue el coche de Su Majestad. Por estupendo que sea un Mercedes, un Bentley, con todo su fasto y con el estandarte real ondeando al viento, es un placer para la vista y un mensaje visual. La gente se paraba en la acera y se subía al techo de los coches para aclamar a la reina a su paso».

Lo que muchos alemanes recuerdan mejor de la visita fue el banquete de Estado. Un asesor real recuerda que «se quedaron boquiabiertos» cuando la reina rindió homenaje al padre fundador de la Alemania Occidental moderna. En verdad, lo conocía mejor que nadie en la sala. Según ese asesor: «Una de las primeras frases del discurso fue: "Como le dije a Konrad Adenauer...", y la sala suspiró con asombro».[34] Pocos líderes mundiales habrían podido provocar una sensación similar. Pero también es cierto que pocos han hecho aparecer nuevos términos en el idioma alemán. *Duden*, el principal diccionario de ese idioma, posee ahora dos palabras para referirse a una soberana. Siempre ha existido «Königin», que sirve para aludir a una reina normal y corriente; pero ahora hay una entrada más: «Queen». Y como apunta *Duden*, «no tiene plural».[35]

23

2015-2018

«Mire, ¡no aguantaré mucho más de pie!»

En otoño de 2015, la monarca más viajera de la historia británica salió del país seguramente por última vez. Con ochenta y cinco años puso fin a los viajes largos, y decidió que no iría más al extranjero a partir de los noventa. Su último baile sería en un lugar por el que sentía un gran cariño, y por los mejores motivos. La Commonwealth se reunía en Malta, la isla de los recuerdos felices y de los días de asueto previos a la coronación. En una recepción concedida por el presidente maltés, la reina y el duque se reencontraron con Freddie Mizzi, el viejo clarinetista que había tocado para ellos hacía tantos años, en aquella noche entera que pasaron bailando en el Hotel Phoenicia.

Al día siguiente, la reina inauguró la cumbre de la Commonwealth dejando caer una indirecta que nadie pasó por alto. Después de mandar a Carlos en su lugar a la última cumbre en Sri Lanka, también en esta ocasión se lo había llevado con ella. Sus palabras sonaban a despedida: «Me siento profundamente orgullosa de lo que ha conseguido la Commonwealth, y todo durante mi vida. [...] Tampoco podría soñar con un apoyo y representante mejor en la Commonwealth que el príncipe de Gales, que sigue dándole mucho y con gran distinción». Era la mayor indirecta que había mandado jamás sobre su sucesión.

El banquete que ofreció esa noche la reina en el Hotel Corinthia Palace fue majestuoso, sazonado con la habitual pizca de frivolidad de la Commonwealth. Como mandaba la tradición, el brindis recayó en uno de los nuevos líderes. El canadiense Justin Trudeau, que había conocido a la reina cuando él era un niño y su padre era primer ministro, recordó a los invitados que el primer servicio oficial prestado por la reina en Canadá fue en 1935, cuando apareció en un sello postal de un centavo. Con una mirada pícara, la reina respondió con las siguientes palabras: «Gracias, señor primer ministro, ¡por hacerme sentir tan vieja!».

La primavera siguiente, el tema de su edad fue imposible de esquivar; Isabel fue la primera monarca británica en cumplir noventa años. Aunque es la única persona del país con dos cumpleaños (el auténtico es en abril y el oficial, en junio, cuando hace mejor tiempo), la reina nunca ha esperado esas fechas con tanta ilusión como el resto de la gente. Para ella, los aniversarios de bodas y los Jubileos constituyen un cierto mérito, pero el cumpleaños simplemente llega. A su modo de ver, el cumpleaños oficial, con el desfile Trooping the Colour, es una conmemoración tanto de las Fuerzas Armadas como de la monarca. Aun así, sus noventa años se celebraron largamente por todo el país. Hubo un cortejo ecuestre en el Home Park de Windsor y un desfile militar por el castillo. Quizá el evento más esperado fue el paseo especial de cumpleaños que organizaron los miembros de la Fell Pony Society. Isabel había puesto fin a los viajes internacionales, pero no había dejado de montar regularmente su poni fell favorito, Emma. En Londres también hubo un desfile de estilo carnavalesco por The Mall, y el mayor de sus nietos, Peter Phillips, organizó una fiesta enorme en la calle con las seiscientas organizaciones benéficas de las que Isabel era presidenta de honor. Al final, la monarca dio un breve discurso ante la multitud reunida en la avenida y aprovechó para elogiar «todo lo bueno que puede aflorar cuando la gente se junta con un objetivo común». Con brillo en los ojos, añadió: «Aún está por ver cómo me sentiré si la gente sigue deseándome feliz cumpleaños en diciembre».

El día de su auténtico cumpleaños, salió a dar un breve paseo por Windsor con el duque antes de embarcarse en una nueva variante: el paseo en coche. Inspirándose en el papamóvil del Vaticano, la reina había encargado un nuevo Range Rover descapotable diseñado para circular a poca velocidad entre el gentío. Era un coche eléctrico y también podía usarse en interiores.

Los miembros de la familia se reunieron para una cena privada, se encendieron más de mil almenaras por todo el país y llegaron felicitaciones de todo el mundo. Al día siguiente, el hombre más poderoso de la Tierra llegó para felicitarla en persona. Barack Obama estaba en el último año de su presidencia y en plena gira de despedida internacional. David Cameron había hecho lo imposible para que el presidente le ayudara a convencer al pueblo británico de que votara a favor de permanecer en la UE en el referéndum. Obama había aceptado de buena gana, pero su programa estaba condicionado por su determinación de felicitar a la reina en persona, junto a Michelle. La radiante monarca les invitó a ambos a comer en Windsor y acordaron que los Obama volarían en helicóptero desde la residencia del embajador estadounidense en Londres.

La reina estaba decidida a brindarles una experiencia lo más agradable e íntima posible. No habría procesiones ni cabalgatas. Al estilo del paseo informal con Reagan de hacía treinta y cuatro años, la reina recogería a los Obama en el helipuerto de Home Park en su propio Land Rover. Conduciría el duque de Edimburgo. En sus memorias, Michelle Obama cuenta: «Iba a ser la primera vez en más de ocho años que nos llevaba alguien que no fuera un agente del Servicio Secreto».[1] Ben Rhodes, el organizador del viaje, afirma que los responsables del operativo de seguridad de los Estados Unidos montaron en cólera: «La reina insistió en que pasarían a buscar a los Obama, pero el Servicio Secreto dijo que no iban a permitirle a nadie llevar al presidente y a la primera dama en coche». Sin embargo, por una vez tuvieron que claudicar. Según Rhodes: «Tuvimos que desautorizar al Servicio Secreto porque parecía que la familia real lo consideraba importante. Insistieron mucho. Creo que querían mostrar que no les invitaban solo por compromiso, sino que les invitaban como Felipe e Isabel. En 2016, era la sensación que flotaba en el ambiente».[2]

El equipo de protocolo había dado instrucciones claras para que la primera dama se sentara delante con el duque y que los dos jefes de Estado se sentaran detrás. Al llegar, señala Michelle Obama en sus memorias, su anfitriona lo echó «todo a rodar»: «¿Les han impuesto alguna norma?», le preguntó la reina a la primera dama, y le quitó hierro al asunto haciendo un gesto con la mano: «Qué tontería. Siéntense donde quieran».[3] Según Rhodes, que habló con los Obama justo después de su tarde con la reina, era evidente que la pareja lo había pasado genial: «Lo más curioso es que parecía que habían vuelto de comer con unos amigos. Les hacía gracia porque habían tomado un par de cervezas en el almuerzo y habían hablado del *brexit*. Al presidente le extrañó la franqueza con la que la reina sopesaba la situación y hablaba de ello».[4]

La experiencia dejó una huella imborrable en los Obama y en su séquito respecto a la importancia de la monarquía para la diplomacia transatlántica. Según Rhodes: «Obama acudió a petición de Cameron con un interés común: hablar del *brexit*. Y nosotros entendíamos que era una visita que aumentaría la polarización. La mitad del espectro político británico estaba muy a favor [del *brexit*] y la otra mitad estaba muy en contra. Pero el hecho es que, en medio de esa situación, Obama se va a Windsor a almorzar tranquila y amigablemente en familia. En cierta medida, reforzó la idea de que, pasara lo que pasara con el *brexit*, quizá no estemos siempre de acuerdo, pero coincidimos más con los británicos que con cualquiera. Y eso la convierte en una relación especial». Ese mismo día, Obama compareció junto a Cameron para llamar al pueblo británico a permanecer en la UE, y también habló sobre la reina. Dijo que era una de sus «personas favoritas». Por la noche, los Obama fueron a cenar al Palacio Kensington con los duques de Cambridge y el príncipe Enrique. Al príncipe Jorge le permitieron acostarse tarde, así que pudo conocer a los invitados en pijama y bata y mostrar a Obama su destreza con el caballito. A la mañana siguiente la fotografía apareció en los periódicos de todo el mundo, y días más tarde fue usada por el propio presidente para soltar uno de sus mejores chascarrillos. En la cena de corresponsales de la Casa Blanca, Obama bromeó con que su poder se estuviera diluyendo a medida que se acercaba el fin de la presidencia: «La semana pasada, el príncipe Jorge se presentó ante nosotros en albornoz... ¡menudo descaro!».

El presidente estaba muy contento de que las nuevas generaciones siguieran el ejemplo de la reina y optaran por la informalidad. Según Ben Rhodes: «No podía creerme que Guillermo, Enrique y Catalina se hubieran esforzado tanto por convertir un acto que en principio debía ser solemne en lo más informal posible. No podía ser cien por cien informal, pero creo que esos jóvenes les sorprendieron. Los príncipes buscaban provocar la misma sensación que se tiene cuando vienen unos amigos a cenar, y creo que lo lograron». La monarquía es un activo de poder blando y un recurso diplomático, y pocas cosas lo ejemplifican mejor que lo sucedido el 22 de abril de 2016.

Nada más concluir las celebraciones por el noventa cumpleaños de la reina, la política británica cayó en una de las peores crisis de confianza desde la guerra. Pese a las súplicas y advertencias de la mayoría de los mandatarios, además del mundo empresarial y el grueso de los medios y referentes culturales, por no hablar del presidente Obama, el Reino Unido votó a favor de abandonar la Unión Europea. David Cameron anunció inmediatamente su intención de dimitir y provocó una batalla sin cuartel por hacerse con el control del Partido Conservador y, por ende, del país. El gurú del movimiento pro*brexit* había sido Boris Johnson. La mayoría lo consideraba el favorito para tomar las riendas del partido, pero resultó estar tan poco preparado* que su gran aliado, Mi-

---

* Justo después de la votación del *brexit*, Johnson se pasó el día en Althorp, el hogar de la familia Spencer en Northamptonshire. Estuvo jugando al críquet con su viejo amigo del colegio, el conde Spencer.

chael Gove, decidió oponerse a él. Ese duelo fratricida permitió que la secretaria de Interior, Theresa May, porfiadamente imparcial durante la campaña, se alzara sobre los cuerpos caídos y se hiciera con el codiciado premio. El Reino Unido cayó en la polarización y el Gobierno quedó bloqueado a la espera de resolverse las enrevesadas negociaciones con la UE.

La familia real lo había observado todo desde una distancia prudencial, y emprendió una serie de misiones diplomáticas a todos los países de la UE para limar asperezas. Su propósito era transmitir el mensaje de que, pasara lo que pasara, algunas cosas del Reino Unido no cambiarían jamás. El príncipe de Gales, los duques de Cambridge y Enrique hicieron una gira por el continente mientras la reina invitaba a algunos de los monarcas europeos más recientes a hacer visitas de Estado. El mundo acababa de vivir una especie de epidemia de abdicaciones: en el plazo de un año, la reina de los Países Bajos, el rey de Bélgica, el rey de España, el emir de Catar y el papa Benedicto XVI decidieron que ya habían reinado lo suficiente. Nadie se planteaba que Isabel II siguiera su estela. Según un diplomático, la reina «ni parpadeó» ante los nuevos cambios en los tronos europeos. El juramento ante Dios prestado en su coronación era tan sagrado como los votos matrimoniales.

Quizá ella ya no viajara al extranjero, pero los líderes internacionales tenían más ganas que nunca de acudir a su llamada. A petición del Gobierno, invitó al nuevo rey de los Países Bajos, Guillermo, y al nuevo rey de España, Felipe. Los dos disfrutaron de fotogénicas visitas de Estado que recordaron a ambas partes que sus lazos eran más duraderos y profundos que los que habían surgido tras unas cuantas décadas de alianza con la UE. Pero, política y diplomáticamente, fueron actos poco útiles. El entonces secretario de Exteriores, Jeremy Hunt, admite que: «Fue una pequeña pérdida de tiempo, porque todas las negociaciones se hacían con la Comisión Europea. El rey de los Países Bajos se expresaba magistralmente, era encantador e interesante. Pero no podía influir mucho en el proceso, ni su ministro de Exteriores tampoco. O sea, que la visita de Estado fue decepcionante en términos profesionales».[5]

Theresa May era la segunda mujer en ocupar el cargo de primera ministra. La clase política y mediática había quedado fascinada con la relación entre la reina y Margaret Thatcher, pero May parecía tener un temperamento bastante más parecido al de Isabel. Como escribe David Cameron en sus memorias, May «poseía un nivel de neutralidad monárquico» en lo tocante al *brexit*: «Nadie excepto Su Majestad era tan hermético con lo que pensaba».[6]

Los medios se morían por averiguar la opinión privada de la reina sobre el *brexit*. A fin de cuentas, la monarca era la única persona que había estado estrechamente ligada a todas las fases de la aventura europea del país. Era la única servidora pública que había conocido al general De Gaulle, el hombre que había bloqueado en dos ocasiones la entrada del Reino Unido durante los sesenta; se había involucrado personalmente en la turbulenta entrada del país durante los setenta, cuando el Reino Unido fue en una dirección y sus reinos de la Commonwealth, en otra; había conocido a casi todos los líderes europeos durante los cuarenta y tres años de pertenencia a la UE; y tenía familiares esparcidos por el continente. ¿Qué pensaba Isabel?

Antes del referéndum, *The Sun* sacó una portada que decía: «La reina apoya el *brexit*», y afirmó que Isabel había expresado opiniones euroescépticas en una comida en Windsor con invitados como el vice primer ministro Nick Clegg y el secretario de Educación, Michael Gove. La IPSO, la agencia reguladora de la prensa, aceptó la queja inmediata de Palacio y determinó que el titular daba pie a malentendidos. Seis meses después de la votación, la jefa de la sección de política de la BBC, Laura Kuenssberg, dijo que dos fuentes le habían dado una versión similar sobre esa comida. La presunta frase atribuida a la reina: «No entiendo por qué no nos podemos ir», se había pronunciado presuntamente cinco años antes del referéndum, pero nadie la había confirmado.

El contexto era ambiguo y, cuando menos, debatible. Como ha expresado el historiador Vernon Bogdanor: «Yo soy muy escéptico. Es muy improbable que, después de sesenta y cuatro años como monarca constitucional, la reina empezara a decirles a los políticos que discrepaba de una premisa clave de la política del Gobierno».[7] El experto constitucional Peter Hennessy cree que es absurdo tacharla de euroescéptica con tan poco fundamento, incluso si realmente hubiera dicho las palabras que supuestamente dijo: «Yo antes decía cosas como esa y estaba a favor de seguir en la UE. No me extrañaría que dijera: "¿Por qué no nos podemos ir?". Habíamos cedido nuestra soberanía a la UE, pero no se la entregamos para siempre».[8]

Sin embargo, en 2017, los partidarios de permanecer en la UE no dudaron en reconocer a la reina como uno de los suyos al verla inaugurar el Parlamento con un sombrero azul con estrellas amarillas, un diseño que recordaba sospechosamente a la bandera de la Unión Europea. Su diseñadora, Angela Kelly, dijo que había sido una coincidencia, pero admitió que habían sonreído al ver el pandemonio.[9]

Nadie sabe a ciencia cierta lo que opinaba la reina, aunque hay muchos indicios. Lo que sabemos es que era una partidaria entusiasta de la CEE en su ingreso, como testifican su visita de Estado a Francia de 1972 y el posterior mensaje navideño. También sabemos que después apoyó la postura del primer ministro elegido, como le correspondía. En los buenos tiempos de la UE, visitó la Comisión Europea y se deshizo en elogios ante el Parlamento Europeo. Más adelante, parece que sintió la misma exasperación que el resto de la ciudadanía, tanto la que estaba a favor como en contra del *brexit*, porque los horizontes de la UE fueron ensanchándose. De una relación comercial se pasó a intentar crear una superestructura general. Según David Cameron, la reina siempre cumplió a rajatabla las normas constitucionales y siguió las pautas del Gobierno elegido, sin mostrar pasión por un bando u otro: «Siempre tenía mucho cuidado de no expresar ninguna opinión política, pero la sensación era que pensaba igual que la mayoría de sus súbditos: la cooperación europea es necesaria e importante, pero las instituciones de la UE pueden llegar a sacarte de tus casillas. Sin duda creía que el gobierno consiste en tomar medidas, y el predominio de la forma sobre el contenido siempre resulta muy molesto».[10]

Fue el momento de más división de su reinado desde lo de Suez, pero Cameron prefiere evitar las comparaciones: «En Suez fuimos cómplices de un extraño acuerdo con franceses e israelíes. El *brexit* era un plan sólido para una renegociación y un referéndum que figuraban en el programa electoral de un partido de Gobierno. Nunca nos planteamos si debíamos celebrar ese referéndum». Hablando del entusiasmo de la reina ante esa última gran visita de Estado a Alemania, Cameron dice: «Creo que eso te da muchas pistas sobre su opinión; sobrevivimos a ese siglo y queríamos que los países europeos cooperaran y colaboraran». Otro ex miembro destacado del Gobierno va todavía más lejos: «Por las conversaciones que tuve con ella sobre el referéndum, en el momento de celebrarse yo diría que estaba a favor de seguir en la UE. Una de las cosas frustrantes de esa etapa fue que los pro*brexit* se inventaban cosas sin parar. Cuando *The Sun* sacó una noticia que decía que la reina apoyaba el *brexit*, David Cameron sabía que no era cierto. Pero no quería infringir las normas. Claro que ella tenía sus opiniones. Yo no diría que fuera una gran entusiasta de la Unión Europea, pero tampoco creo que pensara que debíamos abandonarla».[11]

Si el referéndum y la cuestión del *brexit* sumieron al Parlamento en discusiones y disensiones, la monarquía también sufrió un golpe por otro costado. En noviembre de 2016, la plataforma Netflix sacó la primera temporada de la serie *The Crown*, una presuntuosa dramatización de la vida de la reina. La serie contaba con un presupuesto al nivel de Hollywood, totalmente inaccesible para cualquier otra cadena de televisión del planeta. Para que nos hagamos una idea, cada episodio de una hora costaba entre cinco y diez millones de libras. Según se empeña en recalcar el guionista, la serie «busca la verdad, más que la exactitud».[12] Según muchos miembros de la familia real y de personas cercanas a la misma, carece de ambas cosas y, en ocasiones, peca de malicia; en cambio, según el príncipe Enrique, que también ha firmado un contrato con Netflix: «Es ficción, pero se basa vagamente en la realidad. Te da una idea aproximada de cómo se vive..., de las presiones que se reciben».[13]

El guionista es Peter Morgan, que también escribió *The Queen*. Después de ese filme, Morgan sacó *The Audience*, una obra de teatro sobre las relaciones de Isabel con sus primeros ministros británicos, y luego se le ocurrió la idea para *The Crown*. Pese a tildar a la reina de «mujer de campo de escasa inteligencia» y describir su institución como «un virus mutante», Morgan se embarcó en la empresa de escribir sesenta episodios basados mayormente en Isabel, pero sin dejar de lado al resto de la familia.[14]

La serie empezaba con el día de su boda e iba intercalando imágenes de su infancia. *The Crown* obtuvo críticas fantásticas por sus suntuosos decorados y sus actuaciones, pero a medida que se fue acercando al presente aumentaron las acusaciones de indiscreción y equivocación. Como ha señalado el historiador Hugo Vickers, que ha escrito libros explicativos sobre cada temporada, algunos de los errores iniciales son de gente que lleva medallas erróneas, de aviones que aparecen antes de ser inventados o de personajes, como el duque de Gloucester, que salen años después de haber fallecido. Últimamente, las tramas han llevado a Palacio a estudiar medidas legales, pero se han acabado desechando. Lo más probable es que fuera contraproducente y que solo sirviera para hacer publicidad de la serie.[15]

Aunque el duque de Edimburgo nunca la ha visto, quedó desolado al saber que un episodio lo señalaba como responsable directo de la muerte de su hermana favorita y de su familia en un accidente aéreo. Desconcertado, le dijo a un amigo: «Según parece, dicen que maté a Cecilia».[16] Los últimos episodios son especialmente severos con el príncipe de Gales, mostrándole como una persona encorvada y siniestra que no hace más que refunfuñar sobre su esposa. La reina, por su parte, aparece preparando un complot para socavar a Margaret Thatcher y su Gobierno, otra trama fantasiosa. Los fans de la serie dicen que es solo ficción. Sus detractores dicen que, poco a poco, grandes partes del planeta están asimilando y aceptando la versión tergiversada (y a veces inventada) de lo que pasó tras la guerra.

El ex primer ministro John Major dice que apenas ha visto nada: «Pero, por lo poco que he visto, sí parece que los aspectos técnicos son excelentes y las actuaciones, buenas. Ahora bien, los hechos son cuestionables. Algunos de los que vi representados eran tan poco fieles a la realidad y tan injustos que podrían considerarse una farsa».[17] Tony Blair dice que todavía no ha visto ni un capítulo: «Debo de tener un problema. Todo el mundo que conozco en los Estados Unidos no se la pierde por nada del mundo. Pero a mí no me interesa. Se las da de documental, cuando es evidente que no lo es».[18]

Exceptuando a la reina y su familia, puede que nadie haya presenciado más hechos de los que aparecen en la serie que William Heseltine. Heseltine llegó al Palacio en 1960, gracias a un traslado que lo convirtió en secretario de prensa adjunto, y se retiró del cargo más importante, el de secretario privado de la reina, en 1990. Según él, la primera temporada plasma los albores del reinado y es un retrato aceptable del periodo, pero la serie ha ido empeorando: «Me invitaron a colaborar en la siguiente temporada, pero me negué». Dice que varias cosas le molestaron: por ejemplo, una entrevista en la que Morgan se había burlado de la familia real, o una trama totalmente falsa que insinuaba que Felipe había tenido una relación con una bailarina. Para Heseltine, la representación de Olivia Coleman como reina también es muy inexacta: «Siempre parece abatida y enfadada. La reina casi nunca ponía cara triste». Pero no hay nada peor que el capítulo en que Isabel ordena a su equipo que filtre a la prensa su aversión por

Thatcher, con la complicidad incuestionable de su secretario privado, que entonces era Heseltine: «El trato en ese episodio es absolutamente imperdonable». Aun así, dice que se alegró al ver que la serie mostraba a su predecesor, lord Charteris: «Es muy gracioso que el secretario privado aún sea Martin Charteris, cuando ya llevaba diez años jubilado».[19]

Otra persona a la que Morgan consultó para escribir sobre la primera mitad del reinado fue el ex secretario de Exteriores David Owen. A Owen le gusta la serie: «Morgan estuvo un tiempo llamándome constantemente. No le interesaba si las cosas pasaron; le interesaba mucho si podrían haber pasado, y es lo que siempre me preguntaba. A mí, [*The Crown*] no me parece nada más que un mero producto de entretenimiento. Seguro que la familia real preferiría que no existiera, pero la vida es así».[20]

Para quienes la ven desde lejos, la serie es más benevolente. Según el ex presidente Bush: «A mí me pareció que Su Majestad salía bastante bien parada. Se la representa de manera muy interesante. En los Estados Unidos la ha visto mucha gente, y eso denota la influencia que tiene Su Majestad en nuestro país. Lo que no tengo tan claro es que fueran justos con el príncipe Carlos».[21] Para el hombre que ideó toda la doctrina del poder blando (el predominio de la influencia y la seducción sobre la coacción y la fuerza bruta), sin duda *The Crown* es buena para la Corona. Según el catedrático Joseph Nye de la Universidad de Harvard, que no se ha perdido ninguna de las temporadas: «No tengo forma de saber lo fiel que es a la realidad, pero su impacto sobre las relaciones públicas es positivo. Refleja su sentido de responsabilidad y su dignidad».[22] El ex primer ministro australiano Tony Abbott es más escéptico: «Me recuerda a la gente que pensaba que *El código Da Vinci* era la historia real del Vaticano».[23]

Pero lo que fastidia a muchos de los que han trabajado en la institución es la representación de la vida en la Casa Real: aunque se haga con compasión, asume que la pesadumbre lo inunda todo. La reina se pasa la vida atormentada por sucesos inquietantes. La monarquía supone sobre todo una carga. Nuestra reacción instintiva es sentir lástima por la protagonista. Una producción dramática necesita amenazas y tensión, como es obvio. Pero, por más que se diga que esta lujosa telenovela esconde una «verdad» interior, quienes conocen bien a la monarca afirman que se ha pasado por alto una verdad crucial que impregna todo su reinado: como ya hemos dicho, a la reina le gustaba su trabajo.

En 2017, desesperada por el letargo de Westminster en el tema del *brexit*, Theresa May convocó elecciones anticipadas para aclarar la situación. La opinión de la reina no importaba porque la Ley de Mandatos Fijos permitía convocar elecciones anticipadas si se contaba con el apoyo de más de dos tercios de la cámara, como era el caso. Theresa May optó por una campaña larga, la más larga de la época moderna, y presentó un programa electoral que ahuyentó a buena parte de su partido. El resultado fue el tercer Parlamento sin mayorías de Isabel. Theresa May se mantuvo en el cargo gracias al apoyo del Partido Unionista Democrático (DUP) irlandés, pero el primer líder laborista abiertamente republicano del reinado de Isabel, Jeremy Corbyn, obtuvo un buen resultado. El Gobierno, pues, estaba paralizado.

El 4 de mayo, en plena campaña electoral, una oleada de pánico se había apoderado de las salas de redacción del país porque trascendió que Buckingham había empezado a citar a empleados de todas las casas reales. En verdad, solo se les comunicó que el duque de Edimburgo pensaba retirarse de la vida pública. Le faltaba un mes para cumplir noventa y seis años, así que era algo que se veía venir desde hacía tiempo. El duque había querido elegir el momento para dejarlo, en vez de deteriorarse a la vista de todos, y ese verano puso fin a sus obligaciones oficiales. El 4 de mayo, el duque estaba en un acto de entrega de la Orden del Mérito y el matemático Michael Atiyah le dijo que le entristecía saber que lo dejaba. La respuesta de Felipe no se hizo esperar: «Mire, ¡no aguantaré mucho más de pie!».[24]

Geidt, el secretario privado de la reina, había convocado una reunión extraordinaria en Palacio para exhortar a todo el equipo a solidarizarse con la monarca. Pero algunos miembros de otras casas lo consideraron una usurpación de su territorio y empezaron a conjurarse contra Geidt. Geidt llevaba diez años en el cargo, más que cualquiera de sus predecesores desde Michael Adeane. No solo había ayudado a restituir a la institución los niveles de confianza y estabilidad previos a la coronación, sino que era un diestro estratega y sabía detectar los problemas. Según un antiguo compañero suyo: «Siempre iba dos pasos por delante». Aun así, en julio se anunció que lo dejaba para dedicarse al mundo académico, a la Cámara de los Lores y a un buen puñado de cargos públicos y privados.

Se sabía que el duque de York le tenía ganas a Geidt. Le culpaba de que en 2011 se hubiera terminado su trayectoria de diez años como «representante especial» de los negocios británicos. La razón fue la condena por delitos sexuales impuesta a Jeffrey Epstein, amigo del duque, así como la revelación de que Epstein le había pagado dinero a la ex mujer de Andrés. También había rumores de que algunos súbditos de Carlos creían que Geidt se había excedido diciéndoles cómo debían hacer las cosas. *The Times* informó que el lord chambelán había cedido a las presiones de Carlos y le había dicho a Geidt que su hora había llegado, cosa que también señala el biógrafo Tom Bower.[25] Todas las casas fueron coaccionadas para emitir una declaración conjunta en que se rendía homenaje al secretario privado saliente y se subrayaba que «la familia real en pleno» estaba decidida a apoyar a la reina en todo lo posible.[26] No obstante, el episodio había revelado grietas en los más altos eslabones de la institución. También dejaba entrever que el control de la reina sobre su equipo no era el de antes. Geidt fue muy profesional hasta el final: se fue sin armar escándalo y les dijo a sus amistades que no le habían obligado a marcharse. Aun así, algunos de sus muchos admiradores consideraron que se le había tratado fatal. Según un destacado diputado: «Geidt es un gran hombre y era muy necesario. Lo que pasó fue trágico».[27] Como observa un trabajador de Palacio de la época, «no hay que olvidar que es una corte, y las cortes no han cambiado mucho desde Shakespeare».[28]

El eterno adjunto de Geidt, Edward Young, recibió el difícil cometido de tomar su relevo. Young llevaba trece años en la Oficina del Secretario Privado y todos le tenían por un hombre templado. Era astuto, sagaz y abierto de mente. El *sketch* olímpico con James Bond había sido idea suya. Tampoco era momento para vacilaciones o luchas internas; con el Gobierno y el Parlamento sumidos en el caos, al menos una de las ramas del Estado tenía que seguir funcionando.

Las negociaciones por el *brexit* avanzaban a paso de tortuga y el país acababa de sufrir dos tragedias: un atentado en un concierto lleno de jóvenes en el Manchester Arena, en el que murieron veintitrés personas; y un incendio que arrasó la Torre Grenfell, un bloque de apartamentos de veinticuatro plantas en el oeste de Londres, que le costó la vida a setenta y dos ciudadanos. Con esta segunda calamidad, hubo miedo a que estallaran disturbios. Una turba de manifestantes furiosos obligó a Theresa May a salir por patas en un coche policial después de reunirse con los equipos de rescate. Sin embargo, la reina llegó para hablar con los supervivientes de ambos sucesos y sosegó los ánimos. El país quería y necesitaba ver a su reina.

La monarca acudió a Grenfell acompañada del duque de Cambridge, que estaba en proceso de reorganizar su vida. Tras abandonar la Real Fuerza Aérea en 2013, Guillermo había trabajado tres años como piloto de helicóptero de emergencias en Anglia del Este, donde se había instalado con su joven e incipiente familia. Vivían en la casa de campo de Anmer Hall, en Norfolk, cerca de Sandringham. En 2015 había nacido la princesa Carlota y tres años más tarde llegó el príncipe Luis. Pero, en el verano de 2017, el duque había decidido asumir las obligaciones reales a tiempo completo y ayudar a llenar varios huecos dejados por el duque de Edimburgo. La familia residiría en el Palacio Kensington durante la semana y pasaría los fines de semana en Norfolk.

Por su parte, el hermano del duque y vecino en el Palacio Kensington también estaba planeando su vida. Tras dejar el Ejército en 2015, Enrique había comenzado a ampliar su lista de intereses. Uno de los más importantes era el apoyo a los veteranos de guerra. En 2013 había visto los Warrior Games para ex soldados estadounidenses heridos en combate y se metió en el proyecto de crear un evento multinacional parecido. El producto fueron los Invictus Games, que nacieron en Londres en 2014 y fueron un éxito inmediato. Como dijo David Cameron: «Enrique lo ha bordado con los Invictus».[29] Gracias a las buenas relaciones de la reina con los Obama, el príncipe contó con el apoyo de la primera dama y logró que los Estados Unidos acogieran los siguientes Invictus Games en 2016. Incluso persuadió a Isabel para que retomara su papel de las Olimpiadas y saliera con él en un video promocional, que sirvió para que el presidente Obama también se sumara al proyecto. Según Ben Rhodes: «Creo que Obama estaba muy en deuda con la reina por lo bien que se le había tratado, y siempre quiso tratar a la Casa de Windsor con el mismo grado de ternura y transparencia».[30] Luego, Obama concedió a Enrique una entrevista para el programa Today de Radio 4 de la BBC, cuando invitaron al príncipe a participar como contertulio durante las vacaciones de Navidad de 2017. Según un veterano del programa, el príncipe demostró ser «muy aplicado»[31] y fue uno de los locutores invitados que más se involucraron.

Enrique también dejó huella en otro presidente. Según George W. Bush: «Viajé a Florida cuando los Invictus Games se estaban celebrando en los Estados Unidos. El príncipe Enrique estaba allí y observé con atención lo bien que conectaba con los soldados. Era agradable. Lo admiro mucho. Si simplemente hubiera llegado, hubiera saludado y hubiera actuado como si fuera un viaje más, la sensación habría sido diferente. Pero interactuaba mucho con las tropas. Mostraba interés. Tras ese viaje me hice una imagen muy positiva de él».[32]

En 2017, los Invictus Games se habían trasladado a Toronto. Pero, aunque la presencia mediática era colosal, pocas miradas estaban puestas en los deportistas. El príncipe Enrique llevaba más de un año saliendo con la actriz estadounidense Meghan Markle, una mujer divorciada a quien había conocido en una cita a ciegas en Londres. Cuando trascendió su relación en otoño de 2016, era de esperar que sucedieran dos cosas. La primera era que los medios quisieran saber hasta el más ínfimo detalle sobre la chica que le había robado el corazón al soltero más codiciado del Reino Unido. La segunda era que el príncipe fuera muy receloso. Una muestra de ello se vio en noviembre de 2016, cuando Enrique lanzó un ataque sin cuartel contra las primeras noticias de la prensa británica acerca de su nueva novia. En concreto, arremetió contra el «efluvio racista» que impregnaba algunos textos sobre el linaje mestizo de Meghan. Lo que sorprendió en Palacio fue que casi no se les avisó de la declaración, con la que Enrique eclipsó la importante gira por Oriente Medio del príncipe de Gales. El equipo de Clarence House empatizaba con Enrique, pero estaba anonadado por que hubiera actuado tan impulsivamente y sin consultarlo. Fue un primer indicio de que, en los temas del corazón, Enrique no iba a prestar mucha atención a los protocolos de Buckingham. Por fin, en los Invictus Games de 2017 el príncipe compareció ante las cámaras al lado de Meghan. Dos meses más tarde anunciaron su compromiso y el Reino Unido volvió a contraer la típica «fiebre matrimonial».

El proceso de transición puesto en marcha por Geidt hacía una década seguía avanzando sin prisa pero sin pausa. Ese Domingo del Recuerdo, en noviembre, fue la primera vez que la reina no llevó una corona de flores al Cenotafio. Desde un balcón de la Oficina de Asuntos Exteriores, observó cómo el príncipe de Gales encabezaba el homenaje a los británicos caídos en la guerra. Era un ejemplo típico del pragmatismo anteponiéndose al deber. Nadie albergaba ninguna duda de que quizá fuera la fecha más sagrada en el calendario de la reina; había asistido a ese acto más que nadie en la historia y había llevado la primera corona cuando aún era princesa, en 1945. Pero era peligroso que una mujer de noventa y un años subiera un escalón y luego lo volviera a bajar andando hacia atrás. Según un asesor, «fue más bien decisión suya», pero admitió que en Palacio respiraron bastante aliviados: «Cuando superas los noventa, lo que tienes más ganas de hacer no es caminar marcha atrás mirando al sol de frente, mientras las cámaras escrutan todos tus gestos y cada posible lágrima».[33] Igual que el duque de Edimburgo, la reina pensó que era mejor retirarse con dignidad.

La primavera siguiente, Buckingham se transformó para acoger una cumbre. La reina no solo se había comprometido a ello, sino que había insistido. La reunión de jefes de Estado de la Commonwealth de 2017, prevista originalmente para Vanuatu, se había cancelado porque un ciclón había asolado el minúsculo archipiélago del Pacífico. El Reino Unido se había ofrecido a acoger el evento un año después y la reina había dado permiso al Gobierno para usar libremente el Palacio y el Castillo de Windsor. Tras haber renunciado a los viajes largos, ahora tendría el placer de ver una vez más a su querida «familia de naciones». Encima, sería el momento de resolver la cuestión del liderazgo. Los países se olían la importancia de la ocasión, y la asistencia a la cumbre de Londres fue una de las mejores en la historia de la Commonwealth.

Ya se había avisado a los líderes de que pronto se trataría el tema de la sucesión. En su discurso para la ceremonia inaugural, la reina no se anduvo con evasivas. Empezó recordando que en ese mismo edificio los padres fundadores de la Commonwealth moderna habían ratificado la nueva organización delante de su padre, en 1949. También rememoró la promesa de dedicación que hizo cuando cumplió los veintiún años, y proclamó lo que no dejaba de ser una petición directa: «Deseo sinceramente que la Commonwealth siga ofreciendo estabilidad y continuismo a las futuras generaciones, y que se decida por el príncipe de Gales para que un día prosiga la importante labor iniciada por mi padre en 1949». No hubo ni un murmuro de discrepancia. Y, que sepamos, tampoco hubo ninguna objeción cuando los líderes se encontraron para su retiro en el Castillo de Windsor al día siguiente. La Commonwealth siempre ha tomado sus decisiones por consenso, y parecía haber unanimidad. El comunicado final se acompañó de una «declaración de los líderes» en la que se manifestaba sin rodeos que: «El próximo cabeza de la Commonwealth será su Alteza Real el príncipe de Gales». Para la reina fue un final muy feliz a su vigesimotercera reunión de la institución, y seguramente también el más armonioso. Como guinda del pastel, en el banquete para los líderes hubo un discreto guiño al príncipe Felipe. Por primera vez, se sirvió su nuevo vino espumoso del Great Park de Windsor en un banquete de Estado. El único «pero» fue que, al haberse retirado de la vida pública, no estaba allí para brindar con el resto.

Otra cosa que llenó de dicha a la reina fue que la nueva generación se había comprometido con la cumbre. La duquesa de Cambridge estaba en casa esperando a que naciera su tercer hijo en cualquier momento, pero Guillermo había concedido audiencias privadas y se había reunido con varias delegaciones. Aún mayor fue la implicación del príncipe Enrique, recién nombrado embajador de juventud de la Commonwealth. En la entrevista concedida a la BBC con motivo de su compromiso, Enrique y Meghan Markle habían hablado apasionadamente de sus planes de futuro para la Commonwealth. Y ahora Enrique se paseaba con Meghan por las salas de conferencias y las recepciones de la cumbre juvenil de la Commonwealth. Era extraño que una futura novia desempeñara un papel crucial en algo tan importante antes de integrarse formalmente en la familia, pero era la prueba de la confianza que tenían depositada la reina y sus asesores en el príncipe y su prometida. Reunían todas las virtudes de una pareja joven y dinámica y podían aportar cierta vitalidad y glamur a unas estructuras anticuadas, ayudando a sacar algunas telarañas de su sede en Marlborough House.

Un mes más tarde, la novia entró en la Capilla de San Jorge de Windsor y despejó aún más las dudas sobre el futuro: en el velo de cinco metros, se habían bordado a mano y con un detalle exquisito las flores de cada país de la Commonwealth, un respetuoso y bonito homenaje al vestido que la reina había llevado en su coronación.

Tampoco faltaron los dramas que siempre empañan los matrimonios reales, aunque cabe decir que, en este caso, fueron bastante extraordinarios y tuvieron repercusiones mucho después de la boda.

Los padres de Meghan se habían separado cuando ella era pequeña y vivían en países diferentes. Su madre, Doria Ragland, de origen afroamericano e instructora de yoga en Los Ángeles, iba a venir desde California en avión. Su padre, Thomas Markle, era un director de iluminación de televisión descendiente de colonos alemanes, ingleses y neerlandeses y vendría desde México, donde entonces vivía.

En las semanas posteriores al anuncio de la boda, varios reportajes habían presentado a Thomas Markle como un ermitaño estrambótico. Un periodista escurridizo le había sacado una foto mientras compraba cerveza en un supermercado local. Markle no estaba nada acostumbrado a la atención mediática y se enfadó mucho por que le retrataran como una especie de eremita adicto a la bebida, encima cuando la cerveza era para los trabajadores de su complejo de apartamentos. En esas circunstancias, le convencieron de fabricar una imagen ficticia más favorecedora. Una agencia de noticias local orquestó escenas que parecían inmortalizadas *in fraganti* y que presentaban un padre orgulloso mientras se preparaba para el gran día de su hija. Luego se hicieron llegar las imágenes a medios de todo el mundo. El ardid salió a la luz cuando faltaba menos de una semana para la boda y Markle padre anunció que no acudiría a la ceremonia para ahorrarle a la pareja cualquier humillación. Más tarde trascendió que había sido ingresado con graves problemas cardiacos unos días antes de la boda.

Por si no bastara con este lamentable circo, los dos hermanastros de Meghan se tomaron muy mal que no les invitaran a la boda. Samantha, diecisiete años mayor que Meghan, había sido especialmente agresiva y había dado a la prensa entrevistas y fotos de su hermanastra de pequeña. Hasta la acusó de perseguir al príncipe. Según los autores de *Meghan y Enrique: en libertad*, un libro que ofrece una versión privilegiada y benévola sobre la entrada de Meghan en la familia real: «Cogiendo un manojo de fotos que tenía de Meghan de joven, Samantha fue a *The Sun* con su historia sobre la actriz, de quien dijo que siempre había soñado con camelarse a un miembro de la realeza».[34] No obstante, tampoco fueron invitados otros miembros de la familia de la novia aparentemente intachables, como el tío de Meghan, Michael Markle, diplomático y veterano de la Fuerza Aérea de los Estados Unidos. Y eso que en su día le había conseguido a su sobrina unas prácticas en la Embajada de los Estados Unidos en Argentina. Sin duda, todo aquello eclipsó las críticas que suelen verterse sobre la familia real: que es disfuncional o que no vive en el mundo real. Empatizando con su futura nuera, Carlos se ofreció a echarle una mano. Dijo que sería para él un honor escoltar a Meghan hasta el altar de la Capilla de San Jorge. Según un amigo, la respuesta no fue la que Carlos esperaba: «¿Nos podemos encontrar a medio camino?».[35] He aquí una señal de que no era una novia asustadiza, sino una mujer independiente y segura de sí misma, decidida a hacer su gran entrada sola.

Para Gran Bretaña fue una gran satisfacción que uno de los miembros más populares de la familia real hubiera encontrado por fin la felicidad. La inmensa mayoría del país estaba encantado con que una novia mestiza pasara a formar parte de la corte. La reina recordaba mejor que nadie las implicaciones de que una divorciada norteamericana entrara en la familia, como había sucedido hacía tres generaciones. Su vida había cambiado. Y, lamentablemente, en la época victoriana había cundido el pánico cuando se había sabido que el príncipe de Gales se veía con una actriz. Por suerte, el 19 de mayo de 2018 todos esos tabúes eran agua pasada.

Meghan Markle hizo su gran entrada en la Capilla de San Jorge con un inmenso vestido de seda y manga larga firmado por Givenchy. Aunque tenía diez pajes y damas de honor, entre ellos el príncipe Jorge y la princesa Carlota, entró sola, mandando un sutil mensaje de empoderamiento. El príncipe de Gales la esperaba a medio camino del altar, como le había pedido. En cuanto llegó Meghan, Carlos la escoltó por el coro, donde se sentaban los invitados más eminentes: la familia real, la madre de la novia, miembros del clan Spencer y una delegación de famosos, incluido el actor norteamericano George Clooney y su esposa Amal. Algunos se quedaron pasmados al ver la gran dignidad concedida a Oprah Winfrey, la famosa entrevistadora de los Estados Unidos, pues, a despecho de no ser amiga íntima de la pareja, obtuvo un asiento destacado justo delante de la familia real.

La pareja se lució con la elección de la música. Una banda de trompetistas, tres orquestas y un coro de góspel hicieron gala de su gran repertorio tocando piezas de Handel, Schubert y el himno anglicano popularizado durante los sesenta «Stand By Me». El obispo Michael Curry, el primer afroamericano en encabezar la Iglesia episcopal de los Estados Unidos, recibió el cometido de leer el sermón. Curry ofreció una homilía apasionada sobre el poder del amor y se excedió mucho del tiempo asignado, para gran deleite de los invitados reales más jóvenes, que no podían ocultar su placer al imaginar los nervios y los inquietos vistazos al reloj que debían de tener lugar entre bastidores. Al final, los nuevos duques de Sussex, el título que les concedió la reina esa misma mañana, salieron de la capilla para dar un paseo en carruaje por Windsor bajo el radiante sol del mes de mayo. Regresaron por la Long Walk, donde cientos de miles de personas se habían reunido para aclamar a la pareja.

En la recepción en los grandes salones, el príncipe de Gales habló ante los seiscientos invitados de su «queridísimo Enrique» y

Elton John tocó un popurrí de éxitos. En la cena en Frogmore House hubo más *shows* de famosos. El actor y cómico James Corden se acercó de repente al micrófono vestido como Enrique VIII y dijo: «No tenía ni idea de lo que había que llevar a una boda real». Luego, el actor Idris Elba se vistió de pinchadiscos y George Clooney empezó a repartir chupitos de su propia marca de tequila.[36] Al acabar, un batiburrillo de cortesanos, aristócratas, ex alumnos del Eton College, soldados y actores de Hollywood llenaron la pista de baile hasta bien entrada la noche. Incluso para lo que es habitual en la realeza, fue una boda estelar.

A la mañana siguiente, los periódicos británicos y extranjeros, las páginas web de noticias y los programas matutinos no estaban contentos, sino eufóricos. Mil millones de personas en todo el mundo habían visto a Gran Bretaña presumir de multiculturalidad, dieciocho mil en el Reino Unido y veintinueve mil doscientos en los Estados Unidos.[37] Todos celebraron la boda de un príncipe bien plantado y popular con una hermosa estrella norteamericana. En una etapa de profunda agitación política, la monarquía había demostrado su capacidad para unir a un país polarizado. Windsor se había enfundado sus mejores galas e incluso el clima había sido perfecto. ¿Qué más podía desear una reina?

VI

PLATINO

24

2019-2020

«Megxit»

A la reina siempre le han fascinado los viajes espaciales. En 1961, Yuri Gagarin fue el primer hombre en ir al espacio y ella le invitó al Palacio de Buckingham.* Cuando Neil Armstrong y el resto de los tripulantes del Apolo 11 aterrizaron en la Luna en 1969, donde dejaron un disco de silicio con un mensaje de la monarca, se les brindó una cálida bienvenida real. En sus dos últimos viajes a los Estados Unidos, la reina había incluido en su itinerario una visita a la NASA. Aunque nunca fue muy amiga del Concorde ni de los aviones supersónicos, el espacio aún la embelesaba. Así pues, no fue extraño que en 2019 empezara su mensaje navideño subrayando que habían pasado cincuenta años desde el «gran salto para la humanidad» de Armstrong sobre la superficie de la Luna: «Nos recuerda a todos que los grandes saltos suelen empezar con pequeños pasos». Y luego extendió la analogía para abarcar al propio Jesús: «Muchos de nosotros ya intentamos seguir sus pasos. Es obvio que el camino no siempre es fácil, y en ciertos momentos de este año incluso habrá parecido bastante accidentado, pero los pequeños pasos pueden marcar un antes y un después».

* Sesenta años después de conocer a Gagarin, la reina evocó la ocasión durante un acto para celebrar la Semana de la Ciencia en el Reino Unido, en marzo de 2021. Cuando le preguntaron cómo era, ella dijo en broma: «¡Ruso!», y aludió a la regla de oro de los viajes al espacio: «Volver, eso es muy importante».

Por «bastante accidentado», léase «aciago». Aunque 2019 tal vez no merezca la etiqueta de *annus horribilis*, sí fue el año más complicado para la reina en más de dos décadas. El Reino Unido sufrió el mayor cisma político no ya desde Suez, sino, en opinión de un historiador, desde la Revolución Gloriosa de 1688.[1] Para más inri, la familia real se vio aquejada por dramas personales que afectaron a hasta tres generaciones. El gráfico de la fortuna real llevaba subiendo sin parar y sin tropiezos desde el 2000 hasta principios de 2019, pero empezó a inclinarse peligrosamente en la otra dirección.

Aun así, la reina no sucumbió al pesar. No parecía que se estuviera fraguando una crisis de confianza como la que sufrió Buckingham en los noventa. Eran momentos difíciles para la familia y la institución, pero no suponían una amenaza para lo que más preocupaba a Isabel: la línea directa de sucesión.

El año había empezado con un accidente estremecedor, aunque podría haber sido mucho peor. Saliendo de una carretera secundaria y entrando en la A149 cerca de Sandringham, el Land Rover del duque de Edimburgo había chocado con otro vehículo en el que viajaban un bebé y dos mujeres, una de las cuales se rompió la muñeca. Nadie había salido gravemente herido, pero apareció un runrún, especialmente sobre el motivo por el cual el duque, de noventa y siete años, iba conduciendo un vehículo solo. Nadie había considerado conveniente aconsejarle a Felipe que limitara su nivel de actividad, y eso que ya tenía una edad. Unos años antes, había dicho sobre su familia: «En general, no nos metemos en los asuntos de cada uno».[2] El duque había reconocido inmediatamente su culpa en el accidente y había escrito una carta de disculpa a la mujer herida. Poco después renunció a su permiso de conducir. Sin embargo, la reina y su equipo admitieron que se había librado por los pelos, y no solo el duque. Si algo grave les hubiera pasado a las mujeres o al bebé del otro vehículo, las repercusiones para la institución habrían sido gigantescas. Y bastantes desgracias iba a tener la Casa Real en el futuro próximo...

La reina cada vez estaba más alarmada por el escaso avance en las negociaciones para salir de la Unión Europea y por la inquina que emanaba de todas las facciones del Parlamento. La semana del accidente del duque, los diputados tumbaron el último plan de Theresa May para el *brexit* y, no teniendo suficiente con eso, le infligieron el mayor revés que sufría una moción de Gobierno desde 1924. Al cabo de unos días, la reina acudió a la asamblea general anual del Sandringham Women's Institute, como había hecho casi cada año desde la Segunda Guerra Mundial. Como en 2019 la filial cumplía cien años, Isabel aceptó pronunciar unas palabras. El instituto se había fundado para responder a la escasez de comida durante la Gran Guerra. Tras rendir homenaje a las fundadoras, la reina siguió hablando de alimentación y llegó a lo que quería decir: «Cuando hoy necesitamos nuevas respuestas, yo soy de las que prefiere las fórmulas probadas, como hablar bien los unos de los otros y respetar los distintos puntos de vista, o conversar para encontrar puntos en común». El acto era estrictamente privado y no había periodistas presentes en el Ayuntamiento de West Newton. Pero el Gabinete de prensa de la reina hizo circular esas palabras por los medios nacionales. Su llamada al civismo era tan deliberada como el aviso a los escoceses para que se lo pensaran bien la víspera del referéndum de independencia de 2014. La reina quería que sus palabras llegaran a la gente. Aunque su intervención llegó a oídos del público, tuvo poca repercusión y el clima degeneró todavía más.

Para la reina, al menos 2019 ofrecía la perspectiva feliz de la llegada de un nuevo miembro a la familia. Pero incluso el nacimiento del primer hijo de los Sussex en primavera logró levantar polvareda. El embarazo se había anunciado en octubre de 2018, justo cuando Enrique y Meghan se iban a su primer gran viaje juntos por el extranjero, una larga gira por países de la Commonwealth en el Pacífico, como Australia y Nueva Zelanda. La duquesa insistió en que su estado no afectaría al itinerario. Una de las grandes citas del viaje era la nueva edición de los Invictus

Games, la gran creación del duque. El evento de 2018 tendría lugar en Sídney y acogería a más de quinientos veteranos de dieciocho países. La pareja también había invitado al Kingdom Choir, el grupo de góspel que había cantado en su boda, para amenizar la velada de los atletas. El director del coro era el cazatalentos londinense Jonathan Shalit, que había conocido a la duquesa en 2013, mucho antes de que ella conociera a Enrique. Por entonces, Meghan había valorado la posibilidad de presentar un programa de cocina en la televisión británica. Cuando volvió a encontrarse con ella en Sídney, Shalit dice que se quedó estupefacto al ver lo implicada que estaba la duquesa con el coro. Fue a ver a todos sus integrantes a los camerinos y dejó notitas en sus habitaciones de hotel para agradecerles individualmente el esfuerzo por ir a Australia: «No había cambiado respecto a cuando la conocí. Era muy impresionante».[3]

La relación con los medios que informaban de la gira no podía ser más diferente. Aunque el cuerpo de prensa fue muy magnánimo al hablar del viaje, los duques de Sussex no interaccionaron con él. Estos viajes son muy espectaculares, pero plantean una serie de desafíos logísticos y técnicos para los medios: hay que pasar controles de seguridad y estar mucho tiempo de pie. No es casual que el lema extraoficial de la prensa acreditada de la Casa Real sea: «Corre y espera». En sus giras, la reina y el príncipe Felipe solían organizar una recepción para los medios locales y la prensa del exterior, por muy enojosa y desapacible que pudiera parecerles la idea en ese momento. La monarca siempre ha creído en la necesidad de informar sobre los viajes que hace la realeza con dinero de los contribuyentes. Si no, tampoco tienen mucho sentido. En los países menos democráticos, la moral de los periodistas locales también se disparaba cuando se les invitaba a tomar algo con una jefa de Estado extranjera. Pero eso no entraba en los planes de los duques de Sussex. Concluidos los dieciséis días de viaje y los setenta y seis actos, desde Tonga hasta Sídney, sus asesores les preguntaron si querían al menos saludar al cuerpo de prensa. Eran corresponsales y fotógrafos reales acreditados y habituales, de los que informan siempre sobre la Casa Real. No eran columnistas incendiarios o *paparazzi* a los que la pareja tuviera un odio especial. En la última etapa del viaje, la pareja claudicó y fue de mala gana hasta la parte trasera del avión donde estaba trabajando la prensa. El duque fue conciso: «Gracias por venir», y añadió: «Aunque tampoco les invitamos». Fue el punto de no retorno para la relación entre los duques y los medios británicos.

La prensa quería hacer borrón y cuenta nueva con el flamante y glamuroso dúo cómico de la familia real, y la gira podría haber servido para limar asperezas. Pero como dice un empleado de Palacio: «Por desgracia, la pareja todavía estaba resentida por todo lo que había sucedido con el padre de Meghan y la prensa antes de la boda. Eso no iba a cambiar».

Tanto Guillermo como Enrique habían crecido aborreciendo profundamente a la prensa, por razones comprensibles. Pero, como futuro rey, Guillermo había aprendido a convivir con una de las piedras angulares de la sociedad libre, por muy censurables que sean a veces sus métodos. El príncipe Enrique optó por la mano dura.

En ocasiones, parecía como si los duques de Sussex hubieran convertido en uno de sus principios vitales el fastidiar a los medios. Tres meses después de volver de Australia, fueron como invitados de honor a una velada del Museo de Historia Natural. Habría una recepción de gala y una obra sobre Charles Darwin para ayudar al Queen's Commonwealth Trust, del que la pareja ocupaba la presidencia y la vicepresidencia. Después de pagar ciento veinte libras por persona, los benefactores tenían al menos la esperanza de ver y oír a los duques, o incluso de poder estrecharles la mano. Pero, cuando llegó la pareja, se alzaron unos biombos gigantes en el atrio para que nadie pudiera sacarles una foto o incluso verlos, y se les condujo rápidamente hasta una sala lateral. Enrique y Meghan no tomaron asiento para ver la obra hasta que se apagaron las luces. Según uno de los benefactores:

«Fue triste. Parecía más un programa de protección de testigos que una gala real para recaudar fondos».[4]

A finales de 2018, la prensa cada vez sacaba más filtraciones. Surgieron rumores de que antes de la boda había habido una discusión entre Meghan y la Casa Real por la tiara que había elegido; y también entre Meghan y Catalina por la indumentaria de las damas de honor. El titular de *The Sunday Times*, «La duquesa difícil», fijó una narrativa que ha calado hondo.[5] Como las relaciones con los medios eran malas, siguieron apareciendo historias. Para los amigos y simpatizantes del duque y de la embarazada duquesa, todo era una prueba de que la prensa rezumaba acosadores, pecaba de favoritismo y albergaba actitudes racistas. Un reproche habitual concernía al caso del aguacate. Según los partidarios de Meghan, cuando esta estaba embarazada y dijo que le encantaban los aguacates, la acusaron de apoyar la desforestación y las violaciones de derechos humanos en los territorios peligrosos donde se cultivaban estos frutos. En cambio, cuando le habían dado un aguacate a la duquesa de Cambridge para ayudarla a combatir las náuseas matutinas, se había interpretado como un hábito sabio y saludable.[6] Apenas había transcurrido un año entre ambas noticias, y ninguna era realmente seria, pero la analogía del aguacate se citaba a menudo como prueba de la conspiración de los medios de masas en contra de Meghan y a favor de Catalina.

No obstante parecía que desde Palacio siempre se filtraban más noticias de la duquesa de Sussex que de la de Cambridge. Algunas historias procedían de fuentes fidedignas y hablaban de súbditos que habían abandonado el servicio en circunstancias amargas. Un día, la duquesa decidió coger un avión privado para irse a Nueva York, donde se dio una buena fiesta en el ático de un hotel* y celebró una *baby shower* rodeada de famosos, poniendo de

---

* Los autores de *Meghan y Enrique: en libertad* conocieron todos los detalles de la *baby shower*, desde las celebridades que asistieron hasta el pastel «con fondant blanco

manifiesto otro factor de su complicada relación con la prensa británica, que un amigo diagnosticó como el caso de «la duquesa diferente».[7] Algo que podía parecer la mar de normal entre los famosos estadounidenses contrastaba mucho con lo que los medios y, por extensión, los ciudadanos británicos esperaban de los miembros de la familia real. No era que los sospechosos habituales, los tabloides, estuvieran haciendo de las suyas o intentaran polarizar la opinión pública para crear facciones pro-Meghan y pro-Catalina. Desde miembros de la organización medioambiental Friends of the Earth a usuarios habituales de Mumsnet, una web para padres sin afiliación política, todos criticaron duramente un viaje que era un despilfarro excesivo y un doble rasero en la retórica medioambiental.[8] En cuanto a la narrativa de Catalina contra Meghan, la Casa Real también contribuyó a dar nueva legitimidad a los rumores.

El 14 de marzo de 2019, Palacio anunció que los duques de Cambridge y los de Sussex iban a dividir sus oficinas y su personal. Al principio, cuando Enrique y Meghan acababan de anunciar su compromiso, algunas personas habían hablado del potencial estelar de los Fab Four, el sobrenombre que se había usado para los Beatles en sus buenos tiempos. Se esperaban grandes cosas de la fundación benéfica conjunta de los duques. Sin embargo, todo se fue al traste por la insistencia del equipo de los Cambridge.

En parte, el motivo era el propio funcionamiento de la monarquía. Por el momento, los ingresos de Carlos por el ducado de Cornualles habían financiado a ambos príncipes. Pero en cuanto hubiera cambio de reinado, el ducado y sus fuentes de ingresos pasarían directamente a Guillermo. Las obligaciones públicas de

---

doble» que se sirvió, pasando por las «torres de macarrones de Ladurée, tartas de lima con merengue y cerezas, *red velvets* y pasteles de zanahoria, *pompoms* de algodón de azúcar y una jarra de buñuelos sin gluten de colores». SCOBIE, Omid y DURAND, Carolyn. *Meghan y Enrique: en libertad*. HarperCollins, 2020.

Enrique y de Meghan serían financiadas entonces por el nuevo rey en Buckingham. Y como el Palacio estaba inmerso en un programa de remodelación de 369 millones de libras y diez años de obras, era más lógico asignar ya unas nuevas oficinas a los duques de Sussex, en vez de esperar. Al fin y al cabo, la pareja también iba a cambiar su residencia principal, mudándose de la casita en el Palacio Kensington a un nuevo hogar más grande: la Frogmore Cottage, en los terrenos de Windsor. Aunque la separación respondía a la lógica administrativa, muchos medios lo interpretaron como un cisma y, según un amigo, los Sussex lo consideraron como tal.

Según un antiguo trabajador: «Se podría y se debería haber gestionado mejor. La jerarquía de Palacio procedió con sumo rigor y tecnicismo, pero hablábamos de dos hermanos, no de una cadena de montaje industrial. También noté ciertos celos. Los duques de Sussex recibían toda la atención mediática y a algunos integrantes de la facción de los Cambridge no les gustaba».[9]

Según una fuente próxima a la pareja, al acelerar la separación de los negociados, la institución estaba precipitando sin quererlo la salida definitiva de los Sussex de la corte. Si Enrique ya sentía que se le trataba como realeza de segunda, su esposa lo debía de notar incluso más. Cualquier descuido y degradación menor en el rango se interpretaba como un desaire y un insulto. La duquesa estaba acostumbrada a una cultura californiana en la que se empezaba a trabajar al amanecer, y empleados y colegas respondían toscamente; le desconcertaba la filosofía laboral de algunos miembros de la Casa Real, lentos y muy pendientes del reloj. Como es comprensible, le exasperaba que algo tan simple como arreglar una cerradura en su primer domicilio conyugal requiriera semanas de burocracia. Después de tanto esfuerzo por que su viaje por Australia fuera un éxito, la pareja se llevó un chasco al volver y ver que nadie en la institución les comentaba nada. Según una fuente: «A los altos mandos de la jerarquía no les habría costado nada darles una palmadita en la espalda, pero es que Palacio no está hecho para eso».[10]

Tampoco ayudaron los constantes bailes de nombres en las más altas esferas del Palacio. Poco después de que Christopher Geidt dejara la Oficina del Secretario Privado, llegó un nuevo secretario para supervisar la reorganización del negociado de los duques de Cambridge. Simon Case había sido secretario privado de dos primeros ministros (Cameron y May) y director estratégico del centro de inteligencia británico GCHQ. Era un joven funcionario ambicioso y muy capaz, y llegó al Palacio Kensington en 2018. Era evidente que le habían exigido resultados inmediatos, porque dejó muy claro a sus compañeros que no estaría mucho tiempo. Pero llegó 2020 y seguía picando piedra y escalando. Al final, se convirtió en secretario de Gabinete y jefe del Servicio Civil.

Esta rápida reestructuración no facilitaba precisamente la armonía entre los dos hermanos. Tampoco ayudó que, cuando se invitó a los Sussex a sacar sus oficinas del Palacio Kensington, se les ofreciera un despacho trasero de Buckingham tan pequeño e inadecuado que Enrique lo rechazó con disgusto. Al final, se buscó la complicidad de la reina y se encontró un lugar más apropiado al lado del equipo del jefe de la Casa Real, en un pasillo principal.

Al menos, los duques de Sussex contaban con buenos asesores en quienes confiar. Antes de la boda, la reina le había pedido a una de sus más leales súbditas, su ex secretaria privada adjunta Samantha Cohen, que fuera temporalmente su secretaria privada. Cohen era muy valorada por todo el Palacio y ayudó a la duquesa a fundar e impulsar nuevos programas y organizaciones benéficas. Como socios minoritarios, los duques de Sussex no podían aspirar a gestionar los mismos recursos que los Cambridge o el príncipe de Gales. Así y todo, recibían el mismo número de cartas e invitaciones que cualquier rama de la Casa Real, si no más. Según un veterano del Palacio: «Cada vez les costaba más satisfacer la demanda».[11]

En mayo, las relaciones con Palacio y con la prensa habían llegado a un nivel de tensión tal que la pareja decidió manejar por su cuenta la noticia del nacimiento de su bebé. Emitieron una declaración de prensa para anunciar que la duquesa acababa de ponerse de parto, cuando lo cierto era que el niño había nacido hacía horas. La ubicación se guardó en secreto y no hubo ninguna aparición estelar con el recién nacido en la entrada del hospital. Dos días después, los Sussex complacieron brevemente a un puñado de medios elegidos en el Salón de San Jorge del Castillo de Windsor, procurando que se viera al bebé lo mínimo posible. Después, la pareja anunció el nombre de su hijo por Instagram, en vez de apoyarse en Palacio. Lo llamarían simplemente Archie Harrison Mountbatten-Windsor. De acuerdo con las normas estipuladas por Jorge V, todos los nietos de un monarca eran príncipes y recibían el tratamiento oficial de «Su Alteza Real», pero como de momento Archie solo era bisnieto, no podía recibir el estatus de «miembro de la realeza». Aunque tenía derecho a un título de cortesía como heredero del ducado de Sussex, el conde de Dumbarton, la familia no quería usarlo. El único guiño a la tradición fue la colocación del célebre (y ya totalmente redundante) caballete en el patio delantero del palacio para anunciar el nacimiento. Los medios se esperaban la obstrucción, pero se quedaron pasmados ante la flagrante mentira sobre la hora del nacimiento. Para la pareja, era un momento muy íntimo que no concernía a nadie.

Si de algo no pudieron quejarse los periodistas fue de la publicación de una foto de Archie conociendo a la reina y al duque de Edimburgo, ambos con un rostro radiante, y a la madre de Meghan. La imagen de la soberana y la instructora de yoga norteamericana conectando a través de su descendencia común era la prueba definitiva de que la monarquía evolucionaba al son de un mundo cambiante.

Al mes siguiente, la reina recibió a otro invitado norteamericano. El setenta y cinco aniversario del Día D, en junio de 2019, era el pretexto ideal para la largamente esperada visita de Estado de Donald Trump, que había llegado a la presidencia en 2017.

Theresa May le había invitado en su primera visita a la Casa Blanca, poco después de que ambos líderes se hubieran hecho con el poder. El presidente había aceptado de buen grado. La madre de Trump había nacido en Escocia, como la reina, y el presidente también era un terrateniente escocés, aunque él poseía complejos de golf en vez de una finca en las Tierras Altas. El presidente era un chovinista y ferviente defensor del *brexit*, y acumulaba un largo historial de comentarios despectivos sobre las mujeres, las minorías y los activistas contra el cambio climático. Por tanto, no era persona *non grata* solo para la izquierda británica, sino para un gran sector de la opinión liberal. Desde la Segunda Guerra Mundial, ningún jefe de Estado occidental había sido tan controvertido y demonizado. Pero la reina iba a recibirlo de todas formas.

Se habían conocido el verano anterior durante una visita oficial de Trump al Reino Unido. Había sido una especie de visita de Estado piloto, y también había permitido que el movimiento antitrumpista perdiera parte de su vigor. En esa ocasión, el único palacio que visitó el presidente fue uno que no pertenecía a la Corona; Theresa May celebró un banquete en su honor en el Palacio de Blenheim, hogar de los duques de Marlborough y lugar de nacimiento de Winston Churchill. Jeremy Hunt, entonces secretario de Exteriores, lo recuerda así: «El escenario era maravilloso. Blenheim se eligió con mucho esmero, teniendo en consideración la conexión con Churchill, y fue un gran momento para el duque de Marlborough». Según Hunt, lo que se vivió a continuación fue una exhibición «del portento, la desmaña y la esencia "Mr. Beanesca" de la aristocracia británica».[12] El duque había trabajado tanto en su discurso que lo había plastificado, y eso tuvo un efecto desafortunado: el plástico resplandecía con las luces de televisión y el pobre no veía lo que había escrito. Como recuerda uno de los invitados: «Blandía el discurso a izquierda y derecha y balbucía, pero no acertaba a leer sus palabras». Solo sirvió para que la velada fuera más embriagadora. Al día siguiente, los manifestantes se lanzaron a las calles de Londres con una figura gigante de helio que representaba a Trump con pañales. Por su parte, el presidente se reunió tranquilamente con Theresa May en Chequers. Sin embargo, su última parada fue en Windsor, donde tomó té con la reina. Lo cierto es que solo había venido para eso. Según Hunt: «Se nos recalcó e insistió en que la razón por la que Trump quería venir era para conocer a la reina. Era nuestro mayor activo, y así nos lo hicieron saber los norteamericanos: "Si queréis que vaya y le decís que podrá tomar el té con la reina, irá"».[13] La reina había dispuesto la habitual guardia de honor en el patio del castillo e invitó a Trump a inspeccionar los Coldstream Guards con ella. Fue una experiencia nueva para ambos. Antes de jubilarse un año atrás, el duque de Edimburgo siempre se había encargado de acompañar al visitante en esas inspecciones. En un momento dado, pareció que Trump andaba delante de la reina y provocó olas de indignación en Twitter. La reina no se molestó ni un pelo. Luego tomaron té y café en sus aposentos privados y, al terminar, el presidente dijo: «Pues no quiero hablar en su nombre, pero, por lo que a mí respecta, me ha caído bien. Me ha caído muy bien». Quizá la reina no valorase de la misma manera este tipo de actos, pero su equipo estaba convencido de que el encuentro había ido bien. De lo contrario, no se habría alargado veinte minutos más de lo previsto.

Pasado un año, la reina recibió a Trump en Buckingham para una visita de Estado con todas las de la ley. Pero había un problema: había empezado la reforma de diez años del palacio y la Suite Belga estaba llena de andamios. Algunos críticos de Trump sugirieron que la reina no quería que se quedara a dormir por si una marabunta asaltaba el palacio, pero la idea era absurda. La monarca había tenido que acoger a rufianes como Ceaușescu y Mobutu; no tendría ningún inconveniente en alojar al aliado más importante de su país. Simplemente, los aposentos para invitados no estaban disponibles. Como dice Hunt: «Los norteamericanos insistieron mucho y a la reina le habría gustado acogerle en Buckingham si el presidente lo hubiera deseado». Pero las obras en el edificio obligaron a Trump a dormir en la residencia del embajador, Winfield House.

Durante las recientes visitas de líderes de China, Arabia Saudí y otros regímenes poco democráticos, nadie había alzado la voz, pero la llegada del presidente de los Estados Unidos volvió a dar alas a una hueste de manifestantes. El alcalde laborista de Londres Sadiq Khan había llamado a Trump una «amenaza mundial», unas palabras hostiles que no pasaron inadvertidas para el presidente. Según Jeremy Hunt: «El único momento en que Trump no fue diplomático fue cuando tuve que ir al aeropuerto de Stansted a recibirle. Me esperé un rato a que saliera. Supuse que no salía porque se estaba arreglando después de pasar la noche en el avión. Pero si no desembarcaba era por un motivo: estaba enfrascado en una tensa discusión por Twitter con Sadiq Khan».[14]

Tras redactar una respuesta fulminante en la que llamó a Khan «grosero» y «fracasado de tres al cuarto», Trump bajó la escalera del avión y fue recibido por Hunt. Según recuerda el ex secretario de Exteriores: «Me dijo algo así como: "Menudo gili******, ese Sadiq Khan". Pero la fórmula Trump era esa, básicamente. No sabías nunca lo que pensaba hasta que lo tuiteaba. Recuerdo que en una comida en Chequers me dijo: "Mira, si saco un comunicado de prensa, todo el mundo lo ignorará. Pero si lo tuiteo, saldré en primicia durante el resto del día"».

Un hecho que evidencia el respeto de Trump por la reina fue que estuvo desaparecido en Twitter durante su estancia. Para la monarca, también era la primera visita de Estado desde que el duque de Edimburgo se había retirado de la vida pública. Felipe la había acompañado en cien bienvenidas como aquella desde la visita de los reyes de Suecia de 1954. Ahora, Isabel recurrió al príncipe de Gales, que desempeñó un papel más activo y se encargó de escoltar al presidente en la inspección de la guardia de honor. Esta vez no habría errores.

La reina dio un almuerzo en el que se sirvió uno de los platos favoritos del presidente, berlinesas con fruta, y luego le regaló una primera edición de *La Segunda Guerra Mundial* de Churchill y un bolígrafo con el grabado de la reina, «EIIR». Trump había invitado a su extensa familia y los Windsor respondieron enviando muchos efectivos a varios actos. Enrique fue uno de los presentes en el almuerzo de bienvenida, donde le pidieron que entretuviera a la hija del presidente, Ivanka. Los duques de Cambridge también se dejaron ver en el banquete de Estado. Quien no estuvo fue la única norteamericana de la familia real, en teoría porque tenía que cuidar de Archie. Antes de entrar en la familia, Meghan no se había cortado ni un pelo en sus críticas a Trump, a quien había tildado de «misógino», así que su ausencia no era inesperada. La duquesa no pudo oír al presidente celebrar la «eterna amistad» entre ambas naciones en su discurso durante el banquete. Dos días después, ese vínculo se conmemoró con renovada solemnidad y algarabía. La reina, Trump y otros líderes mundiales se dieron cita en Portsmouth para iniciar los actos para el setenta y cinco aniversario del Día D.

Para la ceremonia en Southsea Common, se erigió un enorme teatro exterior en el que todos los líderes tuvieron un papel de figurante. Trump recitó la oración de su predecesor en tiempos de guerra, Franklin D. Roosevelt. Pero las estrellas del espectáculo fueron los veteranos, encabezados por una jefa de Estado que podía considerarse una igual. La reina dijo en broma que eran más duros de roer de lo que la gente había imaginado. Empezó con un deje pícaro: «En la conmemoración de los sesenta años del desembarco, algunos pensaron que podía ser el último acto de este tipo. Pero la generación de la guerra, mi generación, es resiliente». Y volvió a demostrar su resiliencia durante un momento inesperado de la ceremonia. Los productores habían incluido un fragmento de la obra de teatro *Pressure*, que plasma los sucesos que condujeron al desembarco de Normandía. Como se transmitiría en directo por televisión en horario protegido, los productores editaron el fragmento. Pero el actor que hacía de general Eisenhower se mantuvo fiel al guion original y gritó: «¡La madre que me parió: es un huracán!». La reina ni pestañeó.

El enésimo ejemplo de que es casi imperturbable. Ha vivido toda una vida rodeada de las Fuerzas Armadas, por mucho que otros se escandalicen de la vulgaridad en su presencia. En febrero de 1952, el primer documento que tuvo que firmar como monarca atañía a un caso de sodomía en el Ejército.[15] Años más tarde se enfrentó a un presunto caso de abusos sexuales, cuando un caballerizo pidió reunirse con ella para tratar un tema delicado en Balmoral. Un joven sirviente había denunciado el acoso de un veterano criado que trabajaba personalmente para la reina. El caso tuvo lugar años antes de los actuales amparos legales, y más aún del movimiento #MeToo, pero el acosador fue enviado de inmediato a Londres mientras se estudiaban medidas disciplinarias. El caballerizo se planteó qué decirle a la reina: «Como correspondía, pedí una audiencia con Su Majestad en su salón privado y le relaté los hechos lo mejor que pude. Me asombró ver que el incidente no la dejaba anonadada y que estaba de acuerdo con cómo había procedido».[16]

Las conmemoraciones por el Día D también fueron el último vals de Theresa May como primera ministra. Tras no lograr ratificar su acuerdo por el *brexit* en el Parlamento, anunció que dimitiría en cuanto el Partido Conservador hubiera elegido a un sucesor. En julio, Boris Johnson, el gran adalid del *brexit*, se convirtió en el decimocuarto primer ministro británico de la reina. Luego comunicó a su equipo que la reina había estado a punto de darle el pésame, diciéndole: «No entiendo por qué nadie querría el puesto».[17]

Isabel había coincidido con el agudo Johnson en varias ocasiones, como alcalde de Londres y, después, como secretario de Exteriores. Le precedía una reputación de follonero. Era carismático y anárquico y tenía una vida privada complicada. Era indudablemente un caso intrigante para la reina, que suele mostrar más interés por la dimensión humana que por los aspectos prácticos de la política. En Palacio no sorprendió que el nuevo primer ministro ya hubiera filtrado una observación inocua de la monarca, pero no se esperaban el escándalo que se armó poco después, durante las vacaciones de verano en Balmoral.

El 28 de agosto de 2019, se informó a la reina de que tres consejeros privados encabezados por el líder de la Cámara de los Comunes, Jacob Rees-Moog, estaban yendo a verla. Su deseo era convocar una reunión del Consejo Privado para suspender la actividad parlamentaria durante cinco semanas. Como un gran número de diputados querían obstaculizar la estrategia de Johnson para el *brexit*, esa era su manera de impedírselo. Los tres consejeros fueron recibidos con cortesía, pero nada más. Les ofrecieron bocadillos y pastel de Dundee, pero no almuerzo ni cena, y menos aún alojamiento. Los miembros de Palacio pidieron asesoramiento jurídico enseguida para saber qué les estaban pidiendo y obtuvieron garantías de que la reina no cometía ninguna irregularidad al avalar la suspensión. Según un asesor, «el consejo fue el mismo que se dio al fiscal general».[18] Pero los enemigos de Johnson empezaron a tachar la maniobra de «golpe de Estado» y se produjeron una serie de manifestaciones en Londres para denunciarlo. Muchos manifestantes atacaron a la propia monarca. «Liquidemos a la reina. ¡Abonemos a los Comunes!», gritaba una de las pancartas, acusando a la monarquía de complicidad o, incluso, de connivencia. Al final, el Tribunal Supremo tumbó la suspensión de Johnson. Eso quería decir que la reina había participado en un acto ilícito. De no haber sido por el cansancio general con el *brexit* y por el cisma dentro de la política británica, el suceso habría podido generar una grave crisis constitucional y habría sido muy embarazoso para la reina. Pero el Parlamento se limitó a volver a reunirse. Según David Cameron: «Me pareció un error de Boris. Se pasó de listo y le salió el tiro por la culata. La Constitución británica respondió perfectamente. El resultado final fue: Constitución, uno; Boris Johnson, cero».[19]

Según el historiador constitucional Peter Hennessy, el fracaso de la suspensión supuso el fin de lo que él llama la «teoría de la buena voluntad» en el Gobierno. Hasta entonces, personas como el secretario del Gabinete y el secretario privado de la reina habían procedido con buena fe para asegurarse de que todas las partes actuaban más o menos con arreglo a los códigos y las convenciones de la Constitución consuetudinaria del Reino Unido, sobre todo para evitar que la monarca se metiera en política. Según Hennessy: «No tendrían que haberla puesto jamás en esa tesitura. Fue obsceno». Pero el historiador no cree que la reina tuviera más alternativa que acceder a la petición de Johnson. Los veteranos ayudantes de Palacio insisten en que la auténtica crisis constitucional habría estallado si ella se hubiera negado a suspender el Parlamento como pedía Johnson.[20]

Al final, el primer ministro acordó con la Unión Europea un nuevo plan para el *brexit* y el Parlamento accedió a celebrar otras elecciones generales para dilucidar la cuestión. «Salgamos de una vez», el mantra de Johnson, sedujo a una avalancha de bastiones laboristas del industrial norte de Inglaterra y los conservadores certificaron una mayoría de ochenta escaños. Johnson y sus planes para el *brexit* habían superado el último escollo y el papel de Jeremy Corbyn como jefe de la oposición llegó a su fin. No obstante, la campaña electoral se vio un tanto empañada por una de las controversias reales más extraordinarias de los últimos años.

Desde su salida de la Marina Real en 2001, el duque de York había creado un digno porfolio de organizaciones benéficas en el Reino Unido, varias de ellas ligadas a Yorkshire. Pero su opaca labor como enviado comercial del país, por la cual no cobraba, había sido criticada a menudo por los círculos diplomáticos y mediáticos. Algunos recelaban de la amistad del duque con el coronel libio Muamar al Gadafi, cuyo régimen había caído en desgracia. Según confirmó Buckingham, Andrés había visitado al dictador en varias ocasiones entre 2007 y 2009.[21] Y había más incógnitas. Al parecer, la familia que gobernaba Kazajistán había adquirido el antiguo y ruinoso domicilio conyugal de los York pagando más de tres millones de libras más del precio de venta.[22] Desde Palacio recalcaron que eran asuntos privados, pero no lograron acallar las críticas. Pactar en secreto con uno de los regímenes más cuestionables del mundo era propio de películas de suspense o especuladores de la City, no de emisarios de la Corona. Para los partidarios del duque, el mundo es un lugar turbio y el duque solo estaba pensando en lo mejor para su país. Su predecesor como embajador comercial de la Corona, el duque de Kent, había hecho lo propio durante veinticinco años sin sombra de queja o de sospecha.

Pero de todas las conexiones del duque, su amistad con el banquero norteamericano Jeffrey Epstein fue la que le perdió. Epstein y Andrés se conocieron en los noventa a través de la novia del primero, Ghislaine Maxwell, hija del difunto Robert Maxwell, político renegado, editor y farsante. Epstein y Maxwell fueron invitados a fiestas y viajes de fin de semana con otros miembros de la realeza. Por su parte, Epstein invitó al duque a sus residencias de Florida, Nueva York y el Caribe. Cada vez circulaban más rumores sobre el gusto de Epstein por las menores de edad, y el origen de su exorbitada riqueza estaba envuelto en un halo de misterio. Aun así, el duque se mantuvo fiel a su viejo amigo. En 2006, incluso le invitó a la fiesta para celebrar los dieciocho años de Beatriz, y eso que un mes antes se había acusado a Epstein de trata. El duque lo excusó diciendo que había sido un mero desliz, no se podría decir lo mismo de todo lo que ocurrió luego.

En 2008, condenaron a Epstein a dieciocho meses de cárcel por trata infantil y explotación sexual. Gracias a un acuerdo con la fiscalía por el que se archivaron una serie de denuncias, se le permitió salir de día para gestionar sus negocios y fue puesto en libertad al cabo de trece meses, en 2009. En diciembre se sacaron fotos del duque de York paseando con Epstein por Nueva York y alojándose en su casa adosada, así que no era ningún desliz. También trascendió que Epstein le había entregado quince mil libras para saldar unas deudas de la duquesa de York. La noticia estalló poco después de una exclusiva de 2010 en la que un periódico afirmó disponer de imágenes de la duquesa en las que esta le ofrecía acceso al duque a cambio de quinientas mil libras. El caso denotaba una deplorable falta de juicio, y los veteranos miembros de Palacio no salían de su asombro. De nuevo, los aliados de Andrés alegaron que poco se le podía achacar más allá de confiar erróneamente en un amigo que ya había pagado por sus errores. En el seno del Palacio y en la Oficina de Asuntos Exteriores aumentaba la presión para cortarle las alas al duque. Según un veterano empleado de Palacio: «Claramente no nos dimos cuenta de la magnitud del problema con Epstein. Sabíamos que se estaba mezclando con personas cuestionables, con tipos de dudosa virtud. Y no solo en los Estados Unidos, sino por todas partes. Pero, si hemos de ser justos, cuando dejó el servicio y quiso buscarse un trabajo, lo cierto es que en muchas ocasiones se le dio perfectamente bien. Pensé que eso también podía tener un final feliz, pero acabó como el rosario de la aurora porque era incapaz de juzgar a las personas».[23]

En verano de 2011, el Gobierno le comunicó al duque que ya no requería sus servicios, aunque se le permitió adornarlo para que pareciera decisión suya. Su comunicado fue el siguiente: «He decidido que el título que me concedí cuando empecé en mi función de representante especial ha cumplido su cometido y ha dejado de ser necesario». Durante los siguientes años, el duque siguió con sus viajes, reuniéndose con representantes de gobiernos extranjeros en un tono más casual y ambiguo que antes, pero sin dejar de participar regularmente en actos en el Reino Unido. Aun así, la conexión con Epstein perduró. En 2015, el nombre del duque apareció en una demanda interpuesta contra Epstein por una mujer que afirmaba que el magnate financiero la había obligado a mantener relaciones sexuales con varios hombres cuando ella era menor. El duque no formaba parte del caso y otro juez desestimó los detalles, que Andrés siempre ha negado rotundamente.

La reina mostró su confianza en su segundo hijo en 2018, invitándolo a protagonizar algunas audiencias con los líderes extranjeros para la cumbre de la Commonwealth en Londres. Y cuando su hija menor, la princesa Eugenia, se prometió con Jack Brooksbank, un embajador de la marca de tequila de George Clooney, el duque se puso a organizar la segunda gran boda de los Windsor de 2018. Aunque nunca podría atraer el mismo nivel de atención mediática que la ceremonia de los Sussex, celebrada en mayo, la reina estaba contenta de que su nieta disfrutara de una boda de magnitud similar. El interés era innegable: ITV atrajo a casi cuatro millones de espectadores en directo, tres veces más que su audiencia habitual para esa franja horaria, y a tres mil cuatrocientos millones en la emisión en diferido.[24] Los británicos recibieron con júbilo el matrimonio de una pareja poco ostentosa, situada en los márgenes de la Casa Real. Eugenia y su hermana Beatriz tenían fama de ser buenas chicas y de haber soportado con apostura algunos infortunios bien conocidos de la familia. También fue aplaudida la decisión de la novia de llevar un vestido que dejaba a la vista la cicatriz de su cirugía para corregir la escoliosis. La música estuvo a la altura de la que sonó en la boda de los duques de Sussex. Hubo actuaciones de Andrea Bocelli y la Royal Philharmonic Orchestra y el número de famosos tampoco tuvo nada que envidiar. Se invitó a los cantantes Ricky Martin y Robbie Williams, cuya hija fue dama de honor, y a la supermodelo Naomi Campbell. 2018 parecía traer un cambio positivo en la fortuna del duque, pero la ilusión se desvaneció enseguida.

La primavera siguiente, el nombre de Andrés apareció en otra causa judicial y en julio de 2019 el FBI arrestó a Epstein por presunto tráfico sexual. Al cabo de un mes, fue hallado muerto en su celda. Oficialmente se consideró un suicidio, pero muchos sospecharon que había gato encerrado, teniendo en cuenta todos los ricos y poderosos que habían caído bajo el embrujo de Epstein. *Panorama* de la BBC estaba preparando un gran documental con una entrevista a Virginia Roberts, quien afirmaba que el duque había practicado relaciones sexuales con ella cuando era una menor. En ese momento, Andrés decidió conceder una entrevista al programa *Newsnight* de la BBC. Durante unos interminables cuarenta y cinco minutos, negó haber visto jamás a Roberts y enumeró una serie de razones por las que su versión, según la cual se habían conocido en una discoteca empapados de sudor, no podía ser cierta. Andrés explicó que él era físicamente incapaz de sudar y en ese momento estaba en un Pizza Express de Woking. Dijo que no se arrepentía de su amistad con Epstein porque le había ayudado mucho en su labor comercial, y si había ido a ver al delincuente sexual convicto cuando fue puesto en libertad fue solo porque era «demasiado misericordioso» para poner fin a su amistad a distancia.[25]

En Palacio estaban furiosos tanto por la falta de juicio como por la falta de lucidez, ante las cámaras y fuera de ellas. Y por si no hubiera bastante con la entrevista y con el hecho de que el duque pensara que había salido bien, Andrés había invitado al equipo a grabarla en los grandes salones del Palacio de Buckingham, señalando que la reina había dado su visto bueno. La Casa Real recalcó que no lo había aprobado. Las organizaciones benéficas relacionadas con el duque empezaron a cortar lazos con la Corona, y eso que algunas llevaban mucho tiempo vinculadas a la monarquía. Entre ellas estaba una de las favoritas del príncipe Felipe, el Outward Bound Trust, que había cedido a su segundo hijo. Lo más preocupante fue que la entrevista quebró una larga tradición: durante las campañas electorales, la familia real debía procurar esquivar los grandes titulares. Al cabo de tres días, durante un debate electoral, se preguntó a los líderes de los partidos por la aparición del duque en *Newsnight*. El equipo de Palacio se horrorizó y la reina supo que tenía que intervenir. El príncipe de Gales estaba de gira por Nueva Zelanda y se dio cuenta de que su madre y la Casa Real necesitarían apoyo moral. También se consultó al duque de Cambridge. La resolución fue que el duque de York tendría que abandonar la vida pública. Lo podría volver a presentar como su decisión, diciendo que le había pedido «permiso a la reina para renunciar» a las obligaciones reales. Pero, en veinticuatro horas, los súbditos de la reina vieron indicios de reincidencia.

De repente, el duque comunicó que seguía en pie su acto en Bahréin el fin de semana siguiente. La idea siguió viva hasta que el príncipe de Gales se despertó en Nueva Zelanda, momento en que la aplastó sin piedad. A la reina le dolió muchísimo expulsar a su segundo hijo, pero Carlos pensaba que la institución podía sufrir si no se hacía. Comprendía que no había lugar para vacilaciones. No se podía alimentar la esperanza de que un domingo el duque pudiera pasarse por Windsor tranquilamente a tomar el té con la reina y revertir la situación, su táctica habitual cuando empleados o subordinados le desbarataban los planes. Según un veterano miembro de la Casa Real: «Era el mismo problema de siempre: ella tenía debilidad por Andrés, le protegía y se sentía mal por ello. Para ella era difícil. Quizá tenía la impresión de que no les había concedido suficiente tiempo a los hijos por culpa de sus obligaciones. Entendía las implicaciones públicas, pero en el fondo supongo que sentía que los demás miembros de la familia tenían que soportar ese escrutinio y ella se consideraba obligada a protegerlos».[26] Había sido una crisis grave para la Corona, tal vez la más grave del siglo XXI. Lo bueno fue que obligó a Isabel y a Carlos a actuar coordinadamente con rapidez y decisión, apoyados por el duque de Cambridge. La mala noticia fue que en unas semanas estallaría una crisis todavía peor.

Durante un año, los duques de Sussex se habían sentido cada vez menos felices con su vida en la corte y los reproches no dejaban de multiplicarse. Los medios les habían atacado por negarse a revelar la identidad de los padrinos de su hijo, cosa que rompía con la histórica convención real. También habían recibido críticas por usar un avión privado para irse de vacaciones al sur de Francia, sobre todo cuando decían estar tan preocupados por el cambio climático. Algunos amigos de la pareja trataron de decir que lo habían hecho por razones de seguridad imperativas. Pero esos argumentos acabaron por tierra al cabo de una semana, cuando grabaron a los duques de Cambridge en un vuelo de bajo coste con sus hijos, yéndose de vacaciones a Escocia como el resto de la gente.

Llevaba tiempo preparándose un viaje otoñal por el sur de África, con numerosos actos para celebrar la función del duque como embajador de juventud de la Commonwealth y la pasión de la duquesa por los derechos de las mujeres. Enrique y Meghan irían con su bebé. La imagen sería emotiva y potente: la de una pareja real renovada e interracial que abordaba los problemas del siglo XXI en el mundo en vías de desarrollo. Uno de los primeros (y mejores) momentos fue la bienvenida del ex arzobispo Desmond Tutu, héroe del movimiento contra el *apartheid*. La pareja colgó una instantánea en su perfil de Instagram con el texto «Arch ["el arzobispo"] conoce a Archie». En Angola, el duque rindió homenaje a uno de los grandes hitos de su madre, recorriendo sus mismos pasos a través de un viejo campo de minas. Era una misión que escondía un trasfondo importante. Angola había estado expresando tímidos deseos de unirse a la Commonwealth. Los duques de Sussex estaban demostrando claramente su valía como activos diplomáticos. Sin embargo, en la última parte del viaje la situación dio un giro de ciento ochenta grados. Primero, se anunció que la duquesa iba a tomar medidas legales contra *The Mail on Sunday* por publicar una carta que le había escrito a su padre cuando se había casado. Por su parte, el duque emitió una larga declaración en la que atacaba a los medios por su «desalmada campaña de incesante propaganda». Durante toda la gira, la pareja había estado acompañada por el periodista de la ITV Tom Bradby, que grabó un documental emitido al poco de regresar a Gran Bretaña. En el filme aparecía una pareja muy decepcionada con su fortuna, con los medios y con la falta de apoyo del resto de la familia real. El duque confirmó tácitamente los rumores de que había reñido con su hermano. La duquesa se emocionó, dándole las gracias a Bradby por preguntarle si estaba bien. «Poca gente me pregunta si estoy bien», contestó. El viaje se había ideado para subrayar los desafíos que afrontan los jóvenes del África austral, pero iba a ser recordado por las lágrimas de una duquesa.

Poco después, la pareja se marchó a Canadá para una larga tregua. Eso significaba que no pasarían la Navidad con el resto de la familia en Sandringham. A principios de 2020, regresaron sin Archie al Reino Unido para una serie de actos. Y el 8 de enero, a las 18:34 horas, dejaron caer el «bombazo», según lo describieron casi todos los periódicos. La pareja dejaba la vida real, y en los términos que quería: «Tras muchos meses de reflexión y debates internos, hemos decidido que este año haremos una transición para buscar paulatinamente un nuevo rol dentro de esta institución. Queremos dejar de ser miembros "séniores" de la familia real y trabajaremos para conseguir independencia económica, aunque nunca dejaremos de apoyar incondicionalmente a Su Majestad la reina». Para hacerlo, vivirían la mitad del tiempo en el Reino Unido y la otra mitad en Norteamérica. La prensa dio con el titular de inmediato: «Megxit».

La declaración se emitió a través del Palacio de Buckingham, pero la pareja apenas había avisado a la reina y a su equipo porque no querían que se filtrara la noticia. Seguramente a Enrique y Meghan les sorprendió tanto como a los medios que Palacio respondiera casi en el acto, esa misma noche. El mensaje, no de la propia reina sino de «Comunicaciones reales», decía: «Se trata de asuntos complicados que necesitan tiempo». En otras palabras, los duques de Sussex vendían la piel del oso antes de cazarlo. Nadie, ni siquiera un nieto muy querido y popular, le diría a la monarca cómo reinar. Incluso los autores de *Meghan y Enrique: en libertad*, lo más cercano a una versión autorizada del relato de los Sussex, admitieron que sus héroes habían pecado de «impaciencia e impulsividad».[27] La pareja había estado viviendo en su burbuja de Canadá y había hecho caso a asesores que tenían grandes ideas, pero que entendían poco el complejo entramado de convenciones que sustentaba una institución milenaria. No habían interpretado o calculado bien la respuesta de la monarquía.

Quizá fueran asuntos «complicados», pero no se necesitó mucho tiempo para resolverlos. Una vez más, la reina se puso manos a la obra y actuó en coordinación con el príncipe de Gales y, en menor medida, con el duque de Cambridge, para quien fue un proceso especialmente difícil. Meghan ya había vuelto a Canadá, pero la reina invitó a Enrique a Sandringham para hablar las cosas con Carlos y Guillermo. Los medios lo bautizaron como la «cumbre de Sandringham». No sería una negociación corporativa. La reina y Carlos preferían la conciliación para resolver una situación innegociable. Como habían descubierto los duques de Wessex dos décadas antes, no se podía ser realeza a medias. Enrique y Meghan habían pensado en un acuerdo más parecido al de las hijas del duque de York, Beatriz y Eugenia. Ambas tenían títulos reales, empleos e ingresos privados. Sin embargo, las princesas no ocupaban cargos importantes en la Corona como el duque de Sussex, que era capitán general del Cuerpo de Marinos Reales, o la duquesa, que era mecenas de la ACU, la asociación universitaria de la Commonwealth. Muy de vez en cuando, las princesas asistían a algún acto importante, pero su existencia discreta distaba mucho de la vida que los duques de Sussex soñaban.

De las numerosas lecciones aprendidas durante los infelices noventa, una de las que más habían calado en la reina y su equipo era que posponer la resolución de un problema muchas veces lo agravaba. Terminada la reunión familiar, recayó en el personal de cada uno de los equipos ultimar los detalles en una serie de largas videoconferencias. En resumen, los Sussex tenían que elegir entre formar parte de la familia o abandonarla, y optaron por lo segundo.

A finales de semana, el Gabinete de prensa de la reina emitió un comunicado que exponía una realidad muy diferente de la proyectada por la pareja unos días antes. Perderían sus cargos benéficos y militares, dejarían de recibir el trato de «Su Alteza Real» y no percibirían más fondos públicos. Pero el comunicado, atribuido a la reina, no hacía ningún reproche y rezumaba optimismo: «Me complace que juntos hayamos encontrado una manera constructiva y solidaria para que mi nieto y su familia puedan seguir adelante con su vida. Enrique, Meghan y Archie siempre serán miembros muy apreciados de mi familia». Reconoció el «intenso escrutinio» al que habían sido sometidos y quiso expresar: «La esperanza de todos es que el acuerdo les permita empezar a forjar una nueva vida de paz y felicidad». Palacio también divulgó que la reina había insistido en que volviera a estudiarse la situación al cabo de doce meses, solo por si la pareja se lo había repensado. Al día siguiente, la pareja no dejó lugar a dudas respecto a cómo había vivido el desenlace. En una velada para recaudar fondos para su organización benéfica en Lesoto, Sentebale, Enrique dio un discurso derrotista: «Teníamos la esperanza de seguir sirviendo a la reina, a la Commonwealth y a mis asociaciones militares, aunque fuera sin financiación pública. Pero, por desgracia, no ha sido posible».

Varias casas reales habían perdido buena parte de su simpatía por los duques. Un fiel socio de la pareja en proyectos de beneficencia quedó consternado con el giro de los acontecimientos: «No fue fácil para Meghan adaptarse a esa nueva vida, pero tampoco se le dio mucho margen para intentarlo. Enrique era muy trabajador, igual que Meghan. En eso, él no se parece al duque de York [su tío Andrés]. Enrique no espera un trato especial ni lujoso. Pero sí está obsesionado con proteger a su familia, y a Meghan no le gustaba cómo se hacían las cosas. Ella decidió que todo era un desastre y él la apoyó. Pero fue extraño que lo echaran todo a rodar».[28] La idea del «Megxit» sugería que la duquesa estaba al timón, quizá injustamente, pero pocos en la Casa Real discreparon con esa opinión tras los comunicados siguientes de los duques de Sussex, repletos de jerga corporativa estadounidense.

La pareja también hubo de modificar otro aspecto del plan. Igual que su sueño de ser miembros de la realeza a media jornada, la idea de tener una marca y una página web semirreal tampoco era viable. En 2019, tras la desintegración de la fundación benéfica de los dos hermanos, los Sussex habían creado <sussexroyal. com> y habían acumulado un sinfín de seguidores en su cuenta de Instagram. Llegaron a romper un récord virtual, sumando un millón de seguidores en menos de seis horas.[29] Pero por mucho que se enorgullezcan los duques y su equipo digital del talento para el diseño web, nadie había puesto demasiada atención en el contenido... o en el título, ya puestos. Como querían usar el nombre para actividades no relacionadas con la realeza, Palacio les exigió que encontraran otra denominación sin la palabra «royal» («real»). No se hizo con malicia. La marca monárquica se debe a varias leyes y acuerdos internacionales, estipulados por varios poderes públicos como la Oficina del Gabinete y el anexo oficial sobre términos y expresiones sensibles de la Companies House (el Registro Mercantil británico). La pareja contestó con un comunicado pueril en el que anunciaban que cambiarían la denominación, pero no hicieron ningún esfuerzo por ocultar su irritación: «La monarquía y la Oficina del Gabinete no tienen ninguna jurisdicción sobre el uso de la palabra "real" en el extranjero». En efecto, estaban rechazando la autoridad de la reina y de su Gobierno para decidir quién o qué era real. Aunque los miembros de Buckingham y de Clarence House no se esperaban el berrinche y la ingenuidad de los duques, decidieron no recoger el guante. En unas semanas, la pareja iba a volver al Reino Unido para una última ronda de actos oficiales. Luego, tras el oficio anual para el Día de la Commonwealth en la Abadía de Westminster, al que asistirían la reina y otros miembros de la familia, la pareja abandonaría por completo su vida en la corte.

Nadie recordaba la última vez que las celebraciones del Día de la Commonwealth habían atraído tanta atención mediática como la que atrajeron el 9 de marzo de 2020. Dos mil invitados dieron la bienvenida a la reina y a su familia en el acto multirreligioso anual. Atendiendo a todas las sensibilidades, los organizadores cometieron un craso error al decidir que los duques de Cambridge formaran parte de la procesión real y los duques de Sussex no. Como era de esperar, Enrique y Meghan se ofendieron aún más. Para rebajar la tensión, los duques de Cambridge optaron por abandonar la procesión y sentarse antes que la reina, como los Sussex. Pero según los autores de *Meghan y Enrique: en libertad*, Catalina «apenas le dirigió la mirada» a su concuñada. Para Meghan, el acto fue «aborrecible» y la gota que colmó el vaso: «Lo único que quería Meg era irse a casa. En ese momento pensó que no quería volver a tener nada que ver con la realeza».[30] Según los amigos de los duques de Cambridge, no era justo acusar a Catalina de dar de lado a su concuñada. Estaban sentadas en filas distintas, separadas por varios asientos, y era un acto oficial. También se estaba retransmitiendo en directo por televisión, y sabían que todos los rotativos tendrían a alguien pendiente de leer los labios. Si se tenía que hablar sin pelos en la lengua, ese no era ni el momento ni el lugar. Unas horas después, la duquesa de Sussex embarcó en un avión para regresar a Norteamérica para siempre y se consumó el «Megxit».

25

2020-2021

«Puede que cada uno lo recuerde diferente»

Estaban a punto de suceder cosas que escapaban al control de la reina o de cualquiera. El oficio de la Commonwealth no fue solo el primer acto real de la historia reciente en prohibir los apretones de manos, sino que iba a ser la última gran celebración de Estado en mucho tiempo. Al cabo de poco, los rumores sobre un nuevo y misterioso coronavirus proveniente de China se tradujeron en un endurecimiento de las restricciones a todo tipo de contacto humano. Apenas dos semanas después de que la reina, su familia y el primer ministro se reunieran en la Abadía de Westminster para el oficio de la Commonwealth, todo el país fue confinado. La economía se contrajo un 25 % en cuestión de semanas, algo inédito desde la Segunda Guerra Mundial, y la tasa de mortalidad empezó a crecer.[1] La reina y el príncipe Felipe se trasladaron al Castillo de Windsor con un equipo muy reducido y emitieron un comunicado: «Muchos tendremos que encontrar nuevas formas de seguir en contacto los unos con los otros. [...] Estoy convencida de que estaremos a la altura de las circunstancias. Podéis estar seguros de que mi familia y yo estamos dispuestos a cumplir con nuestro papel».

Pero en cuanto el príncipe de Gales y la duquesa de Cornualles se marcharon a Birkhall, Escocia, se anunció que Carlos padecía el nuevo virus del COVID-19, aunque no había motivos para que cundiera el pánico. Una semana después, ya estaba inaugurando el primero de una nueva red nacional de hospitales de urgencias «Nightingale», construidos por el Ejército en pocos días. Sin embargo, aumentaba la sensación de caos. Las políticas del Gobierno parecían dar un paso adelante y dos hacia atrás, y la inquietante percepción era que la respuesta británica a la crisis se estaba quedando atrás respecto al resto de Occidente. La gente necesitaba cierto consuelo. *The Times* sacó un editorial en que decía que otros monarcas europeos se habían dirigido a su pueblo, mientras que la reina no había roto su silencio. ¿Por qué? Palacio ni se inmutó. No es que no tuvieran qué decir, sino que querían esperar al momento óptimo para maximizar el impacto. Si la reina hablaba demasiado pronto, luego se le pedirían más comentarios. Si esperaba en exceso, llegaría tarde.

La reina siempre había tenido muy presente el valor de la escasez. Como dice John Major: «La Corona se crece con el "menos es más". En momentos de estrechez queremos saber que la soberana está allí, pero su mensaje se fortalece porque no lo comenta todo».[2] De ahí que muy de vez en cuando dedique esos «mensajes especiales» a la nación. Major añade: «La reina es la máxima fuente de consuelo del país. Ella habla cuando suceden cosas que requieren un mensaje de consuelo», y recuerda su mensaje de febrero de 1991, en que rezó por un desenlace «rápido» y una «paz justa y duradera» mientras la guerra del Golfo entraba en su última fase. «Los que hablan son los políticos. La soberana solo se dirige a la nación en los momentos más importantes». La baronesa Lynda Chalker, que fue ministra de Exteriores durante más de una década, detectaba el mismo fenómeno en todo el mundo: «La reina es la única persona capaz de impactar con solo unas palabras, y creo que ella siempre lo ha tenido presente. En apenas unos segundos, lo que declare dará la vuelta al mundo».[3]

A los quince días de pandemia, la monarca eligió una noche de domingo para aparecer en todos los televisores y hablar desde un rincón austero del Salón Blanco de Windsor. No quiso que salieran fotos de la familia ni obras de arte para no distraer a los espectadores del mensaje fundamental: «Hemos afrontado retos en el pasado, pero este es diferente. Esta vez, nos uniremos a todos los países del mundo en un esfuerzo común, usando los grandes avances científicos y nuestra instintiva compasión por curar al prójimo». Muchos líderes mundiales ya conocían programas de videollamada como Zoom, pero la reina había recalcado que quería ser filmada siguiendo las normas de producción de sus habituales mensajes navideños. El equipo de cámaras se instaló y se desinfectó un día antes, y nadie lo tocó durante la noche. Se dio permiso a un solo cámara de BBC Events para que grabara desde una distancia prudencial, siempre que llevara mascarilla y guantes. Si el mensaje fue tan potente y emotivo, fue porque se emitió ochenta años después del primero, grabado en ese mismo lugar. Así lo evocó la reina: «Me recuerda al primer mensaje que di en 1940. Éramos niños y hablábamos desde aquí, en Windsor, a los niños a los que se había evacuado para ponerlos a buen recaudo». Muchos de esos niños se contaban ahora entre los pensionistas que corrían más peligro por culpa del coronavirus. Probablemente muchos recordaban a la princesa Isabel despidiéndose con ese empujoncito a su hermana pequeña: «Vamos, Margarita. Buenas noches, niños...». Y allí volvía a aparecer, ocho décadas más tarde, con el mismo objetivo en mente: el consuelo. Pero no era un tributo cursi. Fiel a las formas, utilizaba los años transcurridos para articular un argumento sobre el presente: «El orgullo de ser quienes somos no es parte de nuestro pasado; define nuestro presente y futuro». E insistió en que las futuras generaciones dirían: «Los británicos de esta generación fueron tan fuertes como los de cualquier otra». Para subrayar esa idea, concluyó con las palabras de Vera Lynn en tiempos de guerra: «Volverán tiempos mejores; volveremos a estar con nuestros amigos; volveremos a vernos». Los periódicos tuvieron su titular y su portada, y no llegó ni un segundo demasiado pronto.

La emisión acabó con imágenes tranquilas de los narcisos que había al pie de la Torre Redonda de Windsor, justo en el momento en que el país se enteraba de una nueva crisis. El primer ministro acababa de ingresar en el hospital con COVID-19. A la noche siguiente, Boris Johnson estaba en la unidad de cuidados intensivos. El país cayó en el desconcierto. Nadie esperaba que una reina de noventa y tres años tuviera gran cosa que decir sobre la cuarentena o los sistemas de rastreo, pero al menos serviría para aplacar un poco los nervios. Unos días después, volvió a hablar con el primer mensaje de Pascua de su reinado, un audio en el que le recordó a la gente la tradición de los cirios pascuales y declaró: «El coronavirus no nos vencerá». Y el 8 de mayo de 2020 volvió a salir por televisión, en ocasión del setenta y cinco aniversario del final de la guerra en Europa: «Nunca os rindáis ni sucumbáis a la desazón: este fue el mensaje del Día de la Victoria en Europa».

Para una institución que depende de su interacción con la gente, la larga cuarentena había reflotado dos graves peligros: la invisibilidad y la irrelevancia. Pero con el paso de las semanas y el progresivo ajuste del país al teletrabajo, la reina y su familia se adaptaron enseguida a las videoconferencias y normalizaron aquello que para el resto era pura rutina. La reina empezó a recibir embajadores a través de la pantalla. De repente, no solo veíamos más a la monarca, sino que la oíamos más. Era un aspecto de la reina que casi nunca se ve en tiempos de normalidad. Esas noticias breves empezaron a formar parte habitual de los boletines de noticias, sobre todo porque evidenciaban que la reina se lo pasaba muy bien. En una videoconferencia para hablar de las Fuerzas Armadas, se puso a charlar con el soldado de primera Shanwayne Stephens, que formaba parte de la Real Fuerza Aérea y del equipo jamaicano de bobsleigh. La reina exclamó: «¡Madre de Dios, parece un trabajo peligrosísimo!», antes de prorrumpir en una carcajada mientras Stephens le explicaba cómo entrenaba, tirando de coches por la calle.

Como el desfile Trooping the Colour estaba descartado, hubo un saludo especial de los Welsh Guards en el patio de Windsor. Al cabo de unos días, la reina invistió al primer caballero desde el confinamiento. Fue el capitán Tom Moore, un veterano de guerra de cien años que se había hecho famoso en todo el mundo dando vueltas con su andador por su jardín en Bedfordshire con el objetivo de recaudar fondos. Su inquebrantable optimismo había recaudado treinta y dos millones de libras para el NHS. Ver a la monarca conceder el título de caballero a ese centenario imparable con la espada de su padre, bajo el sol rutilante de junio, fue una de las escenas más alegres en muchos meses. Ese mismo día, Isabel y Felipe asistieron a la boda de la princesa Beatriz con el promotor inmobiliario Edoardo Mapelli Mozzi en la Real Capilla de Todos los Santos, en el Great Park de Windsor. Cuando la monarca llegó finalmente a Balmoral para las vacaciones de verano, la sensación general era que la reina y el ala activa de la familia habían librado una buena batalla, pese a los diversos problemas por resolver en el seno de la familia.

Según David Cameron: «Me parece que fueron sus mejores momentos, porque respondió enseguida. El mensaje fue brillante, y eso que todo parecía pasar muy rápido».[4] Desde Australia, el ex primer ministro Tony Abbott pensaba de manera similar: «La pandemia ha minado el espíritu de mucha gente, y como ella no vive en las nubes, es capaz de hablar con el pueblo y tocarle la fibra como nadie».[5]

En verano de 2020 hubo otra modesta causa de celebración, los setenta años de la princesa real, aunque el COVID-19 impidió una gran reunión familiar. A Ana no le supo mal, y lo celebró con un remojón y una pequeña salida en barco por la costa oeste de Escocia con su marido, Tim Laurence. Desde la muerte de la reina madre y la princesa Margarita, la única hija de la reina se ha convertido en su apoyo femenino clave, una fuente imperturbable de humor y sentido común. La gente también lo ha ido viendo con los años. Detectamos en la princesa muchas de las mismas cualidades que siempre hemos admirado en la reina y el duque de Edimburgo: una dedicación tenaz y sin extravagancias y una autenticidad patente. Por ejemplo, en plena pandemia, tanto el duque como la princesa real se acordaron del sector de la gestión de residuos.* Ana insistió en visitar una cochera de camiones de la basura de Cambridgeshire para agradecerles en persona su labor a los equipos de recogida. La princesa es una auténtica adicta al trabajo y tiene un equipo pequeño y trabajador. Casi cada día está rondando por el Reino Unido, pertrechada con una carpeta repleta de información y una fuente de alimentación básica. Según su hija, Zara Tindall: «Siempre lleva un kiwi encima».[6] Poco a poco, las décadas de trabajo con la comunidad han dado sus frutos. Según Richard Coles, vicario de la Iglesia de Inglaterra, presentador y ex estrella del pop, «esa es una de las razones por las que la familia real te aporta tanto si trabajas en proyectos de ayuda a la comunidad. Tienes delante a una persona que puede conectar a muchas personas distintas».[7] Coles dice que, cuando conoció a Ana durante su época como cura en Boston, Lincolnshire, pasó de ser un republicano declarado a un monárquico «feliz». La famosa iglesia medieval de la ciudad necesitaba urgentemente una reforma, el dinero escaseaba y la princesa se comprometió a patrocinar una recolecta. Pero el día señalado, su helicóptero se estropeó: «Si me hubiera pasado a mí, creo que me habría quedado el día en el sofá, viendo la televisión, pero la princesa Ana no. Recorrió en coche el resto del trayecto e hizo lo que solo pueden hacer personas como ella. Reunió a toda la ciudad. Logramos la masa crítica, el llamamiento fue un éxito y pudimos preservar esa joya arquitectónica histórica. Creo que sin ella no lo habríamos conseguido. En ese momento empezó a cambiar un poco mi opinión sobre la familia real». La princesa no solo siguió en contacto con el proyecto, sino que lleva años visitando esta zona remota de Lincolnshire. Según Coles: «No quiero faltar el respeto a Lincolnshire, pero es un condado de Cenicientas. Mi impresión es que la princesa prefiere tratar con Cenicientas antes que con personas superfamosas».[8]

---

* Una de las últimas declaraciones públicas del duque de Edimburgo fue un mensaje escrito a todos los que lucharon contra el virus durante la pandemia, desde los científicos a «los que procuran que se sigan recogiendo los desechos».

El ex ministro del Gabinete Alan Johnson recuerda una experiencia similar de cuando trabajaba con el sindicato de trabajadores de Correos, el UCW. Sus miembros habían aceptado entregar por todo el país folletos de la organización benéfica de la princesa, Save the Children. Trabajaron sin cobrar y ella quiso agradecérselo en su congreso anual: «Llegó y dio un discurso precioso en el que dio las gracias a los carteros y las carteras, y en la comida habló con cada uno individualmente. Luego la invitamos a nuestra sede sindical en Clapham. Creo que era la primera vez que un miembro de la realeza iba a una sede sindical».[9]

Si la princesa albergaba algún deseo de bajar el ritmo al cumplir los setenta, lo ocultaba. Y menos mal, porque la primera línea de la familia no dejaba de menguar. El retiro de los duques de Edimburgo y de York, sumado al adiós de los Sussex, significaba que el «adelgazamiento» de la familia real ya no era una aspiración, sino un hecho. Una fría tarde de diciembre de 2020, la reina celebró una recepción exterior en una marquesina, cumpliendo con las restricciones por el COVID, y dio las gracias a los trabajadores de ONG de todo Berkshire. Era la primera vez que la familia se reunía públicamente desde el tenso oficio del Día de la Commonwealth de marzo... sin los duques de Sussex, naturalmente. Aunque todavía estaban dentro de los doce meses de margen para revocar su salida de la Casa Real, Enrique y Meghan no estaban sopesando volver. Al menos, la reina lo sabía. Cuando un visitante le preguntó con la mejor de las intenciones si esperaba que volvieran a la vida en la corte, ella respondió de forma tajante: «Claro que no. Se llevaron los perros».[10]

Los duques habían comprado una mansión en Montecito, un pueblo californiano muy en boga, y estaban preparando nuevos proyectos bajo su flamante firma, Archewell. A juzgar por su declaración de intenciones —«explotar el poder de la compasión para materializar un cambio cultural sistémico»—, era evidente que la pareja había dejado atrás esos días lluviosos de destapar placas e irse de escapada a Rotherham. Aun así, seguían teniendo mucho que aportar en cuestiones concernientes al Reino Unido, la Commonwealth y el mundo en general. Cuando las protestas del movimiento Black Lives Matter se expandieron por los Estados Unidos y el planeta entero, los duques participaron en una videoconferencia en la que parecieron confundir el Imperio británico con la Commonwealth. «Cuando analizamos la Commonwealth, es imposible seguir adelante si no admitimos el pasado», recalcó el duque, sorprendiendo a muchos dentro de una organización que apenas dos años atrás contaba con el tierno apoyo de la pareja.[11] El razonamiento de que la Commonwealth era una causa del imperialismo, y no un enemigo del mismo, disparó nuevas alarmas en Palacio. Apareció una duda inquietante: ¿quién aconsejaba a Enrique y Meghan, si es que les aconsejaba alguien?

Mientras los Estados Unidos se preparaban para votar, la pareja emitió un video dirigido a los jóvenes electores. Enrique apeló así al electorado: «Este noviembre, es de vital importancia que rechacemos los discursos de odio, la desinformación y el pesimismo de las redes». Aunque un portavoz de la pareja lo describió como una «llamada imparcial a la decencia», era un claro revés a Donald Trump por parte de un miembro de la Casa de Windsor. Quizá el príncipe fuera un miembro medio desligado de la familia, pero de momento seguía representando organizaciones benéficas reales y militares. También había jurado devoción a la reina, fuera cual fuera el desenlace, y no cabía duda de que eso conllevaba acatar su regla de oro: la familia real, incluso los miembros menos influyentes, no debía meterse en política. Además, como manifestaron varias personas en los Estados Unidos, él tampoco votaba.

Pero lo que más preocupaba en Palacio no era lo que habían dicho hasta el momento los duques, sino lo que podía estar por venir. En febrero de 2021, aparecían en un titular por día. Primero, la duquesa ganó su causa contra *The Mail on Sunday* por invasión de la privacidad. Días después se anunció que la pareja estaba esperando a su segundo hijo. Casi de inmediato, Buckingham recibió noticias menos gratas. Los duques estaban preparando una entrevista, presentada como una «distendida charla» con Oprah Winfrey en la cadena de televisión estadounidense CBS. Algunos se habían extrañado con el destacado asiento que había ocupado la presentadora en la boda de 2018, porque Winfrey no era amiga cercana de la pareja; ahora todo empezaba a encajar.

Buckingham consideró que había llegado la hora de tomar la delantera. Al cabo de unos días emitió un comunicado para ratificar que el plazo para reconsiderar la decisión había acabado: «Los duques de Sussex han confirmado a Su Majestad la reina que no volverán a representar formalmente a la familia real. Aunque a todos nos duele su decisión, el duque y la duquesa seguirán siendo miembros muy apreciados de la familia». En la declaración también se mencionaban los últimos títulos y distinciones a los que renunciarían Enrique y Meghan. El más notable era el de capitán general del Cuerpo de Marinos Reales, cargo en el que el duque de Sussex había sustituido al duque de Edimburgo. Los pormenores no podían ser ninguna sorpresa, pero es evidente que a los Sussex no les gustó que alguien les hiciera morder el polvo. Su respuesta fue inmediata y claramente pueril, concluyendo secamente: «Todos podemos vivir una vida de servicio. El servicio es universal».

Ambas partes siguieron lanzándose dardos envenenados. Nada más emitirse el primer tráiler del confesonario con Oprah, el veterano corresponsal de la Casa Real en *The Times*, Valentine Low, dio una exclusiva con una versión de los hechos bastante distinta. Al parecer, un empleado del Palacio se había quejado de malos tratos por parte de la duquesa.[12] El equipo de los Sussex contraatacó y acusó a Palacio de emprender «una calculada campaña de difamación», mientras que Meghan dijo que estaba «triste» porque ella sí había sido víctima de abusos. Palacio afirmó que investigaría los hechos, como era su obligación. Sin embargo, la Casa Real recalcó que no estaba echando más leña al fuego, sino que la filtración a *The Times* había salido de un tercero. Un ayudante sembró la siguiente duda: «¿Por qué querríamos meternos voluntariamente en ese berenjenal en un momento como aquel?».[13] Fuera como fuese, estaba claro que algunas personas, tanto si seguían en la nómina de la Casa Real como si no, habían tenido una experiencia desagradable trabajando para los duques. Si la pareja empezaba a lanzar puyas a la institución, no era raro que la otra parte respondiera.

A medida que se acercaba la «distendida charla» con Oprah, el nerviosismo iba en aumento. La emisión estaba prevista para el 7 de marzo de 2021, la víspera del Día de la Commonwealth, pasado casi un año exacto del oficio en la Abadía de Westminster con el que la pareja había abandonado la vida palaciega. Los norteamericanos verían la entrevista en televisión la misma noche que en Gran Bretaña se transmitía el programa de la BBC *A Celebration for Commonwealth Day*. A un lado del Atlántico, los británicos verían a la reina, el príncipe de Gales, los duques de Cambridge y otros hablar formalmente con trabajadores de organizaciones benéficas de la Commonwealth. Al otro lado del océano, se vería a los duques de Sussex verter una serie de graves acusaciones contra la familia real y la monarquía. El programa se emitiría en la televisión británica a la noche siguiente. Las quejas de la pareja fueron el arrebato más virulento y corrosivo desde el que protagonizó Diana con el embustero Martin Bashir en 1995. El grueso de la entrevista fue solo con la duquesa. Meghan explicó que durante el embarazo la habían agobiado tanto que pensó en suicidarse, y que no la habían ayudado cuando lo había pedido: «Me dirigí a la institución para comunicarles que necesitaba pedir ayuda, que nunca me había sentido como entonces... Me dijeron que no podía, que no sería bueno para la institución». Aunque habló con «uno de los miembros más destacados» de la Casa Real, «no hicieron nada».

Avanzada la entrevista, el duque se sumó a las dos mujeres y dijo que su padre ya no le cogía el teléfono y le había «cortado» el grifo, y que su hermano estaba «atrapado» en una jaula real. Pero la acusación más grave fue que, durante el embarazo de la duquesa, un miembro de la familia había expresado dudas y había hablado «sobre lo oscura que podía ser la piel» del niño. Meghan llegó a afirmar que la razón por la que Archie no tenía título real o protección de las autoridades era el color de su piel.

Más que distender el ambiente, la entrevista hizo lo contrario. Provocó una escisión en la opinión pública. Los que apoyaban a la pareja por «contar su verdad», como decía Oprah, estaban furiosos. Pero también lo estaban los partidarios de la monarquía. Era innegable que había ciertas lagunas en la versión de los duques. La reina y Palacio no decidían sobre la protección policial; quien lo hacía era la secretaria de Interior, Priti Patel, que curiosamente pertenecía a una minoría étnica. La acusación más grave, el presunto comentario sobre la raza, se basaba en una conversación que la duquesa reconoció no haber oído: «Me lo contó Enrique». Sin embargo, dijo que había tenido lugar cuando ella estaba embarazada. Cuando el duque apareció a punto de terminar los ochenta y cinco minutos de programa, recalcó que había pasado «justo al principio» de su relación. Por tanto, las dos versiones eran contradictorias. Pero si esta alegación ya era poco sólida, la queja relativa al título era aún más ilógica. Según la patente real de 1917 de Jorge V, Archie sería príncipe y «Su Alteza Real» si fuera nieto de un rey, pero no bisnieto. En verdad, sí se le había concedido el título de cortesía del ducado de su padre, conde de Dumbarton, pero, como hemos dicho, la pareja había decidido no usarlo.* Otra afirmación inexacta de la duquesa fue que se hubieran casado «tres días antes de la boda». El arzobispo de Canterbury se vio obligado a desmentirlo cortésmente; de lo contrario, significaría que habría infringido la ley.

---

* En junio de 2021, Camilla Tominey, de *The Telegraph*, citó «varias fuentes» que decían que la pareja tenía miedo de que se burlaran de su hijo por usar el título de cortesía, aunque hubiera sido un regalo de la reina. Según una fuente: «No les gustaba la idea de que a Archie le llamaran "conde de Dumbarton" porque empezaba por "dumb" ("tonto")». Fue algo que no sentó bien a los habitantes de Dumbarton.

La reina casi nunca comenta las quejas que hacen en público los miembros de la familia, pero esta vez hizo una excepción y Palacio emitió un comunicado en su nombre. Era comprensible, dada la ojeriza que había causado la entrevista. El texto era breve, un evidente mensaje de amor y aceptación. Aun así, respondía a la entrevista con concisión, con una diplomacia soberbia y sin vacilar: «Toda la familia lamenta lo complicados que han sido estos últimos años para Enrique y Meghan. Las cuestiones planteadas, sobre todo en lo concerniente al racismo, resultan inquietantes. Puede que cada uno lo recuerde diferente, pero son alegaciones que deben tomarse muy en serio y la familia las tratará en privado. Enrique, Meghan y Archie siempre serán miembros muy queridos de la familia». En lo sucesivo, este tenso rifirrafe real se podría resumir y se resumiría como un choque entre dos maneras de pensar: por una parte, vuestra verdad; por la otra, lo que recordamos nosotros.

Había tantas cosas que considerar que los medios tuvieron faena durante días estudiando cada una de las microagresiones. Una había ocurrido antes de la boda de Meghan. Decidiendo cómo debían vestir las damas de honor, alguien había hecho llorar a alguien. Pero ¿quién? La versión original publicada por *The Telegraph* decía que Meghan había hecho llorar a Catalina.[14] Pero en la entrevista con la CBS, Meghan recalcó que había sido al revés, aunque su principal recriminación era que el Gabinete de prensa del Palacio no había hecho nada por desmentir la historia. Antaño, esa noticia no habría superado los dos párrafos en una columna de cotilleos. Pero ahora había expertos intelectuales diseccionándola a ambos lados del Atlántico.

En medio de ese encarnizado análisis forense, hubo un detallito que normalmente habría copado todas las portadas, pero que gracias a la toxicidad del debate pasó casi inadvertido: la duquesa estaba esperando a una niña.

Algunas afirmaciones podían ser cuestionables, pero era innegable que los duques de Sussex habían sido muy desdichados con su posición en la familia y creían que los Cambridge gozaban de un trato preferente. Ahora, la pareja era mucho más feliz en su nuevo mundo. En el antiguo mundo, el resto de la familia seguía con sus obligaciones, visitando religiosamente centros de salud y puntos de vacunación, ocultando su exasperación y su furia detrás de las sonrisas y las conversaciones de rigor. Pero cuando alguien preguntó con la voz en grito al duque de Cambridge si había racismo en la familia (preguntas que casi siempre eran ignoradas), el duque contestó con templanza pero con firmeza: «Si algo no somos, es una familia racista». Lo más triste y personal, sobre todo para Carlos y Guillermo, no eran las acusaciones en sí mismas. Era el plan que tenían los duques de Sussex de dinamitar la institución gracias a la cual se habían hecho célebres. Para Guillermo, eso se sumaba al dolor de ver a su hermano menor, a quien había protegido y que le había idolatrado, lanzar acusaciones incendiarias y ocasionalmente irrebatibles, sabiendo muy bien el impacto que podían tener. Según comenta un amigo de Guillermo: «Jamás le he visto tan abatido».[15]

Dicho eso, la única persona para quien los Sussex solo tenían palabras de cariño era la reina. Y no era un afecto artificial. Según un veterano asesor de Palacio: «Enrique la adora. Es la que ha mantenido viva la relación. Le habla mucho, igual que el príncipe Carlos recurría a la reina madre».[16] Otro importante miembro de la Casa Real reconoce que la institución tendría que haber llevado más la iniciativa en los problemas con los «duques díscolos», los York y los Sussex, y con su «engreimiento»: «Pero la reina sigue la filosofía de la "gran carpa". Si alguien da un traspié, sigue habiendo sitio para él en la gran carpa».[17]

Además, tenía tela más gruesa que cortar. En todo ese tiempo, el duque de Edimburgo había ido pasando de hospital en hospital, donde le habían tratado una infección desconocida y un problema cardiaco. Tras cuatro semanas fuera, regresó a Windsor a mediados de marzo. Veinticuatro días más tarde, pasados dos minutos del mediodía del 9 de abril, la reina anunció «con gran dolor» la muerte de su «querido esposo». Se ponía fin a la más larga historia de amor y alianza en la historia de las monarquías, con la reina al lado del duque.

Era un momento para el que se había preparado, quizá más que nadie. Según un amigo de la familia: «Llevaba años preocupada por él; fue una de las razones principales por las que dejó de viajar al extranjero». Pero al final Felipe se fue al más allá plácidamente, sin sufrir, cosa que la reina agradeció muchísimo, según la gente de su alrededor. Ella y toda la familia sabían perfectamente que el duque no había expresado ningún deseo de celebrar su centenario. Cuando Carlos había sacado el tema de la fiesta, poco antes de su muerte, Felipe le había espetado: «Para eso tengo que estar vivo, ¿no?».[18]

Para su nieta, Zara Tindall: «Todos sabíamos que se estaba haciendo mayor, y él lo detestaba. Era el peor paciente del mundo. Es imposible hacerte a la idea de que lo perderás algún día, porque siempre ha estado ahí».[19] Al duque de Sussex le gusta recordar a su abuelo con el uniforme para jugar al críquet que llevaba cuando él era joven: «Ha bateado más que nadie. Es como si, con noventa y nueve años, hubiera salido corriendo hasta la línea de bateo, le hubiera dado a la pelota en los seis lanzamientos y, literalmente, se hubiera ido nada más ganar».[20]

Felipe le había confesado a un miembro de su familia que esperaba que su cuerpo se apagara y dijera basta poco después de retirarse en 2017. Por eso, cada día que despertaba lo veía como una especie de sorpresa. Nunca había sido un sentimental ni le habían interesado especialmente sus cumpleaños. En 1965, cuando un grupo de adolescentes en la BBC le preguntaron qué pensaba hacer a los ochenta años, contestó: «No he ni valorado la posibilidad de llegar vivo a los ochenta».[21] Cuando por fin llegó a esa señalada edad, un miembro destacado de la Casa Real le felicitó y Felipe contestó: «Ay, joven, no me importan esas cosas».[22]

En los días inmediatamente posteriores a su fallecimiento, sus hijos y nietos le rindieron homenajes muy íntimos y emotivos.

Carlos salió a las puertas de Highgrove y dijo que si su «querido padre» hubiera visto las cálidas muestras de afecto llegadas de todo el mundo, se habría quedado «asombrado». Hablando con los periodistas, la condesa de Wessex afirmó que parecía como si «alguien le hubiera cogido de la mano y se hubiera ido... con mucha, mucha placidez».[23]

El certificado de defunción concretó que el duque había muerto de «vejez» dos meses antes de cumplir la centena. Como todos los miembros de la familia real, Felipe había organizado su funeral hacía años. En su caso, se le había dado el nombre en clave de Forth Bridge. Como era el funeral de un consorte, iba a ser un acto modesto. Por ejemplo, no quería capilla ardiente como la de la reina madre en 2002. Ni siquiera quería discursos en su funeral. En una de sus últimas entrevistas hacía algunos años, le habían preguntado por su legado y él había dicho: «Me parece que intentar preparar una conmemoración para ti mismo cuando sigues vivo es un poquitín indecente. ¡Prefiero que sean otros los que decidan el legado que he dejado!».[24]

Y empezaron a hacerlo sin dudar. Hacia el final de la vida de Felipe, algo que había preocupado a sus más allegados era que se le recordara ante todo por un puñado de comentarios desafortunados. Pero esas consabidas «meteduras de pata» eran un mero apéndice a cien años fascinantes. Concretamente, las generaciones más jóvenes no conocían tanto la historia del principito exiliado que había tenido que crecer alejado de su disgregada familia; no conocían todas las grandes organizaciones que había financiado y, en algunos casos, creado; no comprendían hasta qué punto la tradicional institución escondía en su seno a un polímata trabajador y revolucionario. En los días posteriores a su muerte, todo eso salió a la luz.

La reina era muy consciente de que estaban en una pandemia en que muchos mayores habían muerto solos, a menudo en circunstancias espantosas, y que ella y su familia habían tenido mucha suerte.

Enseguida quedó claro que no pensaba bajar el ritmo ni corregir el rumbo. Según un veterano empleado: «Los que creían que se desmoronaría tras la muerte del duque se equivocaban de medio a medio. Isabel era demasiado fuerte». Transcurridos cuatro días de su muerte, ya estaba en su primer acto para despedir al conde Peel como lord chambelán. Impuso el luto mínimo de dos semanas, e incluso dio permiso a los miembros de la familia para incumplirlo si era necesario; Ana, por ejemplo, tenía un compromiso náutico en la isla de Wight que el duque habría insistido mucho en que respetara.

Gracias a las restricciones impuestas por el COVID-19, solo podían asistir a la Capilla de San Jorge treinta personas, y no las seiscientas a las que se habría invitado normalmente. Todos convinieron en que también era lo que él habría deseado. Aparte de los miembros de la familia real y de su vieja amiga y compañera cochera, la condesa Mountbatten, en representación de la familia del tío Luis, Felipe invitó a representantes de todas sus hermanas de Alemania. En 1947, ninguna de sus hermanas ni de sus cuñados había podido ir a la boda; Palacio y el Gobierno simplemente habían considerado que la guerra estaba demasiado reciente. Fue uno de los muchos desaires de las autoridades que el duque toleró a lo largo de los años, pero había decidido que ese aspecto de su vida estuviera representado en su final, por muy pequeño que tuviera que ser el cortejo fúnebre. Así pues, de Alemania salió un avión hacia las islas con el príncipe Felipe de Hohenlohe-Langenburg (nieto de la hermana mayor del duque, Margarita), el príncipe heredero Bernardo de Baden (nieto de la segunda hermana de Felipe, Teodora) y el príncipe Donato, *landgrave* de Hesse, en representación de las dos hermanas menores del duque (Cecilia y Sofía), que se habían casado con miembros de la Casa de Hesse. Sumándose a Enrique, recién llegado de Los Ángeles, todos se aislaron antes del funeral.

El duque había sido el nexo entre sus hijos y los primos del continente. Los solía llevar de excursión a los castillos y pabellones de caza, donde «tío Felipe» siempre sería recordado como un invitado divertido y fácil de complacer. A sus hijos les encantaban esas visitas para conocer a los primos europeos; una vez, Carlos explicó con una sonrisa que había tenido ocasión de aprender los mejores insultos en alemán. La princesa Carlota Croy, casada con el príncipe Crato de Hohenlohe-Langenburg, sobrino del duque, guarda un feliz recuerdo de cuando Felipe apareció mientras ella estaba preparándose para una recaudación de fondos: «Tenía que acabar de rellenar un montón de peluches de fieltro para una organización benéfica. Me quedaba mucho por hacer y el duque me ayudó. Nos pusimos a charlar mientras rellenábamos los animales».[25]

Cada mayo, el duque organizaba una fiesta «alemana» en Windsor, durante el Royal Windsor Horse Show, y los primos siempre participaban en las grandes ocasiones familiares. En 1997 acudieron para celebrar las bodas de oro de Isabel y Felipe, y el duque incluso gestionó que se alojaran en el yate real; y después en Londres, para la gira de despedida de Isabel por el Reino Unido. Todos guardan gratos recuerdos del duque bromeando y diciendo que no había necesidad de cortarse con la bebida y los puros, porque, total, iban a vaciar el barco. Siempre que un miembro de las familias alemanas moría, él hacía lo imposible por ir al funeral. Después de leer unas palabras en el funeral de su padre, la princesa Xenia de Hohenlohe, nieta de la princesa Margarita, quedó muy conmovida con el gesto y las palabras de consuelo de su tío abuelo: «Si te comentaba algo así una persona tan acostumbrada a comparecer en público, ¡es que sabías que habías hecho algo bien!».[26]

El duque se había guardado una sorpresa para su funeral. La tradición era que los féretros reales se trasladaran sobre un carro de municiones, pero el coronel en jefe de los Ingenieros Eléctricos y Mecánicos Reales (REME por sus siglas en inglés) había querido llegar a su funeral en un Land Rover personalizado. Llevaba años trabajando en la idea. En la familia se solía bromear con su gusto por acercarse a los talleres de Sandringham para juguetear con artilugios nuevos. Estaba muy orgulloso de haber inventado un dispositivo manual para limpiar botas, que todavía cuelga al lado de la puerta del hogar de Ana, Gatcombe Park. Ahora, una de sus creaciones estaba a punto de hacerse pública.

La tarde del funeral, la orquesta de los Tres Ejércitos empezó a tocar «I Vow to Thee, My Country» cuando el Land Rover conducido por un cabo de los REME entró en el patio del castillo. Allí esperaban destacamentos en representación de todos los antiguos comandos y unidades honoríficas del duque: del HMS Magpie, de los Royal Gurkha Rifles, de la base de Northolt, y muchos más. Exactamente a las 14:41 horas, una comitiva de portadores de la Queen's Company, los Guardias Granaderos, aparecieron con el féretro por la Puerta de Estado y lo colocaron en la parte trasera del Land Rover. Detrás iba una procesión con todos los hombres destacados de la familia y con la princesa real, formando dos columnas. La única excepción era que entre Guillermo y Enrique andaba Peter Phillips. Los medios sobrentendieron que los príncipes aún estaban resentidos por el tema de la entrevista con Oprah y su primo mayor había tenido que hacer de pantalla. En verdad, se hizo solo por respetar la simetría de una procesión con un número impar de personas: nueve. Otra problemática era la etiqueta. Como los duques de York y de Sussex habían renunciado a su graduación en las Fuerzas Armadas, era inapropiado que vistieran uniforme. Pero también sería muy extraño que los demás miembros de la familia llevaran la indumentaria militar completa, y que dos duques con experiencia real en combate no la llevaran. La reina evitó cualquier incomodidad prohibiendo los uniformes.

Cerrando la comitiva iba el Bentley oficial con la reina y su dama de compañía, Susan Hussey.

La procesión arrancó con el redoble de tambor de la orquesta de los Guardias Granaderos, justo cuando daban las 14:45 horas, y avanzó al ritmo de la Marcha Fúnebre número 1 de Beethoven.* Entre los numerosos guiños emotivos, uno de los que más conectó con el público fueron los ponis del duque, Balmoral Nevis y Notlaw Storm, y su carruaje de carreras, que se situaron al lado de la ruta del cortejo. En el asiento vacío del copiloto estaban los guantes de Felipe, su gorra y su pote de terrones de azúcar para los equinos. Todo el personal de cocinas del castillo estaba fuera, esperando junto al servicio doméstico. Vestían de blanco y llevaban brazaletes negros. La reina se apeó del coche en el porche de Galilea de la Capilla de San Jorge, con el rostro muy sereno. Fue recibida por el deán, que la escoltó hasta su asiento en el coro, bien apartado para respetar la distancia social. Por instinto o a propósito, colocó inmediatamente el bolso en el asiento vacío que tenía a su lado, donde se habría sentado el duque. La procesión avanzó hasta la Escalinata Oeste, donde los gaiteros de la Marina Real tocaron la sinfonía que servía para anunciar la llegada de hombres ilustres. Entonces, la comitiva de portadores del Cuerpo de Marinos Reales entró en la capilla con el duque. Su ataúd estaba cubierto por su estandarte personal, su espada, su gorra y una corona de flores de la reina. En el altar, encima de nueve cojines, estaba su propia selección de condecoraciones e insignias de entre las docenas que le habían sido concedidas, junto con su bastón de mariscal de campo. Había tenido que elegir entre muchas insignias, pero se había ceñido a las británicas y las de la Commonwealth, más otras dos que aludían a su propio origen: la Orden del Elefante de Dinamarca y la Orden del Salvador de Grecia.

La misa fue sencilla, pero muy majestuosa. Las cámaras de la BBC captaron imágenes pasajeras e íntimas (la típica escena de la familia o de la reina sola en su asiento, con el rostro agachado y oculto bajo el sombrero), pero mantuvieron una respetuosa distancia. En Palacio no había sentado bien el tono especulativo

---

* La marcha siempre se toca durante el oficio anual del Domingo del Recuerdo en el Cenotafio. Recientemente se ha corregido la autoría, atribuyéndose no a Beethoven, sino al desconocido músico alemán Johann Heinrich Walch.

de algunos reportajes. En la conferencia de prensa previa al funeral, un portavoz recordó insistentemente a los periodistas: «Por favor, piensen que es un funeral, no una boda». El día de la muerte del duque* se había criticado a la BBC por cubrir en exceso la noticia, pero el funeral atrajo a trece mil seiscientos millones de espectadores británicos (la mayoría de ellos en la BBC) y logró un 82 % de cuota de pantalla.[27] El acto sumó bastantes más espectadores que la retransmisión de la entrevista de Oprah en ITV (vista por once mil trescientos millones, una cuota del 54,4 %).[28]

Acompañado por el órgano, un coro de solo cuatro personas cantó el himno favorito del duque, «Eternal Father, Strong To Save» de William Whiting, una emotiva plegaria para «los que corren peligro en la mar». Toda la música tenía un fuerte vínculo con el difunto. El propio duque había encargado «Jubilate in C» de Benjamin Britten para esa misma capilla. La adaptación de William Lovelady del salmo 104 se había musicado siguiendo las instrucciones de Felipe y la primera vez que se había cantado había sido en el concierto para su setenta y cinco cumpleaños. Aunque al principio del reinado había renegado bastante de la Iglesia de Inglaterra, el duque había ido cogiendo interés por la liturgia, la teología y la música eclesiástica en los últimos años de su vida. Aunque le costaba admitirlo, se sentía orgulloso de que su madre y su tía abuela rusa, la gran duquesa Ella, hubieran fundado sus propias órdenes religiosas, y siempre se acercaba corriendo a una monja** si atisbaba un hábito entre la muchedumbre. «¿Qué regimiento?», preguntaba, antes de ponerse a comentar con inteligencia la orden a la que pertenecía la complacida hermana.[29] Gracias a eso sabemos por qué escogió ese himno final antes de la bendición, una traducción al inglés del kontakion ruso a los di-

---

* La BBC recibió un récord de ciento diez mil quejas por cambiar casi toda su programación de televisión y radio para emitir especiales sobre el duque el día de su muerte.

** El duque solía llamar «Nun's Delight» («delicia de la monja») a su cerveza favorita, Bishops Finger («dedo de los obispos»).

funtos: «Concede el reposo a tu sirviente, oh, Cristo nuestro señor, con los santos; allí donde no existe dolor ni pena...».

La familia real no se pronunció ni cantó; con las restricciones en vigor, incluso «God Save The Queen» estaba descartada, ya que solo podían cantar los miembros del diminuto coro y las personas que oficiaban la misa. El deán de Windsor y el arzobispo de Canterbury leyeron todos los textos y plegarias, con una notable excepción. Cuando el féretro empezó su lento y casi imperceptible descenso en la bóveda real, Thomas Woodcock, rey de armas de la Jarretera y principal registrador de los blasones reales, se adelantó en su tabardo para recitar los títulos del duque. Por el momento se habían hecho alusiones al coraje, la bondad, el sentido del deber y la lealtad de Felipe, pero ninguna mención a sus parientes y allegados, y menos aún a sus logros o a su carácter. Si un extraño se dedicara a estudiar el recordatorio del funeral, no entendería quién era esa persona ni a qué venía tanto jaleo. Woodcock fue mencionando con nervio las órdenes de la Jarretera, el Cardo, el Mérito y el Imperio británico, y aludió al Consejo Privado y las Fuerzas Armadas británicas, hasta llegar a la mejor expresión para definir a Felipe: «Marido de Su Excelentísima Majestad...». Fue la única referencia a la familia en todo el procedimiento, tal como el propio duque había decidido de antemano. Al fin y al cabo, si alguien necesitaba que le recordaran quién era, estaba en el lugar equivocado. Una vez las cornetas del Cuerpo de Marinos Reales entonaron el toque de asamblea, la pequeña comitiva salió de la capilla. La reina enfiló el camino hacia el castillo en su Bentley, y los demás coches oficiales siguieron su estela. El príncipe de Gales hizo un gesto a su chofer para que se marchara, se sacó un enorme pañuelo blanco del bolsillo, se secó los ojos y subió la colina acompañado de la duquesa de Cornualles. El resto de la comitiva hizo lo propio y el acto de Estado se transformó de pronto en un asunto familiar privado.

Por primera vez en muchos meses, se vio finalmente a Guillermo y Enrique intercambiar unas palabras. No fue una conversación larga. Dice un amigo que los duques de Cambridge se fueron de Windsor poco después para volver a casa con sus hijos, mientras que Enrique se fue a tomar algo con sus primos mientras compartían anécdotas y buenos recuerdos de Felipe y regresó a los Estados Unidos.

Los hermanos se volvieron a encontrar al cabo de diez semanas para la largamente esperada inauguración de la estatua de Diana en el Palacio Kensington. En comparación con el gran estreno de la fuente conmemorativa, al que los hermanos asistieron diecisiete años antes, esta vez se celebró un acto lo más modesto y simple posible. Todo el mundo sabía que la relación entre los príncipes era tensa. Ambas partes querían un evento sencillo y exclusivamente centrado en la estatua de la princesa. No hubo discursos, ni reina ni esposas ni otros miembros de la familia más allá de los hermanos Spencer, ni tampoco emisión en vivo. Al terminar, se facilitaría a las cadenas unas pocas imágenes cuidadosamente editadas. El príncipe Enrique cogió un avión de vuelta a California casi inmediatamente después. Hacía solo tres semanas que Meghan había dado a luz a su hija, Lilibet Diana Mountbatten-Windsor.

Aunque había sido un acercamiento fugaz, los hermanos encontraron una nueva causa común. Seis semanas antes, ambos habían emitido comunicados virulentos al conocerse las conclusiones de una investigación. Al final, la BBC se había visto obligada a investigar la entrevista que Martin Bashir le hizo en 1995 a Diana para *Panorama*. Se confirmó que el programa insignia de la BBC había recurrido a algún ardid que había provocado el cierre del periódico más vendido del Reino Unido en 2011, *News of the World* de Rupert Murdoch. La BBC descubrió las malas artes de Bashir apenas un año después de la entrevista de *Panorama*, pero una década más tarde el periodista había llegado a jefe de la sección de religión. Hasta 2021 no se le expulsó de la organización. Esa infame «exclusiva del siglo», con sus lamentables consecuencias, había sido un fraude desde el principio. El comunicado de

Guillermo era el más agresivo: «No solo fue un periodista díscolo», aseguraba, sino que los directores de la BBC habían traicionado a su madre. Decía que el documental había sido «una gran falsedad» y que debería ser tratado siempre como tal.

Entonces, ¿qué efecto tendrían sobre la reina esos meses difíciles? Los que creían que presagiaban una reestructuración (o, peor aún, una crisis) confundían a Isabel II con su tatarabuela. La reina estaba decidida a no seguir los pasos de Victoria. Para hacernos una mejor idea de lo que podía deparar el futuro, sería mejor recordar el año extraordinario del Jubileo de Oro, en el que en un plazo de cuatro meses perdió a su hermana, enterró a su madre e invitó a Brian May a tocar la guitarra eléctrica desde el tejado de Buckingham.

Pasadas menos de cuatro semanas de la muerte del duque, la monarca estaba en su trono de la Cámara de los Lores inaugurando el Parlamento. Su discurso prometía «banda ancha con un *gigabyte* de velocidad» y un programa de mejoras para la formación profesional. Poco después, Palacio reveló los planes para un ambicioso Jubileo de Platino en 2022, con otra «Party at the Palace» («Fiesta en el Palacio»).

26

Transición

«No hay ningún gran meisterplan*»*

Tras morir el duque, durante seis meses la reina mostró tal arrobo por sus obligaciones y por respetar los plazos y rutinas de la vida real que expertos y periodistas tuvieron que ir recordándoles a los espectadores un par de hechos. El primero era que la afligida monarca se había quedado viuda hacía poco. El segundo era que tenía noventa y cinco años.

Ninguno de sus allegados detectó un gran cambio de actitud. Según una persona que había trabajado codo con codo con la reina durante muchos años: «Estuvo preocupada por Felipe durante años, pero sabía que nunca había querido cumplir los cien. Ella no será la típica viejecita que se va marchitando; no es su estilo. Le encanta rodearse de su familia, sobre todo en ocasiones como la Navidad. Ha conseguido separar como nadie su vida en diferentes categorías. Por una parte tiene sus caballos o Balmoral, y por la otra tiene su trabajo. Pero para ella no es trabajo. Es así. Ha logrado un equilibrio fantástico entre vida y trabajo».[1] Todo se reducía a su perseverancia por mirar al futuro, por no querer entregarse a esa plácida vida de jubilada nostálgica que algunos casi esperaban. Como advierte un veterano consejero real: «Está decidida a vivir en el presente, porque la energía del presente le insufla vida. Es una mentalidad que en las últimas fases de su reinado ha madurado gloriosamente. Si ha llegado el crepúsculo de su reinado, lo está afrontando con estilo».[2]

En junio de 2021, el Reino Unido acogió la cumbre del G7

en Cornualles. El equipo del primer ministro era más bien reticente a que la reina participara en el acto principal, porque no quería molestarla, y los representantes de la reina tuvieron que subrayar que ella esperaba cumplir con todas sus obligaciones en la conferencia. Según un miembro de su equipo: «Lo cierto es que tuvimos que presionar un poco».[3]

Al final, en el evento recibió a los jefes de Gobierno bajo las gigantescas cúpulas geodésicas del Proyecto Edén, cerca de St. Austell. La acompañaban los demás miembros destacados de la familia. Era la primera vez en siglos que la reina, el príncipe de Gales, la duquesa de Cornualles y los duques de Cambridge viajaban juntos en el tren real. Según un empleado, el clima a bordo era «el mejor en años, muy sosegado». Después de recibir a los líderes, la reina dio un paso al lado para que Carlos les hablara a los líderes mundiales de su iniciativa «Terra Carta» contra el cambio climático. Mientras, ella asistió a otro acto de la comunidad. Esa noche, la monarca se subió al tren real para volver a Windsor, a donde llegó por la mañana, a tiempo para un modesto desfile de cumpleaños. Al día siguiente recibió en audiencia privada al nuevo presidente de los Estados Unidos y a la primera dama, Joe y Jill Biden. Para la reina fue un inmenso placer. Cuando se sumó a los líderes del G7 para la foto de grupo en Cornualles, todos tenían un semblante más bien serio, y ella rompió el hielo con una broma: «¿No se supone que tiene que parecer que se lo están pasando bien?». Durante el desfile por su cumpleaños, las cámaras de televisión captaron cómo movía el pie al ritmo de la música.

También prosiguió con su tradicional semana de actos oficiales en el Palacio de Holyroodhouse, en Edimburgo. Tras coger fuerzas en Balmoral como cada verano, retomó su apretada agenda otoñal con actos por todo el país. Entre otros, tenía la apertura formal del Parlamento escocés y el galés, además de una misa en la Abadía de Westminster para celebrar los cien años de la Real Legión Británica. Nadie la exhortaba a acudir a todos esos actos. Más bien al contrario: ella estaba contenta de ir. Pero, cuando empezaba a recuperar el nivel de actividad previo al confinamiento, las cosas cambiaron otra vez.

En la misa de la abadía se vio a la reina usar una puerta lateral, en vez de recorrer toda la nave. Pero lo que realmente llamó la atención fue que usara bastón.

No era tan extraordinario que una persona nonagenaria usara bastón, pero era la reina. También trascendió, y no fue desmentido, que llevaba un tiempo sin beber alcohol. Supimos que no era por consejo médico; lo había decidido así por una reacción que había tenido a unos medicamentos que tomaba regularmente.[4] En resumidas cuentas, la ginebra y el Dubonnet ya no sabían igual. Algunos observadores habían advertido con anterioridad que la reina parecía haber perdido algo de peso. Ahora se sabía la razón. Como todo el mundo sospechaba, también había dejado de montar su poni fell, Emma. La espalda le dolía cada vez más y por eso usaba bastón. En Escocia había insistido tercamente en subir por las escaleras en vez de coger el ascensor, y no había ayudado. Sus asesores y su equipo médico sabían que tendría que bajar el ritmo de algunas obligaciones si quería estar fresca para las grandes ocasiones.

En octubre de 2021, Isabel canceló un viaje nocturno a Irlanda del Norte que llevaba mucho tiempo preparándose. Fue un notición simplemente porque la reina casi nunca cancelaba nada. Un día después, *The Sun* reveló que había pasado la noche en el hospital haciéndose pruebas. Pronto se aparcó la visita a la cumbre medioambiental de la ONU en Glasgow, la COP26, así como su presencia anual en el Festival of Remembrance de la Real Legión Británica, celebrado en el Royal Albert Hall la víspera del Domingo del Recuerdo. Tras analizar su sistema inmunitario, los médicos decidieron que en invierno sería mejor evitar las aglomeraciones interiores, pues seguían apareciendo nuevas cepas de coronavirus. El Domingo del Recuerdo por la mañana, menos de dos horas antes del sagrado ritual en el Cenotafio, se anunció que, «con gran pesar», la reina tampoco asistiría a ese acto. No era por el virus, sino porque se había quedado «enganchada de la espalda». No había razones para alarmarse. A la semana siguiente se puso de nuevo en marcha celebrando alegremente audiencias en el Castillo de Windsor y asistiendo al bautizo conjunto de sus dos bisnietos más pequeños, August Brooksbank y Lucas Tindall, en la iglesia del Great Park de Windsor. Aun así, esa triste retahíla de cancelaciones de otoño había dejado clara una cosa: en el futuro, habría que racionar estrictamente los actos lejos del hogar.

Con gran disgusto, la reina vio que su salud se había convertido en un tema de debate. Siempre lo había odiado. En los ochenta, un periódico reveló que la reina le había hecho una visita rutinaria a un conocido cardiólogo. Al día siguiente, Isabel visitó un faro escocés y decidió subir ostentosamente las escaleras hasta la cima y saludar a las cámaras que esperaban abajo.[5] En su equipo están acostumbrados a que minimice cualquier dolencia, como cuando llama «mi gota» al dolor de pies y tobillos sin que tenga nada que ver con esa enfermedad.[6] Una vez, en la recepción diplomática anual, Margaret Thatcher necesitó aire fresco y tuvo que sentarse un momento y la reina no fue muy empática. Se le oyó decir: «Oh, mira, ya se ha vuelto a desplomar».[7] En ese aspecto, se parece a su difunta madre. Cuando la reina madre descubrió que Isabel y Margarita habían instalado un salvaescaleras eléctrico en el Castillo de Mey sin comentárselo, empezó a usarlo para bajar, pero insistía en subir a pie.[8]

Quizá la reina se viera obligada a reducir el número de actos, pero no iba a retirarse del todo. Simplemente los abordaría de otra forma. Cuando los líderes mundiales llegaron a Glasgow para la cumbre de noviembre de 2021, ella recalcó que quería grabar un mensaje de bienvenida para que fuera reproducido antes de la cena inicial. Estas fueron sus palabras: «Durante más de setenta años, he tenido la suerte de conocer a muchos de los grandes líderes del mundo. Es posible que haya descubierto algo que les hace especiales». Eran las palabras de una monarca que había trabajado con Churchill, Nehru, Reagan, Thatcher y Mandela... «No soy la primera en advertir que lo que hacen hoy los líderes por su gente es gobernar y hacer política. Pero los que trabajan para la gente del mañana son estadistas». Instó a los delegados de esa crucial cumbre medioambiental a «trascender la política del momento y convertirse en auténticos estadistas». De hacerlo, les prometió que saldrían «en los libros de historia». Viniendo de alguien que ya figuraba en unos cuantos de esos libros, no era un consejo desdeñable.

El Jubileo de Platino se acercaba a toda prisa y la reina seguía aprovechando al máximo lo que había aprendido durante la pandemia del COVID-19: las videollamadas. Después de contraer el virus en febrero de 2022, empezó a delegar aún más en otros miembros de la familia.

Ahora que se acerca al centenario, la reina es la primera en admitir que tiene que haber «una transición», como se dice en Palacio. Esa transición no está siguiendo ningún meticuloso plan previo. Según un empleado, «no hay ningún gran *meisterplan*, aunque algunas personas creen que debería haberlo». La reina está encantada de ser pragmática e ir cediendo más obligaciones al príncipe de Gales y a otros miembros de la familia. Si hay alguna estrategia, se basa solo en bendecir cualquier tipo de permuta, siempre y cuando no incluya dos palabras abominables: «regencia», que evoca al enfermo Jorge III; y, otra aún peor, «abdicación», embarrada para siempre por la conducta de Eduardo VIII.

En pocos años, la institución ha reestructurado sin problemas el sistema de sucesión vigente desde hacía siglos, además del matrimonio y la financiación, y ha resuelto la controvertida cuestión del futuro mando de la Commonwealth. Combinando prestigio, precedentes y sentido común, la institución podrá prolongar su «transición» en el futuro.* Solo hay un «pero». Como le dejó claro

---

* Gracias a la reina Victoria, hay un precedente monarca reinante que lo delegaba casi todo. Después de morir el príncipe Alberto, Victoria abrió el Parlamento solo siete veces en treinta y nueve años. Por el momento, la reina solo se ha perdido dos

la reina a su prima Margaret Rhodes, seguirá haciéndolo lo mejor posible «a menos que sufra Alzhéimer o tenga un ictus».[9] Pero según Margaret: «Ni con esas se retiraría». En esas circunstancias se aplicaría la Ley de Regencia (*Regency Act*), con el amparo del lord canciller, el presidente de la Cámara de los Comunes y los dos jueces de más antigüedad del territorio. Quien se imagine a un Carlos impaciente por tomar las riendas no sabe cómo funciona un traspaso formal del trono. Así se lo explicó un día el príncipe a un ministro que sacó tímidamente el tema: «¿Se imagina que tuviera que mudarme a Buckingham sabiendo que mamá me estaría observando desde Marlborough House, ahí al lado*? No me parece una opción».[10] De momento, el debate no va de elegir uno u otro, sino de cómo optimizarlos a ambos, a la reina y al príncipe de Gales.

Esa transición, igual que tantas cosas, sigue la filosofía de «los pequeños pasos» y la convicción de Isabel de que se consigue más picando piedra que con grandes gestos. Salvando los imperativos políticos a corto plazo, la reina se considera a sí misma y a la monarquía la tortuga y ve al Gobierno como la liebre. Trabajando para la colección de monarcas de la editorial Penguin, el ex secretario de Exteriores Douglas Hurd analizó el reinado de Isabel y tituló su libro *Elizabeth II: The Steadfast* («Isabel II, la constante»). También se podría llamar *Isabel II, la paulatina*. Su mensaje navideño de 2019 sobre los «pequeños pasos» de Neil Armstrong solo plasmaba lo que ya había dicho hacía tres años. El discurso de 2016 destaca como uno de los más reveladores que ha dado jamás sobre su sistema de creencias. Citando una de sus consignas favoritas de Teresa de Calcuta, dijo: «No todos podemos hacer grandes cosas. Pero podemos hacer cosas pequeñas con mucho

---

veces la apertura del Parlamento, cuando estaba embarazada de Andrés y de Eduardo. En ambas ocasiones, el lord canciller leyó su discurso.

* Tras la muerte de Jorge V, la reina María se trasladó a Marlborough House, que ahora es la sede del Secretariado de la Commonwealth.

amor». Y añadió: «Solos no podemos acabar con las guerras o con la injusticia, pero el efecto acumulativo de miles de pequeños actos de bondad puede ser más grande de lo que imaginamos». En otra de esas profesiones explícitas de fe que tanto han caracterizado sus últimos años, dijo: «Jesucristo vivió en la oscuridad la mayor parte de su vida... Aun así, miles de millones de personas han encontrado en él la luz que guía su vida. Y yo soy una de ellas, pues el ejemplo de Cristo me ayuda a ver el valor de hacer cosas pequeñas con mucho amor». A los que cuestionan cómo o por qué sigue disfrutando de las escapadas por el país o de los cortes de cinta o de la enésima fiesta en los jardines con ocho mil invitados, esa es una respuesta tan coherente como cualquier otra. Ahora sabemos por qué la reina espera que en su caja roja diaria no haya solo un ejemplar de la última acta del Gabinete o de la última ley, sino también un par de cartas aleatorias de ciudadanos. Dicho de otra forma, las pequeñas cosas también importan.

Isabel ha inculcado esa filosofía al resto de la familia. En 2020, durante la pandemia, la duquesa de Cambridge dijo esto en una asamblea escolar: «Quizá sea escuchar con afecto o ayudar a alguien que lo necesita: los pequeños actos de bondad marcan una gran diferencia».[11] En 2018, el duque de Cambridge dejó el helicóptero para asumir los deberes como príncipe a jornada completa. En uno de sus primeros discursos habló ante la Comisión de Organizaciones Benéficas sobre lo que había aprendido de sus dos padres: «Los grandes y pequeños actos de generosidad son el pegamento que une nuestra sociedad».[12]

El príncipe de Gales ya es, de lejos, el heredero británico que más ha esperado su ascenso al trono, y se ha buscado un rol único en los setecientos veinte años de historia del título. Hace tiempo que es un actor importante en el escenario mundial, sobre todo en temas de medio ambiente. Cuando los líderes del G20 se reunieron en Roma en 2021, invitaron al príncipe a hablarles a los presentes sobre cómo se podía usar la inversión privada para luchar contra el cambio climático. Durante la gran cumbre del COP26, celebrada días más tarde en Glasgow, todos los líderes elogiaron a Carlos por sus décadas de perseverancia. El anfitrión de la reunión, Boris Johnson, le dijo esto delante de los líderes mundiales: «Es un profeta sin distinción y lleva mucho tiempo teniendo razón». En un encuentro privado, el presidente estadounidense le dijo al príncipe: «Le necesitamos como agua de mayo. [...] Si esto sigue funcionando, es gracias a usted. Gracias a usted empezó todo».[13] COP es la sigla de «Conferencia de las Partes» y sirve para identificar las cumbres climáticas de la ONU. La serie anual surgió de la histórica Cumbre para la Tierra de Río, en 1992. Pero había sido el príncipe en persona quien había ayudado a poner los cimientos el año anterior. Durante una visita oficial a Brasil en 1991, el príncipe ordenó llevar el yate real a Río de Janeiro, donde reunió al presidente brasileño con el futuro vicepresidente de los Estados Unidos Al Gore —ambos altos ejecutivos de energéticas y destacados ecologistas— para una minicumbre de dos días. Allí se fijaron algunas reglas básicas para la posterior Cumbre para la Tierra. Si la COP tuviera padres, o abuelos, seguro que el príncipe sería uno de ellos, como reconocerán Biden y otros.

Ha creado el mayor consorcio benéfico del país y ha trabajado en muchas iniciativas que mejoran la calidad de vida de la gente, a veces desafiando los límites constitucionales, o incluso cruzándolos. Según John Major: «Creo que el príncipe de Gales tiene virtudes que le pueden convertir en un extraordinario soberano. Tiene muchísima experiencia; le apasionan temas como el medio ambiente y la economía sostenible; y sus advertencias, muchas veces adelantándose a la opinión pública o política, han demostrado ser correctas». Major también dice que el príncipe posee las cualidades esenciales de un rey, como el «instinto de compasión» y la «genuina empatía con todo aquel que afronta dificultades». Sobre las acusaciones de intromisión, es taxativo: «Algunas de las críticas que se le hacen son totalmente absurdas. Por ejemplo, se le critica por presionar a ministros del Gobierno. Pero, en mi experiencia, solo ha expresado sus preocupaciones en privado y pensando en el bien general, no en sí mismo. Prefiero mil veces un príncipe de Gales que se preocupa por lo que le afecta a la gente antes que uno que muestre poco o nulo interés». Y hace una importante distinción entre el presente y el futuro: «Como rey, la compasión de Carlos por los demás no se desvanecerá. Pero entonces será soberano y, como él mismo ha dejado claro, tendrá un papel muy distinto».[14]

Según otro ex primer ministro, el australiano Tony Abbott, algunas personas pueden no compartir el punto de vista del príncipe en estos momentos, pero tiene justo lo que necesita un monarca: «Yo no soy un fanático del cambio climático, y probablemente no daría mi opinión sobre el clima como lo hace el príncipe Carlos, pero es inevitable admirar lo que ha hecho por preservar nuestro patrimonio natural y arquitectónico. No se puede negar que es un hombre decente y sincero».[15]

Cuando se habla con antiguos miembros de varias administraciones, se ve que, aparte del medio ambiente y la arquitectura, las áreas en que más ha insistido el príncipe han sido la juventud, la medicina, las Fuerzas Armadas y las artes. Tras los disturbios de Tottenham en 2011, Carlos hizo lo mismo que había hecho treinta años atrás, tras los altercados de Toxteth. Como ha manifestado David Lammy, diputado del norte de Londres, todos los líderes de los grandes partidos políticos pidieron visitar la zona justo cuando estalló la violencia. Pero nunca pasaron de una visita. Según Lammy: «Ninguno volvió. Pero el príncipe Carlos llamaba. Venía. Ha estado cinco veces, y no solo venía a echar un vistazo. Traía todas sus organizaciones benéficas».[16] Un problema del príncipe es que a veces ha militado durante tanto tiempo por algo que empieza a discrepar de sí mismo. Un ex ministro tuvo que pedirle que rebajara el tono de sus críticas a un proyecto que él mismo había apoyado con otro Gobierno: «Pedí audiencia con él y le dije: "Señor, ¿se da cuenta de que fulanito y menganito fueron a verle con un diseño y usted lo aprobó? Ahora no conviene mucho que salga en público y diga que parece una cárcel comunista". Fue muy atento».[17]

Cuando viaja y una de sus campañas se solapa con otra, a Carlos le encanta. Durante la cumbre climática de 2021 en Glasgow, estaba recibiendo a unos defensores de la causa medioambiental cuando el responsable del *catering* pidió hablar con él. Resultó que, muchos años atrás, Ryan Longmuir había sido un drogadicto y, luego, un traficante de poca monta. Fue gracias al apoyo de su iglesia local y a la beca de cinco mil libras del Prince's Trust que había conseguido reconducir su vida. Longmuir había obtenido plaza en una escuela de cocina y, finalmente, había fundado un negocio que ya contaba con ciento veinticinco trabajadores y que había ganado múltiples galardones. Y ahora estaba sirviendo al hombre que le había ayudado a darle la vuelta a su vida. Después de la recepción, Longmuir confesó que conocer al príncipe había sido «el momento más feliz del año»[18] para él. Según un miembro de la Casa Real, el príncipe «no cabía en sí de alegría».

Si hay un tema en el que todos los gobiernos pueden esperar cierta terquedad de Carlos es la medicina homeopática. Durante su etapa como secretario de Salud, el laborista Alan Johnson recuerda que se reunían aproximadamente cada seis semanas en Clarence House. A Johnson le habían impresionado algunas terapias de medicina alternativa que había visto usar en China y diseñó un plan piloto en Irlanda del Norte, para gran deleite del príncipe. Una vez, le invitaron a cenar con su entonces esposa, Laura: «Estábamos los tres solos, algo muy informal. Podría haber sido incómodo, pero Carlos rompió el hielo y se llevó muy bien con Laura. Hablamos un buen rato de esas cosas. Le interesa mucho lo que pasa en el mundo y no dejaba de darle a la lengua con la medicina alternativa».[19]

Carlos no tuvo tanta suerte en ese tema con el siguiente Gobierno conservador. Según un ex ministro: «Creo que tiene absolutamente la razón en casi todo, pero con el corazoncillo tracé una línea».* El ex secretario de Salud Jeremy Hunt recuerda que le

---

* El corazoncillo, *Hypericum perforatum*, se usaba antiguamente para tratar la depresión.

invitaron varias veces a Clarence House para hablar del NHS con el príncipe: «Con la homeopatía no podía complacerle. Hay una razón estructural: porque no existe base científica y el NHS sigue una política centralizada. El ambiente siempre fue muy distendido y no presionó en absoluto, pero seguramente se llevó una decepción». Hunt añade que prefería verse con el príncipe en los meses de verano: «Para luchar contra el cambio climático, no enciende nunca la calefacción durante los meses de invierno. Y puede llegar a hacer bastante frío». Durante años, el periódico *The Guardian* luchó en los juzgados para obtener acceso a la correspondencia del príncipe con los ministros, amparándose en la libertad de información. En 2015 se publicó una selección de las «cartas de la araña negra», bautizadas así por la manera enérgica de escribir de Carlos. Demostraban un príncipe apasionado y algo excéntrico, pero siempre correcto. Aun así, la experiencia fue tan traumática que el príncipe perdió la confianza y dejó de mandarles por escrito lo que pensaba a sus ministros. Jeremy Hunt lo recuerda con una pizca de tristeza: «Todo se debatía en persona, porque después del caso de las cartas dejó de escribir».

Cuando Hunt fue nombrado secretario de Exteriores, empezó a ver a Carlos bajo una luz muy distinta. Cuando se entrega una condecoración a miembros de los servicios de seguridad, se hace en un acto privado aparte, muy íntimo. Actualmente, esos actos suelen recaer en el príncipe de Gales, siguiendo el proceso de «transición». A él le gusta celebrarlos en su domicilio, Clarence House. Según Hunt: «El príncipe Carlos estaba en su salsa. Se sabe la historia que esconde cada premio..., una historia que yo conocía porque era secretario de Exteriores. Es una ceremonia especial a la que la gente lleva a su familia, pero solo tienen una insignia que dice "Operación Diente de León" u "Operación Bonanza", y es lo único que tienen derecho a saber. El príncipe se salía con unos discursos perfectos. Era increíble. [...] Nuestros servicios de seguridad son de los mejores y esa es una de las cosas que les mantiene motivados y que hace que se sientan valorados».[20]

Ahora que supera holgadamente los setenta, algunos detractores de Carlos aún le describen como un bala perdida en medio de la crisis de la mediana edad. La serie de Netflix *The Crown* ha retratado un alma amargada e insensible. Del carisma, el humor y la dedicación que hasta sus críticos le atribuyen, se ve poco o nada. Según amigos y empleados, sin esos atributos no habría conseguido jamás ni un ápice de lo que ha logrado. También destacan el perfil indispensable de la duquesa de Cornualles. Si los ayudantes del príncipe tienen que oponerse a una decisión de Carlos, saben que es muy difícil hacerle cambiar de opinión y que la mejor opción es convencer a Camila. Su alegría siempre es de agradecer en los viajes, cuando la presión o el horario empiezan a conspirar contra la balsa de aceite que impera en el barco. Según un ex ministro del Gabinete: «Siempre me ha caído muy bien su esposa. Si te tocaba sentarte a su lado en la cena, sabías que te lo ibas a pasar en grande. En mi opinión, ha sido una influencia muy positiva». El ex embajador de los Estados Unidos en Londres, Woody Johnson, era del mismo parecer. Después de dar un banquete en su honor, dijo: «Es desternillante. Es una joya».[21]

A una edad en que la mayor parte de sus coetáneos ya se han retirado, la duquesa ha asumido obligaciones reales, sobre todo en lo tocante a la alfabetización y a la ayuda a las víctimas de violencia doméstica. Durante el confinamiento, su club de lectura por internet, The Duchess of Cornwall's Reading Room, llegó enseguida a los cien mil seguidores.

Antes de la boda de Carlos en 2005, la postura oficial era que, cuando hubiera cambio en el trono, la duquesa sería «princesa consorte», no reina. Pensara lo que pensara la pareja sobre la cuestión, lo guardaba para sí. No haría falta aprobar ninguna otra ley para modificarlo, pero la iniciativa tendría que salir claramente de agentes externos, no del príncipe. Un ex ministro conservador aventuró que «necesitarían el apoyo del primer ministro y del líder de la oposición».[22] Sin embargo, en el septuagésimo aniversario de su ascenso al trono, la reina zanjó el asunto, declarando que «deseaba sinceramente» que la duquesa se convirtiera en reina. Sabía lo importante que había sido para ella y su padre contar con el apoyo de una consorte fuerte. Lo mismo debía ocurrir con su hijo.

La decisión que tomó la monarca en 2021 de nombrar a la duquesa miembro de la Orden de la Jarretera, un reconocimiento excepcional del que no gozó Diana, también denota claramente la fe que tenía en su nuera. La reina no desea entrar en debates sobre futuras coronaciones, pero sí le interesa el principio de «adelgazamiento» que defiende Carlos. Según un ex empleado destacado que lo ha hablado con ella: «Isabel confía en las reglas de sucesión directa, o sea, que es importante relativizar un poco. Pero ha habido muchos debates interesantes acerca del tamaño de la familia real. Creo que tiene el corazón dividido, porque está muy agradecida a todos esos olvidados que han apoyado a la monarquía, como la princesa Alejandra y los duques de Gloucester. Pero la tendencia va en la dirección contraria. Eso hace dudar del número de miembros de la familia que apuntalarán la monarquía». Algunos quizá terminen echando una mano de otras formas. En los últimos años, Carlos se ha visto más a menudo con sus primos, como el conde de Snowdon y Sarah Chatto. Aunque los hijos de Margarita no poseen cargos oficiales ni galardones reales, se han acercado al príncipe a medida que aumentaba la preocupación de sus propios hijos por sus familias. Como dice un asesor, «no quieren nada».[23]

Tras cada desfile Trooping the Colour, voceros y republicanos se quejan religiosamente al ver a la extensa familia llenando el balcón del palacio, con todos los primos e hijos. Por lo general, las voces críticas lo tachan de asamblea neovictoriana de chupópteros. Uno o dos empleados reformistas sugirieron discretamente la posibilidad de reducir la comitiva, pero la reina no quería ni oír hablar de ello. Es su cumpleaños, es su familia y esos parientes no cobran del Estado. Un ex miembro de la Casa Real recuerda la atmósfera que se respira cada año de puertas adentro, en el Salón

Chino, antes de salir al balcón: «Detrás de la majestuosidad de la ocasión, normalmente se percibe un cierto alivio de que nadie se haya caído del caballo durante el desfile. Seguramente habrá quien diga que los reunidos en el balcón son una carga grotesca para el erario público, pero la reina lo ve como un verdadero momento de placer, especialmente para los miembros menos distinguidos de la familia. Si un secretario privado propusiera vaciar el balcón, creo que estaría dictando su propia sentencia de muerte. Se estaría vaciando por los motivos equivocados».[24]

Según otro asesor, es un secreto a voces que Carlos está convencido de la necesidad de reducir la comitiva real que aparece en público.[25] Entre los miembros más jóvenes de la familia, especialmente los Cambridge, se ha advertido una clara tendencia por priorizar un puñado de ONG. Es comprensible, porque se quiere limitar la dispersión. Pero un veterano ex empleado advierte que eso amenaza con disuadir a una parte importante de los voluntarios, para los cuales siempre ha sido un honor y un mérito tener un mecenas de la realeza, aunque nunca se le vea: «El motivo por el que el duque de Edimburgo siguió ligado hasta el final a todas sus organizaciones, las ochocientas, era la importancia de esa benigna asociación. Para las personas que se benefician de esas organizaciones, tiene mucho significado. Con la caridad podemos tratar temas y llegar a sitios que con otros métodos serían inalcanzables. Así que la capacidad podría ser un problema, indudablemente, sobre todo si continúa el instinto de "adelgazamiento" de la monarquía».[26]

Además, el equipo titular de la Casa Real ha adelgazado *motu proprio* hasta tal punto que ya no quedan más agujeros en el cinturón. La princesa real es clave para la operativa actual, encargándose de más de quinientos actos al año. Junto con el príncipe de Gales y el duque de Cambridge, es la única integrante de la familia que inviste caballeros en nombre de la reina. También ayuda a llenar los huecos dejados por Felipe. Según el empleado citado: «Se ha animado a Ana a contribuir más. La reina no llama a su familia para preguntarles su opinión sobre tal cosa o tal otra. Son ellos los que tienen que llamarla, y ella responde. Y creo que la princesa Ana lo hace más que la mayoría».

A lo largo de muchos años, los condes de Wessex se han doctorado como miembros laboriosos y fiables del equipo, trabajando incansablemente por todo el país. El conde cada vez contribuye más a gestionar el Premio Duque de Edimburgo y la CGF (la Federación de los Juegos de la Commonwealth). En la pandemia, la condesa se presentó voluntaria para inocular vacunas con St. John's Ambulance y trabajó anónimamente en el suroeste de Londres. También quiso colaborar con un comedor social. En 2019, la monarca les concedió otro título. El día de su boda ya se había anunciado que tarde o temprano serían duques de Edimburgo, con el siguiente rey. Entretanto, la reina reconoció la creciente dedicación de la pareja en Escocia y decidió que merecían un título provisional más vinculado a Caledonia. Así pues, Palacio declaró que, mientras estuvieran en Escocia, debería llamárseles «condes de Forfar».

Después de morir Felipe, los condes y sus hijos cerraron filas en torno a la reina con el resto del núcleo familiar, junto con el duque de York y sus hijas. Pero para la reina y la monarquía cada vez urgía más decidir qué hacer con Andrés. Había abandonado todas sus funciones públicas después de su deplorable entrevista con la BBC, pero seguía a merced de hechos que escapaban a su control. Mientras siguieran apareciendo acusaciones del reguero de mujeres jóvenes que cayeron víctimas de la depravada red de Epstein, los viejos amigos del magnate se verían salpicados. Entre ellos, Andrés.

En agosto de 2021, cualquier atisbo de resolución se alejó aún más. La víctima de Epstein Virginia Giuffre, anteriormente Virginia Roberts, citó al duque en una demanda civil presentada en los Estados Unidos. En ella alegaba que el duque la había violado tres veces cuando tenía menos de dieciocho años, algo que él siempre ha negado. El duque no corría ningún riesgo de extradición ni de ser juzgado en el Reino Unido. La Policía Metropolitana de Londres anunció que había investigado el caso y que no tomaría más medidas. Aun así, el juez no quería darse por vencido ni permitir que los abogados de Andrés le eximieran con tecnicismos. En un caso totalmente aislado, un jurado de Nueva York condenó a la ex novia de Epstein por tráfico y prostitución de menores. Y cabe recordar que Ghislaine Maxwell había sido el puente entre el duque y Epstein.

En la familia, parece haber una mezcla de desesperación y de rabia ante la incomprensible falta de juicio de Andrés. Un amigo de la familia me contó personalmente: «Piensan que Andrés ha sido un ingenuo al mezclarse con esos sinvergüenzas, pero que es inocente y que no puede hacer nada. La reina no es imparcial, obviamente». En enero de 2022, sin embargo, Andrés volvió a fracasar en su enésimo intento por acabar con la causa, e Isabel decidió que ya había provocado suficientes daños a la monarquía. En un comunicado, Palacio anunció que el duque había «devuelto a la reina» todos sus cargos en organizaciones benéficas y en el Ejército. Se enfrentaría a la acusación como «un ciudadano más». Lo más doloroso era que se le impedía seguir usando el título de «Su Alteza Real», suyo por derecho de nacimiento. Un mes después, llegó a un acuerdo extrajudicial para pagarle una indemnización a Giuffre y una suma «considerable» a la organización benéfica que ella escogiera.

Hay quienes han sugerido que el duque debería dedicar unos años a trabajar por alguna ONG discreta y restituir poco a poco su fama. A veces se cita como ejemplo al ex ministro del Gabinete, Jack Profumo.* No obstante, en la Casa Real señalan que Profumo confesó sus pecados, mientras que el duque sigue empeñado

---

* En 1963, el ministro conservador Jack Profumo negó haber tenido una aventura con la modelo Christine Keeler y luego admitió que había mentido a la Cámara de los Comunes. Pasó el resto de su vida trabajando para la beneficencia en Toynbee Hall, en el East End de Londres.

en defender su inocencia, así que estaría mandando un curioso mensaje si exhibiera una especie de penitencia pública. Tampoco está claro qué tipo de organización benéfica le querría. Según un importantísimo asesor: «Él se muere por volver, pero la monarquía no se lo puede permitir. La gente no lo entendería. Podría haber una reacción horrible. Ese barco ya ha zarpado». Alan Johnson recuerda el gran contraste entre sus encuentros con Carlos y con Andrés, con quien se reunió unas cuantas veces siendo secretario de Estado para el Comercio y la Industria: «Costaba creer que fueran hermanos. No se veía la misma amabilidad ni destreza. Andrés hablaba sin escuchar. Tenías la sensación de que estaba cumpliendo un trámite».[27]

La otra cuestión que la reina aún tiene que resolver es la disputa entre los duques de Sussex y el resto de la familia. Parece que su relación con Enrique es sólida. Según un empleado, «él aún la chincha y le hace bromas, a pesar de todo lo sucedido, y a ella le encanta».[28] Al poco de la entrevista de Oprah hubo otra en la que el duque volvió a hablar de su infelicidad dentro de la Casa Real. Se mostró decidido a ahorrarles a sus hijos el «ciclo de dolor» que sufrieron sus padres y luego él mismo. Si había buscado ayuda terapéutica como Dios manda, había sido gracias a la duquesa.[29] La entrevista también sirvió para promocionar una serie de televisión liderada por Enrique y Oprah sobre el tema de la salud mental. Recibió críticas positivas y negativas, pero muchos elogiaron al duque por su franqueza.

La pareja tiene el gatillo fácil cuando recibe comentarios negativos, y a veces puede salirles el tiro por la culata. Cuando la BBC dijo que, según un «veterano miembro de la Casa Real», la pareja no había pedido la bendición de la reina para llamar «Lilibet» a su hija, los Sussex emprendieron medidas legales. Ordenaron a su bufete británico que tachara de «falsedad y difamación» la noticia, pero Palacio no la desmintió. La explicación posterior de los duques, que habían informado a la reina de su decisión y que ella no se había opuesto, tampoco distaba tanto de lo que había dicho la BBC.[30] Como siempre, la pareja debió de pensar que era un asunto totalmente privado. Pero cuando eligieron bautizar a su hija con el apodo de la reina durante su infancia, sabían que los comentarios serían inevitables. Se estaban ahogando en un vaso de agua.

Las intervenciones públicas de la pareja dibujaban un patrón. Fuera el tema que fuera, cada vez que pasaba algo, las facciones más ardientes a favor y en contra de los Sussex retomaban su posición de ataque en redes sociales. Pero entre el pueblo británico de a pie, la respuesta más habitual era de empatía por la reina. Seguía habiendo comunicaciones regulares entre la familia y los duques de Sussex, pero con la profunda pérdida de confianza provocada por la entrevista con Oprah, el clan británico de la familia había empezado a andar con pies de plomo en sus relaciones con Enrique y Meghan. Según un trabajador de la Casa Real: «Se ha aconsejado grabar las llamadas, y eso no facilita que la situación sea muy relajada». En julio de 2021, el duque anunció un acuerdo para publicar su autobiografía en 2022 a cambio de millones y millones de libras. La editorial afirmó que una parte no especificada de las ganancias se destinaría a obras de caridad, quizá siguiendo la estela de Tony Blair, que decidió donar a la Real Legión Británica todos los beneficios y el pago anticipado que se embolsó por su éxito de ventas, *Memorias*. Aún está por ver si el libro aplaca los ánimos o si refuerza la sensación de Enrique de que el mundo está en contra de los Sussex.

Por ahora, la reina sigue siendo el principal nexo entre California y el resto de la familia. Por más que el adiós de los duques y sus acciones subsiguientes hayan molestado a algunos miembros o colaboradores de la familia, antes de poder resolver nada la institución tendrá que reconocer algunos errores a todos los niveles, tanto por parte de la familia como de sus trabajadores. La pareja podría y debería haber sido un gran sustento para la monarquía y para la Commonwealth. Si no tuvieron la capacidad o las ganas de cumplir esa función, tal vez fue porque se habían fijado expectativas poco realistas. Pero ahí no acaba la historia. No bastará con trazar comparaciones simplistas con otro príncipe que se marchó de Gran Bretaña para irse a vivir con una divorciada norteamericana, porque sus razones fueron totalmente diferentes.

Más allá del Palacio, aún se percibe una especie de oportunidad perdida para el país. Según David Cameron, que considera a Enrique «un activo valiosísimo», la escisión era evitable. «Me duele que no pudieran llegar a un término medio», dice, y añade que tal vez Enrique habría sido más feliz si hubiera seguido un camino profesional más definido. Pone como ejemplo al actual rey de los Países Bajos, que estuvo veintiún años como piloto de la aerolínea nacional KLM: «Mi opinión es que los miembros jóvenes de la familia real lo tendrían mucho más fácil si tuvieran alguna especie de labor, si pudieran hacer su trabajo sin que nadie les pidiera explicaciones. Me parece que ahí está la clave».[31]

Aunque estos líos familiares preocupan y distraen mucho a la reina, también es capaz de relativizar e ignorarlos. No es que adopte el estilo «negacionista» de su madre, ni que sea temerosa e irascible como se la retrata en *The Crown*. Más bien, su actitud refleja dos aspectos de su manera de ser que identificamos al principio del libro. El primero es que no es una sentimental, sino una pragmática; tiene una mina de experiencias y recuerdos sin parangón en la historia, y aun así decide vivir en el presente. Y segundo, no se rige simplemente por ese sentido del deber del que tanto se habla. Como hemos señalado a lo largo del libro, ser reina es algo que le encanta y que siempre le ha encantado.

En cuanto al deber fundamental de toda institución dinástica, certificar la línea de sucesión, Isabel ve que los duques de Cambridge se han consolidado como una fuerte alianza, mezclando sus propios programas de campaña con las obligaciones tradicionales regias vía su Royal Foundation. En Palacio, se acepta que los Cambridge no disfrutan yendo a actos solo porque haya que cubrir alguna zona o cumplir con algún compromiso. Según un súbdito: «Siempre preguntan qué los hace relevantes y toman eso como referencia. En vez de decir: "Tenemos que hacer más actos en Escocia", dicen: "¿Qué más podría hacer la Royal Foundation en Escocia?". Se ha acabado la época de ir y ya está».[32]

Guillermo se está haciendo un nombre en la lucha medioambiental, como su padre, y ha creado el Premio Earthshot, dotado con cinco millones de libras anuales, el premio más prestigioso e importante de la historia de su campo. La reina le confía muchos actos de investidura y ya le ha enviado en su nombre a la asamblea general anual de la Iglesia de Escocia. Las iniciativas «Early Years» de la duquesa, que pretenden mejorar las oportunidades de vida para los menores de cinco años, ha cumplido la primera década con referencias muy positivas. Su intención es que siga en marcha hasta mucho después de que sus hijos hayan crecido. Según un colaborador de Catalina: «Cuando sea abuela, lo seguirá haciendo». Durante la cumbre del G7 de 2021, el Gobierno buscaba algo con fundamento para mostrárselo a la primera dama de los Estados Unidos, Jill Biden, educadora de profesión. Se pidió a la duquesa que organizara un simposio y la visita a una escuela, y ambas mujeres coescribieron un artículo para la CNN.

Isabel y Carlos han visto con sobrio orgullo la solvencia con que los duques de Cambridge se han asentado en la primera línea de la Casa Real. Es innegable que con los Sussex no ha salido todo a pedir de boca, pero su adiós ha servido al menos para estrechar los lazos entre la reina, Carlos y Guillermo. Según un empleado de la familia: «Ahora hablan más. Antes costaba tanto reunirlos que, cuando se veían, había que preparar un orden del día y levantar acta de la sesión, y eso tensaba el encuentro. Ahora todo es más sencillo».[33] Al príncipe de Gales también le gusta mucho rodearse de sus nietos. «Le encanta que se le suban encima», añade este empleado.

Miembros de Palacio confiesan que Guillermo tiene buenos motivos para agradecerles a sus padres que rompieran con el modelo tradicional victoriano y eduardiano de obligaciones regias.

Impulsando el Prince's Trust hacia temáticas de política social o hacia el tratamiento del SIDA, fueron los príncipes de Gales quienes reescribieron las reglas sobre el papel de la realeza en un amplio abanico de cuestiones modernas. Según un ex secretario privado: «Movieron de sitio la portería y, ahora, es mucho más fácil para las generaciones jóvenes seguir sus pasos y hacer lo mismo». Padre e hijo no habían estado nunca tan unidos y Carlos también se muestra muy orgulloso y prendado de su nuera. La reina tiene una relación fluida con su nieto. Guillermo la ha acompañado a varios actos de categoría, como cuando fueron a reconocer el trabajo de la comunidad científica en Porton Down en plena pandemia. Parece que Isabel ve en Guillermo señales de la tenaz determinación de su padre y del amor por los simples placeres de la vida familiar. Los viejos servidores de Palacio encuentran en él un carácter menos dado a la confrontación e intelectualmente menos curioso que Carlos, pero con el carisma del príncipe y la intuición de la reina, ese instinto infalible de saber cuándo no hay que hacer algo. Según un súbdito: «No es erudito como su padre, pero es cauteloso y dedica tiempo a reflexionar sobre qué es lo correcto en cada situación. El príncipe de Gales acumula informes y expedientes a montones sobre cualquier cosa. Guillermo no. Él prefiere hablarlo cara a cara. Es muy meticuloso y detecta todos los matices».[34] Es comprensivo con quienes reconocen sus errores y espera que el resto lo sea con él. Durante su formación como piloto en 2008, los medios armaron un escándalo cuando trascendió que el príncipe había practicado varias veces el aterrizaje en los terrenos de los padres de su futura esposa, en Berkshire. Según un ex empleado: «Muchos pilotos hacen aterrizajes de prueba en campos de cultivo, pero esa vez pusieron el grito en el cielo. Lo único que le preocupaba a Guillermo era que alguien se metiera en un lío. Tiene muy claros sus principios éticos».[35]

Desde 2019, el duque se ha ido involucrando cada vez más en un comité familiar llamado Chequers Group, que, bajo el liderazgo de Carlos, pone en común los conocimientos y las estrategias empleadas en las fincas de Balmoral, Sandringham y Windsor. Guillermo también está mostrando mucho más interés en la gestión del ducado de Cornualles, tanto en calidad de futuro heredero como de padre de un futuro duque de Cornualles. Según una persona próxima a la familia: «Podrá ser el futuro rey, pero considera que criar al rey que le sucederá es una parte igual de importante de su labor. Si echamos un vistazo a cualquier tabla de mortalidad, hay un 50 % de posibilidades de que sea rey en los próximos diez años. Por tanto, sabe que necesita estar al corriente de todo eso».[36] Igual que su padre, acepta la necesidad de seguir adelgazando la monarquía, como se suele decir, pero no lo considera un dogma incuestionable. Según un cortesano, si Guillermo necesitara ayuda de otros miembros de la realeza para un acto concreto, como una visita de Estado, no tendría reparos en llamar a una prima como Zara Phillips.

David Cameron tiene mucha fe en los duques de Cambridge: «Les veo un aplomo excepcional. Tuve el privilegio de conocerlos a ambos y me parece que combinan de maravilla su firme sentido del deber con el entusiasmo de Carlos por los temas importantes que hay que abordar». Cameron recuerda con alegría el día que el príncipe Jorge se subió al helicóptero del primer ministro aparcado sobre el césped de Balmoral: «Salimos al jardín y vimos al príncipe Jorge en el helicóptero con las ventanas abiertas. Se bajó y Sam y yo nos subimos. ¡Los mosquitos se nos comieron vivos en el trayecto hasta Londres!». Pero volviendo al tema en cuestión, Cameron añade: «Es raro ver a los tres sucesores en fila y que ninguno desentone en absoluto».[37]

Decir que es «raro» que un monarca vea claramente los tres próximos reyes es quedarse corto. Solo la reina Victoria pudo hacerlo (Enrique VIII también, aunque sin ser consciente de ello). Una fotografía que hace las delicias de la Casa Real es la que se tomó para un sello conmemorativo de los noventa años de la reina, en 2016. En ella aparece Isabel sentada junto a Carlos, Guillermo y Jorge, que en verdad está de pie encima de una caja, para que todas las caras parezcan lucir más o menos a la misma altura. A finales de 2021, la reina compartió una satisfacción parecida en su mensaje grabado para los delegados de la cumbre de Glasgow. Tras recordar la labor inicial de conservación del duque de Edimburgo, añadió: «Me enorgullece desmesuradamente que el papel protagonista de mi marido a la hora de fomentar la protección de nuestro frágil planeta perviva en la labor de nuestro primogénito, Carlos, y de su hijo mayor, Guillermo. No podría sentirme más orgullosa de ellos».

27

El futuro

«Siempre pensará en el futuro»

Si la poca afluencia y las restricciones por el COVID ya hicieron que el funeral del duque de Edimburgo pareciera extraño, este aún resulta más prosaico si se lo compara con el último funeral real del Reino Unido. Apenas seis años antes, decenas de miles de personas se habían echado a las calles como señal de respeto, y millones más habían pegado el rostro al televisor para oír al arzobispo de Canterbury alzarse sobre la tumba real y recitar las palabras que despiden a todos los simples mortales: «Pues polvo eres, y al polvo volverás».

La reina no estaba presente. Teniendo en cuenta la grave discordia que había sembrado en la familia ese personaje, decidió que sería mejor enviar a un representante que no fuera pariente consanguíneo. Así pues, la condesa de Wessex se sumó a una comitiva formada por los descendientes de varias familias ilustres de Inglaterra y al actor Benedict Cumberbatch, un pariente muy lejano del difunto, para despedir solemnemente al archienemigo: el rey Ricardo III.

Durante más de quinientos años, el último rey de los Plantagenet había sido difamado, sobre todo por Shakespeare, como un monstruo deformado e infanticida* cuya muerte en la batalla de

---

* Los leales y eruditos miembros de la Richard III Society insisten en que la leyenda no es cierta, y que no hay pruebas de que Ricardo mandara asesinar a sus sobrinos en la Torre de Londres.

Bosworth en 1485 marcó el final de la guerra de las Dos Rosas, el auge de los Tudor y el inicio de la historia moderna. Sin embargo, el paradero de los restos de Ricardo siempre había estado envuelto en un halo de misterio. El descubrimiento del cuerpo bajo un aparcamiento municipal de Leicester en 2012 sigue siendo uno de los hitos arqueológicos más destacados de la época moderna. Y tampoco se puede despreciar el trabajo científico y genealógico que llevaron a cabo los detectives de la Universidad de Leicester para confirmar la identidad de los restos en 2013. Eso sí, fue la respuesta de la gente a la nueva inhumación, pasados dos años del hallazgo, la que plasmó mejor el ascendiente inquebrantable y casi primitivo que la monarquía sigue ejerciendo en la sociedad laica del siglo xxi.

Cuatro días antes del funeral, hubo una gran procesión con el féretro por el campo de batalla de Bosworth hasta llegar a la Catedral de Leicester. Una inmensa multitud se echó a las calles de la ciudad más multicultural del país, llegando en algunos puntos hasta las diez filas de personas. Y todo para homenajear a un monarca medieval denostado... Era tan incongruente como el hecho de que seis caballeros de brillante armadura se unieran a los motoristas de la policía para escoltar el coche fúnebre tirado por caballos. Pero quizá fue aún más extraño ver a gente de a pie tirar las rosas blancas de los York al ataúd mientras este pasaba por delante de un KFC y un McDonald's. Durante tres días, miles de personas hicieron horas de cola para ver el féretro antes de un auténtico funeral de Estado, aunque la catedral lo llamó «oficio de reentierro». El acto siguió el protocolo medieval católico, ya que la Iglesia de Inglaterra no existía en tiempos de Ricardo. Los organizadores intentaron que los principales combatientes de Bosworth estuvieran representados mediante sus descendientes del siglo xxi. Las familias otrora fieles a los York, como los Howard o los Neville, se sentaron tranquilamente al lado de viejos enemigos partidarios de los Lancaster, como los Stanley y los Somerset. El obispo de Leicester, Tim Stevens, aprovechó el sermón para reflexionar sobre la reacción popular y dijo: «[Leicester] ha dejado a los escépticos con un palmo de narices con su deferencia por los restos de alguien que fue nombrado rey».

Obviamente, parte del encanto había residido en la novedad y la excentricidad. Pero ¿por qué ese gentío nostálgico y caballeroso? ¿Por qué Channel 4 luchó por desbancar a la BBC y hacerse con los derechos televisivos? ¿Por qué se dedicaron todas esas horas a cubrir formalmente el acto? Como detectó el obispo, el entierro de un monarca, aunque llevara mucho tiempo muerto y fuera antipático, aún conservaba cierta fuerza para conectar el presente con el pasado de un modo que los restos mortales de un primer ministro desaparecido mucho tiempo ha, por ejemplo, nunca podrían. Sin duda, eso explica el granítico nivel de apoyo con el que cuenta la monarquía y que encuestadores como Bob Worcester han detectado año tras año. Si el Reino Unido puede enternecerse, aunque sea solo un poquito, al redescubrir un villano de cuento como Ricardo III, que lleva mucho tiempo muerto, ¿qué pasará con Isabel II y su probable legado cuando no deja de romper récords de longevidad en el trono?

Tanto los británicos que combatieron en la guerra como los de la época de TikTok dirán que vivieron una segunda era isabelina, que tuvieron una monarca excepcional. ¿Pero hasta qué punto ha sido grande su reinado? En los fatídicos noventa, un veterano servidor público le dijo a Graham Turner que Isabel había «reducido la monarquía a una posición en que casi no importa»; ¿tenía razón?[1] En su ochenta cumpleaños, nada más y nada menos, ¿acertó *The Guardian* llamándola «Isabel, la última»[2]?

Que su reinado pase a la historia será en parte debido a la mala suerte. Si Jorge VI no hubiera muerto joven, su hija tal vez no habría roto el récord de longevidad de la reina Victoria. Pero, como ya hemos visto, la importancia de Isabel II no radica solo en el destino y la longevidad. Líderes tan dispares como De Gaulle u Obama han descubierto que la reina ha custodiado magníficamente un cargo casi incomprensible. A diferencia de un político, a ella se le pide que lo sea todo para todo el mundo en todo momento. Se supone que debe ser tan infalible como el papa y tan neutral como Suiza, pero sin dejar de ser humana e interesante, optimista e indefectiblemente simpática. El epíteto de Douglas Hurd, «Isabel la constante», es un atributo que corrobora totalmente uno de sus sucesores, el duque de Cambridge, que escribió el prólogo para el libro de Hurd. Estas fueron las palabras de Guillermo: «En incontables ocasiones, la reina nos ha demostrado a todos que podemos sonreírle al futuro con confianza sin cuestionarnos las cosas más importantes». Ser constante es indudablemente una cualidad admirable tanto en una monarca como en un navío de guerra; no es casualidad, de hecho, que ambos hayan sido bautizados con ese nombre. No obstante, tiende a reforzar la percepción de que su reinado es una respuesta diligente a una serie de constantes desafíos. Es innegable que ha afrontado muchos de esos desafíos. A veces parecían no tener fin. Pero si la monarquía ha seguido tan fuerte como hasta ahora, ha sido solo gracias a cómo ha respondido a esos sucesos. Y al cabo de setenta años, incluso los republicanos más férreos reconocerán que su capacidad para innovar con buen juicio, y nunca con embustes, le ha ido bien. Según un amigo: «Se le da de maravilla adaptarse a los cambios. Solo hay que verla durante la pandemia. ¿Habéis visto cómo se ha acostumbrado a las reuniones por Zoom? Durante el confinamiento terminamos viéndola y escuchándola más que en años enteros. Antes de Zoom, nunca habíamos oído todas esas pequeñas charlas, como la que mantuvo sobre la insignia por socorrismo*». Antes, esas conversaciones tenían lugar en los actos públicos a los que acudía, pero solían producirse lejos de los micrófonos o en los saludos protocolarios, donde la etiqueta exige

---

* Transcurrido menos de un mes del funeral del duque, la reina estuvo en un acto virtual de la Royal Life Saving Society y recordó que, en 1941, le habían concedido su primera insignia de socorrismo. Hablando con varios socorristas de la Commonwealth, dijo: «Me tuve que esforzar una barbaridad. Sentí mucho orgullo de poder llevar la insignia en el bañador, bien visible. Me parecía imponente».

ser muy ceremonioso. Uno de los frutos inesperados de la pandemia fue que la gente pudo ver el lado informal de la reina, darse cuenta de que esos encuentros sacaban lo mejor de ella. Nunca se le ha oído recurrir al viejo cliché de la realeza: «¿Viene usted de lejos?».

La reina no deja de sorprender a la gente que lleva mucho tiempo albergando ideas preconcebidas sobre ella y que al final la tratan de cerca con regularidad. Un ex ministro del Gabinete conservador cambió claramente de opinión sobre Isabel tras tratar con ella en varias ocasiones: «Tenía instintos fantásticos. No eran las opiniones de una aristócrata o de una persona muy rica sin contacto con la realidad. Obviamente pertenece a la clase alta y se le nota, pero no tiene opiniones especialmente propias de dicha clase. Comparte de forma muy profunda el sentir general del país. Su opinión refleja muchos más matices. No es conservadora ni laborista; está en un término medio. Su norma es el esfuerzo y una relativa falta de empatía por la gente que no se parte el pecho a trabajar, aunque también apoya y defiende sin vacilar a las personas que tienen mala suerte y que no han hecho nada por merecerla. Los otros miembros de la familia me parecían bastante aristocráticos, pero hablar con la reina no era para nada como hablar con un distinguido y gran duque».[3]

La tendencia natural es atribuirle ciertas opiniones por su edad y por su origen, pero Tony Blair nos advierte de no hacerlo: «Yo pienso en la política porque soy un político. Para ella, significaría ser muy incoherente con su propio sentido del deber. Los prejuicios políticos no forman parte de su esquema mental».[4]

Ante un complejo dilema constitucional, la respuesta natural de la reina es la de cualquier persona normal: pecar de sentido común. En 1992, asistió a un seminario universitario sobre ese tema en la Universidad Queen Mary y le admitió lo siguiente al historiador Peter Hennessy: «La Constitución británica siempre me ha parecido un enigma, y eso nunca cambiará».[5]

Según el historiador y catedrático Vernon Bogdanor: «La reina, posiblemente aún más que sus predecesores, ha entendido la esencia del pueblo británico de una forma muy difícil de definir».[6] Es evidente que una de las claves no es tanto la simple neutralidad, sino el autocontrol. Hoy, las emociones desatadas se llevan más que nunca como una medalla de honor; la reserva que personifica la reina se suele citar como una especie de defecto generacional censurable. La teoría dice que debemos desfogarnos, no reprimirnos. Pero John Major lo ve como un tesoro nacional: «La monarquía es más venerada que la política, que es tanto un factor de estabilización como de moderación en nuestra vida pública. Es una de las bases del afecto que tiene el país por la institución. Si el centro está calmado, la calma tiene más opciones de prevalecer». En el siglo XXI hemos visto revivir el antiguo lema bélico «Keep Calm and Carry On» («Mantén la calma y sigue adelante») bajo una estética retro-chic. Adorna frívolamente tazas de café y cojines en una época en que el discurso público parece más delirante que nunca. Aun así, es una frase que se suele aplicar sin ironías a cualquier respuesta de la reina ante una crisis. Tras el funeral de Felipe en 2021, *The Times* declaró: «La reina constante mantendrá la calma y seguirá adelante».[7] Cuando la reina hizo su última visita de Estado a Francia en 2014, el presidente François Hollande escogió la calma como tema para articular su bienvenida en el banquete. Estas fueron las palabras que le dedicó a Isabel: «Señora, su familia encarna verdaderamente la serenidad de este eslogan».

La reina no ha tenido que esforzarse ni motivarse mucho para ser así. Es su manera de ser. Según su ex secretario de prensa, Charles Anson: «Milagrosamente, tiene un carácter muy adecuado para la labor que desempeña». Sabe más cosas que casi cualquier otra persona que forme parte de la vida pública de posguerra, pero la reina nunca ha disfrutado con las habladurías. Aunque quiere saberlo todo, no obtiene ningún placer de divulgarlo. Ni siquiera lo plasma en su diario, cosa que seguramente será una desilusión para los futuros historiadores. En 1992, le contó al historiador Kenneth Rose que cada día escribe religiosamente de su puño y letra una entrada de una paginita. Y añadió: «Pero no tengo tiempo para anotar las conversaciones, solo los sucesos».[8] Es obvio que su discreción se pega. Douglas Hurd no entendió nunca por qué sus compañeros, muchos de los cuales eran unos cotillas, actuaban diferente después de reunirse con Margaret Thatcher. Después de hablar con Thatcher, la gente se apresuraba a relatarles lo que habían conversado a sus compañeros, y los rumores se propagaban enseguida. En cambio, las palabras mediadas con la reina se «guardaban para los nietos». Así lo expresaba Hurd: «Su porte no era distinguido, pero no olvidabas en ningún momento que era la reina».[9] Los que lo olvidaban se llevaban un cortés reproche. Cuando Tony Blair le estaba contando a la reina sus últimos planes para el Jubileo de Oro, ella interpuso tranquilamente: «Mi Jubileo de Oro».[10]

Muchas veces se usa la palabra «rutina» en sentido peyorativo para aludir a algo repetitivo y aburrido. Para la reina, la rutina estructura y apuntala su vida. Según Charles Anson, «la reina encuentra placer en la rutina: las cajas, los documentos del Gabinete, las conversaciones con los jueces, los vis a vis con obispos, líderes mundiales, etcétera». Para ella, la predictibilidad es una virtud. Como suelen decir los empleados de Palacio: «No le gustan las sorpresas». Últimamente, una rutina bastante tierna ha sido rescatada de su olvido. Poco antes de cumplir noventa años, Isabel decidió que no tendría más perros porque no quería que ninguna mascota la sobreviviera. Cuando murió Willow en 2018, se quedó sin corgis por primera vez desde su infancia. La condesa de Wessex recuerda que «estuvo mucho tiempo diciendo que no quería más perros».[11] Pero cambió de parecer durante el confinamiento, cuando acogió dos nuevos cachorros, un corgi y un dorgi.*

Siempre está muy dispuesta a probar cosas nuevas, por no decir encantada, siempre y cuando la avisen previamente. En

---

* Un cruce entre el corgi y el dachsund.

1985, Belice se acababa de independizar y la reina iba a visitar por primera vez ese país, el único Estado latinoamericano del que ocupaba el trono. Sabía que estaba saliendo de la zona de confort. En el banquete de Estado no tuvo ningún reparo en probar el manjar local, la paca asada, pero el titular de *Daily Mirror*, «La reina cata la rata»,* causó un incidente diplomático.[12] Para visitar el interior, formado por densos bosques tropicales, la única opción era uno de los dos aviones de reconocimiento Defender que conformaban la fuerza aérea de Belice. Como señaló el alto comisionado: «Probablemente no fue una de las visitas más cómodas para Su Majestad. El Defender es más útil para detectar plantaciones de marihuana que para llevar pasajeros de la realeza».[13] Sin embargo, Isabel lo consideró una gran aventura y le cogió mucho gusto al pequeño avión, al que llamó «el cochecito».

Como ya hemos comentado, es casi imposible horripilarla. La experiencia y la fe la han curtido para casi cualquier eventualidad, incluido el riesgo extremo. En otros países, el aparente desdén de la reina por la seguridad ha causado fascinación. En la Alemania de 1978, los secuestros y los atentados eran gajes del oficio para los servidores públicos. Durante la visita de Estado de la reina, los medios alemanes compararon la escasa seguridad que llevaba ella con los cientos de guardaespaldas que habían acompañado al líder ruso, Leonid Brézhnev, en su reciente visita. *Welt am Sonntag* subrayó: «La reina y el príncipe consorte llevaron un agente de seguridad cada uno, menos que muchos secretarios de Estado de Bonn. Algo impresionante, lo de esta mujer».[14] Como le dijo Felipe al autor Basil Boothroyd: «Si no hubiera sido por toda esa mal llamada seguridad, Jack Kennedy no habría sido asesinado».[15]

Isabel asume riesgos, pero son riesgos calculados. Sabe que la reina Victoria sobrevivió a ocho intentos de asesinato, pero lo

---

* En su comunicado para la Oficina de Asuntos Exteriores, el alto comisionado británico John Crosby dijo: «La paca asada sabe a tocino. El animal se parece a un conejillo de Indias gigante, con el que está emparentado, pero no a una rata».

máximo que se llevó fue un ojo morado. El escritor Antony Jay se quedó impresionado con su sangre fría cuando habló con ella sobre los peligros de su puesto durante un almuerzo: «Según ella, ahora hay demasiadas intromisiones y la seguridad es excesiva. Me dijo que no le daba miedo que la mataran. Lo único que no quería era que la mutilaran». Uno de sus antiguos responsables de seguridad habla con admiración de la reina: «Se le da bien seguir órdenes». En 1994, al principio de un acto en Georgetown, Guyana, la multitud estaba desatada y se estaba acercando demasiado, así que el veterano agente de policía que acompañaba a la reina le susurró cortés pero firmemente que se metiera en el coche. Y ella lo hizo.[16]

Isabel tiene nervios de acero, pero hay mucha gente que dice que lo que le pasa es que es tímida. Lord Charteris, su ex secretario privado, decía que combinaba «el carisma de su madre con la timidez de su padre». Una de las biógrafas más reputadas de la reina, Elizabeth Longford, dijo que Charteris se equivocaba y que la reina no tenía nada de tímida: «La timidez y la reserva o la "introversión" no son lo mismo. Alguien tímido quiere hablar, pero no puede. Si se es reservado, se tienen buenos motivos para guardar silencio, relacionados con la ciudadela interior».[17] Parece improbable que una persona tan tímida haya aguantado casi un siglo siendo el centro de atención, y sin perder ni un ápice de su buen humor. Para Longford, sería más pertinente describir a la reina como una persona «poco asertiva» pero «confiada». Significa que la monarca empatiza con los que no siempre hacen más ruido. Sabe perfectamente que incluso los más atrevidos pueden ponerse nerviosos en su presencia.* Existe el cliché de que la reina siempre intenta que la gente se sienta cómoda, pero es que es verdad. Según George W. Bush:

---

* El suboficial australiano Keith Payne estaba tan nervioso antes de conocer a la reina que no se presentó a su propio acto de condecoración, en 1970. Cuando lo encontraron, estaba fuera fumando como un poseso, y dijo: «Nunca había estado tan nervioso». Payne iba a recibir la Cruz Victoria, el máximo reconocimiento al valor.

«A nivel personal, me siento muy cómodo con ella. Soy bastante bueno juzgando a la gente y la sensación que tengo cada vez que estoy con Su Majestad es de comodidad».[18]

Lord Salisbury recuerda estar en una fiesta en Escocia durante una visita social informal de la reina. En un momento dado, él estaba en un sillón haciendo un crucigrama y se dio cuenta de que había alguien sentado en el reposabrazos leyendo las pistas. Se levantó de pronto. Era la reina: «Se había acercado de puntillas. Me puse de pie de un salto y ella dijo: "Por favor, ¡no se levante!"».[19]

Para John Major, la serenidad de la reina es vital para contrarrestar una nueva y deplorable tendencia de la vida pública: la naturaleza furiosa y maniquea de las interminables controversias: «La reina encarna la supuesta virtud británica del pragmatismo, la moderación y la tolerancia, y sostiene que esa debería ser la postura de la Corona contra la "política de la confrontación". Apela mucho más al instinto británico que al extremismo o a la indignación».[20] Ante el nuevo sectarismo de la extrema derecha y la cultura de la cancelación de la izquierda, que no deja títere con cabeza, la Casa Real tiene que predicar con el ejemplo y dejarse de monsergas.

Vernon Bogdanor ha citado el mensaje de Navidad de 2004 como un buen ejemplo de cómo expresar ciertas opiniones «sin abandonar en absoluto la postura de neutralidad política».[21] Apenas cinco meses antes, el BNP, un partido británico residual de extrema derecha, había conseguido casi el 5 % de los votos en las elecciones al Parlamento Europeo. La reina no dio ningún sermón, pero aprovechó para hablar de la necesidad de confortar a las personas que creían que «sus creencias» se estaban viendo amenazadas. Y entonces citó a alguien que acababa de visitar el Reino Unido y que había explicado con alegría que lo más impresionante del viaje había sido coger el metro en Londres y ver niños: «De todas las procedencias étnicas y religiosas. Algunos llevaban pañuelo o turbante; algunos hablaban en voz baja; otros jugaban o hacían travesuras, pero vivían en plena armonía y confianza mutua».

En enero de 2021, el Reino Unido observó con incredulidad cómo una turba de indignados asaltaba el Capitolio de Washington. Cuatro meses después se produjo otro hecho que pasó más inadvertido, pero que provocó un asombro similar. Una revista de derechas publicó cartas de oficiales y ex oficiales del Ejército francés en las que se alertaba con tono amenazante de una «guerra civil». El Reino Unido ha sido testigo de muchos disturbios y polémicas constitucionales durante la primera parte del siglo XXI, pero nada que se aproxime ni remotamente a un ataque al palacio o una amenaza de motín en las Fuerzas Armadas. Pocos lo han expresado en voz alta, pero no ha pasado inadvertido que nuestro sistema, que algunos suelen denostar por hereditario, arcano y extravagante, puede haber tenido algo que ver. Según Tony Blair: «Lo que ha pasado últimamente en los Estados Unidos es que la gente no veía como su presidente al presidente que no votó, y eso supone un grave peligro para el país en el futuro. En cambio, en el Reino Unido la monarquía se percibe como una estructura que está por encima de eso, como la esencia del país. Nos va como anillo al dedo, porque aporta esa cohesión unificadora que la política no puede aportar».[22] Como manifestó Antony Jay en su guion para el primer documental sobre la realeza: «La fuerza de la monarquía no reside en la fuerza que concede a su soberano, sino en el poder que deniega a todos los demás».[23]

George W. Bush no añora en absoluto la época de Jorge III, pero reconoce que la separación de poderes puede ser muy útil. Esto dijo sobre los disturbios de 2021: «Nuestros antepasados nos avisaron de las masas. Disponemos de pesos y contrapesos para evitar esta clase de levantamientos populistas. Ese día fue un duro examen para el sistema, pero ahora vemos que todo se está apaciguando, así que el derecho garantiza la estabilidad. Obviamente, un sistema diferente, como el que prevé esa separación entre el pueblo y el monarca, sí aporta sensación de estabilidad, siempre que el monarca sea estable».[24]

El ex primer ministro australiano Tony Abbott coincide:

«Los países que carecen de ese símbolo suprapolítico carecen de una importante válvula de seguridad. Lo maravilloso es que aplaca un poco los debates políticos, porque, a fin de cuentas, todos debemos mostrar una cierta deferencia a la Corona».[25]

Según el periodista y eclesiástico Richard Coles: «Ahora que la ansiedad (e incluso la amenaza) crece sin cesar, nuestra monarquía, igual que otras monarquías, puede ser nuestra mejor baza para protegernos del auge de los tiranos».[26] A Coles le gusta citar al nacionalista catalán Jordi Carbonell, que se exilió al Reino Unido durante la dictadura franquista y observó: «No sabéis la suerte que tenéis de vivir en un país en que el interés de los partidos y el interés nacional no se consideran lo mismo».

Si la línea directa de sucesión parece decidida y satisfactoria, pese a la incertidumbre y las dudas que planean sobre los dos segundos hijos, ¿cuáles serán los mayores retos para la reina y sus sucesores? La amenaza futura más real es el componente «unido» de «Reino Unido». La familia real no solo ama Escocia (según David Cameron, «allí se sienten liberados»), sino que se siente escocesa en un sentido visceral y emocional. La reina es la monarca más escocesa desde Jacobo I de Inglaterra y VI de Escocia. Por parte de su madre, tiene dos antepasados escoceses que descienden de Roberto I. La monarquía siempre ha actuado como un gran vehículo de adhesión angloescocesa... desde la unión de las Coronas en 1603, muy anterior al Acta de la Unión de 1707 que juntó los dos parlamentos. Eso significa que cualquier separación resultaría traumática por dos motivos. El primer problema sería separar la soberanía. Pero si Escocia también decidiera adoptar un modelo republicano, no solo obligaría a partir las dos Coronas, sino que habría que abolir una de ellas.

Es un tema que preocupa profundamente a la reina, como dejó claro en su discurso al Parlamento para su Jubileo de Plata, y lo repitió en otro famoso discurso recordado por distintos motivos. En las bodas de oro de 1997, elogió a Felipe por ser su fuerza y su sustento, pero también expresó el siguiente deseo: «Espero que nuestro país entre en el próximo milenio rezumando orgullo y confianza y siendo un auténtico Reino Unido». Pero cuanto más se encona el debate sobre la independencia escocesa, más tiene que apartarse la reina de la cuestión. Dicho eso, Tony Blair cree que el pragmatismo de Isabel acabará imponiéndose: «Pensará mucho en lo que más convenga al Reino Unido, eso me parece obvio. Pero también verá que la mejor manera de demostrarlo será preparándose para aceptar el resultado, sea el que sea. Quizá ella desee un desenlace... No lo sé, aunque estoy bastante seguro de que sí... Pero siempre pensará en el futuro». De convocarse otro referéndum sobre la cuestión, Blair no cree que se vaya a repetir el incidente de la Iglesia de Crathie, cuando la reina exhortó a los escoceses a pensar las cosas «muy seriamente»: «En términos estrictamente políticos, lo más probable es que creyera que su intervención no afectaría mucho al resultado, o que no influiría en positivo. Y, en segundo lugar, inhibiría cualquier actuación posterior en caso de que el resultado definitivo fuera favorable a la separación. Pensará que su deber es aceptar el resultado, sea el que sea».[27]

Para David Cameron, se puede usar la monarquía para apuntalar la unión. En eso se suma a los llamamientos de su predecesor, Gordon Brown, para reformar la Cámara de los Lores y convertirla en una especie de senado que dé voz a todas las regiones del Reino Unido. En una conversación privada, Cameron me confesó: «Estoy de acuerdo en que tenemos que buscar formas de reforzar la unión entre las cuatro naciones; por ejemplo, convirtiendo la de los Lores en una cámara de las naciones. En eso brillan la reina y la familia real. La unión de las Coronas es crucial y, para ellos, su rol en Escocia consiste en subrayar dicha unión. Debemos plantearnos una cosa: ¿cómo puede nuestro pacto constitucional reflejar mejor la naturaleza voluntaria de esa unión de naciones?».

El ex presidente Bush empatiza con el dilema de la reina en Escocia: «Es algo sobre lo que seguro que ha reflexionado mucho.

Solo hay que echar un vistazo a nuestra historia. En un momento dado existió la posibilidad de que los Estados Unidos desaparecieran. Surgieron movimientos secesionistas cuando la gente estaba muy crispada y los estados estaban amenazando con independizarse. Pero la desunión no es buena».[28]

Aun así, las opciones para la monarquía son bastante limitadas, como señala John Major: «La campaña del Partido Nacional Escocés a favor de la independencia es profundamente política. La soberana correría un grave riesgo de caer en la parcialidad política. Isabel no puede ni debe tomar parte explícita en los debates sobre las intenciones del Partido Nacional Escocés; eso corresponde a sus ministros y otros representantes. Lo máximo que debe hacer la reina es lo que ya está haciendo: seguir mostrando un afecto profundo e inquebrantable por Escocia, y tal vez subrayar las ventajas históricas de un Reino Unido». Pero dice que hay que matizar y ser muy sutil: «Es muy consciente de que esas ideas deben expresarse muy de vez en cuando, con cuidado y cuando resulta apropiado, y no específicamente en el contexto del debate sobre la independencia».

Un ejemplo es su filosofía respecto a la asamblea general anual de la Iglesia de Escocia. Cada año envía a un representante para que sirva como lord alto comisionado en la sesión: su misión es observar, no conducir las deliberaciones de una Iglesia orgullosísima de su independencia del Estado. En 2021 envió a Guillermo con una carta escrita por ella en la que aludía agudamente a la unión, destacando que el trabajo pastoral de la Iglesia resultaría: «Muy conveniente en el futuro, cuando el Reino Unido quiera reconstruir y modernizar la vida de la comunidad». Luego, Guillermo pronunció un largo discurso sobre la Iglesia y la pandemia que no dejaba de ser una carta de amor a Escocia. Elogió la dicha que su abuela, su padre y él mismo habían encontrado en Escocia desde la infancia, agradeciendo la privacidad de la que él mismo había gozado en la Universidad de St. Andrews y durante su instrucción como piloto en Inverness: «En resumen, Escocia es de donde guardo algunos de mis mejores recuerdos, pero también los más tristes. Estaba en Balmoral cuando me notificaron que mi madre había muerto». Pero encontró consuelo gracias a «la naturaleza escocesa»: «La conexión que siento con Escocia siempre será muy honda. Pero acompañando ese desgarrador recuerdo, habrá otro de gran alegría. Y es que este año se cumplen justo dos décadas de que aquí, en Escocia, conocí a Catalina».

Estos mensajes subliminales no hacen mucho por sí solos, pero juntos pueden aportar su granito de arena. Todo concuerda con el lema de los «pequeños pasos» de la reina. Hay un pulso constante entre lo que dice «el corazón y la cabeza»; los políticos deben hacer hincapié en la cabeza, pero la monarquía puede apelar al corazón.

En los primeros años del reinado, el problema más acuciante fue el del dinero. La institución debía poder operar con un presupuesto anual fijo, la lista civil, cuando la inflación estaba por las nubes y elevaba los costes año tras año. Los debates políticos y públicos fueron intensos, pero han remitido bastante desde que se aprobó la asignación al soberano. Los medios siguen escudriñando las cuentas anuales. Autores como David McClure mantienen un ojo puesto en el balance general de la Casa Real y preguntan a quién pertenece cada uno de los tesoros nacionales. Según McClure: «Todavía no se ha estipulado claramente qué es propiedad privada de la reina, aunque su cuidado dependa de la Royal Collection, y qué es propiedad de la Royal Collection».[29] Eso sí, el dinero ya no es el problema número uno.

Los dilemas más importantes son institucionales, no financieros. Como cabeza de la Commonwealth, por ejemplo, la reina afronta retos totalmente nuevos. Lo cierto es que nunca había tenido una posición tan fuerte en la organización. Durante su largo reinado ha pasado de ser una mera presencia ceremonial fuera del palacio de congresos a un idolatrado símbolo de unidad. Ahora se la invita a entrar e inaugurar todas las cumbres. El traspaso del mando a su hijo y heredero se ha acordado sin rencores.

La familia real aporta personalidad a la Commonwealth e intenta abogar por la institución como una fuerza para hacer el bien en esta época posimperial. En clave humana, se ve como una red internacional de organizaciones profesionales y benéficas que comparten un mismo idioma y, gracias a las estructuras jurídicas y políticas heredadas del Imperio británico, una manera común de hacer las cosas.

Pero, según sus integrantes, otros foros multinacionales han eclipsado a la organización. Aunque es una asociación de iguales, todos reconocen que nadie se tomará en serio la Commonwealth si los Estados miembros más ricos y poderosos, sobre todo el Reino Unido, no se la toman en serio.

En 2018, el Reino Unido asumió la presidencia en funciones de la Commonwealth, que opera como otras organizaciones: con presidencia rotatoria. El cargo recae en el líder del país que ha celebrado la última cumbre. Debido a la pandemia del COVID-19, el Reino Unido ostentó el título más que ninguna otra nación en la historia de la organización. Aun así, para decepción de muchos, el Gobierno de Boris Johnson parecía reticente incluso a reconocer ese hecho. En 2021, cuando presidió la cumbre del G7 con las principales economías del mundo, Johnson no mencionó ni de paso la Commonwealth. Un ex ministro conservador admite que «los representantes británicos, especialmente los más jóvenes, lo ven como algo anticuado y tienen pavor de que les acusen de abrigar delirios imperialistas. Mucho mejor dar la lata con la idea del "Reino Unido global"».[30]

La organización afronta otros problemas mucho más graves, porque la historia del Imperio británico es un tema candente en las «guerras culturales» de redes sociales y campus universitarios. Un estudio del Policy Institute del King's College de Londres analizó casi tres mil noticias de 2020 sobre las «guerras culturales». Consultando los medios británicos, se constató que la mayoría de las noticias (un 36 %) trataban el tema del «Imperio y la esclavitud».[31] En concreto, las estatuas se han convertido en un caballo de batalla para los «guerreros» culturales, y muchos de esos monumentos rinden tributo a la monarquía, al Imperio o a ambos.

Aunque la Commonwealth es una alianza libre y totalmente voluntaria de naciones iguales, está inherentemente ligada al Imperio británico, pues nació de él. Como ya hemos visto, algunas personas, como los propios duques de Sussex, han terminado viendo ambas entidades como la misma. Si la monarquía es el gran emblema de ambas, ¿cómo se navega por esas peligrosas aguas, más aún cuando los Sussex han acusado de racismo a personas de la Casa Real? La nueva ortodoxia consiste en juzgar el pasado exclusivamente desde la perspectiva del presente. Entonces, ¿cómo explica la monarquía actual que, durante los primeros nueve años de su reinado, Isabel II fuera reina de una Sudáfrica segregada? Por ejemplo, ¿cómo responde la institución a los documentos recién descubiertos que indican que, hasta los sesenta, la política de la Casa Real era «no contratar inmigrantes o extranjeros de color» en «puestos de oficina»?[32]

La sensibilidad social es tan alta que todos los miembros de la familia tienen la sensación de que la única opción es mantenerse al margen de cualquier guerra cultural. A decir verdad, hasta Meghan fue acusada de actitud colonialista por casarse con un velo bordado con las flores de la Commonwealth. Unos días después de la boda de los Sussex, la historiadora norteamericana Aparna Kapadia publicó un ensayo en el que sentenciaba: «El vestido de diseño británico de Markle eclipsa este oscuro pasado». La que fuera académica de Oxford, educada en la India y el Reino Unido, añadía: «En la nueva era de negacionismo en la que nos hallamos, no debería sorprendernos que la familia real y los medios británicos se apresuraran a reclamar la brutal historia del colonialismo como algo que celebrar».[33]

El debate en las redes sociales se caldeó y un autor indio acusó a la nueva duquesa de Sussex de «paternalismo y nula voluntad de escuchar». Otra persona dijo en la radio pública norteamericana que el velo era «amnesia colonial de la peor clase».[34] Si se puede acusar a Meghan Markle de imperialismo y falta de sensibilidad racial por un bordado en su vestido de boda, el panorama para la reina, hija de un emperador propiamente dicho, parece funesto.

Tony Blair reconoce el aprieto en el que se encuentra la familia real: «Creo que no van a saltar al cuadrilátero, pero esa batalla cultural acabará con una victoria bastante clara de los que abogan por no destruir nuestra historia. El sentido común se impondrá. Creo que lo más difícil será mantener el contacto con el yin y el yang de la sociedad británica actual. Derrocar estatuas es una versión extrema de ello, pero con mis propios hijos soy consciente de que han cambiado las actitudes culturales».[35] Por ahora, el Reino Unido ha fijado el blanco en las estatuas de personas relacionadas con el comercio de esclavos y el expansionismo colonial. Pero el rumbo parece bastante marcado. En julio de 2021 se derrocó la primera estatua de la reina. En Winnipeg, Canadá, unos manifestantes tumbaron un monumento de ella y otro de la reina Victoria.[36] Estaban protestando por el cruel trato dispensado a los niños indígenas por parte de los internados dirigidos por la Iglesia católica y financiados por el Gobierno canadiense. Pero como máximo símbolo de autoridad, la reina se consideraba un objetivo legítimo.

Según los fieles asesores del pasado y de hoy, la monarquía solo tiene una opción: seguir lidiando día a día con lo que depare la vida. Como han señalado a lo largo de los años numerosos líderes de comunidades muy distintas, la clara dedicación de la reina a la Commonwealth y su Iglesia es una gran fuente de consuelo para las minorías étnicas británicas. Según el periodista Wesley Kerr, «la reina ha trabajado más que nadie para situar la Commonwealth en el orden del día del país, y el príncipe de Gales lleva tanto tiempo haciendo lo mismo que la gente ya casi ni se da cuenta».[37] Kerr, que es de origen jamaicano, creció en el Reino Unido de los setenta. Siempre fue muy consciente de que la reina era la única persona de la vida pública a quien se veía interactuar regularmente con líderes negros por todo el mundo.

En el Jubileo de Diamante, una encuesta de ComRes para la BBC concluyó que el 79 % del pueblo británico estaba satisfecho con el papel de «defensora de la fe» de la reina, y las religiones minoritarias eran de las más fieles. Como confesó a la BBC Farooq Murad, secretario general del Consejo Musulmán del Reino Unido: «Los países musulmanes más grandes, como Pakistán, Bangladés y Malasia, forman parte de la Commonwealth. La gente llega aquí después de oír hablar de la monarquía británica a sus padres y sus abuelos. Muchos, de hecho, lucharon por el Imperio británico. Creemos que los sólidos valores cristianos son positivos para nosotros. Compartimos bastantes ideales».[38]

Por lo común, los más favorables a cortar el vínculo entre la Iglesia y la Corona no son las minorías, sino los republicanos que quieren abolir la monarquía. Nigel McCulloch, antiguo lord alto limosnero, dice que el rol de la reina como cabeza de la Commonwealth y jefa de las Fuerzas Armadas la hace muy sensible a la deuda que tiene su país con todas las comunidades religiosas. También apunta a su propia experiencia como obispo de Manchester, una metrópolis multicultural. Siempre que se proponía alguna reunión entre credos, las demás religiones pedían que él fuera el mediador: «Tanto si se celebraban en una mezquita como en una sinagoga o donde fuera, había miedo a que las asambleas de religiones se convirtieran en focos de tensión. Decían: "Esperamos que nos convoquéis, porque vemos la Iglesia de Inglaterra como un espacio seguro y neutral"».[39] Según él, la reina cumple ese papel a nivel nacional.

También hay mecanismos sutiles con los que la monarquía puede rebajar la tensión de las «guerras culturales», colaborando con el Gobierno. Ha pasado más de un siglo desde que Jorge V creó la Orden del Imperio Británico en plena Primera Guerra Mundial. En ese momento, fue una incorporación igualitaria y rompedora al sistema de condecoraciones: era el primer premio importante para las mujeres y las personas de cualquier procedencia. Más de cien años después, la connotación imperial ha empezado a chirriar no solo entre los que se oponen frontalmente al sistema, sino también entre un puñado de fervientes monárquicos. Incluso algunos lores lugartenientes, los representantes de la monarca en los condados, han comunicado prudentemente a Palacio que el nombre de la orden empieza a ser inoportuno, sobre todo para las minorías. En teoría, el sistema de condecoraciones es una de esas «circunstancias felices», como las llama un ex secretario privado; por tanto, hay personas en la corte que se preguntan en privado si ha llegado el momento de una modesta innovación. Una propuesta es ofrecer a los condecorados la opción de elegir entre la Orden del Imperio Británico o la paralela Orden de la Excelencia Británica. Las iniciales en inglés serían las mismas: MBE para los miembros, OBE para los oficiales, etcétera.[40] Pero ningún Gobierno quiere acercarse a la idea sin tener cierta garantía de que la reina la aprobará. ¿Qué diría ella? Se ha mostrado dispuesta a eliminar la Medalla del Imperio Británico durante el mandato de John Major, a recuperarla durante el de Cameron, a conceder a los Compañeros de Honor un hogar espiritual (Hampton Court) bajo el mandato de Theresa May y a crear una condecoración totalmente nueva en su nombre (la Cruz de Isabel) con la Administración de Gordon Brown. Por consiguiente, es obvio que no es reacia a modificar el sistema de condecoraciones. Según los partidarios de desdoblar la Orden entre la del Imperio Británico y la de la Excelencia Británica, el cambio será inevitable, así que no tiene mucho sentido esperar a que la indignación obligue a actuar. Sin embargo, un ex asesor sugiere que la reina no lo vería con muy buenos ojos: «La ha gestionado perfectamente [la Orden del Imperio Británico]. Creo que eso entraría en la carpeta de asuntos pendientes para su "sucesor". Me sorprendería que hiciera más que fruncir el ceño».[41] En otras palabras, dejémoselo al futuro rey Carlos.

Tampoco afectará mucho al devenir de la propia Commonwealth. Para Julia Gillard, que ahora preside el Global Institute for Women's Leadership del King's College, lo más determinante para el futuro de la organización no es su connotación imperialista, sino la relevancia: «Un órgano multilateral gigantesco en el que no caben las potencias dominantes del siglo xxi, Estados Unidos y China, tiene su utilidad. Abre un espacio para que otros países puedan hablar de cosas sin que todo se polarice inmediatamente en torno a esos grandes actores. Y los líderes van de cabeza. Van a las cumbres internacionales a conseguir cosas importantes, y juzgarán a la Commonwealth según ese baremo. Obviamente, todavía hay vestigios del imperialismo y del colonialismo que se tienen que superar. Pero la clave es que la organización siga mostrando su utilidad».⁴²

David Cameron también vio a la reina dar el callo como cabeza de la Commonwealth. Según él, Isabel está orgullosa de su labor, pero es realista con lo que puede conseguir: «Siempre tiene miedo de exigir demasiado, porque si te excedes, la organización empieza a resquebrajarse y a revelar sus puntos débiles».⁴³ No obstante, él cree que el Reino Unido es el que más sale perdiendo si desprecia las oportunidades que brinda la Commonwealth para entablar vínculos. En vez de temer por que se acuse al país de los excesos de antaño, debería impulsarse el debate en el sentido contrario: «La polémica por la esclavitud y el patrimonio no va a desaparecer. La puedes gestionar y, al mismo tiempo, tender puentes con los actuales miembros de la Commonwealth; se pueden hacer ambas cosas a la vez».⁴⁴ Y tiene un consejo para sus sucesores: «Haced más para ayudar a las naciones caribeñas; dad a países como las Maldivas una alternativa que no sea la financiación china. Tenemos que encontrar la forma de conectar con otras partes del mundo, de ser inteligentes y de usar nuestra cabeza».

Sin embargo, el ex secretario de Exteriores Jeremy Hunt admite que su función en la Commonwealth fue frustrante: «No deja de ser una organización colosal que se mantiene junta por la unanimidad. El precio que pagas por ello es eludir cualquier polémica. Deberíamos ser más honestos y decir que, en verdad, la Commonwealth sirve para promover los vínculos culturales e interpersonales».[45] Y eso es justo lo que la reina encuentra más atractivo. Por su parte, Tony Abbott cree que los lazos históricos y los valores compartidos son activos de la Commonwealth que nunca deberíamos minusvalorar: «Si no existiera la organización, el mundo sería un lugar más pobre y frío. Al final, la Commonwealth es lo que los miembros más grandes quieren que sea, y si el Reino Unido, Canadá, Australia o la India se la toman en serio, será relevante».

Abbott conoce mejor que nadie otro problema imponderable que afronta la monarquía: ¿qué pasa con la Corona en los demás reinos? Él dirigió la campaña a favor de la monarquía constitucional en el referéndum de 1999 que terminó en victoria, para gran sorpresa de los altos mandos políticos y mediáticos del país. No sabe si Australia volverá a votar, o cuándo, pero no ve la república como algo inevitable. Haciéndose eco de su consejo en el congreso de 2018 de la Australian Monarchist League, señala: «Al final, lo más importante es el pulso entre el sistema (el Gobierno) y el dirigente del Gobierno. Tenemos que poner el acento en la Constitución, no en la reina, por mucho que apreciemos su servicio».[46] Es algo que comparte el ex secretario de Exteriores laborista David Owen, que, pese a oponerse toda la vida al principio hereditario, no duda en identificarse como monárquico: «Simplemente creo que es mejor dejar la Corona al margen. Se limita a lo de siempre: dime un sistema mejor. Los países que valoran otros sistemas tienen que plantearse con qué sustituirlo. En general, terminan dándose cuenta de que el sistema monárquico está más que probado y parece funcionar».

El ex secretario general de la Commonwealth, el neozelandés Don McKinnon, cita un proverbio suajili siempre que alguien plantea abolir la monarquía: «Si le arrebatas algo al pueblo, debes reemplazarlo por algo de valor». El debate en Australia ya no está tan caldeado ni enconado como antes, de eso no hay duda. Julia Gillard, republicana de pura cepa, señala que a medida que Australia fue adquiriendo confianza en el escenario global, dejó de pensar tanto en la elección del jefe de Estado. En sus memorias, Gillard afirma que la idea de la república ahora se acerca más a un apaño constitucional que a la necesidad imperiosa que parecía ser en 1999:[47] «Las emociones han cambiado. Me parece que los australianos ya no arrastran esa vergüenza cultural».

Para Gillard, las ganas de Australia harán que tarde o temprano el cambio sea inevitable, seguramente al llegar un nuevo reinado: «Creo que el momento de la sucesión, y que conste que no lo digo como crítica al príncipe Carlos, supondrá el fin de una era y un gran cambio».[48] Otro ex primer ministro australiano como John Howard no lo tiene tan claro. Por ahora, dice, «el republicanismo en Australia es una cuestión totalmente sofocada».[49] En otras partes no es así.

Siempre hay algún reino tonteando con la idea de expulsar a la reina como jefa de Estado. En los sesenta y los setenta fue Canadá. En los noventa, Australia. A principios del siglo XXI ha sido el Caribe, donde el auge del movimiento Black Lives Matter en los Estados Unidos ha dado alas a los que piden cambios constitucionales. En la región también ha afectado mucho la deportación arbitraria del Reino Unido de migrantes caribeños que habían vivido toda la vida en el país, en el conocido escándalo de la generación Windrush. Si antes la Corona había sido un símbolo de rectitud y de orden, de repente se identificaba como un emblema de la injusticia.

En 2020, Barbados anunció el deseo de aprobar una constitución republicana. No era nada personal contra la reina. Según dijo la primera ministra Mia Mottley: «Ha llegado la hora de dejar atrás de una vez por todas nuestro pasado colonial».[50] No obstante, el proceso fue despachado directamente por los diputados, sin referéndum popular. La gente tampoco tuvo la oportunidad de votar a su primera presidenta. En 2021, Mottley y sus diputados, que sumaban veintinueve de los treinta escaños, acordaron que la primera presidenta de Barbados fuera la gobernadora general de la isla, la antigua jueza Sandra Mason. Era el primer trono que perdía la reina en casi treinta años, desde que Mauricio se convirtió en república en 1992. Por invitación personal de Mottley, Carlos estuvo presente en la ceremonia celebrada la medianoche del 30 de noviembre de 2021. Fue para subrayar que el cambio no tenía nada de personal. De hecho, podía ser una prueba piloto para otras ceremonias parecidas.

Otros Estados caribeños empezaron a estudiar su ordenamiento jurídico constitucional. La línea de Palacio siempre ha sido dejar esas cuestiones en manos de los electores. Pero en la Casa Real sigue habiendo dos filosofías. Algunos defienden que la soberana no piensa en sí misma, ni piensa en alardear o en acudir a elegantes fiestas en los jardines de los gobernadores generales. Ser monarca no consiste para nada en «aferrarse al poder»; es una obligación moral mientras la gente siga apoyando la Corona, pues aporta al pueblo una línea más de defensa contra sus políticos. Según esta filosofía, la monarquía tiene el deber de hacer cuanto pueda para demostrárselo y recordárselo a la gente. ¿Cómo? A través de los actos y compromisos de la familia. Un veterano ex asesor apunta al volumen de dinero que China está invirtiendo en el Caribe y a diversos escándalos, como el premio que concedió Antigua a Allen Stanford,* un estafador en serie al que se invistió caballero: «No voy a fingir que todo el monte es orégano. Cuando las fuerzas internacionales y la patronal hacen lo imposible por torcer las cosas y corromper a la gente, cuesta horrores mantener la credibilidad pública. Hay personajes sin escrúpulos y gobiernos muy autoritarios, y por eso tiene mérito que la Corona exista».[51] No es casual que la reina le cantara las cuarenta a alguien que osó

---

* En 2006, Antigua invistió caballero al tejano Allen Stanford como «pionero benefactor». En 2009 se le despojó del título y en 2012 fue condenado a ciento diez años de cárcel en los Estados Unidos por estafa mediante un esquema Ponzi.

sugerir que una recepción con los auditores de la Commonwealth podía ser «aburrida», ni que decidiera nombrar caballero a un venerado secretario financiero de las Islas Caimán en persona y sin ocultarse.*

Aun así, cada vez hay más gente en Palacio que sostiene que se acabó lo que se daba, que los días con una jefa de Estado ausente han terminado. Tienen miedo de que la monarquía se vea arrastrada todavía más a las «guerras culturales». Les asusta que pueda producirse un contagio de referéndums o de rechazos cuando cambie el monarca, lo que algunos llaman «un asalto a la Corona». Según esas personas, nada podría ser más nefasto para el nuevo rey. Lo que dice esta teoría es que es mejor adoptar la táctica de la «desconexión constructiva» de los reinos, y hacerlo más pronto que tarde. Como ejemplo, citan la presencia de Carlos en el último día del reinado británico sobre Barbados. Algunos incluso creen que sería mejor que sucediera mientras la reina sigue con vida. Un cortesano bastante pesimista señala: «Si se mantiene la tendencia de adelgazar la institución, quizá la monarquía deje de ser capaz de cuidar de todos los reinos».

Aunque haya un asalto a la Corona en otros países, ningún político concibe la posibilidad de que el Reino Unido aspire realmente a un cambio constitucional. Según el laborista Alan Johnson: «Nadie se acercará a esa propuesta, y menos aún si esa persona o ese partido esperan ostentar el poder. Dios, ¡no quiero ni imaginarme el revuelo! El *brexit* ya fue trágico, ¿pero esto? La mayoría de la gente, hasta los republicanos, te diría que lo dejaras estar».[52]

Como solía decir el duque de Edimburgo, y muchos en Palacio coinciden, los republicanos no son la mayor amenaza para una monarquía. El gran peligro es interno. Esto le dijo Felipe a un

---

* En 1994, invistió caballero a Vassel Johnson, el modesto contable y arquitecto del éxito de las Caimán como paraíso fiscal. Lo hizo sobre un escenario y delante de una gran multitud, a las puertas de la asamblea legislativa.

biógrafo: «La mayoría de las monarquías europeas fueron destruidas por sus más grandes y fervientes partidarios. Fueron las personas más reaccionarias las que intentaron aferrarse a algo sin dejar que evolucionara y cambiara».[53]

Exceptuando quizá a Carlos I, ningún monarca ha vivido más cambios dentro y fuera de la institución que Isabel II. Lo ha hecho evitando los grandes objetivos o planes maestros, siendo fiel a su estrategia de los «pequeños pasos». E igual que es muy indiferente al pasado, tampoco tiene mucha predisposición a mirar en la bola de cristal e intentar predecir el futuro. Eso sería más bien una necesidad laboral del príncipe de Gales, que le ha dado mil vueltas al tipo de reino que seguramente heredará. ¿Hasta qué punto podemos identificar los desafíos que tendrán a la larga los reyes Guillermo V y Jorge VII? Según el ex primer ministro británico John Major: «Nuestros futuros soberanos tendrán que convivir con un mundo que cambiará más rápido que nunca, y tendrán que seguir siendo relevantes sin recurrir al populismo, pues sin duda erosionaría la monarquía tal y como la conocemos». Major cree que los futuros monarcas deberán ayudar al país a asumir que debe tener un papel más testimonial en el mundo: «El tamaño colosal de países como la India, Indonesia o Brasil seguramente se traducirá en que su PIB superará al del Reino (espero que siga siendo Unido). La ciencia modificará nuestro lugar de trabajo y la esperanza de vida. La tecnología cambiará nuestra vida de formas que aún no alcanzamos a imaginar». Aun así, cree que todos los monarcas futuros pueden aprender cosas importantes y emular virtudes de Isabel II. Entre otras cosas, «Isabel tiene un gran sentido del deber y del servicio, encarna los valores que la nación admira y empatiza con las aspiraciones a medida que cambian, sin perder jamás ese aire de misticismo».[54]

Hoy, la longevidad de la reina llena a todo el mundo de fascinación, por no decir de incredulidad. El profesor de Harvard Joseph Nye, el hombre que acuñó el concepto del «poder blando», dice que las credenciales de Isabel con el poder blando son más sólidas que nunca: «Aún creo que la monarquía es uno de los activos más potentes del Reino Unido en términos de poder blando. Creo que el *brexit* dilapidó el poder blando del país en buena parte del mundo, minando su influencia, pero no afectó a la atracción cultural que ejerce la reina».[55] Durante su reinado, muchos diplomáticos británicos han sacado provecho de ello. Por ejemplo, recientemente se han desclasificado archivos de la Oficina de Asuntos Exteriores a raíz de diversas peticiones amparadas en la libertad de información. Esos documentos demuestran las maniobras del Gobierno británico para que la familia real visitara a los Reagan en California en 1983, en un viaje pasado por agua. Al hablar de un viaje real, cualquier embajador británico tenderá naturalmente a exagerar; pero aun teniendo en cuenta ese hecho, el caso de 1983 resulta extremo. Oliver Wright, representante en Washington, escribió: «Política, económica y demográficamente, la costa oeste está en pleno auge. El Reino Unido solo puede beneficiarse de que el oeste fuera conquistado, y conquistado de forma tan brillante. [...] En los Estados Unidos, ningún jefe de Estado de otro país aliado podría despertar como la reina la atención y el entusiasmo del presidente y del Gobierno. La reina es la única jefa de Estado a la que el presidente ha acogido en su rancho».[56]

Y lo mismo puede decirse de los demás miembros de la familia. En 1990, los príncipes de Gales fueron a Tokio para la coronación del emperador Akihito. En su escrito para la Oficina de Asuntos Exteriores, el embajador británico John Whitehead informó: «La situación tiene algo de irónico porque el público japonés ha mostrado mucho afecto y fascinación por nuestra familia real. Tampoco ha habido que lamentar que eclipsaran al emperador y a la emperatriz, pero es probable que un telespectador o lector de periódico casual ignorara la presencia de las otras delegaciones, casi ciento sesenta».[57]

A veces no hace falta presencia física. En 2018, Estados Unidos despidió a una de sus más grandes cantantes, Aretha Franklin, en Detroit. Ese día, alguien de la Casa Real sugirió rendirle homenaje durante el cambio de guardia en el Palacio de Buckingham. Los Welsh Guards desfilaron al ritmo de «Respect», el clásico de 1967, y todas las noticias de los Estados Unidos se hicieron eco del hecho por la noche. Todos los canales informaron de que la reina de Gran Bretaña había rendido homenaje a la reina del *soul*. Nadie dijo que hubiera sido idea de la propia Isabel, aunque seguro que se la consultó. Daba lo mismo. El gesto conmovió a más personas que cualquier tributo protocolario por Twitter, precisamente porque era auténtico. Era otro caso memorable del poder blando real ejercido en un acto cotidiano.

Para George W. Bush, no es nada fácil imaginar una vida de servicio público que comprenda desde el mandato de Harry Truman al de Joe Biden. La reina los ha conocido a todos salvo a Lyndon B. Johnson; incluso al ex presidente Herbert Hoover, al que conoció en 1957. Bush duda de que alguien más en la historia haya conocido a catorce presidentes: «Imaginarlo es tan alucinante como perturbador. Yo estuve encantado de servir, pero no me costó dejarlo e intentar recuperar la sensación de normalidad. Para ser como Isabel hace falta una voluntad de hierro, y lo que valoro en ella es su sentido del deber. Tiene una obligación con algo más grande que ella. Es intemporal».[58]

Ella nunca lo vería así. En las escasas ocasiones en que ha dejado entrever cuáles han sido sus motivaciones durante todos estos años, aparte de Dios, la reina ha preferido concederles el mérito a los dos hombres que han marcado su vida: el príncipe Felipe y el rey Jorge VI.

Como admitió en sus bodas de oro y en su mensaje navideño de 2021, con un tono especialmente personal, su labor habría sido imposible sin su querido Felipe. Antes, en lo más parecido a una entrevista que ha concedido jamás, reconoció el trabajo de su más devoto mentor, el rey. Hablando con Edward Mirzoeff de la BBC, dijo: «Puedes llegar muy lejos con la formación adecuada. Y creo haberla recibido».[59]

Justo antes de que la reina cumpliera noventa años, su prima y fiel confidente Margaret Rhodes hizo una reflexión sobre la filosofía de Isabel. En ella nos da una pista extraordinaria sobre la motivación de la reina: «Se esforzaba tanto porque quería que su padre estuviera orgulloso de ella».[60]

No podemos sino imaginar lo que pensaría ahora.

Epílogo

«Y que vuelos de ángeles te acompañen
cantando a tu final descanso»

El martes 6 de septiembre de 2022, en Balmoral, la reina Isabel II le decía adiós a Boris Johnson y nombraba a Liz Truss primera ministra. Era la decimoquinta persona a la que nombraba para el cargo durante su reinado. A pesar de su evidente fragilidad y de necesitar un bastón para desplazarse, se la veía alegre y animada. Estaba llevando a cabo lo que ella siempre había visto como una de las tareas más importantes de una monarca constitucional: asegurar la continuidad del gobierno. La dimisión de Johnson como líder de los conservadores en julio, después de que su amplia mayoría parlamentaria no consiguiera protegerlo de una sucesión de dañinos escándalos, había dejado al país sin timonel durante el proceso de elección, de dos meses de duración, de un nuevo líder del partido. La reina asumió el deber de supervisar que el traspaso de poderes se llevaba a cabo de la forma más eficiente posible. Tanto así que incluso había agendado regresar a Londres para el acto con el tren real. «No quería que los helicópteros de los informativos captaran imágenes de dos primeros ministros recorriendo cientos de kilómetros por ella», explica un miembro de su equipo.[1] A mediados de agosto y con la fecha acercándose, los médicos no lo vieron claro y le desaconsejaron el estrés de un viaje de ida y vuelta de más de mil seiscientos kilómetros a Londres. Los políticos irían hasta donde estaba ella. Tras concluir los actos oficiales de la jornada con una escueta ceremonia para nombrar a su secretario de prensa saliente, Donal McCabe, miembro de la Real Orden Victoriana, la reina se retiró a descansar durante el resto del día.

Alegres imágenes del traspaso de poderes ocupaban las portadas de la prensa nacional al día siguiente, y la atención de los medios se centró de inmediato en los grandes retos a los que se enfrentaba el gobierno de Truss. La reina, mientras tanto, transmitía su pesar a sus súbditos canadienses por el atroz ataque terrorista de Saskatchewan. El príncipe de Gales, que estaba en ese momento en Dumfries House en la otra punta de Escocia, presidía varias reuniones relacionadas con su fundación y grababa un mensaje de felicitación por el quinquagésimo aniversario de la telenovela *Emmerdale*. Pocos, fuera del círculo real, se alarmaron innecesariamente cuando, ese mismo día, Su Majestad pospuso la reunión del Consejo Privado de la tarde. Al fin y al cabo, había cancelado otros actos en los últimos meses. ¿O no acababa de perderse sus queridos Juegos de las Tierras Altas en Braemar? Aun así, algo no iba bien. Incluso en su lecho de muerte, en 1936, lo último que hizo Jorge V fue celebrar la reunión del Consejo Privado. A la reina solo se la esperaba por videollamada en esta ocasión. Era, además, una reunión de las importantes: el nuevo gobierno había nombrado nuevos ministros y había juramentos que prestar.

La princesa real, que estaba en Balmoral aquellos días atendiendo compromisos en Escocia, albergaba alguna preocupación. A la mañana siguiente, el 8 de septiembre, se pidió al príncipe de Gales que acudiera a Balmoral lo antes posible, a poder ser en helicóptero (como hizo). Se preparó un avión con celeridad para los miembros de la familia en Berkshire. A las 12:32, un críptico comunicado de Palacio hacía sonar todas las alarmas de las redacciones británicas: «Tras una exhaustiva revisión esta mañana, los médicos de la reina están preocupados por la salud de Su Majestad y han recomendado que permanezca bajo supervisión médica. La reina está tranquila y en Balmoral».

Todos sabían que Palacio solo hacía declaraciones sobre el

estado de salud de la reina tras una intervención o diagnóstico médico específico. Es más, las pocas veces en las que la reina había enfermado a lo largo de su vida había dejado claro que no deseaba una avalancha de visitas. Que esta indeterminada causa de «preocupación» hubiera movilizado a toda la familia hacía temer lo peor. Las autoridades y el ejército se prepararon al instante para poner en marcha la operación Puente de Londres, nombre en clave del fallecimiento de la reina. A media tarde, la programación de la BBC dejaba paso a un informativo especial. Cuando se vio al veterano Huw Edwards, el reputado periodista de la BBC al mando de tantas retransmisiones estatales y de la realeza, con corbata negra, otros expertos en la Casa Real se dispusieron a hacer lo propio.

Los asuntos parlamentarios de urgencia empezaron a espaciarse. Se ordenó a los oficiales de las unidades militares ceremoniales que volvieran a sus bases. Poco después de las cinco de la tarde, los demás hijos de la reina, más el príncipe Guillermo y la condesa de Wessex, llegaban al castillo. A las seis y media en punto, un comunicado de Palacio confirmaba lo peor: «La reina ha fallecido en paz esta tarde en Balmoral». Le seguía una frase que nadie había escuchado en siete décadas: «El rey y la reina consorte pasarán la noche en Balmoral y regresarán a Londres mañana».

La monarca más longeva y con el reinado más largo de la historia británica había abandonado de repente la escena mundial en la que había ocupado una posición eminente por derecho propio. Era la última jefa de Estado que había lucido un uniforme en la Segunda Guerra Mundial y una de las pocas que quedaban de la generación a la que el mundo tanto le debía. Era inevitable a la par que impensable. Pese a que los preparativos llevaban años en marcha y se habían ensayado, el impacto fue profundo. Una nación que había querido imaginar que este momento seguiría aplazándose indefinidamente se encontraba de repente desconcertada.

En cuestión de minutos, la muchedumbre se agolpó en el

lugar al que acude siempre en los momentos clave de la realeza (o relevantes para la nación). Aquella lluviosa tarde, bajo la bandera a media asta del Palacio de Buckingham, algunos sollozaban y otros aplaudían un improvisado desfile de taxis negros londinenses. «Liz es muy de Londres, como nosotros», aseguraba el taxista Michael Ackerman.[2] Al día siguiente por la mañana, el Reino Unido seguía intentando digerir la magnitud de una pérdida que resonaba por todo el planeta. Llegaron tantas personas con flores, muchas derramando lágrimas, que, a media mañana, la policía consideró necesario crear un carril de sentido único para los dolientes que se acercaban al palacio. Las tarjetas y mensajes estaban escritos a mano y desde el corazón, y llenos de gratitud y amor. «Es como haber perdido a una madre», decía una tarjeta firmada por Sue, Reeny y Sabina. Un texto escrito con caligrafía infantil bajo un corazón gigante rezaba: «Queremos que vuelvas, reina nuestra». En muchas tarjetas podía verse al Oso Paddington, con quien la reina había protagonizado un *sketch* brillante, digno de la gran pantalla, con motivo del concierto por su Jubileo de Platino en ese mismo lugar, hacía solo tres meses. ¿Cómo podía haber pasado todo aquello en el plazo de un verano? El año 2022 se estaba convirtiendo en un *annus horribilis* y *mirabilis* a partes iguales. Casi exactamente veinticinco años después de la muerte de Diana, un sentimiento de pérdida muy distinto y aún mayor sacudía la nación. El futuro de la monarquía estaba ahora en manos de un hombre que lloraba la muerte de su madre y acarreaba a sus espaldas su propio destino con setenta y tres años. Ningún otro monarca había pasado tanto tiempo preparándose para ese día. El modo en que respondiera a ese momento marcaría las expectativas sobre su reinado.

*

Las vistas eran desoladoras en el Parque Nacional de Aberdare, en Kenia, en el amanecer del 6 de febrero de 2022, el aniver-

sario del ascenso al trono de la reina. La cabaña original de Treetops, en la higuera original, había desaparecido tiempo atrás,
calcinada tras la rebelión Mau Mau en 1954. Aun así, la importancia de ese emplazamiento histórico había quedado señalada
por una gran placa, cerca del tocón original, en la que se leía que
«en este árbol *mgumu* [...] la princesa Isabel heredó el trono». En
el momento del setenta aniversario, sin embargo, tanto la placa
como el tocón habían desaparecido. Tampoco existía ya el árbol
conmemorativo que la reina había plantado en un viaje en 1983.
Las tres cosas estaban en los terrenos del Hotel Treetops, construido al otro lado del abrevadero, y la pandemia había hecho que
los dueños tuvieran que cerrarlo y ponerlo en venta. Al no haber
trabajadores que vivieran allí ni guardas que protegerieran el lugar, los elefantes hacía poco que habían tumbado a embestidas la
valla que lo rodeaba y habían destrozado el homenaje del Treetops a la historia real.

En el Reino Unido, la reina rememoraba la fecha en silencio
y en privado en Sandringham. Aun así, un mensaje a la nación en
el día del ascenso resonaba en todas las radios. En él había expresado su «deseo más sincero» de que la duquesa de Cornualles fuera, llegado el momento, reina consorte, y no princesa consorte.
Igual que había ocurrido con los cambios en las leyes de sucesión,
nadie había mostrado un particular interés en sacar a colación un
asunto tan peliagudo como aquel mientras no fuera estrictamente
necesario. Pero la edad avanzada de la reina y las crecientes conje-
turas sobre los planes del príncipe de Gales para la monarquía
habían propiciado un cambio de opinión. «A estas alturas del reinado uno se da cuenta de que no puede ignorar todas esas cosas
que en su momento quedaron relegadas a la carpeta de "Demasiado complicado"», reconocía un asesor.[3]

El día del ascenso parecía el momento adecuado para lidiar
con el problema, ya que pocos se atreverían a cuestionar los deseos de la reina en un día como ese, pensaron. El nombramiento
de la duquesa como miembro de la Orden de la Jarretera tan solo

cinco semanas antes, en la lista de honores del Año Nuevo, había sido un paso minuciosamente pensado para allanar el terreno. La esperada concesión de la Jarretera a Tony Blair en la misma lista (casi quince años después de su salida de Downing Street) también ayudó a distraer un poco a los medios. Igual que los cambios en las leyes de sucesión acordados hacía algo más de una década —y que en otra época se creyó que provocarían un caos constitucional, o que se vieron como directamente imposibles—, la proclamación de una futura «reina Camila» apenas agitó las aguas. «Saber cuándo es el momento de decir algo lo es todo», observó un trabajador veterano de Palacio. Los políticos más experimentados y los líderes mundiales se limitaron a enviar mensajes y tuits en los que felicitaban a la monarca por su setenta aniversario. La carpeta «Demasiado complicado» parecía no pesar ya tanto.

Tan solo dos semanas después, el Palacio de Buckingham hacía público un comunicado muy distinto. La reina había dado positivo en COVID-19. Aunque un portavoz insistía en que estaba teniendo solamente «síntomas muy parecidos a los de un leve resfriado» y que pensaba «seguir cumpliendo con los compromisos menos exigentes de su agenda», el comprensible desasosiego por la salud de una monarca a punto de cumplir noventa y seis años se hizo palpable. Esos miedos parecieron calmarse cuando, horas más tarde, la reina emitió un comunicado en el que felicitaba al equipo británico de *curling* que competía en los Juegos Olímpicos de Invierno de Pekín. Las cajas rojas siguieron entrando y saliendo, y la audiencia semanal (telefónica) con el primer ministro continuó produciéndose. Quince días más tarde, una sonriente reina saludaba en persona en presencia de los fotógrafos al primer ministro canadiense, Justin Trudeau, durante su visita a Londres. Los encargados de planear el Jubileo de Platino podían dormir un poco más tranquilos.

A esas alturas, el Palacio había decidido no confirmar la presencia de la reina a ningún acto. Partían de la base de que era mejor poder dar una grata sorpresa que tener que explicar por qué cancelaba su asistencia. Así que cuando no asistió a la misa del Día de la Commonwealth en 2022 en la Abadía de Westminster, se produjo una decepción inevitable, pero tampoco fue ninguna sorpresa. Estaba reservándose para un acto mucho más importante que tendría lugar en ese mismo lugar quince días después: la misa por el aniversario de la muerte del duque de Edimburgo del 29 de marzo, una oportunidad muy esperada por todos aquellos que el año anterior no pudieron asistir a la pequeña misa funeral en su honor. Entre ellos se encontraba la familia real más lejana, otras muchas casas reales, docenas de sobrinos nietos alemanes del duque de Edimburgo y 500 representantes de las organizaciones benéficas que presidía, desde la Asociación de Hostales Juveniles Escoceses al Club de la Caravana.

El evento también hizo aflorar alguna tensión familiar que otra. El duque de Sussex había anunciado que no asistiría a la misa debido a cuestiones no resueltas sobre las medidas de seguridad que se le brindarían a él y a su familia durante su estancia en el Reino Unido. Tras emprender acciones legales contra el gobierno británico por la decisión de no otorgar a su familia «el mismo grado» de protección policial que cuando ocupaba un lugar en la primera fila de la realeza, el príncipe Enrique afirmó que el Reino Unido «no era un lugar seguro». Que ello frenara a un valiente exsoldado a la hora de asistir a la misa en honor de su abuelo (habiendo asistido ya a su funeral) parecía digno de mención. Sin embargo, su ausencia quedó eclipsada por la perspectiva de una aparición pública del duque de York, la primera desde el acuerdo extrajudicial multimillonario al que había llegado para poner fin a las acusaciones de abusos sexuales contra él en los Estados Unidos.

Que el duque fuera a asistir a la misa conmemorativa en honor a su propio padre no se ponía en duda. La ceremonia se organizó siguiendo un patrón tradicional: se colocó a los asistentes según el orden que les correspondía en el escalafón real. Por lo tanto, la princesa real y su familia llegarían justo antes que los condes de Wessex y sus hijos. Posteriormente lo harían el duque de York junto con sus hijas y sus respectivos maridos. Tras ellos, aparecerían los duques de Cambridge, el príncipe de Gales y la duquesa de Cornualles. Por último, la reina. Esto era lo acordado y así se imprimió en los programas. Sin embargo, días antes del acto, corrió el rumor en el Castillo de Windsor de que el duque de York había estado dejando caer, en las reuniones privadas que mantenía, que quizá él podría asumir un papel más relevante en la ceremonia. Proponía desplazarse desde Windsor con la reina y escoltarla hasta el interior de la abadía. Alegaba que, de otro modo, su madre entraría solo con su dama de compañía (como ocurrió en el funeral) y que, además, él era el único miembro destacado de la familia real sin cónyuge.

Los funcionarios reales, el príncipe de Gales y el duque de Cambridge «pusieron los ojos en blanco», según explica un cortesano.[4] Parecía inevitable que se acusara al duque de York de estar preparando el terreno para su vuelta a la primera línea, algo a lo que la opinión pública sin duda se opondría. Sin embargo, como la ocasión era tan delicada, nadie quiso llevarle la contraria, y menos después de que la reina expresara su conformidad con el cambio de planes. Al menos la inesperada aparición de los príncipes Jorge y Carlota suavizaría la conmoción pública y mediática.

Durante el acto, la reina demostró no necesitar ningún apoyo para desplazarse, anduvo con entereza hasta su asiento (por una suerte de atajo a la ruta ceremonial habitual) y se levantó sin ayuda de su asiento para cantar todos los himnos. Como muchas otras damas de la realeza, acudió vestida con lo que se conoce como «verde Edimburgo», un tono de verde oscuro que el duque había escogido como color distintivo y que incluso había adoptado el taxi londinense con el que el marido de Isabel II circulaba por la ciudad. La reina también lucía el broche de oro y rubíes en forma de escarabajo que el duque le había regalado en 1966, el año en el que cumplió cuarenta años. A pesar de la pompa de una misa a la que asistían cuatro reyes, cinco reinas (sin contar a la anfitriona) y numerosos príncipes y princesas europeas, el tema común de las dos elegías fue, en palabras del David Conner, decano de Windsor, la decisión del duque de «unir al pueblo por un fin común». Doyin Sonibare, de veintiocho años, pronunció un discurso en el que recordó el modo en el que el premio Duque de Edimburgo le había cambiado la vida siendo una tímida adolescente del East End londinense. Al salir de la abadía, la reina se acercó a Doyin para darle las gracias por sus palabras.

A pesar de su reticencia a acudir a la ceremonia por motivos de seguridad, quince días después los duques de Sussex volvían a estar en el Reino Unido, con seguridad privada, de camino a la inauguración de los Juegos Invictus en los Países Bajos. Fue una escala corta en la que los acompañó un equipo de rodaje de Netflix, el gigante del *streaming*, con quien habían firmado un contrato para que realizara un documental sobre sus vidas. El equipo no estuvo presente, no obstante, en la visita de Enrique y Meghan a la reina en Windsor. Como más tarde le dijo Enrique al programa *Today* de la NBC: «Solo quiero asegurarme de que se la protege y de que la rodean las personas adecuadas». Luego añadió: «Ella y yo tenemos una relación muy especial, hablamos de cosas de las que no puede hablar con nadie más». Más allá de las rimbombantes declaraciones de Enrique sobre su posición privilegiada como protector y confesor de su abuela, la visita parecía apuntar hacia la posibilidad de una cierta reconciliación de algún tipo con el resto de la familia. Así, según una fuente cercana a la familia, fue como la reina quiso verlo.

Sin embargo, si bien la corta visita también incluyó una reunión con el príncipe de Gales y la duquesa de Cornualles, no hubo ningún reencuentro con los duques de Cambridge, que al parecer estaban de vacaciones, y a quien pronto se les empezaron a acumular también los titulares negativos en la prensa a raíz de su primer viaje oficial tras la pandemia. Igual que en el jubileo previo, la reina les había pedido a los miembros de la familia real que fueran a dar las gracias al resto de territorios en su nombre. El primer viaje oficial del jubileo llevaría a los duques de Cambridge al Caribe. La primera parada era Belice, pero los problemas empezaron antes incluso de su llegada. Uno de los actos programados, que tenía como objetivo promover la cultura y el comercio indígenas del interior del país, se canceló después de que algunos habitantes de Indian Creek se quejaran de que nadie les había consultado. Las acusaciones de colonialismo se multiplicaron.

Los funcionarios reales más veteranos saben perfectamente que, en cuanto se construye una narrativa en torno a un viaje, suele calar rápidamente, como pasó con el que hicieron los príncipes de Gales a Corea en 1992, en el que la prensa no dejó de criticar el aire de tristeza que rodeaba a la pareja, o el accidentado paso de la reina por la India en 1997. Los duques de Cambridge habían querido que el medio ambiente tuviera todo el protagonismo en aquel viaje oficial; incluso contrataron a un fotógrafo subacuático para que tomara unas imágenes submarinas, las primeras de ese tipo de un viaje de la familia real, en las que los dos nadaban hacia unos arrecifes de coral y se encontraban con un tiburón gato. La amenaza real, sin embargo, estaba en tierra firme.

Las acusaciones de colonialismo resultaban especialmente ponzoñosas debido a una confluencia de acontecimientos que nada tenía que ver con los duques de Cambridge. Como ya se ha dicho, la desastrosa gestión por parte del gobierno británico del escándalo del Windrush seguía resonando por toda la región. El resurgir de la política identitaria negra en los Estados Unidos, los llamamientos para que el Reino Unido pagara una compensación por la trata de esclavos, las repercusiones de la infundada acusación de racismo de los duques de Sussex contra la Casa Real del año anterior y la reacción del polvorín de Twitter a las acusaciones de insensibilidad cultural ponían aquel viaje en el punto de mira de un buen número de agravios. Es algo que se hizo patente cuando los duques de Cambridge llegaron a Jamaica. Su visita a una pista deportiva situada junto a la casa natal del difunto Bob Marley en el barrio de Trench Town, en Kingston, pareció, sobre el terreno, un gran éxito. Una multitud clamorosa se congregó para ver a la pareja real junto a varios futbolistas de renombre, y los duques se acercaron sonrientes a saludar a las personas agolpadas contra la valla que cercaba el recinto. En el Reino Unido, en cambio, la imagen de la pareja estrechando la mano de los niños negros que pasaban los brazos a través de la valla metálica se vieron como una suerte de *apartheid* posimperial.

Más tarde, cuando los duques (él uniformado) pasaron revista a un desfile de la Fuerza de Defensa de Jamaica con el mismo antiguo Land Rover de época que la reina había utilizado en otras ocasiones, las acusaciones de colonialismo y de falta de sensibilidad del sector republicano se intensificaron hasta convertirse en la proverbial tormenta de Twitter. Un profesor de la Universidad de las Indias Occidentales acusó a los duques de Cambridge de «oportunismo político». «Fueron los anfitriones quienes insistieron en lo del Land Rover, no nosotros», sostiene un funcionario de Palacio.[5]

Antes de reunirse con el primer ministro jamaicano, Andrew Holness, los funcionarios reales se preguntaron por qué el mandatario tenía tanto interés en invitar a todos los medios locales a presenciar el apretón de manos. Antes de que la pareja se hubiera siquiera sentado, Holness pronunció un breve discurso en el que recalcó su posición habitual: la de que Jamaica «avanzaría» hacia «la independencia».

Los duques de Cambridge y su séquito no pudieron sino sonreír educadamente y abstenerse de señalar que Jamaica había sido tan independiente como Canadá o el Reino Unido desde el día de su independencia en 1962, que escogió específicamente a la reina como su jefa de Estado y que, además, había sido el gobierno jamaicano quien había invitado a la pareja a venir.

Que al duque le sorprendió la reacción del público general al viaje se vio reflejado en su inusual decisión de realizar unas declaraciones al acabar. «Los viajes internacionales son una oportunidad para la reflexión», empezó. «Se aprende mucho sobre lo que piensan los primeros ministros...».

De vuelta en Londres, el *post mortem* fue rápido y honesto. «No se trataba de culpar a nadie. El príncipe Guillermo asumió lo ocurrido, pero quiso asegurarse de que no volviera a ocurrir», explica un funcionario.[6] En el Palacio de Buckingham, el personal comenzó a revisar cada detalle del viaje que los condes de Wessex iban a realizar por los otros tres territorios del Caribe. Años atrás, un viaje así hubiera atraído poca o ninguna atención mediática. Esta vez, sin embargo, los medios escudriñarían el itinerario en busca de cualquier rastro de colonialismo. «Incluso se ordenó a todo el personal que se olvidaran de los sombreros de Panamá», recuerda uno de ellos.[7]

Al acercarse la Pascua, el príncipe de Gales se hizo cargo de dirigir la ceremonia del Royal Maundy, la primera desde el inicio de la pandemia. La reina solo había faltado a este acto en cuatro ocasiones durante todo su reinado, dos por estar embarazada y dos por encontrarse en el extranjero. Dado que se celebraba en Windsor y teniendo en cuenta el cariño que le tenía al ritual, al que había sido más devota que cualquier otro monarca desde los Estuardo (si no antes), no podía sino interpretarse como otra señal de lo frágil que se sentía algunos días.

En otros, en cambio, no podía estar más en forma. Quedó claro poco después, durante el Royal Windsor Horse Show, que volvía a su formato prepandémico. No solo apareció al inicio para un desfile especial del jubileo, sino que pasó más de dos horas al aire libre, en una fría tarde de domingo, disfrutando del magnífico programa ecuestre antes de abandonar el estadio entre aplausos mientras su coche daba la vuelta de honor.

Si algo había quedado muy claro en 2022 era que la presencia de Su Majestad no debía darse por sentada en ningún evento. Por otro lado, a sus noventa y seis años, su ausencia tampoco debía interpretarse como una noticia alarmante. Y es que, tras setenta años de cumplimiento escrupuloso del deber, se sobrentendía que la reina se tomaba las cosas con más calma, tras el visible deterioro de su movilidad a partir del otoño de 2021. Pero seguía teniendo buen ánimo, eso seguro. Como explicaba un amigo de la familia en el verano de 2022, seguía en «plena forma», «interesada por todo» e incluso disfrutaba de algún que otro paseo en su poni *fell* Emma.

A las puertas de su Jubileo de Platino, la reina no padecía ninguna enfermedad en particular. Había continuado con sus audiencias y con el trabajo más burocrático en Windsor. Sin embargo, había momentos en los que se sentía particularmente frágil, días en los que le resultaba incómodo estar de pie durante mucho tiempo o desplazarse. Como consecuencia, según sus asesores de mayor rango, todos los actos que tuvieran lugar fuera del Castillo de Windsor contaban con un plan A, partiendo de la base de que la reina estaría presente, y un plan B, en el que no lo estaría.

A estas alturas, a la reina le parecía bien delegar en su hijo casi todas las obligaciones públicas que se celebraban fuera de palacio. Y no era puramente una cuestión de movilidad. Se debía también a la resolución compartida de que la sucesión del rey Carlos debía intentar llevarse a cabo como un *fait accompli* que se notara lo menos posible. Tanto la reina como su heredero querían minimizar la sensación de cambio cuando llegara el gran momento. Ello no solo implicaba romper con la tradición sino, en algunos casos, también reescribir las normas por completo, como ocurrió en la ceremonia de apertura del Parlamento en mayo. La normativa constitucional dictaminaba que, en ausencia de un monarca o regente, el lord canciller debía leer el discurso del soberano. Así había ocurrido en las dos ocasiones anteriores en las que la reina, embarazada, no había podido asistir a la ceremonia. Pero ya no. El papel del lord canciller se había visto reducido desde entonces.

La reina creía firmemente que debía ser el príncipe de Gales quien pronunciara el discurso. «Para el príncipe hubiera sido bastante humillante estar allí sentado, ante una audiencia televisiva del siglo XXI, mientras un político sustituía a la reina. La gente no lo hubiera entendido», explicaba un miembro de su equipo.[8] Pero los abogados del gobierno miraban con recelo el cambio, porque temían que cualquier reescritura de normativa pudiera dar lugar a algún problema de inconstitucionalidad o incluso hacer que el discurso de la reina se viera sometido a una revisión crítica (como ocurrió con el recurso legal que anuló la suspensión del Parlamento en 2019). Finalmente, accedieron a este nuevo plan si el príncipe de Gales inauguraba el Parlamento en calidad de Consejero de Estado. Puesto que los consejeros deben operar en parejas (se eligen entre los cuatro adultos más cercanos al trono), era necesaria la presencia del duque de Cambridge. Al fin y al cabo, estaba claro que no iban a involucrar ni al duque de Sussex ni al de York, que eran los otros dos. Según una de las personas presentes en las negociaciones, «los abogados estaban tan nerviosos que en un momento dado alguien llegó a proponer que ambos príncipes leyeran el discurso juntos, lo que habría sido absurdo».[9]

Al final, la reina expidió una patente real en la que se establecía un régimen único para la ocasión. Sería una excepción, no una nueva regla. También insistió en que la corona imperial debía estar presente en su lugar, sobre un cojín. Aunque aquello provocaría algunas burlas en las redes sociales, la reina quería dejar lo más claro posible que su autoridad seguía siendo la misma. Entre tanta incertidumbre política y económica en el ámbito nacional e internacional, la reina estaba decidida a que la monarquía, a pesar de todos sus desafíos internos (que eran muchos) representara la permanencia y la estabilidad en tiempos turbulentos.

Tan solo un mes más tarde, el jueves 2 de junio, el desfile en honor a su cumpleaños daba el pistoletazo de salida a los cuatro días de celebraciones del jubileo. La monarca apareció tras él en el balcón de palacio y, ese mismo día, volvió a dejarse ver en Windsor para encender una cadena de luces que recorrería todo el país. Pero el acto la había dejado exhausta. Sintiéndolo mucho, no se vio con fuerzas de regresar a Londres para la misa de acción de gracias en la catedral de San Pablo el viernes. El sábado se perdió el Derby de Epsom y el concierto de pop de la noche ante el Palacio de Buckingham. Aun así, fue la estrella del espectáculo gracias al video pregrabado de su *sketch* con el Oso Paddington. Al final, Paddington sacaba uno de sus característicos sándwiches de mermelada, tras lo que la reina revelaba, con una mirada deliciosa y pícara, que ella también llevaba uno en el bolso: «Yo guardo los míos aquí... para luego». La escena tenía el mismo factor sorpresa que su cameo con James Bond diez años antes, pero era aún más entrañable y de mayor alcance. Lo mismo puede decirse de la respuesta de Paddington, luego convertida en un epitafio popular: «Feliz jubileo, señora. Y gracias por todo». «Disfrutó mucho de la grabación», sostiene un asesor. «No dudó cuando se lo propusimos.»

La culminación sería el gran despliegue del jubileo del domingo, en el que se celebraría su reinado con un desfile de todas las Fuerzas Armadas, 300 bicicletas de época, flotas de Land Rovers, Jaguars y coches de James Bond, estrellas del pop de ayer y de hoy, presentadores de televisión ya retirados, supermodelos, una recreación de una boda al estilo Bollywood y un grupo de más de 60 bailarinas llamadas «Gangsta Grans», las yayas gánster.

Y esa es solo una pequeña muestra de las 7.200 personas que intervinieron. Con tantos participantes, y procedentes de todo el Reino Unido, no fue posible realizar un ensayo general. Sería un acto de fe y solo había una oportunidad de hacerlo bien.

Lo que provocaba más incertidumbre era el gran final de ese gran final. Nadie, ni el príncipe de Gales ni el equipo de comentaristas de la BBC, sabía con certeza si la reina haría una aparición pública. Cuando empezó, a las dos y media de la tarde, la monarca, agotada, estuvo siguiendo el espectáculo por televisión en Windsor y disfrutándolo mucho. Ya estaba claro que el desfile iba a ser un éxito y que el tiempo iba a acompañar. El príncipe de Gales y el secretario privado de la reina, Edward Young, estaban seguros de que la monarca iba a arrepentirse si se lo perdía. El príncipe habló con ella por teléfono y el secretario lo hizo en persona. Sus súplicas tuvieron éxito.

Cuando terminó el desfile, la policía empezó a dejar que se

llenara The Mall y que la multitud se dirigiera controladamente hacia el palacio. Momentos después, las puertas del balcón del salón central se abrían. Vestida de verde oscuro, la reina salió, visiblemente emocionada y sin más ayuda que su bastón de mango de cuerno. Junto a ella apareció una comitiva deliberadamente reducida de la que formaban parte el príncipe de Gales y la duquesa de Cornualles, los duques de Cambridge y sus tres hijos. El mensaje era escueto, y el mismo que había dejado caer en su Jubileo de Diamante: aquí está el futuro.

La única diferencia notable respecto al final de la conmemoración de 2012 era la ausencia del príncipe Enrique. El papel del duque de Sussex y su esposa en este jubileo había dado mucho que hablar a los medios, igual que la posible aparición del duque de York. Al final, los Sussex se ciñeron al plan acordado con el Palacio por el que regresarían al Reino Unido para la ocasión junto con sus dos hijos. La pequeña Lilibet por fin podría conocer a su tocaya. La pareja asistiría a la misa de acción de gracias en San Pablo, pero mantendría un perfil bajo durante el resto de su estancia. En cuanto al duque de York, un oportuno diagnóstico de COVID-19 permitió que no estuviera presente en ningún momento.

Con los actos principales del jubileo llegando a su fin, las multitudes, hasta donde alcanzaba la vista, entornaban los ojos en busca del mínimo atisbo de la figura de verde. Toda la vida de la reina podía trazarse a partir de sus apariciones en ese balcón, desde su debut infantil en 1927: infancia, guerras, coronación... Pero jamás se había vivido un ambiente así. Además de la habitual mezcla de orgullo y curiosidad, se palpaba la sensación, no expresada, de que aquella podría ser la última vez que la monarca saliera al podio más famoso. Aquel aniversario único en la historia real y difícil de superar había estado cargado de incertidumbre en múltiples frentes. Pero había sido un éxito rotundo para la reina y también para su sucesor. Jamás se había dudado del cariño que se le profesaba, pero Isabel II tenía un motivo ulterior. Todo aquel ejercicio había garantizado no solo que se entendiera bien, sino que se aceptara, de forma plena, el proceso de transición.

Tres meses más tarde, el efecto de ese proceso se pondría a prueba cuando la primera ministra, Liz Truss, utilizó por primera vez en unas declaraciones públicas una frase pronunciada por última vez por la generación de los tiempos de guerra: «Dios salve al rey». Setenta años atrás, una joven monarca había llegado a Londres para ser recibida por un Winston Churchill sin palabras. Ahora, un soberano de setenta y tres años volvía a la capital desde Balmoral y su primer encuentro era con el público. Carlos III detuvo los Rolls-Royce de la comitiva real a las puertas del Palacio de Buckingham y se mezcló con la multitud, con una afectada reina consorte a su lado. El ambiente cambió al instante, como había ocurrido veinticinco años atrás cuando la reina regresó a un Londres de luto tras la muerte de Diana.

Esa tarde, el rey se dirigió a la nación con un discurso muy personal, que iba mucho más allá de lo esperado. «Su dedicación y devoción como soberana jamás flaquearon en momentos de cambio y progreso», comenzó, antes de hacerse eco de la promesa inmortal de su madre en su vigesimoprimer cumpleaños. «Tal como la propia reina hizo con inquebrantable devoción, yo también me comprometo solemnemente, durante el tiempo que Dios me conceda, a velar por los principios constitucionales que guían nuestra nación».

El rey se deshizo en elogios hacia «mi querida esposa, Camila» y anunció que su hijo y heredero era ahora el príncipe de Gales, tras lo cual recalcó: «Quiero también manifestar mi amor por Enrique y Meghan, que siguen construyendo sus vidas fuera del país». Su conclusión puso a prueba no solo su compostura sino también la de la audiencia mundial: «Querida madre, ahora que empieza tu último gran viaje para reunirte con mi amado y difunto padre, deja que te dé las gracias. Gracias por tu amor y devoción hacia nuestra familia y hacia la familia de naciones a las que has servido con diligencia todos estos años. Que "vuelos de ángeles te acompañen cantando a tu final descanso"». Incluso sus detractores coincidieron en que era un comienzo fuerte y con paso firme del nuevo reinado.

Tras autorizar la primera retransmisión en directo de un Consejo de Ascensión en el Palacio de St. James, el rey se embarcó en una gira por todo el país. El nuevo reinado comenzaba su marcha a buen ritmo, ayudado por los signos de mejora de la relación entre los nuevos príncipes de Gales y los duques de Sussex. El féretro de la reina abandonó el Castillo de Balmoral, pasando junto a todo el personal de la casa, entre lágrimas, e inició un espectacular recorrido de seis horas por valles, pueblos y ciudades hasta llegar a la capital escocesa. Ninguno de sus allegados se había sorprendido de que Isabel II hubiera fallecido en su querida Escocia. Incluso hubo quien afirmó que esa había sido su intención desde el principio. Tras la capilla ardiente en Edimburgo el féretro voló a Londres para repetir el mismo ritual, aunque a mayor escala, antes del funeral de Estado.

Finalmente, bajo la mirada de sus familiares y colaboradores más cercanos, en la capilla de San Jorge, en Windsor, Lilibet se reunió con Felipe y con sus padres para la eternidad, en una pequeña cripta bajo la capilla conmemorativa de Jorge VI.

Terminaba así el mayor homenaje nacional que se recuerda, o que haya ocurrido. Tras un reinado sin precedentes que comenzó en paz, terminó en paz, dejó sin palabras a sus detractores y abarcó gran parte de un siglo, ¿cómo iba a ser de otra forma?

Los historiadores podrán debatir sobre su legado durante años (y lo harán), pero seguro que no nos equivocamos al afirmar que a Isabel II solo le importaba uno: el futuro.

Agradecimientos

Estoy muy agradecido a su majestad la reina por la cortesía de que me permitiera usar ciertos documentos de los Archivos Reales y, en particular, por concederme acceso a todos los volúmenes del diario de operaciones de su majestad el difunto rey Jorge VI. También debo agradecerle que se me permitiera reproducir el retrato de Edmond Brock de Su Majestad como niña. También querría rendir homenaje a la sabiduría y el ingenio de su alteza real el difunto príncipe Felipe, duque de Edimburgo, a quien tuve la suerte de entrevistar en diversas ocasiones sobre una gran variedad de temas. Muchas de esas entrevistas eran inéditas hasta ahora.

Esta no es una biografía oficial ni autorizada, pero me gustaría darles las gracias a muchos miembros de la Casa Real que me han facilitado la labor de investigación de diversas maneras. Entre otros, nombraré a Edward Young, Donal McCabe, Colette Saunders, Hannah Howard, Laura King y Charlotte Cresswell del Palacio de Buckingham. El personal que trabaja en los Archivos Reales se ha esforzado lo indecible por permitirme continuar mi investigación en las circunstancias más adversas. No puedo sino acordarme de Bill Stockting, Laura Hobbs y todos sus colaboradores. También estoy en deuda con Sarah Davis, Karen Lawson y Alex Buck del Royal Collection Trust por su ayuda y sus consejos. En Clarence House, mi agradecimiento debe ser para Clive Alderton, Sophie Densham, Simon Enright, Jilly Hurley, Amanda

Foster, Rebecca Gavin, Hannah Reed y Megan Hayes Fisher. En el Palacio Kensington, debo destacar a Jean-Christophe Gray, Edwina Iddles y Rosemary Outhwaite.

La reina batió tantos récords que cualquier intento por abarcar su vida y su reinado en un solo volumen obliga a hacer una selección. Sin embargo, he podido hablar con una muestra significativa y transversal de personas que conocieron a Su Majestad, tanto personal como profesionalmente, a lo largo de los años. Muchos se prestaron a conversar largo y tendido con un servidor, mientras que otros tuvieron la bondad de indicarme cuál era la dirección correcta o pudieron aclararme cuestiones concretas. Muchos me habían concedido entrevistas para libros anteriores, pero no tuvieron reparo en volver a concedérmelas. Todos vieron la dignidad de este nuevo y holístico estudio sobre la jefa de Estado más ilustre del panorama mundial de los últimos años.

Estoy en deuda con los condes de Airlie. Además de su generosidad compartiendo su incomparable conocimiento y su experiencia en asuntos de la realeza, lord Airlie ha tenido la amabilidad de permitirme reproducir una imagen de Isabel con el lord chambelán cuando ambos tenían cinco años de edad. Y estoy agradecido a otro ex lord chambelán, lord Luce, por el tiempo que me dedicó y por enviarme un fragmento de sus memorias. Si la monarquía tiene un puente o una cabina, esta es la Oficina del Secretario Privado, y quiero agradecer a muchos de sus antiguos ocupantes. Si estos tienen un maestro, no cabe duda de que es William Heseltine. Tras una vida consagrada a Palacio, desde la época Macmillan hasta el final de la Administración Thatcher, es un auténtico pozo de sabiduría. Entre otros que han servido a la reina y a varios miembros de la familia en cargos similares, estoy agradecido a Robin Janvrin, Mary Francis, Lord Geidt, Samantha Cohen, Nick Wright y Jamie Lowther-Pinkerton. Gracias también a muchos otros antiguos integrantes de la Casa Real: el almirante Jock Slater, el comodoro Anthony Morrow, Charles Anson, Julian Payne y Marnie Gaffney.

Entre los que colaboraron con Su Majestad en otras funciones, he tenido la fortuna de poder hablar con varios de sus ex primeros ministros británicos, entre los que destacan John Major, Tony Blair y David Cameron. También he departido con algunos ex primeros ministros de Australia, como John Howard, Tony Abbott y Julia Gillard. Abbott es bombero voluntario y la única persona a quien he entrevistado que dejó una respuesta a medias para ir a apagar un incendio. Debo decir que retomamos la conversación donde la dejamos al día siguiente... Entre los exministros destacados que han atendido a mis ruegos, quisiera dar las gracias a lord Owen, el marqués de Salisbury, la baronesa Chalker, Alan Johnson, George Osborne, Jeremy Hunt y el australiano Alexander Downer. También se las doy a algunos de los que asesoraron a muchos de los mencionados, como el barón Butler de Brockwell y lord McDonald de Salford. En numerosas ocasiones he bebido de la sabiduría y buenas ideas del mayor general Alastair Bruce de Crionaich. Otros que han tenido la cortesía de compartir sus impresiones y sus memorias son el reverendísimo señor Nigel McCulloch, lord Coe, el general de brigada Andrew Parker Bowles, Peter Marshall, la princesa Carlota Croy, la princesa Xenia de Hohenlohe, Camilla MacDonnell, Leonard Allinson y el actual barón de Altrincham.

Me siento especialmente agradecido por una larga conversación que mantuve con un jefe de Estado, quizá el que se ha reunido más veces con la reina. El expresidente de los Estados Unidos George W. Bush dio la bienvenida a Isabel en Washington como presidente y como hijo de otro presidente. También fue el primero en hacer una visita de Estado formal al Reino Unido. También doy las gracias a sus asesores y colaboradores, como Karl Rove, Freddy Ford y Charles Branch. Además, estoy en deuda con Ben Rhodes, colaborador del expresidente Barack Obama.

Aunque el acceso a los archivos y bibliotecas ha sido dificultoso, por motivos obvios, he tenido suerte de contar con el apoyo y asesoramiento de varias instituciones magníficas. Quisiera reconocer la labor de Allen Packwood y Andrew Riley, del Centro de Archivos Churchill de Cambridge. Entre los documentos que he consultado están los diarios completos e inéditos de Cynthia Gladwyn, y me gustaría agradecer a Isabella Thomas y a la familia del difunto Miles Jebb su amabilidad al permitirme citarlos. También quiero mencionar a Hilary McEwan, de los Archivos del Secretariado de la Commonwealth en Marlborough House. Como siempre, he gozado inmensamente con cada visita a los Archivos Nacionales de Kew, y los trabajadores del centro siempre me han ayudado mucho. Pese al confinamiento, me abrieron algunas puertas y pude acceder a una serie de documentos hasta entonces clasificados gracias a peticiones amparadas en la libertad de información. El equipo encargado de los derechos de información histórica en la Oficina de Asuntos Exteriores y de la Commonwealth ha dado curso a dichas peticiones con cortesía y diligencia. Agradezco a Anthony Fairbanks Weston que me hablara de su abuelo, y a su familia que me permitiera citar unas memorias inéditas de Douglas Fairbanks júnior. Gracias a Christopher Owen por advertirme de su existencia. También quisiera dar las gracias al estajanovista Tim O'Donovan, recopilador de estadísticas de la circular de la corte, por compartir sus archivos y explicarme cosas sobre la misión Coats y sobre su primo, Ian Oswald Liddell.

El equipo de mi editorial británica, Pan Macmillan, ha mostrado un empeño inquebrantable a lo largo de todo el proyecto, además de paciencia y meticulosidad. No me han puesto ninguna traba insalvable. Gracias a mi editora, Ingrid Connell, y a su brillante equipo, formado por Samantha Fletcher, Philippa McEwan, Karina Maduro, Stuart Wilson, Penny Price, Nicole Foster y Caroline Jones. Me han salvado de mí mismo en incontables ocasiones y, sin duda, en sentidos de los que no soy ni siquiera consciente. Mi agente Charles Walker, de United Agents, fue quien puso en marcha todo este proyecto, y estoy en deuda con él y con su ayudante Olivia Martin. También doy las gracias a Zoë Pagnamenta y a su agencia neoyorquina. En el libro se destacan los lazos transatlánticos, y yo tampoco podría aspirar a mejores aliados que el sobresaliente equipo estadounidense de Pegasus Books, encabezado por Jessica Case y Clairborne Hancock, con Jenny Rossberg y Meghan Jusczak.

Este libro se basa en los años que he trabajado como periodista. Muchos de ellos, aunque para nada todos, los he consagrado a escribir sobre la monarquía, la política y la diplomacia. Por tanto, estoy en gran deuda con mis directores del *Daily Mail* Paul Dacre, Geordie Greig y ahora Ted Verity; y, antes, en *The Daily Telegraph*, con Max Hastings y lord Moore. Me siento muy agradecido con Liz Hunt y el equipo de reportajes del *Mail*, y con muchos amigos y colaboradores del periódico, incluidos los archiveros y el equipo de fotógrafos. En temas relacionados con la realeza, tengo la suerte de trabajar con dos fantásticos periodistas, Richard Kay y Rebecca English. Quisiera agradecerle especialmente al artista gráfico del *Mail*, John Lawson, que diseñara el árbol genealógico de este libro. Ha sido un placer colaborar con periodistas de otros medios que informan sobre la Casa Real y muchas veces he aprendido cosas. Debo destacar a Nick Witchell, el impulsor del magnífico monumento conmemorativo británico en Normandía (cuando no está trabajando para la BBC), Ian Jones, Roya Nikkhah, Valentine Low, Camilla Tominey y Jonny Dymond. En clave internacional, siempre es un gusto charlar con Marc Roche y Thomas Kielinger.

Mientras trabajaba en este libro, he tenido el placer de escribir dos documentales para la televisión sobre el duque de Edimburgo, para BBC One, y uno sobre la princesa real, para ITV. Estas producciones me han ayudado a trazar el retrato que aparece en estas páginas. Produciendo esas películas, he entrevistado a casi todos los miembros de la familia real, algunos en más de una ocasión, y por ello les estoy agradecido. También quiero expresarle mi gratitud a Charles Davies y a la comandante Anne Sullivan, de la Oficina Privada de la princesa; a Valerie Singleton, al vicario Richard Coles y a Brian Hoey; a Alexandra McCreery, archivera y bibliotecaria del príncipe Felipe; a mi viejo amigo y dueño de la filmoteca, Andy Goodsir de HTI; a Nick Kent, Faye Hamilton, Matt Hill, Ian Denyer y Eleanor Keddie-Johnson de Oxford Films; a Simon Young de la BBC; y a Jo Clinton-Davis de ITV. Por suerte, también he tenido un asiento privilegiado en muchas ocasiones importantes, por lo que debo dar las gracias al excelente estudio de BBC Studios Events, integrado por Claire Popplewell, Huw Edwards y Catherine Stirk.

Por su ayuda, amabilidad y apoyo en muchos aspectos, quisiera nombrar a Dean Godson y a Julia Mizen de Policy Exchange, Allen Roth, Tara Douglas-Home, Algy y Blondel Cluff, Lloyd Dorfman, Zaki Cooper, lord Howell, Susan Gilchrist, James y Melissa Bethell, Simone Finn, Lizzie Pitman, la condesa de Carnarvon, Christopher y Natasha Owen, Todd y Dan Daley, Willie y Camilla Gray Muir, Peter y Annabel Wyllie, Harry Mount, James Pembroke, Ingrid Seward, Richard Fitzgerald, Arabella Warburton, Julie Crowley, Laurence Mann, Sally Murphy, Ruth Gibson, Damian Wilks, Connie Blefari, Shana Fleming, Sharon Smith, Sasha Spanchak, Ian y Natalie Livingstone, Catherine y Albert Read, Alice y Will Beck, Kirstie Phipps, lord Llewellyn, Alan y Jane Parker, el mayor Michael Parker, Duncan Jeffery, Julian Calder, Geoffrey y Jane Gestetner, Rory Darling, David Torrance, Jonathan Shalit, Mark Pottle, Tim y Eileen Graham, George Trefgarne, Cem Meredith, Lord Bilimoria, Kate Hobhouse, Lord Dalmeny, Dame Joanna Lumley, Sir Nicholas Coleridge, Murray Sanders, Crispin Butler, Marion Hardman y Tom Utley. Tampoco quiero olvidarme del departamento de urgencias del Hospital Charing Cross de Londres.

En cuanto a los historiadores, biógrafos y expertos, he sido inmensamente afortunado al haber podido compartir el tiempo y el saber de autores destacados, como William Shawcross, Robert Lacey, Hugo Vickers, Amanda Foreman, Vernon Bogdanor y Joseph Nye. Andrew Roberts y Simon Sebag Montefiore me han obsequiado generosamente con un sinfín de consejos y comentarios inteligentes. También han sido colegas excelentes, sin dejar de trabajar a destajo en nuevos libros colosales. Los dos representan una inspiración para mí. En la misma línea, el gran Peter Hennessy ha encontrado tiempo para leer mi manuscrito y hacerme algunas sugerencias, como si no tuviera ya suficiente con escribir su último libro, *A Duty of Care: Britain Before and After Covid*, y con sus obligaciones como titular de la Cátedra Attlee de Historia Británica Contemporánea y como barón de Nympsfield, en cuya calidad asesora al Parlamento en materia constitucional. Le estoy profundamente agradecido, como lo estoy a Wesley Kerr, una verdadera autoridad en cuestiones de la realeza, una persona muy perspicaz que ha leído gran parte del libro y me ha hecho apuntes de valor incalculable. Melanie Johnson, una vieja amiga y gran consejera, lo ha leído todo desde una perspectiva forense magistral. No es poca cosa. Sus ideas, observaciones y contribuciones sobre la investigación en los Archivos Nacionales han mejorado mucho este libro, y por ello tengo una deuda impagable con ella.

Por último, mi familia ha tenido que convivir con un proyecto que ha consumido vacaciones, fines de semana y tropecientos momentos en familia. El mayor peso ha recaído sobre mi esposa, Diana, a quien nunca podré agradecérselo lo suficiente, y sobre nuestros hijos, Matilda, Phoebe y Hal. Mis padres, Richard y Dinah Hardman, y mi madrastra, Marion Cowley, han sido un apoyo incondicional. También mi hermana, Harriet Hewitson, y mi sobrina, Georgia Hewiston, me han ayudado en innumerables ocasiones con las transcripciones y las consultas a los archivos. Han sido devotas aliadas a la causa. Teniendo esto en cuenta, dedico este libro a Harriet y a mis otros dos hermanos, Hugo Hardman y Victoria Zawoda.

Bibliografía seleccionada

Adonis, Andrew. *Ernest Bevin: Labour's Churchill*. Biteback Publishing, 2021.

Allison, Ronald y Riddell, Sarah (eds.). *The Royal Encyclopædia*. Macmillan, 1991.

Anderson, Ian y Ruimy, Joel. *Leadership in the Making: 50 Years of HRH The Duke of Edinburgh's Commonwealth Study Conferences*. Temple Scott, 2006.

Anyaoku, Emeka. *The Inside Story of the Modern Commonwealth*. Evans Brothers, 2004.

Aronson, Theo. *The Royal Family At War*. Thistle, 2014.

Asquith, Lady Cynthia. *The Married Life of HRH The Duchess of York*. Hutchinson, 1933.

Bedell Smith, Sally. *Elizabeth The Queen*. Penguin, 2016.

— *Charles: The Misunderstood Prince*. Michael Joseph, 2017.

Black, Benjamin. *The Secret Guests*. Penguin, 2020.

Blair, Tony. *Memorias*. La Esfera de los Libros, 2011.

Bogdanor, Vernon. *The New British Constitution*. Hart, 2009.

Boothroyd, Basil. *Philip: An Informal Biography*. Longman, 1971.

Bower, Tom. *Rebel Prince*. William Collins, 2018.

Bradford, Sarah. *Elizabeth: A Biography of Her Majesty the Queen*. William Heinemann, 1996.

Brandreth, Gyles. *Philip and Elizabeth: Portrait of a Marriage*. Century, 2004.

— *Something Sensational to Read in the Train: The Diary of a Lifetime*. John Murray, 2009.

— *Philip: The Final Portrait*. Coronet, 2021.

Brown, Tina. *The Diana Chronicles*. Arrow, 2017.

Bush, George W. *Decision Points*. Virgin, 2011.

BUTLER, Peter (ed.). *The Wit of Prince Philip*. Leslie Frewin, 1965.

CAMERON, David. *For The Record*. William Collins, 2019.

CAMPBELL, Alastair. *The Alastair Campbell Diaries, vol. II*. Hutchinson, 2011.

CAMPBELL, John. *Edward Heath: A Biography*. Jonathan Cape, 1993.

— *Margaret Thatcher, vol. II*. Jonathan Cape, 2003.

CHANNON, Henry *Chips. The Diaries 1918-38, vol. I*, editado por Simon Heffer. Hutchinson, 2021.

— *The Diaries 1938-43, vol. II*, editado por Simon Heffer. Hutchinson, 2021.

CLARK, Pam; CROCKER, Julie; DERRETT, Allison; HOBBS, Laura; y KELSEY, Jill. *Treasures from the Royal Archives*. Royal Collection Trust, 2014.

CONNORS, Jane. *The Glittering Thread*. University of Technology, Sídney, 1996.

CORBETT, Jim. *Tree Tops*. Oxford University Press, 1955.

DE COURCY, Anne. *Snowdon: The Biography*. Phoenix, 2012.

CRAWFORD, Marion. *The Little Princesses*. Orion, 2011.

DIMBLEBY, Jonathan. *The Prince of Wales: A Biography*. Little, Brown, 1994.

DOUGLAS-HOME, Charles y KELLY, Saul. *Dignified & Efficient*. Claridge Press, 2000.

EADE, Philip. *Young Prince Philip*. HarperPress, 2011.

EDIMBURGO, duque de. *Selected Speeches 1948-1955*. Oxford University Press, 1957.

— *Prince Philip Speaks: Selected Speeches 1956-1959*. Collins, 1960.

EDIMBURGO, duque de, y MANN, Michael. *A Windsor Correspondence*. Michael Russell, 1984.

FITZALAN HOWARD, Alathea. *The Windsor Diaries 1940-45*. Hodder & Stoughton, 2020.

GILLARD, Julia. *My Story*. Transworld, 2014.

GLENCONNER, Anne. *Lady in Waiting*. Hodder & Stoughton, 2019.

GREIG, Geordie. *The King Maker*. Hodder & Stoughton, 2011.

HAMPTON, Janie. *The Austerity Olympics*. Aurum Press, 2009.

HARDMAN, Robert. *Monarchy: The Royal Family at Work*. Ebury, 2007.

— *Our Queen*. Arrow, 2012.

— *Queen of the World*. Century, 2018.

HARRIS, Kenneth. *The Queen*. Weidenfeld & Nicolson, 1994.

HART-DAVIS, Duff (ed.). *King's Counsellor: Abdication and War, The Diaries of Sir Alan Lascelles*. Weidenfeld & Nicolson, 2006.

HEALD, Tim. *Philip: A Portrait of the Duke of Edinburgh*. Hodder & Stoughton, 1991.

HENNESSY, Peter. *The Prime Minister.* Allen Lane, 2000.
— *The Secret State.* Penguin, 2010.
HOEY, Brian. *Anne: The Princess Royal.* Grafton Books, 1989.
— *Anne: The Private Princess Revealed.* Sidgwick & Jackson, 1997.
HORNE, Alistair. *Harold Macmillan: 1957-1986, vol. II.* Macmillan, 1989.
HURD, Douglas. *Elizabeth II.* Penguin, 2018.
JAY, Antony. *Elizabeth R.* BBC Books, 1992.
JEBB, Miles. *The Lord-Lieutenants and their Deputies.* Phillimore, 2007.
— (ed.). *The Diaries of Cynthia Gladwyn.* Constable, 1995.
JEPHSON, Patrick. *Shadows of a Princess.* HarperCollins, 2000.
JOHNSTONE-BRYDEN, Richard. *The Royal Yacht Britannia: The Official History.* Conway Maritime Press, 2003.
KEAY, Anna. *The Crown Jewels.* Thames & Hudson, 2011.
KELLY, Angela. *Dressing The Queen.* Royal Collection Trust, 2012.
— *The Other Side of the Coin.* HarperCollins, 2019.
KIELINGER, Thomas. *Elizabeth II.* Verlag C. H. Beck, 2011.
LA GRANGE, Zelda. *Good Morning, Mr Mandela.* Penguin, 2014.
LACEY, Robert. *Royal: Her Majesty Queen Elizabeth II.* Little, Brown, 2002.
— *The Crown.* Libros Cúpula, 2020.
— *Battle of Brothers.* William Collins, 2020.
LONGFORD, Elizabeth. *Elizabeth R.* Weidenfeld & Nicholson, 1983.
LUCE, Richard. *Ringing the Changes.* Michael Russell, 2007.
MACMILLAN, Harold. *Pointing the Way.* Macmillan, 1972.
MARR, Andrew. *The Diamond Queen.* Macmillan, 2011.
McCLURE, David. *The Queen's True Worth.* Lume, 2020.
McDONALD, Trevor y TIFFIN, Peter. *The Queen and the Commonwealth.* Methuen, 1986.
McKINNON, Don. *In The Ring.* Elliott and Thompson, 2013.
MOORE, Charles. *Margaret Thatcher: The Authorized Biography, vol. I, Not For Turning.* Allen Lane, 2013.
— *Margaret Thatcher: The Authorized Biography, vol. II, Everything She Wants.* Allen Lane, 2016.
— *Margaret Thatcher: The Authorized Biography, vol. III, Herself Alone.* Allen Lane, 2019.
MORTON, Andrew. *Elizabeth and Margaret.* Michael O'Mara, 2021.
MURPHY, Philip. *Monarchy and the End of Empire.* Oxford University Press, 2013.
MURRAY, Craig. *The Catholic Orangemen of Togo.* Atholl, 2017.
NICOLSON, Harold. *George V.* Constable, 1952.
NYE, Joseph S. *Do Morals Matter?* Oxford University Press, 2020.

OBAMA, Barack. *Una tierra prometida.* Debolsillo, 2020.

OBAMA, Michelle. *Mi historia.* Plaza & Janés, 2018.

OLIVER, Brian. *The Commonwealth Games: Extraordinary Stories behind the Medals.* Bloomsbury Sport, 2014.

OWEN, David. *Time to Declare.* Michael Joseph, 1991.

PARKER, Michael. *It's All Gone Horribly Wrong.* Bene Factum, 2012.

PIMLOTT, Ben. *The Queen: Elizabeth II and the Monarchy.* HarperPress, 2012.

POPE-HENNESSY, James. *Queen Mary.* Hodder & Stoughton, 2019.

PROCHASKA, Frank. *Royal Bounty: The Making of a Welfare Monarchy.* Yale University Press, 1995.

RAMPHAL, Shridath. *Glimpses of a Global Life.* Hansib Publications, 2014.

RHODES, Ben. *El mundo tal y como es.* Debate, 2019.

RHODES, Margaret. *The Final Curtsey.* Umbria, 2011.

ROBERTS, Andrew. *The House of Windsor.* Weidenfeld & Nicolson, 2000.

— *The Royal House of Windsor.* Edición Kindle, 2011.

— *Churchill: la biografía.* Crítica, 2019.

ROCHE, Marc. *Elizabeth II: une vie, un règne.* Tallandier, 2016.

ROSE, Kenneth. *King George V.* Papermac, 1984.

— *Kings, Queens and Courtiers.* Weidenfeld & Nicolson, 1985.

— *The Journals, vol. I.* Weidenfeld & Nicolson, 2018.

— *The Journals, vol. II.* Weidenfeld & Nicolson, 2019.

SCOBIE, Omid y DURAND, Carolyn. *Meghan y Enrique: en libertad.* HarperCollins, 2020.

SEBAG MONTEFIORE, Simon. *The Romanovs.* Weidenfeld & Nicolson, 2016.

SHAWCROSS, William. *Queen and Country.* BBC Worldwide, 2002.

— *Queen Elizabeth, The Queen Mother.* Macmillan, 2009.

SMITH, Arnold. *Stitches in Time: The Commonwealth in World Politics.* General Publishing, 1981.

STOCK, Victor. *Taking Stock.* HarperCollins, 2001.

TOWNSEND, Peter. *Time and Chance: An Autobiography.* Collins, 1978.

TURNER, Graham. *Elizabeth: The Woman and the Queen.* Macmillan, 2002.

VICKERS, Hugo. *Alice: Princess Andrew of Greece.* Hamish Hamilton, 2000.

— *Elizabeth, The Queen Mother.* Arrow, 2006.

WHEELER-BENNETT, John. *King George VI: His Life and Reign.* Macmillan, 1958.

WILLIAMS, John. *Robin Cook: Principles and Power.* IndieBooks, 2015.

WILLIAMS, Kate. *Young Elizabeth.* Phoenix, 2013.

WILSON, A. N. *Victoria: A Life*. Atlantic, 2015.
— *The Queen*. Atlantic, 2016.
WILSON, Harold. *The Labour Government, 1964-70*. Weidenfeld, 1971.
WINDSOR, duque de. *A King's Story*. Cassell & Co., 1951.
ZIEGLER, Philip. *King Edward VIII*. HarperPress, 2012.

Fuentes

Además de todos los entrevistados, los cuales figuran en los agradecimientos, y una gran selección de obras enumeradas en la bibliografía, las siguientes fuentes han sido de gran ayuda en la preparación de esta biografía.

Archivos Reales

Con el amable permiso de su majestad la reina, se me ha otorgado acceso a documentos de los Archivos Reales de Windsor, entre ellos:

RA/GVI/PRIV/DIARY/WAR/Volúmenes I-XI (Diario de guerra del rey Jorge VI).

RA/QM/PRIV/QMD/1939-45 (Diario de guerra de la reina María).

RA/QM/PRIV/CC48 (Documentos de la reina María).

RA/F&V/VISOV/SA/1947 (Diario oficial de la gira de 1947 por el sur de África).

Archivos Nacionales

Gracias a la Open Government Licence se me ha dado acceso tanto físico como digital a los vastos Archivos Nacionales (TNA por sus siglas en inglés) en Kew.

Su colección incluye documentos de:

La Oficina del Gabinete (CAB por sus siglas en inglés).

La Oficina de Relaciones de la Commonwealth y la Oficina de los Dominios (DO por sus siglas en inglés).

La Oficina de Asuntos Exteriores y de la Commonwealth (FCO por sus siglas en inglés).

La Oficina de Asuntos Exteriores antes de su anexión a la Oficina de la Commonwealth (FO por sus siglas en inglés).

La Oficina del Primer Ministro (PREM por sus siglas en inglés).

Además, también se han consultado los Archivos Nacionales de Australia (NAA por sus siglas en inglés).

ARCHIVOS PRIVADOS

(Se cita al propietario entre paréntesis)

Programa de Historia Oral Británica Diplomática (Centro de Archivos Churchill, Churchill College, Cambridge).

Documentos de la Commonwealth (Archivo del Secretariado de la Commonwealth, Marlborough House).

Douglas Fairbanks júnior (familia Fairbanks Weston).

Cynthia Jebb, posteriormente lady Gladwyn (Centro de Archivos Churchill, Churchill College, Cambridge).

Alan Lascelles (Centro de Archivos Churchill, Churchill College, Cambridge).

Ronald Reagan (Biblioteca Presidencial de Ronald Reagan).

OTRAS FUENTES

Puesto que gran parte de la correspondencia real y oficial de este reinado seguirá clasificada un tiempo largo, se ha recurrido a la combinación de cobertura mediática internacional de diferentes secciones de periódicos, radio, noticiarios y, más tarde, grabaciones de televisión que cubren la vida de la reina al completo.

Se han utilizado varios archivos mediáticos digitales y bibliotecas de prensa para acceder al material que se cita en esta obra, a pesar de que no hay nada como el original en papel. Debo agradecer particularmente los miles de recortes preservados de forma inmaculada en la biblioteca de referencia de Associated Newspapers. También se han usado fuentes educativas como las sesiones del Gresham College, además de la consulta recurrente a publicaciones oficiales como *The Gazette* y *Hansard*.

Me siento eternamente agradecido con todos aquellos que me han permitido ver sus diarios personales, notas, correspondencia, fotografías, álbumes y libros de recortes. También he recurrido a mis propias notas, recortes, transcripciones y grabaciones, todos ellos acumulados durante la redacción de informes, libros y documentación sobre diversos temas de la realeza en las últimas tres décadas.

Créditos de las imágenes

PRIMER PLIEGO

Página 1, retrato de Edmond Brock: © Royal Collection Trust / All Rights Reserved.

Página 2, con el conde de Airlie: © The Earl of Airlie.

Página 2, Isabel y Margarita con sus perros y sus padres: © Classic Image / Alamy.

Página 3, coronación de Jorge VI: © Scherl / Süddeutsche Zeitung Photo / Alamy.

Página 3, primer encuentro de la princesa Isabel con Felipe: Royal Collection Trust / © Her Majesty Queen Elizabeth II 2021.

Página 3, su primer mensaje: © dcphoto / Alamy.

Página 4, en el Servicio Territorial Auxiliar: © Classic Image / Alamy.

Página 4, boda de la reina y Felipe: © Dom Slike / Alamy.

Página 5, nacimiento del príncipe Carlos: Royal Collection Trust / © Her Majesty Queen Elizabeth II 2021.

Página 6, funeral de Jorge VI: © Keystone Press USA / Alamy.

Página 6, coronación de la reina: © World History Archive / Alamy.

Página 7, visita al hospital de Stratford: © PA Images / Alamy.

Página 7, comida familiar grabada para el documental Royal family: © Keystone Press USA / Alamy.

Página 8, investidura del príncipe Carlos: © PA Images / Alamy.

Página 9, en Francia: © Keystone Archives / Heritage Images / The Print Collector / Alamy.

Página 9, en Canadá: © Anwar Hussein / Alamy.

Página 9, en Kuwait: © Ron Bell / PA Images / Alamy.

Página 10, boda de Carlos y Diana: © Anwar Hussein / Alamy.

Página 11, nacimiento del príncipe Guillermo: © PA Images / Alamy.

Página 11, en Tuvalu: © PA Images / Alamy.

Página 12, a bordo del HMY Britannia: © Royal Collection Trust / Todos los derechos reservados.

Página 12, en las Bahamas: © Peter Jordan / Alamy.

SEGUNDO PLIEGO

Página 1, con Lech Walesa: © Martin Keene / PA Images / Alamy.

Página 1, visita a la 5.ª Brigada Aerotransportada: © Martin Beddall / Alamy.

Página 2, incendio en el Castillo de Windsor: © David Cooper / Alamy.

Página 3, con Boris Yeltsin: © PA Images / Alamy.

Página 3, con Nelson Mandela: © Martin Keene / PA Images / Alamy.

Página 4, funeral de la princesa Diana: © Adam Butler / PA Images / Alamy.

Página 5, celebraciones por la llegada del nuevo milenio: © Trinity Mirror / Mirrorpix / Alamy.

Página 5, concierto del Jubileo de Oro: © David Cheskin / PA Images / Alamy.

Página 6, boda de Carlos y Camila: © Anwar Hussein / Alamy.

Página 6, con George W. Bush: © Chuck Kennedy / MCT / Sipa USA/ Alamy.

Página 7, bodas de diamante: © Fiona Hanson / Pool New / Reuters / Alamy.

Página 8, boda de Guillermo y Catalina: © Kay Nietfeld / Dpa Picture Alliance archive / Alamy.

Página 9, ceremonia de apertura de los Juegos Olímpicos de Londres de 2012: © Star Tribune / Zumapress.

Página 9, visita de los Obama: © Planetpix / Alamy Live News.

Página 9, con la reina Letizia: © Matt Dunham / PA Images / Alamy.

Página 10, boda de Enrique y Meghan: © Jane Barlow / PA Images / Alamy.

Página 11, funeral del príncipe Felipe: © Hannah McKay / PA Images / Alamy.

Página 11, cumbre del G7 en Cornualles: © Pool / Reuters / Alamy.

Página 12, Jubileo de Platino: © Steve Parsons / PA Images / Alamy.

Página 12, con el príncipe de Gales y la duquesa de Cornualles, los duques de Cambridge y sus hijos: © Henry Nicholls / Reuters / Alamy.

Notas

Introducción

1. Entrevista con el autor.
2. RHODES, Ben. *The World As It Is.* Bodley Head, 2018: p. 150.
3. Entrevista con el autor.
4. OBAMA, Michelle. *Becoming.* Penguin, 2021: p. 318.
5. *Ibid.:* p. 421.
6. Entrevista con el autor.
7. TURNER, Graham. *Elizabeth: The Woman and the Queen.* Macmillan, 2002: p. 15.
8. *The Guardian,* 1 de septiembre de 2015.
9. *Radio Times,* 1 de septiembre de 2015.
10. Entrevista con el autor.
11. Entrevista con el autor.
12. Entrevista con el autor.
13. Entrevista con el autor.
14. *Daily Telegraph,* 5 de noviembre de 2004.
15. Entrevista con el autor.
16. Entrevista con el autor.
17. ALLISON, Ronald y RIDDELL, Sarah (eds.). *The Royal Encyclopaedia.* Macmillan, 1991: p. 81.
18. Datos proporcionados por la Casa Real.
19. TURNER, *óp. cit.:* p. 195.
20. Conversación privada.

21. WILSON, A. N. *Victoria: A Life*. Atlantic, 2015: p. 334. Citado en los papeles de Gladstone.

22. *Our Queen*. ITV, 2013.

23. KELLY, Angela. *The Other Side of the Coin*. HarperCollins, 2019: p. 168.

24. Entrevista con el autor.

25. Conversación privada.

26. ROSE, Kenneth. *The Journals, Vol. II*. Weidenfeld & Nicolson, 2019: p. 150.

27. *Ibid.*, p. 163.

28. BRADFORD, Sarah. *Elizabeth: A Biography of Her Majesty the Queen*. William Heinemann, 1996: p. 500.

29. *Observer,* 16 de junio de 1974.

30. Entrevista con el autor.

31. HARDMAN, Robert. *Monarchy: The Royal Family At Work*. Ebury, 2007: p. 40.

32. HARDMAN, Robert. *Our Queen*. Arrow, 2012: p. 260.

33. PIMLOTT, Ben. *The Queen: Elizabeth II and the Monarchy*. HarperPress, 2012: p. 544.

34. BLAIR, Tony. *A Journey*. Hutchinson, 2010: p. 563.

35. MCKINNON, Don. *In The Ring*. Elliott and Thompson, 2013: p. 25.

36. Entrevista con el autor.

37. Entrevista con el autor.

38. RHODES, Margaret. *The Final Curtsey*. Umbria Press, 2011: p. 143.

39. Entrevista con el autor.

40. Entrevista con el autor.

41. Entrevista con el autor.

42. Entrevista con el autor.

Capítulo 1

1. *The Times,* 28 de enero de 1926.

2. SHAWCROSS, William. *Queen Elizabeth, The Queen Mother*.

Macmillan, 2009: p. 252, cita de la carta del duque de York a la reina María.

3. CHANNON, Henry *Chips. The Diaries 1918-38, Vol. I.* Hutchinson, 2021 (21 de abril de 1926).

4. SHAWCROSS. *Op. Cit.:* p. 254.

5. ROSE, Kenneth. *King George V.* Papermac, 1984: p. 340.

6. *Ibid.:* p. 343.

7. BRADFORD, Sarah. *Elizabeth: A Biography of Her Majesty the Queen.* William Heinemann, 1996: p. 28.

8. GREIG, Geordie. *The King Maker.* Hodder & Stoughton, 2011: prólogo.

9. WHEELER-BENNETT, John. *King George VI: His Life and Reign.* Macmillan, 1958: p. 214.

10. *Ibid.:* p. 215, cita de la duquesa de York a la reina María.

11. SHAWCROSS, *óp. cit.:* p. 252.

12. WHEELER-BENNET, *óp. cit.:* p. 17.

13. PIMLOTT, Ben. *The Queen: Elizabeth II and the Monarchy.* HarperPress, 2012: p. 10.

14. LONGFORD, Elizabeth. *Elizabeth R.* Weidenfeld & Nicholson, 1983: p. 33.

15. ASQUITH, Cynthia. *The Married Life of HRH The Duchess of York.* Hutchinson, 1933: p. 78.

16. *Ibid.:* p. 77.

17. PIMLOTT, *óp. cit.:* p. 12, cita autorizada de *The Story of Princess Elizabeth* de Anne Ring.

18. LONGFORD, *óp. cit.:* p. 16.

19. PIMLOTT, *óp. cit.:* p. 17, cita de las memorias de Clynes.

20. SHAWCROSS, *óp. cit.:* p. 318.

21. BRADFORD, *óp. cit.:* p. 33.

22. HART-DAVIS, Duff (ed.). *King's Counsellor: Abdication and War, The Diaries of Sir Alan Lascelles.* Weidenfeld & Nicolson, 2006: p. 105.

23. *Ibid.*

24. DUQUE DE WINDSOR. *A King's Story.* Cassell & Co, 1951: pp. 254-255.

25. ASQUITH, *óp. cit.:* p. 89, cita de Ring.

26. CRAWFORD, Marion. *The Little Princess.* Orion, 2011: p. 30.

27. ASQUITH, *óp. cit.*: p. 52.

28. CRAWFORD, *óp. cit.*: p. 21.

29. ASQUITH, *óp. cit.*: p. 50.

30. CRAWFORD, *óp. cit.*: p. 74.

31. ASQUITH, *óp. cit.*: p. 89.

32. BOGDANOR, Vernon. Charla en Gresham, 17 de enero de 2017.

33. DOUGLAS-HOME, Charles y Kelly, Saul. *Dignified & Efficient.* Claridge Press, 2000: p. 93.

34. CRAWFORD, *óp. cit.*: p. 15.

35. *Ibid.,* p. 36.

36. *Ibid.,* p. 33.

37. *Ibid.,* p. 25.

38. *Ibid.,* p. 46.

39. *Ibid.,* p. 34.

40. *Ibid.,* p. 54.

41. GLENCONNER, Anne. *Lady in Waiting.* Hodder & Stoughton, 2019: p. 14.

42. ROSE, *óp. cit.*: p. 392, cita de los papeles de Mensdorff.

43. ZLEGLER, Philip. *King Edward VIII.* HarperPress, 2012: p. 12.

44. HART-DAVIS (ed.), *óp. cit.*: p. 107.

45. ROSE, *óp. cit.*: p. 313.

46. DUQUE DE WINDSOR, *óp. cit.*: pp. 187-188.

47. NICOLSON, Harold. *George V.* Constable, 1952: p. 672.

48. ROSE, *óp. cit.*: p. 396.

49. *British Medical Journal,* mayo de 1994.

50. ROSE, *óp. cit.*: p. 403.

51. LONGFORD, *óp. cit.*: p. 56.

52. CRAWFORD, *óp. cit.*: p. 53.

53. ROSE, *óp. cit.*: p. 398.

54. ZIEGLER, *óp. cit.*: p. 209.

55. CHANNON, *óp. cit.*, vol. 1: p. 603 (3 de diciembre de 1936).

56. ZIEGLER, *óp. cit.*: p. 209.

57. CHANNON, *óp. cit.*, vol. 1: p. 494 (18 de enero de 1936).

58. SHAWCROSS, óp. cit.: p. 358, cita de la nota de Morshead (20 de diciembre de 1936).

59. RHODES, Margaret. *Our Queen at Ninety.* ITV, 2016.

60. WHEELER-BENNET, óp. cit.: p. 276.

61. *Ibid.,* p. 278.

62. *Ibid.,* p. 281.

63. ZIEGLER, óp. cit.: p. 315.

64. CHANNON, óp. cit., vol. 1: p. 601.

65. ARCHIVOS NACIONALES, CAB 301/101.

66. *Ibid.*

67. CRAWFORD, óp. cit.: p. 60.

68. SHAWCROSS, óp. cit.: p. 385.

69. ZIEGLER, óp. cit.: p. 341.

70. WHEELER-BENNETT, óp. cit.: p. 286.

71. *Ibid.,* p. 301.

72. CHANNON, óp. cit., Vol. I: p. 616.

73. CRAWFORD, óp. cit.: p. 64.

Capítulo 2

1. CRAWFORD, Marion. *The Little Princess.* Orion, 2011: p. 71.

2. WHEELER-BENNET, John. *King George VI: His Life and Reign.* Macmillan, 1958: p. 294.

3. ZIEGLER, Philip. *King Edward VIII.* HarperPress, 2012: p. 357.

4. *Ibid.,* p. 358.

5. SHAWCROSS, William. *Queen Elizabeth, The Queen Mother.* Macmillan, 2009: p. 150.

6. *Ibid.,* p. 194.

7. *Ibid.,* p. 394.

8. ROSE, Kenneth. *The Journals, Vol. II.* Weidenfeld & Nicolson, 2019: p. 27 y atribuida a la princesa Margarita por Rose en el *Daily Telegraph,* el 14 de junio de 2006.

9. ARCHIVOS REALES, RA/QEII/PRIV/PERS (véase CLARK, Pam; CROCKER, Julie; DERRETT, Allison; HOBBS, Laura; y KELSEY, Jill. *Treasures from the Royal Archives.* Royal Collection Trust, 2014: pp. 38-39).

10. CRAWFORD, óp. cit.: p. 82.

11. *Ibid.*

12. *Ibid.*: p. 71.

13. *Ibid.*: p. 87.

14. *Ibid.*: p. 79.

15. SHAWCROSS, óp. cit.: p. 334.

16. *Ibid.*

17. La reina María a Owen Morshead, el 26 de marzo de 1941. ARCHIVOS REALES, RA/QM/PRIV/CC48/957.

18. SHAWCROSS, óp. cit.: p. 336.

19. CRAWFORD, óp. cit.: p. 83.

20. POPE-HENNESSY, James, *Queen Mary.* Hodder & Stoughton, 2019: p. 908.

21. *Ibid.*: p. 639.

22. SHAWCROSS, óp. cit.: p. 397.

23. WHEELER-BENNETT, óp. cit.: p. 335.

24. SHAWCROSS, óp. cit.: p. 434.

25. POPE-HENNESSY, óp. cit.: p. 921.

26. Carta de Claud Hamilton, 25 de mayo de 1939. Papeles de Lascelles, CENTRO DE LOS ARCHIVOS DE CHURCHILL.

27. POPE-HENNESSY, óp. cit.: p. 922.

28. BRADFORD, Sarah. *Elizabeth: A Biography of Her Majesty the Queen.* William Heinemann, 1996: p. 79.

29. WHEELER-BENNETT, óp. cit.: p. 392.

30. CRAWFORD, óp. cit.: p. 94.

31. EADE, Philip. *Young Prince Philip.* HarperPress, 2011: p. 120.

32. BOOTHROYD, Basil. *Philip: An Informal Biography.* Longman, 1971: p. 136.

33. CRAWFORD, óp. cit.: p. 98.

34. BOOTHROYD, óp. cit.: p. 136.

35. WHEELER-BENNET, óp. cit.: p. 749.

36. Diario de guerra del rey, 3 de septiembre de 1946. ARCHIVOS REALES, RA/GVI/PRIV/DIARY/WAR.

37. *Ibid.,* 3 de septiembre de 1939.

38. SHAWCROSS, óp. cit.: p. 488.

39. Diario de guerra de la reina, 3 de septiembre de 1939. Archivos Reales, RA/QM/PRIV/QMD/1939-1945.

40. *Ibid.*

41. Aronson, Theo. *The Royal Family At War.* Thistle, 2014: p. 23.

42. Crawford, *óp. cit.*: p. 101.

43. Ziegler, *óp. cit.*: p. 335.

44. *Ibid.*: p. 337.

45. Diario de guerra del rey, 4 de septiembre de 1939.

46. *Ibid.*, 5 de septiembre de 1939.

47. Ziegler, *óp. cit.*: p. 411.

48. Diario de guerra del rey, 14 de septiembre de 1939.

49. Ziegler, *óp. cit.*: pp. 414-415.

50. *Ibid.*

51. *Ibid.*: p. 418.

52. Diario de guerra del rey, 18 de septiembre de 1939.

53. *Ibid.*, 7 de octubre de 1939.

54. Crawford, *óp. cit.*: p. 103.

55. Diario de guerra del rey, 11 de diciembre de 1939.

56. *Ibid.*, 14 de noviembre de 1939.

57. *Daily Mail,* 6 de diciembre de 1939.

58. Diario de guerra del rey, 20 de diciembre de 1939.

59. *Ibid.*, 25 de diciembre de 1939.

60. Crawford, *óp. cit.*: p. 108.

61. *Daily Mail,* 18 de abril de 1940.

62. Crawford, *óp. cit.*: p. 112.

63. Diario de guerra del rey, 20-21 de abril de 1940.

64. Roberts, Andrew. *Churchill: Walking with Destiny.* Allen Lane, 2018: p. 509.

65. *Ibid.*: p. 511.

66. Diario de guerra del rey, 10 de mayo de 1940.

67. Shawcross, *óp. cit.*: p. 514.

68. Diario de guerra del rey, 13 de mayo de 1940.

69. *Ibid.*

70. Shawcross, *óp. cit.*: p. 509.

71. Diario de guerra del rey, 17 de mayo de 1940.

72. *Ibid.*, 27 de mayo de 1940.

73. WHEELER-BENNETT, *óp. cit.*: p. 460.

74. SHAWCROSS, *óp. cit.*: p. 512.

75. *Ibid.*: p. 516.

76. Diario de guerra del rey, 20 de junio de 1940.

77. *Ibid.*, 25 de junio de 1940.

78. *Ibid.*, 2 de julio de 1940.

79. *Daily Mail,* 3 de julio de 1940.

80. LONGFORD, Elizabeth. *Elizabeth R.* Weidenfeld & Nicholson, 1983: p. 88, citando *Desert Island Discs* de la BBC, 3 de abril de 1981.

81. WHEELER-BENNETT, *óp. cit.*: p. 464.

82. Detalles del Festival de Windsor de 2019. Discurso de Tim O'Donovan de «la misión de Coats» (primo del vicecanciller Ian Liddell).

83. VICKERS, Hugo. *Elizabeth: The Queen Mother.* Arrow, 2006: p. 212, citando a Harold Nicolson y a Vita Sackville-West, 10 de julio de 1940. NICOLSON, Harold, *Diaries and Letters 1907-64.*

84. Entrevista en *Royal Heritage,* BBC, 1977.

Capítulo 3

1. Diario de guerra del rey, 10 de septiembre de 1940. ARCHIVOS REALES, RA/GVI/PRIV/DIARY/WAR.

2. *Ibid.*, 13 de septiembre de 1940.

3. Entrevista con *Royal Heritage.* BBC, 1977.

4. SHAWCROSS, William. *Queen Elizabeth, The Queen Mother.* Macmillan, 2009: p. 523.

5. WHEELER-BENNET, John. *King George VI: His Life and Reign.* Macmillan, 1958: p. 470.

6. Diario de guerra del rey, 13 de septiembre de 1940.

7. *Ibid.*, 19 de septiembre de 1940.

8. CHANNON, Henry. *Chips. The Diaries 1938-43, Vol. II.* Hutchinson, 2021: p. 403.

9. *London Gazette,* 31 de enero de 1941.

10. Fitzalan Howard, Alathea. *The Windsor Diaries 1940-45.* Hodder & Stoughton, 2020 (9 de noviembre de 1940).

11. Artículo del *Sunday Dispatch* de Derek McCulloch en 1946, citado por la BBC el 21 de diciembre de 2009.

12. Diario de guerra del rey, 6-7 de julio de 1940.

13. Howard, *óp. cit.*: 13 de julio de 1940.

14. Diario de guerra del rey, 21-22 de diciembre de 1940.

15. Shawcross, *óp. cit.*: p. 533, cita de Laird, Dorothy, *Queen Elizabeth,* pp. 251-252.

16. Roberts, Andrew. *Churchill: Walking with Destiny.* Allen Lane, 2018: p. 572.

17. Diario de guerra del rey, 27 de agosto de 1940.

18. *Ibid.*

19. *Ibid.,* 25 de noviembre de 1941.

20. *Ibid.,* 27 de noviembre de 1941.

21. *Ibid.,* 28 de octubre de 1941.

22. Morshead a la reina María, 28 de agosto de 1939. Archivos Reales RA/QM/PRIV/CC48/863.

23. Morshead a la reina María, 7 de enero de 1941. Archivos Reales RA/QM/PRIV/CC48/951.

24. *Ibid.*

25. *Ibid.*

26. Howard, *óp. cit.*: 6 de marzo de 1941.

27. *Ibid.,* 3 de abril de 1941.

28. Channon, *óp. cit.,* Vol. II: p. 502.

29. Diario de guerra del rey, 23 de julio de 1941.

30. *Ibid.,* 18-20 de octubre de 1941.

31. Howard, *óp. cit.*: 23 de octubre de 1941.

32. *Ibid.,* 21 de diciembre de 1941.

33. Channon, *óp. cit.,* Vol., II: pág., 702.

34. Diario de guerra del rey, 7 de febrero de 1942.

35. *Ibid.,* 25 y 26 de febrero de 1941.

36. Howard, *óp. cit.*: 26 de febrero de 1941.

37. Diario de guerra del rey, 21 de enero de 1942.

38. Crawford, Marion. *The Little Princesses.* Orion, 2011: p. 134.

39. Diario de guerra del rey, 7-14 de septiembre de 1942.

40. *Ibid.*

41. Shawcross, *óp. cit.*: p. 556, cita de la rueda de prensa de Roosevelt.

42. Howard, *óp. cit.*: 25 de noviembre de 1943.

43. Crawford, *óp. cit.*: p. 148.

44. Diario de guerra del rey, 8 de febrero de 1944.

45. Wheeler-Bennett, *óp. cit.*: p. 592.

46. Hart-Davis, Duff (ed.). *King's Counsellor: Abdication and War, The Diaries of Sir Alan Lascelles.* Weidenfeld & Nicolson, 2006: p. 189.

47. Pimlott, Ben. *The Queen: Elizabeth II and the Monarchy.* HarperPress, 2012: p. 96, cita del diario no publicado de Lascelles.

48. Shawcross, *óp. cit.*: p. 579, cita de Jorge VI a la reina María.

49. Howard, *óp. cit.*: 18 de diciembre de 1943.

50. Diario de guerra del rey, 19 de mayo de 1944.

51. *Ibid.,* 27 de mayo de 1944.

52. Wheeler-Bennett, *óp. cit.*: p. 602.

53. Hart-Davis (ed.), *óp. cit.*: p. 226.

54. Diario de guerra del rey, 3 de junio de 1944.

55. *Ibid.,* 2 de junio de 1994.

56. *Ibid.,* 16 de junio de 1944.

57. *Ibid.*

58. *Ibid.,* 17-19 de junio de 1944.

59. Crawford, *óp. cit.*: p. 136.

60. Diario de guerra del rey, 20 de junio de 1944.

61. Shawcross, *óp. cit.*: p. 583.

62. Howard, *óp. cit.*: 15 de febrero de 1945.

63. *Daily Mail,* 30 de enero de 1945.

64. Crawford, *óp. cit.*: p. 147.

65. Rhodes, Margaret. *The Final Curtsey.* Umbria Press, 2011: p. 69.

66. *Ibid.,* p. 68.

67. Longford, Elizabeth. *Elizabeth R.* Weidenfeld & Nicholson, 1983: p. 100.

68. Wheeler-Bennett, *óp. cit.*: p. 626.

69. Rhodes, *óp. cit.*: p. 69.

70. Diario de guerra del rey, 21 de mayo de 1945.

71. *Ibid.,* 21-22 de agosto de 1945.

72. Pimlott, *óp. cit.*: p. 81.

73. Shawcross, *óp. cit.*: p. 604.

74. Wheeler-Bennett, *óp. cit.*: p. 636.

75. Hart-Davis (ed.), *óp. cit.*: p. 342.

76. Longford, *óp. cit.*: p. 103, cita de Wilson, Harold, *Prime Ministers.*

77. Lacey, Robert. *Royal: Her Majesty Queen Elizabeth II.* Little, Brown, 2002: p. 143.

78. Shawcross, *óp. cit.*: p. 599.

79. *Ibid.*: p. 600, cita de Jorge VI a la reina María, 6 de octubre de 1945.

80. Diario de guerra del rey, 26 de julio de 1945.

81. Adonis, Andrew. *Ernest Bevin: Labour's Churchill.* Biteback Publishing, 2021: p. 228.

82. Barclay, Roderick. *Ernest Bevin & The Foreign Office.* Roderick Barclay, 1975: p. 84, cita de Adonis.

83. Shawcross, *óp. cit.*: p. 624.

84. Boothroyd, Basil. *Philip: An Informal Biography.* Longman, 1971: p. 24.

85. Shawcross, *óp. cit.*: p. 625, cita del príncipe Felipe a la reina Isabel, 14 de septiembre de 1946.

86. Boothroyd, *óp. cit.*: p. 24.

87. Archivos Reales, RA/F&V/VISOV/SA/1947, 2 de febrero.

88. Papeles de Lascelles, 18 de febrero de 1947. Centro de los Archivos de Churchill.

89. Archivos Reales, RA/F&V/VISOV/SA/1947, 27 de febrero.

90. Archivos Reales, RA/F&V/VISOV/SA/1947, 25 de marzo.

91. Archivos Reales, RA/F&V/VISOV/SA/1947, 21 de abril.

92. Archivos Reales, RA/R&V/VISOV/SA/1947, 13 de abril.

93. Carta de Lascelles a Dermot Morrah, 10 de marzo de 1947. Centro de los Archivos de Churchill.

94. Papeles de Lascelles, 23 de abril de 1947. Centro de los Archivos de Churchill.

95. *Ibid.,* 30 de abril de 1947.

Capítulo 4

1. *Daily Mail,* 11 de julio de 1947.

2. *London Gazette,* 18 de marzo de 1947.

3. *Sunday Telegraph,* 3 de febrero de 2002.

4. PIMLOTT, Ben. *The Queen: Elizabeth II and the Monarchy.* HarperPress, 2012: p. 127.

5. *A Very Royal Wedding.* ITV, 30 de octubre de 2017.

6. SHAWCROSS, William. *Queen Elizabeth, The Queen Mother.* Macmillan, 2009: p. 630.

7. *Ibid.,* p. 629.

8. CRAWFORD, Marion. *The Little Princesses.* Orion, 2011: p. 140.

9. *Ibid.*: p. 177.

10. Dato sobre la toalla: *Daily Mail,* 21 de junio de 2012. Cifra de las 732.268 libras: Hampton, JANIE. *The Austerity Olympics.* Aurum Press, 2009: p. 311.

11. *Evening Standard,* 21 de junio de 1948.

12. *Daily Mail,* 14 de mayo de 1948.

13. CRAWFORD, *óp. cit.*: p. 210.

14. Diario de Lascelles, cita de Pimlott, p. 154.

15. EADE, Philip. *Young Prince Philip.* HarperPress, 2011: p. 219.

16. SHAWCROSS, *óp. cit.*: p. 637, cita de la princesa Isabel a Mary Elphinstone.

17. HEALD, Tim. *Philip: A Portrait of the Duke of Edinburgh.* Hodder & Stoughton, 1991: p. 92.

18. BRADFORD, Sarah. *Elizabeth: A Biography of Her Majesty the Queen.* William Heinemann, 1996: p. 144.

19. WHEELER-BENNETT, John. *King George VI: His Life and Reign.* Macmillan, 1958: p. 768.

20. BRADFORD, *óp. cit.*: p. 135, cita de los Archivos Nacionales, WORK 19/1175.

21. HEALD, *óp. cit.*: p. 93.

22. EADE, *óp. cit.*: p. 231.

23. BRADFORD, *óp. cit.*: p. 139.

24. *Ibid.*

25. CRAWFORD, *óp. cit.*: p. 184.

26. Heald, *óp. cit.*: p. 91.
27. Diario de Jebb, 19 de febrero de 1949. Centro de los Archivos de Churchill.
28. *Ibid.*
29. *Mail on Sunday,* 22 de noviembre de 2015.
30. *Ibid.*
31. *Ibid.*
32. *Our Queen At Ninety.* ITV, 2016.
33. Pimlott, *óp. cit.*: p. 162.
34. Vickers, Hugo. *Elizabeth: The Queen Mother.* Arrow, 2006: p. 283.
35. *Ibid.*: p. 241.
36. *Ibid.*: p. 238.
37. *Ibid.*: p. 242.
38. Williams, Kate. *Young Elizabeth.* Phoenix, 2013: p. 63.
39. Crawford, *óp. cit.*: p. 165.
40. Longford, Elizabeth. *Elizabeth R.* Weidenfeld & Nicholson, 1983: p. 118.
41. Rhodes, Margaret. *The Final Curtsey.* Umbria Press, 2011: p. 31.
42. Lacey, Robert. *Royal: Her Majesty Queen Elizabeth II.* Little, Brown, 2002: p. 161.
43. Bradford, *óp. cit.*: p. 160.
44. *Daily Mail,* 4 de junio de 1951.
45. *Daily Mail,* 17 de julio de 1951.
46. Pimlott, *óp. cit.*: p. 171.
47. Hardman, Robert. *Queen of the World.* Century, 2018: p. 220.
48. Bradford, *óp. cit.*: p. 163.
49. Entrevista con el autor. Hardman, Robert. *Our Queen.* Arrow, 2012: p. 343.
50. Corbett, Jim *Tree Tops.* Oxford University Press, 1955: p. 11.
51. Hardman, *óp. cit.*: p. 343.
52. Corbett, *óp. cit.*: p. 23.

Capítulo 5

1. WHEELER-BENNET, John. *King George VI: His Life and Reign*. Macmillan, 1958: p. 803.

2. Entrevista de Ford, cita de SHAWCROSS, William. *Queen and Country*. BBC Worldwide, 2002: p. 16.

3. HEALD, Tim. *A Portrait of the Duke of Edinburgh*. Hodder & Stoughton, 1991: p. 111.

4. LONGFORD, Elizabeth. *Elizabeth R*. Weidenfeld & Nicholson, 1983: p. 141.

5. *Ibid.*

6. SHAWCROSS, William. *Queen Elizabeth, The Queen Mother*. Macmillan, 2009: p. 656.

7. PIMLOTT, Ben. *The Queen: Elizabeth II and the Monarchy*. HarperPress, 2012: p. 180.

8. ROSE, Kenneth. *The Journals, Vol. I*. Weidenfeld & Nicolson, 2018: p. 375.

9. MURPHY, Profesor Philip. *Monarchy and the End of Empire*. Oxford University Press, 2013: pp. 52-53.

10. SHAWCROSS, *óp. cit.*: p. 661.

11. PIMLOTT, *óp. cit.*: p. 185.

12. SHAWCROSS, *óp. cit.*: p. 662.

13. LACEY, Robert. *Royal: Her Majesty Queen Elizabeth II*. Little, Brown, 2002: p. 189.

14. HEALD, *óp. cit.*: p. 115.

15. Entrevista con el autor. HARDMAN, R. *Our Queen*. Arrow, 2012.

16. *Ibid.*

17. Entrevista con el autor.

18. LACEY, *óp. cit.*: p. 178.

19. PIMLOTT, *óp. cit.*: p. 205.

20. ROSE, Kenneth. *The Journals, Vol. II*. Weidenfeld & Nicolson, 2019: p. 138.

21. LONGFORD, *óp. cit.*: p. 157.

22. Entrevista de Kenneth Rose con el autor.

23. BRADFORD, Sarah. *Elizabeth: A Biography of Her Majesty the Queen*. William Heinemann, 1996: p. 185.

24. Butler, Peter (ed.). *The Wit of Prince Philip*. Leslie Frewin, 1965: p. 28.

25. *Daily Mail,* 13 de marzo de 2002.

26. Entrevista con el autor.

27. *Daily Mail,* 2 de junio de 2003.

28. *The Coronation.* BBC One, 14 de enero de 2018.

29. GLENCONNER, Anne. *Lady in Waiting.* Hodder & Stoughton, 2019: p. 61.

30. *The Coronation,* BBC One, 14 de enero de 2018.

31. SHAWCROSS, *óp. cit.*: p. 681.

32. *Ibid.*: p. 684.

33. *Sunday Telegraph,* 3 de febrero de 2002.

34. HART-DAVIS, Duff (ed.). *King's counsellor: Abdication and War, The Diaries of Sir Alan Lascelles.* Weidenfeld & Nicolson, 2006: p. 399.

35. RHODES, Margaret, *The Final Curtsey.* Umbria, 2011: p. 74.

36. PIMLOTT, *óp. cit.*: p. 176, cita de Colville.

37. ROSE, *óp. cit.*, Vol. II: p. 43.

38. HART-DAVIS (ed.), *óp. cit.*: p. 430.

39. Entrevista con el autor.

40. CONNORS, Jane. *The Glittering Thread.* University of Technology, Sídney, 1996: p. 245, cita de *Australian Women's Weekly,* 27 de enero de 1954.

41. *Ibid.*: p. 272.

42. *Ibid.*: p. 178.

43. LONGFORD, *óp. cit.*: p. 169.

44. HARDMAN, *óp. cit.*: p. 195.

45. PIMLOTT, *óp. cit.*: p. 227.

46. HANSARD, *óp. cit.*: 17 de mayo de 1954.

47. Cita de la ceremonia privada del yate.

48. ROSE, Kenneth. *Kings, Queens and Courtiers.* Weidenfeld & Nicolson, 1985: p. 14.

49. Conversación privada.

50. VICKERS, Hugo. *Alice: Princess Andrew of Greece.* Hamish Hamilton, 2000: p. 342.

51. Entrevista con el autor, 2006.

52. Entrevista con el autor para *Prince Philip: The Royal Family Remembers,* BBC One, 22 de septiembre de 2021.

53. *Ibid.*

54. Entrevista con el autor para la BBC.

55. BRADFORD, *óp. cit.*: p. 278.

56. HOEY, Brian. *Anne: The Princess Royal.* Grafton Books, 1989: p. 30.

57. JOHNSTONE-BRYDEN, Richard. *The Royal Yacht Britannia: The Official History.* Conway Maritime Press, 2003: p. 33.

58. BRADFORD, *óp. cit.*: p. 255.

59. *Horse & Hound,* 1 de junio de 2020.

60. ROBERTS, Andrew. *Churchill: Walking with Destiny.* Allen Lane, 2018: p. 947.

61. PIMLOTT, *óp. cit.*: p. 232, cita de GILBERT, Martin, *Churchill.*

62. ROBERTS, *óp. cit.*: p. 950.

Capítulo 6

1. ARCHIVOS NACIONALES, PREM 11/1565.

2. *Ibid.*

3. LONGFORD, Elizabeth. *Elizabeth R.* Weidenfeld & Nicholson, 1983: p. 177.

4. ROSE, Kenneth. *The Journals, Vol. II.* Weidenfeld & Nicolson, 2019: p. 91.

5. TOWNSEND, Peter. *Time and Chance: An Autobiography.* Collins, 1978: p. 236.

6. Conversación privada.

7. *The Herald,* 24 de septiembre de 1993.

8. Entrevista con el autor.

9. SHAWCROSS, William. *Queen Elizabeth, The Queen Mother.* Macmillan, 2009: p. 708.

10. Conversación privada.

11. Diario de Jebb, 7 de mayo de 1956. Centro de los Archivos de Churchill.

12. *Ibid.*

13. *Ibid.*
14. Discurso a la Ipswich School, 1 de mayo de 1956.
15. Entrevista con el autor.
16. BUTLER, Peter (ed.). *The Wit of Prince Philip.* Leslie Frewin, 1965: p. 34.
17. Entrevista con el autor.
18. Entrevista con el autor.
19. *Sunday Telegraph,* 3 de febrero de 2002.
20. HENNESSY, Peter. *The Prime Minister.* Allen Lane, 2000: p. 218.
21. ROSE, Kenneth. *The Journals, Vol. I.* Weidenfeld & Nicolson, 2018: pp. 561-562.
22. PIMLOTT, Ben. *The Queen: Elizabeth II y la monarquía.* HarperPress, 2012: p. 258.
23. *Ibid.*: p. 261.
24. ROSE, *óp. cit.,* Vol. I: pp. 561-562.
25. LONGFORD, *óp. cit.*: p. 181.
26. *Baltimore Sun,* 8 de febrero de 1957.
27. JAY, Antony. *Elizabeth R.* BBC Books, 1992: p. 200.
28. *Daily Mail,* 16 de febrero de 1957.
29. Discurso del príncipe Felipe en la Mansion House, el 26 de febrero de 1957, citado en *Selected Speeches 1948-1955,* Oxford University Press, 1957: p. 40.
30. BRANDRETH, Gyles. *Philip: The Final Portrait.* Coronet, 2021: pp. 298-299.
31. BRADFORD, Sarah. *Elizabeth: A Biography of Her Majesty the Queen.* William Heinemann, 1996: p. 275.
32. ARCHIVOS NACIONALES, FCO 57/315.
33. Diario de Jebb, 14 de abril de 1957. Centro de los Archivos de Churchill.
34. *Ibid.*
35. *Ibid.*
36. *Ibid.*
37. Memorias privadas de Fairbanks.
38. *Ibid.*
39. *Ibid.*

40. *National and English Review,* agosto de 1957.

41. Entrevista con el autor.

42. Entrevista con el autor.

43. ROSE, *óp. cit.,* Vol. II: p. 100.

44. *New Statesman,* 22 de octubre de 1955.

45. *Saturday Evening Post,* 19 de octubre de 1957.

46. *Maclean's,* 7 de diciembre de 1957.

47. *Washington Post,* 20 de octubre de 1957.

48. HORNE, Alistair. *Harold Macmillan: 1957-1986, Vol. II.* Macmillan, 1989: p. 55.

49. *Maclean's,* 7 de diciembre de 1957.

50. BRADFORD, *óp. cit.*: p. 243.

51. PIMLOTT, *óp. cit.*: p. 290.

52. BRADFORD, *óp. cit.*: p. 261.

53. ROSE, *óp. cit.,* Vol. I: p. 212.

54. BRADFORD, *óp. cit.*: p. 286.

55. *Ibid.*

56. *Daily Telegraph,* 26 de enero de 2001.

57. Diario de Jebb, *óp. cit.* Centro de los Archivos de Churchill.

58. ROSE, *óp. cit.,* Vol. I: p. 229.

59. LACEY, Robert. *Royal: Her Majesty Queen Elizabeth II.* Little, Brown, 2002: p. 212.

Capítulo 7

1. Entrevista con el autor.

2. *Daily Mail,* 6 de abril de 1960.

3. *Guardian,* 28 de enero de 1961.

4. *Time,* 10 de marzo de 1961.

5. *Guardian,* 27 de febrero de 1961.

6. MACMILLAN, Harold. *Pointing the Way.* Macmillan, 1972: p. 472.

7. HORNE, Alistair. *Harold Macmillan: 1957-1986, Vol. II.* Macmillan, 1989: p. 399.

8. Entrevista con el autor.

9. LONGFORD, Elizabeth. *Elizabeth R.* Weidenfeld & Nicholson, 1983: p. 213.

10. Entrevista con el autor.

11. Entrevista con el autor.

12. Entrevista con el autor de *Anne: The Princess Royal at 70.* ITV, 29 de julio de 2020.

13. LARKIN, Philip: «Annus Mirabilis».

14. PIMLOTT, Ben. *The Queen: Elizabeth II and the Monarchy.* HarperPress, 2012: p. 321.

15. ARCHIVOS NACIONALES, DO 161/73. Circular confidencial, Cumming-Bruce a Duncan Sandys, 29 de marzo de 1963.

16. *Guardian,* 27 de marzo de 1963.

17. *Daily Express,* 11 de julio de 1963.

18. HANSARD, *óp. cit.*: 14 mayo de 1963.

19. *United Press International,* 11 de julio de 1963.

20. PIMLOTT, *óp. cit.*: pp. 330-331.

21. SHAWCROSS, William. *Queen and Country.* BBC Worldwide, 2002: p. 89.

22. Diario de Hailsham. Margaret Thatcher Foundation.

23. PIMLOTT, *óp. cit.*: p. 335.

24. HENNESSY, Peter. *The Prime Minister.* Allen Lane, 2000: p. 277.

25. ROSE, Kenneth. *The Journals, Vol. II.* Weidenfeld & Nicolson, 2019: p. 356.

26. BRADFORD, Sarah. *Elizabeth: A Biography of Her Majesty the Queen.* William Heinemann, 1996: p. 325.

27. *Daily Mail,* 6 de octubre de 1964.

28. *Daily Mail,* 12 de octubre de 1964.

29. *Guardian,* 12 de octubre de 1964.

30. PIMLOTT, *óp. cit.*: p. 339.

31. *Ibid.*: p. 370.

32. *Ibid.*: p. 344.

33. Entrevista con el autor.

34. Entrevista con el autor.

35. MARR, Andrew. *The Diamond Queen.* Macmillan, 2011: p. 212.

36. ROSE, Kenneth. *The Journals, Vol. I.* Weidenfeld & Nicolson, 2018: p. 448.

37. MARR, *óp. cit.*: pp. 218-219, cita de *The Crossman Diaries,* Hamish Hamilton/Jonathan Cape, 1979: p. 594.

38. BEDELL SMITH, Sally. *Elizabeth The Queen.* Penguin, 2016: p. 177.

39. ARCHIVOS NACIONALES, FO 371/183178.

40. *Ibid.*

41. *Ibid.*

42. ARCHIVOS NACIONALES, FCO 369/5698.

43. Entrevista con el autor.

44. ARCHIVOS NACIONALES, FO 371/183178.

45. Entrevista con el autor.

Capítulo 8

1. Entrevista con el autor, 2005.

2. Entrevista con el autor, 1994.

3. LONGFORD, Elizabeth. *Elizabeth R.* Weidenfeld & Nicholson, 1983: p. 202.

4. *Daily Mail,* 1 de noviembre de 1967.

5. DIMBLEBY, Jonathan. *The Prince of Wales: A Biography.* Little, Brown, 1994: pp. 124-125.

6. VICKERS, Hugo. *Alice: Princess Andrew of Greece.* Hamish Hamilton, 2000: p. 389.

7. Entrevista con el autor.

8. ARCHIVOS NACIONALES, FO 371/185606.

9. *Daily Mail,* 26 de octubre de 1966.

10. Entrevista con el autor.

11. PIMLOTT, Ben. *The Queen: Elizabeth II and the Monarchy.* HarperPress, 2012: p. 371.

12. LONGFORD, *óp. cit.*: p. 179.

13. DIMBLEBY, *óp. cit.*: p. 138.

14. HOEY, Brian. *Anne: The Princess Royal.* Grafton Books, 1989: p. 36.

15. Entrevista con el autor.
16. Archivos Nacionales, FCO 57/26.
17. Entrevista con el autor.
18. Entrevista con el autor.
19. Entrevista con el autor.
20. Entrevista con el autor.
21. Entrevista con el autor.
22. Entrevista con el autor.
23. Entrevista con el autor.
24. Entrevista con el autor para ITV/Oxford Films.
25. Archivos Nacionales, FCO 57/139.
26. *Observer,* 22 de junio de 1969.
27. Entrevista con el autor.
28. Entrevista con el autor.
29. Dimbleby, *óp. cit.*: p. 163.
30. *Daily Mail,* 2 de julio de 1969.
31. *Ibid.*
32. Entrevista con el autor.
33. Entrevista con el autor.
34. *Ottawa Journal,* 20 de octubre de 1969.
35. *Guardian,* 10 de noviembre de 1969.
36. *Los Angeles Times,* 12 de noviembre de 1969.
37. *Daily Mail,* 12 de noviembre de 1969.
38. Archivos Nacionales, PREM 15/631.
39. Entrevista con el autor.

Capítulo 9

1. Entrevista con el autor.
2. Entrevista con el autor.
3. Entrevista con el autor.
4. *Daily Mail,* 13 de marzo de 1970.
5. *Ibid.*
6. Entrevista con el autor.
7. *New York Times,* 24 de febrero de 1971.

8. *Daily Mail,* 6 de octubre de 1971.

9. ARCHIVOS NACIONALES, FCO 33/1829.

10. *Ibid.*

11. WILSON, Harold. *The Labour Government, 1964-1970.* Weidenfeld, 1971: p. 264.

12. ARCHIVOS NACIONALES, PREM 15/714.

13. *Ibid.*

14. *Ibid.*

15. Entrevista con el autor.

16. ARCHIVOS NACIONALES, PREM 15/628/6.

17. ARCHIVOS NACIONALES, PREM 15/628/10.

18. HANSARD, *óp. cit.*: 14 de diciembre de 1971.

19. Entrevista con el autor.

20. SHAWCROSS, William. *Queen Elizabeth, The Queen Mother.* Macmillan, 2009: p. 843.

21. *Decadence and Downfall,* BBC, Four, 2016.

22. ARCHIVOS NACIONALES, PREM 15/627.

23. *Ibid.*

24. CAMPBELL, John. *Edward Heath: A Biography.* Jonathan Cape, 1993: p. 494.

25. SMITH, Arnold. *Stitches In Time.* General Publishing, 1981: p. 270.

26. *Ibid.*: p. 272.

27. *Observer,* 21 de mayo de 1972.

28. *Daily Express,* 16 de mayo de 1972.

29. PAYNE, Ronald. *Sunday Telegraph,* 21 de mayo de 1972.

30. *The Economist,* 20 de mayo de 1972.

31. BRADFORD, Sarah. *Elizabeth: A Biography of Her Majesty the Queen.* William Heinemann, 1996: p. 412.

32. ARCHIVOS NACIONALES, PREM 15/2199.

33. ROSE, Kenneth. *The Journals, Vol. II.* Weidenfeld & Nicolson, 2019: pp. 179-180.

34. Entrevista de Hennessy con el autor.

35. Entrevista con el autor.

36. *De Telegraaf,* citado en ARCHIVOS NACIONALES, FCO 33/1879.

37. *Guardian,* 1 de enero de 1973.
38. Archivos Nacionales, FCO 28/2164.
39. *Ibid.*
40. *Guardian,* 18 de octubre de 1972.
41. Archivos Nacionales, FCO 28/2164.
42. Archivos Nacionales, PREM 15/1880.
43. *Ibid.*
44. *Horse & Hound,* 11 de julio de 2020.
45. Entrevista con el autor.
46. Entrevista con el autor para *Anne: The Princess Royal at 70.* ITV, 29 de julio de 2020.
47. Archivos Nacionales, PREM 15/1880.
48. *Ibid.*
49. Hoey, Brian. *Anne: The Princess Royal.* Grafton Books, 1989: p. 51.
50. Archivos Nacionales, PREM 15/707.
51. *Ibid.*
52. Smith, *óp. cit.*: p. 248.
53. Archivos Nacionales, FCO 31/1478.
54. Archivos Nacionales, FCO 31/1182.
55. Entrevista con el autor.
56. Archivos Nacionales, FCO 31/1480.

Capítulo 10

1. Archivos Nacionales, PREM 15/2091.
2. Hennessy, Peter. *The Prime Minister.* Allen Lane, 2000: p. 22.
3. Memorias de Wilson, citado en Pimlott, Ben. *The Queen: Elizabeth II and the Monarchy.* HarperPress, 2012: p. 420.
4. Entrevista con el autor.
5. Archivos Nacionales, FCO 15/1955.
6. Hoey, Brian. *Anne: The Princess Royal.* Grafton Books, 1989: p. 59.
7. *Daily Mail, Guardian* y otros, 1 de enero de 2005.
8. Entrevista con el autor.

9. Entrevista con el autor.

10. Archivos Nacionales, FCO 15/630.

11. *Daily Telegraph,* 22 de marzo de 1974.

12. Dimbleby, Jonathan. *The Prince of Wales: A Biography.* Little, Brown, 1994: pp. 254-255.

13. *Ibid.:* p. 247.

14. *Ibid.:* pp. 253-4.

15. *Observer,* 9 de junio de 1974.

16. Archivos Nacionales, FCO 160/26/10.

17. Archivos Nacionales, FCO 160/35/24.

18. Entrevista con el autor. Hardman, Robert. *Queen of the World.* Century, 2018: p. 80.

19. Entrevista con el autor, 2012.

20. *Ibid.*

21. Archivos Nacionales, FCO 33/2358.

22. Stock, Victor. *Taking Stock.* HarperCollins, 2001: p. 11.

23. Bedell Smith, Sally. *Elizabeth The Queen.* Penguin, 2016: p. 256.

24. Entrevista con el autor.

25. Charteris a Kerr, 14 de septiembre de 1974. Papeles de Kerr/Whitlam. Archivos Nacionales de Australia, AA1984/609.

26. *Ibid.,* Kerr al Palacio de Buckingham, 11 de octubre de 1975.

27. *Ibid.,* Charteris a Kerr, 17 de noviembre de 1975.

28. Entrevista con el autor.

29. Entrevista con el autor.

30. Bradford, Sarah. *Elizabeth: A Biography of Her Majesty the Queen.* William Heinemann, 1996: p. 378.

31. *Ibid.*

32. Archivos Nacionales, FCO 160/27/5.

33. *Ibid.*

34. Charteris a Kerr, 9 de octubre de 1974. Archivos Nacionales de Australia, AA1984/609.

35. Archivos Nacionales, PREM 15/1120.

36. upi, *Los Angeles Times* y otros, 30 de enero de 1975.

37. Heseltine a Kerr, 25 de febrero de 1975. Archivos Nacionales de Australia, AA1984/609.

38. Archivos Nacionales, FCO 160/171/17.

39. *Ibid.*

40. *Ibid.*

41. *Ibid.*

42. Entrevista con el autor.

43. Archivos Nacionales, FCO 21/1446.

44. Pimlott, *óp. cit.*: pp. 430-431.

45. Crossman, Richard. *The Diaries of a Cabinet Minister,* Vol. II. Penguin, 1976, entrada del 11 de enero de 1967.

46. Entrevista con el autor.

47. *Daily Mail,* 17 de marzo de 1976.

48. de Courcy, Anne. *Snowdon: The Biography.* Phoenix, 2012: p. 253.

49. *Ibid.*

50. *Daily Mail,* 21 de abril de 1976.

51. Entrevista con el autor.

52. Archivos Nacionales, FCO 33/3004.

53. *New York Times,* 12 de junio de 1976.

54. *New York Times,* 10 de julio de 1976.

55. Archivos Nacionales, PREM 16/883.

56. Roche, Marc. *Elizabeth II: une Vie, un règne.* Tallandier, 2016 : pp. 106-109.

57. Archivos Nacionales, FCO 160/40.

58. Archivos Nacionales, FCO 160/52/32.

Capítulo 11

1. Entrevista con el autor.

2. Archivos Nacionales, PREM 15/2195.

3. Archivos Nacionales, PREM 16/1349.

4. «In days of disillusion, / However low we've been, / To fire us and ispire us / God gave to us our Queen». Betjeman, John. *Collected Poems.* John Murray, 1978, copyright © The Betjeman Literary Estate, permiso de publicación y Gillon Aitken Associates Ltd. Para el Betjeman Literary Estate.

5. Entrevista con el autor.

6. Entrevista privada.

7. Entrevista con el autor. HARDMAN, Robert. *Queen of the World*. Century, 2018: p. 345.

8. Conversación privada.

9. JOHNSTONE-BRYDEN, Richard. *The Royal Yacht Britannia: The Official History*. Conway Maritime Press, 2003: p. 159.

10. Antología privada de la tripulación.

11. ARCHIVOS NACIONALES, PREM 16/1349.

12. *Daily Mail*, 5 de mayo de 1977.

13. ROSE, Kenneth. *The Journals, Vol. II*. Weidenfeld & Nicolson, 2019: p. 239.

14. PARKER, Michael. *It's All Gone Horribly Wrong*. Bene Factum, 2012: pp. 94-95.

15. *Ibid.*: p. 95.

16. ARCHIVOS NACIONALES, FCO 68/738.

17. MURPHY, Profesor Philip. *Monarchy and the End of Empire*. Oxford University Press, 2013: p. 135, cita de ZIEGLER, Philip, *Mountbatten: The Official Biography*, Collins, 1985: pp. 366-367.

18. *Daily Mail*, 8 de junio de 1977.

19. Entrevista con el autor.

20. GRIGG, John. *Sunday Times*, citado en PIMLOTT, Ben, *The Queen: Elizabeth II and the Monarchy*, HarperPress, 2012: p. 452.

21. Conversación privada.

22. Entrevista con el autor.

23. Entrevista con el autor.

24. JOHNSTONE-BRYDEN, *óp. cit.*: p. 179.

25. Entrevista con el autor.

26. ARCHIVOS NACIONALES, FCO 22/3163.

27. LONGFORD, Elizabeth. *Elizabeth R.* Weidenfeld & Nicholson, 1983: pp. 278-279.

28. Entrevista con el autor.

29. SHAWCROSS, William. *Queen and Country*. BBC Worldwide, 2002: p. 112.

30. Conversación privada.

31. HOEY, Brian. *Anne: The Princess Royal*. Grafton Books, 1989.

32. Entrevista con el autor para *Anne: The Princess Royal at 70.* ITV, 29 de julio de 2020.

33. Entrevista con el autor.

34. Archivos Nacionales, FCO 33/3559.

35. *Ibid.*

36. Entrevista con el autor.

37. Archivos Nacionales, PREM 68/1838.

38. Archivos Nacionales, FCO 28/3428.

39. Reuters, 13 de mayo de 1991.

40. Entrevista con el autor.

41. Entrevista con el autor.

42. Entrevista con el autor.

43. *Daily Mail,* 19 de febrero de 1979.

44. Archivos Nacionales, FCO 160/200/47.

45. *Ibid.*

46. *Daily Mail,* 19 de febrero de 1979.

47. Entrevista con el autor.

48. *Daily Mail,* 20 de febrero de 1979.

49. Archivos Nacionales, FCO 160/200/47.

Capítulo 12

1. Entrevista con el autor.

2. Circular de la corte, 4 de mayo de 1979.

3. Entrevista con el autor.

4. Entrevista con el autor.

5. Moore, Charles. *Margaret Thatcher: The Authorized Biography, Vol. I.* Allen Lane, 2013: p. 417.

6. *Ibid.*: p. 300.

7. Entrevista con el autor.

8. Entrevista con el autor.

9. Información privada.

10. Moore, *óp. cit.,,* Vol. I: p. 820.

11. Moore, Charles. *Margaret Thatcher: The Authorized Biography, Vol. II.* Allen Lane, 2015: p. 577.

12. Shawcross, William. *Queen and Country*. BBC Worldwide, 2002: p. 138.

13. Archivos Nacionales, FCO 106/131.

14. Entrevista con el autor.

15. Archivos Nacionales, FCO 105/26.

16. Entrevista con el autor.

17. Entrevista con el autor.

18. Campbell, John. *Margaret Thatcher, Vol. II.* Jonathan Cape, 2003: p. 71.

19. Entrevista con el autor.

20. Dimbleby, Jonathan. *The Prince of Wales: A Biography*. Little, Brown, 1994: pág 295.

21. Entrevista con el autor.

22. *Daily Mail,* 7 de agosto de 2010.

23. Dimbleby, *óp. cit.*: p. 324.

24. Archivos Nacionales, PREM 15/2199.

25. Dimbleby, *óp. cit.*: p. 337.

26. Pimlott, Ben. *The Queen: Elizabeth II and the Monarchy.* HarperPress, 2012: p. 474.

27. Bedell Smith, Sally. *Charles: The Misunderstood Prince.* Michael Joseph, 2017: p. 299.

28. Dimbleby, *óp. cit.*: p. 342.

29. Archivos Nacionales, FCO 160/207/12.

30. Hardman, Robert. *Our Queen.* Arrow, 2012: p. 66.

31. Archivos Nacionales, FCO 160/201/10.

32. Archivos Nacionales, FCO 160/207/12.

33. Información privada.

34. Hurd, Douglas. Entrevista con el autor.

35. Archivos Nacionales, FCO 160/207/12.

36. Entrevista con el autor.

37. Entrevista con el autor.

38. Hansard, *óp. cit.*: 21 de noviembre de 1979.

39. *Ibid.*

40. Dimbleby, *óp. cit.*: p. 343.

41. *Ibid.*: p. 340.

42. *The Times,* 27 de octubre de 2009.

43. *Daily Mail,* 13 de diciembre de 2010.
44. Conversación privada.
45. Entrevista con el autor.
46. *Daily Mail,* 30 de julio de 1981.
47. LONGFORD, Elizabeth. *Elizabeth R.* Weidenfeld & Nicholson, 1983: p. 326, y otros.

Capítulo 13

1. ARCHIVOS NACIONALES, FCO 160/214/23.
2. Entrevista con el autor. HARDMAN, Robert. *Our Queen.* Arrow, 2012: p. 269.
3. MOORE, Charles. *Margaret Thatcher: The Authorized Biography, Vol. I,.* Allen Lane, 2013: p. 677.
4. SHAWCROSS, William. *Queen and Country.* BBC, Worldwide, 2002: p. 127.
5. LONGFORD, Elizabeth. *Elizabeth R.* Weidenfeld & Nicholson, 1983: p. 357.
6. Entrevista con el autor.
7. ARCHIVOS NACIONALES, FCO 82/1228.
8. ARCHIVOS NACIONALES, FCO 82/1217.
9. *Ibid.*
10. ARCHIVOS NACIONALES, FCO 82/1228.
11. *Daily Telegraph,* 13 de febrero de 2010.
12. *Independent on Sunday,* entrevista con Fagan, 19 de febrero de 2012.
13. *Daily Mail,* 22 de julio de 1982, y otros.
14. BRANDRETH, Gyles. *Philip and Elizabeth: Portrait of a Marriage.* Century, 2004: p. 214.
15. BRADFORD, Sarah. *Elizabeth: A Biography of Her Majesty the Queen.* William Heinemann, 1996: p. 447.
16. HURD, Douglas. *Elizabeth II.* Penguin, 2018: p. 48.
17. Entrevista con el autor.
18. Entrevista con el autor.
19. MOORE, *óp. cit.,* Vol. I: p. 756.

20. UPI, 26 de febrero de 1983.

21. Entrevista con el autor.

22. Discurso del 14 de marzo de 1983, Reagan Library.

23. SHAWCROSS, *óp. cit.*: p. 175.

24. Entrevista con el autor.

25. ARCHIVOS NACIONALES, FCO 160/220/10.

26. JOHNSTONE-BRYDEN, Richard. *The Royal Yatch Britannia: The Official History.* Conway Maritime Press, 2003: p. 202.

27. Entrevista con el autor.

28. Entrevista con el autor.

29. Entrevista con el autor.

30. *Daily Mail,* 21 de enero de 1984.

31. ROSE, Kenneth. *The Journals, Vol. II.* Weidenfeld & Nicolson, 2019, 26 de enero de 1984.

32. Entrevista con el autor.

33. Entrevista con el autor.

34. HARDMAN, *óp. cit.*: pp. 76-77.

35. *Ibid.,* p. 78.

36. Entrevista con el autor.

37. Entrevista con el autor.

38. Entrevista con el autor.

39. Entrevista con el autor.

40. DIMBLEBY, Jonathan. *The Prince of Wales: A Biography.* Little, Brown, 1994: p. 403.

41. *Ibid.*: p. 384.

42. *Ibid.*: p. 434.

43. *Ibid.*: p. 391.

44. *Daily Mail,* 23 de abril de 1985.

45. *Daily Mail,* 27 de abril de 1986.

46. DIMBLEBY, *óp. cit.*: p. 427.

Capítulo 14

1. Entrevista con el autor.

2. *Panorama.* BBC, 20 de noviembre de 1995.

3. MOORE, Charles. *Margaret Thatcher: The Authorized Biogra-*

phy, vol. II. Allen Lane, 2015: p. 555, en que se cita MULRONEY, Brian. *Memoirs: 1939-1993*. McClelland & Stewart, 2007: p. 402.

4. *Ibid.*: p. 556.
5. *Daily Mail*, 22 de febrero de 1983.
6. PIMLOTT, Ben. *The Queen: Elizabeth II and the Monarchy.* HarperPress, 2012: p. 507.
7. *Sunday Times*, 20 de julio de 1986.
8. *Daily Mail*, 21 de julio de 1986.
9. Entrevista con el autor.
10. Entrevista con el autor.
11. Entrevista con el autor.
12. *Sunday Times*, 22 de noviembre de 2020.
13. Conversación privada.
14. Entrevista con el autor.
15. Entrevista en televisión para *Elizabeth: Our Queen*, Channel 5, 2018.
16. Entrevista con el autor.
17. Conversación privada.
18. RAMPHAL, Shridath. *Glimpses of a Global Life*. Hansib Publications, 2014: p. 239.
19. *Ibid.*: p. 444.
20. Entrevista con el autor.
21. HEALD, Tim. *Philip: A Portrait of the Duke of Edinburgh.* Hodder & Stoughton, 1991: p. 247.
22. *Ibid.*: p. 221.
23. DUQUE DE EDIMBURGO y MANN, reverendo Michael. *A Windsor Correspondence*. Michael Russell, 1984: p. 20.
24. HOWE, Geoffrey, en William Shawcross. *Queen and Country*. BBC Worldwide, 2002: p. 176.
25. Entrevista con el autor.
26. ARCHIVOS NACIONALES, FCO 21/3475.
27. Entrevista con el autor.
28. GLENCONNER, Anne. *Lady in Waiting*. Hodder & Stoughton, 2019: p. 42.
29. Entrevista con el autor.
30. Entrevista con el autor.

31. Entrevista con el autor.

32. DIMBLEBY, Jonathan. *The Prince of Wales: A Biography*. Little, Brown, 1994: p. 483.

33. Entrevista con el autor.

34. Entrevista con el autor.

35. Entrevista con el autor.

36. Entrevista con el autor.

37. MOORE, Charles. *Margaret Thatcher: The Authorized Biography, vol. III*. Allen Lane, 2019: p. 712, donde se cita la nota de Fellowes, 6 de diciembre de 1990.

38. *Ibid.*: p. 712.

39. *Ibid.*: p. 725.

40. Entrevista con el autor.

41. PROCHASKA, Frank. *Royal Bounty: The Making of a Welfare Monarchy*. Yale University Press, 1995: p. 268.

42. *Sunday Times*, 10 de febrero de 1991.

43. Entrevista con el autor.

44. Entrevista con el autor.

45. Entrevista con el autor. HARDMAN, Robert. *Queen of the World*. Century, 2018.

46. *New York Times*, 12 de mayo de 1991.

47. *Washington Post*, 12 de mayo de 1991.

48. Entrevista con el autor.

49. Entrevista con el autor.

50. Entrevista con el autor.

51. *Elizabeth R.* BBC, 1992.

Capítulo 15

1. CHURCHILL COLLEGE. «British Diplomatic Oral History Programme» (Programa de Historia Oral Británica Diplomática).

2. HURD, Douglas. *Elizabeth II*. Penguin, 2018: p. 46.

3. ARCHIVOS NACIONALES, FCO 160/313/6.

4. ARCHIVOS NACIONALES, FCO 160/313.

5. ARCHIVOS NACIONALES, PREM 19/4412.

6. *Ibid.*

7. BRADFORD, Sarah. *Elizabeth: A Biography of Her Majesty the Queen*. William Heinemann, 1996: p. 469.

8. *Daily Mail*, 18 de marzo de 1992.

9. *Sunday Times*, 22 de marzo de 1992.

10. TURNER, Graham. *Elizabeth: The Woman and the Queen*. Macmillan, 2002: p. 140.

11. ARCHIVOS NACIONALES, FCO 160/300.

12. HANSARD (Australia), 27 de febrero de 1992.

13. Entrevista con el autor.

14. *Daily Mail*, 13 de mayo de 1992.

15. ARCHIVOS NACIONALES, FCO 160/312/21.

16. *Ibid.*

17. *Daily Mail*, 9 de junio de 1992.

18. DIMBLEBY, Jonathan. *The Prince of Wales: A Biography*. Little, Brown, 1994: pp. 584, 588.

19. Entrevista con el autor.

20. *Daily Mirror*, 20 de agosto de 1992.

21. *Daily Mail*, 24 de agosto de 1992.

22. DIMBLEBY, *óp. cit.*: p. 594.

23. Entrevista con el autor para *The Queen's Castle*, BBC One, 2005.

24. Entrevista con el autor.

25. Entrevista con el autor.

26. Entrevista con el autor.

27. Entrevista con el autor.

28. SHAWCROSS, William. *Queen Elizabeth, the Queen Mother*. Macmillan, 2009: p. 892.

29. *Daily Mail*, 24 de noviembre de 1992.

30. Entrevista con el autor.

31. Entrevista con el autor.

32. SHAWCROSS, *óp. cit.*: p. 894.

33. *Daily Mirror*, 12 de febrero de 1993.

34. SHAWCROSS, William. *Queen and Country*. BBC Worldwide, 2002: p. 204.

35. HOEY, Brian. *Anne: The Private Princess Revealed*. Sidgwick & Jackson, 1997: p. 33.

36. Entrevista con el autor.

37. SHAWCROSS, *óp. cit.*: p. 890.

38. Entrevista con el autor.

39. Entrevista con el autor.

Capítulo 16

1. Entrevista con el autor.

2. Entrevista con el autor.

3. Entrevista con el autor.

4. Entrevista con el autor.

5. Entrevista con el autor para *The Queen's Castle*, BBC One, 2005.

6. JEBB, Miles. *The Lord-Lieutenants and their Deputies*. Phillimore, 2007: p. 146.

7. *Elizabeth: Our Queen*. Channel 5, 2018.

8. Entrevista con el autor.

9. TURNER, Graham. *Elizabeth: The Woman and the Queen*. Macmillan, 2002: p. 54.

10. Entrevista con el autor.

11. HARDMAN, Robert. *Queen of the World*. Century, 2018: p. 162.

12. Entrevista de Kerr con el autor.

13. ROSE, Kenneth. *The Journals, vol. II*. Weidenfeld & Nicolson, 2019: p. 311.

14. Entrevista con el autor.

15. DIMBLEBY, Jonathan. *The Prince of Wales: A Biography*. Little, Brown, 1994: p. 59.

16. Entrevista del autor con el exembajador británico Brian Fall.

17. Entrevista con el autor, Castillo de Windsor, 1994.

18. HARDMAN, *óp. cit.*: p. 447.

19. *Ibid.*: p. 409.

20. Entrevista con el autor.

21. REUTERS, 25 de marzo de 1995.

22. Entrevista con el autor.

23. PARKER, Michael. *It's All Gone Horribly Wrong*. Bene Factum, 2012: p. 139.

24. Entrevista del autor con Malcolm Rifkind.

25. Declaración del duque de Cambridge, 20 de mayo de 2021.

Capítulo 17

1. LACEY, Robert. *Royal: Her Majesty Queen Elizabeth II*. Little, Brown, 2002: p. 343; BEDELL SMITH, Sally. *Elizabeth the Queen*. Penguin, 2006: p. 387.

2. Información privada.

3. Entrevista con el autor.

4. *The Caterer*, 30 de mayo de 2002.

5. *Daily Telegraph*, 12 de julio de 1996.

6. LA GRANGE, Zelda. *Good Morning, Mr Mandela*, citado en *Daily Telegraph*, 2 de julio de 2014.

7. *The Times* y *Daily Mail*, 17 de abril de 1996.

8. *The Times*, 13 de julio de 1996.

9. HARDMAN, Robert. *Queen of the World*. Century, 2018: p. 520.

10. Entrevista con el autor.

11. Entrevista con el autor.

12. Entrevista con el autor.

13. Entrevista con el autor.

14. Entrevista con el autor.

15. Entrevista con el autor.

16. Entrevista con el autor.

17. RHODES, Margaret. *The Final Curtsey*. Umbria, 2011: p. 130.

18. *The Times*, 23 de febrero de 2006.

19. Entrevista privada, citado en HARDMAN, *Queen of the World*: p. 496.

20. *Independent*, 1 de julio de 1997.

21. *Guardian*, 1 de julio de 1997.

22. *Daily Telegraph*, 23 de febrero de 2006.

23. Entrevista privada.

24. PRESS ASSOCIATION, 30 de octubre de 2007.

25. PIMLOTT, Ben. *The Queen: Elizabeth II and the Monarch.* HarperPress, 2012: p. 608.

26. *Los Angeles Times*, 18 de septiembre de 1997.

27. BLAIR, Tony. *A Journey.* Hutchinson, 2010: p. 139.

28. *Ibid.*: p. 141.

29. *Ibid.*

30. CAMPBELL, Alastair. *The Alastair Campbell Diaries, vol. II.* Hutchinson, 2011: p. 183.

31. Entrevista con el autor.

32. Conversación privada.

33. Entrevista con el autor.

34. Entrevista con el autor.

35. Entrevista con el autor.

36. CAMPBELL, *óp. cit.*: p. 187.

37. HARDMAN, Robert. *Our Queen.* Arrow, 2012: p. 105.

38. Entrevista con el autor.

39. CAMPBELL, *óp. cit.*: p. 192.

40. *Ibid.*: p. 195.

41. *Daily Telegraph*, 3 de septiembre de 1997.

42. CNN, 11 de septiembre de 1997.

43. Entrevista con el autor para HARDMAN. *óp. cit.*: p. 105.

44. BLAIR, *óp. cit.*: p. 147.

45. CAMPBELL, *óp. cit.*: p. 199.

46. BLAIR, *óp. cit.*: p. 147.

47. CAMPBELL, *óp. cit.*: p. 197.

48. *The Times*, 6 de septiembre de 1997.

49. Entrevista con el autor.

50. BLAIR, *óp. cit.*: p. 147.

51. Entrevista con el autor.

52. BRANDRETH, Gyles. *Something Sensational to Read in the Train: The Diary of a Lifetime.* John Murray, 2009: 6 de septiembre de 1997.

53. *The Me You Can't See.* Apple TV, 2021.

54. HARDMAN, *óp. cit.*: p. 104.

55. Extraído de *Diana: Seven Days That Shook the World.* Channel 5, 2017.

56. Entrevista privada.

57. Extraído de *Diana: Seven Days That Shook the World*.
58. BLAIR, *óp. cit.*: p. 150.
59. Entrevista con el autor.

Capítulo 18

1. *Daily Telegraph*, 4 de marzo de 1998.
2. ARCHIVOS NACIONALES, PREM 19/6239.
3. ARCHIVOS NACIONALES, PREM 19/6241.
4. HARDMAN, Robert. *Our Queen*. Arrow, 2012: p. 178.
5. Entrevista con el autor.
6. HARDMAN, Robert. *Queen of the World*. Century, 2018: p. 341.
7. *The Times*, 23 de septiembre de 1998.
8. Entrevista con el autor.
9. Entrevista con el autor.
10. Entrevista con el autor.
11. Entrevista del autor con Kenneth Rose.
12. Entrevista con el autor para HARDMAN, *Our Queen*.
13. Entrevista con el autor.
14. Entrevista con el autor.
15. Entrevista con el autor para HARDMAN, *óp. cit.*: p. 182.
16. Entrevista con el autor.
17. HARDMAN, *óp. cit.*: p. 181.
18. *Ibid.*
19. *Daily Mirror*, 28 de febrero de 1998.
20. *Daily Telegraph*, 4 de marzo de 1998.
21. Entrevista privada, citado en HARDMAN, *óp. cit.*: p. 184.
22. MURRAY, Craig. *The Catholic Orangemen of Togo*. Atholl, 2009: capítulo 8.
23. WILLIAMS, John. *Robin Cook: Principles and Power*. Indie-Books, 2015: capítulo 6.
24. MURRAY, *óp. cit.*: capítulo 8.
25. Entrevista con el autor.
26. WILLIAMS, John, *óp. cit.*: capítulo 5.

27. Entrevista con el autor.

28. Entrevista con el autor.

29. Entrevista con el autor.

30. Entrevista con el autor.

31. Entrevista con el autor.

32. Entrevista con el autor.

33. Entrevista con el autor.

34. BEDELL SMITH, Sally. *Elizabeth The Queen*. Penguin, 2016: p. 422.

35. PARKER, Michael. *It's All Gone Horribly Wrong*. Bene Factum, 2012: p. 172.

Capítulo 19

1. Entrevista con el autor.

2. Entrevista con el autor para Hardman, Robert. *Our Queen*. Arrow, 2012: p. 36.

3. Entrevista con el autor.

4. Entrevista con el autor.

5. Entrevista con el autor.

6. Rhodes, Margaret. *The Final Curtsey*. Umbria Press, 2011: p. 131.

7. *Ibid.*, p. 139.

8. Archivos Nacionales, PREM 19/4602.

9. Rose, Kenneth. *The Journals, vol. II*. Weidenfeld & Nicolson, 2019: p. 236.

10. *Daily Telegraph*, 20 de julio de 2000.

11. *Daily Telegraph*, 21 de julio de 2000.

12. *Guardian*, 20 de octubre de 2000.

13. *The Times*, 21 de diciembre de 2001.

14. *Ibid.*

15. Jefe de sección de *British Art Journal*, citado en *Los Angeles Times*, 22 de diciembre de 2001.

16. *The Sun*, 22 de diciembre de 2001.

17. Entrevista con el autor.

18. Entrevista con el autor.

19. Entrevista con el autor.

20. Entrevista con el autor.

21. Entrevista con el autor.

22. Entrevista con el autor.

23. Entrevista con el autor.

24. Rose, *óp. cit.*: p. 350.

25. *Daily Mail*, 16 de febrero de 2002.

26. Shawcross, William. *Queen Elizabeth, the Queen Mother.* Macmillan, 2009: p. 930.

27. *Ibid.*: p. 932.

28. Rhodes, *óp. cit.*: p. 5.

29. Bedell Smith, Sally. *Elizabeth The Queen.* Penguin, 2016: p. 440.

30. Rose, *óp. cit.*: p. 442.

31. Shawcross, *óp. cit.*: p. 935.

32. Conversación privada.

33. Luce, Richard. *Ringing the Changes.* Michael Russell, 2007: p. 171.

34. Entrevista con el autor.

35. *Daily Mail*, 2 de mayo de 2002.

36. Brandreth, Gyles. *Philip: The Final Portrait.* Coronet, 2021: p. 259.

37. Entrevista con el autor.

38. Entrevista con el autor.

39. Entrevista con el autor.

40. Hardman, Robert. *Monarchy: The Royal Family at Work.* Ebury, 2007: p. 62.

41. *Guardian*, 1 de noviembre de 2002.

42. Smith, *óp. cit.*: p. 450.

43. Informe de Peat al príncipe de Gales: p. 77.

44. Entrevista con el autor.

45. Entrevista con el autor.

46. Entrevista con el autor.

Capítulo 20

1. Entrevista con el autor. Hardman, Robert. *Queen of the World*. Century, 2018: p. 481.

2. Entrevista con el autor.

3. Rose, Kenneth. *The Journals, vol. II*. Weidenfeld & Nicolson, 2019: pp. 484-485.

4. Entrevista con el autor para Hardman, Robert. *Our Queen*. Arrow, 2012: p. 332.

5. Bogdanor, Vernon. *Charla Gresham*, 16 de mayo de 2017.

6. *Daily Telegraph*, 1 de febrero de 1996.

7. Entrevista con el autor para *Monarchy: The Royal Family at Work*, BBC One, 2007.

8. Entrevista con el autor.

9. Entrevista con el autor.

10. Entrevista con el autor.

11. Entrevista con el autor.

12. Entrevista con el autor.

13. Entrevista con el autor.

14. *Daily Mail*, 7 de febrero de 1972.

15. Longford, Elizabeth. *Elizabeth R*. Weidenfeld & Nicolson, 1983: p. 346.

16. Conversación privada.

17. Conversación privada.

18. Entrevista de Don McKinnon con el autor.

19. Stock, Victor. *Taking Stock*. HarperCollins, 2001: p. 101.

20. *Hansard*, 7 de marzo de 2012.

21. Hardman, Robert. *Monarchy: The Royal Family at Work*. Ebury, 2007: p. 256.

22. *Ibid.*: p. 222.

23. Entrevista con el autor.

24. Entrevista con el autor.

25. *The Duke: A Portrait of Prince Philip*. ITV, 2008.

26. Entrevista con el autor.

27. Entrevista con el autor.

28. Entrevista con el autor para *The Queen's Castle*, BBC One, 2005.

29. *Daily Mail*, 6 de noviembre de 2008.
30. Entrevista con el autor.
31. Entrevista con el autor.
32. Obama, Michelle. *Becoming*. Penguin, 2021: p. 318.
33. Entrevista con el autor, citado en Hardman. *Queen of the World*: p. 265.
34. Entrevista con el autor.
35. Obama, *óp. cit.*: p. 316.
36. Entrevista con el autor.
37. Entrevista con el autor.

Capítulo 21

1. Conversación privada, citado en Hardman, Robert. *Our Queen*. Arrow, 2012: p. 163.
2. Entrevista con el autor.
3. Entrevista con el autor.
4. Entrevista con el autor.
5. Entrevista con el autor.
6. Entrevista con el autor.
7. Entrevista con el autor.
8. Entrevista con el autor.
9. Entrevista de Peter Hennessy con Martin Charteris, citado en Hennessy, *The Prime Minister*. Allen Lane, 2000: p. 24.
10. Entrevista con el autor.
11. Testimonio de lord Hennessy ante el Comité Mixto sobre la Ley de Mandatos Fijos, 28 de enero de 2021.
12. Entrevista con el autor.
13. Entrevista de Cameron con el autor.
14. Hardman, *óp. cit.*: p. 39.
15. *Independent*, 18 de noviembre de 2011.
16. Conversación privada.
17. Entrevista con el autor.
18. Entrevista con el autor.
19. Entrevista con el autor, citado en Hardman, *óp. cit.*: p. 55.

20. *Ibid.*

21. La cifra británica se extrae de las cuotas de pantalla de BARB; la estadounidense, de Nielsen.

22. Reuters, 15 de septiembre de 2011.

23. Entrevista con el autor.

24. Entrevista con el autor.

25. Entrevista con el embajador británico Julian King para Hardman, Robert. *Queen of the World.* Century, 2018: p. 456.

26. Entrevista con el autor.

27. *Irish Times* y otros, 19 de mayo de 2011.

28. Entrevista con el autor.

29. Cameron, David. *For The Record.* William Collins, 2019: p. 310.

30. Entrevista con el autor para Hardman, *óp. cit.*: p. 463.

31. Entrevista con el autor.

32. Entrevista con el autor.

33. Entrevista con el autor.

34. Entrevista con el autor.

35. Entrevista con el autor.

36. Entrevista con el autor.

37. Entrevista con el autor.

38. Entrevista con el autor.

39. Cameron, *óp. cit.*: p. 341.

40. Entrevista con el autor.

41. Entrevista con el autor.

42. Entrevista con el autor.

43. Hardman, *óp. cit.*: p. 214.

44. Entrevista con el autor.

45. Entrevista con el autor.

46. Entrevista con el autor.

47. Gillard, Julia. *My Story.* Transworld, 2014: p. 221.

Capítulo 22

1. Hardman, Robert. *Our Queen*. Arrow, 2012: p. 340.
2. Entrevista con el autor.
3. *Daily Mail*, 6 de marzo de 2012.
4. Entrevista con el autor.
5. Entrevista con el autor.
6. Entrevista con el autor.
7. Entrevista con el autor para *Our Queen*, ITV, 2013.
8. Entrevista con el autor.
9. Entrevista con el autor.
10. Entrevista con el autor.
11. Entrevista con el autor para *Our Queen*, ITV, 2013.
12. Entrevista con el autor.
13. Entrevista con el autor.
14. Entrevista con el autor.
15. Kelly, Angela. *The Other Side of the Coin*. HarperCollins, 2019: p. 168.
16. Entrevista con el autor para *Our Queen*, ITV, 2013.
17. Kelly, *óp. cit.*: p. 168.
18. Prince Philip: *The Royal Family Remembers*. BBC One, 22 de septiembre de 2021.
19. BBC, 21 de enero de 2013.
20. Entrevista con el autor.
21. *Hansard*, 7 de marzo de 2012.
22. Entrevista con el autor.
23. Moore, Charles. *Margaret Thatcher: The Authorized Biography*, vol. III. Allen Lane, 2019: p. 842.
24. Entrevista con el autor.
25. *Hansard* (Australia), 20 de marzo de 2013.
26. Lista de condecorados de Año Nuevo de 2014.
27. Entrevista con el autor.
28. Cameron, David. *For The Record*. William Collins, 2019: p. 553.
29. Conversación privada.
30. Entrevista con el autor.

31. Entrevista con el autor.

32. Entrevista con el autor.

33. Entrevista con el autor.

34. Entrevista con el autor.

35. Hardman, Robert. *Queen of the World*. Century, 2018: p. 18.

Capítulo 23

1. Obama, Michelle. *Becoming*. Penguin, 2021: p. 404.

2. Entrevista con el autor.

3. Obama, *óp. cit.*: p. 404.

4. Entrevista con el autor.

5. Entrevista con el autor.

6. Cameron, David. *For The Record*. William Collins, 2019: p. 554.

7. Bogdanor, Vernon. *Charla Gresham*, 16 de mayo de 2017.

8. Entrevista con el autor.

9. Kelly, Angela. *The Other Side of the Coin*. HarperCollins, 2019: p. 137.

10. Entrevista con el autor.

11. Conversación privada.

12. Writers Guild of America (Sindicato de Guionistas de los Estados Unidos), 2 de marzo de 2018.

13. The Late Late Show with James Corden, 25 de febrero de 2021.

14. *Sunday Times*, 29 de octubre de 2017.

15. Conversación privada.

16. Conversación privada.

17. Entrevista con el autor.

18. Entrevista con el autor.

19. Entrevista con el autor.

20. Entrevista con el autor.

21. Entrevista con el autor.

22. Entrevista con el autor.

23. Entrevista con el autor.
24. *The Times*, 5 de mayo de 2017.
25. *The Times*, 16 de septiembre de 2017.
26. BBC, 16 de septiembre de 2017.
27. Conversación privada.
28. Conversación privada.
29. Entrevista para Hardman, Robert. *Queen of the World*. Century, 2018: p. 530.
30. Entrevista con el autor.
31. Conversación privada.
32. Entrevista con el autor.
33. Entrevista con el autor.
34. Scobie, Omid y Durand, Carolyn. *Finding Freedom*. HQ, 2020: p. 174.
35. Conversación privada.
36. Scobie y Durand, *óp. cit.*: pp. 224-225.
37. Nielsen/CNBC, 21 de mayo de 2018.

Capítulo 24

1. Seldon, Anthony. *Evening Standard*, 29 de marzo de 2019.
2. Entrevista con el autor para *The Queen's Castle*, BBC One, 2005.
3. Entrevista con el autor.
4. Conversación privada.
5. *Sunday Times*, 9 de diciembre de 2018.
6. *Daily Mail*, 23 de enero de 2019, y *Daily Express*, 14 de septiembre de 2017.
7. Scobie, Omid y Durand, Carolyn. *Finding Freedom*. HQ, 2020: p. 249.
8. *The Times*, 22 de febrero de 2019.
9. Conversación privada.
10. Conversación privada.
11. Conversación privada.
12. Entrevista con el autor.

13. Entrevista con el autor.

14. Entrevista con el autor.

15. Bradford, Sarah. *Elizabeth: A Biography of Her Majesty the Queen.* William Heinemann, 1996: p. 168.

16. Conversación privada.

17. *Daily Mail,* 25 de julio de 2019.

18. Conversación privada.

19. Entrevista con el autor.

20. Conversación privada.

21. *The Times,* 18 de agosto de 2009.

22. *Sunday Times,* 25 de mayo de 2008.

23. Entrevista con el autor.

24. Comunicado de ITV, 13 de octubre de 2018.

25. *Newsnight.* BBC, 18 de noviembre de 2019.

26. Entrevista con el autor.

27. Scobie y Durand, p. 320.

28. Conversación privada.

29. Lacey, Robert. *Battle of Brothers.* William Collins, 2020: p. 299.

30. Scobie y Durand, p. 341.

Capítulo 25

1. Biblioteca de la Cámara de los Comunes, 24 de septiembre de 2021.

2. Entrevista con el autor.

3. Entrevista con el autor.

4. Entrevista con el autor.

5. Entrevista con el autor.

6. Entrevista con el autor.

7. Entrevista con el autor.

8. Entrevista con el autor.

9. Entrevista con el autor.

10. Conversación privada.

11. *Guardian,* 6 de julio de 2020, entre otros.

12. Low, Valentine. *The Times*, 2 de marzo de 2021.

13. Conversación privada.

14. *Daily Telegraph*, 26 de noviembre de 2018.

15. Conversación privada.

16. Conversación privada.

17. Conversación privada.

18. Entrevista con el autor para *Prince Philip: The Royal Family Remembers*, BBC, 22 de septiembre de 2021.

19. *Ibid.*

20. *Ibid.*

21. Butler, Peter (ed.). *The Wit of Prince Philip*. Leslie Frewin, 1965: p. 125.

22. Conversación privada.

23. BBC, 11 de abril de 2021.

24. Entrevista con el autor para *The Queen's Castle*, BBC One, 2005.

25. Entrevista con el autor.

26. Entrevista con el autor.

27. Cuota de BARB/BBC, 18 de abril de 2021.

28. *Hollywood Reporter*, 9 de marzo de 2021.

29. *Daily Mail*, 2 de mayo de 2002.

Capítulo 26

1. Entrevista con el autor.

2. Conversación privada.

3. Entrevista con el autor.

4. Conversación privada.

5. Hardman, Robert. *Our Queen*. Arrow, 2012: p. 56.

6. Conversación privada.

7. Hardman, *óp. cit.*: p. 56.

8. Shawcross, William. *Queen Elizabeth, the Queen Mother*. Macmillan, 2009: p. 898.

9. Bedell Smith, Sally. *Elizabeth the Queen*. Penguin, 2016: p. 515.

10. Conversación privada.

11. Discurso en la Oak National Academy, 17 de junio de 2020.

12. Discurso a la Comisión de Organizaciones Benéficas, 23 de enero de 2018.

13. *Daily Mail*, 4 de noviembre de 2021.

14. Entrevista con el autor.

15. Entrevista con el autor.

16. *Independent*, 18 de marzo de 2015.

17. Entrevista con el autor.

18. Press Association, 1 de noviembre de 2021.

19. Entrevista con el autor.

20. Entrevista con el autor.

21. Entrevista con el autor.

22. Entrevista con el autor.

23. Conversación privada.

24. Entrevista con el autor.

25. Entrevista con el autor.

26. Entrevista con el autor.

27. Entrevista con el autor.

28. Conversación privada.

29. Pódcast Armchair Expert, mayo de 2021.

30. *Guardian*, 9 de junio de 2021, entre otros periódicos.

31. Entrevista con el autor.

32. Entrevista con el autor.

33. Entrevista con el autor.

34. Conversación privada.

35. Entrevista con el autor.

36. Entrevista con el autor.

37. Entrevista con el autor.

Capítulo 27

1. Turner, Graham. *Elizabeth: The Woman and the Queen*. Macmillan, 2002: p. 16.

2. *Guardian*, 21 de abril de 2006.

3. Conversación privada.

4. Entrevista con el autor.

5. Hennessy, Peter. *The Prime Minister*. Allen Lane, 2000: p. 35.

6. Bogdanor, Vernon. *Charla Gresham*, 16 de mayo de 2017.

7. *The Times*, 19 de abril de 2021.

8. Rose, Kenneth. *The Journals, vol. II*. Weidenfeld & Nicolson, 2019: p. 283.

9. Hurd, Douglas. *Elizabeth II*. Penguin, 2018: p. 35.

10. Lacey, Robert. *Royal: Her Majesty Queen Elizabeth II*. Little, Brown, 2002: p. 399.

11. *Daily Telegraph*, 5 de junio de 2021.

12. Archivos Nacionales, FCO 99/2222.

13. *Ibid.*

14. Archivos Nacionales, FCO 33/3559.

15. Boothroyd, Basil. *Philip: An Informal Biography*. Longman, 1971: p. 45.

16. Conversación privada.

17. Longford, Elizabeth. *Elizabeth R*. Weidenfeld & Nicholson, 1983: p. 102.

18. Entrevista con el autor.

19. Entrevista con el autor.

20. Entrevista con el autor.

21. Bogdanor, Vernon. *Charla Gresham*, 18 de abril de 2016.

22. Entrevista con el autor.

23. Royal Family, BBC, 1969.

24. Entrevista con el autor.

25. Entrevista con el autor.

26. Guardian, 31 de diciembre de 2019.

27. Entrevista con el autor.

28. Entrevista con el autor.

29. McClure, David. *The Queen's True Worth*. Lume, 2020: p. 54.

30. Conversación privada.

31. Duffy, Hewlett, Murkin *et al.* «"Culture wars" in the UK», Policy Institute en el King's College de Londres, junio de 2021.

32. *Guardian*, 2 de junio de 2021.
33. Scroll.in, 20 de mayo de 2021.
34. NPR, 22 de mayo de 2018.
35. Entrevista con el autor.
36. *Guardian*, 2 de julio de 2021.
37. Entrevista con el autor.
38. BBC, 15 de mayo de 2012.
39. Entrevista con el autor.
40. Conversación privada.
41. Entrevista con el autor.
42. Entrevista con el autor.
43. Entrevista con el autor.
44. Entrevista con el autor.
45. Entrevista con el autor.
46. Entrevista con el autor.
47. Gillard, Julia. *My Story*. Transworld, 2014: capítulo 13.
48. Entrevista con el autor.
49. Entrevista con el autor.
50. *New York Times*, 18 de septiembre de 2020.
51. Entrevista con el autor.
52. Entrevista con el autor.
53. Boothroyd, *óp. cit.*: p. 50.
54. Entrevista con el autor.
55. Entrevista con el autor.
56. Archivos Nacionales, FCO 160/220/10.
57. Archivos Nacionales, FCO 160/289/6.
58. Entrevista con el autor.
59. Elizabeth R. BBC, 1992.
60. *Daily Mail*, 11 de marzo de 2016.

Epílogo

1. Entrevista con el autor.
2. Press Association, 8 de septiembre de 2022.
3. Entrevista con el autor.

4. Entrevista con el autor.
5. Entrevista con el autor.
6. Entrevista con el autor.
7. Entrevista con el autor.
8. Entrevista con el autor.
9. Entrevista con el autor.

Índice onomástico